中财传媒版 2025年资产评估师职业资格全国统一考试辅导系列丛书

资产评估实务（一）精讲精练

资产评估师职业资格考试辅导用书编写组 编

中国财经出版传媒集团
中国财政经济出版社
·北京·

图书在版编目（CIP）数据

资产评估实务（一）精讲精练／资产评估师职业资格考试辅导用书编写组编．--北京：中国财政经济出版社，2025.4．--（中财传媒版2025年资产评估师职业资格全国统一考试辅导系列丛书）．--ISBN 978-7-5223-3871-2

Ⅰ．F20

中国国家版本馆CIP数据核字第202513ZX70号

责任编辑：胡　博

资产评估实务（一）精讲精练

ZICHAN PINGGU SHIWU（YI）JINGJIANG JINGLIAN

中国财政经济出版社出版

URL：http：//www.cfeph.cn

E-mail：cfeph@cfeph.cn

社址：北京市海淀区阜成路甲28号　邮政编码：100142

营销中心电话：010-88191537

天猫网店：中国财政经济出版社旗舰店

网址：https：//zgczjjcbs.tmall.com

涿州汇美亿浓印刷有限公司印刷　各地新华书店经销

成品尺寸：185mm×260mm　16开　22印张　642 000字

2025年4月第1版　2025年4月河北第1次印刷

定价：59.00元

ISBN 978-7-5223-3871-2

（图书出现印装问题，本社负责调换）

本社质量投诉电话：010-88190744

前　　言

为了帮助广大考生全面理解2025年资产评估师考试大纲和考试教材规定的内容，在有限的复习时间内掌握教材的重难点知识，中国财经出版传媒集团组织常年从事资产评估教学科研和考前辅导的名师、专家，编写本套“中财传媒版2025年资产评估师职业资格全国统一考试辅导系列丛书”。

该辅导丛书涵盖了2025年考试4个科目，即“资产评估基础”“资产评估相关知识”“资产评估实务（一）”“资产评估实务（二）”。

该辅导丛书紧扣考试大纲和考试教材，系统梳理考试重点难点，对教材变化分析总结，对重要知识点加以解析，辅以大量经典习题讲解。每章均集中安排了具有代表性和针对性练习题供考生练习，学练结合，帮助考生巩固掌握教材精髓。附有两套全真模拟试题，助力考生赢得考试。

资产评估师职业资格全国统一考试是我国选拔评估师人才、促进评估师人才成长的重要方式。希望广大考生在认真学习教材内容的基础上，结合本系列丛书正确理解和全面掌握应试知识点内容，顺利通过考试！

由于编者水平有限，加之编写时间仓促，书中错漏之处在所难免，恳请广大读者不吝指正。

前言

Contents

目录

第一章　流动资产及负债评估

考试大纲

<table>
<tr><td>第一章</td><td>目的</td><td>考查考生对各类流动资产和常见企业负债评估方法、评估特点、具体评估程序等的掌握情况，以及分析和解决流动资产及负债评估实际问题的能力。</td></tr>
<tr><td rowspan="4">流动资产及负债评估</td><td colspan="2">考试内容及要求</td></tr>
<tr><td>掌握的内容
（★★★）</td><td>1. 运用市场法、成本法评估不同类型材料、低值易耗品、在产品、产成品及库存商品的具体方法。
2. 应收账款评估的基本公式；账面余额、已发生坏账损失额、可能发生坏账损失额的确定方法；可能发生坏账损失估计方法中的坏账比例法和账龄分析法。
3. 常见企业负债的评估方法。</td></tr>
<tr><td>熟悉的内容
（★★）</td><td>1. 流动资产评估的特点。
2. 企业负债评估的特点。
3. 流动资产评估对象、评估目的、评估方式。
4. 存货评估程序及清查核实方法。
5. 非实物类流动资产的评估程序及清查核实方法。
6. 应收账款评估特点。
7. 应收票据贴现值的计算方法。</td></tr>
<tr><td>了解的内容
（★）</td><td>1. 流动资产的内容和特点。
2. 企业负债的特点。
3. 货币性资产的评估方法。
4. 房地产开发企业存货类型。
5. 房地产开发企业各类存货的评估方法。</td></tr>
</table>

考情分析

本章主要考查存货、非实物流动资产以及常见企业负债的具体评估方法。在2017—2024年度考试中，第一章分值约占5—10分，主要题型是单项选择题和多项选择题。考生需要熟练掌握运用市场法、成本法评估不同类型材料、低值易耗品、在产品、产成品及库存商品，应收账款的评估，以及企业常见负债的评估等内容。

教材变化

删除了待摊费用和预付费用的评估。

考点精讲及典型例题解析

【知识点1】流动资产的内容及特点（★）

（一）流动资产的含义

流动资产是企业在生产经营活动中，可在1年或超过1年的一个营业周期内变现或耗用的资产。

【提示】流动资产确认的条件。

满足下列条件之一的，归类为流动资产：

（1）预计在一个正常营业周期中变现、出售或耗用；

（2）主要为交易目的而持有；

（3）预计在资产负债表日起1年内（含1年，下同）变现；

（4）自资产负债表日起1年内，交换其他资产或清偿负债的能力不受限制的现金或现金等价物。

（二）流动资产的内容

流动资产一般包括现金、各种银行存款以及其他货币资金、交易性金融资产、应收票据、应收账款、预付账款、其他应收款、存货以及其他流动资产等。

（三）流动资产的特点

与非流动资产相比较，流动资产的特点如表1－1所示。

表1－1　流动资产的特点

特点	具体含义
循环周转速度快	流动资产在使用中只参加一个生产经营周期就改变其原有实物形态，并将其全部价值转移到所形成的商品中，构成成本费用的组成部分，然后从营业收入中得到补偿。
变现能力强	各种形态的流动资产都可以在较短的时间内出售和变卖，具有较强的变现能力，是企业对外支付和偿还债务的重要保证。变现能力强是企业流动资产区别于其他资产的重要标志。
占用形态同时并存又相继转化	企业的流动资产是以货币资产、储备资产、生产资产和成品资产等多种形态并存于企业生产经营过程各个阶段的，同时又按照生产经营过程的顺序相继转化，如此周而复始地形成流动资产循环和周转过程。
波动性	企业的流动资产一般需要不断地购买和售卖，受市场供求变化和季节性影响较大。此外，还受到外部经济环境、经济秩序等因素的制约，使其占用总量以及流动资产的不同形态构成比例呈现出波动性。

【例1－1】（多项选择题）下列属于流动资产的特点的是（　　）。

A. 周转速度快　　B. 变现能力强

C. 存在形态多样化　　D. 波动性

E. 单位价值高

【答案】 ABCD

【解析】 流动资产具有循环周转速度快、变现能力强、占用形态同时并存又相继转化、波动性的特点。

【知识点2】流动资产评估对象及评估特点（★★）

（一）流动资产评估对象

按照流动资产的内容划分为存货和非实物类。其中，存货包括库存材料、低值易耗品、在产品、产成品及库存商品，非实物类包括货币资金、交易性金融资产、应收预付款项、应收票据、待摊和预付费用。

【提示】 流动资产一般作为单独的评估对象，不需要以其综合获利能力进行综合性价值评估。

【例1－2】（多项选择题）下列各项中，属于流动资产评估对象的有（　　）。

A. 交易性金融资产　　B. 待摊费用

C. 预付账款　　D. 递延收益

E. 预收账款

【答案】 ABC

【解析】 递延收益、预收账款属于企业负债评估对象。

（二）流动资产评估的特点

与固定资产相比，流动资产在周转方式、存在形态、变现性能等方面具有明显的区别。流动资产评估的特点如表1－2所示。

表1－2　流动资产评估的特点

特点	具体含义
流动资产的评估基准日要尽可能与评估结论使用时点接近	由于流动资产的流动性和价值波动性，其资产的构成、数量以及价值总额随时都在变化，而评估是针对某一时点上的价值估算。因此，评估实践中，一是选择的评估基准日要尽可能接近评估结论使用时点；二是在规定的时点进行资产清查核实、登记及确定资产数量和账面价值，避免重登和漏登。

续表

特点	具体含义
流动资产量大类繁，一般需进行分类清查和评估	流动资产一般具有数量大、种类多的特点，清查工作量很大，所以流动资产清查应考虑评估的时间要求和评估成本。流动资产评估往往需要根据不同企业的生产经营特点和流动资产分布的情况，对流动资产分清主次，选择不同的方法进行清查和评估，做到突出重点，兼顾一般。
流动资产评估实务受企业运营的牵制较大，对企业流动资产会计核算资料的依赖度高	由于流动资产处于企业生产经营的实际运转中，进入现场评估会影响企业正常运转，因而通常更需要企业配合，在相对静止的条件下进行清查核实。流动资产种类繁多，许多价格信息只有通过会计资料才能获得，因此，流动资产评估的一个重要特点就是对企业会计账表进行可用性判断，并确切了解企业在流动资产、成本费用等项目核算中所使用的程序和方法，在此基础上判断流动资产评估与这些会计程序、方法间的联系与区别，从而正确利用会计信息。
流动资产周转速度快，变现能力强，在价格变化不大的情况下，流动资产的账面价值基本上可以反映出流动资产的现值	在某些特定情况下，历史成本可以作为评估值。

【例1-3】（单项选择题）关于流动资产评估的特点，下列说法正确的是（　　）。

A. 需要对企业会计账表进行价值性判断

B. 评估基准日要尽可能与资产负债表日接近

C. 一般采用历史成本作为评估值

D. 一般需分类清查和评估

【答案】 D

【解析】 流动资产评估的一个重要特点就是对企业会计账表进行可用性判断，因此A项错误；流动资产评估基准日要尽可能与评估结论使用时点接近，因此B项错误；在某些特定情况下，历史成本可以作为评估值，因此C项错误；流动资产量大类繁，一般需进行分类清查和评估，因此D项正确。

【知识点3】流动资产评估目的和评估方式（★★）

（一）流动资产评估目的

（1）在企业产权变动，如股权转让、企业改制、合资合作经营、联营等需要采用资产基础法对企业价值进行评估时，单独对各类流动资产的评估；

（2）企业清算和资产变卖时，对所涉及的流动资产进行评估；

（3）保险索赔，对所涉及的流动资产进行评估；

（4）清产核资；

（5）会计核算需要；

（6）其他经济行为中对所涉及的流动资产进行评估。

（二）流动资产评估方式

上述不同目的的资产评估，按照流动资产自身的特点，大致有三种评估方式，如表1-3所示。

表1-3　流动资产评估方式

评估目的	评估方式
在企业持续经营条件下，流动资产按在用用途使用	（1）在股权转让、企业改制、合资合作经营和联营等产权变动的资产业务中，待估企业不改变生产经营方式、产品结构等，流动资产就可按在用用途评估； （2）清产核资、会计核算、保险索赔等，在总体上都是以企业持续经营、资产按在用用途使用为前提的，这种情况下，按重置成本评估流动资产。
在企业持续经营条件下，流动资产进入市场转移使用或出售	企业产权变动后，生产经营方式、产品结构等进行调整，未来生产经营对待估流动资产的需求大大减少或不需要。这种情况下，按变现净值评估流动资产。
在企业清算条件下，要求流动资产快速变现	按照快速变现净值评估流动资产。

【提示】在评估实践中，不同类型的流动资产变现性能不同，变现价值与账面价值可能存在较大差异，如包装物、低值易耗品等。而部分待摊费用的价值则可能损失殆尽。

【例1-4】（单项选择题）若评估的目的是清产核资、会计核算、保险索赔，则按照（　　）评估流动资产。

A. 市场价值　　B. 在用价值

C. 重置成本　　D. 收益现值

【答案】C

【解析】清产核资、会计核算、保险索赔等，在总体上都是以企业持续经营、资产按在用用途使用为前提的，这种情况下，按重置成本评估流动资产。

【例1-5】（单项选择题）评估目的不同时，流动资产按其自身特点可采取不同的方式进行评估。下列按变现净值评估的情形是（　　）。

A. 企业破产清算，进行资产变卖，要求流动资产快速变现

B. 企业股权转让，企业生产经营方式，产品结构不变的流动资产评估

C. 企业产权变动，生产经营方式调整，对被估流动资产的需求会大大减少

D. 企业清产核资，企业持续经营，资产按在用用途使用的流动资产评估

【答案】C

【解析】略。

【知识点4】企业负债的定义及其特点（★）

（一）企业负债的定义

企业负债是指过去的交易、事项形成的现时义务，履行该义务会导致经济利益流出企业。按流动性分类，负债可分为流动负债和长期负债。

流动负债一般包括短期借款、应付票据、应付账款、预收账款、应付职工薪酬、应付股利、应交税金和其他应付款。

流动负债以外的负债应当归类为非流动负债，一般包括长期借款、应付债券、长期应付款及递延收益等。

除上述负债类型，金融企业还有吸收存款、未决赔偿准备金、未到期责任准备金等负债项目。

（二）企业负债的特点

企业负债通常具有下列特点：

（1）负债是企业承担的现时义务；

（2）负债的清偿预期会导致经济利益流出企业；

（3）负债是由过去的交易或事项形成的。

【知识点5】企业负债评估的特点（★★）

（一）从理论上，负债评估要反映其市场价值

负债评估以价值判断为基础，反映企业负债在某一时点、特定评估目的下所具有的市场价值。负债评估结果是个经济概念，不是一种事实，而负债计量是依据企业会计准则，以实际发生额入账，是一种事实。

（二）评估实践中，负债评估多类似于会计核算审核性质

负债计量以事实判断为基础，反映企业现时义务。从评估实践不难看出，目前，负债评估实际上是核实各项负债在评估基准日债务人的实际负债额，其他资产评估常用的市场法、成本法、收益法等评估方法不适用。

【提示】采用资产基础法评估企业价值时，不仅要对其资产价值做出评估，还应对其负债价值进行评估和审核，尤其是对企业整体资产评估的目的为合并、兼并或收购时，收购企业在取得被收购企业资产的同时，往往还必须承担被收购企业所负担的债务。因此，对企业整体资产评估的同时，必须对其负债做进一步核实。

【知识点6】存货评估程序及清查核实方法（★★）

存货的评估程序及清查核实方法如表1-4所示。

表1-4　存货评估程序及清查核实方法

存货评估程序	具体内容
界定评估对象，确定评估范围	（1）存货评估范围和评估对象，由委托人根据评估对应的经济行为所涉及的资产范围确定，并通过评估委托合同予以约定，提供给评估机构。 （2）在评估实践中，对于企业产权变动的整体资产评估，企业账面核算的全部存货一般均为评估范围。对于单项存货评估，将委托人确定的存货资产范围清单作为评估范围。

续表

存货评估程序	具体内容
确定评估基准日	（1）一般来说，特别是企业产权变动的整体资产评估，评估基准日随同其他各单项资产的评估一同确定。 （2）确定评估基准日需要考虑的因素： ①与会计报表的时间尽可能接近； ②最好选择在评估工作期间或者与此临近的某个时点； ③尽可能地与资产变动发生或生效的时间接近，以便保证评估结论的可用性，减少价格调整的工作量。 尽管这三个因素并不总是一致的，但适当兼顾是可行的。
清查核实	（1）抽查核实的内容。存货盘点本身并不是资产评估工作的内容，也不是资产评估程序。根据委托人提供的存货账表清单，评估人员的主要工作内容有两项： ①通过抽查的方式来核实存货账表清单与实际数量、状况的一致性； ②核实存货的权属资料。 （2）抽查核实的范围和比例。抽查的范围和比例，应根据委托人（或产权持有人）的管理水平以及评估目的确定。评估实践中，关于采用抽查方式核实存货账表清单与实际数量、状况的一致性，一般情形如表 1－5 所示。
选择评估方法及评定估算	（1）存货评估一般采用市场法和成本法。 ①如果价格变动较大，则以市场价格为基础，分析存货本身是否具有按现行市场价格出售的可能性； ②如果价格变动不大，则可以以账面核算成本为基础，分析估算存货价值。 （2）影响存货评估方法选择的因素： ①评估目的； ②不同种类存货的特点。

存货抽查核实的范围和比例如表 1－5 所示。

表 1－5　　抽查核实的范围和比例

评估对象	抽查的范围和比例
委托人（或产权持有人）的存货管理规范，核算清晰明确	抽查范围和比例可以小一些。
存货评估结论对委托人（或产权持有人）的利害影响大	应对金额较大、易出现误差的存货进行详细核查。
抽查结果表明账实误差对评估结论没有影响	委托人（或产权持有人）提供的存货账表清单资料可以直接利用。
账实误差对评估结论影响较小	重点对量大值高的存货重新清查，其他则按抽查情况做适当调整，从而利用存货账表清单资料。
账实误差对评估结论影响较大	委托人提供的存货账表清单资料基本不能利用，应进行全面的清查核实。
对于由第三方保管或控制的存货，如果占整体资产数量和金额的比例较大，对评估结论影响较大	在切实可行的情况下，应通过其他方式（如函证），收集获取存货的数量和状况的信息，或者到第三方处对存货进行清查核实，以确认存货的真实性和准确性。
存货评估核实工作，还应特别关注存货有无霉烂、变质、毁损，有无超储呆滞等	与固定资产不同，存货一般不会出现磨损，以及大面积的技术性、功能性陈旧，但存货有时会出现损耗，这种损耗除反映为数量减少外，也反映在实体损耗和质量下降上。 在存货清查核实中，可以进行必要的检测和技术鉴定工作。

【提示】评估实践中，同时开展审计工作的资产评估项目，对存货进行清查核实，可以利用注册会计师的存货监盘结果资料，综合判断存货账表清单资料的可利用性。需要注意注册会计师实施存货监盘的结果资料能否直接用于评估，以及存货监盘中发现的问题对资产评估的影响。考虑资产评估工作效率，评估人员可以参与注册会计师存货监盘工作，例如，确定监盘存货的范围和比例，共同实施存货监盘工作；在参与注册会计师的存货监盘工作，特别是确定存货的监盘范围和比例时，应充分考虑满足资产评估工作的需要。

【例1－6】（单项选择题）下列关于存货评估基准日确定的说法中，错误的是（　　）。

A. 与会计报表的时间尽可能接近

B. 与其他资产的评估时点保持一致

C. 最好选择在评估工作期间或者与此临近的某个时点

D. 尽可能地与资产变动发生或生效的时间接近

【答案】B

【解析】确定评估基准日需要考虑的因素：与会计报表的时间尽可能接近，是为了方便地利用会计信息；最好选择在评估工作期间或者与此临近的某个时点；尽可能地与资产变动的发生或生效的时间接近，以便保证评估结论的可用性，减少因价格调整而产生的工作量。由于流动资产评估的特殊性，评估时点的确定可以与其他资产的评估时点的确定有所区别。

【例1－7】（单项选择题）下列选项不属于存货评估程序的是（　　）。

A. 确定评估范围、界定评估对象

B. 存货盘点

C. 确定评估基准日

D. 选择评估方法及评定估算

【答案】B

【解析】存货的评估程序包括：(1) 确定评估范围，界定评估对象；(2) 确定评估基准日；(3) 清查核实；(4) 选择评估方法及评定估算。存货的盘点，通常由委托方完成，并由委托方提供存货账表清单，根据委托方提供的存货账表清单，评估人员进行抽查核实。

【例1－8】（单项选择题）存货评估，首先要（　　），这是保证评估满足对应经济行为需要的重要前提条件之一。

A. 界定评估对象，确定评估范围

B. 确定评估基准日

C. 清查核实

D. 选择评估方法

【答案】A

【解析】略。

【知识点7】库存材料、低值易耗品、在产品、产成品及库存商品的评估方法（★★★）

（一）库存材料

1. 评估范围

企业中的材料，按其存放地点可分为库存材料和在用材料。

（1）在用材料在生产过程中已形成产成品或半成品，不再作为单独的材料存在；

（2）库存材料包括原料、辅助材料、燃料、修理用备件、外购半成品等。

2. 库存材料评估方法

可以根据材料购进情况的不同，选择相适应的评估方法，如表1－6所示。

表1－6　库存材料的评估方法

库存材料购进情况	评估方法
近期购进	近期购进的材料库存时间短，在市场价格变化不大的情况下，其账面价值与现行市价基本接近。评估时，可以采用成本法，也可采用市场法。
购进批次间隔时间长、价格变化大	可以采用最接近市场价格的材料价格或直接以市场价格作为其评估值。
缺乏准确现价	某些材料购进的时间早，市场已经脱销，评估基准日时无明确的市场价格信息可供参考或使用。评估时，可以通过寻找替代品的价格变动资料修正材料价格；也可以在分析市场供需的基础上，确定该项材料的供需关系，并以此修正材料价格；还可以通过市场同类商品的平均物价指数进行评估。
呆滞材料	对这类材料的评估，应在对其数量和质量进行核实和鉴定的基础上，区分不同情况进行评估。对其中失效、变质、残损、报废、无用的部分，应通过分析计算，扣除相应的贬值额后，确定评估值。

【例1－9】（单项选择题）在评估基准日一个月前购进某金属材料20吨，单价1.5万元/吨（不含税），购入时每吨运费200元（不含税）。资产评估时，经核实鉴定，尚余存货10吨，且此种金属材料价格近期基本稳定。依据上述资料，该金属材料应确定的评估值为（　　）元。

A. 150 000　　B. 152 000

C. 450 000　　D. 40 000

【答案】B

【解析】该金属材料属于近期购买，与现行市价基本接近，可采用成本法。

该金属材料评估值＝10×（15 000＋200）＝152 000（元）

【提示】评估时对于购进运杂费的处理。

对于购进时发生运杂费的材料，如果是从外地购进的，因运杂费数额较大，评估时应将由被评估材料分担的运杂费计入评估值；如果是从本地购进的，因运杂费数额较小，评估时可以不予考虑。

【例1－10】（单项选择题）企业现库存A燃料400吨，该燃料分三批购进，第一批600吨于8月1日购进，单价200元/吨；第二批1 000吨于10月1日购进，单价130元/吨；第三批800吨于12月25日购进，单价170元/吨。以当年12月31日为评估基准日进行评估，则该燃料的评估值为（　　）元。

A. 68 000　　B. 80 000

C. 52 000　　D. 64 333

【答案】A

【解析】由于各批次材料购进时价格波动较大，可以采用最接近市场价格的材料价格或直接以市场价格作为其评估值。

A燃料的评估值＝400×170＝68 000（元）

【提示1】存货计价方式不影响评估结果。

【提示2】分批购进、价格变化大的库存材料，评估时关键是核查库存材料在评估基准日时的实际数量，并按最接近市场价格估算其评估值。

【例1－11】（多项选择题）库存材料评估时，应根据材料购进情况的不同，选择适当的评估方法，并考虑其数量和质量，合理确定评估值。下列相关说法正确的有（　　）。

A. 库存材料计价方式的差异不影响评估结果

B. 购进时间长、市场价格变化大的库存材料，可采用市场法

C. 失效、变质、残损、报废、无用的库存材料，应扣除相应的贬值额

D. 购进时间短、市场价格变化不大的库存材料，可采用成本法

E. 购进时间短、市场价格变化大的库存材料，可采用成本法

【答案】ABCD

【解析】略。

（二）低值易耗品

低值易耗品的含义、分类和评估方法如表1－7所示。

表1－7　　低值易耗品的评估

项目	具体内容
含义	低值易耗品是指单项价值在规定限额以下或使用期限不满一年，但能多次使用而基本保持其实物形态的劳动资料。
分类	一般按其用途和使用情况分类： （1）按用途，低值易耗品可以分为一般工具、专用工具、替换设备、管理用具、劳动保护用品、其他低值易耗品等； （2）按使用情况，低值易耗品可以分为在库低值易耗品和在用低值易耗品两类。
评估方法	（1）在库低值易耗品的评估，可以根据具体情况，采用与库存材料评估相同的评估方法。 （2）在用低值易耗品评估，可以采用成本法。计算公式为： 在用低值易耗品评估值＝全新低值易耗品重置价值×成新率

【提示1】全新低值易耗品重置价值确定。

可以直接采用其账面价值（价格变动不大的情况下），也可以采用现行市场价格确定，有时还可以在账面价值基础上乘以其物价变动指数确定。

【提示2】由于低值易耗品的使用期限短于

固定资产，一般不考虑其功能性损耗和经济性损耗。

【提示3】低值易耗品成新率计算公式为：

$$成新率=\left(1-\frac{\dfrac{低值易耗品实际}{已使用月数}}{\dfrac{低值易耗品}{可使用月数}}\right)\times100\%$$

【提示4】低值易耗品成新率应根据实际损耗程度确定，而不能简单按照其摊销方式确定。

对低值易耗品采用摊销的方式将其价值转入成本、费用，摊销的目的在于计算成本、费用。但是，低值易耗品的摊销在会计上采用了较为简化的方法，这并不能完全反映低值易耗品的实际损耗程度。

【例1－12】（单项选择题）甲企业有作为低值易耗品的生产工具一批，原价750元，预计使用1年，现已使用8个月。该全新低值易耗品现行市价为1 200元，其评估值为（　　）元。

A. 250　　B. 400

C. 500　　D. 800

【答案】B

【解析】评估值 $=1\ 200\times\left(1-\frac{8}{12}\right)=400$（元）

【例1－13】（单项选择题）采用成本法对在用低值易耗品评估时，成新率的确定应根据（　　）。

A. 摊销方法

B. 已摊销数额

C. 实际损耗程度

D. 尚未摊销数额

【答案】C

【解析】低值易耗品的摊销并不完全反映低值易耗品的实际损耗程度，低值易耗品成新率应根据实际损耗程度确定。

（三）在产品

1. 含义

在产品包括生产过程中尚未加工完毕的在制品、已加工完毕但不能单独对外销售的半成品（可直接对外销售的自制半成品视同库存商品评估）。

2. 评估方法

在产品可采用成本法和市场法评估，具体应用如表1－8所示。

表1－8　　在产品的评估方法

评估方法	不同情况	具体应用
成本法	生产周期长	根据技术鉴定和质量检测的结果，按评估时的相关市场价格、费用水平重置同等级在产品及自制半成品所需投入合理的料工费估算评估值。
	生产周期短	对生产周期短的在产品，主要以其发生成本作为价值估算依据，在没有变现风险的情况下，可根据其账面值进行调整。具体方法有以下几种。 （1）根据价格变动系数调整成本计算评估值。 计算公式： 某项或某类在产品、自制半成品评估值＝原合理材料成本×（1＋价格变动系数）＋原合理工资、费用（含借款费用）×（1＋合理工资、费用变动系数） 【提示】在产品成本包括材料、工资费用、制造费用和财务费用四部分。 （2）按社会平均消耗定额和现行市价计算评估值。 计算公式（只考虑某几道工序，而在产品可能已经过若干道工序）： 某在产品评估值＝在产品实有数量×（该工序单件材料工艺定额×单位材料现行市价＋该工序单件工时定额×正常工资费用） 【提示】对于工艺定额的选取，有行业的平均物料消耗标准的，可按行业标准计算；没有行业统一标准的，按企业现行的工艺定额计算。 （3）按在产品的完工程度计算评估值。 计算公式： 在产品评估值＝产成品重置成本×在产品约当量 在产品约当量＝产成品数量×在产品完工率 【提示1】在产品约当量和完工率，可以根据其完成工序与全部工序比例、生产完成时间与生产周期比例确定。 【提示2】若在产品的材料是在生产开始时一次性投入，那么材料成本应该按照在产品的实际数量而不是约当产量进行计算。

续表

评估方法	不同情况	具体应用
市场法	通用性好	按同类在产品和半成品的市价，扣除销售过程中预计发生的相关费用后计算评估值。计算公式： 某在产品评估值 = 该种在产品实有数量 × 市场可接受的不含税的单价—预计销售过程中发生的费用 【提示】一般来说，待估资产通用性好，能用于产品配（部）件更换或用于维修等，评估价值就比较高。如果在调剂过程中有一定的变现风险，还需要考虑设立一个风险调整系数，计算可变现评估值。
	专用配件	对不能继续生产又无法通过市场调剂出去的专用配件等，只能按废料回收价格进行评估。 某报废在产品评估值 = 可回收废料的重量 × 单位重量现行的回收价格

【例 1－14】（单项选择题）某企业 A 产品的在产品经核实为 60 件，每件完工程度为 70%，每件产成品钢材的消耗定额为 500 千克，每千克平均价格为 3 元，每件产成品工时定额 100 小时，工资及其他薪酬每小时 2 元，其他费用每小时定额 4 元（假设此种产品不存在变现风险）。根据以上资料评估 A 产品的在产品价值为（　　）元。

A. 56 000　　B. 88 200
C. 16 800　　D. 63 000

【答案】B

【解析】各种成本费用按生产进度分批投入：原材料（钢材）成本 $=60\times500\times3\times70\%=63\ 000$（元），工资及其他薪酬 $=60\times100\times2\times70\%=8\ 400$（元），其他费用 $=60\times100\times4\times70\%=16\ 800$（元）。

A 产品的在产品的评估价值 $=63\ 000+8\ 400+16\ 800=88\ 200$（元）

【例 1－15】（单项选择题）关于生产周期短的在产品评估，以下评估方法错误的是（　　）。

A. 按评估时的相关市场价格、费用水平重置同等级在产品及自制半成品所需投入合理的料工费估算

B. 根据价格变动系数调整成本计算评估值

C. 按社会平均消耗定额和现行市价计算评估值

D. 按在产品的完工程度计算评估值

【答案】A

【解析】根据技术鉴定和质量检测的结果，按评估时的相关市场价格、费用水平重置同等级在产品及自制半成品所需投入合理的料工费估算评估值。这种评估方法只适用于生产周期较长的在产品的评估。

【例 1－16】（单项选择题）某产品全部加工完需要 10 小时，一批尚在加工过程中的在产品平均已完成 8 个小时加工工时，该批在产品共有 1 000 件，已知该产品产成品单位重置成本为 200 元，在成本消耗与加工工时成正比的情况下，该批在产品最可能的评估值为（　　）万元。

A. 16　　B. 20
C. 14　　D. 12

【答案】A

【解析】评估值 $=1\ 000\times\frac{8}{10}\times200=160\ 000$（元）

【例 1－17】（单项选择题）某企业 100 件在产品因转产需要出售而进行评估，评估人员根据在产品的完工程度和市场调查得知，评估基准日该在产品市场上可接受的不含税价为 120 元/件，销售费用约占不含税价的 5%，不考虑增值税及其附加税等其他因素，则该 100 件在产品的评估价值最接近（　　）元。

A. 12 000　　B. 13 920
C. 11 400　　D. 15 120

【答案】C

【解析】该在产品采用市场法评估，在产品评估值 = 该种在产品实有数量 × 市场可接受的不含税的单价—预计销售过程中发生的费用 $=100\times120\times(1-5\%)=11\ 400$（元）。

【例 1－18】（多项选择题）市场法对在产品进行评估时应考虑的因素主要是（　　）。

A. 市场价格　　B. 变现费用
C. 管理费用　　D. 实体性损耗
E. 功能性损耗

【答案】AB

【解析】市场法对在产品进行评估是按同类

在产品和半成品的市价，扣除销售过程中预计发生的相关费用后计算评估值。

（四）产成品及库存商品

1. 定义

产成品及库存商品包括已完工入库和已完工并经过质量检验但尚未办理入库手续的产成品以及商品流通企业的库存商品等。

2. 评估方法

如表1－9所示。

表1－9　产成品及库存商品的评估方法

评估方法	不同情况	具体应用
成本法	评估基准日与产成品完工时间较接近（成本变化不大）	可以直接按产成品账面成本确定其评估值。计算公式为： 产成品评估值＝产成品数量×产成品账面单位成本
	评估基准日与产成品完工时间间隔较长	产成品的成本费用变化较大时，可按下列两种方法计算： （1）产成品评估值＝产成品实有数量×［合理材料工艺定额×材料单位现行价格＋合理工时定额×单位小时合理工时工资、费用（含借款费用）］ （2）产成品评估值＝产成品实际成本×［材料成本比例×材料综合调整系数＋工资、费用（含借款费用）成本比例×工资、费用综合调整系数］
市场法	（1）应用市场法评估产成品价值，在选择市场价格时应注意考虑下列因素： ①库存商品的使用价值； ②分析市场供求关系和被评估产品的前景； ③所选择的价格应是在公开市场上所形成的近期交易价格，但非正常价格不能作为评估依据； ④对于产品技术水平先进，但产成品外表存有不同程度的残缺，可根据其损坏程度，通过调整系数予以调整。 （2）采用市场法评估产成品时，现行市场价格中包含了成本、税金和利润等因素，处理待实现的利润和税金，应视产成品评估目的和评估性质而定。	

【提示1】以库存商品出售为目的，应直接以现行市场价格作为其评估值，而无须考虑扣除为实现销售而发生的销售费用和相关税金。对交纳增值税的产成品，其销项税额尽管向购买方收取，但并不构成库存商品价格。

【提示2】在对企业以投资为目的的进行产成品评估时，由于产成品在新的企业中按市价销售后，流转税金和所得税等就要流出企业，追加的销售费用也应得到补偿；产成品评估值折价后作为投资者权益，具有分配收益依据的作用，因此，在这种情况下，应从市价中扣除各种税金和利润后，才能作为产成品评估值。

【例1－19】（单项选择题）某企业12月5日完工产品为3 000件，单位成本为150元，市场价格为200元/件，销售税费为5元/件，增值税税率为16%。12月31日对该批完工产品进行评估，如果成本变化不大，则该批完工产品的评估价值为（　　）元。

A. 600 000　　B. 150 000

C. 450 000　　D. 696 000

【答案】C

【解析】评估基准日与产成品完工时间较接近，成本变化不大时，可以直接按产成品账面成本确定其评估值。因此，该批完工产品的评估价值＝3 000×150＝450 000（元）。

【例1－20】（单项选择题）对A企业进行资产评估，经核查，该企业的产成品的实有数量为5 000件，根据分析，产成品合理材料工艺定额为300千克/件，合理工时定额为30小时，评估时产品的材料价格下跌，由原来的50元/千克下跌到40元/千克，单位小时合理工时工资、费用上升，由原来的15元/小时上升到20元/小时。根据上述材料，A企业产成品的评估价值为（　　）万元。

A. 7 725　　B. 6 300

C. 6 225　　D. 7 800

【答案】B

【解析】产成品的成本费用变化较大时，按材料、工资、费用现价调整账面成本。

产成品评估值 $=5\ 000\times(300\times40+30\times20)=63\ 000\ 000$（元）

【例1-21】（单项选择题）某企业产成品数量有50台，每台的实际成本为60元。根据会计核算资料，生产该产品的材料费用与工资、其他费用的比例为60:40，根据目前价格变动情况和其他相关资料，确定材料综合调整系数为1.15，工资、费用总和调整系数为1.02，则该产成品的评估值为（　　）元。

A. 3 450　　B. 3 000

C. 3 060　　D. 3 294

【答案】D

【解析】产成品的成本费用变化较大时，按材料、工资、费用现价调整账面成本。

评估值 $=60\times50\times(60\%\times1.15+40\%\times1.02)=3\ 294$（元）

【例1-22】（单项选择题）对于以出售为目的的库存商品，应（　　）确定其评估值。

A. 从市价中扣除各种税金和利润

B. 以现行市场价格作为其评估值，无须考虑扣除为实现销售而发生的销售费用和相关税金

C. 以可收回净收益

D. 根据出厂销售价格减去销售费用、全部税金和税后净利润

【答案】B

【解析】以库存商品出售为目的，就应直接以现行市场价格作为其评估值，而无须考虑扣除为实现销售而发生的销售费用和相关税金。企业以投资为目的进行产成品评估时，应从市价中扣除各种税金和利润后，作为产成品评估值。

【知识点8】房地产开发企业存货类型及评估方法（★）

（一）房地产开发企业存货类型

（1）原材料类存货，如用于开发土地、房屋、建筑物等的各种材料物资；

（2）设备类存货，如购入的用于房地产开发经营的各种设备；

（3）在产品类存货，如尚未开发的土地、房屋等；

（4）产成品类存货，如已完成开发建设全过程并已验收合格、可以按合同规定交付使用或对外销售的土地、房屋、配套设施；

（5）开发用品类存货，如进行房地产开发经营活动所必需的低值易耗品及其他用品等。

（二）房地产开发企业存货评估方法

如表1-10所示。

表1-10　　房地产开发企业存货的评估方法

评估对象		评估方法
原材料类存货、设备类存货、开发用品类存货	外购原材料、辅助材料、外购半成品	市场法
	在用低值易耗品	成本法
	在库低值易耗品	市场法
在产品类存货	未开发土地	市场法和假设开发法
	尚未完工的各种土地和房屋	假设开发法和成本法
产成品类存货	对外出售的产成品（商品住宅、写字楼、独立商铺等）	市场法
	对外出租的产成品（地下车库、大型超市等）	收益法

【提示1】外购原材料、辅助材料、外购半成品，根据清查核实后的数量乘以现行市场购买价，再加上合理的运杂费、损耗、验收整理入库费及其他合理费用，得出各项资产的评估值。对其中失效、变质、残损、报废、无用的，通过分析计算，扣除相应贬值额（保留变现净值）后，确定评估值。

【提示2】在用低值易耗品直接采用成本法进行评估。按清查核实结果，将同种低值易耗品的现行购置或制造价格加上合理的其他费用得出重置价值，再根据实际状况确定综合成新率，相乘后得出低值易耗品的评估值。

【提示3】 在库低值易耗品，直接根据现行购置或制造价格加上合理的其他费用确定评估值。对残损、无用、待报废的低值易耗品，需根据技术鉴定结果和有关凭证，通过分析计算，扣除相应贬值额（保留变现净值）后，确定评估值。

【例1-23】（多项选择题）关于房地产开发企业存货的评估，下列叙述正确的是（　）。

A. 对于外购原材料、辅助材料、燃料、外购半成品等应根据清查核实后的数量乘以现行市场购买价确定其市价

B. 对于在用低值易耗品直接采用成本法进行评估

C. 对于在库低值易耗品直接根据现行购置或制造价格加上合理的其他费用确定评估值

D. 对残损、无用、待报废的低值易耗品，需根据技术鉴定结果和有关凭证，通过分析计算，扣除相应贬值额（保留变现净值）后，确定评估值

E. 对于未开工的土地只能用假设开发法评估

【答案】 BCD

【解析】 外购原材料、辅助材料、燃料、外购半成品、在库低值易耗品，根据清查核实后的数量乘以现行市场购买价，再加上合理的运杂费、损耗、验收整理入库费及其他合理费用，得出各项资产的评估值。未开工的土地可以采用市场法和假设开发法评估。

【例1-24】（单项选择题）关于房地产开发企业存货的评估方法，下列说法错误的是（　）。

A. 未开工的土地可以采用市场法和假设开发法评估

B. 尚未完工的各种土地和房屋可以分别采用假设开发法和成本法评估

C. 对外出售的产成品可以采用市场法评估

D. 对外出租的产成品可以采用成本法评估

【答案】 D

【解析】 对外出租的产成品可以采用收益法评估。

【知识点9】非实物类流动资产评估程序及清查核实方法（★★）

（一）非实物类流动资产评估程序

1. 非实物类流动资产的定义

非实物类流动资产，是指除存货外的其他流动资产。

2. 非实物类流动资产评估程序

（1）了解账项核算具体内容；

（2）抽查核实账面记录的正确性；

（3）选择相应的评估方法；

（4）评定估算。

（二）非实物类流动资产的清查核实方法

非实物类流动资产的清查核实方法，视不同的资产类型有所不同。常用的清查核实方法有盘点、函证、抽查、访谈等。

【例1-25】（多项选择题）非实物类流动资产常用的清查核实方法有（　）。

A. 函证　　B. 盘点

C. 访谈　　D. 计算

E. 抽查

【答案】 ABCE

【解析】 略。

1. 盘点

盘点一般用于库存现金的清查核实。库存现金盘点通常指对已收到但未存入银行的现金、零用金、找换金等进行的盘点。

【提示】 库存现金盘点，是证实资产负债表中或申报的资产评估明细表中所列现金是否存在的一项重要评估程序。

（1）库存现金盘点的步骤。

①制定库存现金盘点程序，采取突击方式进行检查；

②审阅现金日记账并同时与现金收付凭证相核对；

③由出纳员将已办妥现金收付手续的收付款凭证登入现金日记账，并结出现金结余额；

④盘点保险柜的现金实存数，同时编制“库存现金盘点表”，分币种、面值列示盘点金额；

⑤盘点金额与现金日记账余额进行核对，如有差异，应查明原因，并做出记录或适当调整。

（2）盘点现金时，应注意的问题。

①复盘时，必须要求现金出纳人员始终在场；

②对于盘点中发现的冲抵库存现金的借条，未做报销的收据和发票，要在“库存现金盘点表”中加以说明；

③盘点完毕，现金退回给出纳人员时，应

取得出纳人员签字的收条或由收纳人员在盘点表上注明已收回盘点的现金；

④对于存放在不同地点的库存现金，应同时盘点。

2. 函证

资产评估中的函证，是评估人员对资产进行清查核实的方法之一，不是资产评估程序要求内容。要求资产评估执行审计函证程序，不属于资产评估执业准则规范内容。

【提示】评估实践中需要注意，“记录无误的函证”不能得出评估“无回收风险”的结论。

3. 抽查（会计凭证）

凭证抽查，是注册会计师审计工作中一项非常普遍却又十分重要的程序，也是评估工作中一项十分重要的评估程序。

【提示】会计科目或资产类型不同，凭证抽查所关注的内容不一样。

4. 访谈

访谈是一种重要的评估工作方法。就评估工作需要了解的信息，与被评估企业相关资产管理人员进行集中或一对一的访问、交谈，可以极大地帮助评估人员取得系统的信息，特别是账项核算的内容。

【知识点10】货币资金的评估（★）

货币资金价值在评估基准日不会发生变化，只存在不同币种的换算和不同货币资金形态的转换。因此，评估仅仅是金额核实。

（1）对现金的评估，实际上是通过对现金的盘点，与现金日记账和现金总账核对，确认现金数额。

（2）对各项银行存款的评估，实际上是通过银行函证与银行对账单等进行核对，核实各银行存款在评估基准日的实有数额。最后，以核实后的实有数额作为评估值。如有外币，一般按评估基准日的汇率换算成等值人民币。

【例1－26】（单项选择题）货币资产评估价值实际上是货币资产的（　　）。

A. 市场价格

B. 现行市价

C. 清算价格

D. 核实对账后的账面价值

【答案】D

【解析】货币资金不会因时间的变化而发生变化，只存在不同币种的换算和不同货币资金形态的转换，因此，不存在价值估算，而仅仅需要核实数额。

【知识点11】应收账款的评估（★★★）

应收款项属于债权类资产，应收款项是指债权已经成立，债务人负有偿债责任的各种款项的总称，包括应收账款和其他应收款。应收款项的评估如表1－11所示。

表1－11　应收款项的评估

<table>
<tr><th>项目</th><th colspan="2">具体内容</th></tr>
<tr><td>评估特点</td><td colspan="2">（1）因债权金额是事前形成、约定的，评估不是对债权金额的重新认定；
（2）应收款项评估的是“风险损失”；
（3）应收款项评估的是“未来现金资产”。</td></tr>
<tr><td rowspan="2">评估方法</td><td>公式</td><td>应收款项评估价值＝应收款项账面余额－已确定的坏账损失－预计可能发生的坏账风险损失</td></tr>
<tr><td>预计风险损失的方法</td><td>（1）坏账比例法。按坏账占全部应收款项的比例来判断不可收回的应收款项，从而确定坏账损失的数额。
坏账比例＝评估前若干年发生的坏账数额/评估前若干年应收及预付账款余额×100%
坏账损失额＝核实后的应收账款数额×坏账比例
（2）账龄分析法。根据应收账款的时间长短来估计坏账损失的一种方法。按账龄长短分成不同的组别，按不同组别估计坏账损失的可能性，进而估计坏账损失的金额。
账龄的划分一般有三种方法：最后账龄法、先进先出法和实际账龄法。</td></tr>
</table>

【提示1】应收款项评估的本质是对款项回收的“风险损失”和“未来回收价值现值”的判断，应收款项评估应该是“风险损失的预计”和“未来回收价值现值”的确定，而不是对应收账款账面记录的重新估计。

【提示2】在对应收账款评估时还应考虑

"坏账准备"科目的处理。一般来说，应收账款评估以后，账面上的"坏账准备"科目按零值计算，评估结果中没有此项目。对应收账款评估时，是按照实际可收回的可能性进行的。因此，应收账款评估值就不必再考虑坏账准备数额了。

【例1-27】（单项选择题）采用资产基础法评估持续经营企业的价值时，应收账款评估的本质是（　　）。

A. 确定账龄

B. 预计风险损失

C. 确认已经发生的坏账

D. 重新认定账面记录

【答案】 B

【解析】 应收款项评估应该是"风险损失的预计"和"未来回收价值现值"的确定，而不是对应收账款账面记录的重新估计。

【例1-28】（单项选择题）确定应收账款评估值的基本公式是：应收款项评估值等于（　　）。

A. 应收款项账面余额-已确定的坏账损失-预计可能发生的坏账风险损失

B. 应收款项账面余额-坏账准备-预计坏账风险损失

C. 应收款项账面余额-已确定坏账损失-坏账准备

D. 应收款项账面余额-坏账准备-坏账风险损失

【答案】 A

【解析】 略。

【例1-29】（单项选择题）关于已发生的坏账损失的确定，下列说法正确的是（　　）。

A. 根据已计提的坏账准备确定

B. 已发生的坏账损失应从应收款项中扣减

C. 已发生的坏账损失的确定方法有坏账比例法和账龄分析法

D. 根据估计的坏账准备确定

【答案】 B

【解析】 已发生的坏账损失，应由企业财务人员和负责审计的注册会计师对账面值进行调整，直接从应收款项中扣减，评估师应在核实、了解情况后，以审计调整后的应收账款金额作为评估的基础，在此基础上，预计未来的应收款项的风险损失；如果相关坏账损失企业财务人员和承担审计工作的注册会计师未进行调整，则应在应款款项账面余额的基础上，根据收集到的依据文件，从应收款项中扣减。

【例1-30】（单项选择题）某企业评估基准日应收账款净额为90万元，已提取坏账损失准备金10万元，该企业应收账款按账龄分析如表所示。则应收账款的评估值为（　　）万元。

账龄	金额（万元）	预计坏账损失率（%）	预计坏账损失金额（万元）
未到期	50	0.5	0.25
过期6个月	20	2	0.4
过期1年	15	10	1.5
过期2年	10	60	6
过期3年以上	5	100	5
合计	100		13.15

A. 90　　B. 86.85

C. 113.15　　D. 76.85

【答案】 B

【解析】 应收账款余额=90+10=100（万元），预计坏账损失金额=0.25+0.4+1.5+6+5=13.15（万元），应收账款评估值=100-13.15=86.85（万元）。

【例1-31】（单项选择题）一般来说，应收账款评估后，坏账准备科目的金额按（　　）计算。

A. 评估确定的坏账准备的金额

B. 原计提的金额

C. 零值

D. 无法确定

【答案】C

【解析】一般来说，应收账款评估以后，账面上的“坏账准备”科目按零值计算，评估结果中没有此项目。

【例1-32】（单项选择题）某企业前三年发生的坏账损失分别为120万元、110万元、120万元，前三年的应收账款余额分别为2 000万元、2 200万元、2 200万元，则该企业的坏账比例为（　　）。

A. 5.60%　　B. 5.38%

C. 5.47%　　D. 5.25%

【答案】C

【解析】坏账比例 $=\frac{120+110+120}{2\ 000+2\ 200+2\ 200}\times 100\%=5.47\%$

【知识点12】应收票据评估方法（★★）

如表1-12所示。

表1-12　应收票据的评估方法

评估方法	具体内容
按票据本利和计算	（1）原理：票据价值就是票据的到期值，不带息票据为票据的面值，带息票据为票据到期的本利和金额。因此，应收票据的评估价值为票据的面值加上应计利息。 （2）公式：应收票据评估值＝本金×（1＋利息率×时间）
按票据贴现值计算	（1）原理：对企业拥有的尚未到期的票据，按评估基准日从银行可以获得的贴现值计算确定评估值。 （2）公式：应收票据评估值＝票据到期价值—贴现息 贴现息＝票据到期价值×贴现率×贴现期 贴现日到票据到期日的时间间隔为贴现期。

【提示】若被评估的应收票据在规定的时间内未能收回，应按照应收账款的评估方法进行价值评估。

【例1-33】（单项选择题）某公司持有一张为期半年的商业承兑汇票，本金为100万元，利息率为12%，评估基准日离到期日还有2个月时间，估测票据价值为（　　）万元。

A. 104　　B. 112

C. 100　　D. 106

【答案】A

【解析】应收票据的评估价值为票据的面值加上应计利息。

应收票据评估值＝100×（1＋12%×4/12）＝104（万元）

【例1-34】（单项选择题）某企业出售商品取得不带息票据一张，票面金额50万元，期限90天，至评估基准日已持有30天，评估基准日的贴现率为6%，则票据的评估值为（　　）万元。

A. 49.25　　B. 49.75

C. 49　　D. 49.5

【答案】D

【解析】贴现期＝90－30＝60（天），票面到期价值为50万元，贴现息＝50×6%×60/360＝0.5（万元），票据评估价值＝50－0.5＝49.5（万元）。

【例1-35】（单项选择题）承【例1-34】，假如该票据票面为带息票据，票面利率为8%，其他条件不变，则该票据的评估值为（　　）万元。

A. 50　　B. 50.5

C. 50.49　　D. 50.51

【答案】C

【解析】贴现期＝90－30＝60（天），票据到期价值＝50×（1＋8%×90/360）＝51（万元），贴现息＝51×6%×60/360＝0.51（万元），票据评估值＝51－0.51＝50.49（万元）。

【知识点13】常见的企业负债评估（★★★）

（一）应付及预收款项

1. 应付及预收款项的内容

应付及预收款项包括应付账款、预收账款及其他应付款。

【例1-36】（多项选择题）常见的企业负债评估主要包括（　　）。

A. 长期应付款　　B. 应交税费

C. 预付账款　　D. 其他应付款

E. 应付票据

【答案】ABDE

【解析】预付账款评估属于资产评估。

【例1－37】（单项选择题）关于企业负债的评估，下列说法正确的是（　　）。

A. 负债评估是核实各项负债在评估基准日债务人的实际负债额

B. 负债评估主要是对企业负债金额的判断

C. 评估的基本思路是判断评估基准日负债数额是否正确

D. 常见负债评估包括银行借款、递延收益和待摊费用等

【答案】A

【解析】判断是否为企业实际承担的负债以及在评估基准日负债数额是否正确，是企业负债评估的基本思路。负债评估主要包括两方面内容：一是企业负债确认；二是对企业负债金额的判断。待摊费用是非实物流动资产评估范畴。

2. 评估程序

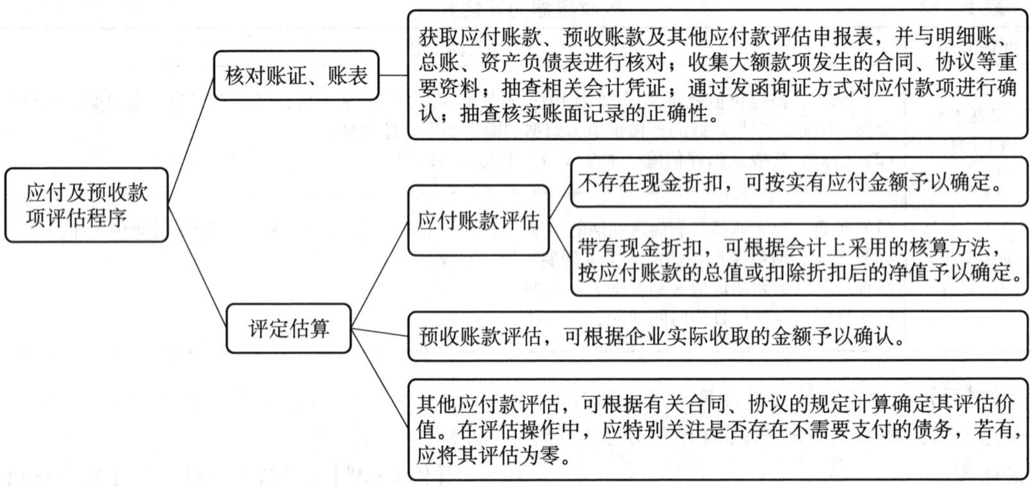

【例1－38】（多项选择题）应付及预收款项的评估程序包括（　　）。

A. 获取应付账款、预收账款及其他应付款评估申报表，并与明细账、总账、资产负债表进行核对

B. 对大额应付款项实地盘点

C. 收集大额款项发生的合同、协议等重要资料

D. 抽查相关会计凭证

E. 通过发函询证方式对应付款项进行确认

【答案】ACDE

【解析】实地盘点是评估有形资产常用的评估程序。

（二）应付职工薪酬

1. 应付职工薪酬的内容

应付职工薪酬是企业对职工个人的一种负债，是企业为获得职工提供的服务而给予各种形式的报酬以及其他相关支出，包括职工在职期间和离职后提供的全部货币性薪酬和非货币福利。

2. 评估程序

（1）收集有关职工薪酬、福利的制度及政策规定；

（2）核实相关计提基数及比例是否符合国家有关财务制度规定；

（3）获取工资明细表并与应付工资账户核对，核实其余额是否正确。

【提示】对于职工薪酬的评估，一般以核实后的余额作为评估值。

（三）银行借款

1. 银行借款的内容

银行借款包括短期借款、长期借款。

2. 评估程序

（1）收集、审查借款合同或协议，确认借款的真实性；

（2）向银行发出函证，确认借款金额的实有数；

（3）确定评估值。

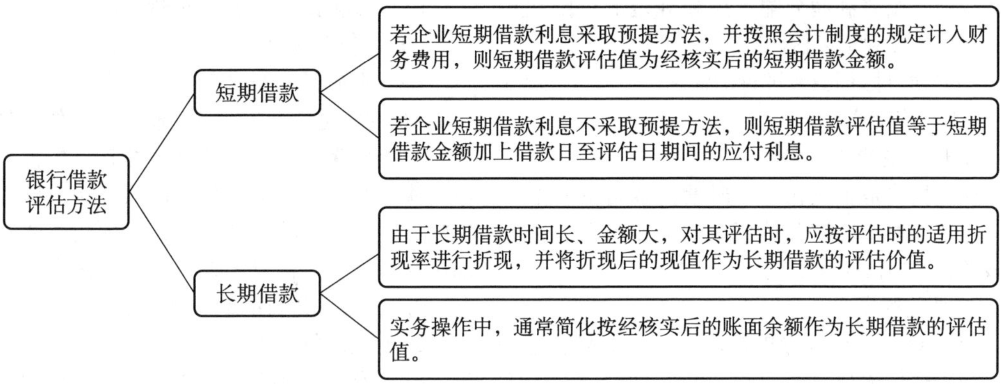

【例 1－39】（单项选择题）兴华公司于1月1日从银行借入一笔短期借款，共计2 000万元，期限9个月，年利率为8%，评估基准日为6月30日。根据与银行签署的借款合同，该笔借款的本金到期后一次性归还，利息分月计提按季支付，则兴华公司短期借款评估值为2 000万元。若兴华公司与银行签署的借款合同约定本息到期一次性支付，那么兴华公司短期借款评估值为（　　）万元。

A. 2 080　　B. 1 700

C. 1 860　　D. 3 000

【答案】 A

【解析】 短期借款评估时，若企业短期借款利息采取预提方法，并按照会计制度的规定计入财务费用，则短期借款评估值为经核实后的短期借款金额；若企业短期借款利息不采取预提方法，则短期借款评估值等于短期借款金额加上借款日至评估日期间的应付利息。

短期借款评估值 $=2\ 000\times\left(1+8\%\times\dfrac{6}{12}\right)=$ 2 080（万元）

（四）应付票据

1. 应付票据的含义

应付票据是由出票人出票，委托付款人在指定日期无条件支付确定的金额给收款人或持票人的票据，是委托付款人允诺在一定时期内支付一定款额的书面证明。在我国，应付票据是在采用商业票据结算方式下发生的。

2. 商业汇票的分类

（1）按承兑人不同分为商业承兑汇票和银行承兑汇票。

（2）按是否带息分为带息票据和不带息票据。目前我国常用的是不带息票据。

【提示】 评估时，应注意区分应付票据是否带息。

3. 到期后的处理方式

（1）应付商业承兑汇票到期，如企业无力支付票款，应将应付票据按票面金额转作应付账款；

（2）应付银行承兑汇票到期，如企业无力支付票款，应将应付票据的票面金额转作短期借款。

【例 1－40】（单项选择题）某企业1月1日开出为期5个月带息的商业承兑汇票200 000元，以抵付所欠货款，票面利率为4.8%。6月1日，该票据到期，假设评估基准日为5月1日，则该应付票据评估值为（　　）元。

A. 200 000　　B. 203 200

C. 204 000　　D. 200 800

【答案】 B

【解析】 应付票据的评估价值为票据的面值加上应计利息。

应付票据评估值 = 本金 ×（1 + 利息率 × 时间）= 200 000 ×（1 + 4.8% × 4/12）= 203 200（元）

【提示】 上述案例中，若企业到期无力支付，则转作应付账款203 200元。

（五）应付股利

1. 应付股利的内容

应付股利是指按协议规定应该支付给投资者的利润。

2. 评估程序

（1）获取被评估企业的合同、协议、章程、查看其有关利润分配的条款，如参与分配的股东人数及分配比例等，同时还应关注是否有对利润分配有限制性的条款；

（2）依据企业全年实现的经营收益或预计

经营收益，按照利润分配程序和规定的分配比例，对应付股利予以估计；

（3）对其账面数额进行确认。

（六）应交税费

1. 应交税费的内容

应交税费是企业在一定时期内取得的营业收入、实现的利润以及从事其他应税项目，需要按照规定向国家交税。

2. 评估程序

（1）获取应交税费申报表，与明细账、总账、报表进行核对；

（2）抽查凭证并记录、复核，以明确此项业务是否符合会计制度规定；

（3）核实应交税费的税种、税率和税目情况，了解税收政策、税收优惠政策并查阅有关政策规定；

（4）查阅评估基准日纳税申报表及税单并复印取证；

（5）检查应交税费上期未交数、本期应交数、已交数和期末未交数；

（6）经分析、核实后，确定评估结论；

（7）核实其他需要说明的事项。

（七）长期应付款

1. 长期应付款的内容

“长期应付款”项目，反映资产负债表日企业除长期借款和应付债券以外的其他各种长期应付款项的期末账面价值。该项目应根据“长期应付款”科目的期末余额，减去相关的“未确认融资费用”科目的期末余额后的金额以及“专项应付款”科目的期末余额填列。

2. 专项应付款的评估

（1）专项应付款的内容。“专项应付款”科目核算企业取得政府作为企业所有者投入的具有专项或特定用途的款项。

（2）专项应付款的评估程序。

①获取资金拨付文件或其他相关文件，确认该笔款项的性质、用途、金额及期限；

②与企业访谈了解该笔款项的使用情况；

③具体评估时应结合会计准则等规定，区分是否完工，分别进行评估。

（3）专项应付款的评估方法（见表1－13）。

表1－13　专项应付款的评估方法

项目完工情况	评估方法
未完工	按照账面值确定评估值。
完工	按形成资产的剩余寿命期所对应的价值确认评估值。 若评估目的涉及国有权益，应注意此部分拨款是否构成国有独享权益，并在评估结论中单独列示或充分披露。
拨款结余需要返还	按结余金额确定评估值。

【例1－41】（单项选择题）关于长期应付款的评估，下列叙述不正确的是（　　）。

A. 长期应付款评估值应根据其账面值分析确定

B. 长期应付款评估范围包括专项应付款

C. 专项应付款是企业取得政府作为企业所有者投入的具有专项或特定用途的款项

D. 长期应付款是资产负债表日企业除长期借款和应付债券以外的其他各种长期应付款项

【答案】 A

【解析】 长期应付款的评估范围包括长期应付款科目和专项应付款科目等，而专项应付款应区分是否完工，分别进行评估。

【例1－42】（多项选择题）关于专项应付款评估值的确定，下列叙述正确的是（　　）。

A. 项目未完工的，按照账面值确定评估值

B. 已完工的，按形成资产的价值确认评估值

C. 构成国有独享权益的，应在评估结论中单独列示或充分披露

D. 已完工的，评估值仅保留所得税

E. 拨款结余需要返还的，按结余金额确定评估值

【答案】 ACE

【解析】 项目已完工的，专项应付款按形成资产的剩余寿命期所对应的价值确认评估值。

（八）递延收益

1. 递延收益的内容

递延收益核算企业确认的应在以后期间计入当期损益的政府补助。

2. 递延收益的评估程序

（1）获取相关文件、了解相关政策，确认该笔款项的性质、用途、金额及期限；

（2）与企业访谈了解该笔款项的使用情况、所涉及企业所得税情况；

（3）具体评估时应结合会计准则、税法等的规定，区分是与资产相关还是与收益相关的递延收益，分别进行评估。

3. 递延收益的评估方法

如表1－14所示。

表1－14　递延收益的评估方法

政府补助的分类	评估方法
与资产相关	若该项工程还未完工，按照账面值保留其评估值。 若工程已经完工验收，评估值按照资产剩余寿命期所对应的价值进行确认。
与收益相关	用于补偿企业已发生的相关费用或损失的，评估值仅保留所得税。 用于补偿企业以后期间的相关费用或损失的，评估值按照相关费用期间所对应的价值进行确认。
同时包含与资产相关部分和与收益相关部分	应当区分不同部分，分别进行会计处理。 难以区分的，应当整体归类为与收益相关的政府补助。

【提示】 对递延收益的评估，应当特别注意对所得税费用的评估处理。政府补助如果确认为不征税收入，可以不考虑递延所得税负债，即上述用于补偿企业已发生的相关费用或损失的递延收益的评估值应为零。同时，涉及与该不征税收入对应的应纳所得税额计算时，不应扣除支出费用和支出形成资产的折旧、摊销等。

【例1－43】（多项选择题）关于递延收益的评估程序，下列叙述正确的是（　　）。

A. 首先要获取资金拨付文件、了解相关政策

B. 与企业访谈了解该笔款项的性质、用途、金额及期限

C. 与企业访谈了解该笔款项的使用情况、企业所得税情况

D. 结合会计准则等规定，区分是否完工，分别进行评估

E. 评估时要区分是与资产有关还是与收益相关，分别进行评估

【答案】 ACE

【解析】 对递延收益的评估，首先要获取相关文件、了解相关政策，确认该笔款项的性质、用途、金额及期限。具体评估时应结合会计准则、税法等的规定，区分是与资产相关还是与收益相关的递延收益，分别进行评估。

【例1－44】（单项选择题）2015年1月1日，开元公司接到当地政府通知，向其提供一台不需要安装的机器设备，以鼓励开元继续生产环保产品。该设备已办好相关手续，公允价值是1 000 000元，假设该设备使用寿命为10年，企业所得税税率为15%。若评估基准日为2020年6月30日，不考虑其他因素，该递延收益的评估值应为（　　）元。

A. 67 500　　B. 82 500

C. 150 000　　D. 450 000

【答案】 D

【解析】 该递延收益评估值＝100 000×4.5/10＝450 000（元）

【例1－45】（单项选择题）恒信公司1月31日收到当地政府补偿该公司因研发环保产品而发生的相关费用1 000 000元，企业所得税率为15%，若评估基准日为3月1日，不考虑其他因素，该递延收益的评估值应为（　　）元。

A. 0　　B. 150 000

C. 850 000　　D. 1 000 000

【答案】 B

【解析】 该递延收益评估值＝1 000 000×15%＝150 000（元）

【例1－46】（单项选择题）某粮食企业因购买储备粮，从1月1日起按规定每季季初收到财政扶持资金30万元，企业所得税税率为25%，评估基准日3月1日企业账面递延收益为30万元，不考虑其他因素，该递延收益的评估值应该是（　　）万元。

A. 2.5　　B. 7.5

C. 10　　D. 15

【答案】 D

【解析】该递延收益评估值 $=30\times\frac{2}{3}\times25\%+30\times\frac{1}{3}=15$（万元）。该递延收益与收益相关，其中，前 2 个月对应的递延收益属于用于补偿企业已发生的相关费用或损失的，评估值仅保留所得税；第 3 个月对应的递延收益属于用于补偿企业以后期间的相关费用或损失的，评估值按照相关费用期间所对应的价值进行确认。

精选练习题

一、单项选择题

1. 确定存货评估基准日不需要考虑的因素是（　　）。

A. 会计报表时间

B. 评估工作期间

C. 资产变动的发生或生效时间

D. 接受委托的时间

2. 有关常见负债评估的特点，下列说法错误的是（　　）。

A. 理论上，负债评估同样是反映其市场价值的

B. 价值量一般与企业偿债能力、现金流、经营风险、负债率、举债能力、资产规模和利率水平、汇率高低、通货膨胀率、整体经济形势等因素有关，有时候还需要考虑时间价值因素

C. 评估实践中，负债评估多类似于会计核算审核性质

D. 负债评估常用的方法有市场法、成本法、收益法等

3. 关于非实物类流动资产清查核实的叙述，错误的是（　　）。

A. 盘点主要用于货币资金、应收款项等的清查核实

B. 函证可以核实账面记录的正确性，但不能得出“无回收风险”结论

C. 资产类型不同，凭证抽查所关注的内容不同

D. 访谈可以大幅度缩减评估工作时间和发现相关记录存在的问题

4. 某低值易耗品账面原值 1 600 元，按五五法摊销，账面余额 800 元，预计可使用 1 年，实际已使用 8 个月，现行全新市场价格为 1 800 元，该低值易耗品评估值最可能为（　　）元。

A. 900　　B. 560

C. 600　　D. 400

5. 运用成本法评估在用低值易耗品时，关于全新重置价确定的说法，错误的是（　　）。

A. 可按购置成本乘以相应价格指数确定

B. 价格变动大的，可按购置时市场价格确定

C. 价格变动不大的，可按购置成本确定

D. 可按现行市场价格确定

6. 企业于 12 月 31 日对库存 A 材料进行评估。3 月购入该材料 600 千克，单价 1 500 元，已领用 400 千克；11 月购入 300 千克，单价 1 200 元，尚未领用。该企业会计采用先进先出法核算，则库存 A 材料的评估值为（　　）元。

A. 560 000　　B. 600 000

C. 660 000　　D. 580 000

7. 近期，企业从外地购买甲材料 40 吨，单价为每吨 3 000 元，当时支付运杂费 6 000 元，评估时清查盘点尚有 12 吨，不考虑相关税费，则该材料评估值为（　　）元。

A. 36 000　　B. 30 240

C. 38 600　　D. 37 800

8. 甲企业评估时，有某种在产品 30 件。该在产品的材料已投入 50%，完工程度为 30%。该产品的单位定额成本资料：材料 3 000 元，工资 1 000 元，制造费用 1 500 元。则该在产品的评估值为（　　）元。

A. 67 500　　B. 49 500

C. 82 500　　D. 165 000

9. 不同目的的流动资产评估，按照资产自身的特点，可以采取的评估方式有（　　）。

A. 清产核资、会计核算、保险索赔等，以企业持续经营、资产按在用用途使用为前提，按重置成本评估

B. 在企业持续经营条件下，流动资产进入市场转移使用或出售，按市场价值评估

C. 企业清算条件下，流动资产按变现净值评估

D. 在企业改制、合资合作经营和联营等产权变动的资产业务中，按重置成本评估

10. 对企业的 A 产成品进行评估，A 产成品共计 2 500 件，账面值为 150 000 元。根据会计资料，在 A 产成品账面值中原材料成本占 70%，

人工费用及其他费用占30%。已知在评估基准日原材料价格比A产成品入账时上升了4.5%，人工及其他费用比入账时平均上升了2%，全部A产成品保存完好，若不考虑其他因素，则A产成品的评估值最接近（ ）元。

A. 154 625　　B. 155 625

C. 154 850　　D. 156 000

11. 评估外币存款时，应按照（ ）汇率将外币存款折算成等值的人民币。

A. 当年平均　　B. 评估现场工作日

C. 评估基准日　　D. 当月平均

12. 甲公司委托评估的应收款项账面原值5 000元，坏账准备600元，净值4 400元。评估时确定其回收风险损失率为20%，审计机构确定的坏账准备为750元，该应收款项的评估值接近（ ）元。

A. 4 400　　B. 4 350

C. 4 000　　D. 3 250

13. 企业于12月31日对应收账款进行评估，核实的应收账款余额为400万元，评估前五年应收账款累计余额为780万元，累计实际发生坏账损失120万元，按坏账比例法计算该企业应收账款评估值最可能为（ ）万元。

A. 336　　B. 348.66

C. 400　　D. 338.46

14. 甲企业1月1日开出为期6个月带息的银行承兑汇票500 000元，以抵付上月购料所欠乙企业的货款，汇票票面年利率为4.5%，7月1日给乙企业的带息的银行承兑汇票已到期，假设评估基准日为6月30日，则该应付票据的评估值为（ ）元。

A. 500 000　　B. 509 375

C. 511 250　　D. 512 000

15. 运用成本法评估工业企业在产品时，成本项目不应包括（ ）。

A. 生产工人工资

B. 原材料成本

C. 销售人员工资

D. 生产线折旧费用

16. 甲企业于上年1月1日租入一个仓库，租期3年，一次性支付租金9万元。今年1月向保险公司支付全年火灾保险费240元，4月1日甲企业欲将该商铺转租给乙企业，其账簿上房租已摊销6万元。那么乙应支付的客观租金约为（ ）元。

A. 52 640　　B. 47 560

C. 52 500　　D. 52 680

17. 先进先出、加权平均等存货计价方法的差异（ ）评估结果。

A. 影响　　B. 不影响

C. 部分影响　　D. 可能影响

18. 评估人员对某企业的库存甲材料进行评估，被评估甲材料共分三批购入。第一批购入100吨，材料价款共计320 000元，运输费用1 500元；第二批购入100吨，材料价款共计350 000元，运输费用2 000元；第三批于评估基准日当天购入，数量为150吨，材料价款510 000元，运输费用3 300元。经清查，评估基准日企业库存甲材料200吨且保存完好，则该企业甲材料的评估值最接近（ ）元。

A. 677 219　　B. 684 400

C. 689 300　　D. 691 340

19. A企业在产品评估基准日的账面总成本为300万元，经评估人员核查，发现其中有100件产品为超过正常范围的废品，其账面成本为1万元，估计可回收的废料价值为0.2万元，另外，还将前期漏转的费用5万元，计入了本期成本，该企业在产品的评估值接近（ ）万元。

A. 294.2　　B. 197

C. 295　　D. 299.2

20. 某企业产成品实有数量1 000件，每件实际成本42元。根据会计核算资料，生产该产品的材料费用占总成本的70%工资，其他费用占总成本的30%。根据目前价格变动情况和其他相关资料，确定材料综合调整系数为1.1，工资、其他综合调整系数为1.05，据此计算该产品的评估值为（ ）元。

A. 44 100　　B. 42 000

C. 46 200　　D. 45 570

21. A企业向B企业售出商品，价款500万元，商定6个月后收款，采用商业承兑汇票结算。A企业2月1日开出汇票，并由B企业承兑，汇票到期日为8月1日。5月3日对A企业进行评估，由此确定的贴现日期为90天，贴现率按月息6‰计算，则该应收票据的评估值为（ ）万元。

A. 491　　B. 509

C. 456　　D. 650

22. 某公司于1月1日从银行借入一笔2 000万元的短期借款，期限为10个月，年利率为6%，到期后一次性归还本金，利息分月计提按季支付。若评估基准日为3月31日，该笔短期借款评估值为（　　）万元。

A. 2 100　　B. 2 070

C. 2 030　　D. 2 000

23. 甲企业有一张期限为半年的带息应收票据，本金100万元，年利率为6%，评估基准日离到期付款日尚有4个月时间，该票据的评估值为（　　）万元。

A. 101　　B. 102

C. 103　　D. 106

24. 2017年1月1日，某公司接到当地政府通知，向其提供一台不需要安装的机器设备，以鼓励该公司继续生产环保产品。该设备已办好相关手续，公允价值是500 000元，假设该设备使用寿命为10年，企业所得税税率为15%。若评估基准日为2020年1月1日，不考虑其他因素，该递延收益的评估值应为（　　）元。

A. 22 500　　B. 52 500

C. 75 000　　D. 350 000

25. 因疫情原因，某企业2020年初收到政府补贴100万元，用于恢复生产，无须偿还且免征所得税。评估基准日2020年6月30日企业账面该递延收益为100万元，企业所得税税率为15%，不考虑其他因素，该递延收益的评估值为（　　）万元。

A. 15　　B. 100

C. 50　　D. 57.5

26. 关于企业负债的评估，错误的是（　　）。

A. 专项应付款，应按照账面值确定评估值

B. 预收账款，可根据企业实际收取的金额确定评估值

C. 不需要支付的其他应付款，评估值为0

D. 借款利息采取预提方法，并按照会计制度的规定计入财务费用，对应的短期借款已核实无误的本金作为评估值

27. 某评估公司受托对A企业应收账款进行评估，经核实A企业应收账款账面余额为978 000元，欠款单位、金额、账龄情况及预计坏账损失率如下表所示，A企业应收账款评估值为（　　）元。

A企业应收账款账龄分析表　　单位：元

欠款单位	总金额	未到期	已过期			
			半年	1年	2年	3年及以上
甲	294 000	158 000	70 000	15 000	40 000	11 000
乙	146 000	50 000	60 000	36 000		
丙	538 000	330 000	120 000		57 000	31 000
预计坏账损失率		1%	10%	15%	25%	40%

A. 978 000　　B. 898 920

C. 936 000　　D. 800 004

28. 某企业在产品A实有数量300件，根据其完成工序与全部工序比例确定的完工率为60%，产成品单位重置成本为5元/件，则该在产品的评估值为（　　）元。

A. 900　　B. 180

C. 2 500　　D. 1 500

二、多项选择题

1. 股权转让、企业改制、合资合作经营、联营等产权变动的资产业务中，流动资产可以采用（　　）评估方式。

A. 按在用用途评估

B. 按快速变现净值评估

C. 按重置成本评估

D. 按变现净值评估

E. 按账面价值评估

2. 关于存货清查核实的说法，正确的有（　　）。

A. 存货的清查盘点，通常由委托人提供存货清单，评估专业人员完成

B. 必要时可以对存货进行检测和技术鉴定工作

C. 需要对有无变质、毁损、超储呆滞等情况进行核实

D. 对于第三方保管的存货，只能采用函证

进行核实

E. 委托人存货管理水平高，可以不再抽查

3. 产成品及库存商品的评估一般可采用（　　）。

A. 假设开发法　　B. 成本法

C. 收益法　　D. 市场法

E. 剩余法

4. 确定可能发生的坏账的方法主要有（　　）。

A. ABC 分析法　　B. 坏账准备金法

C. 账龄分析法　　D. 坏账比例法

E. 实际损失法

5. 对于带息应收票据可以采用（　　）进行评估。

A. 账面净额　　B. 票据面值

C. 票据本利和　　D. 票据贴现值

E. 票据到期值折现

6. 应用市场法评估产成品的价值，在选择市场价格时应注意考虑的因素包括（　　）。

A. 产成品的使用价值

B. 分析市场供求关系和被评估产品的前景

C. 所选择的价格是在公开市场上所形成的近期交易价格

D. 对不是在公开市场上交易的价格，进行综合分析调整才能作为评估的价格

E. 对于产品技术先进，但产品外表存在不同程度的残缺，可根据其损坏程度，通过调整系数予以调整

7. 关于应收款项的评估，下列叙述正确的是（　　）。

A. 应收款项的评估值 = 应收款项的账面余额 - 坏账准备 - 预计坏账风险损失

B. 预计坏账风险损失的确定方法有坏账准备法、账龄分析法

C. 坏账比例 = 评估前若干年发生的坏账数额/评估前若干年应收款项余额 × 100%

D. 在计算坏账比例时，应将因特殊原因造成的坏账从中扣除

E. 应收款项评估的本质是对债权金额的重新认定

8. 关于银行借款的评估，下列说法正确的是（　　）。

A. 长期借款评估应按适用折现率进行折现作为评估值

B. 短期借款评估值等于短期借款金额加上借款日至评估日期间的应付利息

C. 短期借款评估应按核实后的账面余额作为评估值

D. 实务操作中长期借款可按核实后的账面余额作为评估值

E. 银行借款评估值按银行函证确认的借款金额确定

9. 在对库存材料进行评估时，能够对其评估结果产生影响的有（　　）。

A. 实际数量　　B. 入账数量

C. 入账价格　　D. 市场价格

E. 计价方式

10. 应收款项评估的特点说法正确的是（　　）。

A. 应收款项评估的是“风险损失”

B. 因债权金额是事前形成、约定的，评估不是对债权金额的重新认定

C. 应收款项评估的是“未来现金资产”

D. 应收款项评估的本质是对应收账款账面记录的重新估计

E. 可以按照账面价值作为评估值

11. 下列关于房地产开发企业存货评估方法正确的是（　　）。

A. 对外出售的产成品可以采用市场法评估

B. 对于在库低值易耗品直接根据现行购置或制造价格加上合理的其他费用确定评估值

C. 未开发的土地可以采用成本法和假设开发法评估

D. 对于外购原材料、辅助材料、燃料、外购半成品等应根据清查核实后的数量乘以现行市场购买价确定其评估值

E. 对外出租的产成品可以采用收益法评估

12. 关于库存材料的评估，下列说法正确的是（　　）。

A. 近期购进的材料，在市场价格变化不大的情况下，其账面价值与现行市价基本接近，评估时可以采用成本法，也可采用市场法

B. 对于购进批次间隔时间长、价格变化大的库存材料评估可以采用最接近市场价格的材料价格或直接以市场价格作为其评估值

C. 对于缺乏准确现价的库存材料评估，可以通过寻找替代品的价格变动资料修正材料价格

D. 呆滞材料的评估应该扣除相应的贬值数额，确定评估值

E. 库存材料评估时，成本法与市场法可以替代使用

13. 关于递延收益评估下列叙述正确的是（　　）。

A. 首先要获取资金拨付文件、了解相关政策，确认该笔款项的性质、用途、金额及期限

B. 与资产相关，若项目已完工，按资产剩余寿命期所对应的价值确定

C. 与收益相关，用于补偿企业以后期间的费用或损失，评估值仅保留所得税

D. 包含与资产相关和收益相关部分的，应区别不同部分进行评估

E. 评估对象是企业取得政府作为企业所有者投入的具有专项或特定用途的款项

14. 下列关于存货清查核实的说法中，正确的有（　　）。

A. 必须核实存货的权属资料

B. 可以采用抽查的方法核实

C. 无须关注存货的质量下降或效用降低的问题

D. 存货应由评估人员来进行盘点并编制存货账表清单

E. 可以进行必要的检测和技术鉴定

三、综合题

1. 现有某企业的库存材料、库存商品和低值易耗品资料如下：

（1）评估基准日前一个月从外地购进库存材料 100 千克，单价 200 元，当时支付运杂费 1 500 元，根据原始记录和清查盘点，评估时库存材料尚存 40 千克。

（2）截至评估基准日，企业库存商品实有数 50 件，每件实际成本 240 元，该库存商品的材料费与工资、其他费用的比例为 60% 和 40%，据目前有关资料，材料费用综合调整系数是 1.36，工资、其他费用的综合调整系数是 1.05。

（3）截至评估基准日，在用低值易耗品原价 1 300 元，预计使用 1 年，现已使用 3 个月，该种全新低值易耗品现行市价 800 元。

要求：

（1）低值易耗品按其用途和使用情况的分类是什么？目的何在？

（2）根据以上资料，评估该企业的库存材料、库存商品和低值易耗品价值。

2. 对甲企业 A 在产品的调查资料如下：

（1）截至评估基准日，A 在产品账面累计总成本为 220 万元，经查实有 200 件 A 在产品报废，账面单位成本为 100 元/件，估计其可回收的废料价值为 4 000 元。

（2）A 在产品的材料成本占总成本的 65%，按其生产准备到评估基准日有半年时间，据了解，同类生产材料在半年内价格上涨了 8%。

（3）根据 A 在产品的费用分析表明，本期在产品的单位产品费用偏高，主要系前期漏转费用 6 万元计入本期成本，其他费用在半年内未变化。

要求：

（1）生产经营正常、会计核算水平较高的企业的在产品的评估，宜采用什么方法？具体的评估步骤是什么？

（2）按照该方法确定在产品的评估值。

3. 甲企业由于经营不善等原因，现生产全面停止，现对其库存的在产品 A、B、C 进行评估。有关评估资料如下：

（1）在产品 A 已从仓库中领出，但尚未进行加工处理。这批在产品 A 共有 800 件，账面价值为 25 000 元，经调查，该在产品如完好无损地出售，单位市价为 60 元/件。

（2）在产品 B 已加工成部件，共有 600 件，账面价值为 6 600 元，可通过市场调剂且流动性较好。据调查了解，该在产品的市场可接受价格为 10 元/件，调剂费用为 100 元，但调剂存在风险，预计能够实现调剂价格的 80%。

（3）在产品 C 已加工成部件，账面价值为 3 000 元，但是对于兼并后的企业来说，在产品 C 已经没有继续加工的价值，而且也无法调剂出去。经分析，该在产品只能作为报废的在制品处理，可回收的价格为 700 元。

要求：

（1）请简述在成本法下对于生产周期短的在产品，在没有变现风险的情况下，可根据其账面值进行调整的 3 种具体方法。

（2）根据以上资料，用市场法确定该企业在产品的评估值。

4. 现对甲企业进行应收账款的评估，经核查评估基准日应收账款余额为 250 万元，根据以前资料，前 3 年累计坏账损失 45 万元，应收

账款余额累计 240 万元，预计发生收款费用 4.5 万元。

要求：

（1）应收款项的经济特点是债权以明确的货币金额量化，无论是否约定偿债期，到期偿还的债务额都是事前形成、约定的，请简述由此决定的应收账款的评估特点。

（2）列出应收账款评估的基本公式。

（3）根据上述材料计算应收账款的评估值。

5. M 公司与评估相关的业务资料如下：

（1）M 公司于 4 月 1 日从银行借入一笔 5 000 万元的短期借款，期限 10 个月，年利率 8%，到期后一次性还本付息，企业未预提借款利息。

（2）M 公司于 4 月 1 日开出为期 5 个月带息的商业承兑汇票 50 万元，以抵付所欠货款，票面利率 6%。

（3）M 公司涉及一起诉讼案件。根据类似的经验以及公司所聘请律师意见判断，M 公司在该起诉中胜诉的可能性有 40%，败诉的可能性有 60%。如果败诉，将要赔偿 2 000 万元，另需承担诉讼费 30 万元。

（4）评估基准日为 7 月 1 日。

要求：

（1）根据资料（1），评估 M 公司短期借款的价值。

（2）根据资料（2），评估 M 公司应付票据的价值。

（3）根据资料（3），评估 M 公司应确认的负债金额。

精选练习题参考答案及解析

一、单项选择题

1. **【答案】** D

【解析】 一般来说，特别是企业产权变动的整体资产评估，评估基准日随同其他各单项资产的评估一同确定，至少需要考虑几个因素：一是与会计报表的时间尽可能接近；二是最好选择在评估工作期间或者与此临近的某个时点；三是尽可能地与资产变动的发生或生效的时间接近。尽管这三个因素并不总是一致的，但适当兼顾是可行的。对于单项存货评估，尽管可以不需考虑其他单项流动资产的评估，但考虑上述因素也是评估工作需要的。

2. **【答案】** D

【解析】 负债评估实际上是核实各项负债在评估基准日债务人的实际负债额，其他资产评估常用的市场法、成本法、收益法等评估方法不适用。

3. **【答案】** A

【解析】 盘点一般用于库存现金的清查核实。

4. **【答案】** C

【解析】 该低值易耗品评估值 $= 1\ 800 \times \left(1 - \frac{8}{12}\right) = 600$（元）

5. **【答案】** B

【解析】 全新低值易耗品重置价值，可以直接采用其账面价值（在价格变动不大的情况下），也可以采用现行市场价格确定，有时还可以在账面价值基础上乘以其物价变动指数确定。

6. **【答案】** B

【解析】 对购进批次间隔时间长、价格变化大的库存材料进行评估，可以采用最接近市场价格的材料价格或直接以市场价格作为其评估值，评估值 $= 1\ 200 \times (200 + 300) = 600\ 000$（元）。

7. **【答案】** D

【解析】 该材料评估值 $= 12 \times \left(3\ 000 + \frac{6\ 000}{40}\right) = 37\ 800$（元）

8. **【答案】** A

【解析】 在产品材料的约当量 $= 30 \times 50\% = 15$（件），在产品工资和制造费用的约当量 $= 30 \times 30\% = 9$（件），在产品的评估价值 $= 15 \times 3\ 000 + 9 \times (1\ 000 + 1\ 500) = 67\ 500$（元）。

9. **【答案】** A

【解析】 在企业改制、合资合作经营和联营等产权变动的资产业务中，被估企业不改变生产经营方式、产品结构等，流动资产就可按在用用途评估。企业产权变动后，生产经营方式、产品结构等进行调整，未来生产经营对被估流动资产的需求大大减少或不需要。这种情况下，按变现净值评估流动资产。在企业清算条件下，要求流动资产快速变现，按快速变现净值评估流动资产。

10. **【答案】** B

【解析】 A 产成品的评估值 $= 150\ 000 \times [70\% \times (1 + 4.5\%) + 30\% \times (1 + 2\%)] = 155\ 625$（元）

11. 【答案】C

【解析】评估外币存款时一般按评估基准日时的汇率换算成等值人民币。

12. 【答案】C

【解析】应收款项的评估值 $=5\ 000\times(1-20\%)=4\ 000$（元）

账面坏账准备与审计后的坏账准备都是干扰项。资产评估中评估应收账款的公式各个因素都是评估确定的，与审计和会计确定的相关数据没有直接关系。

13. 【答案】D

【解析】应收账款评估值 $=400\times\left(1-\frac{120}{780}\right)=338.46$（万元）

14. 【答案】C

【解析】应付票据评估值 $=500\ 000\times\left(1+4.5\%\times\frac{6}{12}\right)=511\ 250$（元）

15. 【答案】C

【解析】在产品成本包括材料、工资费用、制造费用和借款费用四部分。生产线折旧费用属于制造费用。销售人员工资属于销售费用，不计入在产品成本。

16. 【答案】D

【解析】租金价值 $=90\ 000\times\frac{36-15}{3\times12}+240\times\frac{9}{12}=52\ 680$（元）

17. 【答案】B

【解析】存货的价值的评估结果不受企业采用的会计计价方法的影响。

18. 【答案】B

【解析】原材料评估值与计价方法没有关系。

评估值 $=\frac{510\ 000+3\ 300}{150}\times200=684\ 400$（元）

19. 【答案】A

【解析】在产品的评估值 $=300-1+0.2-5=294.2$（万元）

20. 【答案】D

【解析】产成品的评估值 $=42\times1\ 000\times(70\%\times1.1+30\%\times1.05)=45\ 570$（元）

21. 【答案】A

【解析】贴现息 $=500\times6‰\times\frac{1}{30}\times90=9$（万元）

应收票据评估值 $=500-9=491$（万元）

22. 【答案】D

【解析】若企业短期借款利息采取预提方法，并按照会计制度的规定计入财务费用，则短期借款评估值为经核实后的短期借款金额；若企业短期借款利息不采取预提方法，则短期借款评估值等于短期借款金额加上借款日至评估日期间的应付利息。

23. 【答案】A

【解析】应收票据的评估价值为票据的面值加上应计利息。

应收票据评估值 $=100\times\left(1+6\%\times\frac{2}{12}\right)=101$（万元）

24. 【答案】D

【解析】与资产相关的，若工程已经完工验收，评估值按照资产剩余寿命期所对应的价值进行确认。

该递延收益评估值 $=500\ 000\times\frac{7}{10}=350\ 000$（元）

25. 【答案】C

【解析】与收益相关，用于补偿企业已发生的相关费用或损失的，评估值仅保留所得税；用于补偿企业以后期间的相关费用或损失的，评估值按照相关费用期间所对应的价值进行确认。

该递延收益评估值 $=100\times\frac{6}{12}=50$（万元）

26. 【答案】A

【解析】专项应付款的评估方法如表 1－15 所示。

27. 【答案】B

【解析】应收账款评估值 $=978\ 000-(158\ 000+50\ 000+330\ 000)\times1\%-(70\ 000+60\ 000+120\ 000)\times10\%-(15\ 000+36\ 000)\times15\%-(40\ 000+57\ 000)\times25\%-(11\ 000+31\ 000)\times40\%=898\ 920$（元）

28. 【答案】A

【解析】该在产品的评估值 $=300\times60\%\times5=900$（元）

二、多项选择题

1. 【答案】AD

【解析】在股权转让、企业改制、合资合作经营和联营等产权变动的资产业务中，被估企业不改变生产经营方式、产品结构等，流动资产就可按在用用途评估。企业产权变动后，生产经营方式、产品结构等进行调整，未来生产经营对被估流动资产的需求大大减少或不需要，这种情况下，按变现净值评估流动资产。

2.【答案】BC

【解析】存货盘点，通常由委托人完成，并由委托人提供存货账表清单。对于由第三方保管或控制的存货，如果占整体资产数量和金额的比例较大，对评估结论影响较大，在切实可行的情况下，应向持有被评估单位存货的第三方发出函证，获取存货的数量和状况信息，或者到第三方处实施存货的清查核实，以确认存货的真实性和准确性。委托人（或产权持有人）的存货管理规范，核算清晰准确，抽查范围和比例可以小一些。

3.【答案】BD

【解析】对于库存商品和产成品，根据其变现能力和市场可接受的价格进行评估，适用的方法有成本法和市场法。

4.【答案】CD

【解析】对于预计可能发生的坏账损失定量的分析方法有账龄分析法、坏账比例法。

5.【答案】CD

【解析】应收票据可以采取两种方法进行评估：按票据的本利和计算；按应收票据的贴现值计算。

6.【答案】ABCE

【解析】非正常交易价格不能作为评估的依据。

7.【答案】CD

【解析】应收款项评估价值＝应收款项账面余额—已确定的坏账损失—预计可能发生的坏账风险损失。预计风险损失的确定方法有坏账比例法、账龄分析法。债权金额是事前形成、约定的，评估不是对债权金额的重新认定。

8.【答案】AD

【解析】若企业短期借款利息采取预提方法，并按照会计制度的规定计入财务费用，则短期借款评估值为经核实后的短期借款金额；若企业短期借款利息不采取预提方法，则短期借款评估值等于短期借款金额加上借款日至评估日期间的应付利息。确定评估值前，应向银行发出函证，确认借款金额的实有数。

9.【答案】AD

【解析】存货计价方式的差异不应影响评估结果。评估时关键是核查库存材料在评估基准日时的实际数量，并按最接近市场的价格估算其评估值。

10.【答案】ABC

【解析】应收款项评估具有如下特点：

（1）因债权金额是事前形成、约定的，评估不是对债权金额的重新认定。应收款项账面余额反映的是已经发生的经济业务和已经成立的债权价值，资产评估并不是对应收款项金额（账面记录）的重新估计或确定。

（2）应收款项评估的是“风险损失”。

（3）应收款项评估的是“未来现金资产”。

11.【答案】ABE

【解析】未开发的土地可以采用市场法和假设开发法评估。外购原材料、辅助材料、燃料、外购半成品、在库低值易耗品，根据清查核实后的数量乘以现行市场购买价，再加上合理的运杂费、损耗、验收整理入库费及其他合理费用，得出各项资产的评估值。

12.【答案】ABCD

【解析】在某种材料存在活跃市场、供求基本平衡的情况下，成本法和市场法可以替代使用。如不具备上述条件，则应分析使用。

13.【答案】ABD

【解析】与资产相关的递延收益按以下情况评估：若该项工程还未完工，按照账面值保留其评估值；若工程已经完工验收，评估值按照资产剩余寿命期所对应的价值进行确认。与收益相关的递延收益按以下情况评估：用于补偿企业已发生的相关费用或损失的，评估值仅保留所得税；用于补偿企业以后期间的相关费用或损失的，评估值按照相关费用期间所对应的价值进行确认。递延收益核算企业确认的应在以后期间计入当期损益的政府补助。

14.【答案】ABE

【解析】存货盘点，通常由委托人完成，并由委托人提供存货账表清单。因此，D项错误。根据委托人提供的存货账表清单，评估人员的主要工作内容有两项：一是通过抽查方式来核实、验证存货账表清单与实际数量、状况的一致性；

二是核实存货的权属资料。因此，A 项、B 项正确。存货评估核实工作，还应特别关注存货有无霉烂、变质、毁损，有无超储呆滞等。这些情况势必会影响存货的价值，在评估时应加以考虑。因此，C 项错误。在存货清查核实中，可以进行必要的检测和技术鉴定工作，E 项正确。

三、综合题

1. **【答案及解析】**

（1）低值易耗品按其用途和使用情况的分类是：①按低值易耗品用途分类，低值易耗品可以分为一般工具、专用工具、替换设备、管理用具、劳动保护用品、其他低值易耗品等；②按低值易耗品使用情况分类，低值易耗品可以分为在库低值易耗品和在用低值易耗品两类。

上述第一种分类的目的，在于可以按大类进行评估，以简化评估工作；第二种分类，则是考虑了低值易耗品使用的具体情况，直接影响评估方法的选用。

（2）根据题意，分别计算待估资产的价值：

库存材料评估值 $= 40 \times \left(200 + \frac{1\,500}{100}\right) = 8\,600$（元）

库存商品评估值 $= 50 \times 240 \times (60\% \times 1.36 + 40\% \times 1.05) = 14\,832$（元）

低值易耗品评估值 $= 800 \times \left(1 - \frac{3}{12}\right) = 600$（元）

【提示】近期购进的库存材料，因库存时间较短，在市场价格变化不大的情况下，其账面值与现行市价基本接近，评估时可采用成本法，也可采用市场法。

2. **【答案及解析】**

（1）生产经营正常、会计核算水平较高的企业的在产品的评估，宜根据价格变动系数调整成本计算评估值。具体的评估方法和步骤是：第一，对被评估在产品进行技术了解，将其中不合格在产品的成本从总成本中剔除；第二，分析原成本构成，将不合理的费用从总成本中剔除；第三，分析原成本构成中材料成本从其生产准备开始到评估基准日止的市场价格变动情况，并测算出价格变动系数；第四，分析原成本中的工资、燃料、动力费用以及制造费用从开始生产到评估基准日有无大的变动，是否需要进行调整，如需调整，测算出调整系数；第五，根据技术鉴定、成本构成的分析及价格变动系数的测算，调整成本，确定评估值，必要时，从变现的角度修正评估值。

（2）A 在产品的数量 $= 2\,200\,000 \div 100 = 22\,000$（件）

A 在产品的真实总成本 $= 2\,200\,000 - 60\,000 = 2\,140\,000$（元）

A 在产品的真实单位成本 $= 2\,140\,000 \div 22\,000 = 97.27$（元/件）

报废的 200 件总成本 $= 200 \times 97.27 = 19\,454$（元）

其他 A 在产品总成本 $= 2\,140\,000 - 19\,454 = 2\,120\,546$（元）

价格上涨增加的评估值 $= 2\,120\,546 \times 65\% \times 8\% = 110\,268.39$（元）

报废的在产品的可收回价值 $= 4\,000$（元）

A 在产品的评估值 $= 2\,120\,546 + 110\,268.39 + 4\,000 = 2\,234\,814.39$（元）

3. **【答案及解析】**

（1）三种方法。

①根据价格变动系数调整成本计算评估值，可参照实际发生的成本，根据到评估基准日时的市场价格变动情况，调整成重置成本；这种方法只适用于生产经营正常、会计核算水平较高的企业的在产品的评估。

②按社会平均消耗定额和现行市价计算评估值，即按重置同类存货的社会平均成本确定被评估资产的价值。

③按在产品的完工程度计算评估值，因为在产品的最高形式为产成品，因此，计算确定在产品评估值，可以在计算产成品重置成本基础上，按在产品完工程度计算确定在产品评估值。

（2）在产品 A 的评估值 $= 800 \times 60 = 48\,000$（元）

在产品 B 的评估值 $= 600 \times 10 \times 80\% - 100 = 4\,700$（元）

在产品 C 的可回收价值 $= 700$（元）

该企业在产品的评估值 $= 48\,000 + 4\,700 + 700 = 53\,400$（元）

4. **【答案及解析】**

（1）应收账款的评估特点。

①因债权金额是事前形成、约定的，评估不是对债权金额的重新认定；

②应收款项评估的是“风险损失”；

③应收款项评估的是“未来现金资产”。

（2）应收款项评估价值＝应收款项账面余额－已确定的坏账损失－预计可能发生的坏账风险损失

（3）根据有关资料选择坏账估计法对应收账款进行评定估价。

应收账款评估值 $=250\times\left(1-\frac{45}{240}\right)-4.5=198.625$（万元）

5.【答案及解析】

（1）M公司短期借款的评估值 $=5\,000\times\left(1+8\%\times\frac{3}{12}\right)=5\,100$（万元）

（2）M公司应付票据的评估值 $=50\times\left(1+6\%\times\frac{3}{12}\right)=50.75$（万元）

（3）败诉的可能性是60%，说明是很可能败诉，或有事项涉及单个项目时，负债最佳估计数按最可能发生的金额确定。

M公司应确认的负债金额 $=2\,000+30=2\,030$（万元）

第二章 机器设备评估

考试大纲

<table>
<tr><td>第三章</td><td>目的</td><td>考查考生对机器设备评估方法、重要评估参数计算确定、机器设备评估特点、机器设备评估清查核实、机器设备评估贬值等的掌握情况，以及分析和解决机器设备评估实际问题的能力。</td></tr>
<tr><td rowspan="4">机器设备评估</td><td colspan="2">考试内容及要求</td></tr>
<tr><td>掌握的内容
（★★★）</td><td>1. 设备本体重置成本的确定方法。
2. 设备运杂费、安装费、基础费的计算方法。
3. 进口设备从属费用的计算方法。
4. 实体性贬值的估算方法。
5. 功能性贬值的估算方法。
6. 经济性贬值的估算方法。
7. 市场法中机器设备的比较因素。
8. 直接比较法的特点及应用。
9. 相似比较法的特点及应用。</td></tr>
<tr><td>熟悉的内容
（★★）</td><td>1. 机器设备评估的特点。
2. 机器设备评估基本事项。
3. 机器设备清查核实的目的、要求、内容、方法和手段。
4. 各类机器设备重置成本的构成。
5. 实体性贬值、功能性贬值、经济性贬值的类型及产生原因。
6. 市场法使用的前提条件。
7. 比率估价法的应用。
8. 收益法的应用。</td></tr>
<tr><td>了解的内容
（★）</td><td>1. 机器设备的定义与分类。</td></tr>
</table>

考情分析

机器设备评估是评估专业人员需要掌握的重点和难点内容之一，也是考试的重点之一。在2017—2024年度考试中，第三章分值为20—25分，以计算为主，一般为客观题和一道主观题。主要考查的是成本法、市场法和收益法三种方法的具体应用，特别是重置成本法、实体性贬值的估算、功能性贬值的估算、经济性贬值的估算、市场法以及机器设备评估的事项等内容，更是考试的重中之重。

教材变化

本章无变化。

考点精讲及典型例题解析

【知识点1】机器设备的定义及分类（★）

（一）机器设备的定义

机器设备，是指利用机械原理制造的装置，将机械能或非机械能转换成便于人们利用的机械能，以及将机械能转换为某种非机械能，或利用机械能来做一定工作的装备或器具。

（二）机器设备的分类

如表2－1所示。

表 2-1　机器设备的分类

机器设备的分类标准	分类的具体内容
固定资产管理中机器设备的分类	通用设备，专用设备，交通运输设备，电气设备，电子产品及通信设备，仪器仪表、计量标准器具及量具、衡器，文艺体育设备等。
会计核算中机器设备的分类	生产机器设备、非生产机器设备、租出机器设备、未使用机器设备、不需用机器设备、融资租入机器设备等。

【提示1】 第一种分类方法是资产评估中使用的最基本的分类方法。国内编制的机器设备价格资料及价格指数也大都采用了这种分类方法。评估实践中，资产评估机构使用的机器设备评估明细表就考虑了这种分类要求，既适应资产占有单位的资产管理制度，为机器设备清查、评估信息填报和根据评估结果进行账务处理提供便利，又有利于评估人员开展资产核实和资料搜集工作。

【提示2】 在资产评估领域，按机器设备的组合形式，将机器设备分为单台机器设备和机器设备组合。

【提示3】 在资产评估实践中，应当注意企业对机器设备的分类信息，便于在制定评估计划时了解机器设备在企业资产中的重要程度，对评估对象进行 ABC 分类，确定需重点关注设备的核实及评估方法。

【知识点2】机器设备评估的定义及特点

（一）机器设备评估的定义

机械设备评估，是指资产评估机构及其评估人员遵守相关法律法规及资产评估准则的要求，根据委托对在评估基准日特定目的下单独的机器设备或者作为企业资产组成部分的机器设备价值进行评定、估算，并出具评估报告的专业服务行为。

（二）机器设备评估的特点（★★）

（1）机器设备类资产一般是企业整体资产的一个组成部分，通常与企业的其他资产共同实现某项特定的生产经营目的，一般不具备独立的获利能力。所以在进行机器设备评估时，收益法的使用受到一定的限制，通常采用重置成本法和市场法。

（2）机器设备的存在形式，可以是独立实现某种功能的单台设备，也可以是由若干机器设备组成的有机整体，如一条生产线、一个生产车间、一个工厂等。评估应注意资产之间的有机联系对价值的影响，整体的价值不仅仅是单台设备的简单相加。

（3）资产按其可移动性可分为动产和不动产。对于设备，一部分属于动产，不需安装，可以移动使用；一部分属于不动产或介于动产与不动产之间的固置物，需要永久地或在一段时间内以某种方式安装在土地或建筑物上，移动这些资产可能导致机器设备的部分损失或完全失效。

（4）设备的贬值因素比较复杂，除实体性贬值外，往往还存在功能性贬值和经济性贬值。科学技术的发展，国家有关的能源政策、环保政策等，都可能对设备的评估价值产生影响。

【例2-1】（多项选择题）下列有关机器设备评估的说法正确的是（　　）。

A. 在进行机器设备评估时，收益法的使用受到一定的限制

B. 机器设备的贬值因素包括实体性贬值、经济性贬值和功能性贬值

C. 整体的价值是单台设备价值的相加

D. 机器设备的评估通常采用重置成本法和市场法

E. 机器设备的评估通常采用重置成本法、市场法和收益法

【答案】 ABD

【解析】 机器设备一般不具备独立的获利能力，所以在进行机器设备评估时，收益法的使用受到一定的限制，通常采用重置成本法和市场法。机器设备评估应注意资产之间的有机联系对价值的影响，整体的价值不仅仅是单台设备的简单相加。

【知识点3】机器设备评估基本事项（★★）

（一）评估对象

机器设备评估的评估对象，有时是机器设备组合，有时则是单台机器设备。

单台机器设备，是指以独立形态存在、可以单独发挥作用或以单台的形式进行销售的机器设备。可以独立运营的设备主要有船舶、汽

车等。

机器设备组合，是指为了实现特定功能，由若干机器设备组成的有机整体，如车间、生产线、工厂等。除了少部分单台设备可以独立用于经营，具有独立获利能力外，在大多数情况下，一个具有特定功能的运营组合需要由多台机器设备，或机器设备与其他资产组成。

【提示】评估对象与范围的确定。

评估对象与范围，应当由委托人根据拟实施的经济行为确定，并以评估业务委托合同的形式予以确定。评估人员在明确评估对象与范围时，应该与委托人确认：

(1) 对于已安装的在用设备，是否包含设备基础、附属设施等；

(2) 是否包括操作软件、技术数据和专利等无形资产。

【例2-2】（单项选择题）机器设备评估的评估对象一般不包括（　　）。

A. 整个车间

B. 机器设备组合

C. 设备的零（部）件

D. 单台机器设备

【答案】C

【解析】机器设备的零（部）件一般不作为机器设备的评估对象单独评估。

【例2-3】（多项选择题）下列属于机器设备组合的有（　　）。

A. 船舶　　B. 汽车

C. 车间　　D. 生产线

E. 工厂

【答案】CDE

【解析】船舶、汽车属于可以独立运营的单台设备。

【例2-4】（多项选择题）机器设备的评估范围可能包括（　　）。

A. 机器设备本身

B. 设备使用人工费

C. 附属设施

D. 专利

E. 操作软件

【答案】ACDE

【解析】略。

（二）价值类型

如表2-2、表2-3所示。

表2-2　机器设备评估的价值类型

评估对象	价值类型
作为整体资产组成部分的机器设备	采用资产基础法评估整体企业价值，机器设备所能够实现的价值取决于其对整体企业价值的贡献程度。对机器设备的评估依据是替代原则，即采用同等功能的替代产品的价格作为重置价。机器设备的价值是指按原来的用途与其他资产一起持续使用条件下的使用价值，即续用价值。
脱离整体资产而独立存在的机器设备	其所能实现的价值可能只是变现价值。这种情况下机器设备的市场价值一般是指其在二手设备市场所能实现的价值。
交易受到限制的机器设备	清算就是最常见的交易受到限制的情况之一。评估机器设备在清算条件下所实现的价值一般会选择市场价值以外的价值类型，比如清算价值。

【提示】作为整体资产组成部分的设备评估价值取决于对整体资产价值的贡献程度。采用资产基础法评估整体企业价值时，其目的是确定整体资产的市场价值。在这种情况下机器设备所能够实现的价值取决于其对整体企业价值的贡献程度，该价值一般不等于这些设备单台、独立销售时实现的市场价值。

表2-3　清算价值类型的种类

清算价值的种类	具体内容
快速清算价值	快速清算价值即拍卖价值，是强制性的快速变现。所有设备的销售是以单台为基础，以当时、当地方式成交；没有考虑任何未知费用，如安装调试费用、运输费用等；买主负责所购设备的拆迁并承担风险。快速清算价值通常不包括附加价值，如可以生产的产品、已有的安装、制造许可证、商标、客户清单、可持续经营等因素。

续表

清算价值的种类	具体内容
有序清算价值	有序清算价值是指资产所有者被允许有一个适当的时限，将资产进行宣传推销，选择买主变现资产的价值。有序清算仍属于强制出售，与快速清算价值的不同之处在于全部设备必须在今后某一特定时间内变卖出去。
原地复用清算价值	原地复用清算价值是指以原地持续使用为处置条件所能实现的资产清算价值。 适用条件：企业生产设备被强制出售，不是由于外部经济因素、产品制造流程和设备使用等技术因素，而是缘于企业的内部管理，提升管理水平可以使企业恢复盈利。 应用范围：这种价值概念较多地用于设备安装成本很高的企业，由于安装成本高，工厂和设备很难拆迁，其适应能力和在市场变现的可能性都比较有限。

【提示】 原地复用清算价值受限的情况。

（1）若机器设备使用所依赖的土地和建筑物等不能够通过购买或租赁等方式一并提供给复用者使用，则机器设备评估使用原地复用清算价值就会受到限制；

（2）还必须考虑行业经济状况、企业所在区位条件和清算资产是否具有吸引复用者购买的条件，了解复用者现实或意向需求情况。

【例 2－5】（单项选择题）如果一台或几台机器设备与整体资产分割开，其所能实现的价值可能只是（　　）。

A. 续用价值　　B. 清算价值

C. 在用价值　　D. 变现价值

【答案】 D

【解析】 略。

【例 2－6】（多项选择题）下列属于快速清算的特点的是（　　）。

A. 快速清算价值也就是拍卖价值，是强制性的快速变现

B. 所有设备的销售以单台为基础，以当时、当地方式成交

C. 需要计算安装调试费用、运输费用等

D. 卖方负责所购设备的拆迁并承担风险

E. 快速清算价值通常不包括附加价值

【答案】 ABE

【解析】 快速清算价值没有考虑任何未知费用，如安装调试费用、运输费用等。买主负责所购设备的拆迁并承担风险。

【例 2－7】（单项选择题）企业以部分机器设备抵押获得银行贷款，因未能履约，所抵押的设备必须以拍卖的形式出售，此时机器设备的价值类型应为（　　）。

A. 续用价值

B. 原地复用清算价值

C. 有序清算价值

D. 快速清算价值

【答案】 D

【解析】 在这种情况下，设备原有的安装、可以生产的产品等因素对购买者已没有意义，甚至在购买时要考虑拆除机器所需支付的费用，采用的是快速清算价值。

【例 2－8】（单项选择题）（　　）是指资产所有者被允许有一个适当的时限，将资产进行宣传推销，选择买主变现资产的价值。

A. 快速清算价值

B. 有序清算价值

C. 原地复用清算价值

D. 正常清算价值

【答案】 B

【解析】 略。

【例 2－9】（单项选择题）下列可以采用原地复用清算价值的是（　　）。

A. 由于外部经济因素企业生产设备被强制出售

B. 由于产品制造流程因素企业生产设备被强制出售

C. 由于企业的内部管理因素企业生产设备被强制出售

D. 由于设备使用因素企业生产设备被强制出售

【答案】 C

【解析】 原地复用清算价值适用的条件是：企业生产设备被强制出售，不是由于外部经济因素、产品制造流程和设备使用等技术因素，而是缘于企业的内部管理，提升管理水平可以使企业恢复盈利。

【例 2－10】（多项选择题）使用原地复用清算价值，必须考虑的问题有（　　）。

A. 机器设备使用所依赖的土地和建筑物等能否一并提供给复用者使用

B. 行业经济状况、企业所在区位条件和清算资产是否具有吸引复用者购买的条件

C. 企业生产设备被强制出售，是外部经济因素、产品制造流程造成的

D. 机器设备在市场上是否有同类的机器设备来作为参照物

E. 工厂和设备安装成本高，很难拆迁，其适应能力和在市场变现的可能性有限

【答案】ABE

【解析】略。

（三）评估假设

在明确评估目的后，要根据机器设备的预期用途来明确评估假设。机器设备评估实践中，通常使用的评估假设包括继续使用或变现、原地使用或移地使用、现行用途使用或改变用途使用，如表2－4所示。

表2－4 机器设备评估假设一般类型

<table>
<tr><td rowspan="4">持续使用</td><td rowspan="2">按现行用途持续使用</td><td>原地使用</td></tr>
<tr><td>移地使用</td></tr>
<tr><td rowspan="2">改变用途持续使用</td><td>原地使用</td></tr>
<tr><td>移地使用</td></tr>
<tr><td>变现</td><td>变现</td><td>变现</td></tr>
</table>

1. 持续使用假设与变现假设

持续使用假设指机器设备未来将按某种特定的用途持续使用；变现假设指机器设备未来在二手设备市场或以其他方式出售。在对一个持续经营的企业进行整体企业价值评估时，机器设备一般适用于持续使用假设。在对破产清算企业进行评估时，大多数情况下可能使用变现假设。

【提示】两种假设下资产的价值不同。

一台机器设备或者被视为整体资产的一部分，或者被视为脱离整体资产的独立资产单独销售，所能够实现的价值是不同的。前者能够实现的价值取决于该设备对整体的贡献，后者只能实现该设备单独销售的变现价值。

2. 现行用途使用假设与改变用途使用假设

现行用途使用假设指被评估的机器设备按目前的用途持续使用，改变用途使用假设指被评估的机器设备未来将改变用途持续使用。

【提示】是否按现行用途（原设计用途）继续使用，对机器设备的价值评估有很大影响。资产评估人员应该考虑：因用途的改变而导致某些专用设备的报废；因用途的改变而需要增加设备改造费用等。

3. 原地使用假设与移地使用假设

原地使用假设指被评估的机器设备未来将在原来的使用地点持续使用；移地使用假设指被评估的机器设备未来将改变使用地点持续使用。

【提示】评估中需要判断资产的移动性，以及可能产生的价值损失。

如对面临搬迁企业的资产评估，或政府征收土地的拆迁企业损失评估，这时所评估的设备价值是它的移地使用价值，评估时必须考虑哪些设备可以移动，哪些设备不可以移动，哪些设备移动时会造成损坏，即设备的可移动性及移动损失。

【例2－11】（单项选择题）（　　）是指介于动产与不动产之间的机器设备。这些设备曾经是动产，并已采用一定的安装方式永久或半永久地固定在不动产上，挪动这些资产可能导致不同程度的损坏。

A. 设备本体　　B. 固定装置

C. 零（部）件　D. 设备包装

【答案】B

【解析】机器设备有些属于动产，如车辆等不需要进行任何安装可以随意移动的机器；有些是不动产，如工业炉窑等。另外，很大一部分介于动产与不动产之间，称为“固定装置”或“固置物”。这些设备曾经是动产，并已采用一定的安装方式永久或半永久地固定在不动产上，挪动这些资产可能导致不同程度的损坏。

【例2－12】（单项选择题）对面临搬迁企业的资产评估，或政府征收土地的拆迁企业损失评估，这时所评估的设备价值是它的（　　）。

A. 原地使用价值 B. 清算价值
C. 市场价值　　D. 移地使用价值

【答案】D

【解析】略。

【知识点4】机器设备的清查核实（★★）

（一）清查核实的目的与要求

1. 清查核实的目的

一般来说，机器设备清查核实是为进行机器设备评估提供基础。具体目的有以下几个方面：

（1）确定机器设备是否存在；

（2）明确机器设备的技术及使用状态；

（3）查验机器设备的法律权属资料。

2. 清查核实的要求

根据《资产评估执业准则——机器设备》，执行机器设备评估业务，应当对机器设备进行现场逐项调查或者抽样调查，确定机器设备是否存在、明确机器设备存在状态并关注其权属。

（二）清查核实的内容

机器设备清查核实一般包括实物状况、使用状况、管理状况、会计核算、权属资料等五个方面内容，如表2－5所示。

表2－5　　机器设备清查核实的内容

项目	具体内容
实物状况	主要包括机器设备的名称、制造厂家、品牌（商标）、规格型号、序列号、主要技术参数、出厂日期（役龄）、购置日期、附件及软件。
使用状况	主要包括安装状态、使用情况、维护保养情况。 另外，需要了解企业的安全环保情况，如调查企业能源及燃料单耗水平，能源、环保和安全政策，是否受到政策限制或面临设备设施的升级改进等。
管理状况	主要包括： （1）设备的维护。分为日常维护和定期维护两种。 （2）设备的检查。分为日常检查、定期检查、精度检查和法定检查等。 （3）设备的修理。按照设备的修理策略，可分为预防性修理、事后修理、改善修理和质量修理。 （4）设备的更新改造。设备更新，是指用技术性能更高、经济性更好的新型设备来代替原有的落后设备。设备的技术改造，是指应用现代科学技术的新成果，对旧设备的结构进行局部改革，如安装新部件、新附件或新装置使设备的技术性能得到改进。 （5）设备的淘汰报废。
会计核算	主要包括： （1）机器设备的账面价值。了解机器设备的账面原值、账面净值，以及是否进行过评估并调账。 （2）了解机器设备的会计分类及其折旧政策等。 （3）机器设备的报废清理制度及相关规定。 （4）机器设备构建与交易涉及的实际税种及其税率，税额的计算及征缴方式。 （5）了解进口设备的海关监管政策及相关费用核算。 （6）了解会计准则要求，对于服务于财务报告目的的机器设备评估（如减值测试），评估人员需要熟悉相关会计准则的要求，理解会计核实方法。
权属资料	（1）不同的机器设备权属资料不同。除车辆、船舶等特殊的机器设备，其他的机器、仪器、器械、装置，以及附属的特殊建筑物等，一般没有产权证明文件来证明其法律权属。评估实践中，一般要求委托人和产权持有人等对机器设备的权属做出承诺。同时，也应对机器设备的权属资料进行必要的查验，并在评估报告中对评估对象法律权属及其证明资料来源予以必要说明。 （2）规范要求。评估人员应当向委托人、资产占有方或其他当事人收集机器设备的权属资料。委托人和相关当事方应当依法提供评估对象法律权属等基础资料，并对其真实性、合法性和完整性承担责任。

【提示】预防性修理可分为小修、中修、大修和项修。

（1）小修理（简称小修），通常只需修复、更换部分磨损较快和使用期限等于或小于修理间隔期的零件，调整设备的局部机构，以保证设备能正常运转到下一次计划修理。

（2）中修理（简称中修）是对设备进行部分解体，修理或更换部分接近失效的主要零部件和其他磨损件，并校正机器设备的基准，使之恢复并达到技术要求。

（3）大修理（简称大修）是要对设备进行全部拆卸和调整，更换或修复所有磨损零部件，全面恢复设备的原有精度、性能及效率，以达到设备出厂时的水平。

（三）清查核实的方法和手段

1. 清查核实的方法

机器设备评估，应当对机器设备进行现场逐项调查或抽样调查，确定机器设备是否存在，明确机器设备存在状态并关注其权属。

评估实践中，对于数量较大的机器设备，当评估人员认为通过对样本的调查，可以推断整体设备的状态时，可以采用抽样调查方法进行。在制定抽样方案时，应当对抽样风险进行测算，同时，也要在评估报告中进行恰当的披露。

【提示】如果因客观原因等因素限制，无法实施现场调查，评估人员应当采取适当措施加以判断并予以恰当披露。

2. 清查核实的手段和信息渠道

（1）清查核实的手段。对机器设备的清查核实，通常采用现场观察，也可以采用远程视频手段实时观察；如需要，可以借鉴设备使用单位提供的设备档案资料，利用专业机构出具的检测或鉴定意见，对设备进行清查核实。

【提示】清查核实中的技术鉴定问题。

评估人员采用现场勘察和远程视频，了解机器设备的外观、运行环境和运行状态，很少使用专业的测试仪器，有时会使用一些简单的仪器对机器设备进行简单的测试。

当评估人员认为使用上述手段不能确定设备技术状态时，可以考虑进行精确的技术鉴定，但是该工作已超出评估人员的职业和能力范畴，需要聘请专业机构对机器设备进行专业的技术鉴定。

（2）清查核实的信息渠道。

①设备的出厂铭牌、设备卡片、台账等；

②工厂及设备的原始设计及技术文件；

③设备的购置、安装调试、技术服务合同；

④设备的财务及预决算资料等；

⑤设备的运行、维修保养记录等。

【例2－13】（多项选择题）机器设备清查核实的目的有（　　）。

A. 确定机器设备是否存在

B. 明确机器设备的技术及使用状态

C. 查验机械设备的法律权属资料

D. 确定机器设备的评估方法

E. 确定机器设备的评估对象和范围

【答案】ABC

【解析】机器设备的清查核实的目的，是确定机器设备是否存在、明确机器设备的技术及使用状态、查验机械设备的法律权属资料，为进行机器设备评估提供基础。

【例2－14】（多项选择题）机器设备清查核实的内容一般包括（　　）。

A. 微观调查　　B. 宏观调查

C. 实物状况　　D. 管理状况

E. 会计核算

【答案】CDE

【解析】略。

【例2－15】（多项选择题）机器设备清查核实中，使用状况清查核实的内容一般包括（　　）。

A. 设备的安装状态

B. 设备的实物状态

C. 设备的使用情况

D. 设备的管理状况

E. 维护保养情况

【答案】ACE

【解析】略。

【例2－16】（单项选择题）机动车的权属资料，一般为（　　）。

A. 中华人民共和国机动车登记证书

B. 中华人民共和国机动车行驶证

C. 中华人民共和国机动车使用权证

D. 中华人民共和国机动车所有权证

【答案】A

【解析】机动车的权属资料，一般为中华人民共和国机动车登记证书。

【例2－17】（多项选择题）下列属于清查核实手段的是（　　）。

A. 进行逐项调查

B. 借鉴设备使用单位提供的设备档案资料

C. 利用专业机构出具的检测或鉴定意见

D. 进行抽样调查

E. 对设备进行现场观察、远程视频

【答案】BCE

【解析】逐项调查和抽样调查属于清查核实的方法，并非手段。

【知识点5】重置成本法

（一）基本概念（★★）

1. 重置成本法的含义

机器设备评估的重置成本法，是指通过估算机器设备的重置成本，然后扣减其在使用过程中的自然磨损、技术进步或外部经济环境等导致的各种贬值，即设备的实体性贬值、功能性贬值、经济性贬值，估算机器设备评估值的方法。用公式表示为：

$$P = RC - D_p - D_F - D_E$$

式中：P—评估值；RC—重置成本；D_p—实体性贬值；D_F—功能性贬值；D_E—经济性贬值。

2. 复原重置成本与更新重置成本

（1）复原重置成本，一般用于评估机器设备的制造工艺、材料等与原来完全相同的情况，评估时设备重置成本的变化主要是由于物价水平变化引起的。在这种情况下只需要将设备历史成本中的人工费、机械费、材料费，调整到目前的价格水平，即复原重置成本。

（2）更新重置成本。更新重置成本，是指利用新型材料、新工艺、新技术，以现时价格生产或建造具有同等功能的全新机器设备所需的成本。

【提示】在已发生技术进步的情况下，选择更新重置成本。因为以更新重置的方式建造的设备（工厂），可以得到成本更低、性能更高的产品。

【例2－18】（单项选择题）下列有关复原重置成本与更新重置成本的说法，错误的是（　　）。

A. 更新重置成本是在功能和效用上与被评估资产相同或最接近的类似新资产的购置或构建成本

B. 对于原来使用的材料已淘汰，目前的市场无法得到这些材料，可以用更新重置成本

C. 复原重置成本是没有意义的，一般使用更新重置成本

D. 复原重置成本是指购置或建造一个与被评估对象完全一样的新资产的成本

【答案】C

【解析】在已发生技术进步的情况下，复原重置的方式是没有意义的。

（二）重置成本的构成（★★）

1. 重置成本的基本构成

机器设备的重置成本包括购置或购建设备所发生的必要的、合理的直接成本、间接成本和因资金占用所发生的资金成本。

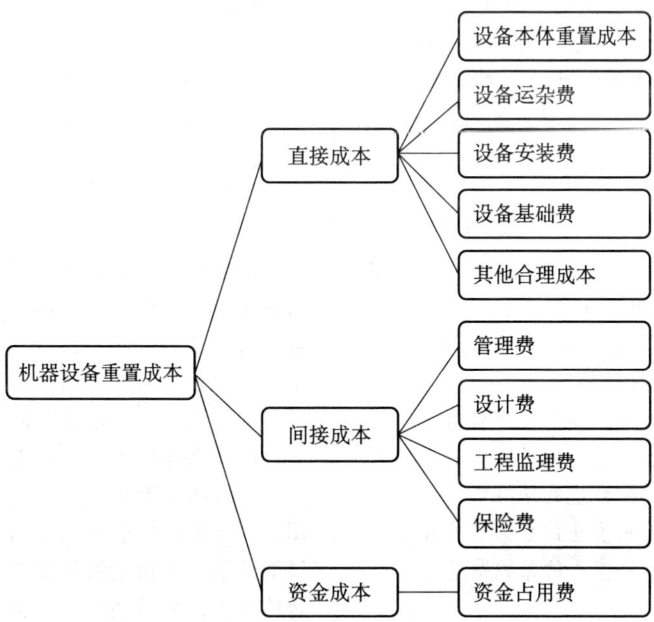

2. 各类设备重置成本构成的具体内容

设备重置成本构成的具体内容，与设备类型、安装方式、评估目的、评估假设前提等因素有关。具体内容如表2－6所示。

表 2-6 各类设备重置成本构成的具体内容

设备类别	重置成本的构成
不需要安装的单台设备	通用设备一般包括设备购买价格以及运杂费等。 自制设备一般按照评估基准日价格标准计算建造成本，包括直接材料费、燃料动力费、直接人工费、制造费用、期间费用分摊、利润、税金以及设计费。
已安装在用的单台通用设备	除了设备购买价格以及运杂费外，还包括设备的安装费、基础费等。
生产线以及工厂、车间等整体资产	重置成本还包括将单项资产组合成整体资产所发生的调试费、工厂设计费、管理费等。
进口设备	除运杂费、安装费、基础费外，需要考虑从属费用，包括国外运费、国外运输保险费、关税、消费税、增值税、银行财务费、公司代理手续费。
车辆等特殊设备	根据国家的有关规定，在购买设备时还需要支付除设备价以外的税金或费用，例如车辆购置税等。
原地使用/移地使用	原地继续使用时，重置成本一般包括设备运杂费、安装费、基础费等；移地使用时，重置成本一般不包括上述费用。

【例 2-19】（多项选择题）下列关于重置成本的说法正确的是（　　）。

A. 对已安装在用的单台设备的重置成本，除了设备购买价格以及运杂费外，还包括设备的安装费、基础费等

B. 不需要安装的单台设备的重置成本一般包括设备购买价格以及运杂费等

C. 车辆等特殊设备在购买时还需要支付除设备价以外的税金或费用

D. 对生产线以及工厂、车间等整体资产，其重置成本还包括将单项资产组合成整体资产所发生的调试费、工厂设计费、管理费等

E. 设备移地使用时，重置成本一般包括设备运杂费、安装费、基础费等

【答案】 ABCD

【解析】 原地继续使用时，重置成本一般包括设备运杂费、安装费、基础费等；移地使用时，重置成本一般不包括上述费用。

【例 2-20】（多项选择题）构成机器设备重置成本的间接成本主要有（　　）。

A. 购建机器设备所发生的管理费用

B. 购建机器设备所发生的运输费用

C. 购建机器设备所发生的保险费

D. 购建机器设备所发生的总体设计费用

E. 购建机器设备所发生的基础费用

【答案】 ACD

【解析】 设备的间接成本一般包括管理费用、设计费、工程监理费、保险费等。

【例 2-21】（多项选择题）机器设备重置成本一般包括（　　）。

A. 直接成本　　B. 间接成本

C. 资金成本　　D. 利润

E. 折旧费

【答案】 ABC

【解析】 机器设备的重置成本包括购置或购建设备所发生的必要的、合理的直接成本、间接成本和因资金占用所发生的资金成本。

【例 2-22】（单项选择题）计算重置成本时，不应计入的费用是（　　）。

A. 购建费用　　B. 维修费用

C. 安装费用　　D. 调试费用

【答案】 B

【解析】 重置成本不包含维修费用。

（三）重置成本的估算（★★★）

设备重置成本主要构成项目，即设备本体重置成本、运杂费、安装费、基础费、进口设备的从属费用（包括国外运费、国外运输保险费、关税、消费税、增值税、银行财务费、公司代理手续费）的计算与确定如下。

1. 设备本体重置成本的计算

设备本体重置成本不包括运输、安装等费用。设备本体的重置成本的计算方法有市场途径询价法、物价指数调整法、重置核算法、综合估价法、重量估价法、类比法——指数估价法等六种。

（1）市场途径询价法（见表 2-7）。

表 2-7 市场途径询价法

	具体内容
含义	根据市场交易价格资料直接确定设备本体重置成本的方法。这种方法是确定设备购置成本最简单、有效并且可信的途径，运用的关键是获得市场价格资料。
获得价格资料渠道	(1) 市场询价。根据替代性原则，在同等条件下，评估人员应该选择可能获得的最低售价。厂家的报价和实际成交价存在较大的差异时，评估人员应该谨慎使用厂家报价，应该向近期购买该厂的同类产品的其他客户了解实际成交价格。 (2) 使用价格资料。价格资料是获得机器设备市场价格的重要渠道，它们包括生产厂家 提供的产品目录或价格表、经销商提供的价格目录、报纸杂志上的广告、出版的机电产品价格目录、机电产品价格数据库等。

【提示】机器设备的更新换代速度较快，对于购买时间较长的设备，生产厂家可能已不再生产，市场也不再出售，评估人员也很难找到与被评估对象完全相同的市场参照物，往往使用它的替代产品的市场价格作为评估对象的更新重置成本。

【例 2-23】（单项选择题）通过市场询价法确定设备本体重置成本时，在同等条件下，评估人员应该选择可能获得的（　　）。

A. 最高售价　　B. 平均价格

C. 最低售价　　D. 计划价格

【答案】C

【解析】根据替代性原则，在同等条件下，评估人员应该选择可能获得的最低售价。

【例 2-24】（单项选择题）评估某企业一台机床时，生产厂家的产品目录和价格表标示的价格为 75 000 元，当地经销商的报价为 74 800 元。评估人员调查了解到该机床如果直接从生产厂家购买可以打 98 折，但运费需要 500 元；如果从当地经销商处购买没有折扣，但可以赠送一套价值 500 元的备件。该被评估机床（含备件）的自身重置价值为（　　）元。

A. 75 000　　B. 76 000

C. 74 000　　D. 78 000

【答案】C

【解析】从厂家处直接购买需花费 = 75 000 × 0.98 + 500 = 74 000（元），从经销商处直接购买需支付 74 800 元，因为 74 000 < 74 800，所以该被评估机床的自身重置价值为 74 000 元。

(2) 物价指数调整法（见表 2-8）。

表 2-8 物价指数调整法

项目	具体内容
含义	是以设备的历史成本为基础，根据同类设备的价格上涨指数，确定机器设备本体重置成本的方法。对于二手设备，历史成本是指设备最初使用者的账面原值，而非当前设备使用者的购置成本。物价指数分为定基物价指数和环比物价指数。
公式	(1) 定基物价指数是以固定时期为基期的指数，通常用百分比来表示。 重置成本 = 历史成本 × $\frac{\text{当前年份指数}}{\text{基年指数}}$ (2) 环比物价指数是以上期为基期的指数。如果环比期以年为单位，则环比物价指数表示该类产品当前年比上年的价格变动幅度。 设备重置成本 = 历史成本 × $P_1^0 P_2^1 \cdots P_n^{n-1}$ 其中，P_n^{n-1} 代表前 $n-1$ 年的环比物价指数。

【提示 1】物价指数调整法的适用情况。

用物价指数法调整得到的重置成本是复原重置成本，因为物价指数没有考虑技术进步的因素，它只反映物价水平的变化。评估人员如使用物价指数法计算重置成本，首先要确定，该设备是否存在因技术进步而引起的功能性贬值；如存在，应使用更新重置成本，或在贬值中考虑功能性贬值。

【提示 2】采用物价指数调整法时，应注意的问题如表 2-9 所示。

表 2－9　物价指数调整法的注意事项

注意事项	具体内容
选取的物价指数应与评估对象相配比，一般采用某一类产品的综合物价指数，而非某个设备的物价指数	如果评估的是单台设备，该设备的价格变动指数与这类产品的综合物价指数之间可能存在一定的差异。因而，评估的该类设备数量越多，样本数量越大，整体误差将越小。
审查历史成本的真实性	因为在设备的使用过程中，账面历史成本可能进行了调整，即企业的账面价值已不能反映设备真实的历史成本。另外，企业账面的设备历史成本一般还包括运杂费、安装费、基础费以及其他费用，上述费用的物价变化指数与设备价格变化指数往往是不同的，应分别计算。特别是对锅炉、锻压机械等，运杂费、安装费、基础费所占比例很大，有的可能超过设备本身的价格，评估人员应特别注意。
物价指数并不能反映技术先进性	物价指数法不能运用于确定更新重置成本，也不能作为衡量复原重置成本和更新重置成本差异的手段。
购买时间较长、采用综合物价指数或对高通货膨胀期设备进行物价指数法评估	评估人员应相当谨慎，并尽可能用其他方法校核。
进口设备	应使用进口国的分类物价指数。

【例 2－25】（单项选择题）用物价指数法估算的资产成本是资产的（　　）。

A. 更新重置成本　B. 复原重置成本

C. 历史成本　　D. 现行市价

【答案】 B

【解析】 略。

【例 2－26】（单项选择题）2017 年 5 月购置某设备，原始成本为 49 000 元，2022 年 5 月的定基价格指数为 115%，2017 年 5 月的定基价格指数为 103%，则 2022 年 5 月该设备的重置成本是（　　）元。

A. 54 009　　B. 54 709

C. 55 709　　D. 55 009

【答案】 B。

【解析】 设备重置成本 $=49\ 000\times\dfrac{115\%}{103\%}=$ 54 709（元）

【例 2－27】（单项选择题）某被评估设备是 2018 年从日本进口的，当时的购置价格（离岸价）为 12 400 000 日元。2022 年对该设备进行评估，经调查，2022 年该设备在日本的价格比 2018 年下降了 4%，评估时日元与人民币的比价为 100∶6.14，则被评估设备的自身购置价格（离岸价）为（　　）元。

A. 730 906　　B. 730 000

C. 740 006　　D. 730 606

【答案】 A

【解析】 购置价格 $=12\ 400\ 000\times\dfrac{1-4\%}{100\%}\times 6.14\div 100=730\ 906$（元）

【例 2－28】（单项选择题）某被评估设备购置于 2017 年，当时的购置价格为 38 200 元。2022 年进行评估，该类设备 2018—2022 年的环比价格指数分别为 98.1%、103.8%、104.5%、102.6%、111.1%。则被评估设备的自身购置价格为（　　）元。

A. 46 005　　B. 46 335

C. 47 335　　D. 48 335

【答案】 B

【解析】 购置价格 $=38\ 200\times 98.1\%\times 103.8\%\times 104.5\%\times 102.6\%\times 111.1\%=46\ 335$（元）

【例 2－29】（多项选择题）下列关于采用物价指数调整法计算设备本体重置成本的说法，正确的有（　　）。

A. 物价指数调整法通常用于更新重置成本的确定

B. 采用物价指数调整法计算进口设备本体重置成本，应使用进口国的分类物价指数

C. 采用物价指数调整法确定购买时间较长的设备本体重置成本，应尽可能用其他方法校核

D. 物价指数可以采用定基物价指数和环比物价指数

E. 物价指数一般采用某一类产品的综合物价指数

【答案】 BCDE

【解析】略。

(3) 重置核算法，是通过分别测算机器设备的各项成本费用来确定设备本体的重置成本的方法。常用于非标准、自制设备本体的重置成本的计算。

【例2-30】(单项选择题) 自制设备本体重置成本的估测方法通常采用（　）。

A. 重置核算法　B. 市场询价法

C. 价格指数法　D. 类比法

【答案】A

【解析】略。

(4) 综合估价法，是根据设备的主材费和主要外购件费与设备成本费用有一定的比例关系，通过确定设备的主材费用和主要外购件费用，计算出设备的完全制造成本，并考虑企业利润和设计费等费用，确定设备本体的重置成本。

计算公式：

$$S=\left(\frac{C_{m_1}}{K_m}+C_{m_2}\right)(1+K_p)(1+K_t)\left(1+\frac{K_d}{n}\right)$$

式中：S—非标设备的价格；C_{m1}—主材费(不含主要外购件费)；K_m—不含主要外购件费的成本主材费率；C_{m2}—主要外购件费；Kp—成本利润率；K_t—销售税金率；K_d—非标准设备设计费率；n—非标准设备生产数量。

【例2-31】(单项选择题) 机器设备评估中的综合估价法是利用了设备的（　）之间的比例关系设计的。

A. 投入与产出

B. 费用与收入

C. 设备重置成本与主材和主要外购件费用

D. 价值与功能

【答案】C

【解析】略。

【例2-32】(单项选择题) 运用综合估价法评估某企业自制设备，其中该设备的主材为不锈钢，不锈钢材净消耗共15吨，评估基准日该种不锈钢的市场价格为2.8万元/吨，在制造过程中该不锈钢钢材的利用率约为95%，则该设备的主材费用是（　）万元。

A. 44.22　B. 33.22

C. 44.21　D. 44.33

【答案】C

【解析】主材费用 $=\frac{15}{95\%}\times 2.8=44.21$（万元）

【例2-33】(单项选择题) 某设备自制于2018年，评估基准日为2022年6月30日。根据图纸可知该设备主材为钢材，钢材净消耗4.5吨，评估基准日钢材市场价每吨2 616元，自制过程中消耗的各种主要外购件市场价为18 500元。该设备主材费利用率为90%，成本主材费率为60%，成本利润率为20%，设计费率为10%，产量1台，不考虑税费问题。则用综合估价法计算的该设备的重置成本为（　）元。

A. 53 190　B. 53 180

C. 54 196　D. 53 196

【答案】D

【解析】主材费 $C_{m1}=\frac{4.5}{90\%}\times 2\ 616=13\ 080$（元），不含主要外购件费用的生产费用 $=\frac{13\ 080}{60\%}=$ 21 800（元），主要外购件市场价为18 500元，该设备的全部成本费用 = 21 800 + 18 500 = 40 300（元），设备本体的重置成本 = 40 300 × (1 + 20%) × (1 + 10%) = 53 196（元）。

(5) 重量估价法，是假设人工费、车间经费、企业管理费及设计费是设备材料费的线性函数，根据相似设备的统计资料计算出单位重量的综合费率，以设备的重量乘以综合费率，并考虑利润和税金，根据设备的复杂系数进行适当调整后，确定设备本体的重置成本。

适用范围：材料单一、制造简单、技术含量低的设备本体重置成本的计算。

【例2-34】(单项选择题) 对于材料单一、制造简单、技术含量低的设备本体重置成本，可采用（　）估测。

A. 成本核算法　B. 物价指数调整法

C. 综合估价法　D. 重量估价法

【答案】D

【解析】略。

(6) 类比法——指数估价法。类比法，是根据相似设备的价格来确定重置成本的方法。某些设备，如化工设备、石油设备，同一系列不同生产能力设备的价格变化与生产能力变化呈某种指数关系（这种指数叫作规模经济效益指数），可以利用这种指数关系来估算设备的重置成本。

$$RC=\left(\frac{A_1}{A_2}\right)^x S_2$$

式中：RC—设备本体的重置成本；A_1—被评估设备的生产能力；A_2—参照物设备的生产能力；S_2—参照物设备的价格；x—规模指数。

【提示】规模指数 x 是该方法的一个重要参数。目前，我国比较缺乏这方面的统计资料。根据国外的一些参考资料，x 的取值一般在0.4和1.2之间。

【例2－35】（单项选择题）被评估设备的年生产能力为100吨，同类全新设备的年生产能力为120吨，同类设备的市场价格为100 000元，经分析该类设备的功能与价格之间呈线性关系。则该设备本体重置成本为（　　）元。

A. 83 333　　B. 83 323

C. 96 000　　D. 120 000

【答案】A

【解析】该设备本体的重置成本 $=100\,000\times\frac{100}{120}=83\,333$（元）

【例2－36】（多项选择题）设备本体的重置成本的计算方法有（　　）。

A. 市场途径询价法　B. 因素估价法

C. 物价指数调整法　D. 重量估价法

E. 指数估价法

【答案】ACDE

【解析】略。

2. 运杂费、安装费、基础费的估算

如表2－10所示。

表2－10　运杂费、安装费、基础费的估算

	定义	国产设备计算方式	进口设备计算方式
运杂费	国产设备运杂费，是指从生产厂家到安装使用地点所发生的装卸、运输、采购、保管、保险及其他有关费用。进口设备的国内运杂费，是指进口设备从出口国运抵我国后，从所到达的港口、车站、机场等地，将设备运至使用目的地所发生的港口费用、装卸费用、运输费用、保管费用、国内运输保险费等有关费用，不包括运输超限设备时发生的特殊措施费。	一是根据设备的生产地点、使用地点以及体重、体积、运输方式，根据相应部门的运费计费标准计算；二是按照设备本体重置成本的一定比率计算。	进口设备国内运杂费＝进口设备到岸价×进口设备国内运杂费率
安装费	设备安装费，是指为安装设备而发生的人工费、材料费、机械费及全部取费。	国产设备安装费＝设备原价×安装费率	进口设备安装费＝相似国产设备原价×国产设备安装费率 或进口设备安装费＝进口设备到岸价×进口设备安装费率
基础费	设备基础费是指为建造设备基础所发生的人工费、材料费、机械费及全部取费。	国产设备基础费＝国产设备原价×国产设备基础费率	进口设备基础费＝相似国产设备原价×国产设备基础费率 或进口设备的基础费＝进口设备到岸价×进口设备基础费率

【提示1】国产设备安装费率、基础费率，可以按所在行业概算指标中规定的费率计算。

【提示2】进口设备安装费率、基础费率一般低于国产设备安装费率、基础费率。进口设备的安装费率、基础费率可按相同类型国产设备的30%—70%选取，进口设备的机械化、自动化程度较高，取值较低，反之较高。若设备的价格很高，而安装简单、基础简单，应低于该指标；反之，应高于该指标。

【提示3】评估实践中，有些特殊设备的基础列入构筑物范围时，应该分清设备的基础费用是否已在房屋建筑物评估值中考虑了，不应重复计算。

【例2－37】（单项选择题）下列关于运杂费、安装费、基础费的估算，说法不正确的是（　　）。

A. 在评估进口机器设备时，运输超限时发生的特殊措施费计入运杂费

B. 进口设备安装费＝相似国产设备原价×国产设备安装费率

C. 设备基础费是指为建造设备基础所发生的人工费、材料费、机械费及全部取费

D. 进口设备的基础费＝进口设备到岸价×进口设备基础费率

【答案】A

【解析】进口设备的国内运杂费，不包括运输超限时发生的特殊费用。

【例 2－38】（多项选择题）设备基础费是指为建造设备基础所发生的费用，具体包括（　　）。

A. 人工费　　B. 材料费

C. 调试费用　　D. 全部取费

E. 机械费

【答案】ABDE

【解析】略。

【例 2－39】（单项选择题）下列费用中不属于设备安装费的是（　　）。

A. 机械费　　B. 人工费

C. 保险费　　D. 材料费

【答案】C

【解析】设备安装费，是指为安装设备而发生的人工费、材料费、机械费及全部取费。

【例 2－40】（单项选择题）进口设备的安装费率、基础费率一般应（　　）国产设备。

A. 前者高于，后者低于

B. 前者低于，后者高于

C. 两者均高于

D. 两者均低于

【答案】D

【解析】略。

3. 进口设备从属费用

如表 2－11 所示。

表 2－11　　进口设备从属费用

费用种类	计算公式
海外运输费	海外运输费＝离岸价（FOB）×海运费率 （海运费率：远洋一般取 5%—8%，近洋一般取 3%—4%）
海运保险费	海运保险费＝(FOB＋海运费)×保险费率
关税	关税＝设备到岸价（CIF）×关税税率
消费税	消费税$=\dfrac{\text{关税完税价}+\text{关税}}{1-\text{消费税税率}}\times$消费税税率
增值税	增值税＝(关税完税价＋关税＋消费税)×增值税税率
银行财务费	银行财务费＝离岸价（FOB）×费率（我国现行银行财务费率一般为 4‰－5‰）
公司代理手续费（外贸手续费）	外贸手续费＝到岸价（CIF）×外贸手续费率 （目前，我国进出口公司的进口费率一般为 1% * 1.5%）
车辆购置税	车辆购置税＝(到岸价人民币数＋关税＋消费税)×车辆购置税税率

【例 2－41】（单项选择题）设备的到岸价（CIF）是指（　　）。

A. 设备的 FOB 价＋进口关税

B. 设备的 FOB 价＋海运费＋进口关税

C. 设备的 FOB 价＋海运费＋海运保险费

D. 设备的 FOB 价＋进口关税＋增值税

【答案】C

【解析】到岸价（CIF）＝FOB×(1＋海运费率)×(1＋保险费率)

【例 2－42】（多项选择题）下列以离岸价（FOB）作为计费基数的有（　　）。

A. 海外运输费　B. 关税

C. 国内运杂费　D. 海运保险费

E. 银行财务费

【答案】AE

【解析】海外运输费＝离岸价（FOB）×海运费率；银行财务费＝离岸价（FOB）×财务费率。

【例 2－43】（多项选择题）计算进口设备增值税时，组成计税价格包括（　　）。

A. 关税完税价　B. 增值税

C. 关税　　D. 消费税

E. 车船税

【答案】ACD

【解析】增值税＝(关税完税价＋关税＋消费税)×增值税税率

【例 2－44】（单项选择题）某进口轿车到岸价为人民币 80 万元，关税税率 15%，增值税税率 16%，消费税税率 20%，确定该轿车重置成本时，应计入的消费税为人民币（　　）万元。

A. 23　　B. 18.4

C. 26.91　　D. 20

【答案】A

【解析】消费税 $=\frac{\text{关税完税价}+\text{关税}}{1-\text{消费税税率}}\times$ 消费税税率 $=\frac{80+80\times15\%}{1-20\%}\times20\%=23$（万元）

【例 2－45】（多项选择题）下列以 CIF 作为计费基数的有（　　）。

A. 海外运输费　　B. 关税

C. 国内运杂费　　D. 海运保险费

E. 银行财务费

【答案】BC

【解析】略。

【例 2－46】（单项选择题）某进口设备的离岸价为 45 万美元，到岸价为 50 万美元，关税税率为 20%，银行财务费率为 0.4%，外贸手续费率为 1.5%。如果不再考虑其他因素，该设备重置成本最接近（　　）万美元。

A. 62.86　　B. 60.93

C. 63.87　　D. 65.07

【答案】B

【解析】关税 $=50\times20\%=10$（万美元）

银行财务费 $=45\times0.4\%=0.18$（万美元）

外贸手续费 $=50\times1.5\%=0.75$（万美元）

重置成本 $=50+10+0.18+0.75=60.93$（万美元）

（四）设备贬值的估算（★★★）

设备贬值是由于设备的各种磨损导致的。

1. 设备的磨损与补偿（★★）

（1）机器设备的磨损。机器设备在使用或闲置过程中，由于物理或技术进步的原因会逐渐发生磨损而降低价值。

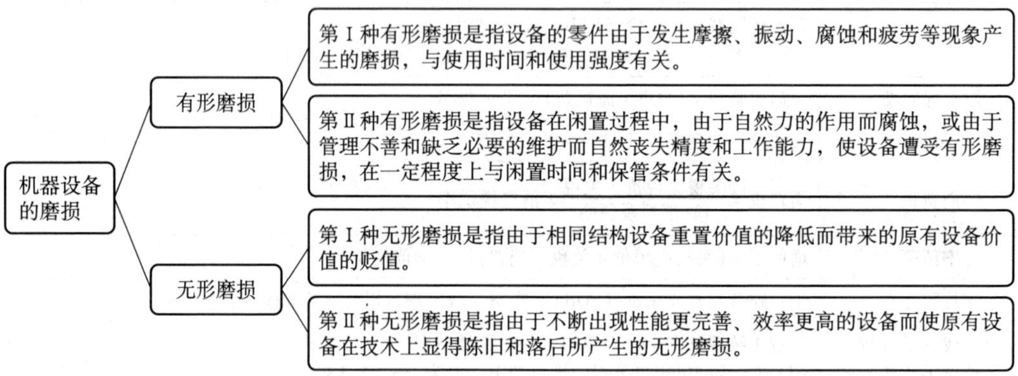

【提示】两种无形磨损的比较。

在第Ⅰ种无形磨损情况下，设备技术结构和经济性能并未受到影响，设备尚可继续使用，一般不需要更新。而第Ⅱ种无形磨损反映了原设备使用价值的部分或全部丧失，当设备的贬值达到一定程度，就需要用新设备来代替原有设备或对原有设备进行技术改造。第Ⅱ种无形磨损也称为功能性磨损。

【例 2－47】（单项选择题）设备在闲置过程中，由于自然力的作用而腐蚀，或由于管理不善和缺乏必要的维护而自然丧失精度和工作能力的磨损属于（　　）。

A. 第Ⅰ种有形磨损

B. 第Ⅱ种有形磨损

C. 第Ⅰ种无形磨损

D. 第Ⅱ种无形磨损

【答案】B

【解析】第Ⅱ种有形磨损在一定程度上与闲置时间和保管条件有关。

【例 2－48】（单项选择题）引起机器设备零部件的原始尺寸、形状发生变化，公差配合性质改变，精度降低，以及零部件损坏等变化的是（　　）。

A. 第Ⅰ种有形磨损

B. 第Ⅱ种有形磨损

C. 第Ⅰ种无形磨损

D. 第Ⅱ种无形磨损

【答案】A

【解析】第Ⅰ种有形磨损通常与使用时间和使用强度有关。

（2）机器设备磨损的补偿。机器设备遭受磨损以后，应当进行补偿，设备磨损形式不同，补偿的方式也不一样。

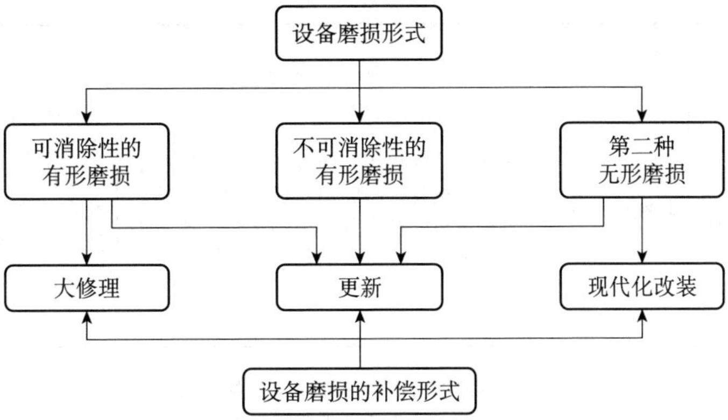

①当机器设备的有形磨损是由零件磨损造成的，一般可以通过修理和更换磨损零件，使磨损得到补偿；

②当设备产生了不可修复的磨损，则需要进行更新；

③当设备遭受第Ⅱ种无形磨损时，可采用更新、更先进的设备，或对原有设备进行技术改造。

【例 2－49】（多项选择题）对于遭受第Ⅱ种无形磨损的设备可通过（　　）来补偿。

A. 修理　　B. 更换磨损零件

C. 设备更新　　D. 设备技术改造

E. 报废

【答案】 CD

【解析】 当设备遭受第Ⅱ种无形磨损时，可采用更新、更先进的设备，或对原有设备进行技术改造加以补偿。

【例 2－50】（多项选择题）机器设备的物质磨损可分为（　　）。

A. 第Ⅰ种有形磨损　　B. 第Ⅱ种有形磨损

C. 使用中的磨损　　D. 闲置中的磨损

E. 功能性磨损

【答案】 ABCD

【解析】 有形磨损（又称物质磨损），是指设备在实物形态上的磨损。按产生原因的不同，有形磨损可分为使用中的磨损和闲置中的磨损两种。

2. 设备贬值与磨损（★★）

设备贬值，包括实体性贬值、功能性贬值、经济性贬值（见表 2－12）。

表 2－12　　设备三种贬值概况

	类型		原因	
实体性贬值	第Ⅰ种有形磨损	设备使用	设备在使用过程中，零部件受到摩擦、冲击、振动或交变载荷的作用，使得零件或部件产生磨损、疲劳等破坏，其结果是零部件的几何尺寸发生变化，精度降低，疲劳寿命缩短等。	这种损耗与工作负荷、工作条件、维修保养状况有关。
	第Ⅱ种有形磨损	设备闲置	设备在闲置过程中，由于受自然界中的有害气体、雨水、射线、高温、低温等的侵蚀，也会出现腐蚀、老化、生锈、变质等现象。	这种损耗与设备闲置和存放的时间、环境、条件有关。
功能性贬值	第Ⅰ种功能性贬值	超额投资成本	由于技术进步，新技术、新材料、新工艺出现，相同功能的新设备的制造成本比过去降低。反映为更新重置成本低于复原重置成本。复原重置成本与更新重置成本之差即为超额投资成本，即第Ⅰ种功能性贬值。	

续表

类型			原因	
功能性贬值	第Ⅱ种功能性贬值	超额运营成本	由于新技术出现，新设备在运营费用上低于老设备。超额运营成本引起的功能性贬值也就是设备未来超额运营成本的折现值。	分析研究设备的超额运营成本，应考虑下列因素：新设备与老设备相比，生产效率是否提高，维修保养费用是否降低，材料消耗是否降低，能源消耗是否降低，操作工人数量是否降低等。
经济性贬值		成本增加	运营成本增加的外部因素包括原材料成本增加、能源成本增加等。其中，国家对超过排放标准排污的企业征收高额的排污费，设备能耗超过限额的，按超限额浪费的能源量加价收费，导致高污染、高能耗设备运营费用的提高。	
		使用寿命缩短	国家有关能源、环境保护等政策调整，设备强制报废。	
		生产能力过剩	由于市场竞争的加剧，产品需求减少，导致设备开工不足。	

【例2-51】（单项选择题）有关机器设备实体性贬值，下列说法错误的是（　　）。

A. 设备的实体性贬值是从设备开始使用后就开始发生

B. 全新设备的实体性贬值率为零，完全报废设备的实体性贬值率为100%

C. 有形磨损使得设备的生产能力下降或使用价值降低，由此引起的贬值称为实体性贬值，或物理性贬值

D. 第Ⅰ种实体性损耗与工作负荷、工作条件、维修保养状况有关

【答案】 A

【解析】 设备的实体性贬值是从设备制造完毕后就开始发生。

【例2-52】（多项选择题）设备的功能性贬值通常表现为被评估设备出现了（　　）。

A. 超额投资成本

B. 超额重置成本

C. 超额更新成本

D. 超额购买成本

E. 超额运营成本

【答案】 AE

【解析】 设备的功能性贬值主要体现在超额投资成本和超额运营成本两方面。

【例2-53】（单项选择题）当设备出现（　　）的情形时，评估时需要考虑其经济性贬值。

A. 废品率上升

B. 维修费用上升

C. 市场竞争加剧导致使用率持续下降

D. 技术水平相对落后

【答案】 C

【解析】 A、B、D是功能性贬值。

3. 实体性贬值的估算（★★★）

设备实体性贬值的程度可以利用设备的价值损失与重置成本之比来反映，称为实体性贬值率。全新设备的实体性贬值率为零，完全报废设备的实体性贬值率为100%。可以用公式表示为：

$$\alpha_p = \frac{D_p}{RC} \times 100\%$$

式中：α_p—实体性贬值率；D_P—设备的实体性贬值；RC—设备的重置成本。

常用的实体性贬值确定方法有使用寿命法、观察法、修复费用法（见表2-13）。

表 2－13 **实体性贬值的估算方法**

方法	原理及公式	注意的问题
使用寿命法	假设机器设备有一定的使用寿命，设备的价值与使用寿命成正比关系。若不考虑设备的残值，其计算公式为： $\alpha_P = \frac{L_1}{L} \times 100\%$ 式中：L_1—使用寿命减少量；L—总使用寿命。 有些设备的各个组成部件的使用寿命是不同的，如果每个部件可以独立更换，整个机器的贬值率可以用以下公式表示： $\alpha_P = \sum K_i \alpha_{p_i}$ 式中：K_i—第 i 个部件所占的成本权重；α_{p_i}—第 i 个部件的实体性损耗率。	设备使用寿命通常由设备的自然寿命决定。 表示设备使用寿命的单位有：（1）时间单位；（2）工作量、使用次数；（3）其他单位（如汽车的使用寿命可以用行驶里程表示）。
观察法	评估人员通过观察，结合了解的设备使用状况、磨损情况、维修保养情况、工作负荷、工作精度、故障率等，依据经验判断设备的磨损程度及贬值率。	对于大型设备，为了避免个人主观判断的误差，可采用“德尔菲法”或“模糊综合判断法”。
修复费用法	假设设备所发生的实体性损耗是可补偿的，则设备的实体性贬值就应该等于补偿实体性损耗所发生的费用。所用的补偿手段一般是修理或更换损坏部分。	要注意区分可补偿性损耗和不可补偿性损耗。这里所说的可补偿性损耗，是指可以用经济上可行的方法修复的损耗，也就是说修复这些损耗在经济上是合理的，而不是从技术角度考虑损耗是否可以修复。大多数情况下，设备的可修复性损耗和不可修复性损耗是并存的，评估人员应分别计算它们的贬值。

【提示】机器设备寿命

机器设备寿命，是指机器设备从开始使用到被淘汰所经历的时间期限，可分为自然寿命、经济寿命和技术寿命。

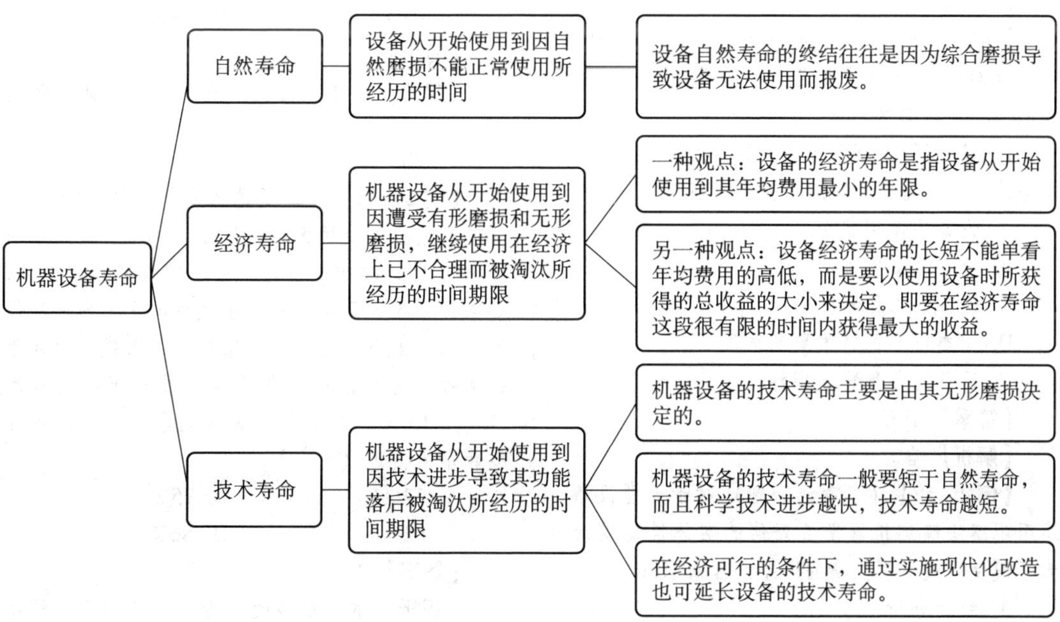

【例2-54】（多项选择题）机器设备的寿命一般分为（　　）。

A. 技术寿命　　B. 计划寿命
C. 自然寿命　　D. 经济寿命
E. 实际寿命

【答案】ACD

【解析】略。

【例2-55】（多项选择题）设备的有形磨损会影响设备的（　　）。

A. 自然寿命　　B. 技术寿命
C. 经济寿命　　D. 重置成本
E. 使用价值

【答案】ACE

【解析】机器设备的技术寿命，是指机器设备从开始使用到因技术进步导致其功能落后被淘汰所经历的时间期限。机器设备的技术寿命主要是由其无形磨损决定的。设备的有形磨损会影响设备的自然寿命、经济寿命和使用价值。

【例2-56】（单项选择题）机器设备的技术寿命是指（　　）。

A. 从评估基准日到设备报废为止的时间

B. 从设备使用到因技术过时被淘汰经历的时间

C. 从评估基准日到设备技术过时的时间

D. 从设备使用到继续使用在经济上不合算经历的时间

【答案】B

【解析】机器设备的技术寿命，是指机器设备从开始使用到因技术进步导致其功能落后被淘汰所经历的时间期限。

【例2-57】（多项选择题）运用观察法估测设备的成新率时需考虑的主要因素有（　　）。

A. 设备的使用状况
B. 设备的工作负荷
C. 设备的工作精度
D. 同类设备的技术更新速度
E. 设备的各种物耗指标

【答案】ABC

【解析】略。

【例2-58】（多项选择题）对于大型设备，运用观察法确定机器设备评估的实体性贬值时，为了避免个人主观判断的误差，可采用（　　）。

A. 统计分析法
B. 德尔菲法
C. 加权计算法
D. 模糊综合判断法
E. 综合年限法

【答案】BD

【解析】略。

【例2-59】（单项选择题）机器设备评估中的“德尔菲法”是一种（　　）。

A. 统计分析法　　B. 价格指数法
C. 加权计算法　　D. 专家打分法

【答案】D

【解析】“德尔菲法”是在个人判断和专家会议的基础上形成的一种直观判断方法，它是采取匿名方式征求专家的意见，并将他们的意见综合、归纳、整理，然后反馈给各个专家，作为下一轮分析判断的依据。

【例2-60】（单项选择题）采用使用寿命法估算机器设备的实体性贬值时，所使用的设备使用寿命通常由设备的（　　）决定。

A. 平均寿命　　B. 经济寿命
C. 技术寿命　　D. 自然寿命

【答案】D

【解析】略。

【例2-61】（单项选择题）某运输车辆已行驶里程为5万千米，经评估人员测定，该运输车还能够行驶20万千米，其实体性贬值率为（　　）。

A. 20%　　B. 80%
C. 10%　　D. 25%

【答案】A

【解析】使用寿命法进行估算，实体性贬值率 $=\frac{5}{5+20}\times 100\%=20\%$。

【例2-62】（单项选择题）某被评估实验室设备已投入使用5年，按设计标准，在5年内应正常工作14 600小时。由于实验室利用率低，如果按一年365天计算，在过去的5年内平均每天只工作4个小时。经专家分析，若按过去5年的实际利用率预测，自评估基准日起该设备尚可使用15年，若不考虑其他因素，则该设备的成新率最接近（　　）。

A. 72%　　B. 75%
C. 82%　　D. 86%

【答案】B

【解析】本题考核使用寿命法的运用。每年正常工作时间 = 14 600 ÷ 5 = 2 920（小时），过去5年的实际利用率 $=\frac{365\times4}{2920}\times100\%=50\%$，实际使用年限 $=5\times50\%=2.5$（年），预计使用年限按照正常使用时间折算 $=15\times50\%=7.5$。由于本题不考虑其他因素，即忽略其他的贬值，所以设备的成新率 $=\frac{7.5}{2.5+7.5}\times100\%=75\%$。

本题更为简单的解法：经专家分析，若按过去5年的实际利用率预测，自评估基准日起该设备尚可使用15年，若不考虑其他因素，则该设备的成新率 $=\frac{15}{5+15}\times100\%=75\%$。

【例2－63】（单项选择题）一台数控机床，重置成本为150万元，已使用3年，现该机器数控系统损坏，估计修复费用约15万元，其他部分工作正常。假设该机床经济使用寿命约15年，预计数控系统残值为0，不含数控系统残值为10%，则其实体性贬值及贬值率分别为（　　）。

A. 27.24万元、18.2%

B. 39万元、26%

C. 39.3万元、26.2%

D. 42万元、28%

【答案】 C

【解析】 该设备存在可修复性损耗和不可修复性损耗，数控系统损坏是可修复性损耗，用修复费用法计算其贬值。计算过程如下：

重置成本：150万元

可修复性损耗引起的贬值：15万元

不可修复性损耗引起的贬值：$(150-15)\times(1-10\%)\times\frac{3}{15}=24.3$（万元）

实体性贬值：$15+24.3=39.3$（万元）

实体性贬值率：$\frac{39.3}{150}\times100\%=26.2\%$

设备的可修复性损耗和不可修复性损耗并存的情况下，评估人员应分别计算它们的贬值。对于可修复性损耗用修复费用法进行估算，对于不可修复性损耗可以用使用寿命法或观察法进行估算。

4. 功能性贬值的估算（★★★）

由于无形磨损引起的资产价值减少称为功能性贬值，主要体现在超额投资成本和超额运营成本两方面。具体估算方法如表2－14所示。

表2－14　功能性贬值的估算方法

类型	反映	公式及步骤
第Ⅰ种功能性贬值	超额投资成本	复原重置成本—更新重置成本
第Ⅱ种功能性贬值	超额运营成本	（1）分析比较机器设备的超额运营成本因素； （2）确定被评估设备的尚可使用寿命，计算每年的超额运营成本； （3）计算净超额运营成本； （4）确定折现率，计算超额运营成本的折现值。

【例2－64】（单项选择题）超额运营成本形成的功能性贬值，也就是设备（　　）。

A. 未来超额投资成本的折现值

B. 未来运营成本的折现值

C. 未来税后运营成本的折现值

D. 未来超额运营成本的折现值

【答案】 D

【解析】 超额运营成本，是由于新技术的发展，使新设备在运营费用上低于老设备。超额运营成本引起的功能性贬值也就是设备未来超额运营成本的折现值。

【例2－65】（单项选择题）2020年制造某机械设备，材料原始成本为2 000元/吨，使用10吨；人工及其他费用为100元/工时，共计150工时；利润为15%。2022年3月1日评估基准日，材料成本上涨了20%，人工及其他费用上涨了30%；由于制造工艺的进步，材料的用量比过去节约了30%，人工工时也节约了15%。假设不考虑税金以及其他因素，则该设备超额投资成本引起的功能性贬值为（　　）元。

A. 11 773.75　　B. 11 655.75

C. 11 643.75　　D. 11 666.75

【答案】 C

【解析】 复原重置成本 $=[10\times2\,000\times(1+20\%)+150\times100\times(1+30\%)]\times(1+15\%)=50\,025$（元）

更新重置成本 $=[10\times(1-30\%)\times2\,000\times(1+20\%)+150\times(1-15\%)\times100\times(1+30\%)]\times(1+15\%)=38\,381.25$（元）

超额投资成本引起的功能性贬值＝复原重

置成本－更新重置成本＝50 025－38 381.25＝11 643.75（元）

【例 2－66】（单项选择题）某被评估的电切割机与新型电切割机相比，引起超额运营成本的因素主要为老设备的能耗比新设备高。通过分析，按每天工作 8 小时，每年 300 个工作日计算，每台老设备比新设备多耗电 5 000 度，每度电 0.5 元，评估人员预计该设备尚可使用 15 年，折现率为 8%，假设企业所得税税率为 25%，则该电切割机由于超额运营成本引起的功能性贬值为（　　）元。

A. 17 048.13　　B. 12 048.13

C. 15 048.13　　D. 16 048.13

【答案】D

【解析】每年超额运营成本＝5 000×0.5＝2 500（元）。税后每年净超额运营成本＝税前超额运营成本×(1－所得税税率)＝2 500×(1－25%)＝1 875（元）。净超额运营成本的折现值＝净超额运营成本×折现系数＝1 875×(P/A，8%，15)＝1 875×8.559＝16 048.13（元）。

5. 经济性贬值的估算（★★★）

由外部因素引起的贬值称为经济性贬值，这些外部因素包括：市场竞争的加剧，产品需求减少，导致设备开工不足，生产能力相对过剩；原材料、能源涨价，成本提高；国家有关能源、环境等政策调整，导致设备强制报废，设备正常使用寿命缩短；等等。

(1) 使用寿命缩短引起的经济性贬值。引起机器设备使用寿命缩短的外部因素，主要是国家有关能源、环境保护等方面的法律法规。例如国家对落后的、高能耗的机电产品实行强制淘汰制度，缩短了设备的正常使用寿命。

【例 2－67】（单项选择题）某设备已使用 8 年，按目前正常情况下还可正常使用 8 年，但因国家出台新的环保政策，规定该设备最高使用年限为 10 年。该设备重置成本为 20 万元，则经济性贬值额的估算值为（　　）万元。

A. 8　　B. 7.5

C. 5　　D. 6

【答案】B

【解析】按照正常使用情况，该设备的使用年限为 16 年，因为国家新的环保政策，设备比预计使用年限减少 6 年，经济性贬值率＝6/16×100%＝37.5%，由此引起的经济性贬值额＝20×37.5%＝7.5（万元）。

(2) 运营费用增加引起的经济性贬值。引起机器设备运营成本增加的外部因素包括原材料成本增加、能源成本增加等。其中，国家对超过排放标准排污的企业征收高额的排污费，设备耗能超过限额的，按超限额浪费的能源量加价收费，导致高污染、高能耗设备运营费用的提高。

【例 2－68】（单项选择题）某台车式电阻炉，政府规定的可比单耗指标为 650 千瓦时/吨，该电阻炉的实际可比单耗为 767 千瓦时/吨，该电阻炉的年产量为 1 500 吨，电单价为 1.1 元/千瓦时，根据政府规定超限额 10%—20%（含 20%）的加价 1.5 倍。该电阻炉尚可使用年限为 5 年，折现率取 10%。因政府对超限额耗能加价收费而增加的运营成本（暂不考虑所得税的影响）为（　　）元。

A. 1 097 720.91　　B. 1 007 720.91

C. 1 087 720.91　　D. 1 117 720.91

【答案】A

【解析】$\text{超限额的百分比}=\dfrac{\text{实测单耗}-\text{限额单耗}}{\text{限额单耗}}=\dfrac{767-650}{650}\times 100\%=18\%$

根据政府规定超限额 10%—20%（含 20%）的加价 1.5 倍，每年因政府对超限额耗能加价收费而增加的运营成本为 1.1×(767－650)×1 500×1.5＝289 575（元），由此计算该电阻炉未来 5 年的使用寿命期内，要多支出的运营成本为 289 575×(P/A，10%，5)＝289 575×3.790 8＝1 097 720.91（元），此即为电阻炉因可比单耗指标超限额加价收费引起的经济性贬值。

(3) 市场竞争加剧引起的经济性贬值。由于市场竞争的加剧，导致产品销售数量的减少，从而引起设备开工不足，生产能力相对过剩，也是引起经济性贬值的主要原因。贬值额或贬值率的计算可以通过前面介绍的类比法——指数估价法间接获得。

【例 2－69】（单项选择题）某饮料生产线，设计生产能力为 500 万瓶/年，建成后由于市场竞争加剧，生产规模大幅下降，每年的产量只有 250 万瓶，50% 的生产能力闲置。该生产线的重置成本为 200 万元，规模经济效益指数为 0.8，如不考虑实体性磨损，该生产线的经济性贬值额约为（　　）万元。

A. 115　　B. 85

C. 100　　D. 80

【答案】B

【解析】经济性贬值 $=200\times\left[1-\left(\frac{250}{500}\right)^{0.8}\right]=85$（万元）

（五）评估价值的计算（★★★）

【提示】综合成新率的确定。

（1）如果评估对象是一台全新的设备或一个全新的工厂，各种贬值为零，则评估对象价值是它的重置成本。

（2）在评估实践中，可以单独计算实体性贬值额、功能性贬值额和经济性贬值额。也可以采用综合成新率计算各种贬值扣除，进而对机器设备进行评估。实践中通常采用使用寿命法和观察法两种方法分别得出成新率，采用加权平均数方法计算得到综合成新率。其中，使用寿命法中的使用寿命的单位通常有使用年限、工作小时、工作量、使用次数、汽车行驶里程等。加权平均数中的权重，一般观察法取60%，使用寿命法取40%。

综合成新率 = 使用寿命法成新率 ×40% + 观察法成新率 ×60%

【例2-70】（单项选择题）某被评估设备截至评估基准日已使用3年，根据相关参数和经验判断，确定该设备的经济使用年限为15年。目前设备正常运行，维护保养良好。评估人员与专业技术人员一同现场勘察后，对设备的新旧程度打分为75分。则该设备的成新率为（　　）。

A. 80%　　B. 75%

C. 78%　　D. 77%

【答案】D

【解析】使用寿命法成新率 =（15-3）/15 ×100% =80%

综合成新率 =80% ×40% +75% ×60% =77%。

【知识点6】市场法

（一）市场法的基本概念及适用条件

1. 市场法的基本概念

市场法是根据目前公开市场上与被评估对象相似的或可比的参照物的价格来确定被评估对象的价格。如果参照物与被评估对象不完全相同，则需要根据评估对象与参照物之间的差异对价值的影响做出调整。

2. 市场法适用的适用条件（★★）

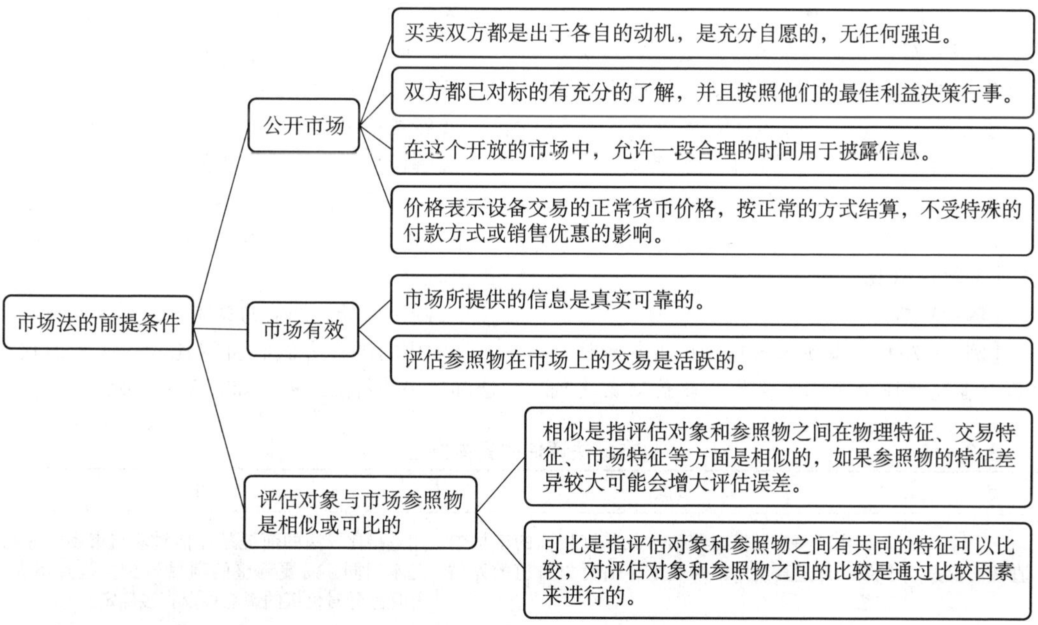

【例2-71】（多项选择题）运用市场法评估机器设备价值的基本前提条件是（　　）。

A. 公开市场

B. 评估对象与市场参照物是相似的或可比的

C. 设备预期交易可确定

D. 设备投资风险可确定

E. 市场有效

【答案】ABE

【解析】略。

（二）评估步骤

（1）对评估对象进行勘察，获取评估对象的基本资料；

（2）进行市场调查，选取市场参照物；

（3）确定适当的比较因素，进行差异调整；

（4）计算评估值。

（三）比较因素（★★★）

比较因素是指可能影响机器设备市场价值的因素，一般可分为个别因素、交易因素、时间因素、地域因素四大类。

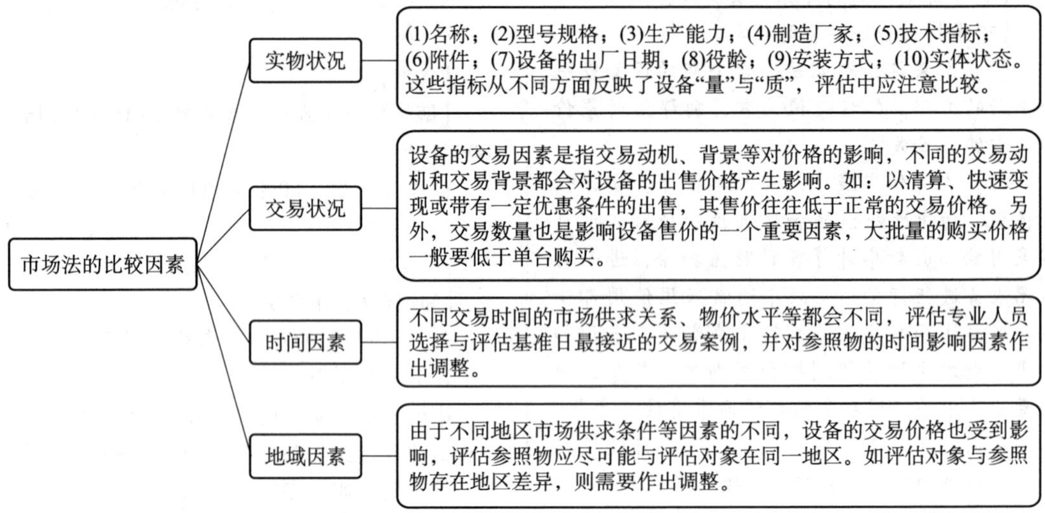

【提示】在评估实务应用中，比较因素是一个指标体系，它要能够全面反映影响设备价值的因素，不全面的或仅使用个别指标所做出的评估是不合理的。

【例2－72】（多项选择题）运用市场法评估设备，被评估设备与参照设备之间的比较因素一般可概括为（　　）。

A. 地域因素　　B. 行业因素

C. 时间因素　　D. 实物状况

E. 交易状况

【答案】ACDE

【解析】略。

【例2－73】（多项选择题）应用市场法对机器设备进行评估时，参照物与被估对象之间需调整的因素主要有（　　）。

A. 设备制造厂家销售策略方面的差异

B. 品牌方面的差异

C. 功能大小方面的差异

D. 新旧程度方面的差异

E. 交易日期的差异

【答案】BCDE

【解析】市场法的比较因素一般可分为实物状况、交易状况、时间因素、地域因素四大类。其中，B、C、D属于实物状况，E属于时间因素。

（四）市场法评估的具体方法（★★★）

常用的调整方法有直接比较法、相似比较法和比率估价法三种，如表2－15所示。

表2－15　市场法评估的具体方法

方法	概念	应用
直接比较法	直接比较法是根据与评估对象基本相同的市场参照物，通过直接比较来确定评估对象价值的评估方法。	用直接比较法的前提是评估对象与市场参照物基本相同，需要调整的项目较少，差异不大，并且差异对价值的影响可以直接确定。
相似比较法	相似比较法是将与评估对象相似的参照物作为评估的基础，通过比较、调整评估对象与参照物之间的因素差异确定评估对象价值的评估方法。	在难以找到与评估对象基本相同的市场参照物、但存在与评估对象相似的市场参照物时，相似比较法就成为具有操作性的评估方法。

续表

方法	概念	应用
比率估价法	比率估价法是在市场上无法找到基本相同或相似的参照物时，利用市场交易统计分析的同类型设备使用年限与售价的关系，确定评估对象价值的评估方法。	基于同类型设备的贬值程度与使用年限之间存在基本相同函数关系的统计规律。但不同类型设备的这种函数关系是不同的，采用比率估价时需要判断相关比率数据是否适合评估对象。

【例 2－74】（单项选择题）对于参照物与被评估设备基本相同，只是个别因素有所差异的情况，可以选用（ ）进行评估。

A. 直接比较法 B. 相似比较法

C. 比率估价法 D. 综合估价法

【答案】 A

【解析】 直接比较法是根据与评估对象基本相同的市场参照物，通过直接比较来确定评估对象价值的评估方法。

【例 2－75】（单项选择题）甲公司要评估一辆 A 卡车的价值，资产评估人员在市场上找到了与此卡车各方面情况基本相同的 B 卡车，B 卡车的市场价格为 1.4 万元，只是 B 卡车的后座破损，需要更换，费用为 1 000 元，A 卡车更新了空调系统，花费 2 400 元，则 A 卡车的评估值为（ ）元。

A. 10 600 B. 12 600

C. 15 400 D. 17 400

【答案】 D

【解析】 本题考查直接比较法的应用。

A 卡车评估值 = 14 000 + 1 000 + 2 400 = 17 400（元）

【例 2－76】（多项选择题）运用市场法评估机器设备是通过对市场参照物进行交易价格调整完成的，常用的调整方法有（ ）。

A. 直接比较法 B. 物价指数调整法

C. 净利润现值法 D. 相似比较法

E. 比率估价法

【答案】 ADE

【解析】 本题考查的是市场法评估的具体方法。

【知识点 7】收益法（★★）

（一）收益法的评估思路

收益法评估机器设备，是通过预测设备的获利能力，对未来带来的净利润或净现金流量按一定的折现率折为现值，作为机器设备的评估价值。收益法要求被评估对象应具有独立的、连续可计量的、可预期收益的能力。

（二）使用收益法的前提条件

一是能够确定机器设备的获利能力，如净利润或净现金流量；二是能够确定合理的折现率。

（三）收益法的适用对象

大部分单项机器设备，一般不具有独立获利能力，因此，单项设备通常不采用收益法评估。

对于生产线、成套设备等具有独立获利能力的机器设备，可以使用收益法评估。另外，在使用资产基础法评估整体企业价值时，收益法也经常作为一种补充方法，用来判断机器设备是否存在功能性贬值和经济性贬值。

（四）计算公式

对于租出的设备，其租金收入就是收益，如果租金收入和折现率不变，则设备的评估值为：

$$P = A \times (P/A,\ r,\ n) = A \times \frac{1 - 1/(1+r)^n}{r}$$

式中：P—评估值；A—收益年金；n—收益年限；r—折现率或资本化率。

式中的 $\frac{r}{1 - 1/(1+r)^n}$ 称为投资回收系数，用 r_a 表示，因此上述公式也可以表示为：

$$P = \frac{A}{r_a}$$

（五）评估步骤

用收益法评估租赁设备，步骤如下：

（1）对租赁市场上类似设备的租金水平进行市场调查，分析参照物设备的租金收入，经过比较调整后确定机器设备的预期收益，调整的因素一般包括时间、地点、规格和役龄等；

（2）根据被评估机器的状况，估计其剩余使用寿命，作为确定收益年限的依据；

（3）根据类似设备的租金及市场售价确定折现率，并根据被评估设备的收益年限运用上述公式计算评估值。

【例2-77】（单项选择题）采用收益法评估机器设备需要具备的前提条件是（　　）。

A. 设备的获利能力和折现率能够确定

B. 符合市场条件

C. 市场有效

D. 评估对象与市场参照物是相似的或可比的

【答案】A

【解析】使用收益法的前提条件：一是能够确定机器设备的获利能力，如净利润或净现金流量；二是能够确定合理的折现率。

【例2-78】（单项选择题）为评估某租出机器设备的价值，评估人员取得如下资料：该设备的年租金净收入为24 000元，该设备的收益期为9年。通过对类似设备交易市场和租赁市场的调查，得到市场数据如表所示。

市场数据

市场参照物	设备的使用寿命（年）	市场售价（元）	年租金收入（元）
A	10	44 440	10 600
B	10	63 828	16 800
C	8	72 592	22 400

则该租出机器设备的价值为（　　）元。

A. 88 154　　B. 88 854

C. 88 554　　D. 88 544

【答案】A

【解析】1. 计算被评估设备的折现率

（1）分别计算上述三个市场参照物的折现率，分别为：

参照物A：$10\,600\times(P/A,\ i,\ 10)=44\,440$，$i=20\%$

参照物B：$16\,800\times(P/A,\ i,\ 10)=63\,828$，$i=23\%$

参照物C：$22\,400\times(P/A,\ i,\ 8)=72\,592$，$i=26\%$

（2）计算三个参照物折现率的均值，作为评估对象的折现率。

评估对象的折现率 $=\dfrac{20\%+23\%+26\%}{3}=23\%$

2. 计算评估对象的评估值

评估对象的评估值 $=24\,000\times(P/A,\ 23\%,\ 9)=24\,000\times3.6731=88\,154$（元）

租出机器设备，能在一定年限内取得租金收入，可以用收益法评估。关键是折现率的确定。本题根据参照物的租金与售价，求出相应的报酬率，以参照物的报酬率的平均值作为评估用的折现率，是一个比较可行的方法。

精选练习题

一、单项选择题

1. 当设备产生了不可修复的磨损，则需要进行（　　）。

A. 大修理　　B. 更新

C. 技术改造　　D. 现代化改装

2. 对作为整体资产组成部分的机器设备进行评估时，应选择的价值类型是（　　）。

A. 变现价值　　B. 清算价值

C. 续用价值　　D. 重置价值

3. 关于机器设备的寿命，下列叙述不正确的是（　　）。

A. 机器设备寿命是指从开始使用到被淘汰所经历的时间期限

B. 可分为自然寿命、经济寿命和技术寿命

C. 经济寿命是由有形磨损决定的

D. 技术寿命是由无形磨损决定的，一般短于自然寿命

4. 有序清算与快速清算最根本的区别在于（　　）。

A. 有序清算不属于强制出售，快速清算属于强制出售

B. 有序清算资产所有者被允许有一个适当的时限，而快速清算时间很短

C. 有序清算价值高于快速清算价值

D. 有序清算由政府部门组织，快速清算由债权人组织

5. 原地复用清算价值是指以（　　）为处置条件所能实现的资产清算价值。

A. 急需快速清算变现

B. 原地持续使用

C. 设备正常交易

D. 企业破产倒闭

6. 以机器设备转让为目的的评估，需要评估的是机器设备单独销售所能实现的变现价值，评估时一般选择（　　）。

A. 清算价值　　B. 续用价值

C. 市场价值　　D. 残余价值

7. 一台设备的重置成本为200万元，已经使用了5年，其经济使用寿命为25年。现在该设备散热系统损坏，预计修复费用20万元，其他系统完好，该设备的实体性贬值率为（　　）。

A. 25%　　B. 26%

C. 28%　　D. 30%

8. 进口设备的离岸价为20万美元，海外运输费为5%，海运保险费为0.4%，假设设备到岸前没有其他税费，该设备的到岸价为（　　）万美元。

A. 21.094　　B. 21.084

C. 22.094　　D. 20.084

9. 某进口汽车的到岸价为人民币20万元，适用的关税税率为15%，消费税税率为10%，增值税税率为13%，该汽车应缴纳的消费税最接近人民币（　　）万元。

A. 1.11　　B. 1.15

C. 2.56　　D. 12.78

10. 关于机器设备评估对象和评估范围的确定，下列叙述正确的是（　　）。

A. 应当由委托人根据拟实施的经济行为确定，并以评估业务委托合同的形式予以确定

B. 应当由评估人员根据拟实施的经济行为确定，并以评估业务委托合同的形式予以确定

C. 已安装的在用设备，应包含设备基础、附属设施

D. 不包括操作软件、技术数据和专利等无形资产

11. 某进口轿车到岸价为人民币80万元，关税税率为15%，增值税税率为16%，消费税税率为20%，车辆购置税税率为13%，确定该进口轿车重置成本时，应计入的车辆购置税为人民币（　　）万元。

A. 11.50　　B. 12.51

C. 13.34　　D. 23

12. 设备复原重置成本与更新重置成本之差即超额投资成本，其反映为（　　）。

A. 第Ⅰ种功能性贬值

B. 第Ⅱ种功能性贬值

C. 经济性贬值

D. 第Ⅱ种有形磨损

13. 被评估甲设备为3年前购置，预计评估基准日后甲设备与同类新型设备相比每年运营成本增加10万元，甲设备尚可使用8年，若折现率为10%，企业适用所得税税率为25%，不考虑其他因素，则甲设备的功能性贬值额最接近（　　）万元。

A. 5.34　　B. 25.38

C. 40.01　　D. 53.35

14. 某被估生产线由于市场的原因在未来5年内每年收益的损失额为3.7万元，假定折现率为9%，所得税税率为15%，该生产线的经济性贬值最接近（　　）万元。

A. 15.73　　B. 12.23

C. 18.5　　D. 14.39

15. 至评估基准日，被评估设备已使用3年，尚可使用9年，评估人员在二手设备交易市场上选择一台与被评估设备生产厂家相同、型号相同并已实现交易的设备作为参照物，该参照物已使用6年，尚可使用7年，交易价格为50万元。若不考虑其他因素，以此参照物交易价格得出的被评估设备的参考价值最接近（　　）万元。

A. 58　　B. 64

C. 76　　D. 70

16. 被评估对象为一台注塑机，年生产能力为15万件。评估人员经市场查询得知，该设备的生产厂家已停止这种设备的生产，评估基准日年生产能力为20万件的同类新设备市场价格为8万元，如果该类设备的运输安装费用为设备价格的5%，被评估设备的成新率为40%，该类设备的规模经济效益指数为0.7，不考虑其他因素，该设备的评估值最接近（　　）万元。

A. 2.4　　B. 2.52

C. 2.75　　D. 6.3

17. 如果设备评估对象采用了更新重置成本，在功能性贬值测算中应考虑（　　）。

A. 超额投资成本

B. 超额运营成本

C. 超额投资成本和超额运营成本两者均考虑

D. 超额投资成本和超额运营成本两者均不考虑

18. 一台机器设备在被视为整体资产的一部分时，所能够实现的价值取决于（ ）。

A. 市场价值

B. 清算价值

C. 对企业整体的贡献

D. 变现价值

19. 某资产评估人员在评估 A 轿车时，从市场上获得的市场参照物 B 轿车的型号、购置年月、行驶里程、发动机、底盘以及各主要系统的状况等状况方面与 A 轿车基本相同。不同之处是，A 轿车的左前大灯破损需要更换，更换费用约 800 元；B 轿车装有 CD 音响一套，价值 2 000 元。B 轿车的市场销售价为 120 000 元，A 轿车的评估值为（ ）元。

A. 118 800　　B. 121 200

C. 122 800　　D. 117 200

20. 下列关于机器设备评估范围的说法不正确的是（ ）。

A. 包括设备本体

B. 可能包括设备基础、附属设施

C. 还包括操作软件、技术数据和专利等

D. 未安装设备和已安装设备的评估范围不同

21. 某被评估设备账面原值 100 万元，已购置 5 年，在此期间，同类设备的价格指数每年比上一年递增 8%，尚可使用 5 年，则该设备的评估值最接近（ ）万元。

A. 73.47　　B. 74.23

C. 74.35　　D. 146.93

22. 某机床于 2017 年购置安装，账面原值为 16 万元。2019 年进行一次改造，改造费用为 4 万元；2021 年又进行一次改造，改造费用为 2 万元。若定基价格指数 2017 年为 1.05，2019 年为 1.28，2021 年为 1.35，2022 年为 1.60。该机床 2022 年的重置成本为（ ）万元。

A. 22　　B. 31.7

C. 33.5　　D. 35.2

23. 某类设备的价值和生产能力之间成非线性关系，市场中年加工 160 000 件产品的该类全新设备的价值为 20 万元，现为八成新的年加工 90 000 件产品的被评估设备的价值为（ ）万元（规模效益指数为 0.5）。

A. 11.2　　B. 15

C. 12　　D. 9

24. 某被评估进口设备评估基准日的离岸价格为 20 万美元，海外运输及保险费用为离岸价的 10%，关税税率为 20%，增值税税率为 13%，国内运输费率为 2.5%。美元对人民币的汇率为 1∶6.8，不考虑其他因素，该进口设备的国内运输费用为（ ）万元人民币。

A. 4.00　　B. 3.74

C. 4.64　　D. 6.04

25. 某皮包生产线，根据构建时的市场要求，每年生产能力 2 000 万个，建成后市场发生不可逆转的变化，每年只能生产 1 000 万个，50% 的生产能力被闲置。该生产线的重置成本为 150 万元，规模经济效益指数为 0.8，如不考虑实体性磨损，该生产线的经济性贬值为（ ）万元。

A. 64.87　　B. 74.76

C. 63.86　　D. 65.86

26. 下列不属于市场法评估机器设备具体方法的是（ ）。

A. 直接比较法　　B. 比率估价法

C. 物价指数调整法　D. 相似比较法

27. 在独立存在的设备评估中，关于需要明确的基本事项，下列说法正确的是（ ）。

A. 评估依据是替代原则，采用同等功能替代品的价格作为重置价

B. 其所能实现的价值只能是变现价值

C. 可能采用现行用途使用假设或改变用途使用假设

D. 评估范围一般为设备本体，不包括设备基础、附属设施等

28. 关于机器设备评估对象和范围的说法，错误的是（ ）。

A. 某台数控机床安装了专用的控制软件，该设备的评估范围应包括该软件

B. 设备基础和附属设施都可以纳入评估范围

C. 一个车间的设备可以作为机器设备组合进行评估

D. 机车可以作为独立的设备评估对象

29. 下列贬值属于功能性贬值的是（ ）。

A. 由于大量产品积压，某车间由三班倒改为两班倒造成的开工不足

B. 由于设备生产厂家采用新技术，使某厂使用的车床相对物耗上升了 20%

C. 由于市场疲软，某车间的 10 台机床，只有 6 台使用，造成 4 台闲置

D. 由于原材料紧俏，某厂处于半停产状态，造成设备闲置

30. 评估对象为一套设备，该设备与同新型设备相比，在每年产量相同的条件下，多耗费材料 10 万元。同时由于市场竞争原因，导致在评估基准日后该设备生产的产品销售数量将下降，经分析，由此导致企业每年利润总额减少 20 万元。若该设备尚可使用 5 年，折现率为 10%，所得税税率为 25%，不考虑其他因素，则该设备的经济性贬值最接近（　　）万元。

A. 56.9　　B. 75.8

C. 76.2　　D. 113.7

31. 关于机器设备评估特点的说法，错误的是（　　）。

A. 机器设备与厂房共同实现生产经营目的，因此，不能采用收益法评估机器设备

B. 组成一条生产线的机器设备可能存在部分属于动产，部分属于不动产的情况

C. 组成一条生产线的设备整体价值不仅仅是生产线上各单台设备简单相加

D. 新电池技术的应用，可能会使老型号电动汽车产生功能性贬值

32. 被评估设备目前市场上含税购买价格为 56 500 元/台，增值税税率为 13%。参考评估参数手册及经验判断，确定其经济使用年限为 6 年，截至评估基准日已使用 3.5 年。评估人员与专业技术人员一同现场勘察后，对设备的新旧程度打分为 60 分。根据评估目的，评估值为不含税价，则评估值为（　　）元。

A. 21 000　　B. 24 600

C. 26 400　　D. 30 000

33. 评估实践中，关于机器设备评估的说法中，错误的是（　　）。

A. 收益法经常作为一种补充方法，判断机器设备是否存在功能性贬值和经济性贬值

B. 使用收益法评估的前提条件是能够确定机器设备的获利能力和折现率

C. 大部分单项设备一般不具备独立获利能力，通常不适用于收益法评估

D. 对于租赁设备，其生产产品产生的净现金流量是设备的收益额

34. 下列关于采用市场途径询价法估算机器设备本体重置成本的说法中，正确的是（　　）。

A. 询得多个销售商的不同售价，应当以不同售价的平均值作为设备本体的重置成本

B. 制造商和销售商的售价不同时，应当选择销售商的售价

C. 可以直接使用生产厂家的报价作为专用设备本体的重置成本

D. 使用销售商的价格目录，应当关注价格数据的有效性和可靠性

35. 生产用机床复原重置成本 300 万元，更新重置成本 270 万元，经济寿命为 15 年，已使用 5 年，评估基准日该机床电机部分损坏，预计修复费用 30 万元，其他部分正常，不考虑其他贬值因素。该机床的评估值为（　　）万元。

A. 200　　B. 160

C. 180　　D. 240

36. 某公司生产音响的设备，预计可生产 80 万个音响，已经生产了 50 万个，按目前的状态还可以再生产 30 万个。若因为新型音响的出现，该音响逐渐退出市场，该生产设备只能再生产 20 万个，比设计次数减少了 10 万个。在这种情况下，该设备的实体性贬值率、经济性贬值率分别为（　　）。

A. 62.5%、22.5%　　B. 52.5%、12.5%

C. 62.5%、12.5%　　D. 52.5%、22.5%

二、多项选择题

1. 以下因素中可能引起相应机器设备无形磨损的有（　　）。

A. 设备生产厂家因资金不足导致原设备已停产

B. 设备因使用不当造成的损伤

C. 同类型新设备生产率大大提高

D. 生产相同设备所需成本降低

E. 科技进步致使原有设备价值降低

2. 进口设备车辆购置税的取税基数包括（　　）。

A. CIF 人民币价　　B. 关税

C. 增值税　　D. 消费税

E. FOB 人民币价

3. 下列属于快速清算特点的是（　　）。

A. 快速清算价值也就是拍卖价值，是强制性的快速变现

B. 所有设备的销售以单台为基础，以当时、当地方式成交

C. 需要计算安装调试费用、运输费用等

D. 卖方负责所购设备的拆迁并承担风险

E. 快速清算价值通常不包括附加价值

4. 对于机器设备的清查核实方法，现场调查一般可以采用（　　）进行。

A. 问卷调查　　B. 逐项调查

C. 发函询证　　D. 查阅会计凭证

E. 抽样调查

5. 下列关于物价指数调整法的说法，正确的有（　　）。

A. 选取的物价指数应与评估对象相配比，一般采用某一类产品的分类价格指数，而非某个设备的物价指数

B. 对于进口设备，应选择设备进口国的分类物价指数

C. 对购买时间较长的设备或处于高通货膨胀期的设备评估重置成本时，物价指数法可以有效地使用，不会受到影响

D. 一般来讲，物价指数并不能反映技术先进性，因此，物价指数法不能运用于确定更新重置成本，也不能作为衡量复原重置成本和更新重置成本差异的手段

E. 物价指数法通常适用于技术进步速度不快、技术进步因素对价格影响不大的设备自身购置价格的估测

6. 在设备评估中，重置核算法经常适用于（　　）设备重置成本的估算。

A. 通用　　B. 进口

C. 非标准　　D. 自制

E. 专用

7. 进口设备重置成本中的国内运杂费是指（　　）。

A. 港口费用　　B. 装卸费用

C. 外贸手续费　　D. 保管费用

E. 国内运输保险费

8. 进口设备的重置成本除包括 CIF 价外，还包括（　　）。

A. 银行手续费　　B. 进口关税

C. 海外运输费　　D. 海运保险费

E. 资金成本

9. 采用使用寿命法确定设备成新率时，设备使用寿命通常由设备的自然寿命决定。表示设备使用寿命的单位有（　　）。

A. 工作小时　　B. 工作量

C. 工作次数　　D. 载重量

E. 行驶里程

10. 市场法评估机器设备时，关于设备比较因素的归类正确的是（　　）。

A. 生产能力属于实物状况

B. 交易数量属于交易状况

C. 出厂日期属于时间因素

D. 交易背景属于交易状况

E. 制造厂家属于地域因素

11. 自制设备重置成本包括（　　）。

A. 非标准设备的设计费

B. 直接材料费、燃料动力费、直接人工费、制造费用

C. 设备安装费

D. 利润

E. 税费

12. 设备的实体性贬值与设备使用过程中的（　　）有关。

A. 工作负荷　　B. 工作条件

C. 技术水平　　D. 市场竞争

E. 维护保养

13. 关于机器设备重置成本的说法，正确的是（　　）。

A. 复原重置成本只考虑物价水平变化对机器设备价值的影响

B. 由于设备制造工艺、材料的发展，有时估算复原重置成本是困难、不合理的

C. 技术进步快的设备，复原重置成本低于更新重置成本

D. 复原重置方式与更新重置方式建造的设备性能相同

E. 复原重置方式是没有意义的，一般使用更新重置成本

14. 因政府征收土地而拆迁的企业，对可持续使用的机器设备的评估，可能采用的评估假设类型包括（　　）。

A. 按改变用途原地使用

B. 按现行用途原地使用

C. 按现行用途移地使用

D. 按改变用途移地使用

E. 变现假设

15. 确定被评估机器设备实体性贬值程度的方法有（　　）。

A. 综合评价法　　B. 观察法

C. 使用寿命法　　D. 修复费用法

E. 比较法

16. 某设备4年前以500万元购置，自购入后先在户外闲置1年，后连续使用3年，目前同型号新产品市场价400万元，性能比原设备更优、效率更高，评估该设备时应考虑的磨损有（　　）。

A. 第Ⅰ种有形磨损

B. 第Ⅱ种有形磨损

C. 第Ⅰ种无形磨损

D. 第Ⅱ种无形磨损

E. 经济性磨损

17. 关于机器设备价值类型的说法，正确的有（　　）。

A. 一般情况下，同一设备有序清算价值高于快速清算价值

B. 单独出售的机器设备宜采用清算价值

C. 原地复用清算价值多用于设备安装成本很高的企业

D. 作为整体资产组成部分的机器设备宜采用续用价值

E. 机器设备的快速清算价值不考虑安装、运输费用

18. 机器设备的现场调查中，可利用（　　）对机器设备的技术状况做出判断。

A. 现场观察

B. 使用单位的检测报告

C. 使用单位的运行记录

D. 使用单位的技术档案

E. 聘请专业机构进行技术检测

19. 机器设备重置成本中的直接成本包括（　　）。

A. 设备本体重置成本

B. 设备基础费

C. 保险费

D. 安装调试费用

E. 工程监理费

20. 确定第Ⅱ种功能性贬值需要考虑的因素有（　　）。

A. 与新设备相比，被评估设备生产效率是否降低

B. 与新设备相比，被评估设备维修保养费用是否降低

C. 与被评估设备相比，新设备材料消耗是否降低

D. 与被评估设备相比，新设备能源消耗是否降低

E. 与被评估设备相比，新设备操作工人数量是否降低

21. 火力发电设备中，需要考虑的经济性贬值的因素有（　　）。

A. 发电使用的煤炭价格上调

B. 为达到环保要求，国家规定应使用脱硫装置

C. 随着技术的不断进步，具有成本优势的水力、风力发电发展加快

D. 发电设备因使用时间过长，废品率上升

E. 由于能源紧张，上网电价上涨

22. 可以采用收益法评估的机器设备有（　　）。

A. 单项设备　　B. 生产线

C. 成套设备　　D. 经营租赁设备

E. 融资租赁设备

23. 机器设备评估中需要明确的基本事项主要包括（　　）。

A. 评估目的　　B. 评估方法

C. 价值类型　　D. 评估假设

E. 评估对象及评估范围

24. 设备重置成本构成的影响因素包括（　　）。

A. 设备类型　　B. 安装方式

C. 评估目的　　D. 评估假设

E. 价值类型

25. 评估计算机器设备第Ⅱ种功能性贬值时，需要考虑的参数有（　　）。

A. 被评估设备的尚可使用寿命

B. 被评估设备的修复费用

C. 被评估设备的更新重置成本

D. 被评估设备相较于新型设备的超额运营成本

E. 被评估设备的复原重置成本

三、综合题

1. 被评估对象为一台3年前自制的大型模具，该模具净重2吨，评估基准日该模具的材料价格为15元/千克，材料利用率为75%，模具的冷加工费为30 000元，热加工费按模具净重每千克15元，其他费用10 000元，行业平均成本利润率为10%，不考虑其他因素，计算该

模具的重置成本。若预计该模具还能再用5年，试评估该模具的价值。（计算结果以元为单位，取整）

2. 被评估成套设备购建于2010年12月，账面价值100万元，2015年12月对设备进行技术改造，追加投资20万元，2020年12月对该设备进行评估。经评估人员调查分析得到如下数据：

（1）2010—2015年，每年该类设备价格上升率为10%，而2015—2020年设备价格维持不变；

（2）该设备的月人工成本比其替代设备超支2 000元；

（3）被估设备所在企业的正常投资报酬率为10%，所得税税率为25%；

（4）该设备在评估前使用期间的实际利用率仅为正常利用率的80%，经技术检测该设备尚可使用5年，在未来5年中设备利用率能达到设计要求。

要求：

（1）计算被估设备的重置成本。

（2）计算成新率及功能性贬值。

（3）计算该设备的评估值。（计算结果以万元为单位，保留两位小数）

3. 某企业的进口汽车于2016年购进，当时的购置价格（离岸价）为8.5万欧元，2019年进行评估，尚可使用12年。根据调查得知，2019年与2016年相比，该类设备国际市场价格上升了10%；现行的海运费费率和保险费费率分别为5%和0.3%；该类设备进口关税税率为15%，增值税税率为16%，消费税税率为20%，车辆购置税税率为10%；银行财务费率为0.8%，外贸手续费率为1.2%；国内运杂费率为1%，安装费费率为0.5%。参照国家机动车强制报废标准规定，该车规定行驶里程为60万千米，截至评估基准日已行驶63 628千米。评估人员通过对车辆现场勘查，对其新旧程度打分为85分。假设评估基准日欧元同人民币的比价为1∶8。根据评估目的，评估值不含税。

要求：根据上述条件，估测该进口汽车的评估值。（计算结果以万元为单位，保留两位小数）

4. 对某企业A设备进行评估，情况如下：A设备为非标准自制设备，主材净消耗量为3.8吨，该主材评估基准日的市场价格为3 800元/吨，设备制造所需主要外购件的费用为21 470元。其主材利用率为90%，不含主要外购件费的成本主材费率为47%；成本利润率为16%；设计费率为15%，同样产量的设备2台。现行增值税税率为13%，城市维护建设税税率为7%，教育费附加费率为3%。

要求：计算A设备的重置成本。（计算结果以元为单位，取整）

5. 现对甲企业的一条国产Ⅰ型机组评估，该机组于2014年7月15日购置并投入使用，其设计生产能力为年产A产品10万件，账面原值为200万元，现评估人员需要评估该机组2019年7月15日的价值。

评估人员经过调查得到以下有关经济技术数据资料：

（1）2014年7月至2019年7月，该类设备的环比价格指数2015年为92%，2016年为104%，2017年为101%，2018年为100%，2019年为107%。

（2）Ⅰ型机组在2019年有了更新换代产品Ⅱ型，Ⅱ型出厂价格为250万元，Ⅱ型的生产能力为年产A产品20万件。运杂费、安装调试费大约占购置价格的20%；被评估机组从使用到评估基准日，由于市场竞争的原因，利用率仅仅为设计能力的70%，估计评估基准日后其利用率会达到设计要求；该机组经过检测尚可以使用6年；与具有相同生产能力的Ⅱ型机组相比，该机组的年运营成本超支额大约在4.5万元左右。已知规模指数为0.8，折现率为10%，所得税税率为25%。

要求：

（1）设备本体重置成本的估算方法有哪些？

（2）运用市场途径询价法评估Ⅰ型机组的过程及其结果。

（3）运用物价指数调整法评估Ⅰ型机组的过程及其结果。

（4）两种方法计算结果哪种更合理并说明理由。（计算结果以万元为单位，保留两位小数）

6. 被评估设备购置于2009年4月，购置价为200万元，在不停产的情况下，于2011年4月对该设备做了一定技术改造，投资15万元给设备增添了一个深加工配套装置。2019年4月进行评估，2019年4月该设备由于操作上的原因，设备转动齿轮严重受损，经有关技术人员检测，认定该设备更换转动齿轮后仍能继续使用10年，损坏的转动齿轮的价值约占设备重置成本的2%，转动齿轮的现行购买价格为5万元，调换费用（包括因为调换而造成的停产损失）约为2万元。与同类设备相比，该设备的操作需要6名工作人员，而同类设备需要3名工作人员，操作人员的年工资及福利费用为2.5万元/人。评估人员经调查得知该类设备于2009年的定基物价指数为106%，2011年的定基物价指数为108%，2019年的定基物价指数为118%。所得税税率为25%，折现率为10%。

要求：

（1）计算该评估设备的重置成本。

（2）计算该设备的实体性贬值及实体性贬值率。

（3）计算该设备的功能性贬值；

（4）计算该设备的评估值。（计算结果以万元为单位，保留两位小数）

7. 某企业拥有P1型号的打印机生产线，专门用于打印增值税专票和普通税票，属于3年前购入的二手设备，购入时已使用了6年且利用率为60%，截至评估基准日该企业已经使用此生产线3年，生产能力达到设计标准。P1型号生产线现在市场上已经停产，取而代之的是P3型号，工艺和技术更强，生产能力是老款P1设备的1.8倍且预期使用寿命为12年。由于生产周期较长，无法购入现货，P3型号生产线需要提前向厂家订货，出厂价为220万元（不含税）且订货交易条款是先预付50%货款后厂家安排生产，约半年后交付验收，验收合格后买家支付剩余50%货款且同时支付安装调试费5万元。老设备P1还能继续使用5年，如果换P3新设备的话平均每年投入产能预计可以节约费用2万元/年（年中折现）。已知所得税税率为25%，生产能力规模指数为0.8，银行年利率为4.35%，折现率为10%。

要求：

（1）计算P1生产线的重置成本。

（2）计算P1生产线的实体性贬值率。

（3）计算P1生产线的功能性贬值额。

（4）计算P1生产线的评估值。

（5）目前电子发票日趋盛行，请问是否会对该企业的生产设备造成经济性贬值？请说明理由。（计算结果以万元为单位，保留两位小数）

8. 某被评估设备为甲公司2015年从美国引进的设备，进口合同中的FOB价是80万美元，海运费率为8%，海运保险费率为1%，当年甲公司为关税及进口环节税免税企业，银行手续费公司代理费等约占CIF价的4%，国内运杂费率为1%，安装费率为0.5%，基础费率为2%，当时美元兑人民币的汇率为1∶7。评估基准日为2020年5月10日，甲企业为关税及进口环节税正常纳税企业。评估人员经进一步调查得到以下资料：

（1）2020年评估时美国生产厂家已不再生产这种设备，其替代产品的FOB报价为110万美元，而国内其他企业2020年从美国进口设备的FOB价格为100万美元，海运费率为5%海运保险费率0.4%，关税税率为16%，银行财务费率为0.4%，公司代理费率为1%，国内运杂费率为1%，安装费率为0.6%，基础费率为1.7%。设备从订货到安装完毕投入使用需要2年时间，第一年投入的资金比例为30%，第二年投入的资金比例为70%。假设每年的资金投入是均匀的，银行贷款利率为5%，美元兑人民币的汇率为1∶6.8。为简化计算，暂不考虑相关业务的增值税。

（2）被评估设备从2015年5月开始投入使用，该设备使用到2019年5月时，由于操作上的原因造成该设备传动齿轮严重受损，导致设备停产至评估基准日。传动齿轮的现行购买价格为80万元，调换费用约5万元。由于进口设备生产的产品受市场替代产品的影响，自评估基准日后每年的产量只能保持在设计生产能力的80%的水平上，并一直保持下去。经现场鉴定，设备如果按照设计生产能力的80%生产尚可使用8年。假设设备的价格与生产能力成非线性关系，设备的规模经济效益指数为0.7。

要求：计算该进口设备的评估值。（计算结果以万元为单位，保留两位小数）

9. 甲公司拟出售自有船舶，委托某评估机构对船舶价值进行评估。评估基准日为2019年12月31日，拟出售船舶为散装船舶，船舶载重50 000吨，由国内乙船厂于2000年12月31日建造并投入使用。自投入运营以来，船舶正常运行，按规定进行定期检修和检验，各项检验证书齐全。评估人员接受委托后，对船舶进行现场勘察并搜集相关船舶证书、检验证书、运行及维护记录等资料确定船舶权属清晰，使用状况正常。经市场调查，该类船舶交易相当活跃，交易案例信息可获取，拟采用市场法进行评估。评估专业人员分析，船舶载重吨位是反映船舶功能的综合指标，吨位越大船价越高。船舶建造厂家反映，建造水平高，技术水平高，船舶价格就高。船舶使用状况、已使用年限与船舶的剩余寿命年限密切相关，已使用年限越长，船价越低。受航运市场波动影响，不同交易时点船舶交易市场会同时波动，并对船舶交易价格产生影响，故市场法评估要对这些因素进行调整，经筛选，确定三个交易案例信息如下表所示。

比较项目	评估对象	参照物 A	参照物 B	参照物 C
名称	甲	A	B	C
船舶类型	散货船	散货船	散货船	散货船
载重（吨）	50 000	53 000	51 000	49 000
建造厂家	乙船厂	乙船厂	丙船厂	丁船厂
建造时间	2000－12－31	2002－06－30	1999－03－31	1998－10－31
交易时间	2019－12－31	2019－06－30	2019－03－31	2019－10－31
交易价格（万元）	待估	2 800	2 200	2 100
交易背景	正常	正常	正常	正常
交易状况	正常	正常	正常	正常
实体状况描述	船体无损伤、轮机舾装设备运行正常，船舶检验正常	相同	相同	相同

（1）经查询评估，评估基准日及 2019 年 3 月 31 日、6 月 30 日、10 月 31 日，散装散货船价指数为 105、105、108、106，交易时间的差异，可参照房地产市场交易日期修正的方式，通过不同时点船价指数之比进行调整。

（2）根据统计分析，在其他因素不变的情况下，5 000 载重吨位以上散货船船价 Y 与使用年限 X 的关系为 $Y=e^{-0.087x}$。据此，可推出参照物已使用年限与评估对象每相差一年，需做 8% 的调整。

（3）载重吨每差异 1 000 吨，需对参照物做 0.5% 的调整。

（4）建造厂家中，丁船厂技术水平略高于其他船厂，需对其做 3% 调整。

根据以上资料，按要求解答计算下列问题：

（1）结合背景资料说明评估专业人员，拟采用市场法的具体方法是哪种？

（2）该方法选取案例的原则有哪些？

（3）背景材料中船价与使用年限公式体现了市场法哪种具体评估方法的思路？

（4）估算被评估船舶的价值。

10. 某评估机构接受委托对甲企业的外购冷冻设备进行评估。

（1）经评估人员向设备厂家咨询，该型号设备目前含税售价为 2 260 000 元/套。经市场询价，运杂费率为 1%，安装费率为 5%，前期及其他费用取费标准如下表所示。

前期及其他费用费率表

序号	费用名称	含税费率	不含税费率	取费基数	参照取费依据
1	建设单位管理费	1.494%	1.494%	工程费用	xx 号文
2	可行性研究费用	0.590%	0.557%	工程费用	xx 号文
3	环评费用	0.274%	0.258%	工程费用	xx 号文
4	安评费用	0.113%	0.107%	工程费用	xx 号文

续表

序号	费用名称	含税费率	不含税费率	取费基数	参照取费依据
5	勘察设计费	2.393%	2.258%	工程费用	xx号文
6	招投标代理费	0.284%	0.268%	工程费用	xx号文
7	工程监理费	1.879%	1.773%	工程费用	xx号文
	小计	7.03%	6.72%		

（2）该设备综合建设工期半年，相应的贷款利率为4.35%，假定资金均匀投入。资金成本以含税价为基础计算。

（3）依据国家有关规定，设备购建增值税进项税可进行抵扣，税率采用基准日时点的适用税率，销售货物税率为13%，交通运输、建筑服务税率为9%。

（4）依据对上述的设备现场勘察，结合设备完好技术条件和设备管理人员、使用人员的使用情况介绍，参考评估参数手册及经验判断，确定设备的经济使用年限为15年。目前设备运行正常，维护保养较好。截至评估基准日，已使用2.4年。

（5）评估人员与企业技术人员一同现场勘察，对设备的新旧程度打分为85分。

要求：

（1）简述设备重置成本构成的基本内容。

（2）设备本体重置成本的估算方法有哪些？

（3）拟采用哪种方法确定设备本体重置成本？

（4）评估该设备的不含税价值。（计算结果以元为单位，取整数）

11. 拟对某企业自有的非营运小型汽车进行评估，评估基准日为2024年6月30日。该车辆购置于2022年12月31日，账面价33万元，净值31万元。经现场调查，该车辆车型为别克2023款陆上公务舱652T，主要参数如下。

发动机型号	最大功率	排量	排放标准	最高车速	悬挂
LXH	174KW	2.0T	国Ⅵ	195公里/小时	麦弗逊式独立悬挂/扭力梁式非独立悬挂

评估人员经现场调查，得到以下数据资料：

（1）该车辆已行驶里程5万公里，外观无明显剐蹭，内饰完整；

（2）目前该车辆无法启动，经专业维修人员检测为发动机故障，预计修复费用2万元；

（3）对该车辆新旧程度进行现场打分为80分；

（4）经询价，该车辆目前售价为30.6万元（含增值税，税率为13%），车辆购置税为10%，拍照等其他费用为500元。

（5）该车辆经济寿命年限为15年，国家规定最高行驶里程为60万公里。

要求：

（1）计算该车辆的重置成本（计算结果以万元为单位，保留两位小数）。

（2）分别计算年限法、里程法、理论成新率、观察法成新率，并确定综合成新率（理论成新率权重为0.4）（计算结果以百分比表示，取整数）。

（3）计算该车辆的评估值（计算结果以万元为单位，保留两位小数）。

精选练习题参考答案及解析

一、单项选择题

1.【答案】B

【解析】当设备产生了不可修复的磨损，则需要进行更新。

2.【答案】C

【解析】作为整体资产组成部分的机器设备，其价值是指按原来的用途与其他资产一起持续使用条件下的使用价值，即续用价值。

3.【答案】C

【解析】机器设备的经济寿命，是指机器设备从开始使用到因遭受有形磨损和无形磨损，继续使用在经济上已不合适而被淘汰所经历的时间期限。

4.【答案】B

【解析】有序清算价值是指资产所有者被允

许有一个适当的时限，将资产进行宣传推销，选择买主变现资产的价值。有序清算仍属于强制出售，与快速清算价值的不同之处在于全部设备必须在今后某一特定时间内变卖出去。

5.【答案】B

【解析】原地复用清算价值是指以原地持续使用为处置条件所能实现的资产清算价值。

6.【答案】C

【解析】略。

7.【答案】C

【解析】不可修复性损耗引起的贬值 $=(200-20)\times\dfrac{5}{25}=36$（万元）

贬值率 $=\dfrac{20+36}{200}=28\%$

8.【答案】B

【解析】海外运输费 $=20\times5\%=1$（万美元）

海运保险费 $=(20+1)\times0.4\%=0.084$（万美元）

到岸价 $=20+1+0.084=21.084$（万美元）

9.【答案】C

【解析】消费税 $=\dfrac{\text{关税完税价}+\text{关税}}{1-\text{消费税税率}}\times$ 消费税税率 $=\dfrac{20+20\times15\%}{1-10\%}\times10\%=2.56$（万元）

10.【答案】A

【解析】评估对象与范围，应当由委托人根据拟实施的经济行为确定，并以评估业务委托合同的形式予以确定。评估人员在明确评估对象与范围时，应该与委托人确认：（1）对于已安装的在用设备，是否包含设备基础、附属设施等；（2）是否包括操作软件、技术数据和专利等无形资产。

11.【答案】A

【解析】消费税 $=\dfrac{\text{关税完税价}+\text{关税}}{1-\text{消费税税率}}\times$ 消费税税率 $=\dfrac{80+80\times15\%}{1-20\%}\times20\%=23$（万元）

车辆购置税 =（到岸价 + 关税 + 消费税）× 车辆购置税税率 $=(80+80\times15\%+23)\times10\%=11.5$（万元）

12.【答案】A

【解析】略。

13.【答案】C

【解析】此处的功能性贬值表现为超额运营成本，需对各年度的净超额运营成本进行折现。

功能性贬值额 $=10\times(1-25\%)\times(P/A, 10\%, 8)=40.01$（万元）

14.【答案】B

【解析】经济性贬值额 $=3.7\times(1-15\%)\times(P/A, 9\%, 5)=12.23$（万元）

15.【答案】D

【解析】成新率因素分析和修正：

被评估设备的成新率 $=\left(1-\dfrac{3}{3+9}\right)\times100\%=75\%$

参照物的成新率 $=\left(1-\dfrac{6}{6+7}\right)\times100\%=54\%$

成新率修正系数 $=\dfrac{75\%}{54\%}$

被评估设备的价值 $=50\times\dfrac{75\%}{54\%}=69.44$（万元）

16.【答案】C

【解析】采用类比法——指数估价法估测该设备本体的重置成本，再加上运输安装费用得到设备重置成本，最后乘以成新率，就为该设备的评估值。

设备评估值 $=8\times\left(\dfrac{15}{20}\right)^{0.7}\times40\%\times(1+5\%)=2.75$（万元）

17.【答案】B

【解析】在评估实践中，如果可以直接确定设备的更新重置成本，则不需要再计算复原重置成本，超额投资成本引起的功能性贬值也不需要计算。

18.【答案】C

【解析】略。

19.【答案】D

【解析】A 轿车评估值 = 120 000 − 800 − 2 000 = 117 200（元）

20.【答案】C

【解析】对于未安装的设备，评估范围一般为设备本体；对于已安装的在用设备，评估范围可能还包括设备基础、附属设施等。

21.【答案】A

【解析】评估值 $=100\times(1+8\%)^5\times\dfrac{5}{5+5}=73.47$（万元）

22.【答案】B

【解析】

时间	投资费用（万元）	价格指数	价格变动指数	重置成本（万元）
2017 年	16	1.05	1.60/1.05 = 1.52	16 × 1.52 = 24.32
2019 年	4	1.28	1.60/1.28 = 1.25	4 × 1.25 = 5
2021 年	2	1.35	1.60/1.35 = 1.19	2 × 1.19 = 2.38
2022 年		1.60	1.60/1.60 = 1	
合计				31.7

23.【答案】C

【解析】被评估设备的价值 $= 20 \times \left(\frac{90\ 000}{160\ 000}\right)^{0.5} \times 0.8 = 12$（万元）

24.【答案】B

【解析】CIF = 20 ×（1 + 10%）= 22（万美元）

国内运输费 = CIF × 国内运输费率 = 22 × 2.5% = 0.55（万美元）

0.55 × 6.8 = 3.74（万元人民币）

25.【答案】C

【解析】

$$\text{经济性贬值率} = \left[1 - \left(\frac{1\ 000}{2\ 000}\right)^{0.8}\right] \times 100\% = 42.57\%$$

经济性贬值额 = 150 × 42.57% = 63.86（万元）

26.【答案】C

【解析】物价指数调整法是重置成本法的一种。

27.【答案】B

【解析】采用资产基础法评估整体企业价值，机器设备所能够实现的价值取决于其对整体企业价值的贡献程度，该价值一般不等于这些设备单台、独立销售时实现的市场价值。对机器设备的评估依据是替代原则，即采用同等功能的替代产品的价格作为重置价，因为功能相同的机器设备对企业的贡献是相同的。机器设备的价值是指按原来的用途与其他资产一起持续使用条件下的使用价值，即续用价值。因此，A 选项错误。一台机器设备或者被视为整体资产的一部分，或者被视为脱离整体资产的独立资产单独销售，所能够实现的价值是不同的。前者能够实现的价值取决于该设备对整体的贡献，后者只能实现该设备单独销售的变现价值。因此，B 选项正确，C 选项错误。评估范围一般为设备主体，可能包括设备基础、附属设施等，因此，D 选项错误。

28.【答案】A

【解析】评估人员在明确评估对象与范围时，应该与委托人确认：（1）对于已安装的在用设备，是否包含设备基础、附属设施等；（2）是否包括操作软件、技术数据和专利等无形资产。

29.【答案】B

【解析】由于无形磨损引起的资产价值减少称为功能性贬值，主要体现在超额投资成本和超额运营成本两方面。

30.【答案】A

【解析】经济性贬值额 = 20 ×（1 − 25%）×（P/A，10%，5）= 56.9（万元）

31.【答案】A

【解析】机器设备类资产一般是企业整体资产的一个组成部分，通常与企业的其他资产，如房屋建筑物、土地、流动资产、无形资产等，共同实现某项特定的生产经营目的，一般不具备独立的获利能力。所以在进行机器设备评估时，收益法的使用受到一定的限制，通常采用重置成本法和市场法。对于生产线、成套设备等具有独立获利能力，可以采用收益法评估。

32.【答案】C

【解析】重置成本（不含税）= 购买价格（含税）/（1 + 增值税率）= 56 500/1.13 = 50 000（元）

年限法成新率 =（经济使用年限—已使用年限）/经济使用年限 × 100% =（6 − 3.5）/6 × 100% = 42%

综合成新率 = 年限法成新率 × 40% + 观察法成新率 × 60% = 42% × 40% + 60 × 60% = 52.8%

评估值 = 50 000 × 52.8% = 26 400（元）

33.【答案】D

【解析】对于租赁设备，其租金收入就是收益。用收益法评估租赁设备，首先，要对租赁市场上类似设备的租金水平进行市场调查，分析市场参照物设备的租金收入，经过比较调整后确定机器设备的预期收益，调整的因素一般包括时间、地点、规格和役龄等。其次，根据被评估机器的状况，估计其剩余使用寿命，作为确定收益年限的依据。最后，根据类似设备的租金及市场售价确定折现率，并根据被评估设备的收益年限，运用公式计算评估值。

34. 【答案】D

【解析】机器设备的市场价格，制造商与销售商或者不同的销售商的售价可能是不同的。根据替代性原则，在同等条件下，评估人员应该选择可能获得的最低售价。因此，A 项、B 项错误。生产厂家的报价和实际成交价往往存在较大的差异。评估人员应特别慎重地对待这种报价，不可以直接使用。一般应向近期购买该厂同类产品的其他客户了解实际成交价。因此，C 项错误。

35. 【答案】B

【解析】重置成本为更新重置成本：270 万元

可修复性损耗引起的贬值：30 万元

不可修复性损耗引起的贬值：$(270-30)\times 5/15=80$（万元）

机床评估值 $=270-30-80=160$（万元）

36. 【答案】C

【解析】实体性贬值率 $=\frac{50}{80}\times 100\%=62.5\%$

经济性贬值率 $=\frac{10}{80}\times 100\%=12.5\%$

二、多项选择题

1. 【答案】CDE

【解析】无形磨损指由于科学技术进步而不断出现性能更加完善、生产效率更高的设备，致使原有设备价值降低；或者是生产相同结构的设备，由于工艺改进或生产规模扩大等原因，使得其重置价值不断降低，导致原有设备贬值。

2. 【答案】ABD

【解析】车辆购置税的取费基数为到岸价人民币数＋关税＋消费税。其计算公式为：车辆购置税＝(到岸价人民币数＋关税＋消费税)×费率。

3. 【答案】ABE

【解析】快速清算价值没有考虑任何未知费用，如安装调试费用、运输费用等，而且由买主负责所购设备的拆迁并承担风险。

4. 【答案】BE

【解析】略。

5. 【答案】BDE

【解析】选取的物价指数应与评估对象相配比，一般采用某一类产品的综合物价指数，而非某个设备的物价指数。对于购买时间较长、采用综合物价指数或对高通货膨胀期设备进行物价指数法评估时，资产评估人员应相当谨慎，并尽可能用其他方法校核。

6. 【答案】CDE

【解析】一般用于确定非标准的、自制的设备本体重置成本。如果一般用于确定非标准的、自制的设备本体重置成本。如果很难从公开市场获得机器设备的价格资料，如非标设备、自制设备和专用设备等，需要资产评估人员按目前的价格标准重新估算建造该设备的成本。

7. 【答案】ABDE

【解析】进口设备的国内运杂费，是指进口设备从出口国运抵我国后，从所到达的港口、车站、机场等地，将设备运至使用目的地所发生的港口费用、装卸费用、运输费用、保管费用、国内运输保险费等有关费用，不包括运输超限设备时发生的特殊措施费。

8. 【答案】ABE

【解析】CIF（到岸价）＝离岸价＋海外运输费＋海运保险费，所以海外运输费以及海运保险费是包括在 CIF 中的。

9. 【答案】ABCE

【解析】略。

10. 【答案】ABD

【解析】出厂日期、制造厂家均属于实物状况。

11. 【答案】ABDE

【解析】自制设备一般按照评估基准日价格标准计算建造成本，包括直接材料费、燃料动力费、直接人工费、制造费用、期间费用分摊、利润、税金以及设计费。

12. 【答案】ABE

【解析】实体性贬值在闲置和存放过程中与设备闲置和存放的时间、环境、条件有关；而设备在使用过程中与工作负荷、工作条件、维修保养状况有关。

13.【答案】AB

【解析】复原重置成本，一般用于评估机器设备的制造工艺、材料等与原来完全相同的情况，评估时设备重置成本的变化主要是由于物价水平变化引起的。因此，A 选项正确。更新重置成本，由于技术进步的原因，设备的制造工艺、材料在不断发展。如有些设备，原来使用的材料已淘汰，目前的市场无法得到这些材料，有些设备尽管可以进行复原重置，但是其成本要高于更新重置成本，而性能却低于更新重置方式建造的设备。因此，B 项正确，C 项、D 项错误。在已发生技术进步的情况下，复原重置的方式是没有意义的。因为以更新重置的方式建造的设备（工厂），可以得到成本更低、性能更高的产品。因此，E 选项错误。

14.【答案】CD

【解析】对面临搬迁企业的资产评估，或政府征收土地的拆迁企业损失评估，这时所评估的设备价值是它的移地使用价值，所以需要采用移地使用假设，用途方面可以改变用途或者现行用途。

15.【答案】BCD

【解析】略。

16.【答案】ABCD

【解析】第Ⅰ种有形磨损与使用时间和使用强度有关，而第Ⅱ种有形磨损在一定程度上与闲置时间和保管条件有关。由于相同结构设备重置价值的降低而带来的原有设备价值的贬值，称为第Ⅰ种无形磨损。由于不断出现性能更完善、效率更高的设备而使原有设备在技术上显得陈旧和落后所产生的无形磨损，称为第Ⅱ种无形磨损。因此 A 项、B 项、C 项、D 项正确。机器设备磨损是指在使用或闲置过程中，由于物理或技术进步的原因会逐渐发生磨损而降低价值，E 选项不属于机器设备的磨损。

17.【答案】ACDE

【解析】单独转让的机器设备，其可能实现的价值是变现价值。

18.【答案】BCDE

【解析】执行机器设备评估业务应当根据评估对象的具体情况，确定现场调查内容。资产评估专业人员通常可以通过现场观察，利用机器设备使用单位所提供的技术档案、检测报告、运行记录等历史资料，利用专业机构的检测结果，对机器设备的技术状态做出判断。必要时可以聘请专业机构对机器设备进行技术鉴定。

19.【答案】ABD

【解析】设备的直接成本一般包括设备本体重置成本、运杂费、安装费、基础费及其他合理成本。C 项、E 项属于间接成本。

20.【答案】ACDE

【解析】新设备与老设备相比，生产效率是否提高，维修保养费用是否降低，材料消耗是否降低，能源消耗是否降低，操作工人数量是否降低，等等。

21.【答案】AB

【解析】选项 C 属于功能性贬值的因素。选项 D 是由于使用而造成设备精度的下降，废品率上升，属于实体性贬值。选项 E 对于发电设备来说，属于经济性溢价，而不是贬值。

22.【答案】BCDE

【解析】具有独立获利能力的机器设备可以使用收益法评估。大部分单项机器设备，一般不具有独立获利能力。因此，单项设备通常不采用收益法评估。

23.【答案】CDE

【解析】机器设备评估需要明确的基本事项主要包括价值类型、评估假设、评估对象及评估范围等。

24.【答案】ABCD

【解析】设备重置成本构成的具体内容，与设备类型、安装方式、评估目的、评估假设前提等因素有关。

25.【答案】AD

【解析】第Ⅱ种功能性贬值，反映为超额运营成本。计算超额运营成本引起的功能性贬值的步骤如下：

（1）分析比较机器设备的超额运营成本因素；

（2）确定被评估设备的尚可使用寿命，计算每年的超额运营成本；

（3）计算净超额运营成本；

（4）确定折现率，计算超额运营成本的折现值。

三、综合题

1.【答案及解析】

（1）该模具的材料费 $=\dfrac{2\ 000}{75\%}\times 15=40\ 000$

（元），冷加工费为30 000元，热加工费 =2 000×15 =30 000（元），其他费用为10 000元，总成本 =40 000 +30 000 +30 000 +10 000 =110 000（元），利润 =110 000×10% =11 000（元）。

该模具的重置成本 = 110 000 + 11 000 = 121 000（元）

（2）该模具的成新率 =5÷（3+5）=62.5%

该模具的评估值 =121 000×62.5% =75 625（元）

2.【答案及解析】

（1）重置成本 =100×$(1+10\%)^5$ +20 =181.05（万元）

（2）加权投资年限 $=\dfrac{161.05\times10+20\times5}{181.05}=$ 9.45（年）

实际使用年限 =9.45×80% =7.56（年）

成新率 $=\dfrac{5}{7.56+5}\times100\%=39.81\%$

功能性贬值额 =0.2×12×（1－25%）×（P/A，10%，5）=6.82（万元）

（3）评估值 =181.05×39.81% －6.82 =72.058－6.82 =65.26（万元）

3.【答案及解析】

设备的离岸价 =8.5×（1+10%）=9.35（万欧元）

海运费 =9.35×5% =0.467 5（万欧元）

国外保险费 =（9.35+0.467 5）×0.3% =0.029 5（万欧元）

到岸价（欧元计价）=9.35+0.467 5+0.029 5 =9.847（万欧元）

到岸价（人民币计价）=9.847×8 =78.78（万元）

应交关税 =78.78×15% =11.82（万元）

消费税 $=\dfrac{关税完税价+关税}{1-消费税税率}\times$消费税税率 =

$\dfrac{78.78+11.82}{1-20\%}\times20\%=22.65$（万元）

车辆购置税 =（到岸价 + 关税 + 消费税）×车辆购置税税率 =（78.78 +11.82 +22.65）×10% =11.33（万元）

银行财务费 =9.35×8×0.8% =0.60（万元）

外贸手续费 =78.78×1.2% =0.95（万元）

国内运杂费 =78.78×1% =0.79（万元）

安装费 =78.78×0.5% =0.39（万元）

基础费 =78.78×1.5% =1.18（万元）

进口设备重置成本 =78.78 +11.82 +22.65 +11.33 +0.60 +0.95 +0.79 +0.39 +1.18 =128.49（万元）

年限法成新率 $=\dfrac{12}{12+3}\times100\%=80\%$

里程成新率 =（1－63 628/600 000）×100% =89%

根据孰低原则，确定理论成新率为80%。

综合成新率 = 理论成新率×40% + 观察法成新率×60% =80%×40% +85%×60% =83%

进口汽车评估值 =128.49×83% =106.65（万元）

4.【答案及解析】

主材费 $C_{m1}=\dfrac{3.8}{90\%}\times3\,800=16\,044$（元）

综合税率 =13%×（1+7% +3%）=14.3%

重置成本 $=\left(\dfrac{16\,044}{47\%}+21\,470\right)\times(1+16\%)\times(1+14.3\%)\times\left(1+\dfrac{15\%}{2}\right)=79\,257$（元）

5.【答案及解析】

（1）设备本体的重置成本的估算方法有市场途径询价法、物价指数调整法、重置核算法、综合估价法、重量估价法、类比法。

（2）运用市场途径询价法评估Ⅰ型机组的过程及其结果：

重置成本 $=250\times\left(\dfrac{1}{2}\right)^{0.8}\times(1+20\%)=$ 172.30（万元）

实际已使用年限 =5×70% =3.5（年）

实体性贬值率 $=\dfrac{3.5}{3.5+6}\times100\%=36.84\%$

实体性贬值 =172.3×36.84% =63.48（万元）

功能性贬值 =4.5×（1－25%）（P/A，10%，6）=3.375×4.355 =14.70（万元）

评估值 =172.3－63.48－14.70 =94.12（万元）

（3）运用物价指数调整法评估Ⅰ型机组的过程及其结果：

重置成本 =200×92%×104%×101%×100%×107% =206.80（万元）

实体性贬值率 $=\dfrac{3.5}{3.5+6}\times100\%=36.84\%$

实体性贬值 =206.8×36.84% =76.19（万

元）

功能性贬值 = 4.5 ×（1 − 25%）（P/A，10%，6）= 3.375 × 4.355 = 14.70（万元）

评估值 = 206.8 − 76.19 − 14.70 = 115.91（万元）

（4）采用市场途径询价法计算结果更合理。因为市场途径询价法利用了市场的判断，得到的是更新重置成本，体现了设备建造过程中的技术进步因素，更接近客观事实。而物价指数法调整得到的重置成本是复原重置成本。因为物价指数没有考虑技术进步的因素，它只反映物价水平的变化，对于技术进步比较快的设备，会导致复原重置成本高于更新重置成本，因此在评估值的计算中应将投资成本超额造成的功能性贬值从复原重置成本中扣减掉。

6.【答案及解析】

（1）重置成本 $= 200 \times \frac{118\%}{106\%} + 15 \times \frac{118\%}{108\%} =$ 222.64 + 16.39 = 239.03（万元）

（2）可修复性磨损引起的实体性贬值 = 5 + 2 = 7（万元）

加权投资年限 $= \frac{222.64 \times 10 + 16.39 \times 8}{239.03} =$ 9.86（年）

不可修复性磨损引起的实体性贬值 $= 239.03 \times (1 - 2\%) \times \frac{9.86}{9.86 + 10} = 116.30$（万元）

设备的实体性贬值 = 可修复性磨损引起的实体性贬值 + 不可修复性磨损引起的实体性贬值 = 7 + 116.30 = 123.30（万元）

实体性贬值率 $= \frac{123.30}{239.03} \times 100\% = 51.58\%$

（3）功能性贬值 = [(6 − 3) × 2.5 × (1 − 25%)] × (P/A，10%，10) = 5.625 × 6.144 6 = 34.56（万元）

（4）设备的评估值 = 重置成本 − 实体性贬值 − 功能性贬值 = 239.03 − 123.30 − 34.56 = 81.17（万元）

7.【答案及解析】

（1）P1 生产线设备本体重置成本 $= [110 \times (1 + 4.35\%)^{0.5} + 110] \times \left(\frac{1}{1.8}\right)^{0.8} = 138.95$（万元）

重置成本 = 138.95 + 5 = 143.95（万元）

P1 生产线的重置成本为 143.95 万元。

（2）已使用年限 = 6 × 60% + 3 = 6.6（年）

实体性贬值率 $= \frac{6.6}{5 + 6.6} \times 100\% = 56.9\%$

P1 生产线的实体性贬值率为 56.9%。

（3）P1 生产线的功能性贬值额 $= 2 \times (1 - 25\%) \times \left[\frac{1}{(1+10\%)^{0.5}} + \frac{1}{(1+10\%)^{1.5}} + \frac{1}{(1+10\%)^{2.5}} + \frac{1}{(1+10\%)^{3.5}} + \frac{1}{(1+10\%)^{4.5}}\right] = 1.5 \times 3.975\ 8 =$ 5.96（万元）

（4）P1 生产线的评估值 = 重置成本 ×（1 − 实体性贬值率）− 功能性贬值额 = 143.95 ×（1 − 56.9%）− 5.96 = 56.08（万元）

（5）目前电子发票日趋盛行，会对该企业的生产设备造成经济性贬值。

因为经济性贬值是外部因素引起的贬值。由于目前电子发票日趋盛行的外部环境，该企业设备生产的打印机产品的销量会减少，导致设备开工不足，生产能力相对过剩。

8.【答案及解析】

（1）进口设备重置成本。

项目	计费基数	税（费）率	计算公式	金额
离岸价（FOB）				100 万美元
海外运输费	FOB	5%	计费基数 × 海运费率	5 万美元
海运保险费	FOB + 海运费	0.4%	计费基数 × 保险费率	0.42 万美元
到岸价（CIF）外币合计				105.42 万美元
CIF 价人民币合计	外币额	6.8	计费基数 × 汇率	716.856 万元
关税	CIF	16%	CIF × 16%	114.70 万元
银行财务费	设备离岸价	0.4%	设备离岸价 × 0.4% × 汇率	2.72 万元
公司手续费	CIF	1%	CIF × 1%	7.17 万元

续表

项目	计费基数	税（费）率	计算公式	金额
国内运杂费	CIF	1%	CIF×1%	7.17 万元
安装费	CIF	0.6%	CIF×0.6%	4.30 万元
基础费	CIF	1.7%	CIF×1.7%	12.19 万元
合计				865.11 万元
资金成本		5%	资金合计×30%×[$(1+5\%)^{1.5}-1$]+资金合计×70%×[$(1+5\%)^{0.5}-1$]	34.69 万元
重置成本				899.8 万元

（2）进口设备的实体性贬值。

可修复部分实体性贬值＝80＋5＝85（万元）

不可修复部分实体性贬值率＝$\frac{4}{4+8\times80\%}\times100\%=38.46\%$

不可修复部分实体性贬值＝38.46%×(899.8－85)＝313.37（万元）

进口设备的实体性贬值＝85＋313.37＝398.37（万元）

（3）进口设备的经济性贬值。

经济性贬值率＝$(1-0.8^{0.7})\times100\%=14.46\%$

进口设备的经济性贬值＝899.8×14.46%＝130.13（万元）

（4）进口设备的评估值＝899.8－398.37－130.13＝371.3（万元）

9.【答案及解析】

（1）评估人员拟采用的市场法的具体方法是相似比较法。

（2）评估实践中，一般应把握的调整比较原则有：尽可能是相同制造商生产的产品；尽可能是相同规格型号的产品；出厂日期和服役年龄比较接近；销售时间与评估基准日期接近；交易位置接近；安装方式接近；随机附件、备件完备情况接近；实体状态接近；交易背景相似；交易方式一致；尽量选择同一个市场。

（3）船价与使用年限公式体现市场法下比率估价法的指数模型。

（4）被评估船舶的价值。

①船舶载重（吨）差异修正系数。

参照物A船舶载重（吨）差异修正系数＝1－0.5%×3＝0.985

参照物B船舶载重（吨）差异修正系数＝1－0.5%×1＝0.995

参照物A船舶载重（吨）差异修正系数＝1＋0.5%×1＝1.005

②建造厂家差异修正系数。

参照物A建造厂家差异修正系数＝1

参照物B建造厂家差异修正系数＝1

参照物C建造厂家差异修正系数＝1－3%＝0.97

③已使用年限差异修正系数。

参照物A已使用年限差异修正系数＝1－(19－17)×8%＝0.84

参照物B已使用年限差异修正系数＝1＋(20－19)×8%＝1.08

参照物C已使用年限差异修正系数＝1＋(21－19)×8%＝1.16

④交易时间差异修正系数。

参照物A交易时间差异修正系数＝105/108＝0.972 2

参照物B交易时间差异修正系数＝105/105＝1

参照物C交易时间差异修正系数＝105/106＝0.990 6

⑤交易背景修正系数。交易背景正常，修正系数均为1。

⑥交易状况修正系数。交易状况正常，修正系数均为1。

⑦船舶评估值。

参照物A修正后的结果＝2 800×0.985×1×0.84×0.972 2×1×1＝2 252.32（万元）

参照物B修正后的结果＝2 200×0.995×1×1.08×1×1×1＝2 364.12（万元）

参照物C修正后的结果＝2 100×1.005×0.97×1.16×0.990 6×1×1＝2 352.41（万元）

船舶评估值＝(2 252.32＋2 364.12＋2 352.41)/3＝2 322.95（万元）

10.【答案及解析】

（1）机器设备的重置成本包括购置或购建设备所发生的必要的、合理的直接成本、间接成本和因资金占用所发生的资金成本。设备的直接成本一般包括设备本体重置成本、运杂费、安装费、基础费及其他合理成本。设备的间接成本一般包括管理费用、设计费、工程监理费、保险费等。

（2）设备本体的重置成本不包括运输、安装等费用。设备本体的重置成本的计算方法有市场途径询价法、物价指数调整法、重置核算法、综合估价法、重量估价法、类比法——指数估价法等六种。

（3）拟采用市场途径询价法估算设备本体重置成本。

（4）评估值的估算。

①设备购买价格为 2 260 000 元。

②运杂费 = 设备购买价格（含税）× 1% = 22 600（元）

③安装费 = 设备购买价格（含税）× 5% = 113 000（元）

④前期及其他费用。

前期及其他费用 =［设备购买价格（含税）+ 运杂费 + 安装费］× 7.03% =（2 260 000 + 22 600 + 113 000）× 7.03% = 168 411（元）

前期及其他费用（不含税）=［设备购买价格（含税）+ 运杂费 + 安装费］× 6.72% =（2 260 000 + 22 600 + 113 000）× 6.72% = 160 984（元）

⑤资金成本。资金成本以含税价为基础计算。

资金成本 =［设备购买价格（含税）+ 运杂费 + 安装费 + 前期及其他费用］× 4.35% × 0.5/2 =（2 260 000 + 22 600 + 113 000 + 168 411）× 4.35% × 0.5/2 = 27 884（元）

⑥可抵扣增值税。

可抵扣增值税 = 设备购买价格（含税）/1.13 × 13% +（运输费 + 安装费）/1.09 × 9% + 其他费中可抵扣的增值税 = 2 260 000/1.13 × 13% +（22 600 + 113 000）/1.09 × 9% +（168 411 − 160 984）= 278 623（元）

⑦重置成本。

重置成本（不含税）= 重置成本（含税）− 可抵扣增值税 = 设备购买价格（含税）+ 运杂费 + 安装费 + 前期及其他费用 + 资金成本 − 可抵扣增值税 = 2 260 000 + 22 600 + 113 000 + 168 411 + 27 884 − 278 623 = 2 313 272（元）

⑧综合成新率的确定。

使用寿命法成新率 =（经济使用年限 − 已使用年限）/ 经济使用年限 × 100% =（15 − 2.4）/15 × 100% = 84%

观察法成新率 = 85%

综合成新率 = 年限法成新率 × 40% + 观察法成新率 × 60% = 84% × 40% + 85 × 60% = 84.6%

⑨设备评估值的确定。

评估值 = 重置成本（不含税）× 综合成新率 = 2 313 272 × 84.6% = 1 957 028（元）

11.【答案及解析】

（1）重置成本（不含税）= 车辆购买价格（不含税）+ 车辆购置税 + 其他费用 = 30.6/（1 + 13%）+ 30.6/（1 + 13%）× 10% + 0.03 = 29.82（万元）

（2）

①年限法成新率。

可修复性损耗引起的贬值：2 万元

不可修复性损耗引起的贬值：$(29.82-2)\times\frac{1.5}{15}=2.78$（万元）

年限法成新率 =（29.82 − 2 − 2.78）/29.82 = 84%

②里程成新率 =（60 − 5）/60 = 92%

③根据孰短原则，确定理论成新率为 84%。

④观察法成新率为 80%。

⑤综合成新率 = 理论成新率 × 40% + 观察法成新率 × 60% = 84% × 40% + 80% × 60% = 82%

（3）车辆评估值 = 29.82 × 82% = 24.25（万元）

第三章　不动产评估

考试大纲

<table>
<tr><td>第四章</td><td>目的</td><td>考查考生对不动产评估方法、清查核实和现场调查、房地产和土地相关管理制度等的掌握情况，以及分析和解决不动产评估实际问题的能力。</td></tr>
<tr><td rowspan="4">不动产及在建工程评估</td><td colspan="2">考试内容及要求</td></tr>
<tr><td>掌握的内容
（★★★）</td><td>1. 不动产登记、登记信息查询的规定。
2. 市场法的应用。
3. 收益法的应用。
4. 成本法的应用。
5. 剩余法在待开发房地产评估中的应用。
6. 基准地价系数修正法的应用。</td></tr>
<tr><td>熟悉的内容
（★★）</td><td>1. 房地产转让、销售、抵押、租赁的规定。
2. 建设用地、土地征收、土地收购储备的规定。
3. 不动产评估清查核实的目的、内容、方法和手段。
4. 不动产评估需收集评估资料内容。
5. 不动产价格的影响因素。
6. 市场法的基本思路、适用范围和前提条件。
7. 收益法的基本思路、适用范围和前提条件。
8. 成本法的基本思路、适用范围和前提条件。
9. 剩余法的基本思路、适用范围和前提条件。
10. 基准地价系数修正法的基本思路、计算公式、适用范围和前提条件。</td></tr>
<tr><td>了解的内容
（★）</td><td>1. 不动产的基本概念、特征及分类。
2. 不动产评估中的常用术语。
3. 不动产价格的种类。
4. 不动产价格的特征。
5. 基准地价的概念、特点、作用。
6. 基准地价和基准地价修正体系的一般内容。
7. 土地法律制度、地价管理的规定。</td></tr>
</table>

考情分析

不动产评估是评估专业人员需要掌握的重点和难点内容之一，也是考试的重点之一。在2017—2024年度考试中，第四章分值为25分左右，以计算为主，涉及各种题型，包括一道主观题。需要重点掌握的是市场法、收益法、成本法、剩余法、基准地价系数修正法的应用，土地所有权与使用权的相关法律制度，以及房地产交易的相关规定；需要熟悉的是不动产价格的特征及影响因素、不动产评估的清查核实、各方法适用的范围和前提、不动产评估中的常用术语等内容。

教材变化

主要变化有：第二节“二、土地法律制度与地价管理”中增加了“6. 闲置土地”；替换了基准地价系数修正法的应用举例“例3－7”。

考点精讲及典型例题解析

【知识点1】不动产的基本概念（★）

（一）不动产

《中华人民共和国民法典》第一百一十五条规定“物”包括不动产和动产。对动产与不动产的划分通常是依据其自然性质是否可以自由移动为标准的。

《不动产登记暂行条例》第一章第二条第二款规定：“本条例所称不动产，是指土地、海域以及房屋、林木等定着物。”

《资产评估执业准则——不动产》将不动产定义为“土地、建筑物及其他附着于土地上的定着物，包括物质实体及其相关权益”，“不包含海域、林木等”。本章中所述的不动产定义与《资产评估执业准则——不动产》一致。

【例3-1】（多项选择题）根据《资产评估执业准则——不动产》，下列属于不动产评估对象的是（　　）。

A. 土地使用权　　B. 探矿权
C. 海域　　D. 林木
E. 房屋抵押权

【答案】 ABE

【解析】 略。

（二）不动产实物和权益

1. 不动产实物

不动产实物包括土地、土地上的建筑物及其他永久定着物，具体体现为土地形状、地质、地貌、基础设施、建筑物结构及外观、装饰装修、附属设备等。

【提示】 建筑物。

广义的建筑物是指人工建造的所有建造物，包括房屋和构筑物；狭义的建筑物仅指房屋，不包括构筑物。构筑物是指房屋以外的建造物，人们一般不在其中进行生产生活活动，如烟囱、水井、道路、桥梁、隧道、水坝等。

2. 不动产权益

法律意义上的不动产本质上是一种财产权利，这种财产权利是指寓含于不动产实体中的各种经济利益以及由此形成的各种权利。

【例3-2】（多项选择题）下列不动产权益中，属于房地产评估对象的是（　　）。

A. 房屋典当权　　B. 房屋抵押权
C. 土地所有权　　D. 房屋所有权
E. 土地使用权

【答案】 ABDE

【解析】 土地属于国家所有或集体所有，土地所有权一般不作为房地产的评估对象。

（三）不动产评估中的常用术语

如表3-1所示。

表3-1　不动产评估中的常用术语

常用术语	定义
用地面积	用地方案图中划定的面积。
建筑面积	建筑物各层外墙或结构外围水平投影面积之和。
容积率	项目规划用地范围内总建筑面积与总建设用地面积之比。
建筑密度	又叫建筑覆盖率，指项目用地范围内所有建筑基底面积之和与规划建设用地面积之比。
绿地率	描述居住区用地范围内各类绿地的总和与居住区用地的比率。
套内建筑面积	套内建筑面积为套内使用面积、套内墙体面积及套内阳台建筑面积之和。其中： （1）套内使用面积，房屋户内全部实际可供使用的空间，按房屋的内墙间的净空面积计算。 （2）套内墙体面积，是指套内使用空间周围的维护或承重墙体或其他承重支撑体所占的面积，其中各套之间的分隔墙和套内公共建筑空间的分隔以及外墙（包括山墙）等共有墙，均按水平投影面积的一半计入套内墙体面积。套内自有墙体按水平投影面积全部计入套内墙体面积。 （3）套内阳台建筑面积，均按阳台外围与房屋外墙之间的水平投影面积计算。其中封闭的阳台按水平投影全部计算建筑面积，未封闭的阳台按水平投影的一半计算建筑面积。
商品房	在以市场地价获得的土地上建造的可自由转让或出租的建筑物，其权益包含建筑物的所有权和所占用土地的使用权，二者合一，不可分割。地上建筑物的所有权依赖于土地的使用权，土地使用权的性质、用途和年限决定了房屋所有权的性质、类别、年限。

续表

常用术语	定义
房改房	按照国家房改有关售房政策以标准价、优惠价、成本价向符合分房条件和已取得住房使用权的住户出售的公有直管和自管住宅。
商品房销售面积	（1）商品房整幢出售，其销售面积为整幢商品房的建筑面积（地下室作为人防工程的，应从整幢商品房的建筑面积中扣除）。 （2）商品房按“套”或“单元”出售，其销售面积为购房者所购买的套内或单元内建筑面积（以下简称套内建筑面积）与应分摊的共有建筑面积之和。
净高	层高减去楼板厚度。
层高	楼面或地面结构层上表面至上部结构层上表面之间的垂直距离。
开间	通常指房间宽度。
进深	通常指房间长度。
三通一平	通路、通电、通水及场地平整。
五通一平	通路、通电、通信、供水、排水及场地平整。
七通一平	通路、通电、通信、供水、排水、燃气、供热及场地平整。

【例3-3】（单项选择题）某建筑项目规划用地范围内总建设用地面积20 000平方米，总建筑面积50 000平方米，首层建筑面积10 000平方米，该建筑项目的容积率和建筑密度分别为（　　）。

A. 2、0.2　　B. 2、0.5

C. 2.5、0.2　　D. 2.5、0.5

【答案】 D

【解析】 容积率＝项目规划用地范围内总建筑面积÷总建设用地面积，即$\frac{50\ 000}{20\ 000}=2.5$；建筑密度（覆盖率）＝所有建筑基底面积之和÷总建设用地面积，即$\frac{10\ 000}{20\ 000}=0.5$。

【例3-4】（单项选择题）在一宗土地上，建有一栋10层的写字楼，每层楼的面积相同，关于容积率和建筑密度的数据，最有可能的是（　　）。

A. 6.5、0.6　　B. 9.8、0.8

C. 5.2、0.5　　D. 5、0.5

【答案】 D

【解析】 在一宗土地上建有一栋10层的写字楼且每层楼的面积相同，说明总建筑面积为建筑基底面积的10倍，则：

$$容积率=\frac{总建筑面积}{总建设用地面积}=\frac{10\times 建筑基底面积}{总建设用地面积}=10\times 建筑密度$$

因此，容积率应为建筑密度的10倍，所以选项中最有可能的是5和0.5。

【例3-5】（单项选择题）某套住房的套内建筑面积为93.9平方米，套内墙体面积为6.9平方米，套内封闭阳台建筑面积为5.4平方米。若阳台未封闭，则套内使用面积为（　　）平方米。

A. 81.6　　B. 84.3

C. 103.5　　D. 106.2

【答案】 B

【解析】 套内建筑面积为套内使用面积、套内墙体面积及套内阳台建筑面积之和。

套内使用面积$=93.9-6.9-\frac{5.4}{2}=84.3$（平方米）

【例3-6】（单项选择题）下列有关各种“面积”的说法错误的是（　　）。

A. 建筑面积是建筑物各层外墙或结构外围水平投影面积之和

B. 商品房整幢出售，其销售面积为整幢商品房的使用面积

C. 套内使用面积为房屋户内全部实际可供使用的空间，按房屋的内墙间的净空面积计算

D. 商品房按“套”或“单元”出售，其销售面积为购房者所购买的套内或单元内建筑面积与应分摊的共有建筑面积之和

【答案】 B

【解析】 商品房整幢出售，其销售面积为整

幢商品房的建筑面积（地下室作为人防工程的，应从整幢商品房的建筑面积中扣除）。

【知识点2】不动产的特征及分类（★）

（一）不动产的特征

（1）自然特性：不可移动性（位置固定性）、耐久性（不可隐匿性）、数量有限性（供给有限）。

（2）经济特性：价值量大、用途多样性、涉及广泛性、难以变现性、保值增值性、资产的组合性（由土地和房产组成的一个资产组）。

（3）制度限制性：其合理有效利用受到法律法规及政策的制约，这种制约具体体现为政府对不动产的征税权、征收征用权、管制权、充公权。

【例3－7】（多项选择题）不动产的自然特性包括（　　）。

A. 不可移动性　B. 用途多样性

C. 耐久性　D. 难以变现性

E. 数量有限性

【答案】 ACE

【解析】 用途多样性、难以变现性属于不动产的经济特性。

【例3－8】（多项选择题）不动产的制度限制特性体现为政府对不动产的（　　）。

A. 征税权　B. 征收征用权

C. 管理权　D. 处置权

E. 充公权

【答案】 ABE

【解析】 不动产的制度限制特性具体体现为政府对不动产的征税权、征收征用权、管制权、充公权。

（二）不动产的分类

（1）按照不动产的物质形态划分，不动产可划分为土地（空地及有建筑物的土地）、房屋（含土地的房屋、不含土地的房屋，房屋整体、房屋局部）、构筑物、土地定着物、在建工程、不动产开发项目等；

（2）按照用途划分，不动产可划分为居住、商业、工业、农业、综合、特殊不动产等；

（3）按照开发程度划分，不动产可划分为生地、毛地、熟地（通平）、在建工程、现房等；

（4）按照使用方式划分，不动产可划分为自用、出租、销售、承租、投资等。

【例3－9】（多项选择题）不动产按物质形态可以划分为（　　）。

A. 房屋　B. 土地

C. 在建工程　D. 构筑物

E. 毛地

【答案】 ABCD

【解析】 毛地属于按开发程度对不动产的分类。

【例3－10】（多项选择题）根据用途对不动产进行分类，下列属于特殊用途不动产的有（　　）。

A. 机场　B. 医院

C. 加油站　D. 停车场

E. 养殖场

【答案】 ABC

【解析】 特殊不动产是指用于特殊用途的物业，如学校、医院、寺院、墓地、赛马场、高尔夫球场、加油站、飞机场、车站、码头、高速公路、桥梁、隧道等。选项D属于商业不动产，选项E属于农业不动产。

【例3－11】（单项选择题）城市旧区范围内，具有一定基础设施条件，但未经过拆迁安置补偿等土地开发过程，不具备基本建设条件的土地，属于（　　）。

A. 毛地　B. 生地

C. 熟地　D. 在建工程

【答案】 A

【解析】 生地是指完成土地征用，未经开发，不可直接作为建筑用地的农用地或荒地等。毛地是指在城市旧区范围内，具有一定基础设施条件，但未经过拆迁安置补偿等土地开发过程，不具备基本建设条件的土地。熟地是指经过开发，具备基础设施条件且场地平整，已经拆迁完毕，可供直接建设的土地。按照开发程度，熟地又可分为“三通一平”“五通一平”“七通一平”等。

【知识点3】不动产价格种类（★）

如表3－2所示。

表 3-2　不动产价格的种类

分类依据	价格类型
按不动产权利类型	不动产所有权价格、建设用地使用权价格、其他不动产权利价格（包括抵押权价格、地役权价格等）。
按物质实体形态	土地价格、房屋建筑物价格、房地合一价格
根据价格形成的方式	评估价格、成交价格
按有关经济行为的类型	买卖价格、租赁价格、抵押价格、保险价格、计税价格和征收价格
按计价单位	总价、单价
按照交易标的存在形态	现房价格、期房价格
按照交易价格表现形式	名义价格、实际价格

【提示】土地的两种单价形式。

一种是根据单位土地面积确定的单价，称为“土地单价”；另一种是根据单位建筑面积确定的单价，即土地总价除以总建筑面积，称为“楼面地价”。楼面地价与土地单价的换算关系是：土地单价 = 楼面地价 × 容积率。

【例 3-12】（单项选择题）有一宗地，占地面积为 500 平方米，地上建有一幢三层的楼房，建筑密度为 0.7，容积率为 2.0，土地单价为 3 000 元/平方米，则楼面地价为（　　）元/平方米。

A. 1 000　　B. 1 500

C. 2 100　　D. 2 800

【答案】B

【解析】楼面地价 = 土地单价 ÷ 容积率 = 3 000 ÷ 2 = 1 500（元/平方米）

【例 3-13】（多项选择题）下列价格中属于按不动产实体形态分类的是（　　）。

A. 楼面地价　　B. 土地价格

C. 建筑物价格　　D. 房地合一价格

E. 评估价格

【答案】BCD

【解析】楼面地价是土地单价的一种形式，是按照计价单位划分的。评估价格属于按价格形成方式不同划分的。

【知识点 4】不动产价格特征及其影响因素（★★）

（一）不动产价格的特征

（1）与一般商品相比的明显特征有：生产成本不同、折旧不同、价格差异不同、市场性质不同、价格形成时间不同、供求变化不同。

（2）从资产评估的角度，不动产价格的独特性有：不动产价格对区位的敏感性；不动产价格实质上是不动产权益的价格；不动产价格的形成时间较长；不动产价格易受交易者的个别情况的影响；不动产价格既有买卖价格，也有租赁价格。

【例 3-14】（多项选择题）从资产评估的角度，不动产价格的独特性表现为（　　）。

A. 不动产价格不是“劳动价值”的货币表现

B. 不动产价格对区位具有较强的敏感性

C. 不动产价格的形成时间较长

D. 不动产价格既有买卖价格，也有租赁价格

E. 不动产价格实质上是不动产权益的价格

【答案】BCDE

【解析】略。

（二）不动产价格的影响因素

不动产价格的影响因素可以分为外部因素、自身因素和交易因素三个方面（见表 3-3）。

表 3-3　不动产价格的影响因素

价格影响因素	内容	具体含义	
自身因素	区位因素	土地区位因素	（1）工业用地：交通条件，基础设施条件，工业聚集度，产业政策及发展方向。 （2）商业用地：位置，商业聚集规模，交通方便度，相对位置。 （3）居住用地：自然环境，人文环境，公共服务设施，公共交通条件。

续表

价格影响因素	内容	具体含义	
自身因素	区位因素	房地产区位因素	(1) 工业房地产：交通条件，基础设施，地理位置。 (2) 商业房地产：地段繁华程度，交通条件，临街状况，楼层。 (3) 商务办公房地产：集聚程度，交通条件，周边环境，楼层。 (4) 居住房地产：位置，交通条件，生活服务设施，教育配套设施，环境质量。
	实物因素	土地实物因素	包括面积、形状、地形、地势、土壤、地质、四至、建筑覆盖率等。
		房地产实物因素	(1) 工业房地产：用地面积与形状，地质和水文条件，房地产用途。 (2) 商业房地产：建筑品质及内部格局，净高，面积，装饰装修，品牌价值。 (3) 商务办公房地产：外观形象，内部装饰装修，设备、设施，智能化程度，物业服务水平，租户类型。 (4) 居住房地产：建筑结构，设施与设备，建筑质量，装饰装修。
	权益因素	土地权益因素	土地所有权、土地使用权取得方式（划拨、出让、租赁等）、权证（合同）、剩余年限、城市规划条件、土地用途管制及开发利用限制、土地使用协议限制等。
		房地产权益因素	权证（合同）、规划、查封、保全、征收、相邻关系。房地产权属越完整，价值越高；房地产权属瑕疵越多，价值越低；房地产（土地）规划、用途管制的限制越多，价值越低。
外部因素	包括政治因素、政策因素、经济因素、社会因素等。		
交易因素	包括供求关系、变现因素、心理因素、其他因素等。		

【例3－15】（单项选择题）同一城市或地区，对不动产价格影响更为重要的因素是（　　）。

A. 交易因素　　B. 自身因素

C. 区位因素　　D. 实物因素

【答案】 B

【解析】 同一城市或地区，影响不动产价格的外部因素是基本一致的，从资产评估的角度，自身因素对不动产价格的影响更为重要。

【例3－16】（多项选择题）影响不动产价格的因素可分为不动产的自身因素、外部因素以及交易因素等，其中不动产自身因素包括（　　）。

A. 实物因素　　B. 区位因素

C. 权益因素　　D. 政策因素

E. 心理因素

【答案】 ABC

【解析】 略。

【知识点5】房地产交易制度（★★）

根据《城市房地产管理法》，房地产交易包括房地产转让、房地产抵押和房地产租赁三种形式。

（一）房地产转让（★★）

如表3－4所示。

表3－4　房地产转让

项目	具体内容
含义	房地产转让是指房地产权利人通过买卖、赠与或者其他合法方式将其房地产转移给他人的行为。 房地产转让的实质是，是房地产权属发生转移，房地产权利主体发生变化。
转让原则	房地产转让时要遵循“房地一体”转让原则。房屋所有权和该房屋所占用范围内的土地使用权不得分割转让，不能只转让房屋所有权不转让房屋占有范围内的土地使用权。

续表

项目	具体内容
转让条件	以出让方式取得土地使用权的，应当符合下列条件： （1）按照出让合同约定已经支付全部土地使用权出让金，并取得土地使用权证书。 （2）按照出让合同约定进行投资开发，属于房屋建设工程的，应完成开发投资总额的25%以上；属于成片开发土地的，形成工业用地或者其他建设用地条件。 转让房地产时房屋已经建成的，还应当持有房屋所有权证书。
	以划拨方式取得土地使用权的： （1）应当按照国务院规定，报有批准权的人民政府审批。有批准权的人民政府准予转让的，应当由受让方办理土地使用权出让手续，并依照国家有关规定缴纳土地使用权出让金。 （2）转让房地产报批时，有批准权的人民政府按照国务院规定决定可以不办理土地使用权出让手续的，转让方应当按照国务院规定将转让房地产所获收益中的土地收益上缴国家或者作其他处理。
转让规定	（1）房地产转让，应当签订书面转让合同，合同中应当载明土地使用权取得的方式； （2）房地产转让时，土地使用权出让合同载明的权利、义务随之转移； （3）以出让方式取得土地使用权的，转让房地产后，其土地使用权的使用年限为原土地使用权出让合同约定的使用年限减去原土地使用者已经使用年限后的剩余年限； （4）以出让方式取得土地使用权的，转让房地产后，受让人改变原土地使用权出让合同约定的土地用途的，必须取得原出让方和市、县人民政府城市规划行政主管部门的同意，签订土地使用权出让合同变更协议或者重新签订土地使用权出让合同，相应调整土地使用权出让金。
禁止转让	（1）以出让方式取得土地使用权，转让房地产不符合上述转让条件的房地产； （2）司法机关或行政机关依法裁定、决定查封或以其他形式限制权利的房地产； （3）依法收回土地使用权的房地产； （4）未经其他共有人书面同意的共有房地产； （5）权属有争议的房地产； （6）未依法登记领取权属证书的房地产； （7）法律、行政法规规定禁止转让的其他情形。

【例3-17】（单项选择题）下列房地产相关行为，不属于房地产转让的是（　　）。

A. 以房地产抵债

B. 以房地产作价入股、与他人成立企业法人，房地产转移给企业

C. 因企业被收购、兼并或合并，房地产权属随之转移

D. 抵押房地产进行借款

【答案】D

【解析】房地产转让的实质是，是房地产权属发生转移，房地产权利主体发生变化。抵押、质押、出租行为不涉及所有权的转移，不属于房地产转让。

【例3-18】（多项选择题）下列属于禁止转让的房地产的是（　　）。

A. 依法收回土地使用权的房地产

B. 被抵押的房地产

C. 以划拨方式取得土地使用权的房地产

D. 被查封的房地产

E. 权属有争议的房地产

【答案】ADE

【解析】略。

【例3-19】（多项选择题）以划拨方式取得土地使用权的房地产，关于其转让的条件，下列叙述正确的是（　　）。

A. 应当按照国务院规定，报有批准权的人民政府审批

B. 属于成片开发土地的，应形成工业用地或者其他建设用地条件

C. 应当由出让方办理土地使用权出让手续，并依照国家有关规定缴纳土地使用权出让金

D. 经批准也可以不办理土地使用权出让手续

E. 转让方应当按照国务院规定将转让房地产所获收益中的土地收益上缴国家或者作其他处理

【答案】AD

【解析】略。

【例3-20】（多项选择题）房地产转让有

关土地的规定，下列叙述不正确的是（　　）。

A. 应当签订书面转让合同，合同中应当载明土地使用权剩余使用年限

B. 转让时，土地使用权出让合同载明的权利、义务随之转移

C. 土地使用权的使用年限为原土地使用权约定的使用年限减去已经使用年限后的剩余年限

D. 以出让方式取得土地使用权的，转让房地产后，受让人改变原土地使用权出让合同约定的土地用途的，必须重新签订土地使用权出让合同，相应调整土地使用权出让金

E. 以出让方式取得土地使用权的，转让房地产后，受让人改变原土地使用权出让合同约定的土地用途的，必须取得原出让方和市、县人民政府城市规划行政主管部门的同意

【答案】 ACD

【解析】 略。

（二）房地产的销售（★★）

按照销售商品房是否竣工验收，商品房销售分为商品房预售、商品房现售（见表3－5）。

表3－5　　房地产销售

分类	项目	具体内容
商品房预售	含义	是指房地产开发企业将正在建设、尚未竣工验收的商品房预先出售给承购人，由承购人支付定金或房价款的行为。
	预售许可	商品房预售实行许可制度。 进行商品房预售，应当向房地产管理部门申请预售许可；未取得，不得进行商品房预售。
	预售条件	（1）已交付全部土地使用权出让金，取得土地使用权证书； （2）持有建设工程规划许可证和施工许可证； （3）按预售提供的商品房计算，投入开发建设的资金达到工程建设总投资的25%以上，并已经确定施工进度和竣工交付日期； （4）取得商品房预售许可证。
	预售合同登记备案	房地产开发企业应当与承购人签订商品房预售合同，并且自签约之日起30日内，向房地产管理部门和市、县人民政府土地管理部门办理商品房预售合同登记备案手续。
商品房现售	含义	是指房地产开发企业将竣工验收合格的商品房出售给买受人，并由买受人支付房价款的行为。
	现售条件	（1）出售商品房的房地产开发企业应当具有企业法人执照和房地产开发企业资质证书； （2）取得土地使用权证书或者使用土地的批准文件； （3）持有建设工程规划许可证和施工许可证； （4）已通过竣工验收； （5）拆迁安置已经落实； （6）供水、供电、供热、燃气、通信等配套设施具备交付使用条件，其他配套基础设施和公共设施具备交付使用条件或者已确定施工进度和交付日期； （7）物业管理方案已经落实。
商品房买卖合同	含义	商品房销售时，房地产开发企业和买受人应当订立书面商品房买卖合同。
	合同内容	《商品房销售管理办法》规定了商品房买卖合同的主要内容。 商品房买卖合同示范文本分为《商品房买卖合同（预售）示范文本》和《商品房买卖合同（现售）示范文本》两个文本。
	计价方式	商品房销售有三种计价方式，分别为按套（单元）计价、按套内建筑面积计价和按建筑面积计价。

【例3－21】（多项选择题）商品房满足（　　）条件可以向承购人进行预售。

A. 已交付全部土地使用权出让金，取得土地使用权证书

B. 商品房已通过竣工验收

C. 取得商品房预售许可证

D. 有建设工程规划许可证和施工许可证

E. 按提供预售的商品房计算，投入开发建设的资金达到工程建设总投资的25%以上，并已经确定施工进度和竣工交付日期

【答案】ACDE

【解析】B项属于商品房现售条件之一。

【例3-22】（单项选择题）根据商品房预售合同的相关规定，房地产开发企业应当与承购人签订商品房预售合同，并且自签约之日起（　）日内办理商品房预售合同登记备案手续。

A. 20　　B. 30

C. 60　　D. 15

【答案】B

【解析】略。

【例3-23】（多项选择题）企业在进行商品房现售时，应符合的条件包括（　）。

A. 物业管理方案已经落实

B. 房地产开发企业应当具有企业法人营业执照和房地产开发企业资质证书

C. 持有建设工程规划许可证和施工许可证

D. 投入开发建设的资金达到工程建设总投资的25%以上，并已经确定施工进度和竣工交付日期

E. 拆迁安置已经落实

【答案】ABCE

【解析】D项属于商品房预售条件之一。

【例3-24】（单项选择题）商品房销售不可以按照（　）计价。

A. 套（单元）　B. 套内使用面积

C. 套内建筑面积 D. 建筑面积

【答案】B

【解析】

商品房销售有三种计价方式，分别为按套（单元）计价、按套内建筑面积计价和按建筑面积计价。

（三）房地产抵押（★★）

如表3-6所示。

表3-6　房地产抵押

项目	具体内容
含义	抵押人（债务人或者第三人）将其合法拥有的房地产以不转移占有的方式向抵押权人（债权人）提供债务履行担保的行为，债务人不履行债务时，债权人有权依法以抵押的房地产拍卖所得的价款优先受偿。
抵押条件	（1）依法取得的房屋所有权连同该房屋占用范围内的土地使用权同时设定抵押权。无论土地使用权来源于出让还是划拨，只要房地产权属合法，即可将房地产作为统一的抵押物同时设定抵押权。 （2）以单纯的土地使用权抵押的，也就是在地面上尚未建成建筑物或其他地上定着物时，以取得的土地使用权设定抵押权。对于这类抵押，设定抵押的前提条件是，土地必须是以出让方式取得。
不得抵押情形	（1）土地所有权；宅基地、自留地、自留山等集体所有土地的使用权，但是法律规定可以抵押的除外。 （2）学校、幼儿园、医疗机构等为公益目的成立的非营利法人的教育设施、医疗卫生设施和其他公益设施；所有权、使用权不明或者有争议的财产；依法被查封、扣押、监管的财产；法律、行政法规规定不得抵押的其他财产。
抵押合同	（1）设立抵押权，当事人应当采用书面形式订立抵押合同。 （2）抵押合同是主债权债务合同的从合同。 ①主债权债务合同无效的，抵押合同无效，但是法律另有规定的除外。 ②抵押独立性的约定无效。 ③主合同有效的，有关抵押独立性的约定无效不影响抵押合同的效力；主合同无效的，人民法院应当认定抵押合同无效，但是法律另有规定的除外。 （3）主合同有效而第三人提供的抵押合同无效，人民法院应当区分不同情形确定抵押人的赔偿责任。
抵押权的设立	（1）房地产抵押权自登记时设立。 （2）抵押合同订立并不意味着抵押权已设立。不动产登记簿就抵押财产、被担保的债权范围等所作的记载与抵押合同约定不一致的，人民法院根据登记簿的记载确定抵押财产、被担保的债权范围等事项。
抵押涉及土地的规定	（1）以建筑物抵押的，该建筑物占用范围内的建设用地使用权一并抵押。 （2）以建设用地使用权抵押的，该土地上的建筑物一并抵押。抵押人未依法一并抵押的，未抵押的财产视为一并抵押。建设用地使用权抵押后，该土地上新增的建筑物不属于抵押财产。 （3）抵押权依法实现时，拍卖、变卖建筑物所得的价款，应当优先用于补缴建设用地使用权出让金。

续表

项目	具体内容
抵押房地产的转让	(1) 抵押期间，抵押人可以转让抵押财产。当事人另有约定的，按照其约定。 (2) 抵押权不得与债权分离而单独转让或者作为其他债权的担保。债权转让的，担保该债权的抵押权一并转让，但是法律另有规定或者当事人另有约定的除外。 (3) 抵押人的行为足以使抵押财产价值减少的，抵押权人有权请求抵押人停止其行为；抵押财产价值减少的，抵押权人有权请求恢复抵押财产的价值，或者提供与减少的价值相应的担保。抵押人不恢复抵押财产的价值，也不提供担保的，抵押权人有权请求债务人提前清偿债务。 (4) 设定房地产抵押权的土地使用权是以划拨方式取得的，依法拍卖该房地产后，应当从拍卖所得的价款中缴纳相当于应缴纳的土地使用权出让金的款额后，抵押权人方可优先受偿。房地产抵押合同签订后，土地上新增的房屋不属于抵押财产。对拍卖新增房屋所得，抵押权人无权优先受偿。
抵押评估	设定房地产抵押时，抵押房地产的价值可以由抵押当事人协商议定，也可以由评估机构评估确定。法律法规另有规定的除外。

【例3－25】（单项选择题）房地产抵押是指抵押人将其合法的房地产以（　　）的方式向抵押权人提供债务履行担保的行为。

A. 转移占有　　B. 转移土地使用权

C. 不转移占有　D. 转移房屋所有权

【答案】 C

【解析】 房地产抵押，是指债务人或者第三人（统称抵押人）将其合法拥有的房地产以不转移占有的方式向债权人（抵押权人）提供债务履行担保的行为。

【例3－26】（多项选择题）下列房地产不得设定抵押的有（　　）。

A. 被法院查封的房地产

B. 列入文物保护的老四合院

C. 某公立医院的住院大楼

D. 依法公告列入拆迁范围的老旧小区

E. 某公司拥有的权属确定的生产厂房

【答案】 ABCD

【解析】 E项是权属确定的房地产，故可以设定抵押。

【例3－27】（多项选择题）关于房地产抵押的条件，下列叙述正确的是（　　）。

A. 单纯的房屋所有权，可以设定抵押

B. 以出让方式取得的土地使用权，可以设定抵押

C. 房地产抵押随土地使用权的取得方式不同，对抵押物要求也不同

D. 依法取得的房屋所有权连同该房屋占用范围内的土地使用权，可以设定抵押权

E. 无论土地使用权来源于出让还是划拨，只要房地产权属合法，即可将房地产作为统一的抵押物同时设定抵押权

【答案】 BCDE

【解析】 房地产抵押中可以作为抵押物的有两种情形：一是依法取得的房屋所有权连同该房屋占用范围内的土地使用权同时设定抵押权。对于这类抵押，无论土地使用权来源于出让还是划拨，只要房地产权属合法，即可将房地产作为统一的抵押物同时设定抵押权。二是以单纯的土地使用权抵押的，也就是在地面上尚未建成建筑物或其他地上定着物时，以取得的土地使用权设定抵押权。对于这类抵押，设定抵押的前提条件是，土地必须是以出让方式取得。

【例3－28】（多项选择题）下列关于房地产抵押合同的叙述，说法正确的是（　　）。

A. 设立抵押权，当事人应当采用书面形式订立抵押合同

B. 抵押合同是主债权债务合同的从合同

C. 主债权债务合同无效的，则抵押合同无效

D. 主债权债务合同有效的，则抵押合同有效

E. 当事人在抵押合同中约定抵押合同的效力独立于主合同，或者约定抵押人对主合同无效的法律后果承担担保责任，该有关抵押独立性的约定有效

【答案】 ABC

【解析】《民法典》第四百条规定，设立抵押权，当事人应当采用书面形式订立抵押合同。

抵押合同是主债权债务合同的从合同。主债权债务合同无效的，抵押合同无效，但是法律另有规定的除外。当事人在抵押合同中约定

抵押合同的效力独立于主合同，或者约定抵押人对主合同无效的法律后果承担担保责任，该有关抵押独立性的约定无效。主合同有效的，有关抵押独立性的约定无效不影响抵押合同的效力；主合同无效的，人民法院应当认定抵押合同无效，但是法律另有规定的除外。抵押合同被确认无效后，债务人、担保人、债权人有过错的，应当根据其过错各自承担相应的民事责任。

【例3-29】（单项选择题）主合同有效而第三人提供的抵押合同无效，人民法院应当区分不同情形确定抵押人的赔偿责任。抵押权设立的时间是（　　）。

A. 抵押合同签订日

B. 抵押合同生效日

C. 抵押权登记日

D. 不动产登记日

【答案】 C

【解析】 房地产抵押权自登记时设立。

（四）房地产租赁（★★）

如表3-7所示。

表3-7　房地产租赁

项目	具体内容
含义	房屋所有权人作为出租人将其房屋出租给承租人使用，由承租人向出租人支付租金的行为。
租赁条件	有下列情形之一的房屋不得出租： （1）属于违法建筑的房屋。违法建筑是指未经规划主管部门批准，未办理建设工程规划许可，或未按照规划许可擅自建造的房屋。 （2）不符合安全、防灾等工程建设强制性标准的房屋。 （3）违反规定改变房屋使用性质的房屋。 （4）法律法规规定禁止出租的其他房屋。
租赁合同	（1）房屋租赁，出租人和承租人应当签订书面租赁合同，约定租赁期限、租赁用途、租赁价格、修缮责任等条款，以及双方的其他权利和义务，并向房产管理部门登记备案。 （2）租赁期限6个月以上的应当采用书面形式。当事人未采用书面形式，视为不定期租赁。
其他规定	（1）所有权变动不破租赁。所有权变动不破租赁有三种情形除外：一是当事人对所有权变动是否继续履行租赁合同另有约定的；二是房屋在出租前已设立抵押权，因抵押权人实现抵押权发生所有权变动的；三是房屋在出租前已被人民法院依法查封的。 （2）承租人的优先购买权。出租人出卖租赁房屋的，应当在出卖之前的合理期限内通知承租人，承租人享有以同等条件优先购买的权利；但是，房屋按份共有人行使优先购买权或者出租人将房屋出卖给近亲属的除外。出租人履行通知义务后，承租人在十五日内未明确表示购买的，视为承租人放弃优先购买权。

【例3-30】（多项选择题）下列情况中，符合房屋租赁条件的是（　　）。

A. 以床位为最小出租单位

B. 人均租住建筑面积不得低于当地人民政府规定的最低标准

C. 住宅不可作为商业用房出租

D. 非住宅可以改作住宅出租

E. 未经规划主管部门批准，未办理建设工程规划许可，或未按照规划许可擅自建造的房屋

【答案】 BC

【解析】《商品房屋租赁管理办法》规定，出租住房的，应当以原设计的房间为最小出租单位，人均租住建筑面积不得低于当地人民政府规定的最低标准。故A项错误，B项正确。违反规定改变房屋使用性质的房屋不得出租。故C项正确，D项错误。E项属于违法建筑。

【例3-31】（单项选择题）关于房地产租赁中“买卖不破租赁”的规定，下列叙述错误的是（　　）。

A. 出租人抵押房屋不破租赁

B. 出租人出售房屋不破租赁

C. 出租人房屋赠与不破租赁

D. 出租人房屋互换不破租赁

【答案】 A

【解析】“买卖不破租赁”并不仅限于出租人出售房屋，还包括房屋赠予、继承、互换等导致房屋所有权变动的情形。

【知识点6】土地法律制度和地价管理（★★）

（一）土地法律制度（★★）

如表3－8所示。

表3－8　土地法律制度

类别	项目	具体内容
基本制度（★）		（1）国实行土地社会主义公有制，即全民所有制和劳动群众集体所有制。 （2）国家为了公共利益的需要，可以依法对土地实行征收或者征用并给予补偿。 （3）国家依法实行国有土地有偿使用制度。但是，国家在法律规定的范围内划拨国有土地使用权的除外。 （4）国家实行土地用途管制制度。国家编制土地利用总体规划，规定土地用途，将土地分为农用地、建设用地和未利用地。严格限制农用地转为建设用地，控制建设用地总量，对耕地实行特殊保护。
土地所有权（★）	国家所有	城市市区的土地属于国家所有。
	农民集体所有	农村和城市郊区的土地，除由法律规定属于国家所有的以外，属于农民集体所有；宅基地和自留地、自留山，属于农民集体所有。
建设用地（★★）	取得方式	（1）建设单位使用国有土地，应当以有偿使用方式取得，包括：国有土地使用权出让、国有土地租赁、国有土地使用权作价出资或者入股。 （2）下列建设用地，经县级以上人民政府依法批准，可以以划拨方式取得： ①国家机关用地和军事用地； ②城市基础设施用地和公益事业用地； ③国家重点扶持的能源、交通、水利等基础设施用地； ④法律、行政法规规定的其他用地。
	使用规定	（1）建设单位使用国有土地的，应当按照土地使用权出让等有偿使用合同的约定或者土地使用权划拨批准文件的规定使用土地；确需改变该幅土地建设用途的，应当经有关人民政府自然资源主管部门同意，报原批准用地的人民政府批准。其中，在城市规划区内改变土地用途的，在报批前，应当先经有关城市规划行政主管部门同意。 （2）建设项目施工和地质勘查需要临时使用国有土地或者农民集体所有的土地的，由县级以上人民政府自然资源主管部门批准。临时使用土地的使用者应当按照临时使用土地合同约定的用途使用土地，并不得修建永久性建筑物。临时使用土地期限一般不超过二年。 （3）建设占用土地，涉及农用地转为建设用地的，应当办理农用地转用审批手续。永久基本农田转为建设用地的，由国务院批准。
土地征收（★★）	土地征收范围	为了公共利益的需要，有下列情形之一，确需征收农民集体所有的土地的，可以依法实施征收： （1）军事和外交需要用地的； （2）由政府组织实施的能源、交通、水利、通信、邮政等基础设施建设需要用地的； （3）由政府组织实施的科技、教育、文化、卫生、体育、生态环境和资源保护、防灾减灾、文物保护、社区综合服务、社会福利、市政公用、优抚安置、英烈保护等公共事业需要用地的； （4）由政府组织实施的扶贫搬迁、保障性安居工程建设需要用地的； （5）在土地利用总体规划确定的城镇建设用地范围内，经省级以上人民政府批准由县级以上地方人民政府组织实施的成片开发建设需要用地的； （6）法律规定为公共利益需要可以征收农民集体所有的土地的其他情形。
	土地征收补偿与安置	征收集体所有的土地，应当依法及时足额支付土地补偿费、安置补助费以及农民村民住宅、其他地上附着物和青苗等补偿费用，并安排被征收农民的社会保障费用。

续表

类别	项目	具体内容
土地收购储备（★★）	功能	（1）强化政府对土地一级开发市场的宏观调控能力； （2）有利于改善土地供应方式和手段，优化房地产市场投资环境； （3）有利于土地资源的集约利用，提高土地利用效率； （4）抑制土地炒作，促进土地市场的健全和规范化发展； （5）实现土地供给与城市规划的有效衔接，促进城市总体规划的实施； （6）有利于盘活土地资产和城市旧城改造。
	机构	土地储备机构应为县级（含）以上人民政府批准成立、具有独立的法人资格、隶属于所在行政区划的自然资源部门、承担本行政辖区内的土地储备工作的事业单位。
	内容	法定的土地收购储备机构，对城市国有土地或农村集体土地进行统一的征地、拆迁、安置、补偿，并进行市政配套设施建设，使该区域范围内的土地达到“三通一平”“五通一平”或“七通一平”的建设条件（熟地）后，再对土地进行有偿出让或出租。
闲置土地（★）	闲置土地界定	城市规划区范围内，以出让方式取得土地使用权用于房地产开发的闲置土地。
	土地开发一般规定	依照《中华人民共和国城市房地产管理法》，以出让方式取得土地使用权进行房地产开发的，必须按照土地使用权出让合同约定的土地用途、动工开发期限开发土地。
	闲置土地的规定	（1）超过出让合同约定的动工开发日期满一年未动工开发的，可以征收相当于土地使用权出让金百分之二十以下的土地闲置费； （2）满二年未动工开发的，可以无偿收回土地使用权； （3）但因不可抗力或者政府、政府有关部门的行为或者动工开发必需的前期工作造成动工开发迟延的除外。

【例3-32】（单项选择题）关于土地法律的基本制度，下列叙述错误的是（　　）。

A. 国家实行土地社会主义公有制，即全民所有制

B. 国家为了公共利益的需要，可以依法对土地实行征收或者征用并给予补偿

C. 国家依法实行国有土地有偿使用制度

D. 国家实行土地用途管制制度

【答案】A

【解析】略。

【例3-33】（多项选择题）下列土地属于国家所有的是（　　）。

A. 人民政府批准征用、划拨的军事用地

B. 县级以上公路线路用地

C. 乡（镇）或村在集体所有的土地上修建并管理的道路、水利设施用地

D. 乡（镇）企业使用本乡（镇）、村集体所有的土地

E. 农村集体经济组织全部成员转为城镇居民的，原属于其成员集体所有的土地

【答案】ABE

【解析】C项、D项属于集体所有的土地。

【例3-34】（单项选择题）建设用地使用国有土地，进行国有土地使用权划拨的政府部门是（　　）。

A. 县级（含）以上人民政府

B. 县级以上人民政府

C. 市级以上人民政府

D. 省级以上人民政府

【答案】B

【解析】建设单位使用国有土地，应当以出让等有偿使用方式取得。但特殊情况的建设用地，经县级以上人民政府依法批准，可以以划拨方式取得。

【例3-35】下列建设用地，可以采用划拨形式取得土地使用权的是（　　）。

A. 商业住宅用地

B. 城市基础设施用地

C. 军事训练场地

D. 购物广场用地

E. 政府办公大楼用地

【答案】BCE

【解析】A项、D项属于商业性、营利性用地，故不能以划拨形式取得土地使用权。

【例3－36】（单项选择题）关于建设单位使用国有土地的规定，下列叙述错误的是（ ）。

A. 缴纳土地使用权出让金等土地有偿使用费和其他费用后，方可使用土地

B. 应当按照土地使用权出让等有偿使用合同的约定或者土地使用权划拨批准文件的规定使用土地

C. 确需改变该幅土地建设用途的，应当经有关人民政府自然资源主管部门同意，报原批准用地的人民政府批准

D. 在城市规划区内改变土地用途的，在报批前，应当先经有关城市规划行政主管部门同意

【答案】A

【解析】以出让等有偿使用方式取得国有土地使用权的建设单位，按照国务院规定的标准和办法，缴纳土地使用权出让金等土地有偿使用费和其他费用后，方可使用土地，故A项错误。

【例3－37】（多项选择题）下列费用中，属于征收集体所有土地补偿费用的有（ ）。

A. 农村村民住宅补偿费

B. 土地补偿费

C. 地上附着物补偿费

D. 土地复垦费

E. 被征地农民社会保障费用

【答案】ABCE

【解析】征收集体所有的土地，应当依法及时足额支付土地补偿费、安置补助费以及农民村民住宅、其他地上附着物和青苗等补偿费用，并安排被征收农民的社会保障费用。

【例3－38】（多项选择题）土地收购储备的功能包括（ ）。

A. 强化政府对土地二级开发市场的宏观调控能力

B. 实现土地供给与城市规划的有效衔接，促进城市总体规划的实施

C. 有利于改善土地供应方式和手段，优化房地产市场投资环境

D. 有利于盘活土地资产和城市旧城改造

E. 抑制土地炒作，促进土地市场的健全和规范化发展

【答案】BCDE

【解析】略。

【例3－39】（多项选择题）下列情形中，可将通过土地征收，将集体土地转为国有土地的是（ ）。

A. 城市保障房建设

B. 公共事业用地

C. 政府扶贫搬迁

D. 交通建设

E. 由县级以上地方人民政府组织实施的成片开发建设

【答案】ABC

【解析】由政府组织实施的能源、交通、水利、通信、邮政等基础设施建设需要用地的，可以转为国有土地。在土地利用总体规划确定的城镇建设用地范围内，经省级以上人民政府批准由县级以上地方人民政府组织实施的成片开发建设需要用地的，可以转为国有土地。

（二）地价管理（★）

如表3－9所示。

表3－9 地价管理

类别	项目	具体内容
土地分等定级	城镇土地分等	通过对影响城镇土地质量的经济、社会、自然等各项因素的综合分析，揭示城镇之间土地质量的地域差异，运用定量和定性相结合的方法对城镇土地质量进行分类排队，评定城镇土地等别的活动。
	城镇土地定级	根据城镇土地的经济、自然两方面属性及其在社会经济活动中的地位、作用，对城镇土地使用价值进行综合分析，揭示城镇内部土地质量的地域差异，评定城镇土地级别的活动。

续表

类别	项目	具体内容
公示地价制度	基本概念	(1) 以维护经济和市场的平稳健康发展为目标，遵循公开市场价值标准评估，并经政府确认、公布实施的地价，包括基准地价、标定地价、课税地价等； (2) 公示地价，主要包括土地权利（权益）类型、土地权利年期、用地类型、土地开发利用程度、规划条件或规划限制、基础设施状况、估价期日、公示区域范围等内容。
	公示地价的制定与公布	(1) 各级人民政府是公示地价体系建设的责任主体，各级自然资源主管部门是具体工作的实施主体； (2) 基准地价的公布，是由市县编制基准地价评估成果报省级人民政府自然资源部门组织验收批复，由市县人民政府组织向社会公布实施； (3) 标定地价的公布，是市县自然资源主管部门确定的标定地价成果及公示方案，报请同级人民政府批准，批准后于每年第一季度内向社会公开标定地价成果。
建设用地出让地价管理	出让地价	(1) 出让地价参考土地评估结果确定； (2) 规范要求出让地价评估应至少采用两种评估方法，包括收益还原法、市场比较法、剩余法的其中之一，和成本逼近法或公示地价系数修正法。
	出让底价	(1) 协议出让底价不得低于协议出让最低价； (2) 招标、拍卖和挂牌，标底或者底价不得低于国家规定的最低价标准。
国有企业改制地价管理	划拨土地使用权处置方式	划拨转出让、土地租赁、国有土地使用权作价出资（入股）、授权经营、保留划拨

【提示】 土地出让，是指国家将国有土地使用权在一定年限内采取协议、招标、拍卖和挂牌的方式出让给土地使用者，由土地使用者向国家支付土地使用权出让金的行为。出让地价参考土地评估结果确定。

【例3-40】（多项选择题）国有土地使用权出让，可以采取的方式包括（　　）。

A. 招标　　B. 划拨

C. 挂牌　　D. 协议

E. 拍卖

【答案】 ACDE

【解析】 土地使用权出让是国有土地有偿使用的一种，土地使用权划拨一般是无偿取得土地使用权。土地使用权出让可以采取协议、招标、拍卖、挂牌等方式。

【例3-41】（单项选择题）根据城镇土地的经济、自然两方面属性及其在社会经济活动中的地位、作用，对城镇土地使用价值进行综合分析，揭示城镇内部土地质量的地域差异，评定城镇土地级别的活动称为（　　）。

A. 城镇土地分等

B. 城镇土地分级

C. 城镇土地定级

D. 城镇土地评级

【答案】 C

【解析】 略。

【例3-42】（多项选择题）公示地价是指以维护经济和市场的平稳健康发展为目标，遵循公开市场价值标准评估，并经政府确认、公布实施的地价，包括（　　）。

A. 基准地价　　B. 协议出让底价

C. 标定地价　　D. 征收地价

E. 课税地价

【答案】 ACE

【解析】 公示地价的定义为“以维护经济和市场的平稳健康发展为目标，遵循公开市场价值标准评估，并经政府确认、公布实施的地价，包括基准地价、标定地价、课税地价等”。

【例3-43】（多项选择题）关于出让地价的管理，下列叙述正确的是（　　）。

A. 出让地价参考土地评估结果确定

B. 出让价评估方法包括收益还原法、市场比较法、剩余法、成本逼近法、公示地价系数修正法

C. 根据规定，出让地价评估方法应任意选用五种方法中至少采用两种

D. 协议出让底价不得低于国家规定的最低价标准

E. 招标、拍卖和挂牌，标底或者底价不得低于国家规定的最低价标准

【答案】 ABE

【解析】 规范要求出让地价评估应至少采用两种评估方法，包括收益还原法、市场比较法、剩余法的其中之一，和成本逼近法或公示地价系数修正法，故C项错误。协议出让底价不得低于协议出让最低价，故D项错误。

【例3-44】（多项选择题）国有企业改革涉及的划拨土地使用权，根据企业改革的形式和具体情况，可采取的处置方式包括（　　）。

A. 保留划拨　　B. 土地租赁

C. 土地抵押　　D. 划拨转出让

E. 授权经营

【答案】 ABDE

【解析】 略。

【知识点7】不动产登记制度（★★★）

如表3-10所示。

表3-10　　不动产登记

类别	项目	具体内容
含义		不动产登记是指不动产登记机构依法将不动产权利归属和其他法定事项记载于不动产登记簿的行为。
登记机构		自然资源部负责指导监督全国自然资源和不动产确权登记工作。
登记范围		不动产登记的范围：（1）集体土地所有权；（2）房屋等建筑物、构筑物所有权；（3）森林、林木所有权；（4）耕地、林地、草地等土地承包经营权；（5）建设用地使用权；（6）宅基地使用权；（7）海域使用权；（8）地役权；（9）抵押权；（10）法律规定需要登记的其他不动产权利。
不动产登记簿和不动产权属证明	不动产登记簿	（1）内容：不动产的坐落、界址、空间界限、面积、用途等自然状况；权利的主体、类型、内容、来源、期限、权利变化等权属状况；涉及不动产权利限制、提示的事项等。 （2）形式：由不动产登记机构按照统一的登记簿样式自行制作使用。不动产登记簿应当采用电子介质，暂不具备条件的，可以采用纸质介质。 （3）管理与使用：由不动产登记机构指定专人负责管理、永久保存。
	不动产权证书与不动产登记证明	（1）不动产权证书：二维码、登记机构（章）及时间、编号、不动产权证书号、权利人、共有情况、坐落、不动产单元号、权利类型、权利性质、用途、面积、使用期限、权利其他情况、附记、附图页。 （2）不动产登记证明：①证明权利或事项。填写抵押权、地役权或者预告登记、异议登记等。②权利人（申请人）。③义务人。④坐落。⑤不动产单元号。⑥其他。⑦附记。
	不动产登记簿、不动产权证书、不动产登记证明的效力	（1）不动产登记簿是不动产物权归属和内容的根据，不动产物权的设立、变更、转让和消灭，依据法律规定应当登记的，自记载于不动产登记簿时发生效力。 （2）不动产权属证书记载的事项，应当与不动产登记簿一致；记载不一致的，除有证据证明不动产登记簿确有错误外，以不动产登记簿为准。

续表

类别	项目	具体内容
不动产登记信息查询	查询人	不动产登记资料查询人包括： （1）不动产权利人； （2）不动产利害关系人； （3）不动产权利人、利害关系人委托的律师或者其他代理人； （4）有关国家机关。
	查询内容（不动产登记资料）	不动产登记资料包括： （1）不动产登记簿等不动产登记结果； （2）不动产登记原始资料，包括不动产登记申请书、申请人身份资料、不动产权属来源、登记原因、不动产权籍调查成果资料以及不动产登记机构审核资料。
	查询规定	（1）不动产登记簿上记载的权利人，可以查询本不动产登记结果和本不动产登记原始资料； （2）利害关系人可以申请查询有利害关系的不动产登记结果； （3）不动产权利人、利害关系人委托代理人代为申请查询不动产登记资料的，被委托人应当提交双方身份证明原件和授权委托书。

【提示】除了不动产登记簿上记载的权利人，适用于不动产权利人查询规定的是：

（1）继承人、受遗赠人因继承和受遗赠取得不动产权利的，适用不动产权利人查询的规定。但需提交被继承人或者遗赠人死亡证明、遗嘱或者遗赠抚养协议等可以证明继承或者遗赠行为发生的材料。

（2）清算组、破产管理人、财产代管人、监护人等依法有权管理和处分不动产权利的主体，参照《不动产登记查询暂行办法》规定查询相关不动产权利人的不动产登记资料，但应当提交依法有权处分该不动产的证明材料。

【例3－45】（单项选择题）不动产的登记机构是（　　）。

A. 国土资源主管部门

B. 自然资源部

C. 县级及以上人民政府

D. 市级及以上人民政府

【答案】B

【解析】略。

【例3－46】（多项选择题）不动产的登记范围包括（　　）。

A. 集体土地所有权

B. 耕地、林地、草地等土地承包经营权

C. 抵押权

D. 宅基地使用权

E. 国有土地所有权

【答案】ABCD

【解析】略。

【例3－47】（单项选择题）下列关于不动产登记簿的叙述，错误的是（　　）。

A. 不动产登记簿以宗地或者宗海为单位编成，一宗地或者一宗海范围内的全部不动产单元编入一个不动产登记簿

B. 不动产登记簿应当采用电子介质，暂不具备条件的，可以采用纸质介质

C. 登记内容包括：证明权利或事项、权利人（申请人）、义务人、坐落、不动产单元号等

D. 不动产登记簿由不动产登记机构指定专人负责管理、永久保存

【答案】C

【解析】C项是不动产登记证明的内容。

【例3－48】（单项选择题）关于不动产登记簿和不动产权属证明的效力，下列说法正确的是（　　）。

A. 不动产权证是不动产物权归属和内容的根据

B. 不动产权证书、不动产登记证明记载的事项，应当与不动产登记簿一致

C. 不动产权证书与不动产登记簿记载不一致的，以不动产登记簿为准

D. 不动产登记证明与不动产登记簿记载不一致的，以不动产登记证明为准

【答案】B

【解析】根据《民法典》，不动产登记簿是不动产物权归属和内容的根据，不动产物权的

设立、变更、转让和消灭，依据法律规定应当登记的，自记载于不动产登记簿时发生效力。《民法典》第二百一十七条规定，不动产权属证书记载的事项，应当与不动产登记簿一致；记载不一致的，除有证据证明不动产登记簿确有错误外，以不动产登记簿为准。

【例3-49】（多项选择题）可以查询不动产登记资料的是（　　）。

A. 不动产权利人

B. 不动产利害关系人

C. 有关国家机关

D. 社会公众

E. 不动产权利人、利害关系人委托的律师或者其他代理人

【答案】 ABCE

【解析】 在我国，不动产登记信息不属于可以向社会公众开放查询的政府信息，不适用于《政府信息公开条例》。不动产登记资料查询人见表4-10。

【例3-50】（多项选择题）关于不动产登记信息查询的规定，下列说法正确的是（　　）。

A. 不动产登记簿上记载的权利人，可以查询本不动产登记结果和本不动产登记原始资料

B. 利害关系人，只能申请查询有利害关系的不动产登记结果

C. 利害关系人，可以申请查询有利害关系的不动产登记结果和本不动产登记原始资料

D. 不动产权利人、利害关系人委托代理人代为申请查询不动产登记资料的，被委托人应当提交双方身份证明原件和授权委托书

E. 因赠与取得不动产权利的，与不动产权利人查询的规定一致

【答案】 ABD

【解析】 略。

【知识点8】不动产评估的清查核实（★★）

（一）清查核实的目的（★★）

在对不动产价值估算前，按照事前制定的计划，对待估不动产进行清查核实，是不动产评估工作的重要组成部分。执行不动产评估业务，一般情况下，应当对所评估的不动产进行现场调查，明确不动产存在状态并关注其权属状况。

（二）清查核实的内容（★★）

不动产清查核实的内容有实物状态、权利状态、区位和交易状况、会计核算情况四个方面（见表3-11）。

表3-11　清查核实的内容

分类	具体项目	内容说明
实物状态	土地使用权	评估对象名称；土地坐落、四至、面积、用途、形状；土地所在地的地形、地势、地质、土壤；土地的开发程度、基础设施、公共配套；土地周围环境、景观、距离；临街状况。
	建筑物、构筑物及地上物	建筑规模、外观、建筑结构、建筑年代、楼层、层高（净高）、新旧程度（楼龄）、平面布置、朝向；防水、保温、隔热、隔音、采光、通风、日照；评估对象内外部装修（装饰）、设施设备、利用现状、维护保养、物业管理。
权利状态	不动产权证类型	不动产权证书、国有土地使用证、集体土地所有证、集体土地使用证、土地他项权利证明书、房屋所有权证、房屋他项权证、土地房屋权证、房地产权证、在建工程抵押登记证明、不动产抵押登记证明。
	不动产权证和证明的查验	（1）不同于不动产登记资料（登记结果和登记原始资料）的查询； （2）不动产权证书和证明的查验，是获取不动产登记信息比较简单的、直接的方法； （3）不动产权证书的查验，主要了解所有权的归属、土地房屋的性质等； （4）不动产登记证明的查验，主要了解是否设立了抵押权、是否存在异议登记、是否存在查封登记等。

续表

分类	具体项目	内容说明
区位和交易状况	区位状况	所在区域：行政区、功能区。 所处地段：微观坐落，临街状况。 交通条件：道路状况、可用交通工具、停车条件等。 周边环境：自然环境、人文环境、景观、商业氛围、配套服务、产业聚集等。
	交易状况	已建成同类物业的租售情况；现有及在建同类不动产情况；空置率、交易结构、交易趋势。
	功能价格分析	基础设施及配套（交通、通信、供暖、燃气）；房型、朝向；多途径分析。
会计核算情况	账面价值	要了解不动产的账面原值、账面净值等情况；要了解往来科目中涉及不动产的核算情况；要注意不动产在不同会计科目的核算情况。
	损益情况	要了解不动产经营相关的收入、成本、费用、利润情况。
	纳税情况	要了解不动产相关情况，如所得税、增值税、土地增值税等。
	会计准则要求	涉及服务于财务报告目的不动产评估，如投资性房地产公允价值、房地产减值测试评估等，还要熟悉相关会计准则的要求，理解会计核算的方法。

【例3-51】（单项选择题）为充分了解不动产的实物状态和权利状态，必须对不动产进行现场调查。下列选项中，属于土地使用权评估实物状态清查主要内容的是（　　）。

A. 交通条件

B. 土地出让合同

C. 产业聚集

D. 待估地块的地势

【答案】D

【解析】A项、C项属于区位状况清查，B项属于权利状态清查。

【例3-52】（单项选择题）不动产清查核实的内容有（　　）。

A. 使用状况

B. 实物状态

C. 管理状况

D. 区位及交易状况

E. 会计核算情况

【答案】BDE

【解析】不动产清查核实的内容有实物状态、权利状态、区位和交易状况、会计核算情况等四个方面，因此B项、D项、E项正确。机器设备清查核实一般包括实物状况、使用状况、管理状况、会计核算、权属资料等五个方面，因此A项、C项错误。

【例3-53】（单项选择题）关于不动产权利状态的清查核实，以下说法中，正确的是（　　）。

A. 需要查验不动产登记资料

B. 是对不动产权证书和证明的查验

C. 不动产登记簿的查验，主要了解所有权的归属、土地房屋的性质等

D. 不动产登记资料的查验，主要了解是否设立了抵押权、是否存在异议登记、是否存在查封登记等

【答案】B

【解析】略。

（三）清查核实的方法和手段（★★）

1. 清查核实的方法

（1）调查一般可以采用逐项调查或抽样调查的方式进行；

（2）如果因客观原因等因素限制，无法实施现场调查，资产评估人员应当采取适当措施加以判断并予以恰当披露。

2. 清查核实的手段

通常可以采用目测、询问、查阅档案、专业机构鉴定意见等方式，对不动产进行清查核实。

【提示】评估实践中，一般通过目测了解不动产的外观、使用状态。通常在现场勘察时评估人员很少使用专业的不动产鉴定，特别是对基础和结构等。

【例3-54】（单项选择题）关于不动产清查核实的方法和手段，下列说法错误的是（　　）。

A. 资产评估人员可以利用专家工作及其工作成果

B. 通常可以采用目测、询问、查阅档案、专业机构鉴定意见等方式

C. 如果因客观原因等因素限制，无法实施现场调查，资产评估人员应当采取适当措施加以判断并予以恰当披露

D. 在不动产评估实践中，必须对不动产进行现场逐项调查

【答案】 D

【解析】 评估实践中，对于数量较大的不动产，当资产评估人员认为通过对样本的调查，可以推断整体不动产的状态时，可以采用抽样方法进行现场调查。

（四）需要收集的资料（★★）

具体如下：

（1）评估对象的基本情况，如产权、平面图、照片等；

（2）有关评估对象所在地段的环境因素和区域因素资料；

（3）与评估对象有关的不动产市场资料，如市场供需状况、建造成本、租售价格等；

（4）国家和地方涉及不动产评估的政策、法规和定额指标。

【例3－55】（多项选择题）在进行不动产清查核实时，需要收集的资料有（　　）。

A. 评估对象的照片、平面图

B. 与评估对象有关的不动产市场资料

C. 国家和地方有关不动产评估的政策、法规和定额指标

D. 评估对象的使用情况

E. 评估对象所在地段的环境因素和区域因素资料

【答案】 ABCE

【解析】 略。

【知识点9】市场法概述（★★）

（一）市场法的基本思路

市场法是通过对与评估对象类似不动产的交易价格的调整，得出评估对象在评估基准日的价值的间接评估方法。

（二）市场法的适用范围

市场法适用于居住、商业、工业、综合、特殊等各类不动产的评估。

在同一地区或同一供求范围内的类似地区中，与被评估不动产相类似的不动产交易越多，市场法应用越有效。

【提示】 市场法评估使用的限制。

在下列情况下，市场法往往难以适用：

（1）不发生交易或发生较少交易地区的不动产；

（2）特殊类型的不动产，如风景名胜区土地、古建筑；

（3）很难成为交易对象的不动产，如教堂、寺庙等；

（4）很少发生交易的不动产，如图书馆、体育馆、学校用地等。

【例3－56】（多项选择题）对下列不动产进行评估时，不宜采用市场法的是（　　）。

A. 医院　　B. 住宅

C. 教堂　　D. 纪念馆

E. 风景名胜区土地

【答案】 ACDE

【解析】 缺少与被评估不动产相类似的交易案例，不适用市场法。

（三）应用市场法的前提条件

市场法适用的前提条件包括：

（1）具有充分发育的、活跃的、公平的不动产交易市场；

（2）可以搜集到被评估不动产的市场参照物及其相比较的指标、技术参数等资料。

（四）市场法的计算公式

通常，调整修正的因素有：（1）交易情况；（2）交易日期；（3）区域因素；（4）个别因素；（5）权益状况。其中，（3）（4）（5）属于不动产状况因素。

$$P = P' \times A \times B \times C \times D \times E = P' \times \frac{100}{(\ \ )} \times \frac{(\ \ )}{100} \times \frac{100}{(\ \ )} \times \frac{100}{(\ \ )} \times \frac{100}{(\ \ )}$$

式中字符含义及具体内容为：

P 为被估不动产评估价值；

P' 为可比交易实例价格；

交易情况修正系数 $A = \frac{100}{(\ \ )} = \frac{\text{正常交易情况指数}}{\text{可比交易实例交易情况指数}}$；

交易日期修正系数 $B = \frac{(\ \ )}{100} = \frac{\text{评估基准日价格指数}}{\text{可比交易实例交易时价格指数}}$；

区位因素修正系数 $C=\frac{100}{(\quad)}=\frac{\text{待估对象区位因素指数}}{\text{可比交易实例区位因素指数}}$；

实物因素修正系数 $D=\frac{100}{(\quad)}=\frac{\text{待估对象实物状况指数}}{\text{可比交易实例实物状况指数}}$；

权益状况因素修正系数 $E=\frac{100}{(\quad)}=\frac{\text{待估对象权益状况指数}}{\text{可比交易实例权益状况指数}}$。

【例3-57】（多项选择题）下列选项中，属于运用市场法对不动产进行评估的前提条件的有（　　）。

A. 不动产的未来收益必须是可以预测并可用货币来衡量的

B. 需要有一个充分发育的活跃的公平的资产交易市场

C. 随着时间的推移，不动产具有一定损耗特性

D. 不动产开发必须有明确的规划，且规划应得到相关部门的批准，并在有效期内

E. 被评估不动产的市场参照物及其相比较的指标、技术参数等资料是可以搜集的

【答案】 BE

【解析】 A项、C项、D项分别属于运用收益法、成本法、剩余法对不动产进行评估的前提条件。

【例3-58】（单项选择题）市场法是不动产评估最常见的基本方法之一，是通过对比交易价的一系列因素进行修正得出被估建筑物的价值。其中，计算交易日期修正系数的公式中，分母通常设定为100。100的含义是（　　）。

A. 表示评估基准日的价格指数

B. 表示以评估基准日的价格指数为基准而确定可比实例时的价格指数

C. 表示可比实例交易的价格指数

D. 表示以可比实例交易时的价格指数为基准而确定评估基准日的价格指数

【答案】 D

【解析】 交易日期修正系数B中的分母100，表示以可比交易实例交易时的价格指数为基准而确定评估基准日的价格指数。

【知识点10】市场法的应用（★★★）

（一）收集交易实例

1. 收集交易实例的基本要求

（1）收集交易实例，并不是执行评估业务时的一项工作，而是一项日积月累、时刻关注不动产市场变化、随时搜集有关不动产交易实例的经常性工作；

（2）交易实例必须真实，应是实际成交的真实案例，不能简单利用网络等媒体上发布的案例作为交易实例，更不能是网络挂牌拟交易案例，不能是模拟交易案例。

2. 交易实例的内容

收集的交易实例信息一般包括以下内容：（1）基本情况；（2）交易双方名称及其之间的经济或产权或社会关系等；（3）交易方式；（4）成交日期；（5）成交价格；（6）付款方式；（7）融资条件；（8）交易税费；（9）交易目的。

【例3-59】（单项选择题）运用市场法评估不动产价值时，下列关于收集交易实例的说法错误的是（　　）。

A. 必须有充分的交易资料

B. 交易实例的内容应包括不动产基本情况、成交日期、成交价格等

C. 收集交易实例，并不是执行评估业务时的一项工作，而是一项经常性工作

D. 为减少工作量，网络等媒体上发布的案例可以直接作为交易实例

【答案】 D

【解析】 交易实例必须真实，应是实际成交的真实案例，不能简单利用网络等媒体上发布的案例作为交易实例。

（二）选取可比交易实例

可比交易实例的选择正确与否、合理与否，直接决定不动产价值评估结论的合理性。

1. 可比交易实例选择的两个方面

可比性标准及可比交易实例数量是可比交易实例选择的两个重要方面，而且在通常情况下，可比交易实例的数量与可比性标准呈负相关或此消彼长的关系。

2. 选取可比交易实例的基本要求

（1）与评估对象类似的不动产；

（2）交易类型与评估目的吻合；

（3）成交日期与评估基准日相近，不宜超过1年，且不得超过两年；

（4）成交价格为正常价格或可修正为正常价格。

【提示】评估基准日与案例交易日间隔时间。

如果不动产市场较为稳定，评估基准日与案例交易日期的间隔可长一些。如果市场变动剧烈，变化较快，则宜选取较近时期的交易实例，最好是1年以内的。

【例3-60】（多项选择题）在运用市场法评估不动产价值时，对可比实例的选取要求包括（　　）。

A. 可比实例是评估对象的类似不动产

B. 可比实例与评估对象的付款方式必须一致

C. 可比实例成交价格为正常价格或可修正为正常价格

D. 可比实例成交日期与估价时点不得超过1年

E. 交易类型与评估目的吻合

【答案】ACE

【解析】略。

（三）建立比较基础

如表3-12所示。

表3-12　建立比较基础的“四个统一”

统一的方面	具体内容
统一资产范围	（1）是否包含债权债务，例如是否由买方代付卖方欠缴的水电、燃气、供暖、物业管理费等费用； （2）是否包含不动产以外的其他资产或权益，例如家具家电、优质学校入学指标等； （3）可比交易实例的实物范围与评估对象是否一致，如是否包含车位。
统一付款方式	付款方式是否存在分期，确定分期长短、分期次数，通常以一次性全额付款为标准进行折算。
统一税费负担	按照现行相关规定，不动产交易的税费应由交易双方负担，但实际交易中常有一方负担的情况，应确定并折算为一致。
统一计价单位	确定是采用单价还是总价，币种一般采用人民币，确定面积的内涵及计量单位并折算为一致。

【例3-61】（单项选择题）某可比交易实例不动产带有债权债务，总价值为256万元，其中债权16万元，债务27万元，则单纯不动产的价格为（　　）万元。

A. 213　　B. 245

C. 267　　D. 299

【答案】D

【解析】统一财产范围时，若可比交易实例带有债权债务而评估对象不带，则不动产价格=可比实例—债权+债务；若评估对象带有债权债务而可比交易实例不带，则不动产价格=可比实例价格+债权—债务。

本题中可比交易实例带有债权债务，应进行债权债务的“剥离”。

单纯不动产价格=256-16+27=267（万元）

【例3-62】（单项选择题）评估对象是一套不带车位的住宅，选取的可比交易实例成交价格为268万元，含有一个现价为20万元的车库和一套全新状态下价值为15万元的家具，家具为九成新。该可比交易实例经统一不动产范围后的价格为（　　）万元。

A. 268　　B. 233

C. 253.6　　D. 234.5

【答案】D

【解析】评估对象不带车库和家具，可比实例带车库和家具，需要将可比实例的非不动产成分剔除。

该可比交易实例经统一不动产范围后的价格=268-20-15×90%=234.50（万元）

【例3-63】（单项选择题）某宗不动产交易，买卖合同约定成交价格为10 500元/平方米，卖方和买方应交纳的税费分别为交易税费正常负担下的成交价格的7%和5%。若该交易中涉及的税费均由卖方负担，则该不动产在交易税费正常负担下的价格为（　　）元/平方米。

A. 11 053　　B. 10 000

C. 11 290　　D. 9 810

【答案】B

【解析】正常交易的价格既不包括买方负担的税费，也不包括卖方负担的税费。若该交易中涉及的税费均由卖方负担，设正常负担下的

价格为 X，则 $X\times(1+5\%)=10\ 500$，$X=\frac{10\ 500}{1+5\%}=10\ 000$（元/平方米）；若该交易中涉及的税费均由买方负担，设该不动产在交易税费正常负担下的价格为 Y，则 $Y\times(1-7\%)=10\ 500$，$Y=\frac{10500}{1-7\%}=11\ 290$（元/平方米）。

【例 3－64】（单项选择题）某宗不动产交易的成交价格为 200 万元人民币，其中首期支付 40%，余款在一年后一次性付清。该不动产建筑面积与使用面积之间的关系为 1∶0.9，套内建筑面积为 120 平方米，假定折现率为 5%，则该房地产按照建筑面积计算的实际单价为（　　）元/平方米。

A. 15 366.44　　B. 14 689.99

C. 14 572.11　　D. 15 088.33

【答案】 C

【解析】 第一步，统一面积内涵及单位；第二步，统一付款方式，统一到成交日一次性付款的价格。

建筑面积 $=\frac{\text{套内建筑面积}}{90\%}=\frac{120}{90\%}=133.33$（平方米）

成交日一次性付款的总价 $=200\times40\%+\frac{200\times60\%}{1+5\%}=194.29$（万元）

按照建筑面积计算的实际单价 $=\frac{1\ 942\ 900}{133.33}=14\ 572.11$（元/平方米）

（四）对可比实例价格进行因素修正

1. 交易情况修正

将交易中由于特殊交易情况所产生的价格偏差予以剔除，使其成为正常价格。不动产交易中的特殊情况较为复杂，主要有以下几种：

（1）有特殊利害关系的经济主体间的交易，通常都会以低于市价的价格进行交易；

（2）交易时有特别的动机，这以急于脱售或急于购买最为典型；

（3）采取拍卖、挂牌、协议等不同交易方式，往往使不动产交易表现出不同的价格；

（4）其他特殊交易的情形。

计算公式为：

交易情况修正后的正常价格 = 可比交易实例价格 $\times\frac{\text{正常情况指数}}{\text{可比交易实例情况指数}}=P'\times\frac{100}{(\quad)}$

2. 交易日期修正

根据不动产价格的变动率，将交易实例不动产价格修正为评估基准日的不动产价格。

不动产价格的变动率一般用不动产价格指数来表示。公式如下：

评估基准日价格 = 可比交易实例价格 $\times\frac{\text{评估基准日价格指数}}{\text{可比交易实例交易时价格指数}}=P'\times\frac{(\quad)}{(100)}$

【例 3－65】（单项选择题）某地区某类不动产 4—10 月的定基价格指数分别为 99.6、97.5、100.7、105.0、106.2、108.5、110.1（以 1 月为 100）。其中某宗房地产在 6 月的价格为 18 500 元/平方米，则修正到 10 月的价格为（　　）。

A. 20 226.91　　B. 19 398.57

C. 20 848.00　　D. 19 179.38

【答案】 A

【解析】 修正到 10 月的价格 $=18\ 500\times\frac{110.1}{100.7}=20\ 226.91$（元/平方米）

3. 权益状况修正

权益状况修正包括土地使用权性质、土地使用权年限、城市规划限制条件、土地使用管制、其他权利设立情况、其他特殊情况等。

【例 3－66】（单项选择题）某待估宗地的剩余使用年限为 30 年，还原利率为 6%，比较实例价格为 3 000 元/平方米，剩余使用年限为 40 年，若不考虑其他因素，则评估对象的评估价值接近（　　）元/平方米。

A. 2 250　　B. 2 744

C. 3 279　　D. 4 000

【答案】 B

【解析】 交易实例年限修正系数 $=\left[1-\frac{1}{(1+6\%)^{30}}\right]\div\left[1-\frac{1}{(1+6\%)^{40}}\right]=0.914\ 8$，评估对象的评估价值 $=3\ 000\times0.914\ 8=2\ 744.4$（元/平方米）。

4. 区位因素修正

区位因素修正是将可比实例区位状况下的价格调整为评估对象区位状况下的价格。

区位因素修正的主要因子有位置、交通条件、公用设施及基础设施水平、周围环境等。不同用途的不动产，影响其价格的区位因素是不同的。

在实际比较中，往往将修正的区位因素列表，采取分别打分的方法进行。具体修正方法有直接比较法和间接比较法。

【例3-67】（单项选择题）运用市场法评估不动产价值时，通过区位因素修正后，可将参照物价格修正为（　　）条件下的价格。

A. 城市平均区域

B. 参照物所处区域

C. 参照物规划区域

D. 评估对象所处区域

【答案】D

【解析】略。

5. 实物状况修正

实物状况修正是将可比交易实例相对于评估不动产因自身实物状况条件差别所造成的交易价格的差异部分剔除掉，得到评估不动产所具有的实物状况条件下的价格。将可比交易实例与评估不动产的实物状况加以比较，根据二者差异，修正可比交易实例价格。

（五）求取比准价格

将选取的多个可比交易实例，进行上述各项因素调整修正之后，综合考虑确定评估结果。

（1）计算方法。常用的计算综合结果的方法有简单算术平均法、加权算术平均法。

（2）修正幅度的要求。评估实践中，在进行因素修正时，单项修正幅度一般不超过20%，综合修正幅度一般不超过30%；修正后的可比实例价格最高价与最低价之比不应大于1.2。

【例3-68】（单项选择题）关于对可比交易实例价格进行因素修正，下列说法错误的是（　　）。

A. 通过交易情况修正，将可比实例价格修正为正常交易价格，计算公式为

交易情况修正后的正常价格 = 可比交易实例价格 $\times \frac{\text{正常情况指数}}{\text{可比交易实例情况指数}}$

B. 在进行区位因素修正时，间接比较法修正一般是设定一宗标准不动产，以标准不动产的区位因素为基准，将评估对象与可比实例的区位因素分别与标准不动产的区位因素进行比较，并逐项打分

C. 在进行因素修正时，单项修正幅度一般不超过20%，综合修正幅度一般不超过30%；修正后的可比实例价格最高价与最低价之比不应大于1.3

D. 通过不动产状况因素修正，将可比交易实例价格修正为待估不动产状况下的价格

【答案】C

【解析】在进行因素修正时，单项修正幅度一般不超过20%，综合修正幅度一般不超过30%；修正后的可比实例价格最高价与最低价之比不应大于1.2。

【例3-69】（综合题）待估地块为一商业用途的空地，面积为600平方米。评估人员通过搜集有关数据资料（过程略），选出3个交易实例作为可比交易实例，有关情况如下表所示。

可比实例情况

项目		A	B	C	待估对象
坐落		略	略	略	略
所处地区		繁华区	非繁华区	非繁华区	非繁华区
用地性质		商业	商业	商业	商业
土地类型		空地	空地	空地	空地
价格	总价	25.2万元	49万元	43.5万元	
	单价	1 500元/平方米	1 400元/平方米	1 450元/平方米	
交易日期		2015年10月	2015年12月	2016年1月	2016年5月
面积		168平方米	350平方米	300平方米	600平方米
形状		长方形	长方形	长方形	长方形
地势		平坦	平坦	平坦	平坦
地质		普通	普通	普通	普通
基础设施		完备	较好	较好	较好
交通状况		很好	很好	很好	很好
剩余使用年限		35年	30年	35年	30年

已知以下条件：

（1）交易情况正常。

（2）2015年以来，土地价格每月平均上涨1%。

（3）可比交易实例A与待估对象处于同一地区，B、C的区位因素修正系数情况可参照下表进行判断。

可比交易实例区位因素打分表

项目	B	分值	C	分值
自然条件	相同	10	相同	10
社会环境	相同	10	相同	10
街道条件	稍差	8	相同	10
繁华程度	稍差	7	稍差	7
交通便捷程度	稍差	8	稍差	8
规划限制	相同	10	相同	10
交通管制	相同	10	相同	10
离公交站	稍远	7	相同	10
交通流量	稍少	8	稍少	8
周围环境	较差	8	相同	10
综合打分		86		93

注：比较标准以待估地块的各区位因素为标准，即待估地块的区位因素分值为100。

（4）待估地块面积因素对价格的影响较各交易实例高3%。

（5）折现率为8%。

要求：根据上述资料，要求评估待估地块2016年5月的市场价值。

【解析】

（1）交易情况修正。从评估人员的调查中发现交易实例的交易没有什么特殊情况，均作为正常交易看待，故无须修正。

（2）交易日期修正。

交易实例A交易日期修正系数 $=(1+1\%)^7=1.072\ 1$

交易实例B交易日期修正系数 $=(1+1\%)^5=1.051\ 0$

交易实例C交易日期修正系数 $=(1+1\%)^4=1.040\ 6$

（3）区位因素修正。

交易实例A与待估对象处于同一地区，无须进行区位因素调整。

交易实例B区位因素调整系数 $=\frac{100}{86}=1.163$

交易实例C区位因素调整系数 $=\frac{100}{93}=1.075$

（注：式中86、93由区位因素打分表纵向加总获得。）

（4）实物状况修正。由于待估对象的面积大于3个交易实例地块，就商业用地而言，面积较大便于充分利用，待估地块面积因素对价格的影响较各交易实例高3%。

（5）权益状况修正。除交易实例B与待评估地块的剩余使用年限相同外，交易实例A与C均需进行使用年限因素修正，修正系数计算如下（假定折现率为8%）：

交易实例A及C剩余年限修正系数 $=\left[1-\frac{1}{(1+8\%)^{30}}\right]\div\left[1-\frac{1}{(1+8\%)^{35}}\right]=0.965\ 9$

（6）计算待估土地初步价格。

$A=1\ 500\times1\times1.072\ 1\times1\times1.03\times0.965\ 9=1\ 600$（元/平方米）

$B=1\ 400\times1\times1.051\ 0\times1.163\times1.03=1\ 763$（元/平方米）

$C=1\ 450\times1\times1.040\ 6\times1.075\times1.03\times0.965\ 9=1\ 671$（元/平方米）

（7）采用算术平均法求得评估结果。

待估地块单位面积价格评估值 $=\frac{1\ 600+1\ 763+1\ 671}{3}=1\ 678$（元/平方米）

待估地块总价评估值 $=1\ 678\times600=1\ 006\ 800$（元）

【知识点11】收益法概述（★★）

（一）收益法的基本思路

收益法是不动产最常用的评估方法之一，是根据评估对象的预期收益来求取评估对象价值的方法。具体而言，收益法是预测评估对象未来收益，利用合适的资本化率或折现率，将未来收益转换为价值来求取评估对象价值的方法。

（二）收益法的适用范围

收益法适用于经营性且有稳定收益的不动产价值评估，如商场、写字楼、旅馆、公寓等，对于政府机关、学校、公园等非经营性不动产价值评估大多不适用。

（三）运用收益法的前提条件

（1）不动产的未来预期收益必须是可以预测并可用货币来衡量的；

（2）收益期内，不动产权益拥有者获得未来预期收益所承担的风险可以预测，并可用货币来衡量；

（3）不动产预期获利年限可以预测。

（四）收益法的计算公式

如表3-13所示。

表3-13 收益法的计算公式

不同情况	计算公式
全剩余寿命模式	$V=\sum_{i=1}^{n}\frac{a_i}{(1+r)^i}$ 式中：V—不动产评估价值；a_i—未来第 i 年的净收益；r—折现率；n—收益期。 当净收益 a 每年不变，折现率 r 固定且大于零，收益年期 n 有限时，不动产评估价值为： $V=\frac{a}{r}\left[1-\frac{1}{(1+r)^n}\right]$
持有加转售模式	$V=\sum_{i=1}^{t}\frac{a_i}{(1+r)^i}+\frac{V_t}{(1+r)^t}$ 式中：V—不动产评估价值；a_i—未来第 i 年的净收益；r—折现率；t—持有期；V_t—期末转售收益。 当净收益 a 每年不变，折现率 r 固定且大于零，持有期为 n 时，评估公式为： $V=\frac{a}{r}\left[1-\frac{1}{(1+r)^n}\right]+\frac{V_n}{(1+r)^n}$
直接资本化法	$V=\frac{a_1}{R}$ 式中：a_1—未来第一年的净收益；R—资本化率。

【例3-70】（多项选择题）应用收益法进行不动产评估的前提条件是（　　）。

A. 被评估不动产的市场参照物及其相比较的指标、技术参数等资料是可以搜集的

B. 收益期内，不动产权益拥有者获得未来预期收益所承担的风险可以预测，并可用货币来衡量

C. 被评估不动产的预期收益必须是可以预测并可用货币来衡量的

D. 被评估不动产预期获利年限可以预测

E. 需要有一个充分发育的活跃的公平的资产交易市场

【答案】BCD

【解析】A项、E项为采用市场法评估不动产的前提条件之一。

【例3-71】（多项选择题）不动产评估收益法公式，即不动产价值 $=\frac{\text{净收益}}{\text{资本化率}}$，成立的前提条件是（　　）。

A. 净收益每年不变

B. 资本化率固定

C. 总收入每年不变

D. 收益年限为无限期

E. 总费用每年不变

【答案】ABD

【解析】略。

【例3-72】（单项选择题）某砖混结构的三层住宅，宅基地面积为180平方米，建筑面积为400平方米。该不动产的折现率为9%，评估时的剩余使用年限为10年。经测算，该住宅

的年纯收益为 50 000 元，则用收益法评估该住宅的每平方米价格为（　　）元。

A. 802.2　　B. 825

C. 1 054　　D. 1 328

【答案】A

【解析】采用全剩余寿命模式评估。收益为有限年期，故该住宅价格 $=\frac{50\ 000}{9\%}\times\left[1-\frac{1}{(1+9\%)^{10}}\right]=320\ 882.89$（元），该住宅每平方米价格 $=\frac{320\ 992.89}{400}=802.2$（元）。

【例 3－73】（单项选择题）下列不动产中，通常不适用收益法评估的是（　　）。

A. 百货商场　　B. 星级酒店

C. 综合写字楼　　D. 政府办公楼

【答案】D

【解析】政府办公楼属于非经营性的建筑物，不适合采用收益法评估。

【知识点 12】收益法的应用（★★★）

正确应用收益法，关键是掌握净收益、收益期限、报酬率和资本化率的确定。

（一）收益期限的确定

如表 3－14 所示。

表 3－14　　不动产收益期限的确定

评估对象	收益期限 n
单独土地或单纯建筑物	n＝土地使用权年限或建筑物经济寿命—不动产开发建设及装修等期限
房地合一	（1）建筑物的经济寿命＝土地使用权年限，n＝土地使用权年限。 （2）建筑物的经济寿命＞土地使用权年限。 ①土地使用权年限到期地上物随同无偿收回，n＝土地使用权年限； ②土地使用权年限到期地上物残余价值给予合理补偿，则在根据土地使用权年限确定未来可获收益期限的基础上，考虑将土地年限到期时地上物残余价值折现到评估基准日的价值。 （3）建筑物的经济寿命＜土地使用权年限。 可先根据建筑物的经济寿命，扣减不动产开发建设及装修等期限，确定未来可获收益的期限，然后加上土地使用权年限超出建筑物经济寿命的土地剩余使用年限价值的折现值。

【例 3－74】（单项选择题）在运用收益法评估不动产的价值时，下列关于收益期限的确定，说法正确的是（　　）。

A. 单纯的建筑物作为评估对象的，应根据建筑物经济寿命扣减不动产开发建设及装修等期限确定

B. 如果建筑物的经济寿命短于土地使用权年限，则根据建筑物的经济寿命，扣减不动产开发建设及装修等期限确定收益期限

C. 不论是单独评估建筑物还是评估土地与建筑物合成体，收益期限都遵循孰短原则

D. 建筑物的经济寿命长于土地使用权年限，若土地使用权年限到期地上物残余价值给予合理补偿，则以土地使用权年限为收益期限

【答案】A

【解析】略。

（二）净收益的确定

1. 净收益的概念

净收益是指归属于不动产的除去各种费用后的收益，一般以年为单位。

净收益＝总收入－总费用

2. 年总收入的确定

总收入是指以收益为目的的不动产和与之有关的各种设施、劳动力及经营管理者要素结合产生的收入。

总收入＝潜在毛租金收入＋其他收入－空置和收租损失

【提示】在计算以客观收益为基础的总收入时，不动产所产生的正常收入必须是其处于最佳利用状态下的结果。最佳利用状态是指该不动产处于最佳利用方向和最佳利用程度。在现实经济中，应为正常使用下的正常收入。

3. 年总费用

总费用是指取得该收益所必需的各项支出，如维修费、管理费等，就是为创造总收益所必须投入的正常支出。

【提示】不动产总费用不包含折旧费，通常包括管理费、维修费、保险费、房产税等。

4. 计算总收入和总费用应注意的问题

（1）口径应为客观收入和客观费用。

（2）租约的处理。运用收益法评估不动产时，有租约限制的，租约期内的租金宜采用租约所确定的租金，租约期外的租金应当采用正常客观的租金，并在评估报告中恰当披露租约情况。

【例3-75】（单项选择题）运用收益法进行不动产评估时，下列情况中可能会使得收益偏高的是（　　）。

A. 收益权利人经营不善

B. 当前不动产并未处于最佳利用状态

C. 土地处于待开发状态

D. 当前收益权利人在法律上、行政上享有某种特权又不能随同转让

【答案】 D

【解析】 当前收益权利人在法律上、行政上享有某种特权或受到特殊的限制，致使不动产的收益偏高或偏低，而这些权利或限制又不能随同转让；当前不动产并未处于最佳利用状态，收益偏低；收益权利人经营不善，导致亏损，净收益为零甚至为负值；土地处于待开发状态，无当前收益，同时还必须支付有关税、费，净收益为负值。

【例3-76】（单项选择题）在正常情况下，用于不动产价值评估的收益应该是不动产的（　　）。

A. 实际总收入－实际总费用

B. 客观总收入－实际总费用

C. 客观总收入－客观总费用

D. 实际总收入－客观总费用

【答案】 C

【解析】 计算净收益时口径应为客观收入和客观费用，即正常情况下的收入和费用。

【例3-77】（多项选择题）运用收益法评估不动产价值时，下列关于确定收益、费用和净收益的说法，正确的是（　　）。

A. 净收益＝客观总收入－正常总费用

B. 总收入通常以客观收入为基础计算

C. 租约期外的租金应当采用正常客观的租金

D. 总费用通常包括折旧费、管理费、维修费、保险费、房产税等

E. 有租约限制的，租约期内的租金采用租约所确定的租金

【答案】 ABCE

【解析】 不动产总费用不包括折旧费，通常包括管理费、维修费、保险费、房产税等。

（三）折现率和资本化率的确定

1. 折现率和资本化率的比较（见表3-15）

表3-15　　折现率和资本化率的比较

	折现率	资本化率
相同点	本质上都是将不动产的预期收益转换为价值的比率。	
不同点	（1）折现率是通过折现的方式将不动产的预期收益转换为价值的比率； （2）折现率是求取未来各期净收益的现值的比率。	（1）资本化率是在直接资本化法中采用的，是一步就将不动产的预期收益转换为价值的比率； （2）资本化率是不动产的某种年收益与其价格的比率（通常用未来第一年的净收益除以价格来计算）。

2. 折现率和资本化率的确定方法（见表3-16）

表3-16　　折现率和资本化率的确定方法

方法	具体内容
市场提取法	（1）搜集市场上近期交易的与待估不动产相同或相似的不动产的净收益、价格、收益期等资料，计算出它们各自的折现率。计算公式：$P=\frac{A}{r}\left[1-\frac{1}{(1+r)^n}\right]$ （2）根据实际情况，采取简单算术平均值或加权算术平均值。 （3）这种方法要求不动产市场发育比较充分、交易案例比较多。 （4）这种方法计算出来的折现率基本上能够反映投资该不动产的回报率。

续表

方法	具体内容
安全利率加风险调整值法	（1）通常选择银行中长期利率作为安全利率，然后根据影响待估不动产的社会经济环境状况，估计投资风险程度，确定一个调整值，把它与安全利率相加或在安全利率基础上加风险调整值。 （2）这种方法简便易行，对市场要求不高，应用比较广泛；但是风险调整值的确定主观性较强，不容易掌握。
各种投资收益率排序插入法	搜集市场上各种投资的收益率资料，将各种投资收益率大小排队，再将待估不动产投资与上述各项投资比较，按照投资风险的大小排序，判断待估不动产在该风险排序中的位置，然后根据风险排序结合相邻投资的收益率确定待估不动产资本化率的大小。

【提示】 市场提取法计算资本化率的公式及适用情况。

（1）公式：$R=a_1/P$。

（2）资本化率适用情况：求取资本化率的可比交易实例的剩余年限应当与被评估不动产的剩余年限接近，或者说在年限方面具有一定的可比性。

【例3-78】（单项选择题）在确定不动产折现率的方法中，（　　）对市场要求较高，要求不动产市场发育比较充分、交易案例比较多。

A. 净收益与售价比率法

B. 安全利率加风险调整值法

C. 各种投资收益率排序插入法

D. 市场提取法

【答案】 D

【解析】 略。

【例3-79】（综合题）某不动产占地4 000平方米，土地使用年限为48年，容积率为6，共24层，每层建筑面积相同。该房地产经过两年开发建成，预计再经过一年销售招租完毕，届时各层使用情况预计如下：

1层的大堂部分占该层建筑面积的60%，其余部分的75%可用于商业铺位出租，正常出租率为90%，每平方米出租面积每月可得净租金60元；2—3层为商场，营业面积占该层建筑面积的70%，每平方米营业面积年正常收入为8 500元，每年正常营业需投入1 000万元，而该市经营同类商业项目的每平方米营业面积的正常年利润为600元；第4层出租开酒楼，可出租面积占该层建筑面积的70%，每平方米出租面积的月租金为50元，出租人每年需支付8万元的运营费用；5—10层为用于出租的办公用房，每层共20间，当地同类同档次办公用房每间每月租金1 800元，出租率为80%，出租人需承担相当于租金收入10%的运营费用；11—24层为商品住宅，其中11层以每平方米建筑面积3 800元的优惠价格出售给公司员工，其他层则平均以每平方米建筑面积4 200元对社会售出，当地同类同档次商品住宅的售价为每平方米建筑面积4 000元。

假设商场、酒楼、办公楼的折现率分别为10%、8%、7%，试评估该不动产销售招租完毕时的市场价值。

【解析】

（1）总建筑面积＝6×4 000＝24 000（平方米）

各层建筑面积＝24 000÷24＝1 000（平方米/层）

（2）

①1层大堂由于已包含在整体收益中不需要单独计算。

1层商铺净收益＝1 000×(1－60%)×75%×90%×60×12＝19.44（万元）

$$V=\frac{19.44}{10\%}\times\left[1-\frac{1}{(1+10\%)^{45}}\right]=19.44\times 9.8628=191.73\text{（万元）}$$

②2—3层商场净收益＝1 000×2×70%×600＝84（万元）

$$V=\frac{84}{10\%}\times\left[1-\frac{1}{(1+10\%)^{45}}\right]=84\times 9.8628=828.48\text{（万元）}$$

③4层酒楼净收益＝1 000×70%×50×12－80 000＝34（万元）

$$V=\frac{34}{8\%}\times\left[1-\frac{1}{(1+8\%)^{45}}\right]=34\times 12.1084=411.69\text{（万元）}$$

④5—10层办公楼净收益＝6×20×1 800×

12×80%×(1-10%)=186.62（万元）

$$V=\frac{186.62}{7\%}\times\left[1-\frac{1}{(1+7\%)^{45}}\right]=186.62\times13.6055=2\ 539.06\text{（万元）}$$

⑤11—24层住宅价格=1 000×14×4 000=5 600（万元）

⑥该不动产市场价值=191.73+828.48+411.69+2 539.06+5 600=9 570.96（万元）

【知识点13】成本法概述（★★）

（一）成本法的基本思路

不动产评估成本法，分为房屋建筑物的成本法和土地使用权的成本法。

（1）房屋建筑物的成本法是以假设重新建造待估不动产所需要的成本为依据评估房屋建筑物价值的一种方法，即以重置或重建可以产生同等效用的房屋建筑物所需投入的各项费用之和为依据，再加上一定的利润和应纳税金，并扣除贬值来确定待估不动产价值的评估方法。

（2）土地使用权的成本法，也称为成本逼近法，是以取得和开发土地所耗费的各项费用之和为主要依据，再加上一定的利润、利息、应缴纳的税金和土地所有权收益来确定土地使用权价值的评估方法。

（二）成本法适用范围

一般特别适用于不动产市场发育不成熟，成交实例不多，无法利用市场法、收益法等方法进行评估的情况。对于既无收益又很少有交易情况的政府办公楼、学校、医院、图书馆、军队营房、机场、博物馆、纪念馆、公园、新开发地等特殊性的不动产评估比较适用。

【提示】成本法在土地评估中应用范围受到一定限制。

由于土地的价格大部分取决于它的效用，并非仅仅是它所花费的成本，也就是说，土地成本的增加并不一定会增加它的使用价值。

（三）成本法的前提条件

（1）被评估不动产处于继续使用状态或被假定处于继续使用状态，被评估不动产的实体特征、内部结构及其功能必须与假设的重置全新不动产具有可比性。

（2）被评估不动产应当具备可利用的历史资料。成本法的应用是建立在历史资料基础上的，许多信息资料、指标需要通过历史资料获得；同时，现时不动产与历史资料要具有相同性或可比性。

（3）不动产建造过程中的工程量是可以计量的，且该类不动产可以大量重复“生产”。

（4）随着时间的推移，不动产具有一定损耗特性。

【例3-80】（多项选择题）运用成本法对不动产价格评估，其适用范围主要是（　　）。

A. 新开发地　　B. 学校用地

C. 公园用地　　D. 商业用地

E. 机场

【答案】ABCE

【解析】略。

【例3-81】（单项选择题）下列选项中，属于运用成本法评估不动产的前提条件的是（　　）。

A. 被评估不动产处于继续使用状态或被假定处于继续使用状态

B. 被评估不动产预期获利年限可以预测

C. 评估不动产的未来收益是可以预测并可用货币来衡量的

D. 有一个充分发育的活跃的公平的资产交易市场

【答案】A

【解析】B项、C项为采用收益法评估不动产前提条件，D项为采用市场法评估不动产前提条件。

【知识点14】成本法的应用（★★★）

（一）单独的土地使用权——成本逼近法（★★★）

成本逼近法的基本公式为：

土地使用权价值=土地取得费用+土地开发费用+税费+利息+利润+土地增值收益

1. 土地取得费用的估算

两种土地取得方式下的估算：

（1）国家征收集体土地而支付给集体土地所有者的费用，包括土地补偿费、安置补助费以及农村村民住宅、其他地上附着物和青苗等的补偿费用，并安排被征地农民的社会保障费用。

（2）为取得已利用城市土地而向原土地使用者支付的拆迁补偿费用，这是对原城市土地使用者在经济上的补偿，补偿标准各地有具体规定。

2. 土地开发费用的估算

土地开发费按待估宗地设定开发程度下应

投入的各项客观费用计算。

宗地红线外的土地开发费为达到设定开发程度所需投入的各项开发费用之和，宗地红线内的土地开发费一般包括土地平整费。

属建成区内已开发完成的宗地，评估设定的开发程度最少应为宗地红线外通路、通上水、通电和宗地红线内土地平整。

3. 税费计算

税费是指土地取得和开发过程中所必须支付的税赋和费用。土地取得应向政府缴纳的税费一般包括耕地占用税、耕地开垦费、新菜地开发建设基金、征地管理费、教育费附加等。

4. 利息计算

（1）计算利息的土地开发总投资：土地取得费用、土地开发费用和各项税费。

（2）计息期。

①土地取得费用及土地取得应缴纳的税费，在土地开发动工前要全部付清，在开发完成销售后方能收回，因此，计息期应为整个开发期和销售期。

②土地开发费用在开发过程中逐步投入，销售后收回。若土地开发费是均匀投入，则计息期按开发期除以2计算。

5. 利润计算

利润率计算的基数可以是土地取得费用和土地开发费用（包括税费），也可以是开发后土地的地价。计算时，要注意所用利润率的内涵。

6. 确定土地增值

土地增值依据土地所在区域内，因土地用途等土地使用条件改变或进行土地开发而产生的价值增加额或比率测算。

7. 修正确定土地使用权价值

按上述初步测算土地价值后，应根据待估宗地在区域内的位置和宗地条件，考虑是否需进行其他因素修正。经过年期修正和其他因素修正，最终得出土地使用权评估值。

【例3-82】（单项选择题）使用成本逼近法计算土地使用权价值时，土地取得费用、土地开发费用（均匀投入）及税费的计息期分别为（　　）。

A. 开发期、开发期的一半、开发期

B. 开发期、开发期的一半、开发期的一半

C. 开发期、开发期、开发期的一半

D. 开发期、开发期的一半、不计息

【答案】A

【解析】略。

【例3-83】（单项选择题）因土地用途等土地使用条件改变或进行土地开发而产生的价值增加额，通常被称为（　　）。

A. 土地增值　　　B. 土地出让金

C. 土地取得费　　D. 土地配套费

【答案】A

【解析】略。

（二）单独房屋建筑物——重置成本法（★★★）

1. 基本思路及计算公式

（1）基本思路。重置成本法是房屋建筑物评估实践中的常用评估方法之一，它是以现时条件下被评估房屋建筑物全新状态的重置成本，减去房屋建筑物的实体性贬值、功能性贬值和经济性贬值，据以估算房屋建筑物价值的一种评估方法。

（2）计算公式。

房屋建筑物评估值 = 重置成本 - 实体性贬值 - 功能性贬值 - 经济性贬值

或

房屋建筑物评估值 = 单位面积重置成本 × 建筑面积 × 综合成新率 = 重置成本 × 综合成新率

2. 确定重置成本

重置成本 = 建安综合造价 + 前期费用及其他费用 + 利息 + 合理利润

（1）建安综合造价的确定（见表3-17）。

表3-17　建安综合造价的确定方法

方法	适用情况及思路
重编预算法	以房屋建筑物的工程竣工资料、图纸、预决算资料为基础，结合现场勘察结果，重新编制工程量清单，按各地现行建筑工程预算定额和取费标准计算出评估基准日房屋建筑物的建安工程综合造价。
决算调整法	对于竣工图纸、工程决算资料齐全的房屋建筑物，以决算资料中经确认的工程量为基础，分析各项构成费用，并根据评估基准日当地市场的价格信息和相关取费文件，对建安工程综合造价决算进行调整，确定其建安工程综合造价。

续表

方法	适用情况及思路
类比系数调整法	对于设计图纸及工程决算资料不齐全的房屋建筑物，可使用类比系数调整法进行测算。基本思路是，对典型工程案例或者当地工程造价主管部门公布的已完工造价分析表中的工程结算实例的各项目情况与评估对象进行比较，参考决算调整法测算出的典型工程案例的人工费、材料费、机械费增长率，调整典型工程案例或工程结算实例建安工程综合造价后，求取此类房屋建筑物的建安工程综合造价。
单方造价指标法	对于某些建成年份较早的建筑物，其账面历史成本已不具备参考价值，且工程图纸、工程决算资料也不齐全，经综合分析后可采用单方造价指标，并结合以往类似工程经验，求取此类房屋建筑物的建安工程综合造价。

【提示】 如果待评估的房屋建筑物规模大、类型杂、项数多，可以在计算建安综合造价时将委托评估的房屋建筑物进行分类评估（见表3-18）。

表3-18　ABC分类确定建安综合造价

分类	划分标准	建安综合造价的确定方法
A类	大型、价值高、重要的房屋建筑物	决算调整法
B类	一般房屋建筑物	类比系数调整法
C类	价值量小、结构简单的房屋建筑物	单方造价指标法

【例3-84】（单项选择题）对于一般房屋建筑物，多采用（　　）确定其建安综合造价。

A. 重编预算法

B. 决算调整法

C. 类比系数调整法

D. 单方造价指标法

【答案】 C

【解析】 略。

【例3-85】（多项选择题）房屋建筑物建安综合造价的确定方法有（　　）。

A. 重编预算法

B. 决算调整法

C. 成本逼近法

D. 类比系数调整法

E. 单方造价指标法

【答案】 ABDE

【解析】 略。

（2）前期费用及其他费用确定（见表3-19）。

表3-19　前期费用及期间费用的内容及确定

项目	包括内容	确定方法
前期费用	筹建费、可行性研究费、规划费、设计费、地质勘查费、场地平整费、水电气费、临时设施费等。	这些费用有的是按照工程费的一定比例收取的，有的是按照建筑面积收取的。而可行性研究费、勘察设计费等实行市场调节价。对于此类费用，不宜直接套用收费标准，可结合被评估对象实际情况，参照原行业标准和目前市场收费确定。
期间费用	工程建设监理费、建设单位管理费、城市基础设施配套费、人防工程易地建设费、文物调查、勘探、发掘费、拆迁管理费、新型墙体材料专项基金、建筑垃圾处置费、临时占道费和其他相关验收检测费等。	

【提示】 计算前期费用及其他费用应避免与土地使用权评估中已包含的费用重复，如拆迁管理费等。

【例3-86】（多项选择题）下列费用中，属于房屋建筑物建设的前期费用的有（　　）。

A. 拆迁管理费　　B. 工程监理费

C. 筹建费　　D. 可行性研究费

E. 临时设施费

【答案】 CDE

【解析】 略。

（3）利息计算。

①利息根据项目的正常、合理建设工期，

按照评估基准日相应期限的年贷款利率（复利）4.75%，以建安工程造价（含税）与前期及其他费用（含税）之和为基数确定；

②一般情况下，前期费用的计息期为整个建设期，其他各项费用因为在建设期均匀投入，计息期为整个建设期的一半。

（4）确定合理利润。

①关于利润的评估处理，应当根据拟实现的经济行为及其对应的评估目的、房屋建筑物的持有目的等确定。通常情况下，自用的生产型房屋建筑物不计算利润，房地产开发和商业经营型房地产则考虑计算合理利润。

②建筑安装造价计算过程中的利润项目，是站在施工企业角度或者施工环节的施工利润。

3. 综合成新率的计算与确定

实践中通常采用使用寿命法和观察法两种方法分别得出成新率，采用加权平均数方法计算得到综合成新率。

综合成新率 = 使用寿命法成新率 ×40% + 观察法成新率 ×60%

【例 3 - 87】（单项选择题）采用重置成本法评估房屋建筑物的价值，下列关于利息、利润、前期费用及其他费用确定的说法正确的是（　　）。

A. 自用的房屋建筑物不需要计算利润

B. 利息以建安工程造价为基数确定

C. 筹建费、可行性研究费、规划费、设计费、地质勘察费属于前期费用

D. 前期费用及其他费用都是按照工程费的一定比例收取的

【答案】 C

【解析】 通常情况下，自用的生产型房屋建筑物是不计算利润的。利息根据项目的正常、合理建设工期，按照评估基准日相应期限的年贷款利率（复利）4.75%，以建安工程造价（含税）与前期及其他费用（含税）之和为基数确定。前期费用及其他费用有的是按照工程费的一定比例收取的，有的是按照建筑面积收取的。

【例 3 - 88】（单项选择题）某混合结构单层厂房经评估人员现场勘察后打分情况为：结构部分（G）75 分，装修部分（S）70 分，设备部分（B）50 分。已知成新率修正系数为 G = 0.5、S = 0.4、B = 0.1，该厂房耐用年限 50 年，实际已使用 22 年，则该厂房综合成新率为（　　）。

A. 64.7%　　　　B. 68%

C. 68.4%　　　　D. 69%

【答案】 A

【解析】（1）观察法成新率 = (75 × 0.5 + 70 × 0.4 + 50 × 0.1) ÷ 100 × 100% = 70.5%

（2）使用寿命法成新率 = (50 - 22) ÷ 50 × 100% = 56%

（3）综合成新率 = 70.5% × 60% + 56% × 40% = 64.7%

【知识点 15】剩余法概述（★★）

（一）剩余法的基本思路

剩余法，又称假设开发法、倒算法，是将待估不动产开发后的预期价值，扣除正常投入费用、正常税金及合理利润后，依据该剩余值测算被估不动产价值的方法。

【提示】 剩余法评估结果的合理性，取决于两个因素：一是合理选择最佳开发利用方式；二是合理预测未来开发完成不动产市场价格。

（二）剩余法的适用范围

（1）待开发不动产的评估（假设开发）；

（2）对已建成不动产中的房屋或土地的评估；

（3）将生地开发成熟地的土地评估，用开发完成后的熟地价减去土地开发费用；

（4）待拆迁改造的再开发地产的评估，这时的建筑安装费用还应包括拆迁费用。

（三）剩余法的前提条件

（1）不动产开发必须有已得到相关规划部门批准且在有效期内的明确的规划；

（2）假设土地或不动产的利用方式为最佳开发利用方式；

（3）成本与价格的测算必须符合合法原则，与当地不动产市场实际情况吻合。

（四）剩余法的评估步骤

（1）调查不动产及其开发项目的整体情况；

（2）确定不动产的最佳开发利用方式；

（3）预测不动产开发完成后的市场价格；

（4）测算开发总投资、开发利润、投资利息、税费；

（5）估算待估对象价值。

【例 3 - 89】（单项选择题）某市区有一工业库房，现根据城市规划和市场需求，拟改为百货商店。需评估该库房的公开市场价值，最适宜采用（　　）进行评估。

A. 市场法　　B. 成本法
C. 剩余法　　D. 收益法

【答案】C

【解析】剩余法适用于待拆迁改造的再开发地产的评估。该工业厂房需要更新改造，项目没有正式实施，且更新改造后的不动产具有收益性，最适合采用剩余法。

【例3-90】（单项选择题）剩余法评估不动产的前提条件有（　　）。

A. 待评估不动产已开工建设
B. 为最佳开发利用方式
C. 成本与价格的测算合法
D. 成本与价格的测算，与当地市场实际情况吻合
E. 有明确的、经过批准且在有效期内的规划

【答案】BCDE

【解析】略。

（五）剩余法公式

待开发不动产价值＝预期开发完成后的不动产总价值—续建开发成本—续建管理费用—销售费用—续建投资利息—续建投资利润—销售税费—待开发不动产取得税费

【知识点16】剩余法在待开发房地产评估中的应用（★★★）

如表3-20所示。

表3-20　待开发房地产评估中参数的确定

评估参数	项目	具体内容
开发经营期	含义	开发经营期的起点是假设取得评估对象（待开发不动产）的日期，即评估基准日，终点是预计未来开发完成后的不动产经营结束的日期。包括开发建设期和经营期。
开发经营期	开发建设期	（1）主要是指从开工到竣工所持续的时间。 （2）估算方法。可参照各地区发布的工期定额指标进行估计，也可以采用比较法，即根据其他相同类型、同等规模的建筑物已有正常建设期进行估计。 【提示】停工或延期的处理。 对于因各种原因停工或延期的项目，开发建设期不能直接按照实际发生的时间计算，需要扣除不正常因素确定开发建设期。
	经营期	（1）含义：不动产市场营销及租售所持续的时间。 （2）估算方法。根据不动产的收益方式来确定： ①对于销售型不动产而言，终点是销售完成； ②对于出租型不动产和经营型不动产而言，终点是其经济寿命到期。 相对于开发期，经营期（如销售期）通常更难准确估计，因此，在估计经营期时，应充分考虑宏观经济形势和不动产市场的现状，分析不动产市场的走势。
开发完成后不动产的价值	出售的不动产	对于出售的不动产，如居住用商品房、商业楼宇、写字楼、工业厂房等，可采用市场法确定开发完成后的不动产总开发价值。
	出租的不动产	对于出租的不动产，如写字楼和商业楼宇等，首先采用市场法确定开发不动产出租的净收益，然后采用收益法将出租净收益折现为不动产总开发价值。
续建成本费用	待开发项目取得税费	包括取得时的契税、交易手续费，一般按照待开发不动产项目价值的一定比例估算。
	后续开发建设成本、管理费用、销售费用	估算与成本法相同。
	投资利息	（1）计算基数。投资利息应为开发全部预付资本的成本，计息项目包括待开发项目价值及其取得税费、后续开发建设成本、管理费用、销售费用。 （2）计息期。 ①待开发项目价值及其取得税费的计息期通常是开发建设期，一般从评估基准日到开发完成后不动产价值估算的价值时点。 ②开发建设成本、管理费用、销售费用假设在建设期内均匀投入，则计息期按建设期的一半计算。若有分年度投入数据，则可进一步细化。

续表

评估参数	项目	具体内容
续建成本费用	销售税费	（1）开发完成后不动产价值含增值税。 ①包括内容。销售税费，包括增值税、城市维护建设税、教育费附加、印花税、土地增值税等。 ②估算。 预计完工后不动产价值（含税）÷(1+5%)×5%×(1+城建税税率+教育附加费率)+预计完工后不动产价值（不含税）×0.5‰+［预计完工后不动产价值（不含税）-待开发不动产项目价值（不含税）-开发成本-开发费用］×土地增值税税率 增值税=预计完工后不动产价值（含税）×$\frac{5\%}{1+5\%}$，5%为增值税税率 城市维护建设税、教育费附加=增值税×各自税率 印花税=预计开发完工后不动产价值（不含税）×印花税率0.5%（假设房地产完工后销售合同金额价税分列，故印花税计税基数为不含税价） 土地增值税=［预计完工后不动产价值（不含税）-待开发不动产项目价值（不含税）-开发成本-开发费用］×土地增值税税率 （2）开发完成后不动产价值估算中若不含增值税，就只考虑印花税、土地增值税，最后估算出的待开发不动产项目价值中也不含增值税。
合理利润	采用投资利润率	计算基数为预付总资本，一般为待开发不动产项目价值及其取得税费、后续建设成本、管理费用和销售费用。
	采用销售利润率	计算基数为不动产总价，一般为预计完工后不动产售价。

【例3-91】（单项选择题）关于开发经营期的叙述，下列说法正确的是（　　）。

A. 开发经营期的起点是不动产的开发建设动工日

B. 等于开发建设期加经营期

C. 需要扣减停工和延期

D. 主要是指从开工到竣工所持续的时间

【答案】B

【解析】开发经营期的起点是假设取得评估对象（待开发不动产）的日期，即评估基准日，终点是预计未来开发完成后的不动产经营结束的日期，包括开发建设期和经营期。对于因各种原因停工或延期的项目，开发建设期不能直接按照实际发生的时间计算，需要扣除不正常因素确定开发建设期。

【例3-92】（单项选择题）预测开发完成后的不动产的价值时，对于出售的不动产可以采用（　　）确定开发完成后的不动产总开发价值。

A. 收益法

B. 成本法

C. 市场比较法

D. 基准地价系数修正法

【答案】C

【解析】略。

【例3-93】（多项选择题）应用剩余法评估待开发房地产，需从不动产预期租售价格中扣除的费用项目有（　　）。

A. 征地费用　　B. 开发建设成本

C. 投资利润　　D. 投资利息

E. 税费

【答案】BCDE

【解析】略。

【例3-94】（综合题）有一待估宗地为七通一平的待建筑空地，规划允许总建筑面积为8 000平方米，用途为写字楼，土地使用权年期为50年。据市场调查和项目可行性分析，该项目建设开发周期为2年，取得土地使用权后即可动工，建成后即可对外出租，出租率估计为90%，每建筑平方米的年租金预计为300元，年出租费用为年租金的25%。建筑费和专业费预计每建筑平方米为1 000元，建筑费和专业费第一年投入总额的40%，第二年投入总额的60%。当地银行的贷款年利率为12%，不动产综合折现率为8%，开发商要求的总利润为所开发不动产总价的15%。假设不考虑其他税费，评估该宗土地的地价。

【解析】

（1）该宗地为待开发空地，适宜采用剩余法评估，地价测算公式为：

地价 = 不动产总价 − 建筑费 − 专业费 − 利息 − 税费 − 利润

(2) 测算不动产总价值。可以采用收益法测算不动产总价值。

由于土地使用权年期为 50 年，开发期为 2 年，因此收益年限为 48 年。

不动产年纯收益 $=300\times 8\ 000\times 90\%\times(1-25\%)=1\ 620\ 000$ (元)

不动产总价值 $=\dfrac{1\ 620\ 000}{8\%}\times\left[1-\dfrac{1}{(1+8\%)^{48}}\right]=$ 19 746 401 (元)

(3) 测算建筑费及专业费。

建筑费及专业费 $=1\ 000\times 8\ 000=8\ 000\ 000$ (元)

(4) 计算利息。利息计算采用复利计算，计息期为到开发销售完成止。地价投入经历整个开发周期，计息期为 2 年。建筑费和专业费是分段均匀投入，第一年与第二年的投入量的计息期分别为 1.5 年和 0.5 年。

利息 $=$ 地价 $\times[(1+12\%)^2-1]+8\ 000\ 000\times 40\%\times[(1+12\%)^{1.5}-1]+8\ 000\ 000\times 60\%\times[(1+12\%)^{0.5}-1]=0.2544\times$ 地价 $+872\ 792$

(5) 确定开发商利润。

利润 $=19\ 746\ 401\times 15\%=2\ 961\ 960$ (元)

(6) 确定税费。由于不动产的总价是通过年纯收益还原得到，因此，出租税费在确定不动产总价时已经考虑并扣除。

(7) 测算地价。

地价 $=19\ 746\ 401-8\ 000\ 000-(0.254\ 4\times$ 地价 $+872\ 792)-2\ 961\ 960$

解得，地价 $=\dfrac{7911649}{1.2544}=6\ 307\ 118$ (元)。

【知识点 17】基准地价及基准地价修正体系 (★)

(一) 基准地价的定义

基准地价，是某级别或均质地域内分用途的土地使用权平均价格。基准地价相对应的土地条件，是土地级别或均质地域内该类用途土地的平均条件。

(二) 基准地价的特点

(1) 基准地价是区域性价格，表现形式通常为级别价、区片价和路段价；

(2) 基准地价是平均价格，反映的是不同等级、不同区域的土地使用权的平均价格，不能把基准地价等同于宗地地价；

(3) 基准地价一般都要覆盖整个城市建成区；

(4) 基准地价一般是单位土地面积的地价，也有个别城市如北京市采用楼面地价；

(5) 基准地价不是交易价格，是由政府组织评估测算、论证并公布的价格，是评估出的特定时点的价格，具有一定的现时性。

(三) 基准地价的作用

(1) 具有政府公告作用；

(2) 是宏观调控地价水平的依据；

(3) 是国家征收城镇土地税收的依据；

(4) 是政府参与土地有偿使用收益分配的依据；

(5) 是进一步评估宗地地价的基础；

(6) 引导土地资源在行业部门间合理配置。

【例 3 − 95】 (单项选择题) 下列关于基准地价特点的说法，正确的是 (　　)。

A. 基准地价通常由资产评估机构测算并发布

B. 基准地价是区域性价格

C. 基准地价是实际交易价格

D. 基准地价等同于宗地价格

【答案】 B

【解析】 本题考查的是基准地价的特点。

【例 3 − 96】 (单项选择题) 城镇土地的基准地价是 (　　)。

A. 某时点城镇土地单位面积价格

B. 某时期城镇土地单位面积价格

C. 某时期城镇区域性土地平均单价

D. 某时点城镇区域性土地平均单价

【答案】 D

【解析】 略。

【例 3 − 97】 (多项选择题) 基准地价的作用有 (　　)。

A. 是确定交易价格的依据

B. 是国家征收城镇土地税收的依据

C. 是宏观调控地价水平的依据

D. 具有政府公告作用

E. 引导土地资源在行业部门间的合理配置

【答案】 BCDE

【解析】 略。

(四) 基准地价和基准地价修正体系的一般内容

如表 3 − 21 所示。

表 3－21 基准地价和基准地价修正体系的一般内容

基准地价的内容	基准地价修正体系的内容
基准地价表（采用级别基准地价或区片基准地价予以表示）	地价增长率/地价指数
基准地价的估价期日	不同用途宗地地价区域因素修正系数指标说明表和修正系数表
设定土地开发程度（不同土地级别、不同用途可能设定的不同）	不同用途宗地地价区域个别修正系数指标说明表和修正系数表
设定土地容积率（不同用途可能设定的不同）	其他因素（如容积率、面积、形状、建筑物朝向等）修正系数指标说明表和修正系数表
设定土地使用权年限	土地开发程度修正系数表等

【例 3－98】（多项选择题）以下属于基准地价修正体系的是（　　）。

A. 不同用途宗地地价区域因素修正系数指标说明表和修正系数表

B. 基准地价的估价期日

C. 不同用途宗地地价区域个别修正系数指标说明表和修正系数表

D. 土地开发程度修正系数表

E. 其他因素（如容积率、面积、形状、建筑物朝向等）修正系数指标说明表和修正系数表

【答案】 ACDE

【解析】 基准地价的估价期日属于基准地价包括的内容，不属于基准地价修正体系的内容。

【例 3－99】（多项选择题）基准地价一般包括的内容有（　　）。

A. 基准地价表

B. 基准地价的估价期日

C. 设定土地开发程度

D. 待估宗地的土地容积率

E. 设定土地使用权年限

【答案】 ABCE

【解析】 待估宗地的土地容积率不属于基准地价的内涵，设定的土地容积率属于基准地价的内涵。

【知识点 18】单独的土地使用权——基准地价系数修正法概述（★★）

（一）基本思路

基准地价系数修正法，是利用政府公布的、与评估基准日接近的同一用途、级别的基准地价和基准地价修正体系等成果，将评估对象的区域条件和个别条件等与其所处区域的平均条件相比较，并对照修正系数表选取相应的修正系数对基准地价进行修正，进而估算待估土地使用权（评估对象）在评估基准日时点价值的评估方法。

【提示】 基准地价系数修正法的基本原理是替代原理。基准地价系数修正法实质上是市场法的一种具体应用。

（二）基本公式

待估宗地评估价值 = 待估宗地所处级别（地段）的基准地价 × 年期修正系数 × 期日修正系数 × 容积率修正系数 × 其他因素修正系数

（三）基准地价系数修正法的适用范围

（1）适用于具备基准地价成果图和相应修正体系的城镇土地价值评估；

（2）适用于具备农用地基准地价成果图和相应修正体系的农用地价值评估；

（3）适用于批量评估，即快速进行大面积的数量众多的土地价值评估；

（4）一般在宗地价值评估中不作为主要评估方法，而是一种辅助方法。

（四）采用基准地价系数修正法的前提条件

（1）当地政府已公布基准地价；

（2）可以取得基准地价修正体系；

（3）基准地价及其修正体系是有效的，基准地价的评估基准日距本次评估基准日在 3 年以内。

【例 3－100】（单项选择题）下列有关采用基准地价系数修正法的前提条件，表述错误的

是（ ）。

A. 当地政府已公布基准地价

B. 可以取得基准地价修正体系

C. 土地具有收益或者具有收益性

D. 在评估基准日所取得的基准地价及其修正体系是有效的

【答案】 C

【解析】 土地具有收益或者具有收益性是采用收益法评估的前提条件。

【例3-101】（单项选择题）采用基准地价系数修正法评估时，满足基准地价的评估基准日距评估对象评估基准日应在（ ）年以内。

A. 2　　B. 3

C. 4　　D. 5

【答案】 B

【解析】 略。

【例3-102】（单项选择题）下列关于基准地价系数修正法的相关表述，错误的是（ ）。

A. 基准地价系数修正法实质上是成本法的一种具体应用

B. 基准地价系数修正法一般在宗地地价评估中不作为主要的评估方法，而作为一种辅助方法

C. 评估完成基准地价评估的城镇的土地的价值，适合采用基准地价系数修正法

D. 可以取得基准地价修正体系是采用基准地价系数修正法的前提条件之一

【答案】 A

【解析】 基准地价系数修正法实质上是市场法的一种具体应用。

【知识点19】基准地价系数修正法的应用（★★★）

如表3-22所示。

表3-22　基准地价系数修正法的应用

评估程序	具体内容
收集、整理土地定级估价成果资料	需要收集的当地定级估价的成果资料主要包括：土地级别图、基准地价图、样点地价分布图、基准地价表、基准地价修正系数表和相应的因素条件说明表等。
确定修正系数表	需要收集的当地定级估价的成果资料主要包括：土地级别图、基准地价图、样点地价分布图、基准地价表、基准地价修正系数表和相应的因素条件说明表等。
调查宗地地价影响因素的指标条件	确定宗地条件的调查项目，调查项目应与修正系数表中的因素一致。在调查基础上，整理归纳宗地地价因素指标数据。
制定被估宗地因素修正系数	对所有影响宗地地价的因素进行修正，即得到宗地的全部因素修正系数。
确定被估宗地使用年期修正系数	基准地价对应的使用年期，是各用途土地使用权的最高出让年期，而具体宗地的使用年期可能各不相同，因此必须进行年期修正。土地使用年期修正系数可按下式计算： $y=\frac{1-1/(1+r)^m}{1-1/(1+r)^n}$ 式中：y—宗地使用年期修正系数；r—土地资本化率；m—被估宗地可使用年期；n—该用途土地法定最高出让年期。
确定期日修正系数	进行期日修正，把基准地价对应的地价水平修正到宗地地价评估基准日时的地价水平。期日修正一般可以根据地价指数的变动幅度进行。
确定容积率修正系数	基准地价对应的是该用途土地在该级别或均质地域内的平均容积率，各宗地的容积率的差异很大，因此必须将区域平均容积率下的地价水平修正到宗地实际容积率水平下的地价。
评估宗地价值	待估宗地价值＝待估宗地所处地段的基准地价×年期修正系数×期日修正系数×容积率修正系数×其他因素修正系数。

【例3-103】（多项选择题）运用基准地价修正法评估宗地价值时，在对基准地价修正的过程中，需要利用的主要修正系数包括（ ）。

A. 容积率修正系数

B. 成新率修正系数

C. 质量修正系数

D. 年期修正系数

E. 期日修正系数

【答案】ADE

【解析】略。

【例3-104】（单项选择题）以下不属于基准地价系数修正法估价程序的是（　　）。

A. 收集、整理土地定级估价成果资料

B. 调查宗地地价影响因素的指标条件

C. 确定被估宗地使用年期修正系数

D. 确定被估不动产最佳的开发利用方式

【答案】D

【解析】确定被估不动产最佳的开发利用方式属于剩余法评估待开发不动产的步骤。

【例3-105】（单项选择题）评估对象宗地是位于××市××区××大道××号的一宗住宅用地，位于××市住宅用地Ⅱ级地段。采用基准地价系数修正法进行评估，该市住宅用地Ⅱ级基准地价为4 730元/平方米。若住宅用地法定最高出让年限为70年，该宗地可使用年限为60年，土地资本化率为6%，已知期日修正系数为0.96，容积率修正系数为1.5，其他因素修正系数为0.95，该被估宗地的地价为（　　）元/平方米。

A. 6 399.87　　B. 6 405.93

C. 6 230.85　　D. 6 630.12

【答案】B

宗地使用年期修正系数 $=\frac{1-1/(1+6\%)^{60}}{1-1/(1+6\%)^{70}}=0.99$

被估宗地地价 $=4\ 730\times0.99\times0.96\times1.5\times0.95=6\ 405.93$（元/平方米）

精选练习题

一、单项选择题

1. 在不动产评估中的常用术语中，房屋户内全部实际可供使用的空间，按房屋的内墙线水平投影计算的面积是（　　）。

A. 建筑密度

B. 套内建筑面积

C. 套内使用面积

D. 商品房销售面积

2. 下列各项中全部属于影响建筑物价格的交易因素的是（　　）。

A. 经济因素、供求因素、权益因素

B. 供求因素、变现因素、心理因素

C. 变现因素、实物因素、政策因素

D. 心理因素、社会因素、区位因素

3. 采用成本逼近法单独评估土地使用权价值时，基本公式为（　　）。

A. 土地使用权价值 = 土地取得费用 + 土地开发费 + 利润 + 税费 + 土地增值收益

B. 土地使用权价值 = 土地取得费用 + 土地开发费 + 利息 + 利润 + 税费 + 土地增值收益

C. 土地使用权价值 = 土地取得费用 + 土地开发费 + 利息 + 税费 + 土地增值收益

D. 土地使用权价值 = 土地取得费用 + 土地开发费 + 利息 + 利润 + 税费

4. 甲将以划拨方式取得的土地使用权转让给乙，经批准后，应当由（　　）办理土地使用权出让手续，并依照国家有关规定缴纳土地使用权出让金。

A. 甲　　B. 乙

C. 甲或乙　　D. 甲、乙共同

5. 下列关于剩余法中续建成本费用的确定，说法正确的是（　　）。

A. 不动产开发的预付资本是计算利息的基数，若这些资金是自有资金，那么不需要计算利息，只有通过借款方式取得的资金才需要计算利息

B. 续建成本费用包括待开发项目取得税费、后续开发建设成本、管理费用、投资利息、销售费用、销售税费

C. 待开发项目价值的计息期，通常是开发建设期，一般从评估基准日到竣工完成

D. 投资利息应为开发全部预付资本的成本，计息项目包括待开发项目价值及其取得税费，后续开发建设成本、管理费用，销售费用和销售税费

6. 采用收益法评估不动产价值，下列叙述正确的是（　　）。

A. 总费用为正常经营的实际支出

B. 房地合一评估的，收益期限都按照土地使用权年限、建筑物年限孰短原则确定

C. 不动产的客观收益必须是其处于最佳利用方向和强度下的结果

D. 潜在毛租金收入，是在剔除空置情况下的不动产总收入

7. 下列对可比实例进行因素修正的说法错误的有（　　）。

A. 在特殊交易情况对成交价格的影响可以量化的情况下，可以考虑把特殊交易案例作为可比交易案例

B. 在对交易情况进行修正时，应消除特殊交易造成的成交案例价格的偏差，将非正常交易价格修正为正常交易价格

C. 使用间接比较法修正区位因素的影响，一般是以估价对象不动产的区位因素为基准，将可比实例不动产的各区位因素与之进行比较，并逐项打分

D. 构建可比修正体系可选取的比较指标有交易情况、交易日期、权益状况、区位状况、实物状况等

8. 采用市场法评估不动产的价值时，选取的可比实例的成交日期与估价时点相近，不得超过（　　）。

A. 1 年　　B. 2 年

C. 3 年　　D. 半年

9. 某宗土地 1 000 平方米，国家规定容积率为5，建筑密度小于或等于60%，下列建设方案比较起来最可行的方案是（　　）。

A. 建筑物建筑总面积为 5 000 平方米，底层建筑面积为 700 平方米

B. 建筑物建筑总面积为 1 500 平方米，底层建筑面积为 300 平方米

C. 建筑物建筑总面积为 4 800 平方米，底层建筑面积为 600 平方米

D. 建筑物建筑总面积为 7 000 平方米，底层建筑面积为 400 平方米

10. 完成土地征用，未经开发、不可直接作为建筑用地的农用地或荒地等，称为（　　）。

A. 生地　　B. 毛地

C. 熟地　　D. 在建工程

11. 某可比交易实例成交地价为 3 000 元/平方米，对应使用年期为 30 年。若待评估宗地出让年期为 40 年，土地资本化率为 7%，则通过年限修正该宗土地的价格最接近（　　）元/平方米。

A. 2 900　　B. 3 223

C. 3 322　　D. 4 000

12. 采用市场提取法估算不动产的折现率和资本化率，下列叙述不正确的是（　　）。

A. 若可比交易实例的剩余年限与待估不动产的剩余年限差距大，则计算公式是 $r=\frac{A}{P}$

B. 该方法要求不动产市场发育比较充分、交易案例比较多

C. 计算结果基本上能够反映投资该不动产的回报率

D. 折现率的计算公式是 $P=a\ [1-1/\ (1+r)^n]\ /r$

13. 在使用重置成本法评估不动产的价值时，要确定大型、价值量高、重要的不动产的建安综合成本最好采用（　　）。

A. 决算调整法

B. 类比系数调整法

C. 重编预算法

D. 单方造价指标估算法

14. 某城市某用途土地容积率修正系数如表所示。

容积率	0.1	0.4	0.7	1.0	1.1	1.3	1.7	2.0	2.1	2.5
修正系数	0.5	0.6	0.8	1.0	1.1	1.2	1.6	1.8	1.9	2.1

如果确定可比案例宗地地价每平方米为 1 000 元，容积率为 1.1，被评估宗地规划容积率为 2.5，对被评估宗地的价格根据容积率因素做出修正后的价格为（　　）元/平方米。

A. 523.8　　B. 1 910

C. 542　　D. 2 023

15. 某宗住宅宅基地面积为 180 平方米。建筑面积为 420 平方米。该不动产的折现率为 10%，评估时的剩余使用年限为 10 年。经测算，该住宅的年纯收益为 55 000 元，则用收益法评估该住宅的每平方米价格为（　　）元。

A. 804.6　　B. 809.5

C. 1 054　　D. 1 328

16. 关于房屋建筑物建安综合造价的确定，不正确的是（　　）。

A. 重置成本 = 建安综合造价 + 前期费用及其他费用 + 销售税费 + 利息 + 合理利润

B. 前期费用的计息期为整个建设期

C. 销售税费的计息期为建设期的一半

D. 前期费用包括筹建费、可行性研究费、规划费、设计费、地质勘查费、场地平整费、水电气费、临时设施费用等

17. 待开发房地产评估中，关于开发经营期的叙述，下列说法正确的是（　　）。

A. 包括开发建设期和经营期

B. 对于不动产而言，开发经营期的终点是其经济寿命到期

C. 需要扣减所有的停工和延期

D. 开发经营期的起点是取得评估对象的日期，即评估基准日，终点是销售完成日期

18. 下列关于房地产预售的说法，错误的是（　　）。

A. 房地产开发企业应自与承购人签订商品房预售合同之日起30日内，向房地产管理部门和市、县人民政府土地管理部门办理商品房预售合同登记备案手续

B. 必须有建设规划许可证和施工许可证

C. 按提供预售的商品房计算，投入开发建设的资金达到工程建设总投资的20%以上，并已经确定施工进度和竣工交付日期，这是商品房预售的条件之一

D. 房地产开发企业进行商品房预售，应当向承购人出示商品房预售许可证

19. 下列关于国有土地使用权划拨的说法，正确的是（　　）。

A. 国家重点扶持的能源、交通、水利等项目用地，可以由县级人民政府依法批准划拨

B. 划拨土地使用权不得转让，但可出租、抵押

C. 土地使用权划拨是无偿取得的，使用过程中也无须缴纳任何税费

D. 以划拨方式取得土地使用权的，一般没有使用期限的限制

20. 评估人员拟采用市场提取法求取不动产的资本化率，收集到市场上近期交易的类似不动产资料如下表所示，则采用算术平均法求取的该类不动产资本化率为（　　）。

	不动产 A	不动产 B	不动产 C
年出租净收益（元/平方米）	1 240	1 250	1 300
销售价格（元/平方米）	11 500	12 450	14 400

A. 9.88%　　B. 9.95%

C. 10.12%　　D. 10.1%

21. 对基准地价特点的描述，不正确的是（　　）。

A. 是区域性价格，表现形式有级别价、区片价和路段价

B. 多采用楼面地价

C. 是特定时点的价格，具有一定的现实性

D. 一般都要覆盖整个城市建成区

22. 与一般商品相比，不属于不动产价格特征的有（　　）。

A. 地价本质上是地租的资本化或资源稀缺性的体现

B. 土地价格随着时间逐渐降低

C. 不动产市场价格容易受主观因素影响

D. 不动产土地的价格大多数受需求方的影响

23. 已知楼面地价为4 800元/平方米，容积率为4，则土地单价为（　　）元/平方米。

A. 19 200　　B. 14 400

C. 1 200　　D. 4 800

24. 建成区内已开发完成的宗地，采用成本逼近法评估土地价值时，设定待估宗地的开发程度至少应为（　　）。

A. 红线外通路、通上水、红线内土地平整

B. 红线外通路、通上水、通电、红线内土地平整

C. 红线外通路、通上水、排水、通电、通信、红线内土地平整

D. 红线外通路、通上水、排水、通电、红线内土地平整

25. 根据《不动产登记资料查询暂行办法》，不动产登记信息的查验，错误的是（　　）。

A. 不动产权利人和利害关系人均可查询不动产登记资料

B. 利害关系人只能查询登记簿，不能查询登记原始资料

C. 除了不动产权利人，任何人不能查询不动产登记资料

D. 不动产权利人查询登记资料的，需要申请查询

26. 下列房地产可设定抵押的是（　　）。

A. 宅基地、自留地、自留山等集体所有土地的所有权

B. 宅基地、自留地、自留山等集体所有土

地的使用权

C. 共有房地产

D. 博物馆

27. 关于房地产抵押涉及土地的规定，下列叙述错误的是（ ）。

A. 以建设用地使用权抵押的，该土地上的建筑物一并抵押

B. 以建筑物抵押的，该建筑物占用范围内的建设用地使用权一并抵押

C. 抵押人未依法将建设用地使用权与地上建筑物一并抵押的，未抵押的财产视为一并抵押

D. 建设用地使用权抵押后，该土地上新增的建筑物也属于抵押财产

28. 关于房地产租赁的规定，下列叙述正确的是（ ）。

A. 抵押权人实现抵押权发生所有权变动的，不影响租赁合同效力

B. 被人民法院依法查封的，不影响租赁合同效力

C. 出租人出卖租赁房屋时，承租人享有优先购买所承租房屋的权利

D. 承租人在十五日内未明确表示购买的，视为承租人放弃优先购买权

29. 关于土地法律的基本制度，下列叙述错误的是（ ）。

A. 国家所有土地的所有权由国务院代表国家行使

B. 国家编制土地利用总体规划，规定土地用途

C. 禁止农用地转为建设用地，控制建设用地总量，对耕地实行特殊保护

D. 使用土地的单位和个人必须严格按照土地利用总体规划确定的用途使用土地

30. 关于建设用地的使用规定，下列叙正确的是（ ）。

A. 建设占用土地，涉及农用地转为建设用地的，应当办理农用地征用手续

B. 临时使用土地期限一般不超过三年

C. 建设项目施工和地质勘查需要临时使用国有土地或者农民集体所有的土地的，由县级以上人民政府批准

D. 永久基本农田转为建设用地的，由国务院批准

31. 下列费用中，不属于征收耕地的补偿费用的是（ ）。

A. 土地管理费

B. 青苗补偿费

C. 安置补助费

D. 地上附着物补偿费

32. 通过对影响城镇土地质量的经济、社会、自然等各项因素的综合分析，揭示城镇之间土地质量的地域差异，运用定量和定性相结合的方法对城镇土地质量进行分类排队，评定城镇土地等别的活动，称之为（ ）。

A. 城镇土地分等

B. 城镇土地分级

C. 城镇土地定级

D. 城镇土地评级

33. 政府确认、公布实施的公示地价的主要内容中，不包括（ ）。

A. 土地权利（权益）类型

B. 规划条件或规划限制

C. 估价期日

D. 地价指数

34. 出让地价评估，可采用的评估方法不包括（ ）。

A. 收益还原法

B. 市场比较法

C. 剩余法

D. 基准地价系数修正法

35. 下列选项中，不属于土地收购储备内容的是（ ）。

A. 征地、拆迁、安置、补偿

B. 土地利用规划

C. 市政配套设施建设

D. 有偿出让或出租

36. 因互换取得不动产权利的，在申请查询不动产登记资料时，需提交的材料不包括（ ）。

A. 查询申请书

B. 不动产权利人的身份证明材料

C. 不动产利害关系人的身份证明材料

D. 互换合同

37. 用市场提取法测算不动产的资本化率，收集到某交易案例相关信息：可出售价格为100万元，潜在年总收入为30万元，空置及坏账损失为年总收入的5%，年经营费用为16万

元。据此计算，该可比交易案例的资本化率是（　　）。

A. 14.00%　　B. 12.72%

C. 10.92%　　D. 12.50%

38. 下列关于房屋建筑，建安综合造价确定方法的说法中，错误的是（　　）。

A. 对于竣工图纸、工程决算资料齐全的房屋建筑物，一般采用决算调整法测算建安综合造价

B. 采用重编预算法确定建安综合造价需要工程竣工资料、图纸、预决算资料等重新编制工程量清单

C. 对于设计图纸及工程决算资料不齐全的房屋建筑物，可使用类比系数调整法测算建安综合造价

D. 对于大型价值高，重要的房屋建筑物，一般采用单方造价指标法测算

39. 在不动产市场法评估修正中，关于修正幅度的做法，正确的是（　　）。

A. 单项修正幅度一般不超过20%，综合修正幅度一般不超过30%，修正后的可比交易实例价格最高价与最低价之比不应大于1.2

B. 单项修正幅度一般不超过10%，综合修正幅度一般不超过20%，修正后的可比交易实例价格最高价与最低价之比不应大于1.3

C. 单项修正幅度一般不超过10%，综合修正幅度一般不超过20%，修正后的可比交易实例价格最高价与最低价之比不应大于1.2

D. 单项修正幅度一般不超过20%，综合修正幅度一般不超过30%，修正后的可比交易实例价格最高价与最低价之比不应大于1.3

40. 下列选项中，不属于建设单位使用国有土地，取得的方式有（　　）。

A. 出让国有土地使用权

B. 抵押国有土地使用权

C. 划拨国有土地使用权

D. 租赁国有土地使用权

41. 关于影响不动产价格的权益因素，下列叙述错误的是（　　）。

A. 土地权益因素包括土地所有权、权证（合同）、规划、查封、保全、征收、相邻关系

B. 房地产权属越完整，价值越高；房地产权属瑕疵越多，价值越低

C. 房地产（土地）规划、用途管制的限制越多，价值越低

D. 设定了他项权利的房地产价值低于未设定他项权利的房地产

42 应用收益法评估不动产的价值时，下列方法不属于折现率和资本化率确定方法的是（　　）。

A. 净收益与售价比例法

B. 安全利率加风险调整值法

C. 各种投资收益率排序插入法

D. 市场提取法

43. 在城市规划区范围内，以出让方式取得土地使用权进行房地产开发的闲置土地，下列说法错误的是（　　）。

A. 出让合同约定的动工开发期限满2年未动工开发的，可以无偿收回土地使用权

B. 出让合同约定的动工开发期限满1年未动工开发的，可以征收相当于土地使用权出让金25%以下的土地闲置费

C. 因不可抗力或者政府、政府有关部门的行为或者动工开发必需的前期工作造成动工迟延的，可以征收相当于土地使用权出让金20%以下的土地闲置费

D. 出让合同约定的动工开发期满，可以申请延期开发

44. 根据不动产登记现行有关规定，不动产抵押权登记事项，不动产登记机构向申请人核发的是（　　）。

A. 房屋他项权利证书

B. 不动产登记证明

C. 不动产权证书

D. 不动产登记簿

45. 待估宗地所在区片的基准地价（楼面价）为1 200元/平方米，级别平均容积率为1.5，该宗地容积率为2.0。待估宗地开发程度设定为红线外“六通”（通路、通电、通上水、通下水、通燃气、通热力）、红线内“场地平整”，对应基准地价级别的土地开发程度为“五通一平”（通路、通电、通上水、通下水、通信及场地平整），且土地开发费用如下表所示。

单位：元/平方米

项目名称	通路	通电	通上水	通下水	通信	通燃气	通热	场地平整	合计
开发费用	70	50	30	25	20	50	30	20	295

则待估宗地适用的基准地价为（　　）元/平方米。

A. 1 200　　B. 1 230

C. 1 240　　D. 1 250

二、多项选择题

1. 在运用市场法对不动产进行评估时，建立比较基础的内容主要包括（　　）。

A. 统一财产范围　　B. 统一税费负担

C. 统一付款方式　　D. 修正交易情况

E. 统一计价单位

2. 运用成本法评估土地使用权价值，选择投资利润指标估算利润时，计算的基数包括（　　）。

A. 土地取得费用　　B. 土地开发费

C. 土地取得税费　　D. 利息

E. 土地增值收益

3. 以替代原则为理论基础的房地产评估方法有（　　）。

A. 市场法　　B. 收益法

C. 成本法　　D. 剩余法

E. 基准地价系数修正法

4. 在计算不动产的重置成本时，建安综合造价的确定方法有（　　）。

A. 重编预算法

B. 基准地价系数修正法

C. 决算调整法

D. 类比系数调整法

E. 单方造价指标法

5. 下列关于基准地价作用的描述中，正确的是（　　）。

A. 是国家征收城镇土地税收的依据

B. 是进一步评估宗地地价的基础

C. 引导土地资源在行业部门间的合理配置

D. 为土地抵押贷款提供依据

E. 是政府参与土地有偿使用收益分配的依据

6. 运用基准地价评估宗地价格时，需修正的因素包括（　　）。

A. 土地出让金　　B. 土地使用年限

C. 拆迁费用　　D. 土地等级

E. 容积率

7. 不动产价格的特征与一般商品相比的不同之处表现为（　　）。

A. 生产成本不同

B. 价格差异不同

C. 价格形成时间不同

D. 价格表现形式不同

E. 供求变化不同

8. 下列属于清查核实方法的是（　　）。

A. 目测　　B. 逐项调查

C. 询问　　D. 抽样调查

E. 专业机构鉴定意见

9. 按照交易价格表现形式的不同，不动产的价格可以分为（　　）。

A. 现房价格　　B. 期房价格

C. 名义价格　　D. 实际价格

E. 成交价格

10. 不动产的经济特征是（　　）。

A. 价值量大　　B. 用途多样性

C. 数量有限性　　D. 保值增值性

E. 制度限制性

11. 剩余法运用的前提条件有（　　）。

A. 不动产开发必须有明确的规划

B. 开发规划应得到相关规划部门的批准，并在有效期内

C. 开发完成后售价可以准确预测

D. 不动产的利用方式必须为最高最佳开发利用方式

E. 开发成本可以准确估测

12. 下列关于房地产年总收入的叙述，正确的是（　　）。

A. 总收入 = 潜在毛租金收入 − 空置和收租损失

B. 是其处于最佳利用状态下的收入

C. 潜在毛租金收入，等于全部可出租面积与最可能的租金水平的乘积

D. 有租约限制的，若租金不公允，应当采用正常客观的租金

E. 是剔除特殊的、偶然的因素得到的收入

13. 采用成本逼近法评估土地使用权价值时，若是国家征集集体土地取得的，则其土地取得费包括（　　）。

A. 土地补偿费　　B. 安置补助费
C. 拆迁补偿费　　D. 社会保障费用
E. 地上附着物和青苗等的补偿费用

14. 不动产评估中，剩余法评估结果的合理性，取决于（　　）因素。
A. 合理确定开发经营期
B. 合理选择最佳开发利用方式
C. 合理预测未来开发完成不动产市场价格
D. 合理预测续建成本费用
E. 合理预测续建投资利润

15. 剩余法中的销售税费包括（　　）。
A. 教育费附加　　B. 交易手续费
C. 印花税　　D. 城市维护建设费
E. 土地增值税

16. 不动产的特征分为（　　）。
A. 社会特性　　B. 经济特性
C. 自然特性　　D. 权益特性
E. 制度限制性

17. 下列建设用地的土地使用权，确属必需的，可以由县级以上人民政府依法批准划拨的是（　　）。
A. 服装制造企业用地
B. 公立学校用地
C. 军用机场用地
D. 大型游乐场用地
E. 国家重点扶持的水利项目用地

18. 国有土地有偿使用的方式包括（　　）。
A. 国有土地使用权出让
B. 国有土地使用权租赁
C. 国有土地使用权划拨
D. 国有土地使用权作价出资
E. 国有土地使用权入股

19. 下列选项中，属于商品房现售条件和预售条件的不同之处的是（　　）。
A. 拆迁安置已经落实
B. 持有施工许可证
C. 取得土地使用权证书
D. 已通过竣工验收
E. 持有建设工程规划许可证

20. 采用基准地价系数修正法评估时，需要收集的当地定级估价的成果资料主要包括（　　）。
A. 土地级别图
B. 基准地价修正系数表
C. 基准地价图
D. 地价增长表
E. 相应因素条件说明表

21. 影响不动产价格的自身因素可分为区位因素、实物因素和权益因素三个方面，其中关于区位因素的叙述，正确的是（　　）。
A. 不同类型不动产价格的区位影响因素不同
B. 土地区位因素即评估实务中的区域因素，一般包括土地位置和周边条件
C. 不同用途的土地价格的区位因素有差异
D. 土地周边条件包括繁华程度、交通条件、基础设施条件、公共设施条件、环境条件以及污染状况等
E. 商业房地产的区位因素包括地段繁华程度、交通条件、周边环境、临街状况、楼层

22. 影响土地价格的实物因素包括（　　）。
A. 形状　　B. 土壤
C. 基础设施　　D. 四至
E. 环境

23. 以出让方式取得土地使用权的房地产，关于其转让的条件，下列叙述正确的是（　　）。
A. 转让房地产时房屋已经建成的，还应当持有房屋所有权证书
B. 属于成片开发土地的，形成工业用地或者其他建设用地条件
C. 已按照出让合同约定支付部分土地使用权出让金
D. 按照出让合同约定进行投资开发，属于房屋建设工程的，应完成开发投资总额的25%以上
E. 应当由受让方办理土地使用权出让手续，并依照国家有关规定缴纳土地使用权出让金

24. 按套内建筑面积或者建筑面积计价的，商品房买卖合同应当注明（　　）。
A. 套内建筑面积
B. 套内使用面积
C. 建筑面积
D. 套内阳台面积
E. 分摊的共有建筑面积

25. 关于抵押房地产的转让，下列叙述正确的是（　　）。

A. 抵押期间，抵押人不可转让抵押财产

B. 担保债权的抵押权可以随该债权一并转让

C. 抵押人的行为足以使抵押财产价值减少的，抵押权人有权请求抵押人停止其行为

D. 抵押权依法实现时，拍卖、变卖房地产所得的价款，应当优先用于补缴土地使用权出让金

E. 土地上新增的房屋与抵押财产一同拍卖，对拍卖新增房屋所得，抵押权人无权优先受偿

26. 不动产权证书的主要内容有（　　）。

A. 二维码　　B. 坐落

C. 权利变化　　D. 共有情况

E. 登记机构及时间

27. 根据《不动产登记暂行条例实施细则》，不动产登记机构仅向申请人核发不动产登记证明的是（　　）。

A. 抵押权登记　　B. 租赁权登记

C. 地役权登记　　D. 预告登记

E. 异议登记

28. 不动产登记信息查询的内容不包括（　　）。

A. 不动产登记簿等不动产登记结果

B. 不动产登记原始资料

C. 不动产登记证明

D. 不动产登记资料

E. 不动产权证书

29. 根据现行的房地产法律制度，以下房地产中不得用于抵押的有（　　）。

A. 发生过火灾的房屋

B. 因房主去世存在继承遗产纠纷的住房

C. 存在诉讼争议被依法查封的住房

D. 正在生产产品的企业厂房

E. 被列为文物保护的寺庙

30. 运用收益法评估不动产价值时，下列关于确定总收入、总费用和净收益的说法，正确的有（　　）。

A. 评估实践中，总收入应为正常使用下的正常收入

B. 潜在毛租金收入，是在没有空置情况下的不动产的总收入

C. 总费用通常包括折旧费、管理费、维修费、保险费、税金等

D. 计算总费用时，应剔除不正常的费用支出，选择正常支出作为费用

E. 不动产未处于最佳利用状态，实际净收益会低于客观净收益，应以客观净收益为评估依据

31. 根据有关法律和不动产登记现行有关规定，下列关于不动产登记簿的说法正确的有（　　）。

A. 不动产登记簿是不动产物权归属和内容的根据

B. 不动产登记簿是不动产登记的结果

C. 不动产登记簿由不动产登记机构管理、永久保存

D. 不动产登记簿以宗地或宗海为单位编成

E. 不动产登记簿根据不动产产权证书所记载的内容制作

32. 确定待估宗地适用的基准地价时，需要考虑的因素有（　　）。

A. 用途修正　　B. 物业自持情况修正

C. 年期修正　　D. 容积率修正

E. 土地开发程度修正

三、综合题

1. 某市高新技术开发区内有一块土地面积为20 000平方米，该地块的土地征地费用（含安置、拆迁、青苗补偿费和耕地占用税）为每亩15万元，土地开发费为每平方千米2.2亿元，土地开发周期为两年，土地开发费为年初一次性投入，第一年投入资金占总开发费用的45%，土地取得过程支付的相关税费约为取得费的10%。开发商要求的投资回报率为10%，销售税费假设为30万元，当地土地出让增值收益率为15%，银行贷款年利率为6%，试计算该土地的评估价值。（计算结果以万元为单位，保留两位小数）

2. 某房地产开发公司于2013年6月以有偿出让方式取得一块土地50年使用权，并于2015年6月在此块土地上建成一座砖混结构的写字楼，当时造价为每平方米2 200元，经济耐用年限为55年，残值率为2%。目前，该类建筑重置价格为每平方米3 000元。该建筑物占地面积为500平方米，建筑面积为900平方米，现用于出租，每月平均实收租金为4万元。另据调查，当地同类写字楼出租租金一般为每月每建筑平方米55元，空置率为10%，每年需要支付的管

理费为年租金的3.5%，维修费为建筑重置价格的1.5%，土地使用税及房产税合计为每建筑面积20元/平方米，保险费为重置价的0.2%，土地资本化率7%，建筑物资本化率8%。假设土地使用权出让年限届满，土地使用权及地上建筑物由国家无偿收回。

要求：

（1）适宜采用收益法评估的不动产有哪些？

（2）采用收益法评估不动产价值时收益期限该如何确定？

（3）试根据以上资料评估该宗地2019年6月的土地使用权价值。（计算结果以元为单位，取整数）

3. 有一待估宗地，现搜集到与待估宗地条件类似的三宗土地A、B、C的具体情况如表所示。

比较因素条件说明表

比较因素		评估对象	案例A	案例B	案例C
坐落位置		×区×街12号	×街道27号	×大街22号	×路66号
交易价格（元/平方米）			6 200	5 800	5 700
交易日期		2021-3-1	2021-1-10	2020-12-5	2020-9-28
交易情况		正常	正常	正常	正常
区位因素	基础设施与公共配套	完善	完善	完善	完善
	交通状况	较好	较好	一般	一般
	商业繁华程度	较好	较好	一般	一般
	环境状况	较好	较好	较好	较好
实物因素	临街状况	多面临路	两面临路	一面临路	两面临路
	宗地面积	较大	一般	适中	适中
	宗地形状	矩形	规则多边形	矩形	不规则多边形
	地势	平坦	平坦	平坦	平坦
	地质	普通	普通	普通	普通
权益状况	土地使用权剩余年限	38	40	40	38
	规划条件	有限制	无	无	有限制
	容积率	3.5	3	2.7	2.5
	权属清晰情况	清晰	清晰	清晰	清晰

经评估人员调查，取得以下信息：

（1）根据中国城市地价动态监测网数据，该市商服用地地价自2020年第三季度以来，每季比上一季度增长1%。

（2）交通状况、商业繁华程度共分为四个等级（好、较好、一般、较差），每高一个等级，向上修正5%。

（3）临街状况分为不临路、一面临路、两面临路、多面临路四个等级，每个等级差修正3%。

（4）宗地面积分为面积过大或过小严重影响布局、面积较大或较小一定程度影响布局、面积一般无影响、大小适中、具有规模效益五个等级，每差一个等级修正4%。

（5）宗地形状分为矩形、规则多边、不规则多边三个等级，每差一个等级修正2%。

（6）无规划利用限制相比规划利用限制地价高5%。

（7）宗地所在地的商业用地容积率为2.5—3，修正系数为1.15；容积率≥3，修正系数为1.05。

（8）土地的资本化率为6%。

（9）进行区位因素、实物因素、权益状况修正时，假设以评估对象为基准。

要求：根据所提供条件，评估该宗土地2021年3月1日的单位价值。（计算结果以元为单位，保留两位小数。若需计算平均值，为简化计算，用算术平均值）

4. 评估对象是一块“三通一平”的建设用地；土地总面积10 000平方米，且土地形状规则；规划许可用途为商业和居住，容积率≤5，建筑密度≤40%；土地使用年限从土地使用权出让时起50年。

（1）通过市场调查研究，得知该块土地的最佳开发利用方式如下：①用途为商业与居住混合。②容积率达到最大的允许程度，即为5，故总建筑面积为50 000平方米。③建筑覆盖率适宜为30%。④建筑物层数确定为18层。其中，1—2层的建筑面积相同，均为3 000平方米，适宜为商业用途；3—18层的建筑面积相同，均为2 750平方米，适宜为居住用途。故商业用途的建筑面积为6 000平方米，居住用途的建筑面积为44 000平方米。

（2）预计共需3年时间才能完全建成投入使用，即2021年10月1日建成。

（3）根据对市场的调查分析，预计商业部分在建成后可全部售出，居住部分在建成后可售出30%，半年后再可售出50%，其余20%需1年后才能售出；商业部分在出售时的平均价格为每平方米建筑面积4 500元，居住部分在出售时的平均价格为每平方米建筑面积2 500元。

（4）建筑安装工程费预计为每平方米建筑面积1 200元；勘察设计和前期工程费及管理费等预计为每平方米建筑面积500元；估计在未来3年的开发期内，开发建设费用（包括勘察设计和前期工程费、建筑安装工程费、管理费等）的投入情况如下：第一年需投入20%，第二年需投入50%，第三年投入余下的30%；广告宣传和销售代理费等销售费用为售价的3%，在建成前半年开始投入至全部售完为止；其他销售税费为总价值的6%。折现率选取14%。据了解，如果得到该土地，还需要按取得价款的3%缴纳有关税费。

要求：评估该块土地于2018年10月1日出让时的正常购买价格。（计算结果以万元为单位，保留两位小数）

5. 某公司于2016年4月1日在某城市水源地附近取得一宗土地使用权，建设休闲度假村。该项目总用地面积10 000平方米，土地使用权期限40年，建筑总面积为20 000平方米，并于2018年10月1日完成，该公司申请竣工验收。根据环保政策要求，环保管理部门在竣工验收时要求该公司必须对项目的排污系统进行改造。欲对2018年10月1日的正常市场价格进行评估。

据评估师调查在该时点重新取得该项目建设用地的土地取得费用为1 000元/平方米。新建一个与上述项目相同功能且符合环保要求的项目开发成本为2 500元/平方米；销售费用为200万元；管理费用为开发成本的3%；开发建设期为2.5年，开发成本、管理费用、销售费用在第一年投入30%，第二年投入50%，最后半年投入20%，各年内均匀投入，贷款年利率为7.02%；其他销售税费为售价的5.53%；开发利润按土地取得成本、开发成本、管理费用、销售费用之和计算，利润率为12%。

新建符合环保要求的排污系统设备购置费和安装工程费分别为500万元和90万元，而已建成项目中排污系统设备购置费和安装工程费分别为300万元和70万元。对原项目排污系统进行改造，发生拆除费用50万元，拆除后的排污系统设备可回收价值为110万元。

原项目预计于2019年1月1日正常营业，当年可获得净收益500万元。由于排污系统改造，项目营业开始时间将推迟到2020年1月1日，为获得与2019年1月1日开始营业时可获得的相同的年净收益，该公司当年需额外支付运营费用100万元，之后将保持预计的盈利水平。

该类度假村项目的报酬率为8%。

要求：试评估该地块价值。（计算结果以万元为单位，保留两位小数）

6. 有一宗“七通一平”的待开发建筑用地，土地面积为5 000平方米，容积率为3.5，拟开发建设写字楼，建设期为2年，建筑费为每建筑平方米2 800元，专业费为建筑费的10%，管理费用为建造成本的2%，建筑费、专业费、管理费用在建设期内均匀投入。该写字楼建成后即出售，预计售价为12 500元/平方米，在工期一半时，可以开始进行广告宣传，其销售费用率为楼价的2.5%，销售税费率为6.5%，当地银行年贷款利率为6%，开发商要求的投资利润率为 15%。

要求：

（1）应采用哪种方法评估土地的价值？

（2）该方法的适用范围是什么？

（3）列出该方法的计算公式。

（4）试估算该宗土地评估基准日的单位地价和楼面地价。（计算结果以元为单位，取整数）

7. 评估机构接受委托拟对甲公司拥有的工业用房地产进行评估，其中土地面积 2 500 平方米，建筑面积 4 650 平方米，该幅土地于 2009 年 4 月 1 日取得，取得成本为 150 万元，评估基准日为 2019 年 4 月 1 日。

（1）经查询，2016 年 1 月 1 日同区域工业用地的基准地价为 1 500 元/平方米，平均容积率为 2.0，土地使用年限均为该用途最高出让年限。资料显示，从 2016 年 1 月 1 日起，该地区的地价每季度增长率为 0.5%。土地容积率修正系数如下表所示，其他因素的修正系数为 1.050 0，折现率为 10%。

（2）根据该建筑物竣工决算资料，计算得出建筑安装工程费（综合造价）为 2 000 000 元，建安综合造价在建设期内均匀投入；前期费用的综合费率为 8%，期间费用为前两项之和的 5%，期间费用在建设期内均匀投入；建筑工期为 2 年，年贷款利率为 5%；开发商要求的利润率为 10%；建筑物设计使用年限为 50 年；该建筑物评分修正系数为结构：装修：设备 = 0.8：0.09：0.11，经现场打分三部分分别为 85 分、90 分和 86 分。

容积率修正系数表

容积率	1.6	1.7	1.8	1.9	2.0	2.1	2.2
修正系数	0.750 2	0.990 5	1.004 2	1.040 3	1.080 0	1.121 3	1.072 9

要求：

（1）基准地价体系运用的前提条件是什么？

（2）计算甲公司拥有的工业用地的价值。

（3）计算厂房的价值。

（4）计算甲公司拥有的工业用不动产的价值。（计算结果以元为单位，取整数）

8. 某工业生产企业委托评估机构对其自用的办公用房（含办公楼和土地）进行抵押评估，评估基准日为 2020 年 6 月 30 日。评估对象基本情况：土地面积 2 200 平方米，于 2012 年 6 月 30 日通过出让方式取得；房屋建筑面积为 7 700 平方米，于 2014 年 6 月 30 日竣工投入使用。采用房地分估模式进行评估，其中对土地采用基准地价系数修正法评估，评估单价为 1 200 元/平方米，对建筑物采用重置成本进行评估。评估人员收集到该办公用房部分费用项目的竣工决算价人工费 980 元/平方米，材料费 2 030 元/平方米，施工机具使用费 490 元/平方米（均不含增值税）；收集到评估基准日与该办公楼类似的典型案例的完整决算资料，通过对典型工程案例决算调整，测出该办公楼评估基准日三项费用变化为：人工费是原决算价的 1.2，材料费是原决算价的 1.15，施工机具使用费是原决算价的 1.02，并以此作为评估取值依据。评估基准日建筑安装工程费的计算过程、方法及部分费率取值依据如下表所示。

建筑安装工程费计算表

编号		计算公式	费（税）率
一	分部分项工程费	1+2+3+4+5	
1	人工费		
2	材料费		
3	施工机具使用费		
4	管理费	1×费率	30%
5	利润	1×费率	15%
二	措施项目费	一×费率	14%

续表

编号		计算公式	费（税）率
三	其他项目费	0	
四	规费	1×费率	20%
五	税金	（一+二+三+四）×费率	9%
六	工程造价（含税）	一+二+三+四+五	
七	工程造价（不含税）	一+二+三+四	

评估计算得到建设前期及其他费用和利息合计450元/平方米，采用综合成新率计算，且使用寿命法权重系数取0.4，观察法权重系数取0.6，观察法确定的成新率为85%，分析确定的尚可使用年限为42年。

要求：

（1）简述重置成本法评估不动产时，计算房屋建筑安装工程费的常用方法。

（2）简述对建筑物的实物状态进行清查核实的主要内容。

（3）计算单位建筑面积的人工费、材料费和施工机具使用费；计算单位建筑面积的建筑安装工程费；计算单位建筑面积的重置成本。（不含增值税，计算过程和结果按元取整）

（4）计算综合成新率（按百分位取整），计算抵押用自用办公用房的评估值。（不含增值税，按万元取整）

9. 某企业国有产权转让，采用资产基础法评估企业价值，涉及对位于某省中平市中高镇宗土地使用权的评估。该土地于2021年1月20日办理了不动产登记手续，取得了不动产权证。该土地用途为工业用地，使用权类型为出让，土地面积为167 249.35平方米，终止日期为2055年3月11日。至评估基准日2021年11月30日，剩余土地上使用年限为33.30年。

评估人员对待评估土地进行了清查核实。现场勘查发现，待评估土地宗地红线内建有办公楼、厂房、库房、建（构）筑物，宗地实际开发程度为宗地红线内外均“五通”（通路、通电、通上水、通下水、通信）及“场地平整”。

评估人员收集到中平市城镇基准地价资料：中平市人民政府2019年印发《中平市人民政府关于公布实施中平市城镇基准地价更新成果的通知》（中平证发〔2019〕36号），以及相应的调整系数表（见下表）；该基准地价基准日为2019年3月31日，从2019年10月15日起施行新的出让国有建设用地使用权基准地价；土地用途划分为商服、住宅、工矿仓库、公共服务用地等四类；根据不同用途土地的特点及相应地价水平，将城区土地按用途划分为五个级别，乡镇土地按用途划分为三个级别；城区宗地红线外为“五通”（通路、通电、通上水、通下水、通信）及宗地红线内“场地平整”，乡镇宗地红线外“三通”（通路、通上水、通下水）及宗地红线内“场地平整”。经比对，待评估土地位于中平市中高镇工业用地Ⅲ级范围内。工业用地Ⅲ级的基准地价为190元/平方米，设定年限50年。

土地开发程度修正系数表

单位：元/平方米

项目名称	通路	通电	通上水	通下水	通信	通气	场地平整	合计
开发费用	60	20	20	20	10	6	25	161

评估人员根据基准地价成果资料、相应的修正系数表以及当地地价监测结果，计算确定期日修正系数为1.035 4，宗地面积修正系数为1.05，宗地形状修正系数为1.06，地价影响因素的综合修正系数为13.91%。由于宗地红线内“五通”项目成本费用已在地上房屋建筑物评估作价中考虑，为避免重复评估，评估人员设定待评估土地开发程度为宗地红线外“五通”（通路、通电、通上水、通下水、通信）和宗地红线内“场地平整”。假设土地还原率为6%。

根据上述资料，不考虑其他因素影响，按要求简答、计算下列问题：

（1）请简要说明土地使用权评估时，对实物状态清查核实的主要内容。

（2）请简要说明基准地价系数修正法适用的范围与前提条件。

（3）请说明基准地价的特点及选取基准地价应注意的问题。

（4）请计算在年期修正系数和开发程度修正值（年期修正系数计算结果小数点后保留四位小数）。

（5）请计算待评估土地单位地价（元/平方米，计算结果保留两位小数）和土地评估值（万元，计算结果小数点后保留两位小数）。

精选练习题参考答案及解析

一、单项选择题

1.【答案】C

【解析】略。

2.【答案】B

【解析】要熟悉影响建筑物价格的因素。经济因素属于外部因素，权益因素属于自身因素。实物因素属于自身因素，政策因素属于外部因素。社会因素属于外部因素，区位因素属于自身因素。

3.【答案】B

【解析】成本逼近法的基本公式：

土地使用权价值 = 土地取得费用 + 土地开发费 + 税费 + 利息 + 利润 + 土地增值收益

4.【答案】B

【解析】以划拨方式取得土地使用权的，转让房地产时，应当按照国务院规定，报有批准权的人民政府审批。有批准权的人民政府准予转让的，应当由受让方办理土地使用权出让手续，并依照国家有关规定缴纳土地使用权出让金。

以划拨方式取得土地使用权的，转让房地产报批时，有批准权的人民政府按照国务院规定决定可以不办理土地使用权出让手续的，转让方应当按照国务院规定将转让房地产所获收益中的土地收益上缴国家或者作其他处理。

5.【答案】B

【解析】预付资本即使是自有资金，也要计算利息。待开发项目价值及其取得税费的计息期通常是开发建设期，一般从评估基准日到开发完成后不动产价值估算的价值时点。投资利息应为开发全部预付资本的成本，计息项目包括待开发项目价值及其取得税费、后续开发建设成本、管理费用、销售费用。

6.【答案】C

【解析】作为从总收益中扣除的总费用，要做认真分析，剔除不正常的费用支出，选择正常支出作为费用，因此总费用为客观支出。潜在毛租金收入，是在不动产得到充分利用、没有空置和收租损失的情况下，所能获得的归因于不动产的总收入。

7.【答案】C

【解析】直接比较法一般是以估价对象不动产的区位因素为基准，将可比实例不动产的各区位因素与之进行比较，并逐项打分。

8.【答案】B

【解析】选取可比实例时，成交日期与估价时点相近，不宜超过1年，不得超过两年。

9.【答案】C

【解析】容积率 = $\frac{建筑总面积}{土地总面积}$，建筑密度 = $\frac{建筑物底层建筑面积}{土地总面积}$，综合比较，C方案最可行。A不满足建筑密度的要求，B没有充分利用土地，D超过了国家规定的容积率。

10.【答案】A

【解析】完成土地征用，未经开发、不可直接作为建筑用地的农用地或荒地等，称为生地。

11.【答案】B

【解析】年限修正系数 = $\left[1-\frac{1}{(1+7\%)^{40}}\right] \div \left[1-\frac{1}{(1+7\%)^{30}}\right] = 1.0744$

该宗土地的价格 = 3 000 × 1.074 4 = 3 223（元/平方米）

12.【答案】A

【解析】在应用资本化率进行不动产评估时，求取资本化率的可比交易实例的剩余年限应当与被评估不动产的剩余年限接近，或者说在年限方面具有一定的可比性；反之，则应采用折现率。

13.【答案】A

【解析】对于大型、价值高、重要的不动产，采用决算调整法确定其建安综合造价，即以待估不动产决算中的工程量为基础，按现行工程预算价格、费率，调整为按现行计算的建安综合造价。

14.【答案】B

【解析】容积率修正系数 = 2.1 ÷ 1.1 = 1.19

经容积率修正后被评估宗地的价格 = 1 000 × 1.19 = 1 910（元/平方米）

15.【答案】A

【解析】本题考查收益为有限年限的不动产价值的评估。

$$住宅价格 = \frac{55\ 000}{10\%} \times \left[1 - \frac{1}{(1+10\%)^{10}}\right] = 337\ 951（元）$$

$$住宅的每平方米价格 = \frac{337\ 951}{420} = 804.6（元）$$

16.【答案】C

【解析】利息的计算基数，一般为建安综合造价、前期费用及其他费用、管理费用和销售费用，不包括销售税费。一般情况下，前期费用的计息期为整个建设期；其他各项费用因为在建设期均匀投入，计息期为整个建设期的一半。

17.【答案】A

【解析】开发经营期的起点是假设取得评估对象（待开发不动产）的日期，即评估基准日，终点是预计未来开发完成后的不动产经营结束的日期，包括开发建设期和经营期。经营期对于销售型不动产而言，终点是销售完成；对于出租型不动产和经营型不动产而言，终点是其经济寿命到期。对于因各种原因停工或延期的项目，开发建设期不能直接按照实际发生的时间计算，需要扣除不正常因素确定开发建设期。

18.【答案】C

【解析】商品房预售条件之一：按提供预售的商品房计算，投入开发建设的资金达到工程建设总投资的25%以上，并已经确定施工进度和竣工交付日期。

19.【答案】D

【解析】下列用地的土地使用权，经县级以上人民政府依法批准，可以以划拨方式取得：(1) 国家机关用地和军事用地；(2) 城市基础设施用地和公益事业用地；(3) 国家重点扶持的能源、交通、水利等项目用地；(4) 法律、行政法规规定的其他用地。因此，A选项错误。划拨土地使用权一般不得转让、出租、抵押。因此，B选项错误。划拨土地使用者应当缴纳城镇土地使用税。因此，C选项错误。除法律、行政法规另有规定外，以划拨方式取得土地使用权的，没有使用期限的限制。因此，D选项正确。

20.【答案】B

【解析】不动产A的资本化率 = 1 240 ÷ 11 500 × 100% = 10.78%

不动产B的资本化率 = 1 250 ÷ 12 450 × 100% = 10.04%

不动产C的资本化率 = 1 300 ÷ 14 400 × 100% = 9.03%

该类不动产的资本化率 = (10.78% + 10.04% + 9.03%) ÷ 3 × 100% = 9.95%

21.【答案】B

【解析】基准地价一般是单位土地面积的地价，也有个别城市采用楼面地价。

22.【答案】B

【解析】略。

23.【答案】A

【解析】土地单价 = 楼面地价 × 容积率 = 4 800 × 4 = 19 200（元/平方米）

24.【答案】B

【解析】按照待估宗地的条件、评估目的和实际已开发程度，确定待估宗地的开发程度。属建成区内已开发完成的宗地，评估设定的开发程度最少应为宗地红线外通路、通上水、通电和宗地红线内土地平整。

25.【答案】C

【解析】略。

26.【答案】C

【解析】略。

27.【答案】D

【解析】略。

28.【答案】D

【解析】所有权变动不破租赁有三种情形除外：一是当事人对所有权变动是否继续履行租赁合同另有约定的；二是房屋在出租前已设立抵押权，因抵押权人实现抵押权发生所有权变动的；三是房屋在出租前已被人民法院依法查封的。故A项、B项错误。出租人出卖租赁房屋的，应当在出卖之前的合理期限内通知承租人，承租人享有以同等条件优先购买的权利；但是，房屋按份共有人行使优先购买权或者出租人将房屋出卖给近亲属的除外。故C项错误。

29.【答案】C

【解析】略。

30.【答案】D

【解析】建设占用土地，涉及农用地转为建设用地的，应当办理农用地转用审批手续，故A项错误。建设项目施工和地质勘查需要临时使用国有土地或者农民集体所有的土地的，由县级以上人民政府自然资源主管部门批准，故C项错误。临时使用土地期限一般不超过二年，故B项错误。永久基本农田转为建设用地的，由国务院批准，故D项正确。

31.【答案】A

【解析】征收集体所有的土地，应当依法及时足额支付土地补偿费、安置补助费以及农民村民住宅、其他地上附着物和青苗等补偿费用，并安排被征收农民的社会保障费用。

32.【答案】A

【解析】略。

33.【答案】D

【解析】略。

34.【答案】D

【解析】规范要求出让地价评估应至少采用两种评估方法，包括收益还原法、市场比较法、剩余法的其中之一，和成本逼近法或公示地价系数修正法。

35.【答案】B

【解析】略。

36.【答案】B

【解析】略。

37.【答案】D

【解析】资本化率 = 年净收益/出售价格 = $(30-30\times5\%-16)/100=12.50\%$

38.【答案】D

【解析】对于大型、价值高、重要的房屋建筑物，采用决算调整法确定其建安综合造价，即以待估房屋建筑物决算中的工程量为基础，按现行工程预算价格、费率，将其调整为按现行市场价格计算的建安工程综合造价。

39.【答案】A

【解析】略。

40.【答案】B

【解析】(1) 建设单位使用国有土地，应当以有偿使用方式取得，包括国有土地使用权出让、国有土地租赁、国有土地使用权作价出资或者入股。(2) 下列建设用地，经县级以上人民政府依法批准，可以以划拨方式取得：①国家机关用地和军事用地；②城市基础设施用地和公益事业用地；③国家重点扶持的能源、交通、水利等基础设施用地；④法律、行政法规规定的其他用地。

41.【答案】A

【解析】权益因素：①土地：土地所有权、土地使用权取得方式（划拨、出让、租赁等）、权证（合同）、剩余年限、城市规划条件、土地用途管制及开发利用限制、土地使用协议限制等，都对土地价格产生影响。②房地产：权证（合同）、规划、查封、保全、征收、相邻关系。

42.【答案】A

【解析】折现率和资本化率的求取方法有三种：市场提取法、安全利率加风险调整值法、各种投资收益率排序插入法。

43.【答案】A

【解析】超过出让合同约定的动工开发日期满一年未动工开发的，可以征收相当于土地使用权出让金百分之二十以下的土地闲置费；满二年未动工开发的，可以无偿收回土地使用权；但是，因不可抗力或者政府、政府有关部门的行为或者动工开发必需的前期工作造成动工开发迟延的除外。

44.【答案】B

【解析】根据《不动产登记暂行条例实施细则》，抵押权登记、地役权登记和预告登记、异议登记，不动产登记机构仅向申请人核发不动产登记证明。

45.【答案】C

【解析】待估宗地开发程度与基准地价开发程度相比，缺少通信，多通燃气、通热力，对应基准地价级别相应开发费用为通信20元/平方米、通燃气50元/平方米、通热力30元/平方米，级别平均容积率为1.2，则：

土地开发程度修正值 =（适用的基准地价 ± 土地开发程度修正值）÷ 级别平均容积率

$=(-20+50+30)\div1.2$

$=40$（元/平方米）

待估宗地适用的基准地价 = 1 200 + 40 = 1 240（元/平方米）

二、多项选择题

1.【答案】ABCE

【解析】修正交易情况属于市场法评估程序的第四步：对可比实例价格进行因素修正。

2. 【答案】ABC

【解析】若选择投资利润率指标，则计算基数是土地开发总投资：土地取得费、土地开发费和各项税费。

3. 【答案】AE

【解析】市场法的基本原理就是替代原理，基准地价系数修正法本质上就是市场法的一种，所以其理论基础也是替代原理。

4. 【答案】ACDE

【解析】确定建安综合造价时，一般可根据实际情况采用重编预算法、决算调整法、类比系数调整法、单方造价指标法等方法中的一种方法或同时运用几种方法综合确定评估对象的建安工程综合造价。

5. 【答案】ABCE

【解析】基准地价的作用：(1) 具有政府公告作用；(2) 是宏观调控地价水平的依据；(3) 是国家征收城镇土地税收的依据；(4) 是政府参与土地有偿使用收益分配的依据；(5) 是进一步评估宗地地价的基础；(6) 引导土地资源在行业部门间的合理配置。

6. 【答案】BE

【解析】被估宗地地价 = 待估宗地所处级别（地段）的基准地价 × 年期修正系数 × 期日修正系数 × 容积率修正系数 × 其他因素修正系数。

7. 【答案】ABCE

【解析】不动产价格与一般商品相比的明显特征有：生产成本不同、折旧不同、价格差异不同、市场性质不同、价格形成时间不同、供求变化不同。

8. 【答案】BD

【解析】调查一般可以采用逐项调查或抽样调查的方式进行。

9. 【答案】CD

【解析】按照交易标的存在形态，不动产的价格可以分为现房价格、期房价格；按照交易价格表现形式的不同，不动产价格可以分为名义价格、实际价格；根据价格形成方式的不同，不动产价格可以分为评估价格和成交价格。

10. 【答案】ABD

【解析】不动产的特征有：自然特性、经济特性、制度限制性。经济特性包括：价值量大、用途多样性、涉及广泛性、难以变现性、保值增值性、资产的组合性。不动产的自然特性有：不可移动性、耐久性和数量有限性。

11. 【答案】ABD

【解析】运用剩余法需具备以下前提条件：

(1) 不动产开发必须有已得到相关规划部门批准且在有效期内的明确的规划；

(2) 假设土地或不动产的利用方式为最佳开发利用方式；

(3) 成本与价格的测算必须符合合法原则，与当地不动产市场实际情况吻合。

12. 【答案】BCE

【解析】总收入 = 潜在毛租金收入 + 其他收入 - 空置和收租损失。运用收益法评估不动产时，有租约限制的，租约期内的租金宜采用租约所确定的租金，租约期外的租金应当采用正常客观的租金，并在评估报告中恰当披露租约情况。

13. 【答案】ABDE

【解析】国家征收集体土地而支付给集体土地所有者的费用，包括土地补偿费、安置补助费以及农村村民住宅、其他地上附着物和青苗等的补偿费用，并安排被征地农民的社会保障费用。拆迁补偿费是已利用城市土地的土地取得费构成。

14. 【答案】BC

【解析】剩余法评估结果的合理性，取决于两个因素：一是合理选择最佳开发利用方式；二是合理预测未来开发完成不动产市场价格。

15. 【答案】ACDE

【解析】销售税费，包括增值税、城市维护建设税、教育费附加、印花税、土地增值税等。

16. 【答案】BCE

【解析】略。

17. 【答案】BCE

【解析】根据国有土地使用权划拨的相关规定，下列建设用地的土地使用权，确属必需的，可以由县级以上人民政府依法批准划拨：(1) 国家机关用地和军事用地；(2) 城市基础设施用地和公益事业用地；(3) 国家重点扶持的能源、交通、水利等项目用地；(4) 法律、行政法规规定的其他用地。B 项属于公益事业用地，C 项属于军事用地，E 项属于国家重点扶持的能源、交通、水利等项目用地。

18. 【答案】ABDE

【解析】国家依法实行国有土地有偿使用制

度，但是，国家在法律规定的范围内划拨国有土地使用权的除外。国有土地有偿使用的方式包括国有土地使用权出让、租赁、作价出资或者入股等。

19. 【答案】AD

【解析】区分商品房预售条件和现售条件。

	商品房预售	商品房现售
条件	（1）已交付全部土地使用权出让金，取得土地使用权证书； （2）有建设工程规划许可证和施工许可证； （3）按提供预售的商品房计算，投入开发建设的资金达到工程建设总投资的25%以上，并已经确定施工进度和竣工交付日期； （4）取得商品房预售许可证。	（1）现售商品房的房地产开发企业应当具有企业法人营业执照和房地产开发企业资质证书； （2）取得土地使用权证书或者使用土地的批准文件； （3）持有建设工程规划许可证和施工许可证； （4）已通过竣工验收； （5）拆迁安置已经落实； （6）供水、供电、供热、燃气、通信等配套基础设施具备交付使用条件，其他配套基础设施和公共设施具备交付使用条件或者已确定施工进度和交付日期； （7）物业管理方案已经落实。

20. 【答案】ABCE

【解析】需要收集的当地定级估价的成果资料主要包括土地级别图、基准地价图、样点地价分布图、基准地价表、基准地价修正系数表和相应的因素条件说明表等，并归纳、整理和分析，作为宗地评估的基础资料。

21. 【答案】ABCD

【解析】略。

22. 【答案】ABD

【解析】土地实物因素包括面积、形状、地形、地势、土壤、地质、四至、建筑覆盖率等。

23. 【答案】ABD

【解析】以出让方式取得土地使用权的，应当符合下列条件：

（1）按照出让合同约定已经支付全部土地使用权出让金，并取得土地使用权证书。

（2）按照出让合同约定进行投资开发，属于房屋建设工程的，应完成开发投资总额的25%以上；属于成片开发土地的，形成工业用地或者其他建设用地条件。

转让房地产时房屋已经建成的，还应当持有房屋所有权证书。

24. 【答案】CE

【解析】商品房销售有三种计价方式，分别为按套（单元）计价、按套内建筑面积计价和按建筑面积计价。按套内建筑面积或者建筑面积计价的，买卖合同应当注明建筑面积和分摊的共有建筑面积。

25. 【答案】BCE

【解析】《民法典》第四百零六条规定，抵押期间，抵押人可以转让抵押财产。当事人另有约定的，按照其约定。抵押财产转让的，抵押权不受影响。抵押人转让抵押财产的，应当及时通知抵押权人。抵押权人能够证明抵押财产转让可能损害抵押权的，可以请求抵押人将转让所得的价款向抵押权人提前清偿债务或者提存。转让的价款超过债权数额的部分归抵押人所有，不足部分由债务人清偿。因此，A项错误。设定房地产抵押权的土地使用权是以划拨方式取得的，依法拍卖该房地产后，应当从拍卖所得的价款中缴纳相当于应缴纳的土地使用权出让金的款额后，抵押权人方可优先受偿。因此，D项错误。

26. 【答案】ABDE

【解析】不动产权证书的主要内容有：二维码、登记机构（章）及时间、编号、不动产权证书号、权利人、共有情况、坐落、不动产单元号、权利类型、权利性质、用途、面积、使用期限、权利其他情况、附记、附图页。

27. 【答案】ACDE

【解析】根据《不动产登记暂行条例实施细则》，抵押权登记、地役权登记和预告登记、异议登记，不动产登记机构仅向申请人核发不动产登记证明。

28. 【答案】CE

【解析】查询内容即不动产登记资料，资料包括：（1）不动产登记簿等不动产登记结果；（2）不动产登记原始资料，包括不动产登记申请书、申请人身份资料、不动产权属来源、登记原因、不动产权籍调查成果资料以及不动产登记机构审核资料。

29.【答案】BCE

【解析】《民法典》第三百九十九条规定，不得抵押的财产有：土地所有权；宅基地、自留地、自留山等集体所有土地的使用权，但是法律规定可以抵押的除外。学校、幼儿园、医疗机构等为公益目的成立的非营利法人的教育设施、医疗卫生设施和其他公益设施；所有权、使用权不明或者有争议的财产；依法被查封、扣押、监管的财产；法律、行政法规规定不得抵押的其他财产。

30.【答案】ADE

【解析】总收入 = 潜在毛租金收入 + 其他收入 − 空置和收租损失。潜在毛租金收入，是在不动产得到充分利用、没有空置和收租损失的情况下，所能获得的归因于不动产的总收入。因此，B 项错误。总费用是指取得该收益所必需的各项支出，如维修费、管理费等，也就是为创造总收益所必须投入的正常支出。求取不动产净收益时的不动产总费用不包含折旧费，通常包括管理费、维修费、保险费、房产税等因此，选项 C 错误。

31.【答案】ABCD

【解析】不动产权证书和不动产登记证明是不动产登记机构依据不动产登记簿记载的内容和事宜，颁发给权利人或登记申请人作为其享有权利或已办理登记的凭证，是不动产登记簿所记载内容的外在表现形式。

32.【答案】BE

【解析】待估宗地基准地价水平的确定：

（1）确定评估对象用途类别、土地级别及基准地价、区片价格；

（2）特殊情况、自持情况修正；

（3）土地开发程度修正；

（4）确定待估宗地适用的基准地价：

评估对象用途适用的基准地价 = 所在区片基准地价 × 特殊情况修正系数 ×（1 + 自持情况修正系数）+ 土地开发程度修正值

三、综合题

1.【答案及解析】

该土地的各项投入成本均已知，可采用成本逼近法评估。

（1）计算土地取得费。

土地取得费 = 15 万元/亩 = 225 元/平方米

（2）计算土地开发费。

土地开发费 = 2.2 亿元/平方公里 = 220 元/平方米

（3）计算土地取得相关税费。

税费 = 225 × 10% = 22.50（元/平方米）

（4）计算投资利息。土地取得费、税费的计息期为两年，土地开发费为年初一次性投入。第一年投入的部分计息期为 2 年，第二年投入的部分计息期为 1 年。

土地取得费、税费的利息 = $(225 + 22.5) \times [(1 + 6\%)^2 - 1] = 30.59$（元/平方米）

土地开发费利息 = $220 \times 45\% \times [(1 + 6\%)^2 - 1] + 220 \times 55\% \times [(1 + 6\%) - 1] = 19.50$（元/平方米）

投资利息合计 = 30.59 + 19.50 = 50.09（元/平方米）

（5）计算开发利润。

开发利润 = [（1）+（2）+（3）] × 10% = 46.75（元/平方米）

（6）计算销售税费。

销售税费 = 300 000 ÷ 20 000 = 15（元/平方米）

（7）计算土地价值。

土地单价 = [（1）+（2）+（3）+（4）+（5）+（6）] × (1 + 15%) = (225 + 220 + 22.5 + 50.09 + 46.75 + 15) × (1 + 15%) = 666.24（元/平方米）

土地总价 = 664.65 × 20 000 = 1 332.48（万元）

2.【答案及解析】

（1）收益法适用于经营性且有稳定收益的不动产价值评估，如商场、写字楼、旅馆、公寓等，政府机关、学校、公园等非经营性不动产价值评估大多不适用收益法。

（2）

①对于单独的土地和单纯的建筑物作为评估对象的，应分别根据土地使用权年限和建筑物经济寿命，扣减不动产开发建设及装修等期限，确定未来可获收益的期限。

②土地与建筑物合成一体评估的情况：如果建筑物的经济寿命长于土地使用权年限，若土地使用权年限到期地上物随同无偿收回，则根据土地使用权年限确定未来可获收益的期限；若土地使用权年限到期地上物残余价值给予合理补偿，则在根据土地使用权年限确定未来可获收益期限的基础上，考虑将土地年限到期时

地上物残余价值折现到评估基准日的价值。如果建筑物的经济寿命短于土地使用权年限，可先根据建筑物的经济寿命，扣减不动产开发建设及装修等期限，确定未来可获收益的期限；然后加上土地使用权年限超出建筑物经济寿命的土地剩余使用年限价值的折现值。

（3）

①选定评估方法。该宗不动产有经济收益，适宜采用收益法评估。

②计算总收入。

年总收入 $=55\times12\times900\times(1-10\%)=534\ 600$（元）

③计算总费用。

年管理费 $=534\ 600\times3.5\%=18\ 711$（元）

年维修费 $=3\ 000\times900\times1.5\%=40\ 500$（元）

年税金 $=20\times900=18\ 000$（元）

年保险费 $=3\ 000\times900\times0.2\%=5\ 400$（元）

年总费用 $=18\ 711+40\ 500+18\ 000+5\ 400=82\ 611$（元）

④计算不动产净收益。

不动产年净收益 = 年总收入 - 年总费用 $=534\ 600-82\ 611=451\ 989$（元）

⑤计算房屋净收益。

1）计算年贬值额。由于土地使用年限小于房屋耐用年限，因此不动产使用者可使用的年限为48年（50-2），并且不计算残值（因为到期后，由国家无偿收回）。

年贬值额 = 建筑物重置价 ÷ 使用年限 $=(3\ 000\times900)\div48=56\ 250$（元）

2）计算房屋现值。

房屋现值 = 房屋重置价 - 年贬值额 × 已使用年限 $=3\ 000\times900-56\ 250\times4=2\ 475\ 000$（元）

3）计算房屋净收益（假设房屋收益年期为无限年期）。

房屋净收益 = 房屋现值 × 房屋资本化率 $=2\ 475\ 000\times8\%=198\ 000$（元）

⑥计算土地净收益。

土地年净收益 = 不动产年净收益 - 房屋年净收益 $=451\ 989-198\ 000=253\ 989$（元）

⑦计算土地使用权价值。土地使用权在2019年6月的剩余使用年期为44年（50-6）。

土地使用权价值 $=\frac{253\ 989}{7\%}\times\left[1-\frac{1}{(1+7\%)^{44}}\right]=3\ 443\ 560$（元）

单价 $=3\ 443\ 560\div500=6\ 887$（元/平方米）

⑧评估结果。本宗土地使用权在2019年6月的土地使用权价值为3 443 560元，单价为每平方米6 887元。

3.【答案及解析】

（1）交易情况修正。交易没有什么特殊情况，均作为正常交易看待，故无须修正。

（2）交易日期修正。

交易实例A交易日期修正系数 $=\frac{100}{100}=1$

交易实例B交易日期修正系数 $=(1+1\%)=1.010\ 0$

交易实例C交易日期修正系数 $=(1+1\%)^2=1.020\ 1$

（3）区位因素修正。

①基础设施与公共配套均完善，无须修正。

②交通状况修正。

交易实例A交通状况修正系数 $=\frac{100}{100}=1$

交易实例B交通状况修正系数 $=\frac{100}{95}=1.052\ 6$

交易实例C交通状况修正系数 $=\frac{100}{95}=1.052\ 6$

③商业繁华程度修正。

交易实例A商业繁华程度修正系数 $=\frac{100}{100}=1$

交易实例B商业繁华程度修正系数 $=\frac{100}{95}=1.052\ 6$

交易实例C商业繁华程度修正系数 $=\frac{100}{95}=1.052\ 6$

④环境状况一致，均较好，无须修正。

（4）实物因素修正。

①临街状况修正。

交易实例A临街状况修正系数 $=\frac{100}{97}=1.030\ 9$

交易实例B临街状况修正系数 $=\frac{100}{94}=1.063\ 8$

交易实例 C 临街状况修正系数 $=\frac{100}{97}=1.0309$

②宗地面积修正。

交易实例 A 宗地面积修正系数 $=\frac{100}{104}=0.9615$

交易实例 B 宗地面积修正系数 $=\frac{100}{108}=0.9259$

交易实例 C 宗地面积修正系数 $=\frac{100}{108}=0.9259$

③宗地形状修正。

交易实例 A 宗地形状修正系数 $=\frac{100}{98}=1.0204$

交易实例 B 宗地形状修正系数 $=\frac{100}{100}=1$

交易实例 C 宗地形状修正系数 $=\frac{100}{96}=1.0417$

④地势、地质一致，无须修正。

（5）权益状况修正。

①剩余年限修正。

交易实例 A、B 的剩余年限修正系数 $=\left[1-\frac{1}{(1+6\%)^{38}}\right]\div\left[1-\frac{1}{(1+6\%)^{40}}\right]=0.9867$

交易实例 C 剩余年限修正系数 $=1$

②规划条件修正。

交易实例 A 规划条件修正系数 $=\frac{100}{105}=0.9524$

交易实例 B 规划条件修正系数 $=\frac{100}{105}=0.9524$

交易实例 C 规划条件修正系数 $=\frac{100}{100}=1$

③容积率修正。

交易实例 A 容积率修正系数 $=\frac{1.05}{1.05}=1$

交易实例 B 容积率修正系数 $=\frac{1.05}{1.15}=0.9130$

交易实例 C 容积率修正系数 $=\frac{1.05}{1.15}=0.9130$

④权属均清晰，无须修正。

（6）计算待估土地初步价格。

$A=6200\times1\times1\times1\times1.0309\times0.9615\times1.0204\times0.9867\times0.9524\times1=5892.95$（元/平方米）

$B=5800\times1.0100\times1.0526\times1.0526\times1.0638\times0.9259\times1\times0.9867\times0.9524\times0.9130=5484.99$（元/平方米）

$C=5700\times1.0201\times1.0526\times1.0526\times1.0309\times0.9259\times1.0417\times1\times1\times0.9130=5848.42$（元/平方米）

（7）采用算术平均法求得评估结果。

待估地块单位面积评估值 $=(5892.95+5484.99+5848.42)\div3=5742.12$（元/平方米）

4. **【答案及解析】**

该块土地属于待开发不动产，适用剩余法进行估价。

（1）开发完成后的商业部分价值 $=\frac{4500\times6000}{(1+14\%)^{3}}=1822.42$（万元）

开发完成后的居住部分价值 $=2500\times44000\times\left[\frac{30\%}{(1+14\%)^{3}}+\frac{50\%}{(1+14\%)^{3.5}}+\frac{20\%}{(1+14\%)^{4}}\right]=7006.91$（万元）

开发完成后总价值 $=1822.42+7006.91=8829.33$（万元）

（2）开发建设费用总额 $=(1200+500)\times50000\times\left[\frac{20\%}{(1+14\%)^{0.5}}+\frac{50\%}{(1+14\%)^{1.5}}+\frac{30\%}{(1+14\%)^{2.5}}\right]=6921.57$（万元）

（3）销售费用总额 $=\frac{(4500\times6000+2500\times44000)\times3\%}{(1+14\%)^{3.25}}=268.47$（万元）

[注：因为销售费用在建成前半年开始投入至全部售完为止（即从第 2.5 年到第 4 年），因此整个销售期为 1.5 年。假设各年的投入是集中在各年的年中，则期中投入为 0.75 年时投入，整个开发期到第 4 年结束，此时距估价时点有 4 − 0.75 = 3.25（年）的时间，因此折现时间为 3.25 年。]

（4）其他销售税费 $=8829.33\times6\%=529.76$（万元）

（5）购地税费总额 = 总地价 × 3%

（6）总地价 = 8 829.33 − 6 921.57 − 268.47 − 529.76 − 总地价 × 3%

解得，总地价 = 1 077.21（万元）。

（7）评估结果。以上述计算结果为主，并参考估价人员的经验，该块土地在 2018 年 10 月 1 日出让时的正常购买价格的测算结果为：总地价 1 077.21 万元，单位地价 1 077.21 元/平方米，楼面地价 215.44 元/平方米。

5.【答案及解析】

根据各项条件，选择成本法进行估价。

（1）土地的重新取得费用 = 1 000 × 10 000 ÷ 10 000 = 1 000（万元）

（2）开发成本 = 2 500 × 20 000 ÷ 10 000 = 5 000（万元）

（3）管理费用 = 5 000 × 3% = 150（万元）

（4）销售费用 = 200（万元）

（5）投资利息 = $1\ 000 \times [(1+7.02\%)^{2.5}-1] + (5\ 000+150+200) \times \{30\% \times [(1+7.02\%)^{2}-1] + 50\% \times [(1+7.02\%)^{1}-1] + 20\% \times [(1+7.02\%)^{0.25}-1]\} = 624.185$（万元）

（6）设重新购建价格为 P，则销售税费为 $5.53\%P$。

（7）开发利润 = (1 000 + 5 000 + 150 + 200) × 12% = 762（万元）

（8）重新构建价格 $P = 1\ 000 + 5\ 000 + 150 + 200 + 624.185 + 5.53\%P + 762$

解得，$P = 8\ 189.04$（万元）。

（9）经济性贬值 = $\left[\frac{500}{1+8\%} + \frac{100}{(1+8\%)^2}\right] \times \frac{1}{(1+8\%)^{1/4}} = 538.24$（万元）

（10）功能性贬值 = 50 − 110 + 500 + 90 = 530（万元）

（11）总价 = 8 189.04 − 538.24 − 530 = 7 120.8（万元）

单价 = 71 208 000 ÷ 20 000 = 3 560.4（元/平方米）

6.【答案及解析】

（1）本题已知开发完成后不动产价值的预测和各项开发成本及费用，可用剩余法评估。

（2）剩余法适用的范围。

①待开发不动产的评估；

②对已建成不动产中的房屋或土地的评估；

③将生地开发成熟地的土地评估；

④待拆迁改造的再开发地产的评估。

（3）剩余法的计算公式。

地价 = 开发完成后的不动产总价值 − 建筑费 − 专业费 − 管理费用 − 销售费用 − 投资利息 − 开发利润 − 销售税费

（4）该宗土地的评估值。

①开发完成后的不动产总价值 = 5 000 × 3.5 × 12 500 = 218 750 000（元）

②计算建筑费、专业费和管理费用。

建筑费 = 5 000 × 3.5 × 2 800 = 49 000 000（元）

专业费 = 建筑费 × 10% = 49 000 000 × 10% = 4 900 000（元）

管理费用 =（建筑费 + 专业费）× 2% = (49 000 000 + 4 900 000) × 2% = 1 078 000（元）

③计算销售费用和税费。

销售费用 = 开发完成后的不动产总价值 × 2.5% = 218 750 000 × 2.5% = 5 468 750（元）

销售税费 = 开发完成后的不动产总价值 × 6.5% = 218 750 000 × 6.5% = 14 218 750（元）

④计算投资利息。

投资利息 = 地价 × $[(1+6\%)^2-1]$(建筑费 + 专业费 + 管理费用) × $[(1+6\%)-1]$ + 销售费用 × $[(1+6\%)^{0.5}-1]$ = 地价 × $[(1+6\%)^2-1]$ + (49 000 000 + 4 900 000 + 1 078 000) × $[(1+6\%)-1]$ + 5 468 750 × $[(1+6\%)^{0.5}-1]$ = 地价 × 0.123 6 + 3 298 680 + 5 468 750 × 0.029 6 = 地价 × 0.123 6 + 3 460 555

⑤计算开发利润。

开发利润 =（地价 + 建筑费 + 专业费 + 管理费用 + 销售费用）× 15% =（地价 + 49 000 000 + 4 900 000 + 1 078 000 + 5 468 750）× 15% = 地价 × 15% + 9 067 013

⑥求取地价。

地价 = 开发完成后的不动产总价值 − 建筑费 − 专业费 − 管理费用 − 销售费用 − 投资利息 − 开发利润 − 销售税费 = 218 750 000 − 49 000 000 − 4 900 000 − 1 078 000 − 5 468 750 −（地价 × 0.123 6 + 3 460 555）−（地价 × 15% + 9 067 013）− 14 218 750

解得，地价 = 131 556 932 ÷ 1.273 6 = 103 295 330（元）。

单位地价 = 103 295 330 ÷ 5 000 = 20 659（元/平方米）

楼面地价 =20 659 ÷3.5 =5 903（元/平方米）

7.【答案及解析】

（1）基准地价系数修正法的前提条件。

①当地政府已公布基准地价；

②可以取得基准地价修正体系；

③在评估基准日所取得的基准地价及其修正体系是有效的，即满足基准地价的评估基准日距评估对象评估基准日应在3年以内。

（2）计算甲公司拥有的工业用地的价值。

①被估土地期日修正系数 $=(1+0.5\%)^{13}=1.0670$

②被估土地使用年限修正系数 $=\frac{1-1/(1+r)^m}{1-1/(1+r)^n}=\frac{1-1/(1+10\%)^{40}}{1-1/(1+10\%)^{50}}=0.9863$

③被估土地容积率 =4 650/2 500 =1.86

设容积率为1.86的土地对应的修正系数为 X。

$$\frac{1.9-1.86}{1.9-1.8}=\frac{1.0403-X}{1.0403-1.0042}$$

解得，$X=1.02586$。

被评估土地的容积率修正系数 $=\frac{X}{1.0800}=0.9499$

④其他因素修正系数 =1.050 0

⑤宗地单价 = 基准地价 × 期日修正系数 × 使用年限修正系数 × 容积率修正系数 × 其他因素修正系数 =1 500 ×1.067 0 ×0.986 3 ×0.949 9 ×1.050 0 =1 574.46（元/平方米）

宗地总价 =2 500 ×1 574.46 =3 936 150（元）

（3）计算厂房的价值。

①建筑安装工程费用 =2 000 000（元）

②前期费用 =2 000 000 ×8% =160 000（元）

期间费用 =（2 000 000 +160 000）×5% =108 000（元）

③利息。建安综合造价和期间费用在建设期内均匀投入，计息期为1年。前期费用一般在建设期初始投入，计息期为2年。

利息 $=160000\times[(1+5\%)^2-1]+(2000000+108000)\times[(1+5\%)^1-1]=16400+105400=121800$（元）

④自用的生产型房屋建筑物不计算利润。

⑤使用寿命法的成新率 $=\left(1-\frac{8}{50}\right)\times100\%=84\%$

⑥观察法成新率 =0.8 ×85% +0.09 ×90% +0.11 ×86% =85.56%

⑦综合成新率 =84% ×40% +85.56% ×60% =84.94%

⑧厂房评估值 =（2 000 000 +160 000 +108 000 +121 800）×84.94% =2 029 896（元）

（4）计算甲公司拥有的工业用不动产的价值。

不动产价值 = 宗地总价 + 厂房评估值 =3 936 150 +2 029 896 =5 966 046（元）

8.【答案及解析】

（1）评估实践中，一般根据现场调查情况和工程竣工图纸、工程结算资料收集齐全情况，采用重编预算法、决算调整法、类比系数调整法、单方造价指标法等方法中的一种或同时运用几种方法，确定房屋建筑物建安工程综合造价。

（2）建筑物、构筑物及地上物现场清查核实的主要内容包括：建筑规模、外观、建筑结构、建筑年代、楼层、层高（净高）、新旧程度（楼龄）、平面布置、朝向；防水、保温、隔热、隔音、采光、通风、日照；评估对象内外部装修（装饰）、设施设备、利用现状、维护保养、物业管理。

（3）单位建筑面积的人工费 =980 ×1.2 =1 176（元/平方米）

单位建筑面积的材料费 =2 030 ×1.15 =2 335（元/平方米）

单位建筑面积的施工机具使用费 =490 ×1.02 =500（元/平方米）

管理费 =1 176 ×30% =353（元/平方米）

管理费 =1 176 ×15% =176（元/平方米）

分部分项工程费 =1 176 +2 335 +500 +353 +176 =4 540（元/平方米）

措施项目费 =4 540 ×14% =636（元/平方米）

规费 =1 176 ×20% =235（元/平方米）

税金 =（4 540 +636 +0 +235）×9% =487（元/平方米）

工程造价（含税）=4 540 +636 +0 +235 +487 =5 898（元/平方米）

工程造价（不含税）=4 540 +636 +0 +235 =5 411（元/平方米）

重置成本 = 建安综合造价 + 前期费用及其

他费用＋利息＋合理利润＝5 411＋450＋0＝5 861（元/平方米）

（4）使用寿命法成新率＝(48－6)÷(50－2)×100%＝87.5%

综合成新率＝87.5%×0.4＋85%×0.6＝86%

房屋建筑物评估值＝单位面积重置成本×建筑面积×综合成新率＝5 861×7 700×86%＝3 881（万元）

土地使用权价格＝1 200×2 200＝264（万元）

办公用房的评估价值＝土地使用权价格＋房屋建筑物评估值＝264＋3 881＝4 145（万元）

9. **【答案及解析】**

（1）土地使用权清查核实的主要内容包括：评估对象名称；土地坐落、四至、面积、用途、形状；土地所在地的地形、地势、地质、土壤；土地的开发程度、基础设施、公共配套；土地周围环境、景观、距离；临街状况。

（2）基准地价系数修正法主要适用于以下情况：

①具备基准地价成果图和相应修正体系的城镇土地价值评估；

②具备农用地基准地价成果图和相应修正体系的农用地价值评估；

③批量评估，即快速进行大面积的数量众多的土地价值评估；

④在宗地价值评估中一般不作为主要评估方法，而是一种辅助方法。

采用基准地价修正法的前提条件是：

①当地政府已公布基准地价；

②可以取得基准地价修正体系；

③基准地价及其修正体系是有效的，基准地价的评估基准日距本次评估基准日在3年以内。

（3）基准地价的特点。

①基准地价是区域性价格。这个区域可以是级别区域，也可以是区段，因而基准地价的表现形式通常为级别价、区片价和路段价。

②基准地价是平均价格，反映的是不同等级、不同区域的土地使用权的平均价格，不能把基准地价等同于宗地地价。

③基准地价一般都要覆盖整个城市建成区。

④基准地价一般是单位土地面积的地价，也有个别城市如北京市采用楼面地价。

⑤基准地价不是交易价格，基准地价是由政府组织评估测算、论证并公布的价格，是评估出的特定时点的价格，具有一定的现时性。

（4）年期修正系数＝$[1-(1+6\%)^{-33.3}]/[1-(1+6\%)^{-50}]=0.9055$

开发程度修正值＝通电20＋通信10＝30（元/平方米）

【提示】宗地实际开发程度为宗地红线外“五通”（通路、通电、通上水、通下水、通信）和宗地红线内“场地平整”；而基准地价资料中，乡镇宗地红线外“三通”（通路、通上水、通下水）及宗地红线内“场地平整”；待估宗地多“通电、通信”。

（5）宗地地价＝[适用的基准地价×K_1×$(1+\Sigma K)$]×K_2×K_3×K_4×K_5×容积率修正系数±开发水平差异修正

式中：K_1—期日修正系数；ΣK—影响地价各种因素修正系数之和；K_2—土地使用年期修正系数；K_3—面积修正系数；K_4—形状修正系数；K_5—建筑物朝向修正系数。

宗地单价＝[190×1.035 4×(1＋13.91%)]×0.905 5×1.05×1.06＋30＝255.84（元/平方米）

土地评估值＝255.84×167 249.35＝42 789 073.7（元）

即土地评估值为4 278.91万元。

第四章 森林资源资产评估

考试大纲

<table>
<tr><td>第五章</td><td>目的</td><td>考查考生对森林资源资产评估方法运用、评估特点、资料收集、森林法律制度等的掌握、熟悉和了解情况，以及分析和解决森林资源资产评估实际问题的能力。</td></tr>
<tr><td rowspan="4">资源资产评估</td><td colspan="2">考试内容及要求</td></tr>
<tr><td>掌握的内容
（★★★）</td><td>1. 森林归属、林权抵押规定。
2. 森林资源资产评估需要收集的资料、森林资源资产清单。
3. 运用市场法、成本法、收益法评估用材林、经济林的具体方法。
4. 运用市场法评估林地资产的具体方法。</td></tr>
<tr><td>熟悉的内容
（★★）</td><td>1. 森林资源资产评估的特点。
2. 林权登记规定。
3. 森林资源资产的核查基本要求、核查内容与核查方法。
4. 成本法、收益法在林地资产、森林景观资产评估中的应用。</td></tr>
<tr><td>了解的内容
（★）</td><td>1. 森林资源资产的概念、特点与分类。
2. 森林生态系统资产与生态系统服务。
3. 森林经营管理、森林采伐管理规定。
4. 森林资源调查。
5. 异龄林的评估方法。
6. 景观的评估方法。
7. 林业碳汇资产评估目的、评估对象、市场法评估。</td></tr>
</table>

考情分析

森林资源资产评估是评估人员需要掌握的难点内容之一。在 2017—2024 年度考试中，第五章分值约占 5—15 分，以客观题为主，主要涉及用材林的林木资产评估、经济林资产的评估、林权的法律规定、林地资产评估、森林景观资产评估、森林资源资产评估特点等内容。在 2021 年、2022 年的考试中均有 1 道主观题，主要考查收获现值法、重置成本法的应用。

教材变化

主要变化：修订了第四节“二、林地资源资产评估”中林地期望价法的应用举例“例 4 - 15”。

考点精讲及典型例题解析

【知识点 1】森林资源资产的概念、特点与分类（★）

（一）森林资源资产的概念

根据《资产评估执业准则——森林资源资产》，森林资源资产，是指由特定主体拥有或者控制并能带来经济利益的，用于生产、提供商品和生态服务的森林资源。

（1）森林资源资产，是以森林资源为物质内涵的经济资产，包括林木资产、林地资产、林区野生动物资产、植物资产等。

（2）森林资源具有多种功能决定森林资源资产价值的多重性能。

（二）森林资源资产的特点

（1）经营永续性；（2）再生长期性；（3）分布辽阔性；（4）功能多样性；（5）管理复杂性。

（三）森林资源资产的分类

按内涵，森林资源资产可划分为森林生物资源资产、森林土地资源资产和森林景观资源资产（见表4－1）。

表4－1 森林资源资产的分类

分类	具体内容
森林生物资源资产	包括森林、林木及以森林为依托的动植物资源资产。 林木资产是指林地上尚未被伐倒的树木，包括活立木和枯立木。按经营管理的形式划分为生态公益林和商品林，前者又称为公益性森林资源资产，后者又称为经营性森林资源资产。
森林土地资源资产	包括乔木林地、灌木林地、竹林地、疏林地、未成林造林地、迹地、苗圃地。
森林自然游憩资源	通过经营能为其经营主体带来经济收益的森林自然游憩资源，主要包括以森林为依托的，可开展自然观察、自然体验、户外运动、森林康养、森林旅游或其他具有森林生态环境特征的游憩场地（或场所）、游憩服务与游憩设施等要素的资源。

【提示】林木资产按经营管理的形式划分为生态公益林和商品林。

生态公益林，是指以保护和改善人类生存环境、维持生态平衡、保存物种资源、科学实验、森林旅游、国土保安等需要为主要经营目的的森林、林木、林地，包括防护林和特种用途林。

商品林，是指以生产木材、竹材、薪材、干鲜果品和其他工业原料等为主要经营目的的森林、林木、林地，包括用材林、薪炭林和经济林。

【例4－1】（多项选择题）下列是森林资源资产特点的有（　　）。

A. 经营永续性　B. 再生长期性

C. 分布辽阔性　D. 管理一般性

E. 功能多样性

【答案】ABCE

【解析】森林资源资产的特点包括经营永续性、再生长期性、分布辽阔性、功能多样性、管理复杂性。

【例4－2】（单项选择题）下列森林资源资产中，不属于同一类划分标准的是（　　）。

A. 森林生物资源资产

B. 森林土地资源资产

C. 森林景观资源资产

D. 森林自然游憩资源

【答案】C

【解析】略。

【知识点2】森林资源资产评估的概念和特点（★★）

1. 森林资源资产评估的概念

2. 森林资源资产评估的特点（见表4－2）

表4－2 森林资源资产评估的分类

特点	具体内容
森林资源资产价值的关联性	价值体现在林木、林地、森林景观资产以及与森林资源相关的其他资产之上。
森林资源资产的可再生性	具有可再生性，这是森林实现持续经营的基础，也是其资产的特点。
森林经营的长周期性对资产评估结果有着较大影响	影响主要表现为：（1）在供求关系对价格的影响方面表现为供给弹性小，且成本效应滞后；（2）由于经营周期长，投入资金时间价值极为重要，投资收益率的微小变化将对评估结果产生重大影响；（3）由于经营周期长，生产过程不易人为控制，对未来投入产出的预测较为困难。
森林资源资产效益的多样性	森林资源资产具有经济、生态和社会三重效益，效益的多样性对森林资源资产评估带来了重大的影响。
森林资源调查和资产核查的艰巨性	森林资源资产不同于其他资产，主要分布在偏远山区，交通不便，外业调查或核查专业技术性强、工作量大，工作条件极为艰苦。
森林资源资产的地域性明显	森林生长于固定的地理位置，评估时除考虑森林的价值外，还要考虑森林地位级和森林地利级，如气候条件、土地肥沃程度、适地适树情况、交通条件等。

【例4-3】（单项选择题）森林资源资产主要分布在偏远山区，工作量大，工作条件艰苦，主要体现了森林资源资产评估的（　　）特点。

A. 森林资源资产的可再生性

B. 森林资源调查和资产核查的艰巨性

C. 森林资源资产的地域性明显

D. 森林资源资产价值的关联性

【答案】B

【解析】略。

【例4-4】（多项选择题）森林资源资产评估的特点是（　　）。

A. 森林资源资产价值的关联性

B. 森林资源资产的可再生性

C. 森林经营的长周期性对资产评估结果有着较大影响

D. 森林资源资产经营的永续性

E. 森林资源调查和资产核查的艰巨性

【答案】ABCE

【解析】略。

【知识点3】森林生态系统资产与生态系统服务（★）

（一）森林生态系统资产

森林生态系统资产是涵盖森林资源全部要素的某一时点的价值，是森林资源经济资产和森林资源非经济资产的总和。

【提示】随着外部社会经济条件的变化，森林资源非经济资产会逐步被赋予经济资产的属性，转变为森林资源经济资产，如林业碳汇。

（二）森林生态系统服务及其核算

1. 森林生态系统服务

森林生态系统服务是人类从森林生态系统中获得的各种惠益。它们包括对人类具有直接影响的供给服务、调节服务和文化服务，以及维持这些服务所必需的支持服务。

2. 森林生态系统服务核算

（1）核算内容。森林生态系统服务核算包括实物量核算和价值量核算。

（2）分类及评估方法。森林生态系统服务价值核算，依据市场化程度，可以分为三类，即已市场化的、准市场化的以及未市场化的。

三类情况的评估技术不同。市场化的产品与服务，可直接按其市场价值进行估价；对于准市场化的资产、产品和服务的评估，它们的价值需要根据市场化的情况分析评估；对于未市场化的资产、产品和服务，则用虚拟市场等方法评估。

【例4-5】下列关于森林生态系统资产的叙述中，正确的是（　　）。

A. 森林生态系统资产是涵盖森林资源全部要素的某一时期的价值

B. 森林资源资产是森林资源经济资产和森林资源非经济资产的总和

C. 森林自然游憩资源资产属于森林资源非经济资产

D. 林业碳汇属于森林资源非经济资产转变为森林资源经济资产

【答案】D

【解析】森林资源资产通常仅指森林资源经济资产，包括前文所述的林木资产、林地资产、森林自然游憩资产等。

【知识点4】森林权属划分（★★★）

森林权属是国家、集体、单位和个人等主体对森林资源拥有的权利，包括森林、林木、林地的所有权和使用权，林地承包权、经营权以及法律法规规定的其他权利等。具体内容如表4-3所示。

表4-3　森林权属的划分

权属划分	项目	内容
国有林权	概念	国有林权是国家对特定区域内的森林资源的所有权。
	范围	（1）森林资源属于国家所有，由法律规定属于集体所有的除外； （2）所有权由国务院代表国家行使，国务院可以授权国务院自然资源主管部门统一履行国有森林资源所有者职责。
	经营和流转	林业经营者依法取得的国有林地和林地上的森林、林木的使用权，经批准可以转让、出租、作价出资等。
	保护	林业经营者应当履行保护、培育森林资源的义务。

续表

权属划分	项目	内容
集体林权	概念	集体林权是农村集体经济组织对森林、林木和林地所享有的所有权和使用权。
	经营和流转	(1)《森林法》规定，集体所有和国家所有依法由农民集体使用的林地（统称集体林地）实行承包经营的，承包方享有林地承包经营权和承包林地上的林木所有权，合同另有约定的从其约定。承包方可以依法采取出租（转包）、入股、转让等方式流转林地经营权、林木所有权和使用权。 (2) 未实行承包经营的，由农村集体经济组织统一经营。经本集体经济组织成员的村民会议2/3以上成员或者2/3以上村民代表同意并公示，可以通过招标、拍卖、公开协商等方式依法流转林地经营权、林木所有权和使用权。 (3) 受让方违反法律规定或者合同约定造成森林、林木、林地严重毁坏的，发包方或者承包方有权收回林地经营权。
单位林权	范围	(1) 国有企业事业单位、机关、团体、部队营造的林木，由营造单位管护并按照国家规定支配林木收益； (2) 集体承包国家所有和集体所有的宜林荒山荒地荒滩营造的林木，归承包的集体所有，合同另有约定的从其约定。
个人林权	范围	(1) 农村居民在房前屋后、自留地、自留山种植的林木，归个人所有； (2) 城镇居民和职工在自有房屋的庭院内种植的林木，归个人所有； (3) 个人承包国家所有和集体所有的宜林荒山荒地营造的林木，归承包的个人所有，合同另有约定的从其约定。

【例4－6】（多项选择题）按照归属主体分类，森林权属可划分为（　　）。

A. 个人林权　　B. 集体林权

C. 单位林权　　D. 法人林权

E. 国有林权

【答案】 ABCE

【解析】 略。

【例4－7】（多项选择题）根据林权归属与管理的相关规定，以下林木不属于个人林权的是（　　）。

A. 农村居民在自留山种植的林木

B. 由村集体经济组织依法实行民主经营管理的林木

C. 个人承包国家所有的宜林荒山荒地造林，承包后种植的林木

D. 由国有林场经营管理的森林资源

E. 某市农业局营造的林木

【答案】 BDE

【解析】 A项、C项属于个人林权，B项属于集体林权，D项属于国有林权，E项属于单位林权。

【例4－8】（多项选择题）集体林权流转包括（　　）权利的流转。

A. 林地所有权　　B. 集体林地经营权

C. 林木所有权　　D. 林地承包经营权

E. 林木使用权

【答案】 BCDE

【解析】 林地所有权不能流转。

【例4－9】（多项选择题）未实行承包经营的集体林权，其流转方式包括（　　）。

A. 招标　　B. 转让

C. 出租　　D. 拍卖

E. 公开协商

【答案】 ADE

【解析】 略。

【知识点5】林权登记（★★）

如表4－4所示。

表 4 – 4 林权登记

项目	内容
概述	林权登记是法定登记机关应林权权利人请求，将其林权状况记载于登记簿的管理活动。
登记机关	(1) 林地和林地上的森林、林木的所有权、使用权，由不动产登记机构统一登记造册，核发证书； (2) 国务院确定的国家所有的重点林区的森林、林木和林地，由国务院自然资源主管部门负责登记。
登记申请人	(1) 依法获得国有森林、林木和林地使用权的，由国有森林、林木、林地使用者申请林权登记。 (2) 农民集体所有和国家所有由农民集体使用的森林、林木和林地，依法采取家庭承包或其他方式承包的，由承包方申请；承包后依法转让或者互换的，由新的承包方申请；未发包的，由集体所有者或依法使用国家所有森林、林木和林地的集体使用者申请。 (3) 实施退耕还林的，由土地承包经营权人申请并依法办理土地变更手续和调整土地承包经营合同。
登记内容	(1) 森林、林木定着物应当与其所依附的土地、海域一并登记，保持权利主体一致。 (2) 承包农民集体所有的或者国家所有依法由农民集体使用的农用地从事农业生产的，可以申请土地承包经营权登记；地上有森林、林木的，应当在申请土地承包经营权登记时一并申请登记；森林、林木的种类等发生变化的，承包方应申请土地承包经营权变更登记。 (3) 申请国有林地使用权登记，应当提交有批准权的人民政府或者主管部门的批准文件，地上森林、林木一并登记。

【例 4 – 10】（单项选择题）国家所有的重点林区的森林、林木和林地的登记，由（　　）负责登记。

A. 县级及以上地方人民政府不动产登记机构

B. 市级及以上地方人民政府不动产登记机构

C. 省级人民政府自然资源管理部门

D. 国务院自然资源管理部门

【答案】 D

【解析】 略。

【例 4 – 11】（单项选择题）对相关林权进行登记时，关于登记申请人的确定，错误的是（　　）。

A. 实施退耕还林的，由土地承包经营权人申请并依法办理土地变更手续和调整土地承包经营合同

B. 农民集体所有的林地，未发包的，由集体所有者申请林权登记

C. 农民集体所有的森林，依法采取家庭承包的，由承包方申请林权登记；承包后依法转让或者互换的，由原承包方申请林权登记

D. 依法获得国有森林使用权的，由国有森林使用者申请林权登记

【答案】 C

【解析】 略。

【知识点 6】林权抵押（★★★）

如表 4 – 5 所示。

表 4 – 5 林权抵押

项目	内容
可用于抵押的林权	(1) 用材林、经济林、薪炭林的林木所有权和使用权及相应林地使用权； (2) 用材林、经济林、薪炭林的采伐迹地、火烧迹地的林地使用权； (3) 国家规定可以抵押的其他森林、林木所有权、使用权和林地使用权。
不可用于抵押的森林资产或权利	(1) 未依法办理林权登记、权属不清或存在争议的森林、林木和林地； (2) 无法处置变现的林权，包括水源涵养林、水土保持林、防风固沙林、农田和牧场防护林、护岸林、护路林等防护林的所有权、使用权及相应的林地使用权，以及国防林、实验林、母树林、环境保护林、风景林、名胜古迹和革命纪念地的林木、自然保护区的森林等特种用途林的所有权、使用权及相应的林地使用权。

续表

项目	内容
林权抵押所需材料	申请办理林权抵押贷款时，银行应要求借款人提交林权证原件。 （1）农村集体经济组织统一经营管理的林权，抵押人提供依法经本集体经济组织2/3以上成员同意或者2/3以上村民代表同意的决议，以及该林权所在地乡（镇）人民政府同意抵押的书面证明； （2）共有林权，抵押人提供其他共有人的书面同意意见书； （3）以承包经营方式取得的林权，抵押人提供承包合同； （4）以其他方式承包经营或流转取得的林权，抵押人提供承包合同或流转合同和发包方同意抵押意见书。
林权抵押评估	实行分类管理： （1）对于贷款金额≥30万元的林权抵押贷款项目，具备专业评估能力的银行可以自行评估，也可以通过森林资源调查和价格咨询等方式进行评估； （2）对于贷款金额<30万元的林权抵押贷款项目，银行要参照当地市场价格自行评估。
抵押权实现	贷款到期后，借款人未清偿债务或出现抵押合同规定的行使抵押权的其他情形时，可通过竞价交易、协议转让、林木采伐或诉讼等途径处置已抵押的林权。通过采伐方式处置的，银行要与抵押人协商提出林木采伐申请。 林权抵押期间，未经抵押权人书面同意，采伐审批机关不得批准或发放林木采伐许可证。

【例4-12】（多项选择题）下列林权可以用于抵押的有（　　）。

A. 薪炭林火烧迹地的林地使用权

B. 风景林的林木所有权

C. 水源涵养林的林木使用权

D. 经济林的林木所有权

E. 用材林的林地使用权

【答案】ADE

【解析】略。

【例4-13】（多项选择题）下列林权不可以用于抵押的有（　　）。

A. 母树林的林地使用权

B. 实验林的林木使用权

C. 经济林的采伐迹地的林地使用权

D. 存在权属争议的森林

E. 革命纪念地的林木所有权

【答案】ABDE

【解析】略。

【例4-14】（单项选择题）办理林权抵押时，抵押人应提交的材料不正确的是（　　）。

A. 抵押共有林权，抵押人需提供其他共有人的书面同意意见书

B. 抵押以承包经营方式取得的林权，抵押人需提供承包合同

C. 抵押以其他方式承包经营或流转取得的林权，抵押人需提供承包合同或流转合同和发包方同意抵押意见书

D. 抵押农村集体经济组织统一经营管理的林权，抵押人提供依法经本集体经济组织1/2以上成员同意或者1/2以上村民代表同意的决议

【答案】D

【解析】略。

【知识点7】森林经营管理（★）

（一）公益林管理

（1）公益林的划定。国家根据生态保护的需要，将森林生态区位重要或者生态状况脆弱，以发挥生态效益为主要目的的林地和林地上的森林划定为公益林。

（2）国家对公益林实施严格保护。

（二）商品林经营管理

（1）商品林的划定。未划定为公益林的林地和林地上的森林属于商品林。

（2）商品林由林业经营者依法自主经营。

【例4-15】（多项选择题）下列应当被划定为公益林的是（　　）。

A. 未开发利用的原始林地区

B. 野生动物自然保护区的森林

C. 重要江河干流及支流两岸林地

D. 以生产燃料和其他生物质能源为主的森林

E. 以生产药材为主的森林

【答案】ABC

【解析】D项、E项属于商品林。

【知识点8】森林采伐管理（★）

（一）采伐量控制

国家严格控制森林年采伐量。省、自治区、直辖市人民政府林业主管部门，编制本行政区域的年采伐限额，经征求国务院林业主管部门意见，报本级人民政府批准后公布实施，并报国务院备案。重点林区的年采伐限额，由国务院林业主管部门编制，报国务院批准后公布实施。

（二）采伐禁限规定

（1）公益林只能进行抚育、更新和低质低效林改造性质的采伐。但是，因科研或者实验、防治林业有害生物、建设护林防火设施、营造生物防火隔离带、遭受自然灾害等需要采伐的除外。

（2）商品林应当根据不同情况，采取不同采伐方式，严格控制皆伐面积，伐育同步规划实施。

（3）自然保护区的林木，禁止采伐。但是，因防治林业有害生物、森林防火、维护主要保护对象生存环境、遭受自然灾害等特殊情况必须采伐的和实验区的竹林除外。

（三）采伐许可证

（1）采伐许可证制度。采伐林地上的林木应当申请采伐许可证，并按照采伐许可证的规定进行采伐；采伐自然保护区以外的竹林，不需要申请采伐许可证。农村居民采伐自留地和房前屋后个人所有的零星林木，不需要申请采伐许可证。

（2）采伐许可证核发。采伐许可证由县级以上人民政府林业主管部门核发。农村居民采伐自留山和个人承包集体林地上的林木，由县级人民政府林业主管部门或者其委托的乡镇人民政府核发采伐许可证。

（3）不得核发采伐许可证的情形：采伐封山育林期、封山育林区内的林木；上年度采伐后未按照规定完成更新造林任务；上年度发生重大滥伐案件、森林火灾或者林业有害生物灾难，未采取预防和改进措施等。

（四）更新造林

采伐林木的组织和个人应当按照有关规定完成更新造林。更新造林的面积不得少于采伐的面积，更新造林应当达到相关技术规程规定的标准。

【例4-16】（多项选择题）下列关于采伐许可证的叙述，正确的是（　　）。

A. 采伐自然保护区的竹林，不需要申请采伐许可证

B. 农村居民采伐自留山、自留地林木，不需要申请采伐许可证

C. 采伐许可证由县级以上人民政府林业主管部门核发

D. 个人承包集体林地上的林木，由县级人民政府林业主管部门或者其委托的乡镇人民政府核发采伐许可证

E. 上年度发生重大滥伐案件、森林火灾或者林业有害生物灾难，不得核发采伐许可证

【答案】CD

【解析】略。

【知识点9】森林资源资产调查（★）

森林资源调查由三类构成：国家森林资源清查、森林资源规划设计调查和作业设计调查。如表4-6所示。

表4-6　森林资源调查分类

项目	内容
国家森林资源清查	国家森林资源清查（简称一类调查）是以掌握宏观森林资源现状与动态为目的，以省（自治区、直辖市，以下简称省）为单位，利用固定样地为主进行定期复查的森林资源调查方法。一般以省为调查总体，每五年复查一次。
森林资源规划设计调查	森林资源规划设计调查也叫“森林经理调查”，简称“二类调查”，是以国有林业局（场）、自然保护区、森林公园、林场等森林经营单位或县级行政区域为调查单位，以满足森林经营方案、总体设计、林业区划与规划设计需要而进行的森林资源调查，调查周期一般为十年。
作业设计调查	作业设计调查，又称三类调查，是为满足森林经营作业设计服务的一种森林资源调查。 当森林经营单位需要进行诸如主伐、抚育间伐、造林、林分改造等森林经营作业时，首先需要按照规程进行作业设计。作业设计以作业小班或作业范围作为调查对象，目的是为作业设计提供详尽、可靠的基础数据和图件。

【提示】 森林资源资产评估中，编制委托评估森林资源资产清单，通常是以“二类调查”或“三类调查”数据为基础，或基于“二类调查”技术标准进行的专项调查成果为基础，由委托方或资产经营方编制的。

【例4-17】（多项选择题）下列属于森林资源调查的有（　　）。

A. 国家森林资源清查

B. 森林资源规划设计调查

C. 三类调查

D. 森林经理调查

E. 森林资源核查

【答案】 ABCD

【解析】 略。

【例4-18】（多项选择题）关于森林资源调查的说法中，正确的是（　　）。

A. 国家森林资源清查结果不能作为编制森林资源资产清单的基础

B. 作业设计调查，又称森林经理调查，简称三类调查

C. 二类调查以国有林业局（场）、自然保护区、森林公园、林场等森林经营单位或县级行政区域为调查单位

D. 森林资源规划设计调查周期一般为五年

E. 一类调查利用固定样地为主进行定期复查，一般以省为调查总体，每五年复查一次

【答案】 ACE

【解析】 略。

【知识点10】森林资源资产调查与森林资源资产核查中常用概念（★）

1. 区划系统

为了因地制宜地组织林业生产，便于经营管理及进行森林资源调查与规划设计，需要对森林资源进行地域上的组织，划分一定的管理单位，即进行森林区划。目前我国森林区划系统如表4-7所示。

表4-7　　我国森林区划系统

林区分类	区划系统
大林区	五级区划：林业局—林场—营林区—林班—小班； 南方少林省没有“林业局”，仅四级。
集体林区	县—乡（镇）—村—林班—小班

2. 林班（见表4-8）

表4-8　　林班的内容

定义	在林业局、林场范围内，将林地划分成许多个面积大小比较一致的单位，谓之林班。林班是森林资源统计单位，也是永久性的经营管理单位。
划分原则	根据林区的实际情况和经营水平，确定面积大小和区划方法。
面积	我国林区的林班面积，一般为100—500公顷。
注意问题	在具有风景、旅游和疗养性质的林区，林班的大小和形状，一般都尽可能与森林景观及旅游事业的需要相结合。

3. 小班

在同一个林班范围内，往往具有不同的立地条件及各种地类，或者生长着各种不同的林分。为了区别对待，采取不同的经营措施，合理组织林业生产需要将林班进一步划分成不同的地块，这种地块，林业上称为小班。

【提示1】 小班是内部特征基本一致，与相邻地段有明显区别，而需要采取相同经营措施的地块。

【提示2】 小班是森林经营的最小单位，也是森林调查规划设计的基本单位。

4. 林分起源

根据林分起源，林分可分为天然林和人工林。

5. 树种组成

组成林分树种的成分称为树种组成。由一个树种组成的林分称纯林，而由两个或更多树种组成的林分称为混交林。

【提示1】 树种组成系数及其表示方法。

在混交林中，为表达各树种在组成林分中所占的成分，而分别以各树种的蓄积量（或断面积）占林分总蓄积量（或总断面积）的比重

来表示，这个比重叫作树种组成系数。

组成系数通常用十分法表示，即各树种组成系数之和等于“10”。由树种名称及相应的组成系数写成组成式，例如杉木纯林，则林分组成式为“10 杉”。

【提示 2】树种组成系数组成式中的“+”号与“-”号。

如果某一树种的蓄积量不足林分总蓄积量的 5%，但大于等于 2%，则在组成式中用“+”号表示；若某一树种的蓄积量少于林分总蓄积量的 2%，则在组成式中用“-”号表示。

6. 平均胸径

在没有特殊说明的情况下，森林调查中所说的单株立木的“直径”，均为“胸高直径”。常以 d 表示，以厘米为单位。

7. 平均树高

平均树高是反映林木高度平均水平的测度指标，根据不同的目的，通常平均高又分为林分平均高和优势木平均高。

【提示 1】林木的高度是反映林木生长状况的数量指标，同时也是反映林分立地质量高低的重要依据。

【提示 2】单株立木的“树高”，是指该株立木的根茎至树梢顶端的高度。常以 h 表示，以米为单位。

8. 林分蓄积量

林分中所有活立木材积的总和称为林分蓄积量，常以 M（立方米/公顷）表示，是重要的林分调查因子之一。测定方法很多，可概括为实测法和目测法两大类。

【提示】林分蓄积量是个数量指标，它不能全面地反映林分林木材积的经济利用价值的大小。

9. 立地等级

林地资源资产的质量，也就是林地的生产潜力。通常用地位级、地位指数、立地条件类型或数量化立地指数来表示，可在实地调查这些指标的辅助因子后，在相应的调查数表中查得。

10. 地利等级

主要指林地所处的空间位置，反映林地经营的便利程度。地利等级反映了林地的外部生产条件，有时也用“可及度”来表示。林地所处的空间位置主要是指交通是否便利，是否便于经营，这些因素直接影响着经营这块林地投入成本的高低。因此，地利等级的高低将对林地的价值造成极大的影响。地利等级通常是以林地与已建成的公路运输线路间的距离来确定的。

【例 4-19】（单项选择题）目前我国各大林区的森林区划系统一般为（　　）区划。

A. 二级　　B. 三级

C. 四级　　D. 五级

【答案】D

【解析】略。

【例 4-20】（单项选择题）在林业局、林场范围内，将林地划分成许多个面积大小比较一致的单位，是森林资源统计单位，也是永久性的经营管理单位，这指的是（　　）。

A. 小班　　B. 林班

C. 林场　　D. 营林区

【答案】B

【解析】略。

【例 4-21】（单项选择题）杉木纯林的林分组成表达正确的是（　　）。

A. 10 杉　　B. +10 杉

C. 100 杉　　D. +100 杉

【答案】A

【解析】略。

【例 4-22】（单项选择题）关于林分蓄积量的说法错误的是（　　）。

A. 林分中所有活立木材积的总和称为林分蓄积量

B. 林分蓄积量是个数量指标

C. 是个质量指标，能反映林分林木材积的经济利用价值的大小

D. 测定方法很多，可概括为实测法和目测法两大类

【答案】C

【解析】林分蓄积量是个数量指标，它不能全面地反映林分林木材积的经济利用价值的大小。

【例 4-23】（多项选择题）关于小班的叙述，下列说法正确的是（　　）。

A. 小班面积，一般为 100—500 公顷

B. 小班是森林经营的最小单位

C. 小班是森林调查规划设计的基本单位

D. 小班是我国森林区划系统的最小一级区划

E. 小班的内部特征基本一致，与相邻地段有明显区别

【答案】BCDE

【解析】略。

【例 4-24】（多项选择题）可表示立地等级的指标有（　　）。

A. 地位级　　B. 可及度

C. 立地条件类型 D. 地位指数

E. 数量化立地指数

【答案】ACDE

【解析】略。

【例 4－25】（多项选择题）下列关于地利等级的叙述中，正确的是（　　）。

A. 反映林地资源资产的质量，林地经营的便利程度

B. 影响着经营林地投入成本的高低，对林地的价值造成极大的影响

C. 通常是以林地与已建成的公路运输线路间的距离来确定的

D. 反映了林地的外部生产条件，有时也用“可及度”来表示

E. 体现了林地所处的空间位置，包括交通是否便利，是否便于经营

【答案】BCDE

【解析】略。

【知识点 11】森林资源资产的核查（★★）

评估人员在进行森林资源资产价值评定估算前，应当对森林资源资产数量、质量进行现场核查，确定委托人提供的森林资源资产清单是否能够作为评估依据。

【提示 1】可以委托相关专业机构对委托人或者其他相关当事人提供的森林资源资产实物量清单进行现场核查，由核查机构出具核查报告。

【提示 2】当森林资源资产实物量数据由相关专业机构为资产评估而进行资源专项调查，并出具资源调查报告时，评估人员需对调查工作进行现场核查，以确定用于森林资源资产评估的资源调查数据准确完整有效。

1. 核查的基本要求

应对评估委托人提交的森林资源资产清单标注的内容进行核查，并要求账面、图面、实地三者一致，核查结果应满足核查的精度要求。

拟评估森林资源资产的范围为核查总体，在核查总体内应恰当确定核查总体单元的大小和边界，并计算在一定可靠性前提下的核查精度；一个核查总体单元只允许对应一个独立使用的评估值。

2. 核查内容

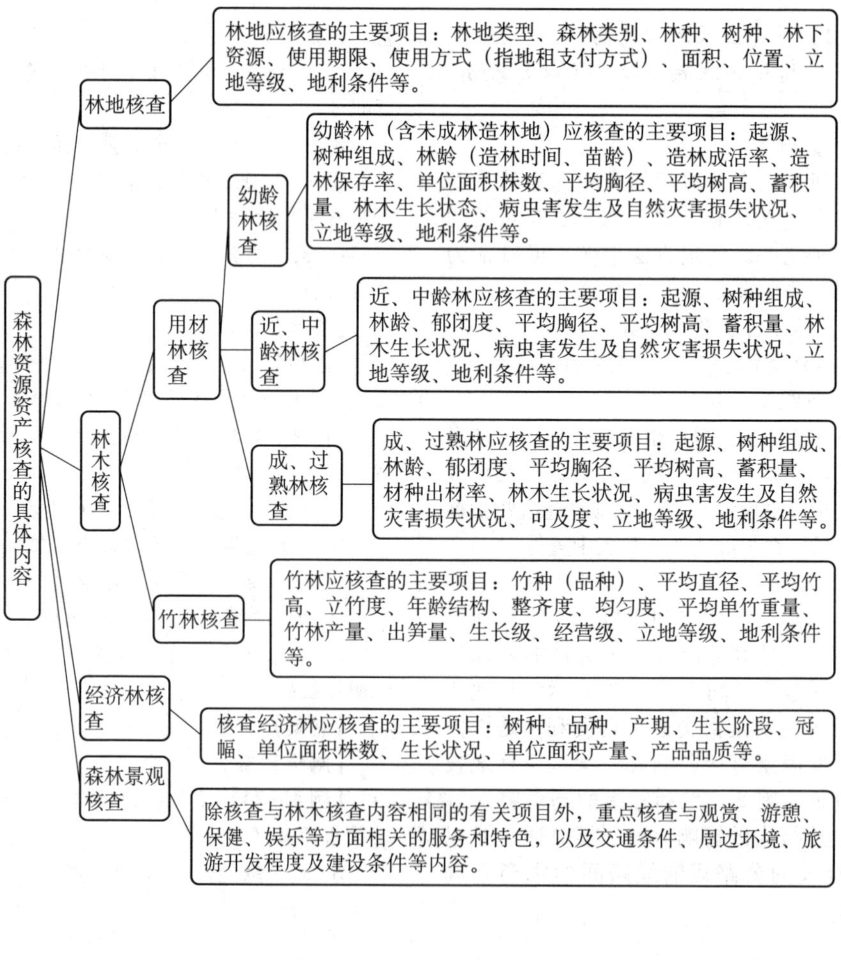

3. 核查方法

森林资源资产现场核查可以采用抽样核查或全面核查的方式进行。常见的森林资源资产核查方式主要有小班抽查法、全面核查法、抽样调查法等方式。

当资产评估机构和评估人员缺乏森林资源调查专业知识和经验时，应聘请具有专业胜任的专业机构或专业技术人员对森林资源资产进行核查，并由专业机构出具核查报告。

【例4-26】（多项选择题）常见的森林资源核查方式有（　　）。

A. 抽样核查法　　B. 全面核查法

C. 小班抽查法　　D. 抽样调查法

E. 专业核查法

【答案】BCD

【解析】常见的森林资源资产核查方式主要有小班抽查法、全面核查法、抽样调查法等。

【例4-27】（多项选择题）森林资源资产的核查，要求（　　）一致，核查结果应满足核查的精度要求。

A. 账面　　B. 权证

C. 图面　　D. 实地

E. 抽查

【答案】ACD

【解析】略。

【知识点12】森林资源资产评估中资料收集的内容（★★★）

（一）森林资源资产评估需要收集的资料

（1）林权证书（林权证、不动产权证、林木权证），林地租赁合同，承包合同等；

（2）评估范围内的森林资源图面资料；

（3）森林资源资产清单；

（4）有特殊经济价值的林木种类、数量和质量资料；

（5）营林生产技术标准及有关成本费用资料；

（6）木材生产、销售等有关成本费用资料；

（7）当地森林培育、森林采伐和基本建设等方面的技术经济指标；

（8）森林培育的账面历史成本资料；

（9）评估基准日各种规格的木材、林副产品市场价格，及其销售过程中的税、费征收标准；

（10）当地及周边地区的林地使用权出让、转让和出租的价格资料；

（11）当地及周边地区的林业生产投资收益率；

（12）各树种的生长过程表、生长模型、收获预测表等资料；

（13）使用的一元材积表、二元材积表、出材率表、立地指数表等林业经营数表资料；

（14）其他与评估有关的资料。

【例4-28】（多项选择题）森林资源资产评估需要收集的资料通常包括（　　）。

A. 森林资源规划设计调查资料

B. 森林资源资产清单

C. 评估范围内的森林资源图面资料

D. 森林培育的市场价值资料

E. 当地及周边地区的林业生产投资收益率

【答案】BCE

【解析】森林资源规划设计调查资料是编制森林资源资产清单的依据之一，该清单一般由委托人提供。森林资源资产评估需要收集的资料应当包括森林培育的账面历史成本资料，而不是市场价值资料。

（二）森林资源资产清单

森林资源资产清单就是一般资产评估中的委托评估资产申报表，它通常是指以具有相应调查资质的森林资源调查单位当年的森林资源规划设计调查（二类调查）、伐区作业设计调查（三类调查）成果，或按林业资源管理部门要求建立并逐年更新至当年，且经补充调查修正的森林资源档案资料编制的森林资源资产清单。

【提示1】森林资源资产清单通常以小班为单位编制。

【提示2】当委托人无法提供有效的委托评估森林资源资产清单时，应要求委托人聘请具有相应资质的森林资源调查机构进行森林资源专项调查，以调查成果为基础编制森林资源资产清单。或经委托人同意，由评估机构委托有专业胜任能力的森林资源调查机构进行调查，委托人以调查成果为基础编制森林资源资产清单。

【例4-29】（单项选择题）森林资源资产清单通常以（　　）为单位编制。

A. 小班　　B. 林班

C. 林场　　D. 营林区

【答案】A

【解析】略。

【例4-30】（多项选择题）森林资源资产清单是根据（　　）编制的。

A. 森林资源连续清查结果

B. 森林资源规划设计调查结果

C. 伐区作业设计调查结果

D. 现场调查结果

E. 按林业管理部门要求建立完善的森林资源档案资料

【答案】 BCE

【解析】 森林资源资产清单实际上就是一般资产评估中的委托评估资产申报表，它通常是指以具有相应调查资质的森林资源调查单位当年的森林资源规划设计调查（二类调查）、伐区作业设计调查（三类调查）成果，或按林业资源管理部门要求建立并逐年更新至当年，且经补充调查修正的森林资源档案资料编制的森林资源资产清单。

【知识点13】用材林林木资产评估方法（★★★）

如表4－9所示。

表4－9　用材林林木资产评估方法及公式汇总

<table>
<tr><td rowspan="6">用材林林木资产评估方法及公式</td><td rowspan="2">市场法
（★★★）</td><td>木材市场价倒算法</td><td>$E_n = W - C - F$</td></tr>
<tr><td>市场成交价比较法</td><td>$E = \frac{X}{N}\sum_{i=1}^{N} K_i K_{bi} G_i$</td></tr>
<tr><td rowspan="3">收益法
（★★★）</td><td>收获现值法</td><td>$B_u = K \cdot \frac{A_u + D_a(1+P)^{u-a} + D_b(1+P)^{u-b} + \cdots}{(1+P)^{u-n+1}} - \sum_{i=n}^{u-1} \frac{C_i}{(1+P)^{i-n+1}}$</td></tr>
<tr><td>年金资本化法</td><td>$E = \frac{A}{P}$</td></tr>
<tr><td>周期收益资本化法</td><td>$E = K \cdot \frac{A_u}{(1+p)^u - 1} - \frac{V}{p}$
$E = K \cdot \frac{A_u \times (1+p)^m}{(1+p)^u - 1} - \frac{V}{p}$</td></tr>
<tr><td>成本法
（★★★）</td><td>重置成本法</td><td>$E_n = K\sum_{i=1}^{n} C_i(1+P)^{n-i+1}$</td></tr>
</table>

（一）市场法

1. 木材市场价倒算法（见表4－10）

表4－10　木材市场价倒算法（用材林）

项目	内容
基本原理	木材市场价倒算法又称剩余价值法，是将被评估林木资产皆伐后所得木材的市场销售总收入，扣除木材生产经营所消耗的成本和合理利润，剩余价值部分作为林木资产评估值的一种方法。
计算公式	$E = W - C - F$ 式中：E—林木资产评估值；W—销售总收入；C—木材生产经营成本（包括采伐成本和销售税费）；F—木材生产经营利润（木材采伐者的合理利润）。 当森林培育与木材生产经营采伐为同一方时，应考虑评估目的等因素，确定是否扣减木材生产经营利润（F）。
前提条件	所需要的经济技术资料能在市场上较易获得，各工序的生产成本、木材价格、利润、税费等数据都能较易收集。
适用范围	市场价倒算法是即将可以采伐的成熟、过熟林林木资产评估常用方法。

【例4－31】（综合题）某国有林业公司拟转让近期收购的50公顷桦木林，该林分经营类型为一般用材林，林龄为30年，已过主伐期，处于成熟林组，林分平均胸径为15厘米，平均树高为20米，平均蓄积为180立方米/公顷，请评估该地块林木资产价值。

【答案及解析】

(1) 选择评估方法。本题可考虑采用木材市场价倒算法评估。

(2) 调查后搜集到的相关技术经济指标。

①木材价格。木材价格以委托评估资产附近林产品交易市场木材销售价为基础，结合待评估林木资产的实际平均胸径综合确定木材的平均售价。

经调查分析，桦原木售价为 800 元/立方米，桦综合材售价为600 元/立方米。

②木材经营成本。木材经营成本主要包含伐区设计费、检尺费、采运费、销售费用、管理费用等，以出材量为计算基数，合计为 170 元/立方米。

③木材销售税费。木材销售税费主要包含增值税、城建税、维简费、不可预见费等，合计按销售收入的 18% 征收。

④经营利润率。按木材经营成本的 16% 计算。

⑤出材率。按委估资产地方标准"××市县林区商品林主要树种出材率表"，胸径为 15 厘米的桦木出材率为 60%（其中原木 25%，综合材 35%）。

(3) 根据上述指标，评估过程及结论如下：

①木材销售收入 W = 50 × 180 × 25% × 800 + 50 × 180 × 35% × 600 = 3 690 000（元）

②木材生产经营成本 C = (50 × 180 × 25% + 50 × 180 × 35%) × 170 + 3 690 000 × 18% = 1 582 200（元）

③木材生产经营利润 F = 1 582 200 × 16% = 253 152（元）

④林木评估值 E = W − C − F = 3 690 000 − 1 582 200 − 253 152 = 1 854 648（元）

2. 市场成交价比较法（见表 4 − 11）

表 4 − 11　市场成交价比较法（用材林）

项目	内容
基本原理	市场成交价比较法是将相同或类似的森林资源资产的现行市场成交价格作为比较基础，通过价格变动、林分质量的调整，估算拟评估森林资源资产价值的一种方法。
计算公式（简单算术平均法）	$E=\frac{X}{N}\sum_{i=1}^{N}K_iK_{bi}G_i$ 式中：E—评估值；X—拟评估森林资产的实物量；K_i—第 i 个交易案例林分质量综合调整系数；K_{bi}—第 i 个交易案例物价调整系数；G_i—第 i 个交易案例市场交易价格；N—交易案例个数。
前提条件	可以收集到近期、多个可比交易案例或公开市场交易信息。
适用范围	适用于各林龄段林木资产的评估。

（二）收益法

1. 收获现值法（见表 4 − 12）

表 4 − 12　收获现值法（用材林）

项目	内容
基本原理	收获现值法是通过预测林分生长到主伐时可生产的木材的数量，利用木材市场价倒算法测算出其立木的价值并将其折成现值，然后扣除评估基准日后到主伐前预计要进行各项经营措施成本（含地租）的折现值，将其剩余部分作为被评估林木资产的评估值。
计算公式	$E=K\times\frac{A_u+A_a\ (1+P)^{u-a}+A_b\ (1+P)^{u-b}+\cdots}{(1+P)^{u-n+1}}-\sum_{i=1}^{u-1}\frac{C_i}{(1+P)^{i-n+1}}$ 式中：E—林木资产评估值；K—林分质量调整系数，一般根据待评估的林分与标准林分的蓄积或胸径指标进行调整；A_u—参照林分 u 年主伐时的净收益，木材销售收入扣除采运成本、销售费用、管理费用、财务费用、有关税费、木材经营的合理利润后的部分；A_a，A_b—参照林分第 a，b 年的间伐和其他纯收益（$n>a$，b 时，A_a，$A_b=0$）；C_i—评估基准日后至主伐期间的年营林成本；u—经营周期；n—林分年龄；P—投资收益率，一般采用平均收益率进行测算。

续表

项目	内容
前提条件	此方法由于是基于林木全生长周期所做的收益测算，使用时：首先，需要有林木的完整历史生长期数据（如不同龄组段的生长量或生长率数据，林分抚育模型等）；其次，需要有完整的市场价格、采运成本、相关税费等数据。
适用范围	此种方法主要针对造林年代已久，用成本法容易产生偏差，离主伐期尚早，不宜采用市场法而提出的。一般用于中龄林和近熟林的评估。

【例4-32】（综合题）某国有林场拟挂牌转让一块面积为400亩的杉木林，委托资产评估机构进行林木资产评估，评估基准日为2020年12月31日。评估人员经现场调查后，拟采用收获现值法进行评估，并收集到下列相关资料信息：

（1）该林分年龄为20年，目前营林正常，平均蓄积量为15立方米/亩；

（2）该林分经营目标为中径林，主伐年龄为25年，期间无须间伐，预计2025年末可完成主伐并实现全部收益；

（3）与该林分同林龄的标准参照林的平均蓄积量为15立方米/亩，标准参照林分主伐时，平均蓄积量为20立方米/亩；

（4）杉木林主伐时，林木净收益（收入扣减采运成本、期间费用、有关税费、合理利润后）约为500元/立方米；

（5）后续每年营林成本均为50元/亩；

（6）投资收益率为8%。

根据以上资料，按要求解答下列问题：

（1）列出森林资源资产评估应收集的主要权属证明文件。

（2）该方法在计算中需要考虑的因素有哪些？

（3）假设全部按期末现金流考虑，采用收获现值法，计算该林分的林木资产评估值。（计算结果以万元为单位，取整数）

【答案及解析】

（1）林权证书（林权证、不动产权证、林木权证），林地租赁合同，承包合同等。

（2）需要考虑的因素有：①林分主伐时的净收益；②间伐的纯收入；③投资收益率，一般采用平均收益率进行测算；④评估基准日到主伐时的营林成本；⑤林分质量调整系数K。

（3）预测主伐时亩蓄积量＝K×林分主伐标准蓄积$=\frac{15}{15}\times 20=20$（立方米）

由于该林木经营不存在间伐，且基准日至主伐时各年营林成本相同，故收获现值法计算如下：

$$B_u=K\cdot\frac{A_u}{(1+P)^{u-n}}-C_i\cdot\frac{(1+P)^{(u-n)}-1}{P(1+P)^{(u-n)}}$$

$\frac{(1+P)^{(u-n)}-1}{P(1+P)^{(u-n)}}$为（$u-n$）期的年金现值系数。

林木评估值$B_u=\frac{400\times 20\times 500}{(1+8\%)^{25-20}}-\frac{400\times 50}{8\%}\times\left[1-\frac{1}{(1+8\%)^{25-20}}\right]=4\ 000\ 000\times 0.680\ 6-20\ 000\times 3.992\ 7=2\ 642\ 546$（元）

故该林分资产评估值为264万元。

【提示】本题与教材设置不符。

教材公式的原理是假设收入发生在次年年末，以此进行计算；本题题目条件明确指出“主伐年龄为25年，期间无须间伐，预计2025年末可完成主伐并实现全部收益”，这里明确给出2025年末可实现全部收益，所以收入是在当年年末实现的，收入的折现期数是“25－20”，不是“25－20＋1”。

2. 年金资本化法（见表4－13）

表4－13　年金资本化法（用材林）

项目	内容
基本原理	年金资本化法是在永续经营条件下，将被评估森林资源资产年稳定收益（等额年金），按适当的资本化率折算林木资源资产价值的方法。
计算公式	$E=\frac{A}{P}$ 式中：E—评估值；A—年平均纯收益；P—资本化率。

续表

项目	内容
前提条件	该方法公式简单，但需要两个重要前提条件：（1）待评估资产的年收入必须稳定；（2）待评估资产可以永续经营。 注意的问题：（1）测算年平均纯收益时应扣减成本的正常利润；（2）投资收益率必须是不含通货膨胀率的当地该类资产投资的平均收益率。
适用范围	年金资本化法主要用于评估年纯收益稳定的森林资源资产。

3. 周期收益资本化法（见表4－14）

表4－14　　周期收益资本化法（用材林）

项目	内容
基本原理	周期收益资本化法是将被评估林木资产稳定的周期收益，按适当的投资收益率折算出资产的价值。
计算公式	（1）刚择伐后的林木资产评估。林木择伐后要经过一个经营周期才达到下一次择伐期，刚择伐后的林木资产评估的收获现值法计算公式为： $E=K\times\frac{A_u}{(1+P)^u-1}-\frac{V}{P}$ 式中：E—刚择伐后的林木资产评估值；K—林分质量综合调整系数；A_u—择伐的纯收益；V—年森林管护成本；u—择伐周期；P—投资收益率。 （2）择伐m年后的林木资产评估。林木择伐m年后，随着林分生长逐渐接近下一次择伐期，林分的蓄积量在增长，林分的价值在增加，其择伐m年后的林木资产评估的收获现值法计算公式为： $E=K\times\frac{A_u(1+P)^m}{(1+P)^u-1}-\frac{V}{P}$ 式中：E—择伐m年后的林木资产评估值；K—林分质量综合调整系数；A_u—择伐的纯收益；V—年森林管护成本；u—择伐周期；m—距评估基准日最近一次择伐的年限。
前提条件	（1）森林资源永续利用； （2）资产主体依照采伐量低于生产量的原则，通常是以择伐的方式进行森林经营作业。
适用范围	适用于异龄林林木资源资产评估。

（三）重置成本法

如表4－15所示。

表4－15　　重置成本法（用材林）

项目	内容
基本原理	重置成本法是按现时的工价及生产水平，重新营造一块与被评估林木资产相类似的资产所需的成本费用，作为被评估林木资产价值的方法。
计算公式	$E=K\sum_{i=1}^{n}C_i(1+P)^{n-i+1}$ 式中：E—评估值；K—林分质量综合调整系数；C_i—第i年以现时工价及生产水平为标准计算的生产成本，主要包括各年投入的劳动力工资、物质消耗、地租、管理费用等；n—林分年龄；P—投资收益率。

续表

项目	内容
林分质量综合调整系数（K）	幼龄林的林分质量综合调整系数，一般用株数调整系数和平均树高调整系数综合确定，中龄以上的林分质量综合调整系数，用平均胸径调整系数和蓄积调整系数综合确定。 （1）株数调整系数 K_1。株数调整系数 K_1 是依据株数保存率 r 与造林标准合格率 R 之间的比较确定。 株数保存率（r）$=\frac{林地实有保存株数}{造林设计株数}$ R 为造林标准合格率。 在幼龄林（未成林造林地幼树）的评估中，当 $r \geq R$ 时，$K_1=1$；当 $r<R$ 时，$K_1=r/R$。 在未成林造林地中，当 $r \leq 40\%$ 时，一般认为造林失败，必须重造，则 $K_1=0$。 在幼龄林阶段中后期，当 $r \leq 40\%$ 时，但有成林希望，$K_1=r/R$。 （2）树高调整系数 K_2。 $K_2(hr)$ = 拟评估林分平均树高/参照林分平均树高 （3）林分质量调整系数。 K = 株数调整系数 K_1 × 树高调整系数 K_2
前提条件	（1）营造林成本投入可以取得，且指标清晰； （2）具有相关树种的营造林技术规程； （3）必须确定合理的投资收益率。
适用范围	适用于幼龄林林木资产的评估。

【例 4-33】（多项选择题）运用重置成本法评估林木资产必须注意的是（　　）。

A. 必须确定合理的投资收益率

B. 需要考虑成新率问题

C. 必须根据林分质量调整估算评估值

D. 林分质量调整系数一般用株数调整系数和平均树高调整系数综合确定

E. 株数调整系数（r）$=\frac{林地实有保存株数}{造林设计株数}$

【答案】 AC

【解析】 略。

【例 4-34】（单项选择题）周期收益资本化法最适用于（　　）评估。

A. 幼龄林林木资产

B. 近熟林林木资产

C. 中龄林林木资产

D. 异龄林林木资产

【答案】 D

【解析】 周期收益资本化法以实现森林资源永续利用为前提条件，适用于异龄林林木资源资产评估。

【例 4-35】（单项选择题）下列运用木材市场倒算法评估用材林资产价值的计算公式中，正确的是（　　）。

A. 评估值 = 销售总收入 - 木材生产经营成本 - 木材生产经营利润

B. 评估值 = 销售总收入 - 木材生产经营成本 + 木材生产经营利润

C. 评估值 = 销售总收入 - 木材生产经营成本

D. 评估值 = 销售总收入 - 木材生产经营利润

【答案】 A

【解析】 略。

【例 4-36】（多项选择题）下列用材林资产评估方法中，属于市场法的是（　　）。

A. 木材市场价倒算法

B. 收获现值法

C. 年金资本化法

D. 重置成本法

E. 市场成交价比较法

【答案】 AE

【解析】 用材林资产评估方法中，属于市场法的是木材市场价倒算法和市场成交价比较法。

【例 4-37】（多项选择题）下列运用收获现值法评估模型计算用材林资产价值时，需要考虑的要素有（　　）。

A. 评估基准日的造林投资

B. 主伐时的净收益

C. 间伐时的净收益

D. 林分质量调整系数

E. 评估基准日到主伐时的营林成本

【答案】 BCDE

【解析】 略。

【例4-38】（单项选择题）某小班为幼龄林，林龄为5年，平均株数为150株/亩，造林设计株数为180株/亩，当地造林成活率要求为85%，则株数调整系数为（　　）。

A. 0.83　　B. 0.98

C. 1　　D. 1.2

【答案】 B

【解析】 株数保存率 $r=150\div180=0.83$

造林标准合格率 $R=85\%$

在幼龄林（未成林造林地幼树）的评估中，$r\geqslant R$，$K_1=1$；$r<R$，$K_1=r/R$。

株数调整系数 $K_1=r/R=0.83\div0.85=0.98$

【知识点14】经济林资源资产的定义及其评估（★★★）

（一）经济林资产的定义

经济林是以生产油料、工业原料、药材、干鲜果品及其他副特产品为主要目的的森林，是森林资源的重要组成部分。

（二）经济林资产评估的方法

经济林资产的评估方法有市场成交价比较法、重置成本法和收获现值法。

（三）不同产期的经济林资源资产评估

如表4-16所示。

表4-16　不同产期的经济林资源资产评估方法及公式汇总

产前期（★★★）	重置成本法	$E_n=K\sum_{i=1}^{n}C_i(1+P)^{n-i+1}$
	市场成交价比较法	$E=\frac{X}{N}\sum_{i=1}^{N}(K_iK_{bi}G_i)$
初产期（★★★）	重置成本法	$E_n=K\times\sum_{i=1}^{n}(C_i-A_i)(1+P)^{n-i+1}$
	收获现值法	$E_n=K\cdot\left[\sum_{i=n}^{n_1-1}\frac{A_i}{(1+P)^{i-n+1}}+AI\cdot\frac{(1+P)^{u-n_1+1}-1}{P\times(1+P)^{u-n+1}}+\frac{AJ}{(1+P)^{u-n+1}}\right]$
	市场成交价比较法	$E=\frac{X}{N}\sum_{i=1}^{N}(K_iK_{bi}G_i)$
盛产期（★★★）	收获现值法	$E_n=K\times AI\times\frac{(1+P)^{u-n+1}-1}{P(1+P)^{u-n+1}}$
	市场成交价比较法	$E=\frac{X}{N}\sum_{i=1}^{N}(K_iK_{bi}G_i)$
衰产期（★★★）	剩余价值法	衰产期经济林的产量明显下降，继续经营收益低，甚至出现亏损，应及时更新。这个阶段的经济林资产可用剩余价值法进行评估。特别是乔木树种的经济林中，其剩余价值主要是木材的价值，评估方法可用木材市场价倒算法。

1. 产前期的经济林资产评估

产前期是经济林的幼龄阶段，林木以营养生长为主，只有投入，没有收益，宜选用重置成本法。在经济林交易市场公开、活跃、发育完善的条件下，也可使用市场成交价比较法。

（1）重置成本法（见表4-17）。

表4-17　重置成本法（经济林产前期）

项目	内容
基本原理	（同用材林重置成本法）
计算公式	$E_n=K\sum_{i=1}^{n}C_i(1+P)^{n-i+1}$ 式中：E_n—第n年的经济林资源资产评估值；K—经济林林木质量调整系数；C_i—第i年以现时工价及生产经营水平为标准的生产成本，主要包括各年度投入的工资、物质消耗和地租等；n—经济林年龄；P—投资收益率。

续表

项目	内容
林分质量调整系数	（1）株数调整系数。 当拟评估林分株数≥造林标准株数或参照林分株数时，株数调整系数 $K_1=1$； 当拟评估林分株数＜造林标准株数或参照林分株数时，$K_1=\frac{拟评估林分株数}{造林标准株数（或参照林分株数）}$ （2）林分平均高调整系数 $K_{2-1}=\frac{拟评估林分平均树高}{参照林分平均树高}$ （3）林分平均冠幅调整株数 $K_{2-2}=\frac{拟评估林分平均冠幅}{参照林分平均冠幅}$ （4）经济林林分质量调整系数 $K=K_{1}{}^{k}_{2-1}{}^{k}_{2-2}$
前提条件	（1）经济林经营目标明确，营造林符合相关技术规程要求； （2）该品种现时营造林成本项可以取得，且指标清晰。

【例 4－39】（单项选择题）某林场拟转让 15 公顷 5 年生态锥栗林，该林每公顷株数 300 株，平均树高 2.4 米，平均冠幅 2.5 米。当地同龄参照林分株数 350 株/公顷，平均树高 2.3 米，平均冠幅 2.2 米，运用重置成本评估时，其林分质量调整系数为（　　）。

A. 0.86　　B. 1.02

C. 1.04　　D. 1.14

【答案】 B

【解析】 经济林林分质量调整系数 k = 株数调整系数 × 林分平均高调整系数 × 林分平均冠幅调整系数

当拟评估林分株数≥造林标准株数或参照林分株数时，株数调整系数 $K_1=1$；当拟评估林分株数＜造林标准株数或参照林分株数时，$K_1=300/350=0.86$。

林分平均高调整系数 $=2.4/2.3=1.04$

林分平均冠幅调整株数 $=2.5/2.2=1.14$

$K=0.86\times1.04\times1.14=1.02$

【例 4－40】（综合题）某林场拟转让 10 公顷 3 年生苹果林，每公顷株数 400 株，平均树高 3.5 米，冠幅 4.0 米。请对该苹果林价值进行评估。

【答案及解析】

（1）选择评估方法。评估对象为 3 年生苹果林，尚处于产前期。产前期是经济林的幼龄阶段，林木以营养生长为主，只有投入，没有收益。这一阶段投资投工最多，投入成本清楚。产前期经济林资源资产评估宜选用重置成本法，在经济林交易市场公开、活跃、发育完善的条件下，也可使用市场成交价比较法。本题可考虑选用重置成本法评估其资产价值。

（2）调查，搜集资料，获取及分析相关技术经济指标。

①苹果林营林生产成本。

1）造林费用 10 000 元/公顷；

2）1—2 年每年抚育、施肥、修剪费 3 500 元/公顷；

3）第 3 年起每年抚育、施肥、修剪费 2 000 元/公顷。

②投资收益率 8%。

③林地年地租费 500 元/公顷。

④当地同年龄参照林分株数 400 株/公顷，平均树高 3.6 米，平均冠幅 3.8 米，林分质量调整系数：

$$K_1=\frac{拟评估林分株数}{造林标准株数（或参照林分株数）}=400/400=1$$

$$K_{2-1}=\frac{拟评估林分平均树高}{参照林分平均树高}=3.5/3.6=0.97$$

$$K_{2-2}=\frac{拟评估林分平均冠幅}{参照林分平均冠幅}=4.0/3.8=1.05$$

经济林林分质量调整系数 $K=K_1\times K_{2-1}\times K_{2-2}=1\times1.05\times0.97=1.02$

（3）评估结论。每公顷苹果林的评估值：

$$E_n=K\sum_{i=1}^{3}C_i(1+p)^{3-i+1}=1.02\times[(10\,000+3\,500+500)\times1.08^3+(3\,500+500)\times1.08^2+(2\,000+500)\times1.08]=25\,501.428（元）$$

苹果林的评估值 $E=10\times25\,501.428=255\,014.28$（元）

【提示】本评估值已包含评估基准日之前的林地使用费。受让方在以后经营中应按年向林地所有者或原林地使用权所有者交纳地租，交纳林地使用费的方式也可双方协商另行约定。

【例4－41】（单项选择题）产前期经济林资源资产评估宜选用的评估方法是（　　）。

A. 收获现值法

B. 重置成本法

C. 木材市场价倒算法

D. 比例系数法

【答案】B

【解析】产前期经济林资源资产评估宜选用的评估方法是重置成本法。

（2）市场成交价比较法。在经济林交易市场公开、活跃、发育完善的条件下，产前期经济林资源资产评估也可使用市场成交价比较法。

【提示】交易案例的调整因素。

（1）产前期经济林林木主要是营养生长，交易案例的调整系数除考虑待评估经济林资源资产与交易案例的时间差异外，还要考虑林分质量的差异以及林木年龄的差异；

（2）在评估中，以物价调整系数修正待评估经济林资源资产与交易案例的时间差，以现实林分株数、树高和冠幅与参照林分的比值的乘积为林分质量调整系数，对经济林资源资产案例价格进行修正。

2. 初产期的经济林资产评估

初产期是经济林开始有一定数量产品产出到产品产量稳定的盛产期之间的发育阶段。这一时期生产成本基本稳定，开始有一定的净收益，且收益也在迅速增加。这一阶段的经济林资源资产评估可用重置成本法或收获现值法或市场成交价比较法。

（1）重置成本法（见表4－18）。

表4－18　重置成本法（经济林初产期）

项目	内容
基本原理	（同用材林重置成本法）
计算公式	$E_n = K \times \sum_{i=1}^{n}(C_i - A_i) \times (1+P)^{n-i+1}$ 式中：E_n—评估值；K—林分质量综合调整系数；C_i—第 i 年投入；A_i—第 i 年经营收入；n—林分年龄；P—投资收益率。
林分质量调整系数	此时的经济林林分质量调整系数，除考虑经济林林分冠幅修正以外，还要考虑经济林产品的产量的修正。 $K_1 = \frac{拟评估林分单位面积产量}{参照林分单位面积产量}$
前提条件	（1）经济林参照林分历史期生长指标、营造林指标可以取得； （2）被评估经济林生长情况； （3）被评估经济林林况因子、成本投入、产出数据可以取得。
适用范围	初产期经济林资产评估中重置成本只计算到经济林资产年经营收入大于年经营投入的前一年，并通过经济林林分质量调整系数来修正重置成本值，以确定经济林资产评估值。

（2）收获现值法。当初产期经济林资产年经营收入大于年经营投入时，宜采用收获现值法进行评估。采用收获现值法应明确该品种经济林的经济寿命，拟评估经济林初产期和盛产期的平均产量，并分段计算。公式如表4－16所示。

（3）市场成交价比较法。在经济林交易市场公开、活跃、发育完善的条件下，初前期经济林资源资产评估也可使用市场成交价比较法。

【提示】林分质量调整系数除考虑经济林林分冠幅修正以外，还要考虑经济林产品的产量、质量的修正。

【例4－42】（多项选择题）对于初产期经济林的评估，重置成本应用的前提条件有（　　）。

A. 经济林经营目标明确，营造林符合相关技术规程要求

B. 必须确定合理的投资收益率

C. 经济林参照林分历史期生长指标、营造林指标可以取得

D. 被评估经济林生长情况可以取得

E. 被评估经济林林况因子、成本投入、产出数据可以取得

【答案】 CDE

【解析】 A 属于经济林产前期重置成本法应用的前提条件之一。

【例 4－43】（单项选择题）当初产期经济林资产年经营收入大于年经营投入时，宜采用（　　）进行评估。

A. 市场成交价比较法

B. 重置成本法

C. 收获现值法

D. 收获现值法

【答案】 D

【解析】 略。

3. 盛产期的经济林资产评估

盛产期是经济林资源资产的产品产量最高、收益多且稳定的时期。盛产期的经济林资源资产评估可用收获现值法和市场成交价比较法。

（1）收获现值法（见表 4－19）。

表 4－19　　收获现值法（经济林盛产期）

项目	内容
基本原理	初产期阶段采用收获现值法应明确该品种经济林的经济寿命、拟评估经济林初产期和盛产期的平均产量，并分段计算。
计算公式	$E = K \times \left[\sum_{i=n}^{n_1-1} \frac{A_i}{(1+P)^{i-n+1}} + AI \times \frac{(1+P)^{u-n_1+1}-1}{P(1+P)^{u-n+1}} + \frac{AJ}{(1+P)^{u-n+1}} \right]$ 式中：E—评估值；AI—盛产期平均年净收益；AJ—经济寿命期末经济林木材的净收益；A_i—初产期各年的净收益；u—经济寿命期；n—林分的年龄；n_1—盛产期的开始年；K—林分质量综合调整系数；P—投资收益率。 （1）当经济林进入盛产期后，若期末无木材收益，以上公式可变形为： $E = K \times AI \times \frac{(1+P)^{u-n+1}-1}{P(1+P)^{u-n+1}}$ （2）当经济林进入盛产期后，若期末有林木收益，则以上公式变形为： $E = K \times \left[AI \times \frac{(1+P)^{u-n+1}-1}{P(1+P)^{u-n+1}} + \frac{AJ}{(1+P)^{u-n+1}} \right]$
前提条件	应用的前提是林木资产每年都有一定收益，同时每年也有一定的成本支出，且具有一定的经济收益期。 收获现值法应用几个要素的确定： （1）被评估经济林各年的收益； （2）经济林资产各年的成本支出； （3）投资收益率的确定； （4）林分的收获期，一般不同品种的经济林收获期不同。

【例 4－44】（综合题）评估对象为面积 200 亩的果园，果园内果树树龄 6 年，且处于盛产期，因发展需要，需要对经济林的价值进行评估。

相关参数指标如下：

（1）该果园的盛产期为 5—10 年；

（2）该果园的果树进入盛产期以后年平均收入为 6 000 元/亩；

（3）该果园年平均经营成本为 2 800 元/亩，其中包括良种实验费、园林管理费、地租等；

（4）投资收益 10%。

【答案及解析】

评估过程及结论如下：

（1）A_i = 6 000（元），C_i = 2 800（元）。

（2）盛产期 u = 10，果树林龄 n = 6。

(3) $E = K \cdot AI \cdot \frac{(1+P)^{u-n+1}-1}{P(1+P)^{u-n+1}} = 200 \times (6\,000 - 2\,800) \times \frac{(1+10\%)^{10-6+1}-1}{10\% \times (1+10\%)^{10-6+1}} = 2\,426\,104$（元）

(2) 市场成交价比较法。经济林盛产期市场成交价比较法中林分质量调整要考虑成新率。

$$K_2 = 1 - \frac{拟评估林分盛产期已收获的年数}{参照林分盛产期可收获的总年数}$$

4. 衰产期的经济林资产评估

这个阶段的经济林资产可用剩余价值法进行评估。特别是乔木树种的经济林，其剩余价值主要是木材的价值，评估方法可用木材市场价倒算法。

【例4-45】（单项选择题）盛产期是经济林资源资产的产品产量最高、收益多且稳定的时期，盛产期的经济林资源资产评估通常可采用的评估方法是（　　）。

A. 比例系数法

B. 收获现值法

C. 木材市场价倒算法

D. 重置成本法

【答案】 B

【解析】 盛产期的经济林资源资产评估可用收获现值法和市场成交价比较法。

【例4-46】（单项选择题）下列收获现值法应用的前提条件中，错误的是（　　）。

A. 林木资产年经营收入大于年经营支出

B. 有明确的林分收获期

C. 期末有林木收益

D. 投资收益率确定

【答案】 C

【解析】 略。

【知识点15】竹林资产评估

竹林资源资产评估的方法有重置成本法、收获现值法和市场成交价比较法。

竹林资源资产主要分为三种类型：一是新造未投产的竹林；二是已经成林投产，但由于管理不善，年龄结构不合理的竹林；三是已调整好的结构合理的竹林。相应地，竹林资源资产的评估包括新造未投产的竹林资产评估、已投产年龄结构不合理的竹林资产评估、已投产年龄结构合理的竹林资产评估。

【例4-47】（多项选择题）已投产年龄结构合理的竹林资产评估应该采用的方法是（　　）。

A. 重置成本法

B. 市场成交价比较法

C. 等额收获现值法

D. 年金资本化法

E. 木材市场价倒算法

【答案】 BD

【解析】 合理结构的竹林产笋量和产竹材量都较稳定，其资产的评估主要采用收益法中的年金资本化法，也可采用市场成交价比较法。

【知识点16】林地资源资产评估（★★★）

（一）影响林地资源资产评估价值的因素

影响林地资源资产评估价值的因素有立地等级、地利等级、森林经营的方式及强度、林产品的销售价格、林产品生产周期及利率、有林地与无林地差别、林地用途、林地交易市场是否活跃等。

【例4-48】（多项选择题）影响林地资源资产评估价值的因素主要有（　　）。

A. 林产品的销售价格

B. 林产品生产周期及利率

C. 相关法律法规及规范性文件

D. 林地交易市场是否活跃

E. 有林地与无林地差别

【答案】 ABDE

【解析】 影响林地资源资产评估价值的因素有立地等级、地利等级、森林经营的方式及强度、林产品的销售价格、林产品生产周期及利率、有林地与无林地差别、林地用途、林地交易市场是否活跃等。

（二）林地资源资产评估方法（★★★）

林地资源资产的价值以林地上所获得的收益来体现。一般采用的资产评估方法有：一是根据林地的林木资源、植物资源、景观资源等产生收益来判断其价值；二是根据市场交易价格（单位面积价格）做适当修正计算其价值；三是根据原先购买和改造林地的成本来计算其价值。具体评估方法如表4-20所示。

表 4 – 20　　林地资源资产评估的具体方法

市场成交价比较法（★★★）	$E=\frac{S}{N}\sum_{i=1}^{N}K_iK_{bi}G_i$
林地期望价法（★★）	$E=\frac{A_u+A_a(1+P)^{u-a}+A_b(1+P)^{u-b}+\cdots-\sum_{i=1}^{n}C_i\times(1+P)^{u-i+1}}{(1+P)^u-1}-\frac{V}{P}$
年金资本化法（★★）	$E=\frac{A}{P}$
使用权有限时的林地期望价法（★★）	$E_n=\left[\frac{A_u+A_a(1+P)^{u-a}+A_b(1+P)^{u-b}+\cdots-\sum_{i=1}^{n}C_i(1+P)^{u-i+1}}{(1+P)^u-1}-\frac{V}{P}\right]\cdot\left[1-\frac{1}{(1+P)^n}\right]$
使用权有限时的年金资本化法（★★）	$E_n=\frac{A}{P}\cdot\left[1-\frac{1}{(1+P)^n}\right]$
林地费用价法（★★）	$E=CI\cdot(1+P)^n+\sum_{i=1}^{n}C_i\cdot(1+P)^{n-i+1}$

1. 市场成交价比较法（见表 4 – 21）

表 4 – 21　　市场成交价比较法（林地资产）

项目	内容
基本原理	市场成交价比较法是以具有相同或类似条件林地的现行市价作为比较基础，估算林地评估值的方法。
计算公式	$E=\frac{S}{N}\sum_{i=1}^{N}K_iK_{bi}G_i$ 式中：E—评估值；G_i—参照案例的单位面积林地交易价格；S—拟评估林地面积；K_i—林地质量调整系数；K_{bi}—物价指数调整系数；N—参照交易案例个数。
林地质量调整系数 K	林地质量调整系数 K 是立地质量调整系数 K_1 与地利等级调整系数 K_2 的乘积。 $K_1=\frac{\text{拟评估林地立地等级的标准林分在主伐时的蓄积}}{\text{参照林地立地等级的标准林分主伐时的蓄积}}$ $K_2=\frac{\text{拟评估林地立地等级的标准林分主伐时的立木价}}{\text{参照林地立地等级的标准林分主伐时的立木价}}$
物价指数调整系数 K_b	$K_b=\frac{\text{评估基准日的木材销售价格}}{\text{交易案例评估基准日的木材销售价格}}$
前提条件	市场成交价比较法的应用关键首先是要找到与被评估林地类似的交易案例，而且其交易案例的价值必须是真实、合理、公允的。

2. 林地期望价法（见表 4 – 22）

表 4 – 22　　林地期望价法（林地资产）

项目	内容
基本原理	林地期望价法以实现森林永续利用为前提，并假定每个轮伐期林地上的收益相同，支出也相同，从无林地造林开始进行计算，将无穷多个轮伐期的净收益全部折为现值累加求和作为拟评估林地资产评估值。

续表

项目	内容
计算公式	$E=\dfrac{A_u+A_a(1+P)^{u-a}+A_b(1+P)^{u-b}+\cdots-\sum_{i=1}^{n}C_i\times(1+P)^{u-i+1}}{(1+P)^u-1}-\dfrac{V}{P}$ 式中：E—林地期望价；A_u—林分 u 年主伐时的净收益；A_a，A_b分别为一个轮伐期内第 a 年、第 b 年间伐或其他净收益；C_i—各年度营林直接投资；V—平均营林生产间接费用；u—轮伐期；P—投资收益率。
前提条件	（1）有明确的经营目的树种； （2）被评估林地为可造林的无林地，如为有林地，则以现在地上林木树种为目的树种计算； （3）涉及目的树种的相关的造林规程、营林成本、生长指标、采伐经营指标均可有效获得。
适用范围	无林的迹地，或者以现有地上林木为未来经营目的树种的林地使用权价值的评估。

3. 年金资本化法（见表4－23）

表4－23　年金资本化法（林地资产）

基本原理	年金资本化法是以实现森林永续利用为前提，且林地每年有稳定的收益，按恰当的投资收益率求出林地资产价值的方法。
计算公式	$E=\dfrac{A}{P}$ 式中：E—林地评估值；A—年平均地租；P—投资收益率。
注意事项	（1）在确定年平均地租时应用近年的平均值，并尽可能将通货膨胀因素从平均地租中扣除，在确定投资收益率时也应将通货膨胀率扣除； （2）如果在地租中无法将通货膨胀因素扣除，则采用的投资收益率也应包含通货膨胀率。但通货膨胀的变幅较大，这种计算可能产生较大的偏差。

4. 使用权有限期林地评估方法

（1）林地期望价法（使用权有限期）。

$$E_n=\left[\frac{A_u+A_a(1+P)^{u-a}+A_b(1+P)^{u-b}+\cdots-\sum_{i=1}^{u}C_i(1+P)^{u-i+1}}{(1+P)^u-1}-\frac{V}{P}\right]\times\left[1-\frac{1}{(1+P)^n}\right]$$

（2）年金资本化法（使用权有限期）。

$$E_n=\frac{A}{P}\times\left[1-\frac{1}{(1+P)^n}\right]$$

式中：E_n—林地使用权为 n 年的评估值；A—年平均收益；n—林地使用权期限；P—投资收益率。

5. 林地费用价法（见表4－24）

表4－24　林地费用价法（林地资产）

项目	内容
基本原理	林地费用价法也称为成本价法，是将取得林地所需要的费用和把林地维持到现在状态所需要的费用，在评定时用本利和来表示。因此，林地费用价由三种费用构成： （1）购买林地及其他为取得林地所需的费用； （2）林地取得后，为适于林木培育而投入林地的改良费用； （3）从投入上述费用开始到评估基准日为止的期间费用的利息。

续表

项目	内容
计算公式	$E = CI \times (1+P)^n + \sum_{i=1}^{n} C_i \times (1+P)^{n-i+1}$ 式中：E—林地评估值；CI—林地购置费；C_i—林地购置后第 i 年的林地改良费；n—林地购置年限；P—投资收益率。
前提条件	（1）林地购置费用可以取得； （2）林地改良各项费用可以取得，且清晰明确。
适用范围	林地费用价法适用于林地购入后经改良使之适合于林业用途的林地评估。 该法在一般的土地资产评估中较常使用，而在林地资产中，由于林地购入后仅维持、改良而不进行经营的情况极少，因而该法在林地资产评估中用得较少。

【例4－49】（多项选择题）采用市场成交价比较法评估林地资源资产价值，对参照物的林地质量进行差异修正时，需要考虑的因素有（　　）。

A. 物价指数　　B. 林地立地质量

C. 地利等级　　D. 林分质量

E. 树高、冠幅

【答案】 BC

【解析】 林地质量调整系数 K 是立地质量调整系数 K_1 与地利等级调整系数 K_2 的乘积。

【例4－50】（单项选择题）某公司拟转让8公顷的杉木林林地，评估基准日为2024年6月30日，杉木的价格为700元/立方米。参照物为30公顷的杉木林林地，于2023年12月31日评估，当日价格为750元/立方米。运用市场成交价比较法进行评估时，物价指数调整系数为（　　）。

A. 0.93　　B. 1

C. 1.02　　D. 1.07

【答案】 A

【解析】 物价指数调整系数＝评估基准日木材销售价/交易案例评估基准日的木材销售价＝700/750＝0.93

【例4－51】（多项选择题）林地期望价法适用的范围包括（　　）。

A. 可造林的无林地

B. 购入后经改良使之适合于林业用途的林地

C. 森林永续经营，每年有稳定收益的林地

D. 以现有地上林木为未来经营目的树种的有林地

E. 有类似交易案例的林地

【答案】 AD

【解析】 B属于林地费用价法适用范围，C属于年金资本化法适用范围，E属于市场成交价比较法适用范围。

【例4－52】（单项选择题）（　　）以实现森林永续利用为前提，并假定每个轮伐期林地上的收益相同，支出也相同，从无林地造林开始进行计算，将无穷多个轮伐期的净收益全部折为现值累加求和作为拟评估林地资产评估值。

A. 年金资本化法

B. 林地期望价法

C. 林地费用价法

D. 模拟开发法

【答案】 B

【解析】 略。

【例4－53】（单项选择题）某国营林场拟向场内职工长期租赁林地，由职工种植杉木，已知计划租赁的林块每个地块面积为500亩，租期50年，租赁费用为每年初支付，社会同类地块平均地租水平为20元/亩·年，投资收益率为8%，每个地块50年使用权价值约为（　　）元。

A. 120 000　　B. 122 335

C. 127 358　　D. 132 122

【答案】 D

【解析】 $E_n = \frac{A}{P} \times \left[1 - \frac{1}{(1+P)^n}\right](1+P) =$ 500×20×(P/A，8%，50)(1＋8%)＝132 122（元）

【例4－54】（多项选择题）林地费用价的内涵包括（　　）。

A. 林地租金

B. 林地改良费

C. 林地维护费

D. 林地经营成本

E. 从投入上述费用开始到评估基准日为止的期间费用的利息

【答案】ABCE

【解析】略。

（三）异龄林林地评估（★）

由于异龄林林地始终都有林木，对异龄林林地评估时，林地的收益能力与林木的收益能力交织在一起，无法细分，因此周期收益资本化法计算结果是林地和林地上的林木的综合价格。要确定地价，则必须把其土地的价值与林木的价值分割开，通常分割的方法是比例系数法和剩余价值法。

1. 比例系数法

比例系数法是将用周期收益资本化法计算的异龄林的收获现值按规定（约定或当地森林经营的习惯）比例分为林地价值和林木价值两部分。该方法的关键问题是确定异龄林的收获现值和确定林价与地价的比例系数。

比例系数的确定，必须考虑以下几个因素：

（1）当地森林经营实践中习惯性的林价中山价（地租）所占份额；

（2）林地的立地条件类型或地位指数级；

（3）林地的地利系数。

根据上述三个因子综合确定其比例系数为：

$K = K_0 \times f \times I$

式中：K_0—当地平均的林价中地租习惯比例；f—立地条件系数；I—地利系数。

2. 剩余价值法

剩余价值法是将用周期收益资本化法计算的异龄林的收获现值，减去林地上现有林木价值余额作为林地的价值。其计算公式为：

$B_0 = E - X_n$

式中：E—异龄林的收获现值；X_n—刚择伐完的异龄林林分余下的林木的价值。

【提示】刚择伐完的异龄林林分余下的林木的价值评估宜采用木材市场价倒算法。

【例4-55】（多项选择题）比例系数的确定，必须考虑（　　）因素。

A. 林地的立地条件类型

B. 林地的地利系数

C. 林地的地位指数级

D. 林产品的销售价格

E. 当地森林经营实践中习惯性的林价中山价（地租）所占份额

【答案】ABCE

【解析】比例系数的确定，必须考虑以下几个因素：（1）当地森林经营实践中习惯性的林价中山价（地租）所占份额；（2）林地的立地条件类型或地位指数级；（3）林地的地利系数。

【知识点17】森林景观资产评估（★★）

森林景观资产的价值不仅与凝结在资产内部无差别的人类社会劳动有关，而且也与人们对景观的主观心理因素有关。这两方面的价值构成了森林景观资产的价值评估基础。森林景观资产的评估方法如表4-25所示。

表4-25　森林景观资产评估的具体方法及公式

方法	公式
市场成交价比较法（★）	$E = \frac{S}{N}\sum_{i=1}^{N} K_i K_{bi} G_i$
年金资本化法（★★）	年等值收益额进行本金化计算，确定该项资产评估值。
模拟开发法（假设开发法）（★★）	$E = \sum_{i=1}^{n} \frac{A_i - C_i - F_i}{(1+P)^i} + \frac{AI}{P(1+P)^n}$
重置成本法（★★）	$E = K \cdot \sum_{i=1}^{n} C_i (1+P)^{n-i+1} + CI$

（一）市场成交价比较法

1. 基本原理

市场成交价比较法是以相同或类似森林景观资产的市场价格作为比较基础，估算评估对象价值的方法。

2. 计算公式

$$E = \frac{S}{N}\sum_{i=1}^{N} K_i K_{bi} G_i$$

式中：E—森林景观资源评估值；K_i—森林景观质量调整系数；K_{bi}—旅游消费水平调整系

数；G_i—参照案例单位有效利用面积的市场价格；S—拟评估森林景观资产的有效利用面积；N—参照交易案例个数。

【提示】调整系数的确定。

（1）森林景观质量调整系数。

$$K=\frac{拟评估林分森林景观质量等级系数}{参照案例林分森林景观质量等级系数}$$

（2）旅游消费水平调整系数。

$$K_b=\frac{拟评估的游客日均消费水平}{参照案例地区的游客日均消费水平}$$

3. 适用范围

我国现在只出台了森林公园风景资源质量等级评定标准，其他森林景观资源质量还缺乏统一的评价标准，无法科学合理地计算景观质量调整系数，限制了该方法的使用。

（二）年金资本化法

1. 基本原理

对市场发育比较成熟，年均收益相对稳定，景观资源开发、建设和管理已日趋完善的森林景观资产的价值评估宜选择年金资本化法。

2. 计算公式

可参照周期收益资本化法中的相关公式。

3. 使用前提条件

在有的资产评估中，未来预期收益尽管不完全相等，但生产经营活动相对稳定，各期收益相差不大，这种情况也可以采用上述方法进行，其步骤如下：

第一步，预测该项资产未来若干年（一般为5年左右）的收益额，并折现求和。

第二步，通过折现值之和求取年等值收益额。

第三步，将求得的年等值收益额进行本金化计算，确定该项资产评估值。

（三）模拟开发法（假设开发法）

1. 基本原理

此方法是森林景观资产评估中最常用的方法。模拟开发法是假设景区在科学、合理、有效的开发建设条件下，预测未来开发建设的投资、经营成本、经营收益，并将其净收益的折现值之和作为森林景观资产评估值的一种方法。

【提示】模拟开发法的测算分为两个阶段：一是开发与发展阶段；二是稳定经营阶段。

2. 计算公式

$$E=\sum_{i=1}^{n}\frac{A_i-C_i-F_i}{(1+P)^i}+\frac{AI}{P(1+P)^n}$$

式中：E—评估值；A_i—第 i 年的预期经营收入；C_i—第 i 年的投资与经营成本；F_i—投资利润；AI—景区开发建设成熟后，收益稳定阶段年净收益；n—景区开发建设和收益不稳定期；P—投资收益率。

（四）重置成本法

1. 基本原理

森林景观资产的重置成本包括森林和旅游设施的重置成本。

【提示】重置成本法的局限性。

利用重置成本法来评估森林景观资产的价值，数据收集比较容易，评估方法简单。但森林景观资产的价值绝不仅仅是这部分人工投入形成的价值。因此，用重置成本法会出现低估的情况。

2. 计算公式

$$E=K\times\sum_{i=1}^{n}C_i(1+P)^{n-i+1}+CI$$

式中：E—森林景观资产评估值；K—森林景观质量调整系数；C_i—第 i 年的营林投入，主要包括工资、物资消耗、管护费用和地租等；CI—旅游设施重置成本；n—林龄；P—投资收益率。

旅游设施重置成本可由下列公式计算：

旅游设施重置成本评估值 = 重置价值 × 成新率

3. 使用前提条件

应该明确的是，它仅仅是一种替代方法、比较方法，或是确定森林景观资产最低价值、保本价值的保守方法，并且在森林景观建设初期，景观资产价值收益体现不明显、不稳定的阶段更适用。

【提示】森林景观资产价值评估方法的运用。

考虑到以上几种方法各自的特点、运用时存在的问题以及景观市场的现状，现阶段我国估算森林景观资产价值应首先考虑使用收益法，其次才是重置成本法或市场成交价比较法。

【例 4-56】（单项选择题）现阶段我国估算森林景观资产价值应首先考虑使用（　　）。

A. 重置成本法

B. 市场成交价比较法

C. 收益法

D. 模拟开发法

【答案】C

【解析】略。

【例4-57】（多项选择题）采用市场成交价比较法评估森林景观资产价值时，对交易案例价格进行调整，需考虑的因素有（　）。

A. 森林景观质量　　B. 地利条件

C. 旅游设施状况　　D. 立地指数

E. 旅游消费水平

【答案】AE

【解析】略。

【知识点18】林业碳汇评估（★）

（一）林业碳汇概况

我国的林业碳汇（CCER）开发交易流程具体包括项目设计、项目审定、项目注册、项目实施、项目监测、项目核证、减排量签发，最后才能进行减排量交易。

（二）林业碳汇资产评估

林业碳汇交易是森林生态产品价值实现的典型案例，林业碳汇这一传统的森林资源非经济资产被赋予了经济资产的属性，转变为森林资源经济资产，森林资源是林业碳汇的载体，没有森林资源也就没有林业碳汇。林业碳汇资产评估相关内容如表4-26所示。

表4-26　林业碳汇资产评估

项目	具体内容
评估目的	目前评估的目的主要有两个，一个是交易目的，另一个是抵（质）押目的。
评估对象	（1）评估对象包括五类： 第一类是已注册登记项目产生的核证的自愿减排量； 第二类是已注册登记项目产生的未核证的减排量； 第三类是已注册登记项目未来潜在的减排量； 第四类则是未注册登记项目已产生的减排量； 第五类是未注册登记项目未来潜在的减排量。 （2）不同对象的处理：对于第一类的评估应关注项目开发流程及其相关资料的完整性；对于第二、第三类要视项目监测工作的成果确定评估的风险，并在报告中进行披露；对于第四、第五类的评估，就目前来说还需要进一步的探讨。
评估方法	评估方法建议采用市场法和收益法，不建议采用成本法。市场法的关键在于对核证减排量的确认，收益法的关键在于对项目未来减排量的核算及对未来温室气体交易市场的预期。
	（1）市场法的基本原理是利用市场上同样或者类似林业碳汇资产的近期或往期交易价格，通过直接比较或者类比分析评估碳资产价值。 （2）计算公式。 $V=Q\times P\times K-C$ 式中：V—评估价值；Q—减排量；P—碳汇成交单价；K—修正系数；C—相关费用成本（包括税费、交易费用、建设和运营管理成本）。 评估人员应结合评估目的等因素，确定是否扣减相应的成本费用。 （3）使用前提条件。存在成熟有效的林业碳汇资产交易市场，并能够在市场上找到同样或类似的林业碳汇资产交易。 （4）适用范围。适用于碳汇项目经过注册、核证后，取得减排量凭证的碳汇资产。

【例4-58】（多项选择题）林业碳汇资产评估的目的有（　）。

A. 交易　　B. 抵押

C. 担保　　D. 租赁

E. 质押

【答案】ABE

【解析】略。

【例4-59】（多项选择题）对于林业碳汇资产的评估，一般可采用的方法有（　）。

A. 市场法　　B. 收益法

C. 成本法　　D. 剩余法

E. 模拟开发法

【答案】AB

【解析】略。

【例4-60】（多项选择题）下列林业碳汇资产评估中，需重点关注评估风险确定及披露的是（　）。

A. 已注册登记项目产生的核证的自愿减

排量

B. 已注册登记项目产生的未核证的减排量

C. 已注册登记项目未来潜在的减排量

D. 未注册登记项目已产生的减排量

E. 未注册登记项目未来潜在的减排量

【答案】BC

【解析】对于第一类的评估应关注项目开发流程及其相关资料的完整性；对于第二、第三类要视项目监测工作的成果确定评估的风险，并在报告中进行披露；对于第四、第五类的评估，就目前来说还需要进一步的探讨。

精选练习题

一、单项选择题

1. 下列关于森林资源资产评估特点的说法不正确有（　　）。

A. 森林资源资产价值具有关联性

B. 森林资源资产的地域性明显

C. 森林经营的长周期性对资产评估的结果有着较大的影响

D. 森林资源资产功能的多样性

2. 银行对抵押林权进行价值评估时，对于贷款金额在（　　）的林权抵押贷款项目，具备专业评估能力的银行可以自行评估，也可以依照相关规定，通过森林资源调查和价格咨询等方式进行评估。

A. 50 万元以上　　B. 50 万元以下

C. 30 万元以上　　D. 30 万元以下

3. 运用剩余价值法评估异龄林林地价值时，刚择伐完的异龄林林分余下的林木的价值评估宜采用（　　）。

A. 剩余价值法

B. 收获现值法

C. 木材市场价倒算法

D. 市场成交价比较法

4.（　　）是森林调查规划设计的基本单位。

A. 小班　　B. 林班

C. 林场　　D. 营林区

5. 下列项目中不属于森林资源资产评估收集资料的是（　　）。

A. 森林资源资产清单

B. 权属证明文件

C. 木材生产、销售等有关成本费用资料

D. 森林资源“一类调查”资料

6. 下列选项中，（　　）是林木资源资产评估中重置成本法的计算公式。

A. $E_n = K\sum_{i=1}^{n} C_i(1+P)^{n-i+1}$

B. $E = K \cdot \dfrac{A_u}{(1+p)^u - 1} - \dfrac{V}{p}$

C. $E = K \cdot \dfrac{A_u \times (1+p)^m}{(1+p)^u - 1} - \dfrac{V}{p}$

D. $E = \dfrac{X}{N}\sum_{i=1}^{N} K_i K_{bi} G_i$

7. 某国有企业对其拥有使用权的林地，进行使用权申请登记时，由（　　）登记造册，核发证书。

A. 国务院自然资源主管部门

B. 不动产登记机构

C. 县级以上地方人民政府

D. 县级以上林业主管部门

8. 下列关于林权登记的表述，错误的是（　　）。

A. 国家所有由农民集体使用的森林、林木和林地，依法采取家庭承包或其他方式承包的，由承包方申请登记

B. 申请土地承包经营权登记后，若土地上林木的种类发生变化，不需要重新申请土地承包经营权登记

C. 森林、林木定着物应当与其所依附的土地、海域一并登记，保持权利主体一致

D. 实施退耕还林的，由土地承包经营权人申请并依法办理土地变更手续和调整土地承包经营合同

9. 关于森林资源资产核查的说法，不正确的是（　　）。

A. 是资产评估的程序之一

B. 主要有小班抽查法、全面核查法、抽样调查法等方式

C. 森林资源资产清单通常以小班为单位编制

D. 森林资源调查清单是森林资源规划设计调查、伐区作业设计调查的成果

10. 若某学校进行校内林木的采伐，下列做法正确的是（　　）。

A. 向所在地县级人民政府林业主管部门申请采伐许可证

B. 向所在地县级以上人民政府林业主管部

门申请采伐许可证

C. 向县级人民政府申请采伐许可证

D. 不需要申请采伐许可证

11. 根据森林法律制度的有关规定，下列说法正确的是（　　）

A. 国家所有的森林资源由国务院自然资源主管部门代表国家行使所有者职责

B. 林权抵押期间，未经抵押人书面同意，采伐审批机关不得批准或发放林木采伐许可证

C. 国家所有由农民集体使用且从事农业生产的，可申请土地承包经营权登记

D. 重点林区由省、自治区、直辖市人民政府林业主管部门编制年采伐限额

12. 某小班被评估林木，林分年龄为 2 年，树高调整系数为 0.9，株数保存率 r 为 40%。当地造林成活率只要为50%，株树保存率为40%，并不需要重造。下列关于该评估对象林分调整系数说法正确的有（　　）。

A. 株数保存率为40%，因此株数调整系数为0

B. 需要考虑胸径和蓄积调整

C. 林分调整系数为 0.72

D. 林分调整系数为 0.36

13. 下列有关集体林权流转的说法，表述正确的是（　　）。

A. 集体统一经营管理的林权仅在本集体经济组织内流转，不得流转给本集体经济组织以外的单位和个人

B. 通过家庭承包取得的林权采取转包方式流转，应当经发包方同意

C. 可以通过招标、拍卖、公开协商等方式流转

D. 受让方违反法律规定或者合同约定造成森林、林木、林地严重毁坏的，发包方或者承包方有权收回林地经营权

14. 重置成本法在森林景观评估中适用的阶段是（　　）。

A. 森林景观建设初期

B. 森林景观建设中期

C. 森林景观建设成熟期

D. 森林景观建设末期

15. 关于年金资本化法评估用材林林木资产的价值，下列说法中错误的是（　　）。

A. 待评估资产的年收入必须稳定

B. 待评估资产可以永续经营

C. 测算年平均纯收益时应是扣减成本的正常利润

D. 投资收益率可以是包含通货膨胀率的，也可以是不含通货膨胀率的

16. 关于森林生态系统服务核算的叙述，错误的是（　　）。

A. 森林生态系统服务核算包括实物量核算和价值量核算

B. 依据市场化程度，可以分为：已市场化的、准市场化的以及未市场化的三类

C. 准市场化的资产、产品和服务的价值，需要根据市场化的情况分析评估

D. 对于未市场化的资产、产品和服务，则用收益法评估 17. 在南方国有林区或者一些少林省，多采用四级区划，最小的一级区划是指（　　）。

A. 营林区　　　　B. 小班

C. 国营林场　　　D. 林班

18. 采用林地费用价法评估林地价值时，林地费用的构成不包括（　　）。

A. 购买林地及其他为取得林地所需的费用

B. 林地取得后，为适于林木培育而投入林地的改良费用

C. 林地取得后的经营成本等

D. 从投入费用开始到评估基准日为止的年间费用的利息

19. 森林公园属于森林资源中的（　　）。

A. 森林生态资源

B. 森林生物资源

C. 森林景观资源

D. 森林自然游憩资源

20. 下列不属于经济林资产核查内容的（　　）。

A. 树种　　　　B. 树龄

C. 生长阶段　　D. 冠幅

21. 采用市场成交价比较法评估初产期经济林价值时，林分质量调整系数的确定，不需要考虑的因素有（　　）。

A. 经济林冠幅

B. 经济林产品的产量

C. 林木年龄

D. 经济林产品的质量

22. 下列评估方法中，不能用于森林景观资

产评估的是（　　）。

A. 市场成交价比较法

B. 重置成本法

C. 收获现值法

D. 模拟开发法

23. 关于森林资源采伐规定，下列说法正确的是（　　）。

A. 重点林区的年采伐限额，由国务院林业主管部门编制

B. 自然保护区的林木禁止采伐

C. 公益林禁止采伐

D. 采伐自然保护区以外的林木，需要申请采伐许可证

24. 衰产期经济林的产量明显下降，继续经营收益低，甚至出现亏损，应及时更新。这个阶段的经济林资产可采用的评估方法是（　　）。

A. 剩余价值法

B. 收获现值法

C. 市场成交价比较法

D. 重置成本法

25. 申请办理林权抵押贷款时，银行应要求借款人提交（　　）。

A. 林权证原件

B. 承包合同原件

C. 流转合同原件

D. 林权所在地政府同意抵押的书面证明

26. 采用林地期望价法评估林地价值时，关于评估假设前提的说法，错误的是（　　）。

A. 森林永续利用

B. 每个轮伐期林地上的收益相同

C. 每个轮伐期林地上的支出相同

D. 从森林成熟期或盛产期开始计算净收益

27. 对异龄林林地评估时，可采用（　　）评估林地和林地上的林木的综合价值。

A. 木材市场价倒算法

B. 市场成交价比较法

C. 林地期望价法

D. 周期收益资本化法

28. 关于异龄林林地周期收益资本化法评估的说法中，错误的是（　　）。

A. 确定林地价格，必须分割土地价值和林木价值

B. 剩余价值法计算思路是将用周期收益资本化法计算的异龄林的收获现值加上林地上现有林木价值

C. 异龄林林地边始终都有林木，林地收益能力与林木收益能力交织在一起

D. 比例系数法的计算思路是将周期收益资本化法计算的异龄林收获现值按规定比例分为林地价值和林木价值

29. 某林木小班面积为 8 公顷，林分年龄为 3 年，树高调整系数为 0.92，株数保存率为 88%，当地规定的造林标准合格率为 85%。运用重置成本法评估林木资源价值时，林分质量调整系数为（　　）。

A. 0.92　　B. 0.95

C. 1.08　　D. 0.89

30. 林分蓄积量是森林资源资产评估重要参数之一，关于蓄积量的说法，正确的是（　　）。

A. 蓄积量不但是一个数量指标，也是个质量指标

B. 蓄积量也就是出材量，常用立方米和林木株数表示

C. 蓄积量是林分中所有活力木材积的总和

D. 一般来说，蓄积量相等，经济利用价值相同

31. 对于初产期经济林的评估，重置成本适用的范围是（　　）。

A. 整个初产期

B. 只计算到有经营收入的年度

C. 只计算到年经营收入大于年经营投入的年度

D. 只计算到年经营收入大于年经营投入的前一年

32. 用材林林分资产评估中，下列关于株数调整系数的说法中，正确的是（　　）。

A. 株数调整系数 = 株数保存率/造林标准合格率

B. 株数保存率 = 林地实有保存株数/造林设计株数

C. 株数保存率 > 造林标准合格率，株数调整系数 > 1

D. 株数保存率 ≤ 40% 时，株数调整系数 = 0

33. 采用年金资本化法评估林地价值时，下列说法错误的是（　　）。

A. 评估值 = 年净收益/投资收益率

B. 确定地租时，应用近年的平均值

C. 该方法以实现森林永续利用为前提，且

林地每年有稳定的收益

D. 如地租无法将通货膨胀因素扣除，则采用的投资收益率也应包含通货膨胀率

34. 运用剩余价值法评估异龄林林地价值时，刚择伐完的异龄林林分余下的林木的价值评估宜采用（　　）。

A. 市场成交价比较法

B. 收获现值法

C. 木材市场价倒算法

D. 重置成本法

35. 经测算，某林场所属一块异龄林价值为50 640元/公顷，根据该省现行政策，林价中的山价（地租）部分所占比例平均为15%。该异龄林林分的立地条件类型为中等肥沃类型，大致为当地的平均水平，立地条件系数取$f=1.0$。林分的运距为15公里，集材距为0.7公里，低于当地的平均水平，根据当地的地利系数表，取$I=1.05$。则该异龄林林地单位租金为（　　）元/公顷。

A. 7 596　　B. 7 976

C. 45 196　　D. 53 172

36. 森林景观资产评估中最常用的方法是（　　）。

A. 市场成交价比较法

B. 年金资本化法

C. 模拟开发法

D. 重置成本法

37. 运用市场成交价比较法评估产前期经济林价值时，不需作为修正调整因素的是（　　）。

A. 育林成本差异

B. 交易时间差异

C. 林木年龄差异

D. 林分质量差异

二、多项选择题

1. 新造未投产的竹林资产评估一般采用的方法是（　　）。

A. 重置成本法

B. 木材市场价倒算法

C. 市场成交价比较法

D. 周期收益资本化法

E. 收获现值法

2. 森林资源资产的特点是（　　）。

A. 经营永续性　　B. 价值关联性

C. 分布辽阔性　　D. 功能多样性

E. 管理复杂性

3. 下列林权不可用于抵押的是（　　）。

A. 实验林的林地使用权

B. 经济林的林木所有权

C. 用材林的火烧迹地的林地所有权

D. 薪炭林的林木使用权

E. 牧场防护林的林地使用权

4. 林木资产按经营管理的形式可划分为（　　）。

A. 国有林　　B. 商品林

C. 公益林　　D. 集体林

E. 个人林

5. 农村居民采伐自留山的林木，可向（　　）申请采伐许可证。

A. 国务院林业主管部门

B. 县级以上林业主管部门

C. 受委托的乡、镇人民政府

D. 县级以上人民政府

E. 县级林业主管部门

6. 关于用材林林木资产的评估，运用重置成本法的前提条件是（　　）。

A. 营造林成本投入可以取得

B. 必须确定合理的投资收益率

C. 需要有林木的完整历史生长期数据

D. 需要有完整的市场价格、采运成本、相关税费等数据

E. 具有相关树种的营造林技术规程

7. 使用年金资本化法评估用材林资产价值必须具备的前提条件和必须注意的问题是（　　）。

A. 待评估资产的年收益必须稳定

B. 待评估资产可以永续经营

C. 测算年平均纯收益是应扣减成本的正常利润

D. 需要考虑成新率问题

E. 投资收益率必须是不含通货膨胀利率的当地该类资产投资的平均收益率

8. 以下属于单位林权的是（　　）。

A. 城镇居民在自有房屋的庭院内种植的林木

B. 某部队营造的林木

C. 国有林场经营范围内的国有森林资源

D. 某村集体在集体土地上种植的林木

E. 某国有企业营造的林木

9. 成本法评估森林资源主要适用于（　　）。

A. 所有的经济林资产

B. 幼龄林林木资产

C. 新造未投产竹林

D. 森林景观

E. 林地

10. 下列关于林权抵押的说法，正确的是（　　）。

A. 贷款到期后，若借款人未清偿债务，可通过竞价交易、协议转让、林木采伐或诉讼等途径处置已抵押的林权

B. 对于贷款金额在30万元以上（含30万元）的林权抵押贷款项目，具备专业评估能力的银行可自行评估

C. 对于贷款金额在30万元以下的林权抵押贷款项目，银行参照当地市场价格自行评估，并向借款人收取一定的评估费

D. 对于贷款金额在30万元以上（含30万元）的林权抵押贷款项目，可通过森林资源调查和价格咨询等方式进行评估

E. 林权抵押期间，采伐审批机关不得批准或发放林木采伐许可证。

11. 运用收获现值法评估用材林价值时，计算林分主伐净收益需要考虑的因素有（　　）。

A. 木材销售收入

B. 采运成本

C. 木材经营利润

D. 营林成本

E. 销售费用、管理费用、财务费用

12. 可用于林地资源评估的方法有（　　）。

A. 林地费用价法

B. 市场成交价比较法

C. 林地期望价法

D. 收获现值法

E. 年金资本化法

13. 采用重置成本法评估中龄以上林分价值时，在实际操作中，林分质量调整系数根据（　　）确定。

A. 株数　　B. 平均树高

C. 平均胸径　　D. 蓄积量

E. 平均冠幅

14. 下列用材林资产评估方法中，属于收益法的是（　　）。

A. 木材市场倒算法

B. 收获现值法

C. 年金资本化法

D. 重置成本法

E. 收获现值法

15. 下列森林资产所有权中，通常不能用于银行抵押的有（　　）。

A. 防风固沙林　　B. 水土保持林

C. 经济林　　D. 国防林

E. 生态公益林

16. 初产期经济林资产评估主要适用的评估方法有（　　）。

A. 市场成交价比较法

B. 收获现值法

C. 收获现值法

D. 重置成本法

E. 年金资本化法

17. 不适用于盛产期经济林评估的方法是（　　）。

A. 市场成交价比较法

B. 收获现值法

C. 收获现值法

D. 重置成本法

E. 周期收益资本化法

18. 关于集体林权的经营和流转，下列说法正确的是（　　）。

A. 集体林权是农村集体经济组织对森林、林木和林地所享有的所有权和使用权。

B. 集体林权流转包括林地承包权、经营权，承包林地上的林木所有权、使用权

C. 承包方可采取出租（转包）、入股、转让等方式流转

D. 未实行承包经营的，经本集体经济组织成员的村民会议3/4以上成员或者3/4以上村民代表同意并公示可进行流转

E. 受让方违反法律规定或者合同约定造成森林、林木、林地严重毁坏的，发包方有权收回林地经营权

19. 收获现值法在实际应用中一般用于（　　）的评估。

A. 中龄林林木　　B. 初产期经济林

C. 近熟林林木　　D. 盛产期经济林

E. 成熟林林木

20. 异龄林林地的评估方法有（　　）。

A. 剩余价值法　　B. 模拟开发法

C. 比例系数法　　D. 林地期望价法

E. 周期收益资本化法

21. 下列属于幼龄林林木资产核查内容的（　　）。

A. 冠幅　　B. 蓄积量

C. 平均树高　　D. 地利条件

E. 单位面积株数

22. 森林资源资产清单是（　　）调查的成果。

A. 一类调查　　B. 二类调查

C. 三类调查　　D. 问卷调查

E. 现场调查

23. 关于森林资源调查的说法中，正确的是（　　）。

A. 森林资源资产清单编制，通常以“二类调查”或“三类调查”数据为基础

B. 作业设计调查，以作业小班或作业范围作为调查对象

C. 一类调查利用固定样地为主进行定期复查，一般以国有林业局（场）为调查总体

D. 森林资源资产清单编制，也可以基于“二类调查”技术标准进行的专项调查成果为基础

E. 一类调查是以掌握宏观森林资源现状与动态为目的

24. 属于林地资产核查内容的有（　　）。

A. 树种　　B. 单位面积株数

C. 立地等级　　D. 面积、位置

E. 使用期限

25. 下列选项中，不能编制森林资源资产清单的是（　　）。

A. 委托人

B. 评估机构

C. 评估从业人员

D. 委托人聘请的具有相应资质的森林资源调查机构

E. 评估机构委托的有专业胜任能力的森林资源调查机构

26. 木材市场价倒算法适用的情况有（　　）。

A. 幼龄林林木

B. 中龄林和近熟林

C. 成熟、过熟林林木

D. 衰产期经济林

E. 异龄林林木

27. 采用周期收益资本化法评估用材林价值，应用的前提条件有（　　）。

A. 森林资源永续利用

B. 测算年平均纯收益时应扣减成本的正常利润

C. 投资收益率必须是不含通货膨胀率的当地该类资产投资的平均收益率

D. 通常是以择伐的方式进行森林经营作业

E. 遵循资产主体依照采伐量低于生产量的原则

28. 根据现行规定，银行办理林权抵押贷款业务时，可以用于抵押的林权有（　　）。

A. 风景林的林地使用权

B. 用材林的林木使用权

C. 经济林的林地使用权

D. 防风固沙林的林地使用权

E. 薪炭林火烧迹地的林地使用权

29. 关于林业碳汇资产评估方法的叙述，正确的是（　　）。

A. 市场法的关键在于参照物的选择、市场价的确认

B. 收益法的关键在于对项目未来减排量的核算及对未来温室气体交易市场的预期

C. 成本法的关键在于项目取得费、开发费等资料可以获得，且清晰明确

D. 市场法评估时，需要扣减税费、交易费用、建设和运营管理成本

E. 市场法适用于存在成熟有效的林业碳汇资产交易市场

三、综合题

1. “×××碳汇项目”（项目备案号：×××）是采用经国家主管部门备案的方法学开发的自愿减排项目。该项目业主单位为×××公司，项目涉及150 000亩林地，开始日期为2008年1月1日，2015年10月获准项目备案，备案的产生减排时间为2010年1月1日至2029年12月31日，预计最大减排量为3 000 000吨二氧化碳当量（tCO2e）。2019年1月×××公司编制完成第一期监测报告，该期监测覆盖日期为：2010年1月1日至2018年12月31日，项目设计文件中预估的该监测期内温室气体减排量为960 000当量（tCO2e），监测确认该监测期内实际的温室气体减排量为1 050 000当量

（tCO2e），经核证签发1 050 000当量（tCO2e）。其中800 000当量（tCO2e）于2021年7月交易售出，其余的核证减排量一直未出售，且项目严格按照设计文件执行。×××公司拟以其余核证减排量质押贷款，有关技术经济指标如下所示：

（1）项目设计费用100 000元，审定费用80 000元，核证费用750 000元，项目施工投资、监测费用等共计11 500 000元。

（2）当前的林业碳汇市场价格为50元当量（tCO2e），场内交易费用为0.5%，税费为0.1%。

要求：计算该碳汇资产评估值。

2. 某公司拟转让8公顷的杉木成熟林，要求对其林木资产进行评估。根据资产清查，该小班面积为8公顷，蓄积量为1 200立方米，地利系数为0.80。

参照案例A：某公司3年前花200 000元向邻村购买年龄、平均胸径、平均树高都与该小班相近的杉木成熟林7公顷，蓄积量为800立方米，地利系数为1.10。目前，木材销售价格由3年前的600元/立方米上涨为现在的800元/立方米。

参照案例B：附近林场2年前花160 000元向邻村购买年龄、树高相近、平均胸径为20厘米的杉木成熟林6公顷，蓄积量为900立方米，地利系数为0.90。2年前杉原木材销售价格为750元/立方米。

参照案例C：某个体户近期花100 000元购买了年龄、平均直径、树高都与该小班相近的成熟林3公顷，蓄积量为500立方米，地利系数为1.03。

要求：

（1）根据题中资料，应用何种方法评估？

（2）列出该方法的计算公式，并说明调整系数有哪些。

（3）简述该方法应用的前提条件和适用范围。

（4）计算该杉木成熟林评估值。（计算结果以元为单位，保留两位小数）

3. 某民营林业公司拟转让近期收购的200公顷杉木林，该林分经营类型为一般用材林，林龄为30年，已过主伐期，处于成熟林组，林分平均胸径为18厘米，平均树高为16米，平均蓄积为180立方米/公顷。

据调查相关技术经济指标为：

（1）木材价格：杉原木售价为700元/立方米，杉综合材售价为600元/立方米。

（2）出材率：出材率为70%（其中原木25%，综合材45%）。

（3）直接采伐（采造集装）成本：90元/立方米（按出材量计）。

（4）伐区设计费：8元/立方米（按出材量计）。

（5）检尺费：2元/立方米（按出材量计）。

（6）短运费（含道路维护费）：50元/立方米（按出材量计）。

（7）销售费用：按销售收入的2%。

（8）管理费用：按销售收入的1%。

（9）不可预见费：按销售收入的1%。

（10）木材生产经营利润率为10%（按采伐全部成本投入计）。

（11）相关税费：合计按销售收入的14%征收。

要求：

（1）评估该杉木林的价值应选用哪种方法？列出该方法的基本公式。

（2）简述该方法的使用条件和适用范围。

（3）计算该地块林木资产估值。（计算结果以元为单位，取整数）

4. 某小班面积为10公顷，为幼龄林，林分年龄为3年，平均高2.4米，平均胸径0.15米，株数2 000株/公顷。据调查，在评估基准日时，该地区第一年造林投资（含林地清理、挖穴和幼林抚育）为5 000元/公顷，第二年和第三年投资分为3 000元/公顷、1 500元/公顷，每年的年林地租金为500元/公顷，投资收益率为8%。造林设计株数为2 500株/公顷，成活率要求为85%，按当地平均水平，3年林分的平均高为3米，平均胸径0.2米。

要求：

（1）简述小班的定义。

（2）应选用何种评估方法？原理是什么？

（3）简述该方法的使用条件和适用范围。

（4）简述林分质量调整系数的确定思路。

（5）计算幼龄林林木资产评估值。（计算结果以元为单位，保留两位小数）

5. 现有某国有林场拟转让一块面积为200

亩的榆树中龄林，年龄为55年，每亩蓄积量为4.8立方米/亩，经营类型为中径材（其主伐年龄为60年），该地区榆树中径材的标准参照林分主伐时平均亩蓄积为5立方米/亩，现实林龄（即55年生）标准参照林分的平均亩蓄积为4.5立方米/亩，该林分已经过间伐不再要求间伐。有关技术经济指标如下：

（1）营林生产成本：从第五年起每年的管护费用为6元/亩。

（2）木材销售价格（参照成熟林）：榆树原木大径材价格为800元/立方米，中径材价格为600元/立方米，小径材价格为500元/立方米。

（3）出材率：榆树原木大径材出材率为15%，中径材出材率为40%，小径材出材率为15%。

（4）木材综合生产成本（含采造集装、短运、设计、检尺等）按出材量计，为100元/立方米。

（5）地租为50年使用权一次性支付300元/亩。

（6）木材生产经营成本利润率按全部生产投入计，为10%。

（7）投资收益率为8%。

（8）木材检疫费：按原木销售价格的0.2%计征。

（9）销售、管理、不可预见费用：销售收入的2%。

要求：

（1）评估该榆木林的价值应选用哪种方法并分析选择的原因。

（2）简述该方法的使用条件和适用范围。

（3）计算该林分的林木资产评估值。（计算结果以元为单位，保留两位小数）

6. 某国有林场拟出让一块面积为100公顷的采伐迹地，其适宜树种为杉木，经营目标为小径材（主伐年龄为15年），该地区一般指标杉木小径材的标准参照林分主伐时平均蓄积为200立方米/公顷、林龄9年生进行间伐，间伐时可间伐储积量为18立方米/公顷。

有关技术经济指标如下：

（1）出材率：杉原木出材率为20%，杉综合材出材率为50%。

（2）木材销售价格。采伐可以获得杉原木和杉综合材。杉原木为1 000元/立方米；杉综合材：主伐木为900元/立方米，间伐木为850元/立方米。

（3）木材生产成本，包括采运成本、伐区设计、生产准备费、采造成本、场内短途运输成本、仓储成本、堆场及伐区管护费，合计150元/立方米。

（4）木材税费。

①各种税费：按销售收入的30%计。

②销售费用：原木为10元/立方米，综合材为11元/立方米。

③管理费用：按销售收入的5%计。

（5）营林生产直接费用。第一年（含整地、挖穴、植苗、抚育等）为4 800元/公顷；第二年抚育费为1 500元/公顷；第三年起稳定为300元/公顷。

（6）营林生产间接费用包括森林保护费、营林设施费、良种实验费、调查设计费、基层生产单位管理费、场部管理费用和财务费用，合计从第一年起每年平均为180元/公顷。

（7）木材生产利润：杉原木为25元/立方米，杉综合材为15元/立方米。

（8）林业投资收益率为8%。

要求：

（1）根据所给条件，评估该用材地资产价值应选用哪种评估方法？

（2）评估该用材林地资产价值。（计算结果以元为单位，保留两位小数）

7. 某林场拟最近转让10公顷五年生锥栗林，处于产前期，每公顷株数450株，平均树高3.3米，冠幅3.0米。

据调查，有关经济技术指标如下：

（1）锥栗林营林生产成本：造林费用15 000元/公顷；1—3年每年抚育、施肥4 000元/公顷；第四年起每年抚育、施肥、修剪3 000元/公顷。

（2）投资收益率：10%。

（3）林地年地租：600元/公顷。

（4）当地同年龄参照林分株数450株/公顷，平均树高3.5米，平均树冠3.1米。

要求：

（1）简述经济林核查的内容和方法。

（2）简述产前期经济林评估方法的种类。

（3）选择合适方法，评估该锥栗林价值。（计算结果以元为单位，取整数）

8. 某一异龄林小班面积为10公顷，刚择伐过，现有保留蓄积 270 立方米/公顷。据实际调查，该小班择伐周期为 10 年，择伐强度为 25%，择伐时小班蓄积量为 300 立方米/公顷，出材率为 70%，其中原木 40%，综合材 30%。择伐每立方米原木和综合材分别可获纯收入 500 元、400 元，每年分摊的管护费为 120 元/公顷，投资收益率为 10%。

要求：

（1）根据所给条件，简述评估该小班价值应选用的评估方法及基本原理。

（2）简述该方法应用的前提条件和适用的范围。

（3）估算该小班刚择伐后的评估值。

（4）估算已择伐 5 年后小班的评估值。（计算结果以元为单位，取整数）

9. 某村集体拟转让新垦复尚未进入稳产阶段的毛竹林面积 5 公顷，该地毛竹林为花年毛竹林，不存在大小年现象，请根据下述有关经济指标评估其长期（无限期）转让价值。

（1）培育成本（每年）。

①施肥：新垦复期间平均每年 1 500 元/公顷，进入稳产期后每年 1 000 元/公顷。

②深翻抚育：新垦复期间平均每年 1 200 元/公顷，稳产期后四年一次，每次 2 400 元/公顷，平均每年 600 元/公顷。

③除草：每年 800 元/公顷。

④管护费（主要包括护林，病虫防治等费用）：240 元/公顷。

（2）竹林竹材产量和竹笋产量预测。根据调查该村评估对象附近稳产竹林近几年来平均年竹材采伐量，预测评估对象稳产成年竹林单位面积可年产竹材 360 株/公顷，产笋 1 800 公斤/公顷。新垦复竹林 3 年后即从评估基准日后第 4 年达稳产状态。进入稳产的前 3 年，每年产竹产笋少且数量不等，其各年可产竹材、笋数量预测如下：

项目	1	2	3	4	5
竹材（株/公顷）	150	225	300	360	360
竹笋（公斤/公顷）	800	1 200	1 500	1 800	1 800

（3）竹材单位净收益为 10 元/根。

（4）竹笋单位净收益为 1.5 元/公斤。

（5）竹林地租为每年 400 元/公顷。

（6）投资收益率为 12%。

10. 某林场拟收购职工一块面积为 500 亩的蓝莓经济林，林龄为 4 年，处于初产期（经济寿命为 15 年，前 2 年为产前期），平均株数为 230 株/亩，冠幅 2.5 米，当年平均蓝莓 250 公斤。主要技术指标如下：

（1）营林生产成本。第一年，12 800 元/亩（含整地、挖穴、植苗、抚育、管理、材料等）；第二年，抚育费 3 590 元/亩；第三、第四年，抚育费 2 940 元/亩。

（2）林地租金为 800 元/亩·年。

（3）投资收益率为 10%。

（4）4 年蓝莓标准株数为 250 株，冠幅 2.2 米，标准亩产蓝莓 240 公斤。

（5）第三年蓝莓有少量挂果，该年度不考虑前述营林成本的蓝莓纯收益为 1 000 元/亩。

（6）第四年蓝莓有少量挂果，该年度不考虑前述营林成本的蓝莓纯收益为 2 000 元/亩。

要求：

（1）简述初产期经济林的评估方法。

（2）该蓝莓林应选择的评估方法及其适用前提条件、适用范围。

（3）初产期与产前期的林分质量调整系数有什么区别?

（4）计算出该地块林木的评估值。（计算结果以元为单位，取整数）

11. 某咖啡有限公司拟转让一块面积为 200 亩的咖啡经济林，该经济林已种植 6 年，处于盛产期。主要技术指标如下：咖啡盛产期为第 3 年至第 20 年；咖啡豆价格 1.6 元/公斤（不含税，下同）；进入盛产期后，咖啡豆单位面积产量为 1 250 公斤/亩；咖啡木价格 20 元/株，盛产期末平均保存株数为 300 株/亩；采伐成本及税费占销售价格的 40%；木材经营者成本利润率（以全部采伐成本投入为基数）为 16%；咖啡林地租为 80 元/亩·年；销售、管理、不可预见费用为销售收入的 3%；销售税金为销售收入的 13.5%；投资收益率为 10%。经营期间费用、成本如下：

成本费用项	施肥（元/亩）	管护（元/亩）	采摘人工（元/亩）	短运费（元/公斤）	初加工（元/公斤）
金额	50	50	200	0.01	0.1

要求：

（1）简述盛产期经济林的评估方法。

（2）该咖啡林应选择的评估方法。

（3）简述该方法应用的前提及需要确定的要素。

（4）计算咖啡林林木评估值。（计算结果以元为单位，取整数）

12. 某林农拟转让一块面积为50亩的苗圃地的使用权，该地块系5年前从当地村集体租赁的普通林地改造而成，租赁期为30年，租金采用一次支付方式，总金额为30 000元。

各年主要改造成本投资如下：

（1）第1年，林地改良费300元/亩；

（2）第2年，林地改良费200元/亩；

（3）第3年至第5年，林地维护费80元/亩；

（4）投资收益率为8%。

要求：

（1）简述该苗圃使用权应选择的评估方法及其基本原理。

（2）简述该方法应用的前提及适用范围。

（3）估算该林地使用权的价值。（计算结果以元为单位，取整数）

精选练习题参考答案及解析

一、单项选择题

1. **【答案】** D

【解析】 D选项功能多样性属于森林资源资产的特点。

2. **【答案】** C

【解析】 对于贷款金额在30万元以上（含30万元）的林权抵押贷款项目，具备专业评估能力的银行可以自行评估，也可以依照相关规定，通过森林资源调查和价格咨询等方式进行评估。对于贷款金额在30万元以下的林权抵押贷款项目，银行要参照当地市场价格自行评估，不得向借款人收取评估费。

3. **【答案】** C

【解析】 刚择伐完的异龄林林分余下的林木的价值评估采用木材市场价倒算法。

4. **【答案】** A

【解析】 小班是森林经营的最小单位，也是森林调查规划设计的基本单位。

5. **【答案】** D

【解析】 森林资源连续清查体系简称“一类调查”，这是我国对于森林消耗监测的主要手段之一，我国对外公布的森林覆盖率就来自该调查体系检测结果。一类调查的数据通常不适用于森林资源评估。

6. **【答案】** A

【解析】 略。

7. **【答案】** B

【解析】 林地和林地上的森林、林木的所有权、使用权，由不动产登记机构统一登记造册，核发证书。国务院确定的国家所有的重点林区的森林、林木和林地，由国务院自然资源主管部门负责登记。

8. **【答案】** B

【解析】 地上有森林、林木的，应当在申请土地承包经营权登记时一并申请登记；森林、林木的种类等发生变化的，承包方应当持原不动产权属证书以及其他证实发生变更事实的材料，申请土地承包经营权变更登记。

9. **【答案】** D

【解析】 森林资源资产清单实际上就是一般资产评估中的委托评估资产申报表，通常是指以具有相应调查资质的森林资源调查单位当年的森林资源规划设计调查（二类调查）、伐区作业设计调查（三类调查）成果，或按林业资源管理部门要求建立并逐年更新至当年，且经补充调查修正的森林资源档案资料编制的森林资源资产清单。

10. **【答案】** B

【解析】 采伐许可证由县级以上人民政府林业主管部门核发。

11. **【答案】** C

【解析】 国家所有的森林资源的所有权由国务院代表国家行使，国务院可以授权国务院自然资源主管部门统一履行国有森林资源所有者职责。林权抵押期间，未经抵押权人书面同意，采伐审批机关不得批准或发放林木采伐许可证。省、自治区、直辖市人民政府林业主管部门根据消耗量低于生长量和森林分类经营管理的原则，编制本行政区域的年采伐限额，经征求国务院林业主管部门意见，报本级人民政府批准后公布实施，并报国务院备案。重点林区的年采伐限额，由国务院林业主管部门编制，报国务院批准后公布实施。

12.【答案】C

【解析】幼龄林调整株数和平均树高，中龄以上需要调整平均胸径和蓄积。本评估对象树龄2年，属于幼龄。

株数保存率（r）=林地实有保存株数/造林设计株数。当 $r \geqslant 50\%$，株数调整系数 $K_1=1$；当 $r<50\%$，株数调整系数 $K_1=r/50\%=0.8$；当 $r \leqslant 40\%$ 而必须重造时，株数调整系数 $K_1=0$。

本例虽然 $r=40\%$，但是并不需要重造，因此株数调整系数 $K_1=r/50\%=0.8$，林分调整系数 $=0.9\times0.8=0.72$。但是如果题目没有明确说明 $r=40\%$ 不用重造，则应该认定为需要重造，从而 $K_1=0$。

13.【答案】D

【解析】略。

14.【答案】A

【解析】重置成本法是确定森林景观资产最低价值、保本价值的保守方法，并且在森林景观建设初期，景观资产价值收益体现不明显、不稳定的阶段更适用。

15.【答案】D

【解析】投资收益率必须是不含通货膨胀率的当地该类资产投资的平均收益率。

16.【答案】D

【解析】略。

17.【答案】B

【解析】在南方国有林区或者一些少林省，多采用四级区划，即国营林场—营林区—林班—小班。

18.【答案】C

【解析】林地费用价由三种费用构成：（1）购买林地及其他为取得林地所需的费用；（2）林地取得后，为适于林木培育而投入林地的改良费用；（3）从投入上述费用时候开始到评估基准日为止的年间费用的利息。

19.【答案】D

【解析】森林自然游憩资源，是指通过经营能为其经营主体带来经济收益的森林自然游憩资源，主要包括以森林为依托的，可开展自然观察、自然体验、户外运动、森林康养、森林旅游或其他具有森林生态环境特征的游憩场地（或场所）、游憩服务与游憩设施等要素的资源。

20.【答案】B

【解析】经济林核查的主要项目有树种、品种、产期、生长阶段、冠幅、单位面积株数、生长状况、单位面积产量、产品品质等。

21.【答案】C

【解析】产前期经济林林木主要是营养生长，交易案例的调整系数除考虑待评估经济林资源资产与交易案例的时间差异外，还要考虑林分质量的差异以及林木年龄的差异。经济林初产期市场成交价比较法中，林分质量调整系数除考虑经济林林分冠幅修正以外，还要考虑经济林产品的产量、质量的修正。经济林盛产期市场成交价比较法中林分质量调整系数要考虑成新率。

22.【答案】C

【解析】森林景观资产评估主要选择下列几种方法：市场成交价比较法、年金资本化法、模拟开发法、重置成本法。

23.【答案】A

【解析】采伐禁限规定：（1）公益林只能进行抚育、更新和低质低效林改造性质的采伐。但是，因科研或者实验、防治林业有害生物、建设护林防火设施、营造生物防火隔离带、遭受自然灾害等需要采伐的除外。（2）商品林应当根据不同情况，采取不同采伐方式，严格控制皆伐面积，伐育同步规划实施。（3）自然保护区的林木，禁止采伐。但是，因防治林业有害生物、森林防火、维护主要保护对象生存环境、遭受自然灾害等特殊情况必须采伐的和实验区的竹林除外。因此，B项、C项错误。采伐林地上的林木应当申请采伐许可证，并按照采伐许可证的规定进行采伐；采伐自然保护区以外的竹林，不需要申请采伐许可证，但应当符合林木采伐技术规程。因此，D项错误。

24.【答案】A

【解析】衰产期经济林的产量明显下降，继续经营收益低，甚至出现亏损，应及时更新。这个阶段的经济林资产可用剩余价值法进行评估。特别是乔木树种的经济林中，其剩余价值主要是木材的价值，评估方法可用木材市场价倒算法。

25. 【答案】A

【解析】申请办理林权抵押贷款时，银行应要求借款人提交林权证原件。

26. 【答案】D

【解析】林地期望价法以实现森林永续利用为前提，并假定每个轮伐期林地上的收益相同，支出也相同，从无林地造林开始进行计算，将无穷多个轮伐期的净收益全部折为现值累加求和作为拟评估林地资产评估值。

27. 【答案】D

【解析】对异龄林林地评估时，由于异龄林林地始终都有林木，林地的收益能力与林木的收益能力交织在一起，无法细分，因此周期收益资本化法计算的结果是林地和林地上的林木的综合价格。

28. 【答案】B

【解析】剩余价值法是将用周期收益资本化法计算的异龄林的收获现值，减去林地上现有林木价值余额作为林地的价值。

29. 【答案】A

【解析】株数保存率为88% >当地规定的造林标准合格率为85%，株数调整系数为1。

林分质量调整系数 K = 株数调整系数 K_1 × 树高调整系数 $K_2 = 1 \times 0.92 = 0.92$

30. 【答案】C

【解析】林分蓄积量是个数量指标，它不能全面地反映林分林木材积的经济利用价值的大小，故A项错误。蓄积量和出材量不同，出材量 = 蓄积量 × 出材率，故B项错误。林分中所有活立木材积的总和称为林分蓄积量，常以M（立方米/公顷）表示，故C项正确。两个林分蓄积量相等，但各径阶林木株数的多少、树种的不同、木材缺陷及病腐程度不同，则可利用的、符合用材标准的材种出材量不同，两个林分的木材经济利用价值就存在差异。因此，D项错误。

31. 【答案】D

【解析】初产期经济林资产评估中重置成本只计算到经济林资产年经营收入大于年经营投入的前一年，并通过经济林林分质量调整系数来修正重置成本值，以确定经济林资产评估值。

32. 【答案】B

【解析】株数调整系数 K_1 是依据株数保存率 r 与造林标准合格率 R 相互比较确定。其中，株数保存率 $r = \dfrac{\text{林地实有保存株数}}{\text{造林设计株数}}$。

在幼龄林（未成林造林地幼树）的评估中，$r \geqslant R$，$K_1 = 1$；$r < R$，$K_1 = r/R$。

根据生产的实际情况，在未成林造林地中，如果 r 小于40%，一般认为造林失败，必须重造，而且重造的成本并不比初次造林成本低，因此，在未成林造林地中，当 $r \leqslant 40\%$ 时，如有需要，则 $K_1 = 0$。在幼龄林阶段中后期，林分一般已郁闭，如果 r 小于40%，但林木的分布均匀，有成林希望，这时 K_1 不能等于零，可以等于 r/R。

33. 【答案】A

【解析】$E = A/P$，式中：E—林地评估值；A—年平均地租；P—投资收益率。

34. 【答案】C

【解析】刚择伐完的异龄林林分余下的林木的价值评估宜采用木材市场价倒算法。

35. 【答案】B

【解析】$K = K_0 \times f \times I = 15\% \times 1 \times 1.05 = 15.75\%$

$B0 = E \times K = 50\ 640 \times 0.157\ 5 = 7\ 976$（元/公顷）

36. 【答案】C

【解析】模拟开发法（假设开发法）是森林景观资产评估中最常用的方法。

37. 【答案】A

【解析】产前期经济林林木主要是营养生长，交易案例的调整系数除考虑待评估经济林资源资产与交易案例的时间差异外，还要考虑林分质量的差异以及林木年龄的差异。经济林初产期市场成交价比较法中，林分质量调整系数除考虑经济林林分冠幅修正以外，还要考虑经济林产品的产量、质量的修正。经济林盛产期市场成交价比较法中林分质量调整系数要考虑成新率。

二、多项选择题

1. 【答案】AC

【解析】新造竹林资产投资的成本明确，宜采用重置成本法，也可用市场成交价比较法。

2. 【答案】ACDE

【解析】森林资源资产的特点有：经营永续性、再生长期性、分布辽阔性、功能多样性、管理复杂性。B项属于森林资源资产评估的特点之一。

3.【答案】ACE

【解析】略。

4.【答案】BC

【解析】按经营管理的形式划分为生态公益林和商品林，前者又称为公益性森林资源资产，后者又称为经营性森林资源资产。

5.【答案】CE

【解析】农村居民采伐自留山和个人承包集体林地上的林木，由县级人民政府林业主管部门或者其委托的乡镇人民政府核发采伐许可证。

6.【答案】ABE

【解析】CD 属于收获现值法应用的前提条件。

7.【答案】ABCE

【解析】略。

8.【答案】BE

【解析】国有企业事业单位、机关、团体、部队营造的林木，由营造单位经营并按照国家规定支配林木收益。A 项属于个人林权，C 项属于国有林权，D 项属于集体林权。

9.【答案】BCDE

【解析】产前期及初产期（不包括盛产期和衰产期）的经济林适用于重置成本法。重置成本法最适用于对幼龄林林木资产的评估；新造未投产竹林资产明确，宜采用重置成本法；森林景观资产的重置成本包括森林和旅游设施的重置成本；林地费用价法也属于成本法，林地费用价法适用于林地购入后经改良使之适合于林业用途的林地评估。

10.【答案】ABD

【解析】对于贷款金额在 30 万元以下的林权抵押贷款项目，银行要参照当地市场价格自行评估，不得向借款人收取评估费。林权抵押期间，未经抵押权人书面同意，采伐审批机关不得批准或发放林木采伐许可证。

11.【答案】ABCE

【解析】收获现值法在计算中需要考虑的要素有：（1）林分主伐时的净收益，即木材销售收入扣除采运成本、销售费用、管理费用、财务费用及相关税费和木材经营的合理利润；（2）间伐的纯收入；（3）投资收益率，一般采用平均收益率进行测算；（4）评估基准日到主伐时的营林成本；（5）林分质量调整系数 K，一般根据待评估的林分与标准林分的蓄积或胸径指标进行调整。

12.【答案】ABCE

【解析】林地资源资产的评估方法包括林地费用价法、市场成交价比较法、林地期望价法（无限）、年金资本化法（无限）、使用权有限期林地评估方法。

13.【答案】CD

【解析】基于我国对于森林培育的营林标准要求，在实际操作中，幼龄林中一般用株数调整系数和平均树高调整系数综合确定，在中龄以上的林分用平均胸径调整系数和蓄积调整系数综合确定。

14.【答案】BC

【解析】用材林林木资产评估方法主要有：市场法，包括木材市场价倒算法、市场成交价比较法；收益法，包括收获现值法、年金资本化法、周期收益资本化法；重置成本法。

15.【答案】ABDE

【解析】略。

16.【答案】ABD

【解析】初产期经济林资产评估主要适用的评估方法有市场成交价比较法、收获现值法、重置成本法。

17.【答案】CDE

【解析】盛产期经济林资产评估主要适用的评估方法有市场成交价比较法、收获现值法。

18.【答案】ABC

【解析】未实行承包经营的集体林地以及林地上的林木，由农村集体经济组织统一经营。经本集体经济组织成员的村民会议 2/3 以上成员或者 2/3 以上村民代表同意并公示，可以通过招标、拍卖、公开协商等方式依法流转林地经营权、林木所有权和使用权。受让方违反法律规定或者合同约定造成森林、林木、林地严重毁坏的，发包方或者承包方有权收回林地经营权。

19.【答案】AC

【解析】收获现值法主要针对造林年代已久，用成本法容易产生偏差，离主伐期尚早，不宜采用市场法而提出的。一般用于中龄林和近熟林的评估。

20.【答案】AC

【解析】对异龄林林地评估时，由于异龄林林地始终都有林木，林地的收益能力与林木的收益能力交织在一起，无法细分，因此周期收益资本化法计算的结果是林地和林地上的林木的综合价格。要确定地价，必须把土地的价值与林木的价值分割开，通常分割的方法是比例系数法和剩余价值法。

21.【答案】BCDE

【解析】幼龄林（含未成林造林地）核查的主要项目有起源、树种组成、林龄（造林时间、苗龄）、造林成活率、造林保存率、单位面积株数、平均胸径、平均树高、蓄积量、林木生长状态、病虫害发生及自然灾害损失状况、立地等级、地利条件等。冠幅是经济林核查的项目。

22.【答案】BC

【解析】森林资源资产清单实际上就是一般资产评估中的委托评估资产申报表，通常是以“二类调查（森林资源规划设计调查）”或“三类调查（伐区作业设计调查）”数据为基础，或基于“二类调查”技术标准进行的专项调查成果为基础，由委托方或资产经营方编制的。

23.【答案】ABDE

【解析】略。

24.【答案】ACDE

【解析】林地核查的主要项目有林地类型、森林类别、林种、树种、林下资源、使用期限、使用方式（指地租支付方式）、面积、位置、立地等级、地利条件等。

25.【答案】BCE

【解析】评估人员执行森林资源资产评估业务时，应当要求委托人或相关当事人提供委托评估森林资源资产清单。当委托人无法提供有效的委托评估森林资源资产清单时，应要求委托人聘请具有相应资质的森林资源调查机构进行森林资源专项调查，以调查成果为基础编制森林资源资产清单。或经委托人同意，由评估机构委托有专业胜任能力的森林资源调查机构进行调查，委托人以调查成果为基础编制森林资源资产清单。

26.【答案】CD

【解析】幼龄林林木适用于重置成本法，中龄林和近熟林适用于收获现值法，异龄林林木适用于周期收益资本化法，市场成交价比较法适用于各林龄段林木资产的评估，年金资本化法主要用于评估年纯收益稳定的森林资源资产。

27.【答案】ADE

【解析】BC 属于年金资本化法应用的前提条件。

28.【答案】BCE

【解析】略。

29.【答案】BE

【解析】略。

三、综合题

1.【答案及解析】

$Q \times P \times K = (1\ 050\ 000 - 800\ 000) \times 50 \times 1 = 12\ 500\ 000$（元）

$C = 12\ 500\ 000 \times (0.5\% + 0.1\%) = 75\ 000$（元）

$V = Q \times P \times K - C = 12\ 500\ 000 - 75\ 000 = 1\ 175\ 000$（元）

2.【答案及解析】

（1）根据题中资料，应采用市场成交价比较法评估。

（2）计算公式（简单算术平均法）。

$$E = \frac{X}{N}\sum_{i=1}^{N} K_i K_{bi} G_i$$

式中：E—评估值；X—拟评估森林资产的实物量；K_i—第 i 个交易案例林分质量综合调整系数；K_{bi}—第 i 个交易案例物价调整系数；G_i—第 i 个交易案例市场交易价格；N—交易案例个数。

调整系数有林分质量调整系数、物价调整系数。

（3）使用前提条件：可以收集到近期、多个可比交易案例或公开市场交易信息。

适用范围：适用于各林龄段林木资产的评估。

（4）评估过程。

根据参照案例 A 可得：

$K_1 = 0.80/1.10 = 0.73$

$K_{b1} = 800/600 = 1.33$

$G_1 = 200\ 000/800 = 250$

$E_1 = K_1 K_{b1} G_1 = 0.73 \times 1.33 \times 250 = 242.73$（元/立方米）

根据参照案例 B 可得：

$K_2 = 0.80/0.90 = 0.89$

$K_{b2} = 800/750 = 1.07$

$G_2 = 160\ 000/900 = 177.78$

$E_2 = K_2 K_{b2} G_2 = 0.89 \times 1.07 \times 177.78 = 169.30$（元/立方米）

根据参照案例 C 可得：

$K_3=0.80/1.03=0.78$

$K_{b3}=800/800=1$

$G_3=100\ 000/500=200$

$E_3=K_3K_{b3}G_3=0.78\times1\times200=156$（元/立方米）

（3）评估结论。根据市场成交价比较法的评估要求，用算术平均数得出评估结果。

单位蓄积林木评估值 $E=(242.73+169.3+156)/3=189.34$（元/立方米）

总评估值 $E_{总}=E\times M=189.34\times1\ 200=227\ 208$（元）

3.【答案及解析】

（1）应采用木材市场价倒算法评估。

计算公式：$E=W-C-F$

式中：E—林木资产评估值；W—销售总收入；C—木材生产经营成本（包括采伐成本和销售税费）；F—木材生产经营利润（木材采伐者的合理利润）。

（2）使用的前提条件：所需要的经济技术资料能在市场上较易获得，各工序的生产成本、木材价格、利润、税费等数据都能较易收集。

适用范围：市场价倒算法是即将可以采伐的成熟、过熟林林木资产评估常用方法。

（3）根据上述指标，评估过程及结论如下。

①木材销售收入 $W=200\times180\times(25\%\times700+45\%\times600)=16\ 020\ 000$（元）

②木材生产经营成本 $C=200\times180\times70\%\times(90+8+2+50)+16\ 020\ 000\times(2\%+1\%+1\%+14\%)=6\ 663\ 600$（元）

③木材生产经营利润 $F=6\ 663\ 600\times15\%=999\ 540$（元）

该林木资产评估值 $=16\ 020\ 000-6\ 663\ 600-999\ 540=8\ 356\ 860$（元）

4.【答案及解析】

（1）小班是内部特征基本一致，与相邻地段有明显区别，而需要采取相同经营措施的地块。它是森林经营的最小单位，也是森林调查规划设计的基本单位。

（2）应采用重置成本法评估其价值。该方法是按现时的工价及生产水平，重新营造一块与被评估林木资产相类似的资产所需的成本费用，作为被评估林木资产的评估值的方法。

（3）使用的前提条件：①营造林成本投入可以取得，且指标清晰；②具有相关树种的营造林技术规程；③必须确定合理的投资收益率。

适用范围：幼龄林林木资产的评估。

（4）幼龄林的林分质量综合调整系数，一般用株数调整系数和平均树高调整系数综合确定，中龄以上的林分质量综合调整系数，用平均胸径调整系数和蓄积调整系数综合确定。

①株数调整系数 K_1。株数调整系数 K_1 是依据株数保存率 r 与造林标准合格率 R 之间的比较确定。

$$株数保存率(r)=\frac{林地实有保存株数}{造林设计株数}$$

R 为造林标准合格率。

在幼龄林（未成林造林地幼树）的评估中，当 $r\geqslant R$ 时，$K_1=1$；当 $r<R$ 时，$K_1=r/R$。

在未成林造林地中，当 $r\leqslant40\%$ 时，一般认为造林失败，必须重造，则 $K_1=0$。

在幼龄林阶段中后期，当 $r\leqslant40\%$ 时，但有成林希望，$K_1=r/R$。

②树高调整系数 K_2。

$K_2(hr)=$ 拟评估林分平均树高/参照林分平均树高

③林分质量调整系数。

$K=$ 株数调整系数 $K_1\times$ 树高调整系数 K_2

（5）计算幼龄林林木资产评估值。

①计算林分质量调整系数。

株数保存率 $=2\ 000/2\ 500\times100\%=80\%$

造林标准合格率为 85%，$40\%<80\%<85\%$，故株数调整系数 $K_1=80\%/85\%=0.94$；树高调整系数 $=2.4/3=0.8$；林分调整系数 $=0.94\times0.8=0.75$。

②幼龄林林木评估值 $=10\times0.75\times[(5\ 000+500)\times1.08^3+(3\ 000+500)\times1.08^2+(1\ 500+500)\times1.08]=98\ 781.12$（元）

5.【答案及解析】

（1）由于造林年代已久，用成本法容易产生偏差，且离主伐期尚早，不宜采用市场法，因此应采用收获现值法评估榆木林林木资产价值。

（2）使用的前提条件。此方法由于是基于林木全生长周期所做的收益测算，使用时，首先，需要有林木的完整历史生长期数据（如不同龄组段的生长量或生长率数据，林分抚育模型等）；其次，需要有完整的市场价格、采运成本、相关税费等数据。

适用范围：一般用于中龄林和近熟林的评估。

（3）根据上述指标，评估过程及结论如下。

①预测主伐时亩蓄积量 $M=5\times4.8/4.5=5.33$（立方米）

②主伐时木材销售收入 $=200\times5.33\times(15\%\times800+40\%\times600+15\%\times500)=463\ 710$（元）

③主伐时木材生产经营成本 $=200\times5.33\times(15\%+40\%+15\%)\times100+463\ 710\times(0.2\%+2\%)=84\ 821.62$（元）

④主伐时木材生产经营利润 $=84\ 821.62\times10\%=8\ 482.16$（元）

⑤主伐纯收益 $=463\ 710-84\ 821.62-8\ 482.16=370\ 406.22$（元）

⑥每年支付情况下地租 = 一次性支付地租 ÷ 50 年年金现值系数 $=300\times8\%\div\left[1-\dfrac{1}{(1+8\%)^{50}}\right]=24.52$ 元/亩·年

⑦至主伐时 i 年营林成本 $C_i=200\times(24.52+6)=6\ 104$（元）

⑧由于不存在间伐，故收获现值法公式可简化为：

$$E=K\times\frac{A_u}{(1+P)^{u-n+1}}-C_i\times\frac{(1+P)^{u-n}-1}{P(1+P)^{u-n}}$$

其中 $\dfrac{(1+P)^{u-n}-1}{P(1+P)^{u-n}}$ 为 $u-n$ 期的年金现值系数。

林木评估值 $E=370,406.22\div(1+8\%)^{60-55+1}-6\ 104\times[1-(1+8\%)^{(60\quad55)}]\div8\%=233\ 418.75-24\ 371.50=209\ 047.25$（元）

6. **【答案及解析】**

（1）该评估对象是林地，而且有收益，应该采用林地期望价法。该方法先计算一个采伐周期下不考虑营林间接成本下的价值，然后把该价值推算为永续期限下的价值，随后扣除营林间接成本，从而得出林地的评估值。

（2）评估价值计算过程。

①计算木材纯收入。

1）计算主伐总纯收入。

杉原木每立方米纯收入 = 单价 − 采运成本 − 期间费用 − 税费 − 合理利润 $=1\ 000-150-(1\ 000\times5\%+10)-1\ 000\times30\%-25=465$（元）

主伐杉综合材每立方米纯收入 $=900-150-(900\times5\%+11)-900\times30\%-15=409$（元）

主伐总纯收入 $A_u=100\times200\times(20\%\times465+50\%\times409)=5\ 950\ 000$（元）

2）计算间伐总纯收入。

间伐杉综合材每立方米纯收入 $=850-150-(850\times5\%+11)-850\times30\%-15=376.5$（元）

间伐总纯收入 $D_a=100\times18\times50\%\times376.5=338\ 850$（元）

②计算林地的价值 B_u。

1）计算营林生产间接费用外，林地一个采伐周期收益的终值（F）。

$F=5\ 950\ 000+338\ 850\times1.08^{15-9}-100\times4\ 800\times1.08^{15}+1\ 500\times1.08^{14}+300\times1.08\times(1.08^{13}-1)/8\%=3\ 828\ 044.54$（元）

2）计算营林生产间接费用外，林地的价值。

林地的价值 $=F/(1.08^{15}-1)=1\ 762\ 314.23$（元）

3）计算林地的评估价值。

评估价值 $=F/(1.08^{15}-1)-(100\times180)/8\%=1\ 537\ 314.23$（元）

7. **【答案及解析】**

（1）经济林核查的主要项目有树种、品种、产期、生长阶段、冠幅、单位面积株数、生长状况、单位面积产量、产品品质等。

常见的森林资源资产核查方式主要有小班抽查法、全面核查法、抽样调查法等。

（2）产前期经济林可采用重置成本法、市场成交价比较法进行评估。

（3）该锥栗林为 5 年生幼林，选用重置成本法评估其资产价值。

①林分质量调整系数。

$$K_1=\frac{\text{拟评估林分株数}}{\text{造林标准株数（或参照林分株数）}}=\frac{450}{450}=1$$

$$K_{2-1}=\frac{\text{拟评估林分平均树高}}{\text{参照林分平均树高}}=\frac{3.3}{3.5}=0.94$$

$$K_{2-2}=\frac{\text{拟评估林分平均冠幅}}{\text{参照林分平均冠幅}}=\frac{3.0}{3.1}=0.97$$

经济林林分质量调整系数 $K=K_1K_{2-1}K_{2-2}=1\times0.94\times0.97=0.91$

②每公顷锥栗林的评估值。

$E_n=K\sum\limits_{i=1}^{n}C_i(1+P)^{n-i+1}=0.91\times[(15\ 000+$

4 000 + 600) × 1.1^5 + (4 000 + 600) × 1.1^4 + (4 000 + 600) × 1.1^3 + (3 000 + 600) × 1.1^2 + (3 000 + 600) × 1.1] = 47 992.90（元）

该锥栗林的评估值 E = 10 × 47 992.90 = 479 929（元）

8.【答案及解析】

（1）应选择周期收益资本化法评估小班价值。该方法是将被评估林木资产稳定的周期收益，按适当的投资收益率折算出资产的价值。

（2）使用的前提条件：①森林资源永续利用；②资产主体依照采伐量低于生产量的原则，通常以择伐的方式进行森林经营作业。

适用的范围：异龄林林木资源资产评估。

（3）刚择伐后异龄林林木资源资产每公顷评估值：

$$E=\frac{Au}{(1+P)^u-1}-\frac{V}{P}$$

$$=\frac{300\times25\%\times(40\%\times500+30\%\times400)}{(1+10\%)^{10}-1}-\frac{120}{10\%}$$

= 15 059 − 1 200

= 13 859（元/公顷）

该小班刚择伐后的林木资源资产评估值为 13 859 × 10 = 138 590（元）。

（4）如以上林木择伐 5 年后进行评估，该异龄林林木资源资产每公顷评估值：

$$E=\frac{A_u\times(1+P)^m}{(1+P)^u-1}-\frac{V}{P}$$

$$=\frac{300\times25\%\times(40\%\times500+30\%\times400)}{(1+10\%)^{10}-1}\times(1+10\%)^5-\frac{120}{10\%}$$

= 24 253 − 1 200

= 23 053（元/公顷）

该小班择伐 5 年后的林木资源资产评估值为 23 053 × 10 = 230 530（元）。

9.【答案及解析】

计算过程及结论如下：

调整期 $m=4$

调整期第 1 年净收益 A_1 = 5 × 150 × 10 + 5 × 800 × 1.5 − 5 × (1 500 + 1 200 + 800 + 240 + 400) = −7 200（元）

调整期第 2 年净收益 A_2 = 5 × 225 × 10 + 5 × 1 200 × 1.5 − 5 × (1 500 + 1 200 + 800 + 240 + 400) = −450（元）

调整期第 3 年净收益 A_3 = 5 × 300 × 10 + 5 × 1 500 × 1.5 − 5 × (1 500 + 1 200 + 800 + 240 + 400) = 5 550（元）

进入稳产期后年净收益 AI = 5 × 360 × 10 + 5 × 1 800 × 1.5 − 5 × (1 000 + 600 + 800 + 240 + 400) = 16 300（元）

$$E=\sum_{i=1}^{m}\frac{A_i}{(1+P)^i}+\frac{AI}{P(1+P)^m}$$

$$=(-7\,200)\times(1+12\%)^{-1}+(-450)\times(1+12\%)^{-2}+5\,550\times(1+12\%)^{-3}+16\,300\div[12\%\times(1+12\%)^3]$$

= 93 846.56（元）

10.【答案及解析】

（1）这一阶段的经济林资源资产评估可用重置成本法或收获现值法或市场成交价比较法。

（2）应选择重置成本法评估。

使用前提条件：①经济林参照林分历史期生长指标、营造林指标可以取得；②被评估经济林生长情况；③被评估经济林林况因子、成本投入、产出数据可以取得。

适用范围：初产期经济林资产评估中重置成本只计算到经济林资产年经营收入大于年经营投入的前一年，并通过经济林林分质量调整系数来修正重置成本值，以确定经济林资产评估值。

（3）经济林产前期的林分质量修正系数一般按现实株数、林分平均树高、冠幅与同龄参照林分株数、平均树高、冠幅的比值来确定调整系数。

经济林初产期的林分质量调整系数，除考虑经济林林分冠幅修正以外，还要考虑经济林产品的产量的修正。

（4）230 < 250，故 K_1（株数）= 230 ÷ 250 = 0.92

K_2（产量）= 250 ÷ 240 = 1.041 7

K_3（冠幅）= 2.5 ÷ 2.2 = 1.136 4

$K = K_1$（株数）× K_2（产量）× K_3（冠幅）= 1.09

$E_n = K\times\sum_{i=1}^{n}C_i(1+P)^{n-i+1}$ = 500 × 1.09 × [(12 800 + 800) × (1 + 10%)^4 + (3 590 + 800) × (1 + 10%)^3 + (2 940 + 800 − 1 000) × (1 + 10%)^2 + (2 940 + 800 − 2 000) × (1 + 10%)] = 16 886 416（元）

11.【答案及解析】

（1）盛产期的经济林资源资产评估可用收

获现值法和市场成交价比较法。

（2）应选择收获现值法评估。

（3）应用的前提是林木资产每年都有一定收益，同时每年也有一定的成本支出，且具有一定的经济收益期。收获现值法应用几个要素的确定：

①被评估经济林各年的收益；

②经济林资产各年的成本支出；

③投资收益率；

④林分的收获期，一般不同品种的经济林收获期不同。

（4）计算过程及结论如下：

盛产期平均年收益 $AI = 200 \times 1250 \times 1.6 - 200 \times (50 + 50 + 200) - 200 \times 1250 \times (0.01 + 0.1) - 200 \times 80 - 200 \times 1250 \times 1.6 \times (3\% + 13.5\%) = 230\ 500$（元）

期末橡胶木净收益 $AJ = 200 \times 20 \times 300 - 200 \times 20 \times 300 \times 40\% \times (1 + 16\%) = 643\ 200$（元）

$$E = AI \times \frac{(1+P)^{u-n+1} - 1}{P\,(1+P)^{u-n+1}} + \frac{AJ}{(1+P)^{u-n+1}} =$$

$230\ 500 \times (P/A,\ 10\%,\ 20 - 6 + 1) + 643\ 200 \times (P/F,\ 10\%,\ 20 - 6 + 1) = 1\ 907\ 178$（元）

12.【答案及解析】

（1）林地费用价法也称为成本价法，是将取得林地所需要的费用和把林地维持到现在状态所需要的费用，在评定时用本利和来表示。因此，林地费用价由三种费用构成：①购买林地及其他为取得林地所需的费用；②林地取得后，为适于林木培育而投入林地的改良费用；③从投入上述费用开始到评估基准日为止的期间费用的利息。

（2）使用的前提条件：①林地购置费用可以取得；②林地改良各项费用可以取得，且清晰明确。

适用范围：林地费用价法适用于林地购入后经改良使之适合于林业用途的林地评估。该法在一般的土地资产评估中较常使用，而在林地资产中，由于林地购入后仅维持、改良而不进行经营的情况极少，因而该法在林地资产评估中用得较少。

（3）林地使用权评估值。

$$E = CI \times (1+P)^n + \sum_{i=1}^{n} C_i \times (1+P)^{n-i+1} =$$

$30\ 000 \times (1 + 8\%)^5 + 50 \times [300 \times (1 + 8\%)^5 + 200 \times (1 + 8\%)^4 + 80 \times (1 + 8\%)^3 + 80 \times (1 + 8\%)^2 + 80 \times (1 + 8\%)] = 45\ 073$（元）

第五章　金融资产评估

考试大纲

<table>
<tr><td>第二章</td><td>目的</td><td>考查考生对金融资产评估方法运用、评估特点、投清查核实、管理制度等的掌握、熟悉和了解情况，以及分析和解决主要金融资产评估和金融不良资产评估实际问题的能力。</td></tr>
<tr><td rowspan="4">长期投资性资产评估</td><td colspan="2">考试内容及要求</td></tr>
<tr><td>掌握的内容（★★★）</td><td>1. 银行贷款的评估方法。
2. 债券的评估方法。
3. 股票的评估方法。
4. 投资基金的评估方法。
5. 假设清算法、现金流偿债法在金融不良资产评估中的应用。</td></tr>
<tr><td>熟悉的内容（★★）</td><td>1. 金融资产管理相关制度。
2. 金融资产清查核实目的、要求、手段方法与内容。
3. 金融不良资产清查核实方法、内容。
4. 金融不良资产评估业务类型与评估对象。</td></tr>
<tr><td>了解的内容（★）</td><td>1. 金融资产的基本概念、主要类型、特点。
2. 金融资产评估特点。
3. 信托计划、资管产品、保险资产等金融资产的评估方法。
4. 交易案例比较法、专家打分法、综合因素分析法在金融不良资产评估中的应用。
5. 对私金融不良资产评估方法。</td></tr>
</table>

考情分析

本章主要考查银行贷款、债券、股票、投资基金和金融不良资产的具体评估方法，以及分析和解决金融资产评估实际问题的能力。在2017—2024年度的考试中，该部分内容分值为15—25分，以客观题为主，主要涉及各类金融资产评估方法的应用。在2020年、2022年的考试中均有关于金融不良资产评估方法应用的主观题，主要考查了假设清算法、现金流偿债法的应用。

教材变化

本章是在2024年教材第二章债券、股票、投资基金评估，第六章金融不良资产评估的基础上，整合修订生成的新的一章。新增的主要内容有：

（1）第一节概述；

（2）第二节金融资产管理相关制度；

（3）第三节金融资产评估的清查核实；

（4）第四节“一、商业银行贷款评估”、“四、（二）私募股权投资基金评估”、“五、其他金融资产评估”；

（5）第五节“三、对私金融不良资产评估方法”。

考点精讲及典型例题解析

【知识点1】金融资产的基本概念（★）

（1）金融资产，概念较为宽泛，既包括以银行为代表的各类金融机构所持有的资产，也包括在金融市场上交易的货币、股票、债券、商业票据、期权、期货等各类金融工具。

（2）金融工具，是指一切在金融市场上交易的各类标准合同。对于购买金融工具的投资者而言，是一种金融资产；对于金融工具的发行方来说，是一种获取融资资金的工具。

（3）金融不良资产，是指银行持有的次级、可疑及损失类贷款，金融资产管理公司收购或者接管的金融不良债权，以及其他非银行金融机构持有的不良债权。

【例5-1】（单项选择题）下列选项中，不属于金融资产的是（　　）。

A. 股票　B. 投资基金
C. 金融工具　D. 金融不良资产

【答案】C

【解析】金融工具，是指一切在金融市场上交易的各类标准合同。对于购买金融工具的投资者而言，是一种金融资产；对于金融工具的发行方来说，是一种获取融资资金的工具。

【知识点2】金融资产的主要类型（★）

根据不同的标准，金融资产有不同的类型。例如，按照期限不同，金融资产可分为短期金融资产和长期金融资产；按照风险与收益不同，金融资产可分为债权类金融资产、权益类金融资产、衍生类金融资产以及混合类金融资产 。

从资产评估实务角度，金融资产大体分为银行贷款、债券、股票、投资基金、金融不良资产以及其他金融资产。

【例5-2】（多项选择题）从资产评估实务角度，金融资产包括（　　）。

A. 银行贷款　B. 债权类金融资产
C. 信托计划　D. 权益类金融资产
E. 保险资产

【答案】ACE

【解析】按照风险与收益不同，金融资产可分为债权类金融资产、权益类金融资产、衍生类金融资产以及混合类金融资产 。从资产评估实务角度，金融资产大体分为银行贷款、债券、股票、投资基金、金融不良资产以及其他金融资产。其他金融资产主要涉及信托计划、资管产品以及保险资产等。

【例5-3】（多项选择题）根据贷款质量，银行贷款分为（　　）。

A. 正常贷款　B. 信用贷款
C. 自营贷款　D. 不良贷款
E. 关注贷款

【答案】ADE

【解析】略。

【例5-4】（多项选择题）下面不属于债券投资特点的是（　　）。

A. 投资风险较小，安全性较强
B. 投资风险较高
C. 投资收益较大
D. 到期还本付息，收益相对稳定
E. 具有较强的流动性

【答案】BC

【解析】略。

【例5-5】（多项选择题）股票价值的类型主要包括（　　）。

A. 账面价格　B. 实际价值
C. 票面价格　D. 内在价值
E. 发行价格

【答案】ACDE

【解析】股票价值的类型主要包括票面价格、发行价格、账面价格、清算价格、内在价值和市场价格。

【例5-6】（多项选择题）股票的实际价值通常与（　　）密切相关。

A. 内在价格　B. 清算价格
C. 发行价格　D. 市场价格
E. 账面价格

【答案】ABD

【解析】股票的实际价值通常与股票的票面价格、发行价格和账面价格的联系并不紧密，而与股票的内在价值、清算价格和市场价格有着较为密切的联系。

【例5-7】（单项选择题）股票的内在价值主要是由（　　）决定的。

A. 股票的净资产额
B. 股票的总资产额
C. 股票的未来收益折现值
D. 股票的利润总额

【答案】C

【解析】略。

【例5-8】（多项选择题）下列基金属于证券投资基金的有（　　）。

A. 私募股权基金　B. 公募基金
C. 货币市场基金　D. 股票基金
E. 混合型基金

【答案】CDE

【解析】按照基金投资对象的不同，证券投资基金可分为债券基金、股票基金、货币市场基金和混合型基金等。

【例5-9】（多项选择题）下列属于不动产投资信托基金（REITs）特征的是（　　）。

A. 80%以上基金资产投资于基础设施资产支持证券，并持有其全部份额

B. 基金通过资产支持证券和项目公司等载体取得基础设施项目完全所有权

C. 基金通过资产支持证券和项目公司等载体取得基础设施项目经营权

D. 基金管理人主动运营管理基础设施项目，以获取资本增值为主要目的

E. 采取封闭式运作，收益分配比例不低于合并后基金年度可供分配金额的80%

【答案】ABC

【解析】略。

【例5-10】（单项选择题）下列金融资产中，不属于金融不良资产的是（　　）。

A. 银行持有的次级、可疑及损失类贷款

B. 非银行金融机构持有的以物抵贷资产

C. 烟草企业无法收回的应收账款

D. 金融资产管理公司收购的不良抵押贷款

【答案】C

【解析】金融不良资产不包括金融机构外的其他企业正常生产经营过程中形成的不良资产。

【知识点3】金融资产的特点（★）

金融资产具有流动性、收益性、风险性、时间性。

【例5-11】（多项选择题）下列选项中，属于金融资产特点的是（　　）。

A. 流动性　　B. 收益性

C. 风险性　　D. 波动性

E. 时间性

【答案】ABCE

【解析】略。

【知识点4】金融资产评估特点（★）

金融资产评估的特点：（1）金融资产评估一般是对投资资本进行评估；（2）金融资产评估侧重对被投资者的偿债能力和获利能力的分析评估；（3）金融资产评估的评估对象具有独特性与差异性；（4）金融资产评估需要关注金融市场的风险与不确定性；（5）金融资产评估需要关注金融监管政策。

【例5-12】（多项选择题）金融资产评估的特点包括（　　）。

A. 一般是对投资资本或权益的评估

B. 侧重对投资者的偿债能力和获利能力的评估

C. 评估对象具有独特性与差异性

D. 需关注金融市场的风险与不确定性

E. 金融监管政策会导致金融资产价值变化

【答案】CDE

【解析】略。

【知识点5】金融资产管理相关制度（★★）

（一）商业银行贷款相关管理制度

1.《中华人民共和国商业银行法》的规定

（1）审查借款人资信：商业银行贷款，应当对借款人的借款用途、偿还能力、还款方式等情况进行严格审查。商业银行贷款，应当实行审贷分离、分级审批的制度。

（2）贷款担保要求：商业银行贷款，借款人应当提供担保。借款人资信良好，确能偿还贷款的，可以不提供担保。

（3）合同签订：商业银行贷款，应当与借款人订立书面合同。合同应当约定贷款种类、借款用途、金额、利率、还款期限、还款方式、违约责任和双方认为需要约定的其他事项。

2.《流动资金贷款管理办法》的规定

（1）资金需求及贷款结构：贷款人应根据借款人经营规模、业务特征、资金循环周期等要素测算其营运资金需求，并合理确定贷款结构，包括金额、期限、利率、担保和还款方式等。

（2）资金需求计算公式：

营运资金量 = 上年度销售收入 ×（1 - 上年度销售利润率）×（1 + 预计销售收入年增长率）/营运资金周转次数。

其中：营运资金周转次数 = 360/（存货周转天数 + 应收账款周转天数 - 应付账款周转天数 + 预付账款周转天数 - 预收账款周转天数）

3.《固定资产贷款管理办法》的规定

贷款人应建立完善的固定资产贷款风险评价制度，设置定量或定性的指标和标准，以偿债能力分析为核心，从借款人、项目发起人、项目合规性、项目技术和财务可行性、项目产品市场、项目融资方案、还款来源可靠性、担保、保险等角度进行贷款风险评价，并充分考虑政策变化、市场波动等不确定因素对项目的

影响，审慎预测项目的未来收益和现金流。

【例5－13】（多项选择题）下列关于商业银行贷款相关管理制度，正确的是（　　）。

A. 应实行审贷分离、分级审批的制度

B. 应对借款人的借款用途、偿还能力、还款方式等情况进行严格审查

C. 借款人必须提供担保

D. 必须与借款人订立书面合同

E. 贷款合同应当约定贷款种类、借款用途、金额、利率、还款期限、还款方式、违约责任等

【答案】 ABDE

【解析】 商业银行贷款，借款人应当提供担保。借款人资信良好，确能偿还贷款的，可以不提供担保。

（二）公司债券相关管理制度

1. 发行方式

公司债券可以公开发行，也可以非公开发行。非公开发行的公司债券应当向专业投资者发行，不得采用广告、公开劝诱或变相公开方式，每次发行对象≤200人。

2. 发行人决议事项

发行人应当依照《公司法》或者公司章程相关规定对以下事项作出决议：（1）发行债券的金额；（2）发行方式；（3）债券期限；（4）募集资金的用途；（5）其他按照法律法规及公司章程规定需要明确的事项。

发行公司债券，如果对增信机制、偿债保障措施作出安排的，也应当在决议事项中载明。

3. 认购资格

根据财产状况、金融资产状况、投资知识和经验、专业能力等因素，公司债券投资者可以分为普通投资者和专业投资者。

资信状况符合以下标准的公开发行公司债券，专业投资者和普通投资者可以参与认购：（1）发行人最近三年无债务违约或者延迟支付本息的事实；（2）发行人最近三年平均可分配利润不少于债券一年利息的1.5倍；（3）发行人最近一期末净资产规模不少于250亿元；（4）发行人最近36个月内累计公开发行债券不少于3期，发行规模不少于100亿元；（5）中国证监会根据投资者保护的需要规定的其他条件。

未达到上述标准的公开发行债券，仅限于专业投资者参与认购。

4. 债券交易场所

公开发行的公司债券，应当在证券交易场所交易。非公开发行公司债券，可以申请在证券交易场所、证券公司柜台转让。

5. 信息披露

公司债券上市交易的公司应当：（1）按照规定的内容和格式编制定期报告，并按照规定报送和公告；（2）发生重大事件，应报送临时报告，并予公告。

【例5－14】（多项选择题）公司债券发行人应当依照《公司法》或者公司章程相关规定对（　　）事项做出决议。

A. 发行数量　　B. 发行价格

C. 还款方式　　D. 偿债保障措施

E. 募集资金用途

【答案】 ABDE

【解析】 发行人应当依照《公司法》或者公司章程相关规定对以下事项作出决议：（1）发行债券的金额；（2）发行方式；（3）债券期限；（4）募集资金的用途；（5）其他按照法律法规及公司章程规定需要明确的事项。发行公司债券，如果对增信机制、偿债保障措施作出安排的，也应当在决议事项中载明。

【例5－15】（多项选择题）根据财产状况、金融资产状况、投资知识和经验、专业能力等因素，公司债券投资者可以分为（　　）。

A. 一般投资者　　B. 普通投资者

C. 专业投资者　　D. 有限投资者

E. 高级投资者

【答案】 BC

【解析】 略。

（三）股票相关管理制度

《公司法》、《证券法》、《股票发行与交易管理暂行条例》、《首次公开发行股票注册管理办法》等相关法律法规对股票的发行、交易及信息披露进行了相应规范。

1. 股票发行

设立股份有限公司公开发行股票，应当符合《公司法》规定的条件和经国务院批准的国务院证券监督管理机构规定的其他条件，向国务院证券监督管理机构报送募股申请和规定文件。公司首次公开发行新股，应当规定条件。

2. 募集资金使用

公开发行股票所募集资金，必须按照招股说明书或者其他公开发行募集文件所列资金用途使用；改变资金用途，必须经股东大会作出决议。擅自改变用途，未作纠正的，或者未经股东大会认可的，不得公开发行新股。

3. 信息披露

发生重大事件，应报送临时报告，并予公告。

【例5－16】（多项选择题）《公司法》、《证券法》、《股票发行与交易管理暂行条例》、《首次公开发行股票注册管理办法》等相关法律法规对股票的（　　）进行了相应规范。

A. 评估　　B. 发行

C. 定价　　D. 募集资金使用

E. 交易及信息披露

【答案】BDE

【解析】略。

（四）基金相关管理制度

（1）《证券投资基金法》是规范证券投资基金活动的基本法律文件；

（2）国务院证券监督管理机构依法对证券投资基金活动实施监督管理；

（3）2023年9月1日起施行的《私募投资基金监督管理条例》，是我国私募投资基金行业首部行政法规。

【例5－17】（单项选择题）规范证券投资基金活动的基本法律文件是（　　）。

A.《公司法》

B.《证券法》

C.《证券投资基金法》

D.《私募投资基金监督管理条例》

【答案】C

【解析】略。

（五）金融不良资产管理相关制度

依据《金融资产管理公司不良资产业务管理办法》，不良资产业务，是指金融资产管理公司对不良资产进行收购、管理和处置的行为。

1. 不良资产收购

（1）金融资产管理公司可以收购的资产有：

① 金融机构持有的，或者非金融机构、地方金融组织通过收购或其他方式持有的次级、可疑、损失类资产，符合《商业银行金融资产风险分类办法》定义的重组资产，其他已发生信用减值的资产和已核销的账销案存资产。

② 金融机构处置不良债权形成的资产。

③ 本金、利息已违约，或价值发生明显贬损的公司信用类债券、金融债券及同业存单。

④ 信托计划、银行理财产品、公募基金、保险资管产品、证券公司私募资管产品、基金专户资管产品等持有的价值发生明显贬损的对公债权类资产或对应份额。

⑤ 非金融机构、地方金融组织所有的，经人民法院或仲裁机构确权的逾期对公债权类资产，以及处置上述债权形成的实物资产、股权资产。

（2）资产收购方式：公开挂牌、协议收购。

（3）资产收购评估与定价。

①收购程序：申请立项、尽职调查、估值、定价、方案制定、项目审批、项目实施等必要程序。

②估值要求：金融资产管理公司应在尽职调查基础上，选用适当估值方法对拟收购资产进行估值。对单笔金额较大、价值难以自行评估的应聘请符合资质的评估机构。

③定价要求：应在估值基础上，对拟收购标的资产进行审慎合理定价，不得先定价后估值，不得明显偏离尽调和估值结果确定收购价格。

④披露：收购后需通知债务人及担保人（公告方式适用于无法联系情形）。

2. 不良资产管理

（1）对债权、股权、实物类资产分类制定并采取适当的管理策略。

（2）定期进行盘点清查、账实核对，及时掌握资产价值变化的风险，制定合理处置计划。

（3）可对已持有的资产进行追加投资。

（4）重大突发事件导致价值贬损的资产需及时评估，必要时引入外部中介机构评估，对中介机构出具的评估报告独立分析判断。

3. 不良资产处置

（1）不良资产处置方式。金融资产管理公司应遵循成本效益和风险控制原则，择优选用债权追偿、债权重组、债权转股权、租赁、核销、转让、委托处置、资产证券化等方式处置资产。

（2）不良资产处置调查与定价。

① 调查。处置不良资产前，应充分利用现有档案资料和日常管理中获得的有效信息，根

据实际情况运用专项调查、重点调查、现场调查或抽样调查等方式开展前期市场调查分析，形成书面调查报告。

② 评估。评估原则：应坚持“评处分离”原则，保证资产评估和资产处置环节相互独立。

评估要求：以债权转股权、出售股权资产或出售不动产的方式处置资产时，除上市公司可流通股权外，原则上由外部独立评估机构对资产进行评估。

特殊要求：对于评估工作受到严重限制、无法履行现场调查程序、无法取得评估必备资料的资产，采取公开方式交易的，利用市场机制确定公允价值。

禁止行为：不得以外部评估或咨询结果代替自身进行的调查、取证和分析工作，对外部机构提供的评估或咨询报告应进行独立分析和判断。

③ 定价。

定价依据和原则：应以尽职调查和评估估值为基础，进行定价，并明确处置最低价格。在评估结果与询价结果、谈判结果等存在较大差异时，应分析原因并进行重点说明，在审批决策过程中，审核人员应对相关说明独立发表书面意见。

差异化定价：转让上市公司可流通股权时，遵照交易所相关规则执行。转让非上市公司股权的首次处置定价不低于评估结果的90%；转让动产、不动产或其他财产权的首次处置定价不低于评估结果的80%。

降价处置：如未成交拟降价处置的，应在处置方案中说明降价原因，降价幅度不超过前次处置定价的20%，降价间隔时间不得少于五个工作日。

④ 处置方案与公告。

方案内容及实施：处置方案，主要内容应包括资产情况、处置时机、处置方式、定价依据等。金融资产管理公司应严格按照审批结果实施处置方案。

公告：金融资产管理公司应在资产处置方案提交审核会议至少七个工作日前，在公司网站上发布处置公告，资产处置标的价值人民币5000万元（含）以上的项目还应同时在资产所在地省级以上有影响的报纸或纳入最高人民法院司法拍卖网络服务提供者名单库的网络平台上发布处置公告。

【例5-18】（多项选择题）金融资产管理公司可以收购的金融不良资产有（　　）。

A. 金融机构或非金融机构持有的次级、可疑、损失类资产

B. 非金融机构处置不良债权形成的资产

C. 已发生信用减值的资产和已核销的账销案存资产

D. 已违约或价值发生明显贬损的公司信用类债券、金融债券及同业存单

E. 法院或仲裁确权的非金融机构逾期对公债权及处置形成的实物、股权资产

【答案】 ACDE

【解析】 略。

【例5-19】（多项选择题）金融资产管理公司应按照国家法律法规和监管政策规定，通过（　　）方式收购金融不良资产。

A. 招拍挂　　B. 批量转让

C. 公开挂牌　　D. 协议收购

E. 承担债务

【答案】 CD

【解析】 略。

【例5-20】（多项选择题）金融不良资产的处置方式包括（　　）。

A. 转让　　B. 抵押

C. 债权转股权　　D. 租赁

E. 资产证券化

【答案】 ACDE

【解析】 金融资产管理公司应遵循成本效益和风险控制原则，择优选用债权追偿、债权重组、债权转股权、租赁、核销、转让、委托处置、资产证券化等方式处置资产。

【例5-21】（多项选择题）处置不良资产前，应充分利用（　　）形成书面调查报告。

A. 清查核实　　B. 市场调查

C. 账实核对　　D. 现有档案资料

E. 日常管理信息

【答案】 BDE

【解析】 处置不良资产前，应充分利用现有档案资料和日常管理中获得的有效信息，根据实际情况运用专项调查、重点调查、现场调查或抽样调查等方式开展前期市场调查分析，形成书面调查报告。

【例5-22】（多项选择题）下列关于金融不良资产处置中定价的说法，正确的是（　　）。

A. 定价应以尽职调查和评估估值为基础

B. 定价需综合考虑可实现性和实现的成本及时间等因素

C. 应明确处置最低价格

D. 在评估与询价、谈判结果等存在较大差异时，应分析原因并重点说明

E. 处置定价不得低于评估结果的90%

【答案】ABCD

【解析】转让非上市公司股权的首次处置定价不得低于评估结果的90%。

【例5－23】（多项选择题）金融资产管理公司处置金融不良资产，应制定处置方案，其主要内容应包括（　　）。

A. 处置原则　　B. 资产情况

C. 处置方式　　D. 定价依据

E. 处置时机

【答案】BCDE

【解析】金融资产管理公司处置资产，应制定处置方案，主要内容应包括资产情况、处置时机、处置方式、定价依据等。

【知识点6】主要金融资产评估的清查核实（★★）

（一）清查核实的目的与要求

1. 清查核实的目的

在明确委托评估对象的前提下，了解评估对象的特征、价值实现方式及其可行性，分析价值影响因素，为分析量化这些价值影响因素并对委托评估的金融资产价值估算提供基础。

2. 清查核实的要求

此在履行金融资金清查核实时，需要注意以下两点：一是核实评估的金融资产的内容、类别、性质和权属证明文件。在评估时，应对被评估金融资产范围进行界定。二是核实资产、负债、权益账实是否相符，为后续选择评估方法进行估算提供依据。

【提示】金融资产不同于一般资产清查核实，金融资产具有非实物形态的特点，其清查核实可以通过标的公司提供的材料进行清查核实，同时由于大量金融资产可以通过公开市场查询，所以也可以通过公开市场数据进行验证核实。

【例5－24】（单项选择题）下列选项中，不属于金融资产清查核实目的的是（　　）。

A. 明确委托评估对象

B. 了解评估对象的特征、价值实现方式及其可行性

C. 分析评估对象价值影响因素

D. 选择合适评估方法

【答案】D

【解析】略。

【例5－25】（多项选择题）下列金融资产清查核实的说法，正确的是（　　）。

A. 金融资产不同于一般资产清查核实

B. 应对被评估金融资产范围进行界定

C. 核实资产、负债、权益账实是否相符

D. 核实评估的金融资产的内容、类别、性质和权属证明文件

E. 一般通过公开市场数据进行验证核实

【答案】ABCD

【解析】略。

（二）清查核实的一般方法和手段

1. 基本核查方式

金融资产评估清查核查方式通常包括询问、书面审查、实地调查、查询、函证、复核等。评估人员应当根据各类资料的特点，合理确定核查验证的实施方式。对某些复杂的资料，可以采取多种方式相结合的形式进行。不同的清查核查方式有不同的操作手段。

2. 市场资料核查的特殊处理

对来自证券市场、产权交易市场等市场的资料进行清查核实，可以考虑的做法包括：

（1）上市公司年报中的数据资料，已审计资料进行必要分析调整后可直接采用。

（2）对于来自不同资讯网站的数据或者研究成果，结合网站的知名度和权威性综合判断可靠性。对于从浏览量较少的网站获取的资料，必要时获取两个以上途径的有效数据，相互验证可靠性。

【例5－26】（多项选择题）金融资产评估清查核查方式通常包括（　　）。

A. 抽查　　B. 查询

C. 函证　　D. 书面审查

E. 实地调查

【答案】BCDE

【解析】略。

（三）清查核实的内容

1. 商业银行贷款的清查核实的内容

（1）根据资产清查评估申报表，查阅银行借款合同、原始贷款协议、抵（质）押协议、项目尽职调查报告、公司批复文件、历史形成资料、导致损失原因、企业经营状况、商业银行四级分类或五级分类等资料。

（2）对债务人基本情况进行核实了解，包

括债务人所处行业、企业性质、地域范围、经营状况、偿债能力、信用记录、抵（质）押物权属及价值变现情况、保证人信用记录情况等。

（3）对形成应收款项金融资产的业务类型，对债权资产的购买协议或重组协议进行分析，了解还款付息约定及财务顾问费的支付约定及实际履约情况。

（4）结合现场实地勘察情况和当地的宏观经济环境以及债权交易的市场情况，确定影响贷款价值的主要因素并进行综合分析，主要包括：债务企业借款时间、金额、用途、还款来源、还款情况、逾期时间、商业银行信贷分类情况、债务企业信誉情况、债务企业未来前景预测、企业经营状况、当地市场情况等，判断其所属风险分类是否合理。

【例5－27】（多项选择题）商业银行贷款清查核实的内容包括（　　）。

A. 资产清查评估申报表

B. 银行借款合同、原始贷款协议、抵（质）押协议等法律文件

C. 还款付息约定及财务顾问费的支付约定及实际履约情况

D. 确定影响贷款价值的主要因素

E. 债权资产的购买协议或重组协议进行分析

【答案】BCDE

【解析】略。

2. 债券清查核实的内容

债券评估清查核实的主要内容有基本情况、权利状态和会计核算情况三个方面。

【例5－28】（多项选择题）债券评估清查核实的主要内容有基本情况、权利状态和会计核算情况三个方面，其中属于基本情况核查内容的是（　　）。

A. 发行人相关信息

B. 债券面值和票面利率

C. 债券质押、抵押情况

D. 债券发行金额

E. 还本付息方式

【答案】ABE

【解析】略。

3. 股票清查核实的内容

（1）持有的以投资为目的的股票投资，其清查核实内容与债券类似，包括基本情况、权利状态和会计核算情况三个方面。如果持有的股票投资能够对被投资企业施加控制、共同控制或重大影响，则为长期股权投资。

（2）被投资企业在评估基准日近期的信息。

【例5－29】（多项选择题）对于企业持有的以投资为目的的股票投资，其清查核实内容包括（　　）。

A. 被投资企业在评估基准日近期的信息

B. 股票种类、股票数量、股票面值以及发行人信息等

C. 公司章程或投资协议

D. 是否存在质押或抵押情况，以及相关的法律文件和合同条款

E. 股票投资所在科目的账面原值、账面净值等情况

【答案】BDE

【解析】略。

4. 投资基金清查核实的内容

（1）证券投资基金。

①核查的基础资料。证券投资基金清查核实，主要通过收集到的基金招募合同，对基金的收益分配、费用计提方式等进行核对。收集基金公司发来的交易对账单，对其中所列种类、份额、取得时的成本和未分配收益等进行核对。

②不同类型基金核查要点。

货币基金：查询评估基准日的基金单位净值，核实基金账户系统内评估基准日的资产状况。

股票基金：评估对象的交易系统调取交易记录、评估基准日的交易信息以及交易系统与财务系统的接口响应方式，核实是否存在时间差等。通过公开市场信息对企业填报的资料进行进一步核查验证。

债券基金：核查债券权属及持有数量，核对投资台账与资产申报表中填写的债券基本信息。

（2）私募股权投资基金。重点对合伙协议、投资协议及财务报表进行审阅，核对被投资企业的持股比例、投资成本、账面价值、近期融资情况以及历史期分红情况，了解委估投资项目的现行经营状况、项目背景、投资架构、项目前景、分红情况、退出方式和回购条款等。

（3）不动产投资信托基金（REITs）。不动产投资信托基金，主要对基础设施项目详细信息进行清查核实，包括基础设施项目地址、权属性质、现有用途、经营现状等，每期运营收入、应缴税收、各项支出等收益情况及其他相关事项；同时也要对基础设施项目的市场情况，

包括供求情况、市场趋势进行分析。

【例5－30】（多项选择题）下列关于证券投资基金清查核实的内容，正确的是（　　）。

A. 重点对合伙协议、投资协议及财务报表进行审阅

B. 主要通过收集到的基金招募合同，对基金的收益分配、费用计提方式等进行核对

C. 收集基金公司发来的交易对账单，对其中所列种类、份额、取得时的成本和未分配收益等进行核对

D. 债券基金查询评估基准日的基金单位净值，核实基金账户系统内评估基准日的资产状况

E. 股票基金需核查权属及持有数量

【答案】BC

【解析】A项属于私募股权投资基金核查内容。D项属于证券投资基金中货币基金核查的内容。E项属于证券投资基金中债券基金核查的内容。

【知识点7】金融不良资产评估的清查核实（★★）

如表5－1所示。

表5－1　　金融不良资产清查核实

类别	项目	具体内容
核实方法	资料审核（阅卷）	须对全部资料进行相互验证核对，阅卷工作量大，现场工作需周密安排
	利用法律尽调报告	由于诉讼多，法律纠纷多，可充分利用法律专业人士的调查结果。
	现场核实	金融不良资产评估实践最显著的特点是债务人资料缺乏，或者不配合评估工作，因此需现场调查得出。 不良资产拆包后涉及的债务笔数众多，抽样方法是一种非常重要的方法。每个资产包可以视为一个群，在每个群内再分层，金额大的逐笔核实，金额小的随机抽查核实。
核实内容	综合信息的核实	主要包括借款人本金、债权总额和抵押保证等是否与档案资料相符。
	借款人信息的核实	重点了解：借款人的背景和企业性质、经营现状及收入来源、主要产品、行业前景、财务状况，能否获得借款人最近三年财务报表；债务结构、是否存在对外担保等或有债务、是否已经存在还款计划、是否已经破产或正在申请破产；借款人是否存在任何独立于抵押物之外的可回收资产等。
	保证人信息核实	重点了解：保证是否有效和保证人的保证方式。保证如与借款人的关系，保证人与其他保证人的关系，保证人是否有还款记录。保证人的财务状况，能否获得保证人最近三年财务报表，保证人的债务结构、是否存在对外担保等或有债务、是否已经存在还款计划、是否已经破产或正在申请破产等。
	贷款信息的核实	重点了解：贷款形成的历史原因、还款记录、贷款在法律上是否有效、是否已过了诉讼时效等。
	抵押信息的核实	抵押物现状和基本情况，包括历史沿革、经营现状、特定背景、面积、位置、空置率等；抵押权是否合法有效，是否已经合法登记、抵押物是否存在重复抵押等情况，是否被其他债权方冻结。抵押土地是否是出让土地，如果是划拨地，是否有当地政府批准证明该土地已合法抵押，未支付的土地保证金是多少，抵押物的房地产价格如何，作初步的评估并提供依据。
	债务企业现场调查	现场调查的主要内容包括： ①债权类资产：债务人主体资格、债务人或债务承担人的资产状况、主债权效力、保证效力、抵押效力、质押效力。 ②物权类资产：国有土地使用权、房屋所有权、不动产他项权利即抵押权、动产、在建工程、其他类物权。

【例5-31】（多项选择题）金融不良资产的清查核实方法包括（　　）。

A. 阅卷　　B. 函证

C. 资料审核　　D. 现场核实

E. 抽样

【答案】ACDE

【解析】略。

【知识点8】商业银行贷款评估（★★★）

（一）商业银行贷款评估考虑的主要因素

商业银行贷款评估的实质是对其预期可回收金额进行评估。因此，在评估时要考虑还贷能力、偿还意愿、担保情况和信贷管理状况等因素。主要因素如表5-2所示。

表5-2　商业银行贷款评估考虑的主要因素

主要因素	具体内容
还贷能力	还贷能力是指借款人能够到期偿还本息的能力。 影响借款人还款能力的影响因素有借款人面临的社会风险、行业风险等。
偿还意愿	偿还意愿是指借款人偿还贷款本息的意念和想法。 可以对还款人的诚信进行调查，查询其以往的信用及履约记录，判断其还款意愿。
担保情况	担保受偿的顺位情况、担保物品的贬值情况等都会影响贷款回收的水平。
信贷管理状况	信贷管理涉及信贷政策、贷款的审核及投放、贷后监控、款项催收、稽核检查等内容。信贷管理状况越好，其贷款评估值出现减值的可能性也较小。

【例5-32】（多项选择题）商业银行信贷评估考虑的主要因素有（　　）。

A. 信贷管理状况

B. 贷款时间

C. 还贷能力

D. 偿还意愿

E. 担保情况

【答案】ACDE

【解析】略。

（二）商业银行贷款评估方法

如表5-3所示。

表5-3　商业银行贷款评估方法

方法	项目	具体内容
现金流量贴现法	基本原理	现金流量贴现法，是将贷款人的还款额作为现金流，以其现值之和作为贷款评估值的方法。
	计算公式	$PV=\frac{A_1}{1+i}+\frac{A_2}{(1+i)^2}+\frac{A_3}{(1+i)^3}+\cdots+\frac{A_n}{(1+i)^n}$ 其中，PV为全部未来现金流量的现值；A_n为第n期的现金流，$n=1, 2, \cdots, n$；i为贴现利率（合同初始利率）。 还款现金流包括借款人或担保人交付的偿债资金，以及实现抵（质）押权获得的收益。
	作用	现金流量贴现法既可用于确定单笔贷款的评估值，也可在确定贷款组合的风险损失额中，作为确定贷款样本损失额（率）的方法。

续表

方法	项目	具体内容
贷款迁移模型	基本原理	贷款迁移模型，是测算贷款组合风险损失的方法。贷款的评估值 = 贷款的账面金额 - 风险损失额 贷款迁移模型通过在一组具有相同信贷风险特征（如评级、借款人类型或逾期期限）的贷款中，分析其在特定历史时段的损失数据估算出该类贷款的综合损失率，并以此乘以当期报表日的同类贷款总额，得出所估计的风险损失额。
	计算步骤	（1）将贷款组合划分成不同的子层。分层的标准可以从贷款的外部评级（如外部评级：AAA，AA 等）、内部评级、逾期期限、贷款的风险分类（次级、可疑等）等几种方式中选择。 （2）根据历史信息计算不同子层之间的迁移率，构建贷款组合的迁移矩阵。 （3）采用具体方法（如贴现现金流等）计算出最低分层（如，损失类贷款）的损失率。 （4）根据最低分层的损失率、各分层之间的迁移率，得到不同分层的损失率。 （5）计算整个贷款组合的预计风险损失总额。
滚动率模型	基本原理	滚动率模型为迁移模型的特殊形式，可用于测算信用卡透支贷款组合的预计风险损失额。该模型将信用卡透支贷款余额分成正常及若干个逾期子层，并据此计算其从一个子层到另一个子层的滚动率，账户余额基于客观一致的标准，从一个逾期子层流向更差的逾期子层，直至核销阶段。
	计算步骤	（1）收集某一时段（通常为 12 个月或 24 个月）正常及逾期的信用卡透支贷款余额信息； （2）计算每个逾期子层的滚动率； （3）根据历史滚动率（平均或趋势）得出报告日后期间的滚动率； （4）基于估计的滚动率和报告日的有关余额，计算报告日后期间估计的逾期金额和预计损失金额，以及总损失额。
五类信贷资产评估方法	正常、关注类信贷资产	正常、关注类信贷资产主要考虑第一还款来源，即借款人本身的还款能力进行判断，根据借款合同，按照核实后的还款计划逐笔确定借款期内的还款金额，按照合同贷款利率进行折现。评估模型为： $P = \sum_{i=1}^{n} \frac{R_i}{(1+r)^i}$ 其中，n—预测回收期数；r—包含预计现金流风险的折现率；R_i：第 i 期回收的现金流量。
	次级、可疑和损失类信贷资产	次级、可疑和损失类信贷资产统称为不良资产，评估不良资产时，根据担保方式不同确定不同的评估方法。具体可以参照金融不良资产评估部分。

【例 5－33】（综合题）D 公司某笔贷款于 2025 年 12 月 31 日的账面余额为 1000 万元，合同年利率为 6%。未来本金回收计划如下：(1) 2026年 6 月 30 日回收 300 万元；（2）2026 年 12 月 31 日回收 400 万元；（3）2027 年 6 月 30 日回收 200 万元；（4）2028 年 6 月 30 日回收 50 万元；（5）2028 年 12 月 31 日回收 50 万元。

要求：

（1）采用半年期贴现率计算 2025 年 12 月 31 日 D 公司贷款的评估值（以万元为单位，保留两位小数）。

（2）计算该贷款的风险损失额及损失率。

【答案及解析】

（1）贷款评估值。

半年期贴现利率 = 6% ÷ 2 = 3%

现金流贴现计算的贷款评估值 = 300 /（1 +

$3\%)+400/(1+3\%)^2+200/(1+3\%)^3+50/(1+3\%)^5+50/(1+3\%)^6=936.33$

（2）风险损失额：1 000 － 936.33 = 63.67（万元）

损失率 = 63.67 / 1 000 = 6.37%

【例 5－34】（综合题）B 银行某贷款组合于 2023 年 6 月 30 日的账面余额为 4 500 万元，分类如下：正常类 2600 万元，关注类 550 万元，次级类 300 万元，可疑类 800 万元，损失类 250 万元。

根据贷款迁移模型测算其风险损失额，已知条件如下：

（1）根据该贷款组合各类贷款的历史迁移数据，得出其各等级的迁移矩阵如下表所示：

分类	迁移后的分类				
	正常类	关注类	次级类	可疑类	损失类
正常类	85.20%	12.50%	1.30%	1.00%	0.00%
关注类	5.00%	68.40%	18.00%	8.60%	0.00%
次级类	0.00%	0.00%	65.00%	25.00%	10.00%
可疑类	0.00%	0.00%	0.00%	70.00%	30.00%
损失类	0.00%	0.00%	0.00%	0.00%	100.00%

（2）参数设定：损失类贷款回收率为 25%（即损失率为 75%）。

要求：

（1）推导 B 银行 2023 年 6 月 30 日各类信贷资产损失率（需写出计算过程）。

（2）计算全组合风险损失总额（以万元为单位，保留两位小数）。

【答案及解析】

（1）计算各类信贷资产损失率。

损失类贷款的损失率为 75%；

可疑类贷款迁移后，分别有 30% 转到损失类，则可疑类贷款的损失率 = 30% × 75% = 22.5%。

次级类贷款迁移后，分别有 25% 转到可疑类、10% 转到损失类，则次级类贷款的损失率 = 25% × 22.5% + 10% × 75% = 13.13%。

关注类贷款迁移后，分别有 18% 转到次级类、8.60% 转到可疑类，则关注类贷款的损失率 = 18% × 13.13% + 8.60% × 22.5% = 4.30%。

正常类贷款迁移后，分别有 12.50% 转到关注类、1.30% 转到次级类、1.00% 转到可疑类，则正常类贷款的损失率 = 12.50% × 4.30% + 1.30% × 13.13% + 1.00% × 22.5% + 0% × 75% = 0.93%

（2）全组合风险损失额 = 2600 × 0.93% + 550 × 4.30% + 300 × 13.13% + 800 × 22.5% + 250 × 75% = 454.72（万元）

【知识点 9】债券的评估（★★★）

如表 5－4 所示。

表 5－4　不同债券评估值的确定

债券分类		评估方法
上市债券	市场情况不同	（1）一般市场情况。 ①一般采用市场法（现行市价）进行评估，按照评估基准日的收盘价确定评估值。 ②公式：债券评估价值 = 债券数量 × 评估基准日债券的市价（收盘价）。 ③注意：采用市场法评估债券价值，应在评估报告中说明所用评估方法和结论与评估基准日的关系，并说明该评估结论应随市场价格变化而适当调整。 （2）特殊市场情况。在特殊情况下，某种可上市交易的债券市场价格严重扭曲，不能代表实际价格，就应该采用其他的评估方法进行评估。

续表

债券分类		评估方法
非上市债券	债券期限不同	（1）距评估基准日1年内到期的债券：可以根据本金加上持有期间的利息确定评估值。 （2）超过1年到期的债券：可以根据本利和的现值确定评估值。通过本利和的现值确定其评估值的债券，宜采用收益法进行评估。 （3）不能按期收回本金和利息的债券：评估人员应在调查取证的基础上，通过分析预测，合理确定评估值。
	付息方式不同	（1）到期一次还本付息债券的价值评估。 ①公式：$P=\frac{F}{(1+r)^n}$ 式中：P—债券的评估值；r—折现率；F—债券到期时的本利和；n—评估基准日到债券到期日的间隔（以年或月为单位）。 ②注意本利和F在复利、单利计息方式上也有所不同： 在采用单利计算时：$F=A(1+mr)$ 在采用复利计算时：$F=A(1+r)^m$ 式中：A—债券面值；m—计息期限；r—债券利息率（票面利率）。 ③价值评估关键是折现率的计算： 折现率＝无风险报酬率＋风险报酬率 无风险报酬率通常以银行存款利率、国债利率或政府发行短期债券的利率等为准；风险报酬率的大小则取决于债券发行主体的具体情况。
非上市债券	付息方式不同	（2）分次付息，到期一次还本债券的评估 采用收益法，即对未来现金流量进行折现： $P=\sum_{i=1}^{n}\frac{R_i}{(1+r)^i}+\frac{A}{(1+r)^n}$ 式中：P—债券的评估值；R_i—第i年的预期利息收益；r—折现率；A—债券面值；i—评估基准日距收取利息日期限；n—评估基准日距到期还本日期限。

【例5－35】（单项选择题）某企业持有5年期国债3 000张，每张面值100元，票面利率3.5%，每半年支付一次利息，距到期日还有1年6个月。该债券在评估基准日的市场收盘价为每张96元。经综合分析，评估人员认为此牌价为正常的合理价格。则其评估值为（　　）元。

A. 315 750　　B. 310 500

C. 288 000　　D. 305 250

【答案】C

【解析】这种可上市交易的债券市场价格为合理价格，故采用市场法进行评估。

债券评估价值＝96×3 000＝288 000（元）

【例5－36】（单项选择题）对距评估基准日1年内到期的非上市债券，采用（　　）方法进行评价较为合适。

A. 本利和折现　　B. 市场询价

C. 账面值　　D. 本金加持有期利息

【答案】D

【解析】1年内到期，时间较短，可以不考虑时间价值，以本金加持有期利息作为评估值。

【例5－37】（单项选择题）甲企业持有乙企业发行的5年期到期一次还本付息债券，面值30万元，年利率5%，单利计息。评估基准日为5月1日，此时甲企业已经持有这种债券1年。当时商业银行4年期存款利率为2.8%，乙企业的债券有一定的违约风险，风险报酬率为3.2%。则甲企业持有的乙企业债券在评估基准日的价值为（　　）万元。

A. 30.84　　B. 29.7

C. 37.5　　D. 34.2

【答案】B

【解析】该题属于到期一次还本付息债券的价值评估。注意指数的确定：该债券已持有1年，再过4年就可以兑现。所以评估基准日到债券到期日的时间间隔为4年。到期本利和$F=30\times(1+5\%\times5)=37.5$（万元），折现率$r=2.8\%+3.2\%=6\%$。

$$债券评估值=\frac{37.5}{(1+6\%)^4}=29.7（万元）$$

【例5－38】（单项选择题）被评估债券为非上市企业债券，3年期，年利率为17%，单利计息，按年付息到期还本，面值100元，共

1 000 张。评估时债券购入已满 1 年，第 1 年利息已经收账。若折现率为 10%，则被评估企业债券的评估值为（　　）元。

A. 100 000　　B. 117 000

C. 112 149　　D. 123 856

【答案】C

【解析】该题属于分次付息，到期一次还本债券的价值评估。计算公式为：

$$P = \sum_{i=1}^{n} \frac{R_i}{(1+r)^i} + \frac{A}{(1+r)^n}$$

债券总面值为 $=100\times1\ 000=100\ 000$（元）

该企业债券评估值 $P=\frac{100\ 000\times17\%}{(1+10\%)^1}+\frac{100\ 000\times17\%}{(1+10\%)^2}+\frac{100\ 000}{(1+10\%)^2}=112\ 149$（元）

【提示】评估时债券购入已满 1 年，并且第 1 年的利息已经收账，所以在折现时只需将购入第 2 年的利息及购入第 3 年的利息和面值进行折现即可。

【例 5－39】（单项选择题）某资产评估机构受托对甲公司持有的乙公司债券进行评估，债券面值 60 000 元，系乙公司发行的 3 年期债券，年利率为 5%，每年付息一次，到期一次还本。评估基准日距离债券到期日两年。经资产评估人员调查，乙公司经营业绩良好，财务状况稳健，两年后具有还本付息的能力，投资风险较低。若折现率为 6%，该债券评估值约为（　　）元。

A. 60 000　　B. 58 900

C. 66 000　　D. 58 740

【答案】B

【解析】该债券评估值为：

$$P = \sum_{i=1}^{n} \frac{R_i}{(1+r)^i} + \frac{A}{(1+r)^n} = \frac{60\ 000\times5\%}{(1+6\%)} + \frac{60\ 000\times5\%}{(1+6\%)^2} + \frac{60\ 000}{(1+6\%)^2} = 58\ 900\text{（元）}$$

【知识点 10】上市交易股票的价值评估（★★）

如表 5－5 所示。

表 5－5　　上市交易股票的评估方法

持有股票的不同情形	评估方法
在正常情况下（股票市场发育正常，股票自由交易，不存在非法炒作）	采用现行市价法，即按照评估基准日的收盘价确定被评估股票的价值。
当证券市场发育尚未成熟，股票市场的投机成分太大时	应以股票的内在价值作为评估股票价值的依据。通过对股票发行企业的经营业绩、财务状况及获利能力等因素的分析，综合判断股票内在价值。
以控股为目的而长期持有上市公司的股票	可采用收益法评估其内在价值。

【提示】依据股票市场价格进行评估，应在评估报告中说明所用的方法，并说明该评估结果应随市场价格变化而予以适当调整。

【例 5－40】（单项选择题）对上市交易股票采用市场法进行评估时，利用评估基准日的（　　）确定被评估股票的价值。

A. 开盘价　　B. 最高价

C. 平均价　　D. 收盘价

【答案】D

【解析】在正常情况下（股票市场发育正常，股票自由交易，不存在非法炒作）采用现行市价法，即按照评估基准日的收盘价确定被评估股票的价值。

【例 5－41】（多项选择题）下列说法正确的是（　　）。

A. 在正常情况下采用现行市价法，即按照评估基准日的收盘价确定上市交易股票的价值

B. 股票市场的投机成分太大时，应以股票的账面价值作为评估股票价值的依据

C. 以控股为目的而长期持有上市公司的股票，一般可采用市场价评估其公允价值

D. 股票市场的投机成分太大时，应以股票的内在价值作为评估股票价值的依据

E. 以控股为目的而长期持有上市公司的股票，一般可采用收益法评估其内在价值

【答案】ADE

【解析】参见表 5－5。

【知识点 11】非上市交易股票的价值评估（★★★）

（一）非上市交易股票的评估思路

非上市交易的股票，一般采用收益法评估，

即综合分析股票发行企业的经营状况及风险、历史利润水平和分红情况、行业收益等因素，合理预测股票投资的未来收益，并选择合理的折现率确定评估值。

（二）非上市交易股票的种类

非上市交易股票分为普通股和优先股。非上市交易股票按普通股和优先股的不同而采用不同的评估方法。

1. 普通股

（1）含义。普通股没有固定的股利，其收益大小完全取决于企业的经营状况和盈利水平。

（2）评估思路。对非上市普通股的价值评估，实际上是对普通股预期收益的预测，并折算成评估基准日的价值，因此，需要对股票发行企业进行全面、客观的了解与分析。首先，应了解被评估企业历史上的利润水平；其次，了解企业的发展前景；最后，应分析被评估企业的股利（利润）分配政策。

2. 优先股

（1）优先股与普通股的辨析。优先股是在股利分配和剩余财产分配上优先于普通股的股票。普通股没有固定的股利，优先股的股利是固定的，一般情况下，都要按事先确定的股利率支付股利。在这方面，优先股与债券很相似，二者的区别在于：债券的利息是在所得税前支付，而优先股的股利是在所得税后支付。

（2）评估思路。评估优先股主要是判断股票发行主体是否有足够的税后利润用于优先股的股息分配。这种判断是建立在对股票发行企业的全面了解和分析的基础上。如果股票发行企业具有很强的支付能力，评估人员可以根据事先确定的股息率，计算出优先股的年收益额，然后进行折现计算，即可得出评估值。

（三）非上市交易股票的评估方法

如表5－6所示。

表5－6　非上市交易股票的评估方法

股票的种类	不同情况	评估方法
普通股	固定红利型股利政策	（1）含义：固定红利型是假设企业经营稳定，实行固定股利政策，每年派发股利相等。 （2）公式：$P=\frac{R}{r}$ 式中：P—股票评估值；R—股票未来收益额；r—折现率。
	红利增长型股利政策	（1）含义：红利增长型适用于成长型股票的评估。这一类型假设公司的股利预计在很长一段时间内持续以某一固定的速度增长（企业并未将全部剩余收益分配给股东，而是用于追加投资扩大再生产）。 （2）公式：$P=\frac{R_1}{r-g}$，$r>g$ 式中：P—股票评估值；R_1—股票未来收益额；r—折现率；g—股利增长率。
	分段型股利政策	分段型方法的原理（以两段式为例）： 第一段，指能够较为客观地预测股票的收益期间或股票发行企业某一经营周期；第二段，以不易预测收益的时间为起点，以企业持续经营到永续为第二段。 将两段收益现值相加，得出评估值。实际计算时，第一段以预测收益直接折现；第二段可以采用固定红利型或红利增长型，收益额采用趋势分析法或其他方法确定，先资本化再折现。
优先股	正常情况下（股息正常）	（1）在正常情况下，优先股在发行时就已规定了股息率。所以优先股的风险主要在于股票发行主体是否有足够税后利润用于优先股的股息分配。 （2）公式：$P=\sum_{i=1}^{n}\frac{R_i}{(1+r)^i}=\frac{A}{r}$ 式中：P—优先股的评估值；R_i—第 i 年的优先股的收益；r—折现率；A—优先股的年等额股息收益。

续表

股票的种类	不同情况	评估方法
优先股	有上市且转售可能	公式：$P=\sum_{i=1}^{n}\frac{R_i}{(1+r)^i}+\frac{F}{(1+r)^n}$ 式中：P—优先股的评估值；F—优先股的预期变现价格；n—优先股的持有年限；R_i—第 i 年的优先股的收益；r—折现率。

【提示】 股利增长率。

（1）股利增长率 g 的确定。

①统计分析法，即根据过去股利的实际数据，计算出平均增长率；

②趋势分析法，即根据被评估企业的股利分配政策，以企业剩余收益中用于再投资的比率与企业净资产收益率相乘确定股利增长率。

（2）常用的 g 的计算公式：

g = 用于再投资的比例 × 净资产收益率 =（1 − 留存比率）× 净资产收益率

（3）只有股利增长率 g 小于折现率 r，这个模型才会成立。

【例 5－42】（多项选择题）非上市交易普通股价值评估，通常根据不同的股利政策，选择不同的评估方法。股份公司的股利分配政策可划分为（　　）。

A. 固定红利型　　B. 连续型

C. 红利增长型　　D. 分段型

E. 红利浮动型

【答案】 ACD

【解析】 略。

【例 5－43】（单项选择题）固定红利模型是评估人员对被评估股票（　　）。

A. 预期收益的一种假设

B. 预期收益的客观认定

C. 历史收益的一种客观认定

D. 预期收益的一种估计

【答案】 A

【解析】 每年派发的红利不可能完全相等，固定红利模型是评估人员对被评估股票预期收益的一种假设。

【例 5－44】（单项选择题）假设被评估企业拥有 W 公司的非上市普通股 100 000 股，每股面值 1 元。在持有期间，每年的收益率一直保持在 16% 左右，经评估人员了解分析，股票发行企业经营比较稳定，管理人员素质高、管理能力强。在预测该公司以后的收益能力时，稳健估计，今后若干年内，其最低的收益率仍然可以保持在 14% 左右。评估人员根据该企业的行业特点及当时宏观经济运行情况，确定无风险报酬率为 5%（国债利率），风险报酬率为 3%，则确定的折现率为 8%。根据上述资料，该股票的评估值为（　　）元。

A. 100 000　　B. 175 000

C. 200 000　　D. 57 143

【答案】 B

【解析】 此题属于固定红利股利政策下的股票价值评估。

该股票的评估值 $=100\,000\times\frac{14\%}{8\%}=175\,000$（元）

【例 5－45】（单项选择题）某资产评估公司受托对 M 企业进行资产评估。M 企业拥有某非上市公司的普通股股票 100 万股，每股面值 1 元，在持有股票期间，每年股票收益率在 10% 左右。股票发行企业每年以净利润的 70% 用于发放股利，其余 30% 用于追加投资。根据评估人员对企业经营状况的调查分析，该行业具有发展前途，该企业具有较强的发展潜力。经过分析后认为，净资产收益率将保持在 16% 的水平，无风险报酬率为 3%（国债利率），风险报酬率为 5%，则确定的折现率为 8%。该股票评估值为（　　）元。

A. 1 250 000　　B. 2 000 000

C. 3 125 000　　D. 3 275 000

【答案】 C

【解析】 此题属于红利增长型股利政策下的股票价值评估。

该股票评估值

$$=\frac{1\,000\,000\times10\%\times(1+30\%\times16\%)}{8\%-30\%\times16\%}$$

$=3\,275\,000$（元）

【例 5－46】（单项选择题）某资产评估公司受托对 A 公司的资产进行评估，A 公司拥有 B 公司非上市交易的普通股股票 20 万股，每股面值 1 元。在持有期间，每年股利收益均在 15% 左右。评估人员对发行股票公司进行调查分析后认为，前 3 年可保持 15% 的收益率；从第 4 年起，一套大型先进生产线交付使用后，可使收益率提高5个百分点，并将在以后保持此水平。评估时国债利率为4%，假定该股份公司是公用事业单位，其风险报酬率确定为2%，折现率为6%，则该股票评估值为（　　）元。

A. 559 733　　B. 200 000

C. 639 923　　D. 457 645

【答案】 C

【解析】 此题属于分段型股利政策下的股票价值评估。

股票评估价值 = 前3年红利收益的折现值 + 第4年后红利收益的资本化值 $=200\ 000\times15\%\times(P/A,\ 6\%,\ 3)+\frac{200\ 000\times20\%}{6\%\times(1+6\%)^3}=30\ 000\times2.673+40\ 000\div6\%\times0.839\ 6=80\ 190+559\ 733=639\ 923$（元）

【例5-47】（单项选择题）甲企业持有乙企业发行的优先股1 000股，每股面值8元，股息率为15%。当前的国债市场利率为8%，乙企业的风险报酬率为2%。甲企业打算3年后将这些优先股出售，预计出售价格为12 000元，出售时市场利率将与评估时相当。评估该批优先股的价值为（　　）元。

A. 12 000　　B. 14 000

C. 10 000　　D. 11 000

【答案】 A

【解析】 此题属于有转售可能的优先股价值评估。三年中的折现率 = 无风险利率 + 风险利率 = 8% + 2% = 10%，三年后出售时的市场利率 = 8% + 2% = 10%。则优先股的评估值：

$$P=1\ 000\times8\times15\%\times\left[\frac{1}{(1+10\%)^1}+\frac{1}{(1+10\%)^2}+\frac{1}{(1+10\%)^3}\right]+\frac{12\ 000}{(1+10\%)^3}=12\ 000\text{（元）}$$

【例5-48】（单项选择题）A公司持有B公司20 000股累积性、非参加分配优先股，每股面值100元，年股息率为12%。评估时，B公司的资本构成不尽合理，负债率较高，可能会对优先股息的分配产生消极影响。因此，资产评估人员将优先股的风险报酬率取值为6%，无风险报酬率按当时的国债利率取值为4%。该优先股的评估值为（　　）万元。

A. 200　　B. 240

C. 600　　D. 400

【答案】 B

【解析】 此题属于正常情况下优先股价值评估。

该优先股的评估值 $=20\ 000\times100\times\frac{12\%}{6\%+4\%}=240$（万元）

【知识点12】投资基金评估（★★★）

（一）证券投资基金评估

1. 基本原理

（1）证券投资基金评估是对基金资产净值（份额）的评估，是通过对基金所拥有的全部资产及全部负债按一定的原则和方法进行估算，进而确定基金资产价值的过程。

（2）投资基金净值为基金资产的价值减去基金负债的价值，投资基金的价值评估建立在底层资产估值的基础上，底层资产包括货币、股票、债券、股权、其他衍生品等，在评估时要尽可能穿透底层，对底层资产进行分析，评估其价值。

2. 计算公式

基金资产净值 = 基金资产 - 基金负债

$$\text{基金份额净值}=\frac{\text{基金资产净值}}{\text{基金总份额}}$$

【提示】 基金份额净值是计算投资者申购基金份额、赎回资金金额的基础，也是评价基金投资业绩的基础指标之一。

【例5-49】（多项选择题）下列关于投资基金评估说法正确的有（　　）。

A. 投资基金评估是对基金资产净值（份额）的评估

B. 投资基金的估值建立在底层资产估值的基础上

C. 投资基金份额净值是基金资产的价值减去基金负债的价值

D. 评估时应根据投资基金底层资产的资产状况、经营状态，对底层资产根据其不同类型采用不同的估值方法

E. 对非公开投资基金尽可能取得其财务报告，关注其财务报告中资产估值的合理性

【答案】 ABDE

【解析】 略。

【例5-50】（单项选择题）截至评估基准日，某只基金持有的三种股票的数量分别为100万股、30万股和50万股，每股的收盘价分别为20元、10元和20元，银行存款为1 000万元，对托管人或管理人应付未付的报酬为500万元，应付税费为200万元，已售出的基金份额为3 000万份，则基金份额净值为（　　）元。

A. 1.2　　B. 1.3

C. 1.4　　D. 1.5

【答案】A

【解析】基金份额净值 = [(100 × 20 + 30 × 10 + 50 × 20 + 1 000) − 500 − 200] ÷ 3 000 = 1.2（元）

【例 5 − 51】（单项选择题）截至评估基准日（2019 年 12 月 31 日），被评估单位持有易方达瑞程 A（003961）份额为 200 000 份，通过 wind 资讯等交易软件可以查询，易方达瑞程 A（003961）在评估基准日基金净值为 1.7118 元/份，则被评估单位持有易方达瑞程 A（003961）200 000 份额估值为（　　）元。

A. 171 180　　B. 177 560

C. 200 000　　D. 342 360

【答案】D

【解析】估值 = 200 000 × 1.711 8 = 342 360（元）

（二）私募股权投资基金评估

1. 基本原理

主要是指对非上市企业进行的权益性投资，因此私募股权投资基金评估主要是对底层非上市企业股权进行评估，最终得出私募股权投资基金整体估值。

2. 评估方法

对非上市企业的估值，常见的方法如表 5 − 7 所示。

表 5 − 7　　私募股权投资基金评估方法

方法	具体方法	项目	具体内容
市场法	市值法	计算公式	不限售股票：可按照收盘价计算其价值。
			限售股票：可采用亚式期权模型计算。 限售股票价值 = 每股价格 × 持股数量 × (1 − 限售折扣)
			若为上市公司股票，可参考上市公司股票、限售情况进行估值。
		参数确定	每股价格：根据评估基准日前上市公司的市价表现和波动情况，参考基准日当日收盘价确定。
			限售流动性折扣：亚式期权（AAP）模型对限售流动性折扣进行测算。 AAP 模型如下所示： $d(T) = e^{-qt}\left[N\left(\frac{v\sqrt{T}}{2}\right) - N\left(-\frac{v\sqrt{T}}{2}\right)\right]$ $v\sqrt{T} = \left[\sigma^2 T + \ln[2\{e^{\sigma^2 T} - \sigma^2 T - 1\}] - 2\ln[e^{\sigma^2 T} - 1]\right]^{\frac{1}{2}}$ 其中：$d(T)$：限售流动性折扣；q：股利收益率；σ：波动率；T：限售期，自估值基准日起自股票解禁日期的期限。
	上市公司比较法	适用情况	公开市场上存在正常交易的可比上市公司。
		步骤	(1) 获取并分析可比上市公司； (2) 计算价值比率； (3) 比较分析的基础上，确定企业价值。
		注意问题	评估结论应考虑控制权和流动性对评估价值的影响。
	交易案例比较法	适用情况	存在可比非上市企业并购案例。
		差异调整	控制权、交易数量
		注意问题	评估结论应考虑控制权和流动性对评估价值的影响。
	自身交易价格法	适用情况	能够收集到公开披露近期自身交易价格，通过分析交易背景和价值内涵，价值内涵与估值目的一致，可以采用自身交易价格评估。
		特殊情况	评估基准日已签订转让协议的，以转让协议约定的价格评估。
	市场融资价格法	适用情况	初创企业，尚未产生稳定的收入或利润，但融资频繁，可采用最新融资价格评估。

续表

方法	具体方法	项目	具体内容
收益法	一般情况		可以采用DCF（现金流折现模型）或者DDM（股利折现模型）进行估值。
	约定回购条款的股权估值		约定最低回报率：可按照协议约定的回报率计算持有期可获得的收益，并按照一定的折现率进行折现。
			约定回购股权：投资协议约定了在某一特定日期回购股权，可按照投资协议中约定的回购价格进行评估。
资产基础法	适用情况		无法采用市场法或者收益法的非上市股权
	操作难点		需要被投单位的配合，较难操作。

【例5-52】（单项选择题）以下参数直接影响亚式期权（AAP）模型中的限售流动性折扣［d(T)］的有（　　）。

A. 股利收益率（q）

B. 股票波动率（σ）

C. 限售期限（T）

D. 市场无风险利率

E. 企业资产负债率

【答案】ABC

【解析】略。

【例5-53】（多项选择题）采用市值法评估限售股票价值，影响价值的因素有（　　）。

A. 基准日收盘价

B. 股票波动率

C. 限售期限

D. 企业未来利润增长率

E. 基金总份额

【答案】ABC

【解析】限售股票价值＝每股价格×持股数量×(1－限售折扣)，且限售折扣需通过AAP模型计算，因此股票价值与基准日收盘价、持股数量、股利收益率、股票波动率、限售期有关。

【例5-54】（多项选择题）关于私募股权投资基金评估中市场法的描述，正确的有（　　）。

A. 限售股估值需扣除流动性折扣

B. 交易案例比较法需调整控制权差异

C. 自身交易价格法需分析交易背景

D. 上市公司比较法仅适用于非上市企业

E. 市场融资价格法依赖历史利润数据

【答案】ABC

【解析】上市公司比较法用于非上市企业需调整，故D项错误。融资价格法可采用融资价格法进行评估，不依赖利润，故E项错误。

（三）合伙制基金评估

（1）合伙制基金估值的概念。合伙制基金估值是指通过对基金所持有的全部资产及应承担的全部负债按一定的原则和方法进行评估与计算，最终确定基金资产净值的过程。

（2）合伙制基金估值的公式。目前常用的对股权投资基金进行估值的方式，是先根据估算方法确定基金投资的每一个单一投资项目的价值及项目价值总和，加上基金持有的其他资产价值，再扣减基金应承担的费用等负债，最终得到基金资产净值。

基金资产净值＝项目价值总和＋其他资产价值－基金费用等负债

【提示】对于合伙制基金，普通合伙人和一般合伙人对应的份额估值有不同的价值内涵，即不必然等于基金资产净值与持股比例的乘积。

（3）合伙制基金评估中GP（普通合伙人）享有的权益：本金＋直投部分收益＋超额收益部分。

（4）合伙制基金评估中LP（有限合伙人）享有的权益：本金＋直投部分收益＋超额收益部分。其中，对超额收益部分按照合伙协议的分配原则分别对GP和LP进行分配。

【例5-55】（单项选择题）关于常见投资基金评估的方法，正确的是（　　）。

A. 合伙制基金评估中GP享有的权益包括直投部分收益，对其合伙债务承担有限责任

B. 合伙制基金资产净值等于项目价值总和加其他资产价值与基金费用等负债的净差额

C. 证券投资基金份额净值等于基金资产减基金负债

D. 合伙制基金评估中LP享有的权益包括管理费部分

【答案】 B

【解析】 合伙制基金由普通合伙人（GP）对合伙债务承担无限连带责任。合伙制基金中，基金资产净值＝项目价值总和＋其他资产价值－基金费用等负债。证券投资基金中，基金资产净值＝基金资产－基金负债，基金份额净值＝基金资产净值/基金总份额。合伙制基金评估中GP（普通合伙人）享有的权益：本金＋直投部分收益＋超额收益部分。

【例5－56】（综合题）截至评估基准日（2023年12月31日），被评估单位M为N股权投资基金（有限合伙）的有限合伙人（LP），其中股权投资基金N实缴资本10亿元，M实缴金额9亿元，实缴比例90%，GP实缴金额1亿元，实缴比例10%。根据合伙协议，M对N基金的投资日期为2020年12月31日，投资期限为5年。截至评估基准日，基金共投资3个股权项目A、B、C，账面值合计13亿元。经评估测算，A项目当前项目价值为4亿元，B项目当前项目价值为5亿元，C项目当前项目价值为2.5亿元。于评估基准日时点，N基金除13亿元项目投资外，还包括1.2亿元的银行存款。总负债账面值1亿元，为应付未付管理费用、托管费用等。

基金收益的分配原则是：（1）返还有限合伙人的实缴出资额，直至有限合伙人均收回其实缴资本；（2）如有剩余，支付有限合伙人优先回报，直至各有限合伙人就其实缴出资实现8%的门槛收益率；（3）如有剩余，返还普通合伙人实缴出资额，直至普通合伙人收回其实缴资本；（4）如有剩余，在普通合伙人和全体有限合伙人之间根据2∶8的比例进行分配。

要求：计算GP和LP各自享有权益的评估值。

【答案及解析】

（1）整体基金估值。

股权投资基金估值＝4＋5＋2.5＋1.2－1＝11.7（亿元）

（2）实缴出资额的分配。基金估值11.7亿元＞有限合伙人实缴金额9亿元，因此基金首先应返还有限合伙人全部实缴出资额。返还LP实缴出资额9亿元。

（3）LP门槛收益的测算。

剩余可分配金额＝11.7－9＝2.7（亿元）

最大门槛收益＝9×3×8%＝2.16（亿元）

剩余可分配金额＞最大门槛收益，LP可获取门槛收益为2.16亿元。

（4）合伙人份额测算。向LP分配门槛收益后，仍有剩余可分配金额，应返还GP实缴出资额，则GP合伙人对应的10%份额应享有的权益＝2.7－2.16＝0.54（亿元），LP合伙人对应的90%份额应享有的权益＝9＋2.16＝11.16（亿元）。

（注：未考虑分红情况。）

（四）不动产投资信托基金（REITs）评估

（1）对于已上市的REITs，应直接参照公开市场价格进行评估。

（2）对于未上市的REITs：

①资产评估对象主要是基础设施项目底层资产，一般以资产组（组合）的形式呈现。资产评估实务中采用的主要评估方法为收益法、市场法和资产基础法三种方法。

②沪深交易所发布的基础设施公募REITs业务审核指引中规定，“基础设施项目评估机构应当符合《基础设施基金指引》规定的条件，原则上以收益法作为基础设施项目评估的主要估价方法”。

【提示】 收益法的应用。

在收益法的计算模型中，影响评估结果的重要参数包括土地使用权或经营权利剩余期限、运营收入、运营成本、运营净收益、资本性支出、未来现金流变动预期、折现率等。其中现金流和折现率一般取税前值。

【例5－57】（多项选择题）下列属于不动产投资信托基金（REITs）特征的是（　　）。

A. 80%以上基金资产投资于基础设施资产支持证券，并持有其全部份额

B. 基金通过资产支持证券和项目公司等载体（以下统称特殊目的载体）取得基础设施项目完全所有权

C. 基金通过资产支持证券和项目公司等载体（以下统称特殊目的载体）取得基础设施项目经营权

D. 基金管理人主动运营管理基础设施项目，以获取资本增值为主要目的

E. 采取封闭式运作，收益分配比例不低于合并后基金年度可供分配金额的80%

【答案】ABC

【解析】略。

【例5-58】（单项选择题）对于未上市的不动产投资信托基金（REITs），根据沪深交易所发布的基础设施公募REITs业务审核指引中的规定，原则可采用的主要评估方法有（　　）。

A. 市场法

B. 收益法

C. 资产基础法

D. 以上三种方法均可

【答案】B

【解析】略。

【例5-59】（多项选择题）未上市REITs采用收益法评估时，以下参数中直接影响估值结果的有（　　）。

A. 土地使用权剩余期限

B. 运营净收益

C. 所得税税率

D. 物业重置成本

E. 资本性支出

【答案】ABE

【解析】在收益法的计算模型中，影响评估结果的重要参数包括土地使用权或经营权利剩余期限、运营收入、运营成本、运营净收益、资本性支出、未来现金流变动预期、折现率等。

【知识点13】其他金融资产评估（★）

如表5-8所示。

表5-8　　其他金融资产评估方法

资产类型	评估方法	
信托计划	基本原理	审阅信托计划，关注投资协议合同条款，确定信托计划底层资产及融资人还款能力。
	正常类信托计划	按照信托计划约定的回报率或信托计划于评估基准日的财务估值表确定评估值。
	逾期类信托计划	根据计划或条款定，确定持有的信托计划份额，穿透底层资产逐层估值，采用适当方法。
资管产品	基本原理	一般会根据产品性质由管理人定期或者不定期披露产品净值。评估人员可根据实际，对产品净值进行分析判断。
	底层投资为标准化产品（股票、债券、公募基金）	通常可以按照产品净值作为评估值。
	底层产品为非标类资产	审慎分析资管产品净值，审阅产品协议、关注合同条款，根据底层资产价值估值。
保险产品	可参考其他资产，如权益类保险资产可参考股权资产的评估方法，不动产类保险资产可参考不动产的评估方法。	

【例5-60】（单项选择题）对于底层资产为标准化产品的资管产品，评估值通常依据（　　）。

A. 市场询价　　B. 产品净值

C. 历史成本　　D. 协议约定

【答案】B

【解析】资管产品底层的投资为标准化产品（股票、债券、公募基金）等，通常可以按照产品净值作为评估值。

【知识点14】金融不良资产评估业务类型和评估对象（★★）

（一）金融不良资产评估业务类型

如表5-9所示。

表 5－9　金融不良资产评估业务类型

业务类型分类	价值评估业务	是在未受到限制、能够履行必要资产评估程序的情况下的评估业务。
	价值分析业务	是在受到限制、无法履行必要资产评估程序的情况下的评估业务。
两类业务类型区别	划分依据	评估是否受限制、能否履行必要资产评估程序。
	出具报告	价值评估业务出具资产评估报告。 价值分析业务出具价值分析报告等咨询报告。
	结论适用性	价值分析结论是在受到一定限制条件下形成的专业意见，委托人和其他报告使用者应当知晓其作为参考依据的适用性不同于价值评估结论。
业务类型选择考虑的因素	（1）在约定时限内，是否能够充分获取评估对象的资料和信息；	
	（2）对评估对象的现场调查是否受到限制，如由于相关当事方不配合或其他原因，评估师无法进入现场实施清查、勘察等必要评估程序；	
	（3）对评估对象的法律权属资料和资料来源的查验是否受到限制；	
	（4）是否存在评估师认为对形成合理价值评估结论具有重要影响的其他事项。	

【例 5－61】（多项选择题）资产评估人员在确定执行价值评估业务或价值分析业务时，一般考虑的因素包括（　　）。

A. 对评估对象的现场调查是否受到限制

B. 是否存在评估师认为对形成合理价值评估结论具有重要影响的其他事项

C. 在约定时限内，是否能够充分获取评估对象的资料和信息

D. 委托人的要求

E. 对评估对象的法律权属资料和资料来源的查验是否受到限制

【答案】ABCE

【解析】略。

【例 5－62】（单项选择题）执行金融不良资产评估业务，若无法履行必要评估程序，而委托人又需要评估师发表专业意见，通常考虑执行（　　）业务。

A. 价值评估　　B. 价值判断

C. 价值评价　　D. 价值分析

【答案】D

【解析】略。

（二）金融不良资产评估对象的确定

评估对象，应当由委托人根据拟处置情况确定，并通过评估业务委托合同约定，评估人员应当明确评估对象。评估对象可能是债权资产，也可能是用以实现债权清偿权利的实物资产、股权资产和其他资产（见表 5－10）。

表 5－10　金融不良资产评估对象

	类型		
Ⅰ	债权资产	不良贷款	银行持有的次级、可疑、损失类贷款
		不良债权	资产管理公司收购或接管的金融不良债权
			其他非银行金融机构持有的不良债权
Ⅱ	用以实现债权清偿权利的资产	实物资产	收购的以物抵贷资产
			资产处置中收回的以物抵贷资产
			受托管理的实物资产及其权益
			其他能实现债权清偿权利的实物资产
		股权资产	商业性债转股
			抵债股权
			质押股权

续表

	类型		
Ⅱ	用以实现债权清偿权利的资产	其他资产	土地使用权
			商标权
			收益凭证

【提示1】按照贷款质量，不良贷款分为正常贷款、关注贷款、次级贷款、可疑贷款和损失贷款。后三类合称为不良贷款。

【提示2】不良债权包括：本金、利息已违约，或价值发生明显贬损的公司信用类债券、金融债券及同业存单；信托计划、银行理财产品、公募基金、保险资管产品、证券公司私募资管产品、基金专户资管产品等持有的价值发生明显贬损的对公债权类资产或对应份额。

【例5－63】（多项选择题）下列资产中，可能作为金融不良资产评估对象的是（　　）。

A. 资产处置中收回的以物抵贷资产

B. 持有的企业债券

C. 收购的以物抵贷资产

D. 用以实现债权清偿权利的土地使用权

E. 银行持有的次级、可疑及损失类贷款

【答案】ACDE

【解析】E项属于债权资产，A项、C项属于实物类资产，D项属于其他资产，B项不属于金融不良资产。

【例5－64】（单项选择题）金融不良资产评估对象中，“次级类贷款”的特征是（　　）。

A. 借款人可正常还款，但存在不利因素

B. 完全依赖正常收入无法足额偿还贷款本息

C. 即使执行担保也肯定造成较大损失

D. 本息完全无法收回

【答案】B

【解析】A为关注类，C为可疑类，D为损失类。

【例5－65】（多项选择题）以下金融不良资产评估对象中，属于“实物类资产”的有（　　）。

A. 收购的以物抵贷资产

B. 受托管理的实物资产

C. 商业性债转股

D. 土地使用权

E. 质押股权

【答案】AB

【解析】C、E为股权类资产，D属于其他资产。

【知识点15】金融不良资产评估方法的种类（★★★）

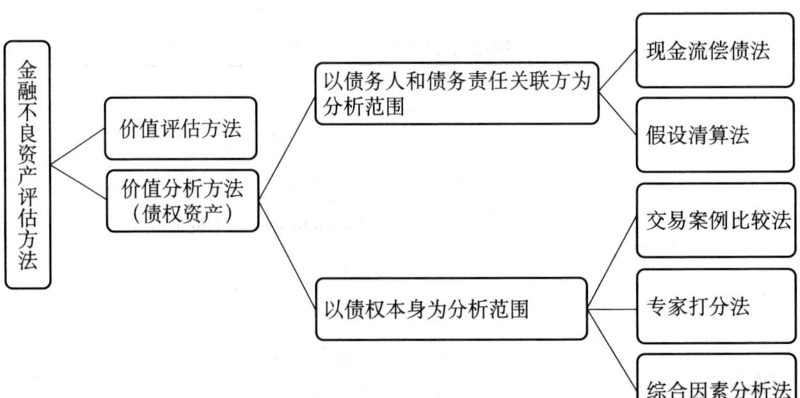

（一）价值评估方法

采用收益法、市场法等评估方法估算出债务企业价值后，通过市场类似债权在强制变现情况下的数据信息，统计分析确定债权回收折扣率，从而计算债权可回收价值。

（二）价值分析方法

债权资产价值分析是对债权资产在基准日的价值或价值可实现程度进行分析、估算并形成专业意见的行为或过程，其分析方法主要基于两种途径（见表5－11）。

表5－11　债权资产价值分析的两种途径

途径	分析方法	适用范围	不适用
以债务人和债务责任关联方为分析对象	假设清算法	非持续经营或净现金流小而不稳，存在有效资产，且能够取得比较齐全的财务会计资料	企业资产庞大或分布广泛、不良债权占企业资产比例相对较小的项目
	现金流偿债法	持续经营，财务规范，有稳定的现金流	
以债权资产本身为分析对象	交易案例比较法	有可比的案例，财务资料不全	
	专家打分法	有增长潜质，持续经营或有效资产存在，然而企业不配合评估	
	综合因素分析法	目前金融机构处置不良通用做法，适用存在诸多不确定因素、无法采用其他集中方法进行定量分析的债权	

【提示】不同价值分析方法的分析思路、适用范围和分析过程不同，形成的价值分析结论可能不同。

【例5－66】（多项选择题）金融不良资产的评估方法包括（　　）。

A. 价值评价方法　　B. 价值评估方法

C. 价值分析方法　　D. 价值判断方法

E. 价值选择方法

【答案】BC

【解析】略。

【例5－67】（多项选择题）进行金融不良资产评估时，对债权资产进行价值分析，可采取的方法包括（　　）。

A. 收益法　　B. 现金流偿债法

C. 假设清算法　　D. 市场法

E. 专家打分法

【答案】BCE

【解析】收益法、市场法是对不良资产进行价值评估的方法。

【例5－68】（多项选择题）对债权资产进行价值分析时，若以债务人和债务责任关联方为分析范围，可采取的方法包括（　　）。

A. 假设清算法

B. 专家打分法

C. 综合因素分析法

D. 现金流偿债法

E. 交易案例比较法

【答案】AD

【解析】略。

【知识点16】假设清算法（★★★）

（一）基本思路

假设清算法是指在假设对企业（债务人或债务责任关联方）进行清算偿债的情况下，基于企业的整体资产，从总资产中剔除不能用于偿债的无效资产，从总负债中剔除实际不必偿还的无效负债，按照企业清算过程中的偿债顺序，考虑债权的优先受偿，以分析债权资产在某一时点从债务人或债务责任关联方所能获得的受偿程度的一种分析方法。

（二）适用范围与评估结论的使用

1. 适用范围

假设清算法主要适用于：（1）非持续经营条件下的企业；（2）仍在持续经营但不具有稳定净现金流或净现金流很小的企业。

【提示】企业资产庞大或分布广泛的项目和不良债权与企业总资产的比率较小的项目，不宜采用假设清算法。

2. 评估结论的使用

（1）假设清算法，是建立在假设基础上的，尤其是无效资产、无效负债、优先偿还债务以及优先偿还费用等都是基本假设，因此与实际情况会有一定的偏差，对债权价值的认定不会是精确的，大多数情况下只能作为一种参考指标，而不能直接作为处置依据使用；

（2）金融资产管理公司在使用该指标的过程中，会有较大的道德风险，即个别人员可能利用它作为与债务人或第三方共谋的依据，故意压低回收率，因此需要用其他手段进行修正。

（三）价格标准

该方法是通过对债务人在清算状况下的资产价值进行估算，确定债权的最低变现价值的一类方法。根据债务企业不同的经营情况，采用三种清算价格（见表5－12）。

表5－12　清算价格标准

类型	假设前提	评估价格	适用范围
强制清算价格	债务企业或资产在短期内被强制出售	评估价格一般低于正常价格	一般适用于关停债务企业或即将进入诉讼偿债的债务企业
有序清算价格	允许在一定时间内出售	其评估价格一般低于正常价格，高于强制清算价格	一般适用于半关停债务企业
续用清算价格	债务企业仍处于持续经营状态，真正对债务企业进行清算的可能性很小	一般采用正常价格，不考虑因为变现而产生的折扣	适用于持续经营债务企业

【例5－69】（单项选择题）使用假设清算法分析债务企业的偿债能力时，以下选项中，适合采用续用清算价格的是（　　）。

A. 债务企业即将进入诉讼偿债

B. 债务企业经营不佳，处于半关停状态

C. 债务企业已处于停产状态，且短期内不会恢复正常运行

D. 债务企业处于持续经营状态

【答案】 D

【解析】 A项、C项采用强制清算价格，B项采用有序清算价格。

（四）基本程序

（1）对债权人的债权资料进行分析。

（2）剔除无效资产，确定有效资产。无效资产的剔除应当详细阐述依据并附相应证明材料。

（3）剔除债务人无效负债，确定有效负债。

（4）根据债务人的经营状态和分析目的采用适当的价值类型，对企业的有效资产进行评估，对负债进行确认。

（5）确定优先扣除项目，包括资产项优先扣除项目以及负债项优先扣除项目，优先扣除项目应当有确切的证明依据。

（6）确定一般债权受偿比例。

$$\text{一般债权受偿比例}=\frac{\text{有效资产}-\text{资产项优先扣除项目}}{\text{有效负债}-\text{负债项优先扣除项目}}$$

或

$$\text{一般债权受偿比例}=\frac{\text{总资产价值}-\text{无效资产}-\text{资产项优先扣除项目}}{\text{总负债}-\text{无效负债}-\text{负债项优先扣除项目}}$$

（7）确定不良债权的优先受偿金额。不良债权优先受偿金额，一般为设定抵押的债权等。

（8）确定不良债权的一般债权受偿金额。

一般债权受偿金额＝（不良债权总额－不良债权优先受偿金额）×一般债权受偿比例

（9）分析不良债权的受偿金额及受偿比例。

不良债权受偿金额＝不良债权优先受偿金额＋一般债权受偿金额

$$\text{不良债权受偿比例}=\frac{\text{不良债权受偿金额}}{\text{不良债权总额}}$$

或

$$\text{不良债权受偿金额}=\frac{\text{不良债权优先受偿金额}+\text{一般债权受偿金额}}{\text{不良债权总额}}$$

（10）分析或有收益、或有损失等其他因素对受偿比例的影响。

（11）确定不良债权从该企业可以获得的受偿比例。

（12）对特别事项进行说明。

（五）主要操作问题

如表5－13所示。

表 5-13　　假设清算法的主要操作问题

项目	具体操作
有效资产	（1）有效资产=总资产-无效资产； （2）无效资产包括福利性资产、待处理损失等； （3）无效资产剔除要详细阐述依据并附属相应的证明材料； （4）注意划拨土地的处理。
有效负债	（1）有效负债=总负债-无效负债。 （2）无效负债包括长期挂账无须支付的负债、与福利性资产相对应的负债额。 （3）无效负债剔除要详细阐述依据并附属相应的证明材料。 （4）其他企业对该债务企业提供了抵押担保，其对应的优先受偿额也需要扣除。
优先偿还债务的扣除	（1）优先偿还并扣除项目包括：①若抵押债权（如抵押物评估值小于抵押债权，剩余债权并入一般债权参与受偿；若抵押物评估值大于抵押债权，超过部分并入有效资产参与分配）。②优先偿还一般债务：职工工资福利、职工劳动保险和职工住房公积，应交税费，涉诉赔偿，等等。 （2）扣除优先偿还债务时要有可靠的政策依据，并附相关证明文件（如抵押合同）。 （3）在计算一般债权受偿比例时，同时计入资产项优先扣除项目和负债项优先扣除项目。
优先支付费用的扣除	（1）优先支付并扣除项目包括：清算及中介费、职工安置费等。 （2）清算费用和职工安置费用可按国家有关规定及当地省级以上人民政府及有关部门规定扣除。其他项目国家另有规定的，按规定扣除。 （3）在计算一般债权受偿比例时，计入资产项优先扣除项目。

【提示 1】 特别需要说明的是划拨土地的处理。

破产企业以划拨方式取得的国有土地使用权不属于破产财产，在企业破产时，有关人民政府可以收回，并依法处置。纳入国家兼并破产计划的国有企业，其依法取得的国有土地使用权，应依据国务院有关文件规定办理。

【提示 2】 除了正常扣除项目，应特别注意分析或有收益、或有损失、债务企业新增偿债能力等因素的影响。

【例 5-70】（多项选择题）评估机构使用假设清算法对债务企业的偿债能力进行分析，下列资产中可能作为无效资产的是（　　）。

A. 福利性固定资产

B. 待摊费用

C. 递延资产

D. 待处理损失

E. 长期投资

【答案】 ABCD

【解析】 无效资产不能用于偿债，无效资产可能包括福利性资产、待处理损失、待摊和递延资产等。

【例 5-71】（多项选择题）假设清算法中，在计算一般债权受偿比例时，可作为负债项优先扣除项目的是（　　）。

A. 应交税费　　B. 应付工资

C. 职工安置费　　D. 清算及中介费

E. 住房公积金

【答案】 ABE

【解析】 参见表 5-13。

【例 5-72】（单项选择题）具体使用假设清算法评估债权资产时，下列相关评估程序的说法错误的是（　　）。

A. 对于抵押债权，如抵押物评估值大于抵押债权，超过部分并入有效资产参与分配

B. 不良债权的一般债权受偿金额=不良债权总额×一般债权受偿比例

C. 对于仍有持续经营能力、能产生经营净现金流量的债务企业，采用假设清算时，应充分考虑其以未来收益偿债的可能性

D. 优先支付费用的扣除项目包括清算及中介费和职工安置费等

【答案】 B

【解析】 不良债权的一般债权受偿金额=（不良债权总额-优先债权受偿金额）×一般债权受偿比例

【例 5-73】（单项选择题）使用假设清算法对某不良债权进行价值分析，已知一般债权

受偿比例为0.25，不良债权总额为8 500万元，不良债权的优先受偿金额为2 300万元，若无或有收益、或有损失等其他因素的影响，则该不良债权的受偿金额为（　　）万元。

A. 4 425　　B. 1 550

C. 3 850　　D. 2 125

【答案】C

【解析】（1）不良债权的优先受偿金额为2 300万元。

（2）不良债权的一般债权受偿金额=(不良债权总额—优先债权受偿金额)×一般债权受偿比例=(8 500－2 300)×0.25=1 550（万元）

（3）不良债权受偿金额=优先债权受偿金额+一般债权受偿金额=2 300+1 550=3 850（万元）

【例5－74】（综合题）某资产管理公司拟处置金融不良资产4 400万元，其中抵押贷款1 700万元、担保贷款450万元，其余均为信用贷款。资产管理公司与债务企业协商后决定采用债务重组方式处置该资产。为了确定债权价值，特委托评估公司对债务企业偿债能力进行分析评估，评估公司经分析决定采用假设清算法进行评估，选取强制清算价格。经过进一步调查，得到如下信息：

（1）截至评估基准日，债务企业总资产的评估价值为4 200万元，总负债的评估价值为6 500万元，其中，不具备处置条件的福利性固定资产275万元，对应的福利性负债150万元，长期挂账无须支付的负债100万元。

（2）债务企业应付职工工资65万元、应付职工福利费8万元、应付职工劳动保险15万元、应交税费5万元。清算及中介费按照有效资产的2%进行扣除，职工安置费为10万元。

（3）经查询，债务企业以自有的机器设备抵押给其他金融机构获得贷款300万元，本次机器设备评估值为285万元。

（4）在拟处置的债权中，1 700万元的抵押贷款对应的抵押物是厂房的土地使用权，本次土地使用权的评估价值为2 200万元；450万元担保贷款的担保方已经破产，无代为偿债能力。

不考虑或有收益等其他因素对受偿比例的影响，请计算该不良债权的受偿比例。

【答案及解析】

（1）有效资产=资产总额－无效资产=资产总额－福利性固定资产=4 200－275=3 925（万元）

（2）有效负债=负债总额－无效负债=负债总额－与福利性固定资产对应的负债－长期挂账无须支付的负债=6 500－150－100=6 250（万元）

（3）债务企业与其他金融机构的抵押贷款300万元，对应抵押资产评估值为285万元，故优先偿还抵押债务285万元；债务企业与资产管理公司的抵押贷款1 700万元，对应抵押资产评估值为2 200万元，抵押物评估值大于抵押债权，故优先偿还抵押债务1 700万元，超过部分并入有效资产参与分配。担保贷款的担保方已经破产，无代为偿债能力，故450万元的担保贷款作为一般债权进行受偿。

合计需要优先偿还抵押债务=1 700+285=1 985（万元）

优先偿还一般债务=应付职工工资+应付职工福利费+应付职工劳动保险+应交税费=65+8+15+5=93（万元）

优先扣除的费用项目=清算及中介费+职工安置费=3 925×2%+10=88.5（万元）

资产项优先扣除项目=优先偿还抵押债务+优先偿还一般债务+优先扣除的费用项目=1 985+93+88.5=2 166.5（万元）

负债项优先扣除项目=优先偿还抵押债务+优先偿还一般债务=1 985+93=2 078（万元）

（4）$一般债权受偿比例=\frac{有效资产-资产项优先扣除项目}{有效负债-负债项优先扣除项目}=\frac{3\ 925-2\ 166.5}{6\ 250-2\ 078}=0.42$

（5）不良债权的一般债权受偿金额=(不良债权总额－优先债权受偿金额)×一般债权受偿比例=(4 400－1 700)×0.42=1 134（万元）

（6）不良债权受偿金额=优先债权受偿金额+一般债权受偿金额=1 700+1 134=2 834（万元）

该拟处置不良债权受偿比例=不良债权受偿金额/不良债权总额=2 834/4 400=0.64

【知识点17】现金流偿债法（★★★）

（一）基本思路

现金流量偿债法是指依据企业近几年的经

营和财务状况，考虑行业、产品、市场、企业管理等因素的影响，对企业未来一定年限内可偿债现金流和经营成本进行合理预测分析，考察企业以未来经营及资产变现所产生的现金流清偿债务的一种方法。

【提示】部分有持续经营能力的债务企业，其在未来一定期限内具备用新增现金流量来偿还部分金融不良债权的能力，如采用基于债务企业现状进行假设清算的偿债思路，往往容易低估偿债企业的偿债能力。这是考虑采用现金流偿债法的主要原因。

（二）适用范围与使用条件

（1）现金流偿债法主要适用于有持续经营能力并能产生稳定可偿债现金流量的企业。由于金融不良债权对应债务企业很少拥有持续、稳定可偿债现金流，该方法适用范围较为有限。

（2）企业的经营和财务资料规范，资产评估人员能够依据前三年财务报表对未来经营情况进行合理分析预测。

【例5－75】（单项选择题）下列选项中，适合采用现金流偿债法对债权资产进行价值分析的是（　　）。

A. 债务企业有增长潜质，持续经营，但企业不配合评估

B. 债务企业处于关停状态，存在有效资产，且可取得齐全的财务会计资料

C. 相关债权有可比的案例，财务资料不全

D. 债务企业持续经营，有稳定的现金流，且财务规范

【答案】D

【解析】略。

（三）基本评估程序

如表5－14所示。

表5－14　　现金流偿债法的评估程序

评估程序	具体内容	
（1）基础资料搜集与分析	搜集债务企业历史财务资料和经营情况资料，分析债务企业的经营现状和财务状况，估算债务企业近三年的实际现金流量及实际发生的利息费用。	
（2）分析债务企业未来经营趋势，合理预测企业未来自由现金流量	自由现金流的含义	自由现金流量（即增量现金流量或剩余现金流量）是指债务企业在履行了所有财务责任（如偿付债务本息、支付优先股股息等）并满足了企业再投资需要（包括资本支出需要和营运资本需要）之后的现金流量。
	预测基础	根据企业现状、经营计划和预知的发展前景，预测企业可偿债期限，分析正常条件下偿债年限内债务企业的自由现金流。 预测期即偿债年限，是指债务企业能以相对稳定现金流偿还金融不良债权的年限。
	预测方法	自由现金流量，可以按照各年的现金流入与现金流出项目计算，也可以通过预测净利润调整得出，即： 自由现金流量＝净利润＋预测利息费用＋折旧和摊销－资本支出－营运资本的增加
	期末资产变现现金流处理	基于清算偿债的思路，产生的现金流应考虑抵押资产、优先负债的优先受偿，以及其他企业为债务人同的抵押担保如何处理，而不是简单将期末资产变现； 在偿债期限内可以足额偿还金融不良债权本金甚至利息，可以不考虑资产变现带来的现金流量偿还金融不良债权。

续表

评估程序	具体内容	
（3）结合资产处置方式和企业实际情况，合理确定企业未来现金流量中可用于偿债的比例（偿债系数）	偿债系数的含义	是指债务企业未来偿债年限内自由现金流中实际可用于偿还债务的比例，反映出债务企业用自由现金流在维持正常生产状况下偿债的现实可能性。
	确定依据	偿债系数可根据企业的性质和财务状况，综合考虑债务人信用情况及还款意愿后进行确定。
	计算公式	偿债期内某年度企业可用于偿债现金流 = 该年度自由现金流 × 偿债系数
（4）确定折现率	折现率计算	折现率为基准利率（国债利率）与风险调整值之和。
	基准利率确定	基准利率可选择使用我国当前长期国债的年收益率减去期限贴水得到的数值。长期国债的期限最好和预测现金流量的期限相同或相近，期限贴水则需考虑长短期国债收益的历史比较情况。
	风险调整值确定	风险调整值应当考虑到不良贷款损失率、不良贷款企业使用资金的成本、预期企业利润率及企业生产面临的各类风险等因素。对风险调整值的确定还有专家打分法、经验判断法等方法。
（5）测算偿债能力	基本原理	将企业预期偿债年限内全部可用于偿债的现金流量折现，测算偿债能力。
	计算公式	$\text{企业偿债能力}=\dfrac{\text{可偿债净现金流量折现值}}{\text{企业一般债务总额}}$ $\text{可偿债净现金流量折现值}=\sum_{i=1}^{n}\dfrac{\text{第}\,i\,\text{年自由现金流量}\times\text{偿债系数}}{(1+\text{折现率})^{i}}$ n 为未来偿债年限。
（6）对特别事项进行说明		

（四）使用现金流偿债法应当注意的问题

（1）企业未来现金流量应包括预期偿债年限内由经营带来的现金流量以及预期偿债期末由资产变现带来的现金流量；

（2）预期偿债年限、偿债系数、折现率的确定应当具有依据或合理解释；

（3）在预测中应当分析抵押物对企业现金流的影响；

（4）应当适当考虑企业非财务因素对偿债能力的影响，或在特别事项说明中予以披露。

【例5－76】（单项选择题）在采用现金流偿债法评估金融不良资产价值时，下列关于自由现金流量的说法，错误的是（　　）。

A. 自由现金流量不是债务企业现金流量表当中的现金流量净额

B. 自由现金流量是企业履行了所有财务责任，并满足了再投资需要之后的现金流量

C. 自由现金流量就是剩余现金流量

D. 自由现金流量是经营活动现金净流量

【答案】 D

【解析】 自由现金流量并不是债务企业现金流量表当中的现金流量净额，也不是经营活动现金净流量。自由现金流量（增量现金流量或剩余现金流量）是指债务企业在履行了所有财务责任（如偿付债务本息、支付优先股股息等）并满足了企业再投资需要（包括资本支出需要和营运资本需要）之后的现金流量。

【例5－77】（单项选择题）采用现金流偿债法评估金融不良资产价值，在计算偿债期内某年度企业可用于偿债的现金流量时，确定偿债系数应考虑的因素不包括（　　）。

A. 债务企业的性质、财务状况

B. 债务企业的信用情况

C. 债权人及股东的性质

D. 债务企业的还款意愿

【答案】 C

【解析】 偿债系数可根据企业的性质和财务状况，综合考虑债务人信用情况及还款意愿后进行确定。

【例 5－78】（单项选择题）使用现金流偿债法将偿债净现金流量进行折现时，有关折现率的确定，说法错误的是（　　）。

A. 折现率为基准利率（国债利率）与风险调整值之和

B. 风险调整值应考虑不良贷款损失率、不良贷款企业使用资金的成本、预期企业利润率等因素

C. 基准利率可选择使用我国当前长期国债的年收益率加上期限贴水得到的数值

D. 长期国债的期限最好和预测现金流量的期限相同或相近

【答案】 C

【解析】 基准利率可选择使用我国当前长期国债的年收益率减去期限贴水得到的数值。风险调整值应当考虑不良贷款损失率、不良贷款企业使用资金的成本、预期企业利润率及企业生产面临的各类风险等因素。

【例 5－79】（多项选择题）运用现金流偿债法评估金融不良资产，应注意的问题包括（　　）。

A. 预期偿债年限、偿债系数、折现率的确定应当具有依据或合理解释

B. 应当适当考虑企业非财务因素对偿债能力的影响，或在特别事项说明中予以披露

C. 应该准确把握企业在持续经营和非持续经营情况下有效资产和有效负债的范围

D. 在预测中应当分析抵押物对企业现金流的影响

E. 企业未来现金流量应包括预期偿债年限内由经营带来的现金流量以及预期偿债期末由资产变现带来的现金流量

【答案】 ABDE

【解析】 略。

【例 5－80】（单项选择题）评估人员使用现金流偿债法对债权资产进行价值分析。债务企业 2019 年营运资本 600 万元，预计 2020 年的净利润 500 万元、利息费用 120 万元、折旧和摊销 250 万元、营运资本 660 万元、资本支出 200 万元，则 2020 年企业自由现金流量为（　　）万元。

A. 10　　B. 70

C. 610　　D. 670

【答案】 C

【解析】 自由现金流量＝净利润＋预测利息费用＋折旧和摊销－资本支出－营运资本的增加，计算时注意营运资本要使用增加值。

营运资本的增加＝660－600＝60（万元）

2020 年自由现金流量＝500＋120＋250－200－60＝610（万元）

【例 5－81】（综合题）某企业有持续经营能力并能产生稳定的可偿债现金流，有连续的财务报表及相关资料。资产负债表显示，2019 年底企业总资产为 5 000 万元，总负债为 4 500 万元（均为有效负债），其中某资产管理公司享有的债权为 2 500 万元。企业未来 5 年的自由现金流量预测情况如下表所示，该企业预计每年可以拿出自由现金流量中的 80% 用来偿债，按照基准利率和风险调整利率确定折现率为 10%，估计 5 年后企业资产价值为 500 万元。使用现金流偿债法计算资产管理公司拥有的债权的回收价值。

未来 5 年自由现金流量预测

单位：万元

	2020 年	2021 年	2022 年	2023 年	2024 年
自由现金流量	500	510	520.2	530.6	541.22

【答案及解析】

（1）根据自由现金流量预测表及偿债比例确定可偿债现金流量。偿债期内某年度企业可用于偿债现金流＝该年度自由现金流×偿债系数，偿债系数为 80%，则未来 5 年可偿债现金流量如表所示。

未来5年可偿债现金流量 单位：万元

	2020年	2021年	2022年	2023年	2024年
自由现金流量	500	510	520.2	530.6	541.22
可偿债现金流量	400	408	416.16	424.48	432.98

（2）现金流折现及期末企业资产变现估计。

未来5年净现金流量折现值计算 单位：万元

	2020年	2021年	2022年	2023年	2024年	2024年末资产价值
可偿债现金流量	400	408	416.16	424.48	432.98	500
折现值（折至2019年末）	363.64	337.19	312.67	289.93	268.85	310.46

可偿债净现金流量折现值 = 363.64 + 337.19 + 312.67 + 289.93 + 268.85 + 310.46 = 1 882.73（万元）

$$（3）企业偿债能力 = \frac{可偿债净现金流量折现值}{企业一般债务总额} = \frac{1\ 882.73}{4\ 500} = 41.84\%$$

资产管理公司拥有的2 500万元债权的回收价值 = 2 500 × 41.84% = 1 046（万元）

【知识点18】交易案例比较法（★）

交易案例比较法，是通过债权近期成交案例分析，得出被评估债权价值的一种间接估算方法。

（一）基本思路

首先，通过对债权基本情况和相关信息的分析，确定影响债权资产价值的因素。然后，选取若干近期已经发生的与被分析债权资产类似的处置交易案例，对影响债权资产处置价格的各种因素进行量化分析，必要时可通过适当方法选取主要影响因素作为比较因素，与被分析债权资产进行比较并确定比较因素修正系数，对交易案例的处置价格进行修正并综合修正结果得出被分析债权资产价值的一种分析方法。

（二）使用条件和局限性

1. 前提条件

（1）存在一个比较完备的金融不良资产处置交易市场；

（2）可以收集到交易案例比较详细的背景资料。

2. 局限性

（1）交易案例的可比性，直接决定分析结论的合理性。

确定可比性标准，是该方法合理运用的关键方面。另外，由于选择不同的交易案例可能得出不同的分析结论，评估实务中，对选择交易案例过程的详细描述，是增强分析结论可靠性的重要方面。一份执业质量高的分析报告，很大程度上取决于交易案例选择过程描述的完整程度。

（2）交易案例因素分值调整，对不同因素对债权价值的影响的判断，以及分值调整，带有很大的主观性。使用该方法得出的分析结论，应当考虑到其局限性。

（三）操作程序

（1）债权分析。借助填写债权价值定性分析表，通过分析这些资料，确定影响债权资产价值的各种因素。

（2）选择交易案例。一般选择3个及以上近期成交的债权形态、债务人性质和行业、交易条件等相近的处置交易案例作为参照。

（3）比较因素一般有：债权情况（包括贷款时间、本息结构、剥离形态等）、债务人情况（包括行业、性质、规模、地域等）、不良资产的市场状况、交易情况（处置方式、交易批量、交易时间、交易动机等）。可以剔除影响较弱的因素。

调整采用设定标准分值进行。标准分值，应根据比较因素对债权回收价值的影响程度设立不同的标准分值。具体调整，应根据每个调整因素的实际情况，分层确定调整分值。不同地区可以根据交易案例情况设定一套标准分值和调整分值。

（4）指标差异比较、量化。将参照物与评估对象进行比较、打分，将指标差异比较、量化。为避免差距过大，在设计调整分值的时候，均保留一个基础分值，然后按类别归类打分。

（5）分析估测债权资产价值。将交易案例的债权回收比例分别除以其对应的分值，得出评估对象的3个以上参照比例，然后根据参照物与评估对象的相似程度，取其不同的权重进行加权，最后得出债权的分值价值。

【例5－82】（多项选择题）资产评估人员在对债权资产进行价值分析时，若得不到债务人、债务责任关联方的配合，则可以采用的方法包括（　　）。

A. 假设清算法　　B. 交易案例比较法

C. 专家打分法　　D. 现金流偿债法

E. 综合因素分析法

【答案】 BCE

【解析】 以债权资产本身为分析范围的途径是基于债权人所掌握的材料，通过市场调查、比较类似交易案例以及专家估算等手段对债权资产价值进行综合分析。主要适用于得不到债务人、债务责任关联方配合或债务人、债务责任关联方不具备相关资料的情况，主要分析方法有交易案例比较法、专家打分法和综合因素分析法等。

【例5－83】（单项选择题）若债务企业已经关停倒闭，且财务资料严重缺失，但存在可比的交易案例，则评估人员可采用（　　）对其债权资产的价值进行评估。

A. 交易案例比较法　B. 现金流偿债法

C. 假设清算法　　D. 专家打分法

【答案】 A

【解析】 略。

【例5－84】（多项选择题）若使用交易案例比较法对债权资产价值进行分析，分析对象和参照物之间的比较因素包括（　　）。

A. 交易动机　　B. 负债规模

C. 债务人性质　　D. 不良资产市场状况

E. 贷款时间

【答案】 ACDE

【解析】 略。

【例5－85】（多项选择题）交易案例比较法的局限性包括（　　）。

A. 可比案例的选取对评估结果有很大的影响

B. 评估结果受专家水平的影响

C. 未来现金流、偿债年限、折现系数等关键参数预测的准确性对分析结果影响较大

D. 向专家提供的债权背景资料若不充分，将影响专家的判断

E. 案例的因素比较过程带有人为影响

【答案】 AE

【解析】 略。

【例5－86】（单项选择题）评估人员运用交易案例比较法对债权资产价值进行分析时，有关说法错误的是（　　）。

A. 将参照交易案例的经过因素调整后的债权回收比例直接取算术平均值，即可得到评估对象的债权回收比例

B. 交易案例比较法的使用，要假设存在一个比较完备的金融不良资产交易市场

C. 选择3个及以上债权形态、债务人性质和行业、交易条件相近的债权资产处置案例作为参照

D. 应根据每个调整因素的实际情况，分层确定调整分值。不同地区可以根据交易案例情况设定一套标准分值和调整分值

【答案】 A

【解析】 略。

【知识点19】专家打分法（★）

（一）基本思路

专家打分法是指通过匿名方式征询有关专家的意见，对专家意见进行统计、处理、分析和归纳，客观地综合多数专家经验与主观判断，对大量难以采用技术方法进行定量分析的因素做出合理估算，经过多轮意见征询、反馈和调整后，对债权价值和价值可实现程度进行分析的方法。

（二）适用范围与局限性

1. 适用范围

专家打分法适用于存在诸多不确定因素、采用其他方法难以进行定量分析的债权。

2. 局限性

专家的选择范围、专家的专业水平、专家的主观性等都会直接影响分析结论。是否能够选择合适的专家，以及对专家打分机制的设计（例如轮询），是该方法运用的前提条件。

（三）操作程序

1. 选择专家

选择专家基本原则是，专业齐全，人数适当，具有一定的权威性和代表性。其中，专业应覆盖银行信贷、债务管理、金融不良资产处置、熟悉当地债权市场行情的人士、会计师、评估师和律师等。人数一般以15人左右为宜。

2. 设计打分工作表

一般应提前设计债权价值影响因素征询表、债权价值影响因素权重值征询表和债权价值影响因素分析征询表及其反馈表。设计的表格的每一栏均应紧扣测定因素或评估对象，表格应简明扼要，填表方式简单。

3. 专家征询、信息反馈和轮询

向专家提供有关背景材料（单个债权的全部资料、市场交易案例及处置人员询价情况）；由专家填写有关表格；将收集的专家意见表经过处理后（均值和方差）反馈给各位专家，专家可根据前一轮所得出的均值和方差修正自己的意见，重新填写有关表格，从而使方差越来越小，均值逐步接近最后的评估结果。最终形成集体的评估结论。一般经过3轮即可。多轮打分后统计方差如果不能趋于合理，应当慎重使用专家打分法结论。

（四）可选择的具体方法

采用专家打分法分析单个不良债权价值时，可选择两种方法。

1. 因素权重法

基本步骤是：应用专家打分法选定债权价值影响因素；测定因素影响权重价值的权重；计算待估债权影响分值；将Σ（因素分值×因素权重）折算为单个债券的折扣比例（债权价值）。

2. 直接测定法

由专家直接分析、判断、填写单个债权价值，由德尔菲法程序得到单个债权的评估值。

【例5-87】（单项选择题）由专家直接分析、判断、填写单个债权价值，由德尔菲法程序得到单个债权的评估值，这种方法是（　　）。

A. 专家打分法　　B. 因素权重法

C. 头脑风暴法　　D. 直接测定法

【答案】 D

【解析】 略。

【例5-88】（多项选择题）专家打分法的局限性包括（　　）。

A. 专家主观性影响结果

B. 仅适用于定量分析

C. 依赖轮询机制设计

D. 无法处理不确定因素

E. 专家的选择范围影响结果

【答案】 ACE

【解析】 专家的选择范围、专家的专业水平、专家的主观性等都会直接影响分析结论。是否能够选择合适的专家，以及对专家打分机制的设计（例如轮询），是该方法运用的前提条件。

【例5-89】（多项选择题）因素权重法的步骤包括（　　）。

A. 测定因素权重

B. 专家直接填写债权价值

C. 计算因素分值

D. 设计债权交易案例

E. 应用专家打分法选定债权价值影响因素

【答案】 ACE

【解析】 B为直接测定法步骤，D为交易案例比较法。

【知识点20】综合因素分析法（★）

（一）基本思路

综合因素分析法是指通过分析债务人的经营状况、资产状况、财务状况资料，以及抵押物相应产权资料等，对待估债权资产价值进行综合分析，分析判断债权价值的一种分析方法。

该方法实际上是综合采用假设清算法、现金流偿债法以及专家打分法等，确定抵质押物的偿债系数，债务人和担保人的偿债能力系数，得出债权价值的一种方法。

（二）适用范围

该方法主要适用于存在诸多不确定因素、无法采用其他方法进行定量分析的债权。

（三）分析步骤

（1）根据信贷档案资料确认抵押物，搜集、分析调查资料并查勘现场，经测算分析得出抵押物优先受偿债权价值；

（2）对主债务人偿债能力从多方面进行分析，得出一般受偿债权价值；

（3）对担保人偿债能力从多方面进行分析，得出保证受偿债权价值；

（4）预计债权回收金额=优先受偿债权价

值＋一般受偿债权价值＋保证受偿债权价值。

【例6－90】（单项选择题）通过分析债务人的经营状况、资产状况、财务状况资料，以及抵押物相应产权资料等，对待估债权资产价值进行综合分析，分析判断债权价值的的方法是（　　）。

A. 综合因素分析法

B. 专家打分法

C. 假设清算法

D. 交易案例比较法

【答案】A

【解析】略。

【例6－91】（单项选择题）以下选项中，适合采用综合因素分析法对债权价值进行分析评估的是（　　）。

A. 债务企业持续经营，财务规范，有稳定的现金流

B. 债务企业处于关停状态，存在有效资产，且能取得较齐全的财务会计资料

C. 存在诸多不确定因素、无法采用其他集中方法进行定量分析的债权

D. 债权有可比的交易案例，财务资料不全

【答案】C

【解析】A项适用现金流偿债法，B项适用假设清算法，D项适用交易案例比较法。

【知识点21】对私金融不良资产评估方法（★）

（一）概述

1. 含义

对私金融不良资产主要是指个人不良贷款。个贷不良资产包括出让方在经营中形成的、按规定程序和标准认定为次级、可疑或损失类的个人贷款。

2. 个人不良资产的内容

个贷不良资产包括但不限于本金、利息、罚息。

（1）本金，个人贷款是债务人从银行类金融机构贷款的本金扣除已偿还金额的剩余部分。

（2）利息，个人贷款的定价基准利率为LPR，即由中国人民银行授权全国银行间同业拆借中心计算并公布的贷款市场报价利率。根据银行业惯例，个人贷款适用的定价基准利率规则确定为T－1日LPR。

【提示】LPR与贷款利率的区别。

贷款执行利率，即“贷款利率”，是指根据贷款定价基准利率LPR加上或减去浮动百分点确定的贷款实际利率。

（3）罚息，借款人未按时足额偿还贷款本金、支付利息的，金融机构有权按逾期贷款的罚息利率计收逾期贷款的罚息。

①逾期罚息的计算公式：

逾期贷款的罚息＝逾期本金金额×罚息日利率×逾期天数

逾期贷款的罚息利率为合同利率上浮30%到50%，逾期天数从应还款日当日计算至实际还款日前一日。

②罚息利率计算规则。贷款利率采用固定利率的，则罚息利率也为固定利率；贷款利率采用浮动利率的，则罚息利率也为浮动利率，其利率调整周期与贷款利率调整周期一致。

【提示】复利分为罚息复利和欠息复利。

罚息复利＝罚息复利积数×罚息日利率；其中：罚息复利积数是按实际天数累计的逾期贷款的罚息和。

欠息复利＝应收利息×罚息日利率×逾期天数。

（二）评估方法

评估方法不同于对公不良资产评估，特别是个贷金融不良资产数量多、金额小，其评估可利用回归分析和数理统计的方法，需要大量的历史数据进行分析得出比较客观的回收率。

1. 第一还款来源分析

（1）回归分析法：主要是对银行的个贷历史期的不良回收率进行统计分析，进而对个贷金融不良资产进行预测分析。

（2）关键变量（主要贷款变量）：债权余额、违约时间、还款来源、借款人年龄、授信额度、所在区域、工作执业、学历、催收状况等。

2. 第二还款来源分析

（1）含义：个贷评估中除考虑第一还款来源后，还要考虑个贷的其他财产线索，即为第二还款来源。

（2）其他财产线索：个人住房、车辆、股票等资产，个人征信报告信息。

（3）评估局限性：信息不对称性、可追索权的不确定，要尽可能采集相关信息，在估值中考虑相应的表现折扣。

（4）计算公式：

预计债务人偿还金额 $P = \min(C, C \times R \times \prod_{i=1}^{n} A_i)$

预计债权回收金额 $V = P - E$

其中，C 为本金余额。R 为综合回收率。A 为修正系数，包括文化程度、职业、贷款原因、诉讼状态等因素各自对应的调整。E 为预计债权成本价值，包括时间成本价值和催收成本价值。其中，时间成本价值为预计回收金额在选择一定的折现率进行折现后，在不同时点上的价值量差额；催收成本价值为委托催收人员、律师等费用。

【例 6-92】（单项选择题）关于个人不良资产的评估，下列选项中，不属于第一还款来源分析变量的是（　　）。

A. 借款人年龄　　B. 债权余额

C. 个人住房价值　　D. 催收状况

【答案】 C

【解析】 主要贷款变量包括：债权余额、违约时间、还款来源、借款人年龄、授信额度、所在区域、工作执业、学历、催收状况等。个人住房价值属于第二还款来源分析的范畴。

精选练习题

一、单项选择题

1. 对于上市债券的评估，一般采用的评估方法是（　　）。

A. 成本法　　B. 收益法

C. 市场法　　D. 本金加利息法

2. 到期后一次还本付息债券的评估，其评估标的为（　　）。

A. 债券本金　　B. 债券本金加利息

C. 债券利息　　D. 债券本金减利息

3. 在股市发育不全、交易不规范的情况下，作为长期投资中的股票投资的评估值应以（　　）为基本依据。

A. 市场价格　　B. 发行价格

C. 内在价值　　D. 票面价格

4. 某公司持有 10 年期债券 1 000 张，每张面值 100 元，票面利率 6%，每年付息到期还本。评估时还有 5 年到期，市场利率为 5%。则该批债券的评估值约为（　　）元。

A. 103 330　　B. 103 630

C. 103 930　　D. 104 330

5. 甲企业拥有乙企业发行的 3 年期非上市债券面值 1 000 万元，年利率 10%，复利计息，到期一次还本付息。现对甲企业进行评估，评估时该债券距到期日还有 2 年，若折现率为 8%，则该债券的评估值最接近（　　）万元。

A. 1 114　　B. 1 141

C. 1 154　　D. 1 136

6. 股票的内在价值主要是由（　　）决定的。

A. 股票的净资产额

B. 股票的总资产额

C. 股票的未来收益折现值

D. 股票的利润总额

7. 对某企业进行评估，它拥有 A 股份公司非上市股票 10 000 股，每股面值 1 元。在持有期间，每年每股收益率分别为 14%、18%、16%，从第四年开始，每股收益率将保持在 15%，且今后每年按照 1% 的比例递增，折现率为 12%，试确定股票的价值为（　　）元。

A. 13 530　　B. 15 000

C. 14 090　　D. 12 526

8. 关于投资基金评估的叙述，错误的是（　　）。

A. 投资基金评估是对基金资产净值（份额）的评估

B. 合伙制基金份额净值 = 基金净资产 ÷ 基金份额

C. 投资基金的价值评估是建立在底层资产估值的基础上

D. 评估时要尽可能穿透底层，对底层资产进行分析，评估其价值

9. 假设某基金持有的某三种股票的数量分别为 10 万股、50 万股和 100 万股，每股的收盘价分别为 40 元、30 元和 10 元，银行存款为 1 000 万元，对托管人或管理人应付未付的报酬为 500 万元，应付税费为 500 万元，该基金总份额为 2 000 万份，则计算出基金资产净值为（　　）万元。

A. 0.95　　B. 1.45

C. 1 900　　D. 2 900

10. 金融资产管理公司对拟处置不良资产进行评估应坚持的原则是（　　）。

A. 分类评估　　B. 独立性

C. 合法合规　　D. 评处分离

11. 不属于债券评估清查核实内容的是（　　）。

A. 基本情况　　B. 权利状态

C. 实物状态　　D. 会计核算情况

12. 非上市债券的风险报酬率主要取决于（　　）。

A. 发行主体的具体情况

B. 债券市场状况

C. 债券购买方的具体情况

D. 股票市场状况

13. 下列说法中不属于长期股权投资评估特点的是（　　）。

A. 是对被投资企业资本或权益的评估

B. 是对被投资单位获利能力或战略投资价值的评估

C. 是建立在被投资企业持续经营的基础上

D. 是建立在部分股东权益等于股东全部权益与股权比例乘积的基础上

14. 下列选项中，不属于金融不良资产特点的是（　　）。

A. 缺乏公开市场价值的基础

B. 评估存在较大的现实风险

C. 评估需考虑当前和未来的偿债能力及获利能力

D. 存在或有潜在收购者，可提高公司的权益价值及债权潜在价值

15. 某资产评估公司受托对 A 企业拥有的非上市交易债券进行评估，债券面值 1 000 万元，系 B 公司发行的 2 年期债券，年利率为 3%，单利计息，每半年付息一次，到期一次还本。债券将于评估基准日后一年到期，已到期利息均已支付。假设折现率为 5%，正常情况下，其评估值为（　　）万元。

A. 981.31　　B. 1 030

C. 980.95　　D. 1 000

16. 被评估企业拥有某公司的非上市普通股 100 万股，每股面值 1 元，持有期间每年的收益率为 20% 左右。经评估人员了解分析，稳健估计，预测今后若干年内收益率可以保持在 16% 左右，折现率为 10%。若不再考虑其他因素，则该股票评估值为（　　）万元。

A. 100　　B. 125

C. 160　　D. 200

17. 公司对其拥有的甲公司发行优先股 10 000 股进行评估，评估基准日为 3 月 31 日。经了解，该优先股每股面值 6 元，股息率为 10%，B 公司的风险报酬率为 3%。乙公司打算 3 年后将这些优先股出售，预计出售价格为 100 000 元，出售时市场利率预计与评估时相当。1 年期的国债利率为 5%。则该优先股价值最接近（　　）万元。

A. 7.5　　B. 9.48

C. 10　　D. 10.15

18. 某企业发行 3 年期债券 2 000 张，每张面值 100 元，票面利率 5%。每年支付一次利息，距到期日还有 6 个月。该债券在评估基准日的市场开盘价为 80 元/张，收盘价为每张 85 元/张，平均交易价为 83 元/张。经综合分析，评估人员认为市场交易价格为正常的合理价格，则其评估值为（　　）元。

A. 200 000　　B. 160 000

C. 170 000　　D. 166 000

19. A 企业持有 B 企业发行的 4 年期到期一次还本付息债券，面值 50 万元，年利率 10%，单利计息。评估基准日为 3 月 1 日，此时 A 企业已经持有这种债券 1 年。商业银行 5 年期存款利率为 5.8%，B 企业的债券有一定的违约风险，风险报酬率为 6.2%。则 A 企业持有的 B 企业债券的价值为（　　）万元。

A. 35.6　　B. 44.5

C. 46.3　　D. 49.8

20. 某资产评估公司受托对 A 企业进行资产评估。A 企业拥有某非上市公司的普通股股票 2 000 万股，每股面值 1 元，在持有股票期间，每年股票收益率在 12% 左右。股票发行企业每年以净利润的 80% 用于发放股利，其余 20% 用于追加投资。根据评估人员对企业经营状况的调查分析，该行业具有发展前途，该企业具有较强的发展潜力。经过分析后认为，股票发行企业至少可保持 2% 的发展速度，净资产收益率将保持在 15% 的水平，无风险报酬率为 4%（国债利率），风险报酬率为 5%。该股票评估值为（　　）万元。

A. 2 667　　B. 3 636

C. 4 000　　D. 5 000

21. 金融资产管理公司对拟处置不良资产进行评估应坚持的原则是（　　）。

A. 分类评估　　B. 独立性

C. 合法合规　　D. 评处分离

22. 不属于债券评估清查核实内容的是（　　）。

A. 基本情况　　B. 权利状态

C. 实物状态　　D. 会计核算情况

23. 商业银行贷款评估的实质是（　　）。

A. 对贷款的风险进行评估

B. 对贷款人的还款额进行评估

C. 对贷款的预期可回收金额进行评估

D. 对贷款金额进行重新认定

24. 在评估商业银行贷款时要考虑还贷能力、偿还意愿、担保情况和信贷管理状况等因素。其中，关于借款人还款能力的叙述，错误的是（　　）。

A. 影响借款人还款能力的影响因素有借款人面临的社会风险、行业风险等

B. 对于企业借款者的还款能力，可分析资产负债率、现金比率、流动比率、净利润增长率等关键财务指标

C. 对于个人借款者的还款能力，可以分析其收入状况、工作稳定性及负债情况等

D. 对于已提供担保的贷款，应将贷款担保作为贷款偿还的主要来源，借款人的正常营业收入作为贷款偿还的次要来源

25. 某公司持有A公司非上市普通股股票10万股，每股面值1元，每年股票收益率在10%左右，A公司每年将净利润的75%用于追加投资，评估人员在对企业经营状况进行调查分析，认为A公司预计净资产收益率将保持在12%的水平，则其未来股利增长率为（　　）。

A. 5%　　B. 3%

C. 9%　　D. 10%

26. 被评估单位于2019年12月31日购入长城增强收益A（000254）份额为1 000 000份，通过Wind资讯等交易软件可以查询，长城增强收益A（000254）在购入时点基金净值为0.893 7元/份，截至评估基准日2023年12月31日，被评估单位持有份额为1 000 000份不变，长城增强收益A（000254）在基准日时点基金净值为1.0330元/份，则被评估单位持有基金份额价值及持有期间年化收益率分别为（　　）。

A. 893 700元、3.69%

B. 893 700元、4.95%

C. 1 033 000元、3.69%

D. 1 033 000元、4.95%

27. 下列关于不动产投资信托基金（REITs）评估方法的说法，错误的是（　　）。

A. 对于已上市的REITs，直接参照公开市场价格评估

B. 对于未上市的REITs，评估实务中采用的主要评估方法为收益法、市场法和资产基础法

C. 对于未上市的REITs，根据沪深交易所发布的基础设施公募REITs业务审核指引，应采用收益法评估

D. 采用收益法评估时，现金流和折现率一般取税前值

28. 截至评估基准日（2023年12月31日），被评估单位持有中金湖北科技光谷REIT［508019.SH］份额为50 000份，通过Wind资讯等交易软件可以查询，中金湖北科技光谷REIT［508019.SH］在评估基准日基金净值为2.162元/份，则被评估单位持有中金湖北科技光谷REIT［508019.SH］50 000份额估值为（　　）元。

A. 21 620　　B. 50 000

C. 52 700　　D. 108 100

29. 在使用现金流量贴现法评估某笔贷款时，若合同初始年利率为6%，每半年回收一次本金，则正确的贴现率计算方法是（　　）。

A. 直接使用6%作为年贴现率

B. 将6%按复利换算为半年有效利率

C. 6%除以2得到3%作为每期贴现率

D. 根据市场利率动态调整贴现率

30. 关于基金资产净值的计算公式，正确的是（　　）。

A. 基金资产净值 = 基金资产 + 基金负债

B. 基金资产净值 = 基金资产 − 基金负债

C. 基金资产净值 = 基金资产 × 基金总份额

D. 基金资产净值 =（基金资产 − 基金负债）÷ 基金总份额

31. 采用市值法评估限售股票价值时，以下公式正确的是（　　）。

A. 限售股票价值 = 每股价格 × 持股数量 × 限售折扣

B. 限售股票价值 = 每股价格 × 持股数量 ×（1 + 限售折扣）

C. 限售股票价值 = 每股价格 × 持股数量 ×（1 − 限售折扣）

D. 限售股票价值 = 每股价格 ÷ 限售折扣 × 持股数量

32. 对于已上市的 REITs，评估其持有份额价值时，应优先采用的方法是（　　）。

A. 资产基础法计算重置成本

B. 直接参照公开市场价格

C. 收益法预测未来现金流

D. 市场法比较同类物业交易案例

33. 对 REITs 的物业资产评估时，若物业剩余使用年限 31 年，土地剩余年限 30 年，收益法评估时折现期应（　　）。

A. 按物业剩余年限 31 年

B. 按土地剩余年限 30 年

C. 按两者平均值 30.5 年

D. 按孰短原则取 30 年

34. 关于假设清算法和现金流偿债法的对比，正确的是（　　）。

A. 都能直接作为不良债权处置依据使用

B. 都适用于非持续经营企业

C. 都需要债务人或债务责任关联方配合并能够提供相关资料

D. 都需要计算偿债比例系数

35. 逾期类信托计划的评估方法是（　　）。

A. 按约定回报率确定

B. 直接采用财务估值表

C. 穿透底层资产逐层估值

D. 忽略底层资产风险

36. 评估专业人员在使用现金流偿债法评估某债权资产的过程中，对于偿债期末资产变现产生的现金流的处理，正确的是（　　）。

A. 若偿债期限内可以足额偿还金融不良债权，则无须考虑期末资产变现的处理

B. 应将偿债期末资产变现产生的现金流乘以偿债系数后折现

C. 偿债期末资产需变现，产生的现金流可直接偿债

D. 企业未来现金流量仅包括偿债年限内的，故不用考虑期末资产变现的处理

37. 金融不良资产评估业务与价值分析业务的划分依据是（　　）。

A. 资产类型

B. 是否受限制、能否履行必要程序

C. 评估目的

D. 资产处置方式

38. 价值分析业务出具的成果是（　　）。

A. 资产评估报告　B. 价值分析报告

C. 审计报告　　　D. 法律意见书

39. 选择价值分析业务时，资产评估专业人员需确保（　　）。

A. 评估程序完全执行

B. 限制不影响独立性、公正性和结论合理性

C. 资产处置方案已确定

D. 委托人无需参考其他因素

40. 采用专家打分法时，若多轮征询后方差未收敛，则应（　　）。

A. 直接采用均值

B. 增加专家人数

C. 慎重使用结论

D. 重新选择因素

41. 采用综合因素分析法分析主债务人偿债能力时，不需要考虑的因素是（　　）。

A. 工商年检情况

B. 所属行业前景

C. 企业股东个人资产

D. 历史信用记录

42. 个人不良贷款的罚息利率通常为（　　）。

A. 合同利率上浮 10%—20%

B. 合同利率上浮 30%—50%

C. 等于合同利率

D. 贷款利率上浮 20%—39%

43. 关于个人逾期贷款罚息的计算公式，正确的是（　　）。

A. 逾期本金金额 × 罚息日利率 × 逾期天数

B. 罚息复利积数 × 罚息日利率

C. 应收利息 × 罚息日利率 × 逾期天数

D. 本金金额 × 罚息日利率 × 逾期天数

44. 预计债权回收金额的计算公式中不包括（　　）。

A. 优先受偿债权价值

B. 一般受偿债权价值

C. 保证受偿债权价值

D. 债务人未来利润预测值

45. 依据企业近几年的经营和财务状况，考虑行业、产品、市场、企业管理等因素的影响，对企业未来一定年限内可偿债现金流和经营成

本进行合理预测分析，考察企业以未来经营及资产变现所产生的现金流清偿债务的能力，这是（　　）的基本思路。

A. 假设清算法

B. 现金流偿债法

C. 专家打分法

D. 交易案例比较法

46. 关于现金流偿债法相关参数的确定，下列说法错误的是（　　）。

A. 对于期末资产，应将其变现，并将产生的现金流折现至评估时点

B. 预测中应分析抵押物对企业现金流的影响

C. 偿债系数根据企业的性质和财务状况、信用情况、还款意愿进行确定

D. 偿债年限是指根据债务企业现状和发展趋势确定的债务企业能以相对稳定现金流偿还金融不良债权的年限

47. 专家打分法要求，对专家进行征询、信息反馈和轮询一般经过（　　）轮即可。

A. 5　　B. 4

C. 3　　D. 2

48. 使用假设清算法对某债权资产进行价值分析时，若债务企业已处于关停状态，短期内生产难以恢复正常运行，则应选择（　　）进行清算。

A. 有序清算价格　　B. 续用清算价格

C. 强制清算价格　　D. 持续清算价格

49. 假设清算法评估金融不良资产确定有效负债时，通常需要从负债总额中扣除的无效负债是（　　）。

A. 待处理损失

B. 待摊费用

C. 与福利性资产相对应的负债

D. 福利性资产

50. 下列关于自由现金流量计算的公式，正确的是（　　）。

A. 自由现金流量 = 净利润 + 折旧和摊销 - 资本支出 - 营运资本的增加

B. 自由现金流量 = 净利润 + 预测利息费用 + 折旧和摊销 - 资本支出 - 营运资本

C. 自由现金流量 = 净利润 + 预测利息费用 - 资本支出 - 营运资本的增加

D. 自由现金流量 = 净利润 + 预测利息费用 + 折旧和摊销 - 资本支出 - 营运资本的增加

51. 对债权资产进行价值分析时，相关说法错误的是（　　）。

A. 运用交易案例比较法时，各地区的比较因素调整参数表应该统一

B. 综合因素分析法采用了假设清算法、现金流偿债法的分析途径

C. 多轮打分后统计方差如果不能趋于合理，应当慎重使用专家打分法结论

D. 现金流偿债法适用于持续经营、财务规范、有稳定现金流的债务企业

52. 使用假设清算法对某不良债权进行价值分析，已知有效资产 1 500 万元，有效负债 3 000 万元，清算及中介费按照有效资产的 2% 进行扣除，职工安置费 50 万元。需要优先偿还的抵押债务共计 900 万元，需要优先偿还的一般债务包括应付工资、应付福利费、应交税费等合计共 80 万元，一般债权受偿比例为（　　）。

A. 0.22　　B. 0.23

C. 0.26　　D. 0.27

53. 对资不抵债或其他原因导致债务企业不能按约还债，但企业有增长潜质，仍在持续经营或有证据表明有有效资产存在，然而债务企业不配合评估的情形，建议采用（　　）来评估债权价值。

A. 专家打分法

B. 交易案例比较法

C. 综合因素分析法

D. 现金流偿债法

54. 对金融不良资产中的债权类资产进行价值分析时，可采取的具体分析方法不包括（　　）。

A. 交易案例比较法

B. 综合因素分析法

C. 收益法

D. 假设清算法

55. 进行金融不良资产评估时，债务企业准备以现有资产偿还现有债务，但债务企业仍处于持续经营状态，真正对债务企业进行清算的可能性很小，可采用的价格标准是（　　）。

A. 有序清算价格　　B. 强制清算价格

C. 续用清算价格　　D. 原地清算价格

56. 对于关停倒闭的企业，有证据表明具有有效资产，且能够获得产权证明及近期财务状况等基本资料，建议采用（　　）评估债权

价值。

A. 现金流偿债法　　B. 假设清算法

C. 专家打分法　　D. 交易案例比较法

57. 某资产管理公司拟处置金融不良资产1.5亿元，其中抵押贷款8 000万元，其余为信用贷款。委托评估机构对该债权资产进行评估，评估机构选择使用假设清算法进行价值分析。已知对应的债务企业已处于关停状态，拥有有效资产2亿元，有效负债3.2亿元。债务企业以其拥有的生产设备抵押给其他机构获得贷款450万元，本次生产设备评估值为320万元；资产管理公司拥有的8 000万元抵押贷款债权对应的抵押物为土地使用权。本次土地使用权评估值为1亿元。债务企业需要优先偿还的应付工资、应付福利费、应交税费等一般债务合计350万元。除此之外，企业应按照有效资产的2%支付清算及中介费，还要支付150万元的职工安置费。计算一般债权受偿比例时，资产项优先扣除项目合计为（　　）万元。

A. 8 670　　B. 9 350

C. 8 800　　D. 9 220

58. 下列选项中，适合采用现金流偿债法对债权资产进行价值分析的是（　　）。

A. 债务企业处于完全停产状态

B. 债务企业不配合进行评估

C. 债务企业持续经营、现金流稳定、财务规范

D. 债务企业有增长的潜质

59. 金融不良资产价值分析方法中，关于以债权本身为分析对象的叙述，正确的是（　　）。

A. 是基于债权资产的偿债能力分析

B. 适用于债务人或债务责任关联方主体资格存在

C. 适用于得不到债务人、债务责任关联方配合

D. 债务人或债务责任关联方能提供基本资料

60. 采用假设清算法评估金融不良资产时，除了正常扣除项目，应特别注意分析的项目不包括（　　）。

A. 或有资产　　B. 或有收益

C. 或有损失　　D. 新增偿债能力

61. 下列金融不良资产评估对象中，属于债权资产的是（　　）。

A. 商业性债转股

B. 抵债股权

C. 资产管理公司收购接管的金融不良债权

D. 受托管理的实物资产及权益

62. 关于假设清算法评估使用的清算价值与正常市场价格关系的说法，错误的是（　　）。

A. 续用清算价格与正常市场价格适用情形相同

B. 强制清算价格一般低于正常市场价格

C. 有序清算价格一般高于强制清算价格

D. 有序清算价格与正常市场价格相差不大

63. 关于金融不良资产评估对象的说法，错误的是（　　）。

A. 评估对象可能是用以实现债权清偿权利的股权

B. 评估对象可能是用以实现债权清偿权利的土地使用权

C. 评估对象可能是银行持有的损失类贷款

D. 评估对象可能是金融资产管理公司对外股权投资

64. 评估金融不良资产时，关于债务企业新增偿债能力的叙述，错误的是（　　）。

A. 通过预测债务企业经营收入、经营成本、净利润等，分析债务企业在经营期可能新增的偿债能力

B. 新增的偿债能力不可能是负数

C. 假设清算法中，有序清算获得的受偿可能会低于强制清算所获得的受偿，则新增的偿债能力按零计算

D. 采用假设清算法评估金融不良资产时，需考虑债务企业新增偿债能力的影响

二、多项选择题

1. 非上市债券的评估类型可以分为（　　）。

A. 固定红利模型

B. 红利增长模型

C. 每年付息，到期还本型

D. 到期后一次还本付息型

E. 分段模型

2. 红利增长型股利增长率 g 的计算方法主要有（　　）。

A. 市场比较法　　B. 统计分析法

C. 重置核算法　　D. 趋势分析法

E. 由企业自行确定

3. 下列选项中，属于不良贷款的是（　　）。

A. 正常贷款　　B. 次级贷款

C. 可疑贷款　　D. 关注贷款

E. 损失贷款

4. 按照不同的组织形式，股权投资基金可以分为（　　）。

A. 公司型基金

B. 信托（契约）型基金

C. 开放式基金

D. 封闭式基金

E. 合伙制基金

5. 下列关于股票投资评估的说法正确的有（　　）。

A. 市场价格可以直接作为上市股票的评估值

B. 以市场价格评估的，需在评估报告中说明评估结论随市场价格变化而调整

C. 非上市交易股票价值的评估一般采用收益法

D. 红利增长型适用于成长性股票的评估

E. 以控股为目的长期持有的股票一般评估其内在价值

6. 下列关于股票内在价值的说法，正确的是（　　）。

A. 是一种理论价值或模拟市场价值

B. 通常低于市场价值

C. 股票的市场价值是市场对内在价值的一种客观反映

D. 强调股票长期价值，而非短期市场波动反映

E. 内在价值越高，股东实际拥有的资产越多

7. 合伙制基金估值的公式中，正确的有（　　）。

A. 基金资产净值 = 项目价值总和 + 其他资产价值 - 基金费用等负债

B. 基金资产净值 = 项目价值总和 + 其他资产价值 - 基金费用等负债 + 超额收益

C. 基金份额净值 = 基金资产净值 ÷ 基金总份数

D. 合伙人份额净值 = 基金资产净值 × 持股比例

E. GP 享有的权益 = 本金 + 直投部分收益 + 超额收益部分

8. 某企业发行 1 000 万股，每股票面价格为 1 元，则下列说法正确的是（　　）。

A. 仅仅是公司法律文件中规定的名义价值

B. 市场价值一定不是 1 000 万元

C. 主要起到象征性质，对实际市场交易并无直接影响

D. 该企业注册资本为 1 000 万元

E. 为股东提供一部分权益的依据

9. 下列关于商业银行流动资金贷款的相关管理制度，正确的是（　　）。

A. 贷款人应根据借款人经营规模、业务特征、资金循环周期等要素测算其营运资金需求

B. 贷款人应合理确定贷款结构，包括金额、期限、利率、担保和还款方式等

C. 营运资金量 = 上年度销售收入 ×（1 - 上年度销售利润率）×（1 + 预计销售收入年增长率）/营运资金周转天数

D. 贷款人可根据实际需要，制定针对不同类型借款人的营运资金需求测算方法

E. 借款人应当提供担保

10. 下列关于商业银行固定资产贷款的相关管理制度，正确的是（　　）。

A. 贷款人应审慎预测项目的未来收益和现金流

B. 贷款人应建立完善的固定资产贷款风险评价制度

C. 贷款人应与借款人及其他相关当事人签订书面借款合同等相关协议

D. 贷款人应与借款人及其他相关当事人签订书面担保合同或条款

E. 贷款人原则上应当要求将项目发起人持有的项目资产和/或项目预期收益等权利为贷款设定担保

11. 下列关于公司债券发行的规定，正确的是（　　）。

A. 公司债券可以公开发行，也可以非公开发行

B. 公开发行债券，普通投资者和专业投资者均可认购

C. 非公开发行债券，仅限于专业投资者参与认购

D. 非公开发行债券，应当在证券公司柜台转让

E. 公开发行的债券，应当在证券交易场所交易

12. 关于非公开发行的公司债券，下列相关规定，错误的是（　　）。

A. 普通投资者和专业投资者均可认购

B. 不得采用广告、公开劝诱或变相公开方式发行

C. 每次发行对象≤200 人

D. 可以在证券交易场所交易

E. 发生重大事件，应报送临时报告，并予公告

13. 下列关于金融不良资产的收购方式，正确的是（　　）。

A. 可通过公开挂牌或协议收购方式收购

B. 国家法律法规和监管规定有明确要求公开转让的，只能公开挂牌方式收购

C. 国家法律法规和监管规定无明确要求公开转让的，可以协议收购方式收购

D. 国家法律法规和监管规定有明确要求公开转让的，应通过公开转让方式收购

E. 协议收购方式仅适用于存在单一意向受让方时

14. 关于金融不良资产收购中的资产评估与定价，下列说法中正确的是（　　）。

A. 金融资产管理公司应在尽职调查基础上，可自行对拟收购资产进行估值

B. 对单笔金额较大、价值难以自行评估的资产，应聘请评估机构估值

C. 应在估值基础上合理定价，不得先定价后估值

D. 不得明显偏离尽调和估值结果确定收购价格

E. 金融资产管理公司受让债权类不良资产后，有影响的报纸或经认可的不良资产登记交易平台发布公告的方式履行告知义务

15. 关于金融不良资产处置前的市场调查，可采用的调查方式有（　　）。

A. 尽职调查　　B. 重点调查

C. 现场调查　　D. 抽样调查

E. 专项调查

16. 关于非上市交易股票价值的评估，下列说法错误的是（　　）。

A. 普通股没有固定的股利，其收益大小完全取决于企业的经营状况和盈利水平

B. 优先股是在股利分配和剩余财产分配上优先于普通股的股票

C. 以控股为目的持有的非上市交易股票的价值，一般采用资产基础法评估

D. 优先股的股利是在所得税前支付

E. 一般情况下，优先股都要按事先确定的股利率支付股利

17. 下列基金属于证券投资基金的有（　　）。

A. 私募股权基金　　B. 公募基金

C. 货币市场基金　　D. 股票基金

E. 混合型基金

18. 以债权转股权、出售股权资产或出售不动产的方式处置金融不良资产时，对于（　　）资产，采取公开方式交易的，应充分利用市场机制发掘资产的公允价值。

A. 上市可流通的

B. 评估工作受到严重限制的

C. 无法履行现场调查程序的

D. 无法取得评估必备资料的

E. 重要程度较低的

19. 下列关于金融不良资产处置中定价的说法，正确的是（　　）。

A. 转让上市公司股权的首次处置定价不得低于评估结果的 90%

B. 转让动产、不动产或其他财产权的首次处置定价不得低于评估结果的 80%

C. 转让非上市公司股权的首次处置定价不得低于评估结果的 90%

D. 未成交拟降价处置的，应在处置方案中就降价原因进行说明

E. 未成交拟降价处置的，降价幅度不得超过前次处置定价的 20%，降价间隔时间不得少于五个工作日

20. 下列关于金融不良资产处置的做法，正

确的是（　　）。

A. 处置方案的主要内容应包括资产情况、处置时机、处置方式、定价依据等

B. 应严格按照审批结果实施处置方案

C. 应在资产处置方案提交审核会议至少五个工作日前，在公司网站上发布处置公告

D. 资产处置标的价值人民币五千万元（含）以上的项目，应同时在资产所在地市级级以上有影响的报纸发布公告

E. 资产处置标的价值人民币五千万元（含）以上的项目，应在纳入最高人民法院司法拍卖网络服务提供者名单库的网络平台上发布处置公告

21. 下列关于金融资产清查核实方式的叙述，正确的是（　　）。

A. 应当根据各类资料的特点，合理确定核查验证的实施方式

B. 某些复杂的资料，可以采取多种方式相结合的形式进行

C. 清查核查方式通常包括询问、书面审查、实地调查、查询、函证、复核等

D. 采用询问方式，应形成询问记录，且被询问人需签字或盖章确认

E. 上市公司年报中的数据资料，已审计资料可直接采用

22. 如果持有的股票投资能够对被投资企业施加控制、共同控制或重大影响，则为长期股权投资。在对股票基本情况、权利状态和会计核算情况三个方面核实外，还应清查核实的内容包括（　　）。

A. 被评估单位股权结构及股东权益等

B. 股票是否存在被冻结或交易限制的情况

C. 金融资产分类的恰当性，公允价值的确定等

D. 企业名称，注册地，业务性质，当期的主要财务信息

E. 股东在利益分配、股权转让等方面的权利和义务

23. 下列关于私募股权投资基金清查核实的内容，正确的是（　　）。

A. 重点对合伙协议、投资协议及财务报表进行审阅

B. 对基础设施项目详细信息进行清查核实

C. 收集基金公司发来的交易对账单，对其中所列种类、份额、取得时的成本和未分配收益等进行核对

D. 了解委估投资项目的现行经营状况、项目背景、投资架构、项目前景、分红情况、退出方式和回购条款等

E. 核对被投资企业的持股比例、投资成本、账面价值、近期融资情况以及历史期分红情况

24. 金融不良资产清查核实的内容包括（　　）。

A. 借款人本金、债权总额和抵押保证等是否与档案资料相符

B. 借款人背景、经营现状、财务状况、债务结构、还款计划等

C. 贷款形成的历史原因、还款记录、贷款在法律上是否有效、是否已过了诉讼时效等

D. 抵押物现状和基本情况、抵押权权属状况等

E. 对保证人的现场调查

25. 关于贷款迁移模型的操作步骤，以下叙述正确的是（　　）。

A. 需将贷款组合按外部评级（如 AAA、AA）分层

B. 直接采用市场利率计算最低分层（损失类）的损失率

C. 需构建迁移矩阵并递推各分层的损失率

D. 最终风险损失额等于各分层损失率乘以对应余额之和

E. 正常类贷款的损失率仅依赖迁移至关注类的比例

26. 关于红利增长型股票评估模型，以下叙述正确的是（　　）。

A. 适用于净利润再投资比例稳定的非上市公司

B. 折现率需包含无风险报酬率和风险报酬率

C. 增长率由留存收益与净资产收益率共同决定

D. 若企业增长率为零，模型退化为永续年金公式

E. 股利发放比例越高，评估值越大

27. 以下属于基金负债项目的是（　　）。

A. 应付托管费　　B. 银行存款

C. 应付税费　　D. 股票持仓市值

E. 应付管理人报酬

28. 关于收益法在私募股权估值中的应用，下列说法正确的是（　　）。

A. 按协议回购价直接评估

B. 使用 DCF 模型预测现金流

C. 采用资产重置成本计算

D. 参考可比上市公司 P/E 比率

E. 按股利折现模型计算

29. 关于市值法在私募股权估值中的应用，以下说法正确的是（　　）。

A. 限售股票流动性折扣需参考《证券投资基金流动受限股票估值指引》

B. 不限售股票可直接按基准日收盘价估值

C. 限售折扣由市场供求关系主观估计

D. 每股价格需结合历史波动和基准日市价确定

E. 限售股票价值与持股数量无关

30. 关于基础设施公募 REITs 的评估要求，以下说法正确的是（　　）。

A. 未上市 REITs 需穿透评估底层资产

B. 交易所规定收益法为主要估价方法

C. 已上市 REITs 可直接按净值计算

D. 未上市 REITs 评估对象一般以资产组的形式呈现

E. 资产基础法需预测未来租金

31. 信托公司信托业务新分类包括（　　）。

A. 资产服务信托业务

B. 资产管理信托业务

C. 公益慈善信托业务

D. 私募股权信托业务

E. 逾期类信托业务

32. 金融不良资产评估业务的特点包括（　　）。

A. 程序完整

B. 出具价值分析报告

C. 结论为明确价值评估结果

D. 无需考虑资产处置方案

E. 需考虑资产状况和市场状况

33. 资产评估专业人员执行价值分析业务时需提醒委托人（　　）。

A. 结论的参考性低于评估结论

B. 结论可直接用于交易定价

C. 需结合市场状况决策

D. 无需关注程序限制

E. 无需关注处置方案

34. 价值分析业务的适用场景包括（　　）。

A. 无法进入现场实施清查

B. 法律权属资料无法查验

C. 资产处置方案已确定

D. 评估对象资料获取不充分

E. 市场交易状况已了解

35. 以下金融不良资产评估对象中，属于不良债权的有（　　）。

A. 违约的金融债券

B. 次级类贷款

C. 价值贬损的信托计划份额

D. 公募基金持有的优质债权

E. 商业性债转股

36. 采用专家打分法选择专家时，应考虑的原则有（　　）

A. 专业覆盖全面

B. 人数越多越好

C. 具有权威性

D. 仅限会计师

E. 专家学历水平高

37. 综合因素分析法实际上是综合采用（　　），确定抵质押物的偿债系数，债务人和担保人的偿债能力系数，得出债权价值的一种方法。

A. 假设清算法　　B. 市场比较法

C. 现金流偿债法　　D. 专家打分法

E. 交易案例比较法

38. 采用综合因素分析法评估不良资产价值时，抵押物优先受偿债权价值的确定需基于（　　）。

A. 信贷档案

B. 现场查勘结果

C. 债务人未来收入预测

D. 抵押物产权证明

E. 抵押人经营状况

39. 对私金融不良资产的构成包括（　　）。

A. 本金　　B. 利息

C. 罚息　　D. 股票市值

E. 贷款利率

40. 个人不良资产的评估中，第二还款来源分析的财产线索可能包括（　　）。

A. 个人住房　　B. 学历水平

C. 车辆　　D. 诉讼状态

E. 股票

41. 关于预计债务人偿还金额的计算中，修正系数 A 可能包含的因素有（　　）。

A. 文化程度　　B. 贷款用途

C. 职业　　D. 违约时间

E. 授信额度

42. 资产评估人员执行债权资产价值分析业务，主要基于两种途径，这两种途径包括（　　）。

A. 以债权本身为分析对象的途径

B. 以债务企业股东等利益相关者为分析对象的途径

C. 以债权人及其关联方为分析对象的途径

D. 以债务企业所有的对应债权人为分析对象的途径

E. 以债务人和债务责任关联方为分析对象的途径

43. 在运用交易案例比较法评估债权资产的价值时，可能存在的问题有（　　）。

A. 金融机构个别人员与债务人共谋，故意压低回收率

B. 交易案例较少，适用范围有限

C. 评估结论只能作为一般参考

D. 选取的交易案例可比性较差，影响了评估结果的准确性

E. 因素比较过程受个人主观性影响

44. 对金融不良资产中的债权资产进行评估时，以下价值分析方法属于以债权本身为分析对象的是（　　）。

A. 专家打分法　　B. 交易案例比较法

C. 假设清算法　　D. 综合因素分析法

E. 现金流偿债法

45. 运用现金流偿债法，在收集债务企业历史运营的财务数据时，重点关注的数据包括（　　）。

A. 资产总额　　B. 折旧和摊销

C. 资本支出　　D. 息税前利润

E. 营运资本额

46. 以下类型的债务企业，不适合采用假设清算法来分析其偿债能力的是（　　）。

A. 企业处于关停状态，且能取得较齐全的财务会计资料

B. 企业仍持续经营，净现金流很小，且能取得较齐全的财务会计资料

C. 企业资产庞大或分布广泛的项目

D. 企业仍持续经营，不具有稳定现金流，且能取得较齐全的财务会计资料

E. 不良债权占企业资产比例相对较小

47. 假设清算法中，在计算一般债权受偿比例时，可作为负债项优先扣除项目的是（　　）。

A. 抵押债权　　B. 涉诉赔偿

C. 职工安置费　　D. 职工工资福利费

E. 长期挂账无须支付的负债

48. 下列对债权资产进行价值分析的相关公式，错误的是（　　）

A. 假设清算法中，一般债权受偿比例 = 有效资产/有效负债

B. 现金流偿债法中，偿债期内某年度企业可用于偿债现金流 = 该年度自由现金流 × 偿债系数

C. 综合因素分析法中，预计债权回收金额 = 优先受偿债权价值 + 一般受偿债权价值 + 保证受偿债权价值

D. 现金流偿债法中，企业偿债能力 = 可偿债净现金流量折现值/企业一般债务总额

E. 现金流偿债法中，自由现金流量 = 净利润 + 预测利息费用 + 折旧和摊销 − 资本支出 − 营运资本

49. 在金融不良资产价值评估中，不同价值分析法的（　　）可能不同。

A. 分析思路　　B. 适用范围

C. 分析过程　　D. 分析目的

E. 价值分析结论

50. 下列关于价值评估业务、价值分析业务的说法，正确的是（　　）。

A. 价值评估结论或者价值分析结论是对金融不良资产处置时可实现价格的保证

B. 价值分析结论是在受到一定限制条件下形成的专业意见

C. 两者都可应用于金融不良资产处置的目的

D. 在未受到限制、能够履行必要资产评估程序的情况下，通常应当考虑执行价值分析业务

E. 两者结论的适用性不同

51. 使用现金流偿债法时，下列做法错误的是（　　）。

A. 根据企业的性质和财务状况，综合考虑债务人信用情况及还款意愿进行确定偿债系数

B. 企业未来现金流量包括预期偿债年限内由经营带来的现金流量以及预期偿债期末由资产变现带来的现金流量，对于期末由资产变现带来的现金流量要乘以偿债系数后再进行折现

C. 适当考虑企业非财务因素对偿债能力的影响，或在特别事项说明中予以披露

D. 以预期企业破产前存续的时间确定为预期偿债年限

E. 在预测中分析抵押物对企业现金流的影响

52. 下列资产中，可作为金融不良资产评估业务的评估对象的是（　　）

A. 实物类资产　　B. 股权类资产

C. 企业债务　　D. 不良贷款

E. 土地使用权、商标权等无形资产的收益权

53. 采用现金流偿债法评估不良债权的价值，确定折现率时，风险调整值应考虑（　　）因素。

A. 不良贷款损失率

B. 不良贷款企业使用资金的成本

C. 预期企业利润率

D. 企业的负债率

E. 企业生产面临的各种风险

54. 以假设清算法评估债权价值时，优先偿还的项目包括（　　）。

A. 与其他金融机构的抵押贷款

B. 清算及中介费

C. 福利性资产

D. 应交税费

E. 职工安置费

三、综合题

1. 评估公司受托对甲企业拥有的债券进行评估，评估基准日为1月1日，1年期的国债利率为5%。通过了解得知甲企业拥有A公司、B公司、C公司、D公司发行的债券。其中：

（1）拥有A公司发行的债券4 000张，期限5年，每张面值900元，票面利率5%，每年付息一次，到期还本，距到期日还有2年，经过分析确定A公司的风险报酬率为3%。根据评估人员的市场调查，评估基准日的收盘价为1 000元，据评估人员分析，认为该价格较为合理。

（2）拥有B公司发行的非上市债券，5年期，年利率为15%，按年付息，到期还本，共1 000张，面值1 000元。评估时债券购入已满1年，第一年利息已经入账，经过分析确定B公司的风险报酬率为5%。

（3）拥有C公司2年前发行的非上市债券3 000张，期限5年，每张面值1 000元，票面利率为10%，单利计息，到期一次还本付息，经过分析确定C公司的风险报酬率为4%。

（4）拥有D公司发行的非上市债券2 000张，期限5年，每张面值100元，票面利率8%，每年付息一次，到期还本，距到期日还有6个月。经过分析确定D公司的风险报酬率为2%。

甲公司拥有债券的估算过程如下。

（1）A债券的评估。

A债券折现率 = 5% + 3% = 8%

$$P = 4\ 000 \times 900 \times \left[\frac{5\%}{1+8\%} + \frac{5\%}{(1+8\%)^2} + \frac{1}{(1+8\%)^2}\right] = 340.74\ （万元）$$

（2）B债券的评估。

①债券的本金 = 1 000 × 1 000 = 1 000 000（元）

②B债券的折现率 = 5% + 5% = 10%

③每年收到的利息 = 1 000 000 × 15% = 150 000（元）

④B债券的评估值 = 150 000 × (*P*/*A*, 10%, 4) + 1 000 000 × (*P*/*F*, 10%, 5) = 150 000 × 3.169 9 + 1 000 000 × 0.620 9 = 109.64（万元）

（3）C债券的评估。

C债券的折现率 = 5% + 4% = 9%

C债券的评估值 = 3 000 × 1 000 × (1 + 3 × 10%) × (*P*/*F*, 9%, 3) = 301.15（万元）

（4）D债券的评估。

D债券的折现率 = 5% + 2% = 7%

D债券的评估值 = 2 000 × 100 × (1 + 8%) × (*P*/*F*, 7%, 0.5) = 20.88（万元）

要求：

（1）甲公司持有A公司、B公司、C公司、D公司债券的评估结果是否正确？

（2）若不正确请说明理由，并给出正确的

结果。

2. 截至评估基准日（2019年12月31日），被评估单位M为N股权投资基金（有限合伙）的有限合伙人（LP），其中N的总份额为10亿份（1元/份），M持有的份额为9.7亿份（97%），GP持有的份额为0.3亿份（3%）。根据合伙协议，基金投资日期为2017年1月1日，投资期限为5年。CARRY的分配原则为：门槛年化利率10%（单利），超出10%的部分按照2:8原则分配。截至评估基准日，基金共投资3个股权项目A、B、C。A项目当前项目价值为3亿元，B项目当前项目价值为7亿元，C项目当前项目价值为10亿元。除此之外，基金资产还包括0.5亿元的银行存款，已产生的应付未付管理费用、托管费用等负债总金额为0.3亿元。假定不考虑优先偿还LP本金顺序及分红情况。

要求：

（1）合伙制基金中，普通合伙人和有限合伙人对应的份额净值是否相同？

（2）说出GP和LP各自享有权益对应的价值内涵。

（3）计算GP和LP各自享有权益的评估值。

3. 截至评估基准日（2023年12月31日），被评估单位M为N股权投资基金（有限合伙）的有限合伙人（LP），其中股权投资基金N实缴资本10亿元，M实缴金额9亿元，实缴比例90%，GP实缴金额1亿元，实缴比例10%。根据合伙协议，M对N基金的投资日期为2020年12月31日，投资期限为5年。截至评估基准日，基金共投资3个股权项目A、B、C，账面值合计13亿元。经评估测算，A项目当前项目价值为4亿元，B项目当前项目价值为6亿元，C项目当前项目价值为2亿元。于评估基准日时点，N基金除13亿元项目投资外，还包括1.2亿元的银行存款。总负债账面值1亿元，为应付未付管理费用、托管费用等。

基金收益的分配原则是：（1）返还各合伙人的实缴出资额，直至各合伙人均收回其实缴资本；（2）如有剩余，支付有限合伙人优先回报，直至各有限合伙人就其实缴出资实现8%的门槛收益率；（3）如有剩余，则向普通合伙人进行支付，直至普通合伙人获得的分配与全体有限合伙人根据（2）项累计所获分配的比例为1:4；（4）如有剩余，在普通合伙人和全体有限合伙人之间根据2:8的比例进行分配。

要求：计算GP和LP各自享有权益的评估值。（计算结果以亿元为单位，保留两位小数）

4. 截至评估基准日（2022年12月31日），A公司拟以持有的物业进行公开募集基础设施资金（REITs），此物业主要为进行出租的办公及商业物业，评估目的要对此物业进行评估，根据尽职调查：此物业面积为100 000平方米；未来收入全部为租金收入，每年收入1亿元；费用支出为运营管理费、人工费、维修费、保险费、相关税费（增值税、房产税、土地使用税、城建费及教育费附加、印花税等），整体费用支出比例为租金收入的20%；物业剩余使用年限为36年，土地剩余使用年限为35年；近期房屋重置价为2 000元/平方米，物业35年后残值率10%，36年后残值率为8%；所得税税率为25%；税后折现率为6%；假设现金流每年稳定发生。

要求：确定此物业价值。（计算结果以万元为单位，保留两位小数）

5. E银行某贷款于2026年6月30日的账面余额为1 200万元，合同年利率为5%。本金回收计划如下：

（1）2026年12月31日回收500万元；

（2）2027年6月30日回收400万元；

（3）2028年6月30日回收200万元；

（4）2029年12月31日回收100万元。

要求：

（1）计算2026年6月30日E银行贷款的评估值（以万元为单位，保留两位小数）。

（2）计算风险损失额及损失率。

6. C银行某贷款组合于2024年3月31日的账面余额为5 000万元，分类如下：

正常类2 500万元，关注类600万元，次级类400万元，可疑类1 200万元，损失类300万元。

根据贷款迁移模型测算其风险损失额，已知条件如下：

（1）根据该贷款组合各类贷款的历史迁移数据，得出其各等级的迁移矩阵如下表所示。

信贷资产等级迁移矩阵

分类	迁移后的分类				
	正常类	关注类	次级类	可疑类	损失类
正常类	82.00%	13.50%	2.50%	2.00%	0.00%
关注类	3.00%	65.00%	20.00%	12.00%	0.00%
次级类	0.00%	0.00%	60.00%	30.00%	10.00%
可疑类	0.00%	0.00%	0.00%	75.00%	25.00%
损失类	0.00%	0.00%	0.00%	0.00%	100.00%

（2）参数设定：损失类贷款回收率为 15%（即损失率为 85%）。

要求：

（1）推导 C 银行 2024 年 3 月 31 日各类信贷资产损失率，并将计算过程和结果填入下表。

各类信贷资产损失率计算

类别	计算过程	计算结果
正常类损失率		
关注类损失率		
次级类损失率		
可疑类损失率		
损失类损失率		

（2）计算全组合风险损失总额（以万元为单位，保留两位小数）。

7. 某金融企业聘请评估机构对其拥有的金融不良资产进行评估，资产类型为债权资产，评估机构采用假设清算法进行分析。该债权总额为 5 000 万元，其中抵押贷款 2 200 万元，其余为信用贷款。经过进一步调查可知，2 200 万元抵押贷款对应的抵押物为机器设备，本次机器设备评估值为 2 000 万元。经过计算得到，一般债权受偿比例为 0.3，不考虑或有收益等其他因素对受偿比例的影响。

要求：

（1）简述假设清算法的适用范围。

（2）简述该方法中有效资产和有效负债包括的内容。

（3）根据所提供的条件，计算该不良债权的受偿比例。（计算结果保留两位小数）

8. 某资产管理公司拥有某企业 2.5 亿元的债权，委托评估机构对该债权的价值进行评估，评估机构经过初步调查、了解，决定采用现金流偿债法对该债权资产进行价值分析。债务企业资产负债表显示，2019 年底企业资产总额为 7 亿元，负债总额为 6 亿元（均为有效负债），企业在 2019 年度通过经营活动产生的净现金流量为 2 000 万元，预计未来 5 年按照 6% 的年增长率均匀增长（不考虑自由现金流与现金流的区别），5 年后资产变现价值为 2 亿元。预期企业每年拿出净现金流中的 50% 用于偿债，折现率为 8%。

要求：

（1）简述现金流偿债法的适用范围与使用条件。

（2）列出现金流偿债法中自由现金流量的计算公式。

（3）简述使用现金流偿债法应注意的问题。

（4）依据上述条件，计算资产管理公司拥有的债权的回收价值。（计算结果以万元为单位，保留两位小数）

9. 2020 年国内 A 资产管理股份有限公司拟处置一笔金融不良债权本金和利息，合计 5 000 万元，其中，本金 1 000 万元由 C 债务企业全部房屋建筑物抵押（有房屋抵押合同），其余均为信用贷款，无担保人，委托 B 资产评估公司对债权价值进行评估，作为处置的参考依据。收集资料显示，C债务企业为有限责任公司，属纺织行业，因产品结构和销售问题，停产多年，短期内生产难以恢复正常。B评估公司采用假设清算法进行评估，选取强制清算价格，不计清算及中介费用，截至评估基准日2019年12月31日，C债务企业负债账面价值及评估值如下表所示。

单位：元

序号	资产负债名称	账面价值	评估价值	备注
1	货币资金			
2	应收账款	5 000 000	2 250 000	
3	预付账款	24 000	24 000	
4	其他应收款	1 300 000	390 000	
5	存货	360 000	72 000	
6	机器设备	12 000 000	5 400 000	
7	房屋建筑物	24 500 000	19 600 000	全部设定抵押
8	土地使用权	18 000 000	13 680 000	
9	资产合计	61 184 000	41 416 000	
10	短期借款	76 000 000	77 000 000	
11	应付账款	5 000 000	5 000 000	
12	其他应付款	2 400 000	2 400 000	
13	应付职工薪酬	800 000	800 000	
14	应交税金	70 000	70 000	
15	负债合计	84 270 000	85 270 000	

根据上述资料，不考虑其他因素，按要求解答下列问题：

（1）简要说明假设清算法应用中的主要操作问题有哪些。

（2）根据所给背景资料，分别计算确定优先偿还的债务，一般偿债能力系数（%），债权评估价值。（各计算结果保留两位小数）

（3）简要说明理解与使用假设清算法评估时应注意的问题。

精选练习题参考答案及解析

一、单项选择题

1.【答案】C

【解析】上市交易的债券一般采用市场法（现行市价）进行评估，按照评估基准日的收盘价确定评估值。

2.【答案】B

【解析】对于一次还本付息的债券，应将债券到期一次性支付的本息和折现计算评估价值。

3.【答案】C

【解析】当证券市场发育尚未成熟，应以股票的内在价值作为评估股票价值的依据。通过对股票发行企业的经营业绩、财务状况及获利能力等因素的分析，综合判断股票内在价值。

4.【答案】D

【解析】该题属于分次付息，到期一次还本债券的评估。利用公式 $P=\sum_{i=1}^{n}\frac{R_i}{(1+r)^i}+\frac{A}{(1+r)^n}$ 进行计算：

$$P=1\ 000\times100\times6\%\times\left[\frac{1}{(1+5\%)^5}+\frac{1}{(1+5\%)^4}+\frac{1}{(1+5\%)^3}+\frac{1}{(1+5\%)^2}+\frac{1}{(1+5\%)^1}\right]+1\ 000\times100\times\frac{1}{(1+5\%)^5}=$$

104 330（元）

5.【答案】B

【解析】此题属于非上市交易债券之到期一次还本付息债券的评估，注意复利计息利用公式 $F=A(1+r)^m$ 来计算本利和。

该债券的评估值 $=\dfrac{1\ 000\times(1+10\%)^3}{(1+8\%)^2}=$ 1 141（万元）

6. 【答案】C

【解析】股票的内在价值是一种理论价值或模拟市场价值，它是根据评估人员对股票未来收益的预测，经过折现后得到的股票价值。

7. 【答案】A

【解析】此题属于分段型股利政策下股票价值评估。第一段分别将各年的股利收入折现相加，第二段属于红利增长型股利政策下股价的评估。然后将两段的收益现值相加。

股票的价值 $=\dfrac{10\ 000\times1\times14\%}{1+12\%}+\dfrac{10\ 000\times1\times18\%}{(1+12\%)^2}+\dfrac{10\ 000\times1\times16\%}{(1+12\%)^3}+\dfrac{10\ 000\times1\times15\%}{(12\%-1\%)\times(1+12\%)^3}=13\ 530$（元）

8. 【答案】B

【解析】投资基金净值为基金资产的价值减去基金负债的价值，但不同的合伙人对应的基金份额，要考虑基金合伙协议的分配政策，如超额收益不同比例的分配原则等。

9. 【答案】D

【解析】此题是求基金资产净值而非基金份额净值。

基金资产净值 $=[(10\times40+50\times30+100\times10+1\ 000)-500-500]=2\ 900$（万元）

10. 【答案】D

【解析】略。

11. 【答案】C

【解析】略。

12. 【答案】A

【解析】非上市债券的风险报酬率取决于发行主体的具体情况。若发行主体经营状况不好，资信状况较差，则投资者的投资风险就越高，那么本着风险和收益相对等的原则，投资者要求的回报率也会越高。

13. 【答案】D

【解析】股权投资评估通常是基于被投资企业权益的可分性，即企业的权益可分为股东全部权益和股东部分权益，不同的权益份额可能有不同的价值内涵。当评估对象为同一标的企业的不同权益时，评估方法、模型、影响因素等均有可能不同，股东部分权益不必然等于股东全部权益与股权比例的乘积。

14. 【答案】A

【解析】(1) 大部分金融不良资产缺乏公开市场价值的基础。在上市公司评估的案例中，很少存在金融不良资产，而非上市公司存在大量金融不良贷款，因此，这些不良贷款大多都缺乏公开市场价值的基础。(2) 金融不良资产评估存在较大的现实风险。目前，我国金融不良资产评估以债权类不良资产为主，银行业存在大量具有不确定性的债权类不良资产，因此，金融不良资产的评估存在较大现实风险。(3) 金融不良资产评估要考虑潜在的期权价值。公司当前和未来的偿债能力及获利情况会对金融不良资产价值产生影响，在评估金融不良资产时要予以考虑。产生不良资产的公司一般面临破产，其偿债能力较弱，但如果存在或有潜在收购者，或者有其他办法使得公司经营状况可以变好，则可以提高公司的权益价值及债权潜在价值。

15. 【答案】B

【解析】距评估基准日 1 年内到期的非上市交易债券，可以根据本金加上持有期间的利息确定评估值。

债券评估值 $=1\ 000\times(1+3\%)=1\ 030$（万元）

16. 【答案】C

【解析】$P=\dfrac{R}{r}=100\times\dfrac{16\%}{10\%}=160$（万元）

17. 【答案】C

【解析】优先股有转售的可能。

优先股折现率 $=5\%+3\%=8\%$

优先股评估值 $=10\ 000\times6\times10\%\times\left[\dfrac{1}{(1+8\%)^1}+\dfrac{1}{(1+8\%)^2}+\dfrac{1}{(1+8\%)^3}\right]+\dfrac{100\ 000}{(1+8\%)^3}=94\ 845.81$（元）

18. 【答案】C

【解析】可上市交易的债券市场价格为合理价格，故采用市场法进行评估，即债券评估价值 = 债券数量 × 评估基准日债券的市价（收盘价）。

评估值 $=85\times2\ 000=170\ 000$（元）

19. 【答案】D

【解析】到期本利和 $F=50\times(1+10\%\times4)=70$（万元）

折现率 $r=5.8\%+6.2\%=12\%$

$$债券评估价=\frac{70}{(1+12\%)^3}=49.8（万元）$$

该题属于到期一次还本付息债券的价值评估。注意指数的确定：该债券已持有1年，再过3年就可以兑现。评估基准日到债券到期日的时间间隔为3年。

20. 【答案】C

【解析】此题属于红利增长型股利政策下的股票价值评估。

折现率 $=4\%+5\%=9\%$

$$该股票评估值=\frac{2\ 000\times12\%}{9\%-20\%\times15\%}=4\ 000（万元）$$

21. 【答案】D

【解析】略。

22. 【答案】C

【解析】略。

23. 【答案】C

【解析】略。

24. 【答案】D

【解析】对于已提供担保的贷款，应将借款人的正常营业收入作为贷款偿还的主要来源，贷款担保作为贷款偿还的次要来源。

25. 【答案】C

【解析】股利增长率 $=75\%\times12\%=9\%$

26. 【答案】C

【解析】被评估单位持有基金份额于评估基准日价值为：$1\ 000\ 000\times1.0330=1\ 033\ 000$（元），被评估单位持有期间年化收益率为 $(1.033\ 0\div0.893\ 7)^{1/4}-1=3.69\%$。（未考虑持有期间分红）

27. 【答案】C

【解析】沪深交易所发布的基础设施公募REITs业务审核指引中规定，“基础设施项目评估机构应当符合《基础设施基金指引》规定的条件，原则上以收益法作为基础设施项目评估的主要估价方法”。

28. 【答案】D

【解析】估值为 $50\ 000\times2.162=108\ 100$（元）

29. 【答案】C

【解析】6%除以2得到3%作为每期贴现率。

30. 【答案】B

【解析】略。

31. 【答案】C

【解析】略。

32. 【答案】B

【解析】略。

33. 【答案】D

【解析】房屋与土地孰短原则，折现期取30年。

34. 【答案】C

【解析】假设清算法是建立在假设基础上的，因此与实际情况会有一定的偏差，对债权价值的认定不会是精确的，大多数情况下只能作为一种参考指标，而不能直接作为处置依据使用。现金流偿债法不适用于非持续经营企业。现金流偿债法中的偿债系数是指债务企业未来偿债年限内自由现金流中实际可用于偿还债务的比例，反映出债务企业用自由现金流在维持正常生产状况下偿债的现实可能性。偿债系数可根据企业的性质和财务状况，综合考虑债务人信用情况及还款意愿后进行确定。

35. 【答案】C

【解析】对于逾期类信托计划，根据信托计划及有关条款约定，确定信托计划持有人持有的信托计划份额。对信托计划底层资产进行估值，逐层穿透确定信托计划持有人最终享有的底层资产价值。对于信托计划底层资产的估值，应根据底层资产类型采用适当的评估方法进行估值。

36. 【答案】A

【解析】债务企业在预期偿债年限内用经营带来的可偿债现金流偿还部分金融不良债权，其偿债期末资产变现产生的现金流仍可以偿还部分金融不良债权，选项D错误。期末资产变现产生的现金流属于企业清算时资产变现的现金流，应考虑抵押资产、优先负债的优先受偿，以及其他企业为债务人提供的抵押担保如何处理，而不是简单将期末资产变现，选项C错误。如果债务企业偿债期限足够长，在偿债期限内可以足额偿还金融不良债权本金甚至利息，根据债权的特点，可以无须考虑由资产变现带来的现金流量偿还金融不良债权的能力。选项A

正确。偿债系数是指债务企业未来偿债年限内自由现金流中实际可用于偿还债务的比例，反映出债务企业用自由现金流在维持正常生产状况下偿债的现实可能性，不能将资产变现产生的现金流乘以偿债系数，选项 B 错误。

37.【答案】B

【解析】略。

38.【答案】B

【解析】略。

39.【答案】B

【解析】在受到限制、无法履行必要评估程序，而委托人又需要评估师发表专业意见时，执行价值分析业务，但应当确信受到的限制不会影响其独立性、公正性和价值分析结论的合理性。

40.【答案】C

【解析】多轮打分后统计方差如果不能趋于合理，应当慎重使用专家打分法结论。

41.【答案】C

【解析】对主债权人偿债能力从本息偿还情况、工商年检情况、经营地址查询情况、财务报告、所属行业、名下有效资产情况、企业性质、企业规模、目前经营状况、历史信用情况、所处地域、资产保全情况等方面进行分析，得出一般受偿债权价值。

42.【答案】B

【解析】略。

43.【答案】A

【解析】逾期贷款的罚息 = 逾期本金金额 × 罚息日利率 × 逾期天数。

44.【答案】D

【解析】预计债权回收金额 = 优先受偿债权价值 + 一般受偿债权价值 + 保证受偿债权价值。

45.【答案】B

【解析】略。

46.【答案】A

【解析】债务企业在偿债期末资产变现产生的现金流仍可以偿还部分金融不良债权，但期末资产变现产生的现金流属于企业清算时资产变现的现金流，应考虑抵押资产、优先负债的优先受偿，以及其他企业为债务人提供的抵押担保如何处理，而不是简单将期末资产变现。对这种资产变现产生的现金流主要是基于清算偿债的思路，并考虑偿债期末的时间折现因素。

47.【答案】C

【解析】一般经过 3 轮即可。

48.【答案】C

【解析】清算价格分为强制清算价格、有序清算价格、续用清算价格。强制清算价格一般适用于关停债务企业或即将进入诉讼偿债的债务企业；有序清算价格一般适用于半关停债务企业；续用清算价格适用于持续经营债务企业。

49.【答案】C

【解析】无效负债包括长期挂账无须支付的负债、与福利性资产相对应的负债等。无效资产包括福利性资产、待处理损失、待摊和递延资产等。

50.【答案】D

【解析】略。

51.【答案】A

【解析】运用交易案例比较法在分析对象和参照物之间进行比较因素调整时，应将比较调整因素按对债权回收价值影响的大小设立不同的标准分值，每个调整因素再根据实际情况进行分类，明确调整分值的标准，依次列表分析。标准分值的划分和调整分值的确定非常关键，是做好因素调整的基础，不同地区可以根据交易案例情况设定一套比较因素调整参数表，再根据具体评估对象进行因素调整。

52.【答案】A

【解析】

（1）根据题目可知，有效资产 1 500 万元，有效负债 3 000 万元。

（2）根据题目可知，优先偿还抵押债务 900 万元，优先偿还一般债务 80 万元。

优先扣除的费用项目 = 清算及中介费 + 职工安置费 = 1 500 × 2% + 50 = 80（万元）

（3）资产项优先扣除项目 = 优先偿还抵押债务 + 优先偿还一般债务 + 优先扣除的费用项目 = 900 + 80 + 80 = 1 060（万元）

负债项优先扣除项目 = 优先偿还抵押债务 + 优先偿还一般债务 = 900 + 80 = 980（万元）

（4）$\text{一般债权受偿比例} = \dfrac{\text{有效资产} - \text{资产项优先扣除项目}}{\text{有效负债} - \text{负债项优先扣除项目}} = \dfrac{1\,500 - 1\,060}{3\,000 - 980} = 0.22$

53.【答案】A

【解析】专家打分法适用范围：有增长潜质，持续经营或有效资产存在，然而企业不配合评估。

54.【答案】C

【解析】收益法是价值评估方法，不属于价值分析方法。

55.【答案】C

【解析】虽然假设债务企业准备以现有资产偿还现有债务，但债务企业仍处于持续经营状态，真正对债务企业进行清算的可能性很小。此时，债务企业一方面可以用现有资产偿还债务，另一方面可以用经营新增收益清偿债务。在此情况下，债务企业的资产处于充分有效状态，对债务企业用于偿还债务的资产进行价值估算时，一般采用正常价格，不考虑因为变现而产生的折扣，即采用续用清算价格。

56.【答案】B

【解析】债务人或债务责任关联方配合并能够提供产权证明及近期财务状况等基本资料的情况下，适合从债权资产涉及的债务人和债务责任关联方偿还债务能力角度进行分析，主要方法包括现金流偿债法、假设清算法等。其中，假设清算法主要适用于非持续经营条件下的企业以及仍在持续经营但不具有稳定净现金流或净现金流很小的企业。

57.【答案】D

【解析】（1）债务企业与其他金融机构的抵押贷款450万元，对应抵押资产评估值为320万元，抵押物评估值小于抵押债权，剩余债权并入一般债权参与受偿，故优先偿还抵押债务320万元。

债务企业与资产管理公司的抵押贷款8 000万元，对应抵押资产评估值为1亿元，抵押物评估值大于抵押债权，超过部分并入有效资产参与分配，故优先偿还抵押债务8 000万元。

合计优先偿还抵押债务320 + 8 000 = 8 320（万元）。

（2）根据题目可知，优先偿还一般债务350万元。

（3）优先扣除的费用项目 = 20 000 × 2% + 150 = 550（万元）

（4）资产项优先扣除项目 = 优先偿还抵押债务 + 优先偿还一般债务 + 优先扣除的费用项目 = 8 320 + 350 + 550 = 9 220（万元）

58.【答案】C

【解析】现金流偿债法主要适用于有持续经营能力并能产生稳定可偿债现金流量的企业。

59.【答案】C

【解析】以债务人和债务责任关联方为分析范围的途径，实际上是从债权资产涉及的债务人和债务责任关联方偿还债务能力角度进行分析的途径，主要适用于债务人或债务责任关联方主体资格存在、债务人或债务责任关联方配合并能够提供产权证明及近期财务状况等基本资料的情况。以债权资产本身为分析范围的途径，这是基于债权人所掌握的材料，通过市场调查、比较类似交易案例以及专家估算等手段对债权资产价值进行综合分析的一种途径，主要适用于得不到债务人、债务责任关联方配合或债务人、债务责任关联方不具备相关资料的情况，主要分析方法有交易案例比较法、专家打分法和综合因素分析法。

60.【答案】A

【解析】除了正常扣除项目，应特别注意分析或有收益、或有损失、债务企业新增偿债能力等因素的影响。

61.【答案】C

【解析】参见表5－10。

62.【答案】D

【解析】有序清算价格一般适用于半关停债务企业，其评估价格一般低于正常价格。

63.【答案】D

【解析】略。

64.【答案】B

【解析】采用假设清算法评估金融不良资产时，除了正常扣除项目，应特别注意分析或有收益、或有损失、债务企业新增偿债能力等因素的影响。通过预测债务企业经营收入、经营成本、净利润等，分析债务企业在经营期可能新增的偿债能力。这里需要清楚，新增的偿债能力有可能是负数，也就是说，在假设清算法中，有序清算获得的受偿可能会低于强制清算所获得的受偿，如果出现这种情况，新增的偿债能力按零计算。

二、多项选择题

1.【答案】CD

【解析】固定红利模型、红利增长模型、分段模型都属于非上市交易股票的价值评估。

2.【答案】BD

【解析】股利增长率 g 的确定，一是统计分析法，即根据过去股利的实际数据，计算出平均增长率；二是趋势分析法，即根据被评估企业的股利分配政策，以企业剩余收益中用于再投资的比率与企业净资产利润率相乘确定股利增长率。

3.【答案】BCE

【解析】根据借款人的偿还能力，次级贷款、可疑贷款、损失贷款被定义为不良贷款。

4.【答案】ABE

【解析】按照不同的组织形式，股权投资基金可以分为公司型基金、信托（契约）型基金和合伙制基金。投资基金按照运作方式，可以分为开放式基金和封闭式基金。

5.【答案】BCDE

【解析】股票的市场投机成分太大时，市场价格不能作为确定评估值的依据，而要参考内在价值，因此 A 选项错误。

6.【答案】AD

【解析】股票的内在价值（Intrinsic Value）是一种理论价值或模拟市场价值，它是根据评估人员对股票未来收益的预测，经过折现后得到的股票价值，故 A 项正确。清算价格通常低于公司的市场价值，故 B 项错误。在证券市场比较完善的条件下，股票的市场价格基本上是市场对公司股票内在价值的一种客观评价，在某种程度上可以将市场价格直接作为股票的评估价值，故 C 项错误。内在价值通常与市场价格并不一致，它强调的是股票长期价值的评估，而非短期市场波动的反应，故 D 项正确。股份公司的账面价值越高，股东实际拥有的资产就越多，故 E 项错误。

7.【答案】AE

【解析】基金资产净值 = 项目价值总和 + 其他资产价值 - 基金费用等负债，因此，A 项正确，B 项错误。证券投资及基金份额 = 基金资产净值 ÷ 基金总份数，对于合伙制基金，普通合伙人和一般合伙人对应的份额估值有不同的价值内涵，即不必然等于基金资产净值与持股比例的乘积。因此，C 项、D 项错误。合伙制基金评估中 GP 享有的权益：本金 + 直投部分收益 + 超额收益部分。合伙制基金评估中 LP 享有的权益：本金 + 直投部分收益 + 超额收益部分。其中，对超额收益部分按照合伙协议的分配原则分别对 GP 和 LP 进行分配。因此，E 项正确。

8.【答案】ACDE

【解析】票面通常不反映股票的市场价值，而仅仅是公司在法律文件中规定的名义价值。

9.【答案】ABDE

【解析】营运资金量 = 上年度销售收入 ×（1 - 上年度销售利润率）×（1 + 预计销售收入年增长率）/营运资金周转次数。

其中：营运资金周转次数 = 360/（存货周转天数 + 应收账款周转天数 - 应付账款周转天数 + 预付账款周转天数 - 预收账款周转天数）

10.【答案】ABC

【解析】贷款人应与借款人及其他相关当事人签订书面借款合同等相关协议，需担保的应同时签订担保合同或条款，贷款人应在合同中与借款人约定具体的贷款金额、期限、利率、用途、支付、还贷保障及风险处置等要素和有关细节。贷款人原则上应当要求将符合抵质押条件的项目资产和/或项目预期收益等权利为贷款设定担保，并可以根据需要，将项目发起人持有的项目公司股权为贷款设定质押担保。

11.【答案】ACE

【解析】资信状况符合以下标准的公开发行公司债券，专业投资者和普通投资者可以参与认购：（1）发行人最近三年无债务违约或者延迟支付本息的事实；（2）发行人最近三年平均可分配利润不少于债券一年利息的 1.5 倍；（3）发行人最近一期末净资产规模不少于 250 亿元；（4）发行人最近 36 个月内累计公开发行债券不少于 3 期，发行规模不少于 100 亿元；（5）中国证监会根据投资者保护的需要规定的其他条件。未达到上述标准的公开发行债券，仅限于专业投资者参与认购，故 B 项错误。非公开发行公司债券，可以申请在证券交易场所、证券公司柜台转让，故 D 项错误。

12.【答案】AE

【解析】非公开发行的公司债券应当向专业投资者发行，故 A 项错误。公司债券上市交易的公司应当：（1）按照规定的内容和格式编制定期报告，并按照规定报送和公告；（2）发生重大事件，应报送临时报告，并予公告。而非公开发行公司债券，可以申请在证券交易场所、证券公司柜台转让，不是上市交易，故 E 项错误。

13.【答案】ACD

【解析】对国家法律法规和监管规定有明确要求应采取公开转让方式进行转让的资产，应通过公开转让方式进行收购。通过公开转让方式只产生一个符合条件的意向受让方时，可采取协议转让方式收购。因此，B 项、E 项错误。

14.【答案】ABCD

【解析】金融资产管理公司受让债权类不良资产后，应当会同出让方采取合理手段及时通知债务人和担保人。债务人和担保人确实无法联系的，可以采取在全国或者债务人所在地省级以上有影响的报纸或经认可的不良资产登记交易平台发布公告的方式履行告知义务。

15.【答案】BCDE

【解析】处置不良资产前，应充分利用现有档案资料和日常管理中获得的有效信息，根据实际情况运用专项调查、重点调查、现场调查或抽样调查等方式开展前期市场调查分析，形成书面调查报告。

16.【答案】CD

【解析】普通股没有固定的股利，其收益大小完全取决于企业的经营状况和盈利水平；优先股是在股利分配和剩余财产分配上优先于普通股的股票。优先股的股利是固定的，一般情况下，都要按事先确定的股利率支付股利。在这方面，优先股与债券很相似，二者的区别在于：债券的利息是在所得税前支付，而优先股的股利是在所得税后支付。非上市交易的股票，一般采用收益法评估。

17.【答案】CDE

【解析】证券投资基金按照投资对象的不同，可分为债券基金、货币市场基金、股票基金和混合基金等。

18.【答案】BCD

【解析】以债权转股权、出售股权资产或出售不动产的方式处置资产时，除上市公司可流通股权外，原则上由外部独立评估机构对资产进行评估，对于评估工作受到严重限制、无法履行现场调查程序、无法取得评估必备资料的资产，采取公开方式交易的，应充分利用市场机制发掘资产的公允价值。

19.【答案】BCDE

【解析】转让上市公司可流通股权时，遵照交易所相关规则执行。转让非上市公司股权的首次处置定价不得低于评估结果的 90%；转让动产、不动产或其他财产权的首次处置定价不得低于评估结果的 80%；如未成交拟降价处置的，应在处置方案中就降价原因进行说明，降价幅度不得超过前次处置定价的 20%，降价间隔时间不得少于五个工作日。

20.【答案】AB

【解析】金融资产管理公司应在资产处置方案提交审核会议至少七个工作日前，在公司网站上发布处置公告，资产处置标的价值人民币五千万元（含）以上的项目还应同时在资产所在地省级以上有影响的报纸或纳入最高人民法院司法拍卖网络服务提供者名单库的网络平台上发布处置公告。因此，C 项、D 项、E 项错误。

21.【答案】ABC

【解析】采用询问方式进行清查核实，应当形成询问记录，并要求询问人和被询问人对询问记录采用签字或者盖章等方式予以确认。如果被询问人拒绝签字或者拒绝以其他方式予以确认，评估人员应当在书面记录中注明。因此，D 项错误。上市公司年报中的数据资料已经经过注册会计师审计，评估人员在进行必要分析调整后可以直接采用，故 E 项错误。

22.【答案】ADE

【解析】B 项属于权利状态核查的内容，C 项属于会计核算情况核查的内容。

23.【答案】ADE

【解析】B 项属于不动产投资信托基金（REITs）核查的内容。C 项属于证券投资基金核查的内容。

24.【答案】ABCD

【解析】对保证人信息需要重点了解：保证是否有效和保证人的保证方式。保证如与借款人的关系，保证人与其他保证人的关系，保证人是否有还款记录。保证人的财务状况，能否获得保证人最近三年财务报表，保证人的债务结构、是否存在对外担保等或有债务、是否已经存在还款计划、是否已经破产或正在申请破产等。

25.【答案】ACD

【解析】贷款迁移模型的操作步骤为：

（1）将贷款组合划分成不同的子层。分层

的标准可以从贷款的外部评级（如外部评级：AAA，AA 等）、内部评级、逾期期限、贷款的风险分类（次级、可疑等）等几种方式中选择。

（2）根据历史信息计算不同子层之间的迁移率，构建贷款组合的迁移矩阵。

（3）采用具体方法（如贴现现金流等）计算出最低分层（如损失类贷款）的损失率。

（4）根据最低分层的损失率、各分层之间的迁移率，得到不同分层的损失率。

（5）计算整个贷款组合的预计风险损失总额。

根据以上步骤可知：损失类贷款损失率需通过具体方法（如贴现现金流）计算，而非直接采用市场利率，故 B 项错误；正常类贷款损失率需综合迁移至关注、次级、可疑类的损失率（如教材表 5－2 中正常类损失率计算公式）。

26. 【答案】ABCD

【解析】股利发放比例高会降低留存收益，减少增长率 g，可能导致评估值下降。

27. 【答案】ACE

【解析】负债包括应付费用和税费，B、D 属于资产。

28. 【答案】ABE

【解析】C 属于资产基础法，D 属于市场法。

29. 【答案】ABD

【解析】限售折扣需通过 AAP 模型计算，而非主观估计，故 C 项错误。限售股票价值 = 每股价格 × 持股数量 ×（1－限售折扣），故 E 项错误。

30. 【答案】ABCD

【解析】需预测未来租金的是收益法，资产基础法依赖重置成本。

31. 【答案】ABC

【解析】参见教材表 5－4。

32. 【答案】ACE

【解析】应当建议委托人在参考价值评估结论或者价值分析结论的基础上，结合资产处置方案及资产处置时资产状况和市场状况等因素，进行合理决策。

33. 【答案】AC

【解析】资产评估专业人员应当提醒委托人和其他报告使用人关注价值评估业务和价值分析业务的区别；应当对价值评估结论或者价值分析结论进行明确说明，提醒委托人和其他报告使用人关注价值评估结论和价值分析结论的区别；应当建议委托人在参考价值评估结论或者价值分析结论的基础上，结合资产处置方案及资产处置时资产状况和市场状况等因素，进行合理决策。

34. 【答案】ABD

【解析】价值评估业务和价值分析业务选择，一般考虑的因素有：

（1）在约定时限内，是否能够充分获取评估对象的资料和信息；

（2）对评估对象的现场调查是否受到限制，如由于相关当事方不配合或其他原因，评估师无法进入现场实施清查、勘察等必要评估程序；

（3）对评估对象的法律权属资料和资料来源的查验是否受到限制；

（4）是否存在评估师认为对形成合理价值评估结论具有重要影响的其他事项。

35. 【答案】AC

【解析】B 为不良贷款，D 为优质债权，E 为股权类资产。

36. 【答案】AC

【解析】选择专家基本原则是，专业齐全，人数适当，具有一定的权威性和代表性。其中，专业应覆盖银行信贷、债务管理、金融不良资产处置、熟悉当地债权市场行情的人士、会计师、评估师和律师等。人数一般以 15 人左右为宜。

37. 【答案】ACD

【解析】综合因素分析法实际上是综合采用假设清算法、现金流偿债法以及专家打分法等，确定抵质押物的偿债系数，债务人和担保人的偿债能力系数，得出债权价值的一种方法。

38. 【答案】ABD

【解析】根据信贷档案资料确认抵押物，搜集、分析调查资料并查勘现场，经测算分析得出抵押物优先受偿债权价值

39. 【答案】ABC

【解析】个贷不良资产包括但不限于本金、利息、罚息。股票市值不直接构成债权，贷款利率不属于金融不良资产。

40. 【答案】ACE

【解析】对于第二还款来源分析，个贷评估中除考虑第一还款来源后，还要考虑个贷的其

他财产线索，即为第二还款来源，包括所能了解的个人住房、车辆、股票等其他财产线索。对于已有胜诉判决、进入执行的财产进行详细评估，其他的可通过分析最新个人征信报告寻找财产线索。

41. 【答案】AC

【解析】修正系数包括：文化程度、职业、贷款原因、诉讼状态等因素各自对应的调整。

42. 【答案】AE

【解析】债权资产价值分析方法主要基于两种途径：一种是以债务人和债务责任关联方为分析对象的途径；另一种是以债权本身为分析对象的途径。

43. 【答案】CDE

【解析】本题实际是考察交易案例比较法的局限性。

44. 【答案】ABD

【解析】略。

45. 【答案】BCDE

【解析】收集债务企业三年运营的财务指标数据，包括销售收入、息税前利润（EBIT）、息税折扣摊销前利润（EBITDA）、资本支出、营运资本额、税收、利息、折旧和摊销等。

46. 【答案】CE

【解析】假设清算法主要适用于非持续经营条件下的企业以及仍在持续经营但不具有稳定净现金流或净现金流很小的企业。企业资产庞大或分布广泛的项目和不良债权占企业总资产的比率相对较小的项目，不宜采用假设清算法。

47. 【答案】ABD

【解析】一般债权受偿比例 =（有效资产 - 资产项优先扣除项目）/（有效负债 - 负债项优先扣除项目）

其中，负债项优先扣除项目包括：（1）优先偿还抵押债务。（2）优先偿还一般债务，如职工工资福利、职工劳动保险、职工住房公积，应交税费，涉诉赔偿等。优先扣除的费用项目有清算及中介费、职工安置费等。E 项属于无效负债。

48. 【答案】AE

【解析】假设清算法中，一般债权受偿比例 =（有效资产 - 资产项优先扣除项目）/（有效负债 - 负债项优先扣除项目）。

现金流偿债法中，自由现金流量 = 净利润 + 预测利息费用 + 折旧和摊销 - 资本支出 - 营运资本的增加。

49. 【答案】ABCE

【结论】不同价值分析方法的分析思路、适用范围和分析过程不同（见教材表6－2），形成的价值分析结论可能不同。资产评估师应当根据项目情况选择一种或多种价值分析方法，并判断所选取价值分析方法的合理性。

50. 【答案】BCE

【解析】价值评估结论或者价值分析结论是资产处置的参考依据，不应当被认为是对金融不良资产处置时可实现价格的保证。执行金融不良资产评估业务，在未受到限制、能够履行必要资产评估程序的情况下，通常应当考虑执行价值评估业务。

51. 【答案】BD

【解析】企业未来现金流量应包括预期偿债年限内由经营带来的现金流量以及预期偿债期末由资产变现带来的现金流量，但期末资产变现产生的现金流属于企业清算时资产变现的现金流，应考虑抵押资产、优先负债的优先受偿，以及其他企业为债务人提供的抵押担保如何处理，而不是简单将期末资产变现，也不能乘以偿债系数。偿债系数是指债务企业未来偿债年限内自由现金流量中实际可用于偿还债务的比例，由经营带来的现金流量应该乘以偿债系数再进行折现。偿债年限是指根据债务企业现状和发展趋势确定的债务企业能以相对稳定现金流偿还金融不良债权的年限，不能直接把破产前预期存续年限作为偿债年限。

52. 【答案】ABDE

【解析】金融不良资产评估业务中，根据项目具体情况和委托人要求，评估对象可能是债权资产，也可能是用以实现债权清偿权利的实物类资产、股权类资产和其他资产。债权资产包括不良贷款和不良债券；用以实现债权清偿权利的资产包括实物资产、股权资产和其他资产。

53. 【答案】ABCE

【解析】风险调整值应当考虑到不良贷款损失率、不良贷款企业使用资金的成本、预期企业利润率及企业生产面临的各类风险等因素。

54. 【答案】ABDE

【解析】负债项优先扣除项目包括：（1）优

先偿还抵押债务。(2) 优先偿还一般债务，如职工工资福利、职工劳动保险、职工住房公积、应交税费、涉诉赔偿等。

优先扣除的费用项目有清算及中介费、职工安置费等。C 选项属于无效资产。

三、综合题

1. **【答案及解析】**

(1) 对 A 债券的评估不正确。因为上市交易的债券一般采用市场法（现行市价）进行评估，按照评估基准日的收盘价确定评估值。如果在特殊情况下，某种可上市交易的债券市场价格严重扭曲，不能代表实际价格，采用非上市债券的评估方法进行评估，即根据债券的未来本利和折现确定。据评估人员分析，评估基准日 A 债券收盘价较为合理，所以应按照市场价评估。

甲企业持有的 A 债券评估值 $=4\ 000\times1\ 000=400$（万元）

(2) 对 B 债券的评估不正确。B 债券属于分次付息，到期一次还本债券，应采用收益法，即对未来现金流量进行折现确定评估值。该债券为 5 年期债券，已持有 1 年，距到期日还有 4 年，所以需要对未来 4 年收到的利息折现和 4 年末收到的本金进行折现求和。给出的计算过程中，本金折现是按照 5 年折现，是错误的，应按照 4 年折现。具体计算过程如下：

债券的本金 $=1\ 000\times1\ 000=1\ 000\ 000$（元）

该债券的折现率 $=5\%+5\%=10\%$

每年收到的利息 $=1\ 000\ 000\times15\%=150\ 000$（元）

甲公司持有的 B 债券评估值 $=150\ 000\times(P/A,10\%,4)+1\ 000\ 000\times(P/F,10\%,4)=150\ 000\times3.169\ 9+1\ 000\ 000\times0.683\ 0=115.85$（万元）

(3) 对 C 债券的评估不正确。C 债券属于到期一次还本付息债券，该债券已持有 2 年，再过 3 年就可以兑现。所以评估基准日到债券到期日的时间间隔为 3 年。

到期本利和 $F=3\ 000\times1\ 000\times(1+10\%\times5)=450$（万元）

折现率 $r=5\%+4\%=9\%$

甲公司持有的 C 债券评估值 $=\dfrac{450}{(1+9\%)^3}=347.48$（万元）

(4) 对 D 债券的评估不正确。D 债券属于距评估基准日 1 年内到期的债券，可以根据本金加上持有期间的利息确定评估值。

甲公司持有的 D 债券评估值 $=2\ 000\times100\times(1+8\%)=21.6$（万元）

2. **【答案及解析】**

(1) 不同。合伙制基金中普通合伙人和一般合伙人对应的份额估值有不同的价值内涵，即不必然等于基金资产净值与持股比例的乘积。

(2) 合伙制基金评估中 *GP* 享有的权益：本金 + 直投部分收益 + 超额收益部分。合伙制基金评估中 *LP* 享有的权益：本金 + 直投部分收益 + 超额收益部分。其中，对超额收益部分按照合伙协议的分配原则分别对 *GP* 和 *LP* 进行分配。

(3)

①整体基金份额估值。

股权投资基金份额估值 $=0.5+3+7+10-0.3=20.2$（亿元）

②超额收益测算。

超额收益 $=20.2-10\times(1+3\times10\%)=7.2$（亿元）

GP 应享有的超额收益 $=7.2\times20\%=1.44$（亿元）

LP 应享有的权益 $=7.2\times80\%=5.76$（亿元）

③本金及基础收益测算。

基础收益 $=20.2-7.2=13$（亿元）

GP 应享有的本金及基础收益 $=13\times3\%=0.39$（亿元）

LP 应享有的本金及基础收益 $=13\times97\%=12.61$（亿元）

④份额测算。

LP 合伙人对应的 9.7 亿份额应享有的权益 $=12.61+5.76=18.37$（亿元）

GP 合伙人对应的 0.3 亿份额应享有的权益 $=0.39+1.44=1.83$（亿元）

3 **【答案及解析】**

(1) 整体基金估值。

股权投资基金估值 $=4+6+2+1.2-1=12.2$（亿元）

(2) 实缴出资额的分配。

基金估值 12.2 亿元 > 各合伙人实缴金额 10 亿元，因此基金首先应返还有限合伙人全部实缴出资额。

返还 LP 实缴出资额 = 9（亿元）

返还 GP 实缴出资额 = 1（亿元）

（3）LP 门槛收益的测算。

剩余可分配金额 = 12.2 − 10 = 2.2（亿元）

最大门槛收益 = 9 × 3 × 8% = 2.16（亿元）

剩余可分配金额 > 最大门槛收益

LP 可获取门槛收益 = 2.16（亿元）

（4）合伙人份额测算。

向 LP 分配门槛收益后，剩余可分配金额 = 2.2 − 2.16 = 0.04（亿元）

因为 0.04/2.16 < 1/4，则剩余可分配金额 0.04 亿元全部向 GP 分配。

GP 合伙人对应的 10% 份额应享有的权益 = 1 + 0.04 = 1.04（亿元）

LP 合伙人对应的 90% 份额应享有的权益 = 9 + 2.16 = 11.16（亿元）

（注：未考虑分红情况。）

4.【答案及解析】

采用收益法对物业进行评估。

未来年度每年净收益：10 000 ×（1 − 20%）= 8 000（万元）。

物业到期后残值：100 000 × 2 000 × 10% = 2 000（万元）。

折现期：房屋与土地孰短原则，35 年。

折现率：税前折现率为 6% ÷（1 − 25%）= 8%。

折现方式：现金流每年稳定发生，故采用期中折现。

则此物业整体估值为：

$P = 8\ 000/(1+8\%)^{0.5} + 8\ 000/(1+8\%)^{1.5} + 8\ 000/(1+8\%)^{2.5} + \cdots + (8\ 000 + 2\ 000)/(1+8\%)^{34.5} = 97\ 034.84$（万元）

5.【答案及解析】

（1）贷款评估值。

由于半年收回一次，故贴现率 = 5% ÷ 2 = 2.5%

现金流贴现计算的贷款评估值 $= 500/(1+2.5\%) + 400/(1+2.5\%)^2 + 200/(1+2.5\%)^4 + 100/(1+2.5\%)^7 = 1\ 133.85$

（2）风险损失额：1 200 − 1 133.85 = 66.15（万元）

损失率：66.15 / 1 200 = 5.51%

6.【答案及解析】

（1）计算各类信贷资产损失率。

各类信贷资产损失率计算

类别	计算过程	计算结果
正常类损失率	13.50% ×5.53% +2.50% ×14.88% +2.00% ×21.25% +0.00% ×85%	1.54%
关注类损失率	20.00% ×14.88% +12.00% ×21.25% +0.00% ×85%	5.53%
次级类损失率	30.00% ×21.25% +10.00% ×85%	14.88%
可疑类损失率	25.00% ×85%	21.25%
损失类损失率	85%	85.00%

（2）全组合风险损失额 = 2 500 × 1.54% + 600 × 5.53% + 400 × 14.88% + 1 200 × 21.25% + 300 × 85% = 641.20（万元）

7.【答案及解析】

（1）假设清算法主要适用于：①非持续经营条件下的企业；②仍在持续经营但不具有稳定净现金流或净现金流很小的企业。企业资产庞大或分布广泛的项目和不良债权与企业总资产的比率较小的项目，不宜采用假设清算法。

（2）有效资产与有效负债确认。依据企业财务资料，从总资产和总负债中分析无效资产和无效负债，扣除无效资产和无效负债后的剩余部分作为有效资产和有效负债。一般来说，无效资产包括福利性资产、待处理损失、待摊和递延资产等；无效负债包括长期挂账无须支付的负债、与福利性资产相对应的负债等。

（3）

①由题目可知，一般债权受偿比例为 0.3。

②抵押贷款金额 2 200 万元，对应的机器设备抵押物的评估价值为 2 000 万元，抵押物评估值小于抵押债权，故不良债权的优先受偿金额为 2 000 万元，剩余 200 万元并入一般债权参与受偿。

③不良债权的一般债权受偿金额 =（不良债权总额 − 优先债权受偿金额）× 一般债权受偿比例 =（5 000 − 2 000）× 0.3 = 900（万元）

④不良债权受偿金额 = 优先债权受偿金额 + 一般债权受偿金额 = 2 000 + 900 = 2 900（万元）

不良债权受偿比例 = 不良债权受偿金额/不良债权总额 = 2 900/5 000 = 0.58

8.【答案及解析】

（1）适用范围与使用条件：

①现金流偿债法主要适用于有持续经营能力并能产生稳定可偿债现金流量的企业。由于金融不良债权对应债务企业很少拥有持续、稳定可偿债现金流，该方法适用范围较为有限。

②企业的经营和财务资料规范，资产评估人员能够依据前三年财务报表对未来经营情况进行合理分析预测。

（2）自由现金流量 = 净利润 + 预测利息费用 + 折旧和摊销 - 资本支出 - 营运资本的增加

（3）使用现金流偿债法应当注意的问题：

①企业未来现金流量应包括预期偿债年限内由经营带来的现金流量以及预期偿债期末由资产变现带来的现金流量；

②预期偿债年限、偿债系数、折现率的确定应当具有依据或合理解释；

③在预测中应当分析抵押物对企业现金流的影响；

④应当适当考虑企业非财务因素对偿债能力的影响，或在特别事项说明中予以披露。

（4）

①预测未来 5 年净现金流量。

未来 5 年自由现金流量预测表 单位：万元

	2020 年	2021 年	2022 年	2023 年	2024 年
自由现金流量	2 120.00	2 247.20	2 382.03	2 524.95	2 676.45

②根据自由现金流量预测表及偿债比例确定可偿债现金流量。

未来 5 年可偿债现金流量 单位：万元

	2020 年	2021 年	2022 年	2023 年	2024 年
自由现金流量	2 120.00	2 247.20	2 382.03	2 524.95	2 676.45
可偿债现金流量	1 060.00	1 123.60	1 191.02	1 262.48	1 338.23

③现金流折现及期末企业资产变现估计。

未来 5 年净现金流量折现值计算表 单位：万元

	2020 年	2021 年	2022 年	2023 年	2024 年	2024 年末资产价值
可偿债现金流量	1 060.00	1 123.60	1 191.02	1 262.48	1 338.23	20 000
折现值（折至 2019 年末）	981.48	963.31	945.47	927.96	910.77	13 611.66

可偿债净现金流量折现值 = 981.48 + 963.31 + 945.47 + 927.96 + 910.77 + 13 611.66 = 18 340.65（万元）

（4）企业偿债能力 = 可偿债净现金流量折现值/企业一般债务总额 = 18 340.65/60 000 × 100% = 30.57%

债权回收价值 = 25 000 × 30.57% = 7 642.50（万元）

【提示】本题考查现金流偿债法的应用。

9.【答案及解析】

（1）主要操作问题：①有效资产与有效负债确认；②优先偿还债务的扣除；③优先支付费用的扣除。

（2）

①根据题目可知，有效资产 41 416 000 元，有效负债 85 270 000 元。

②优先偿还债务的计算。

债务企业与 A 资产管理公司的抵押贷款 1 000 万元，对应抵押房屋建筑物评估值为 19 600 000 元，抵押物评估值大于抵押债权，故优先偿还抵押债务 1 000 万元，超过部分并入有效资产参与分配。

优先偿还一般债务 = 应付职工薪酬 + 应交税金 = 800 000 + 70 000 = 870 000（元）

③优先扣除的费用项目为0。

④资产项优先扣除项目 = 优先偿还抵押债务 + 优先偿还一般债务 + 优先扣除的费用项目 = 10 000 000 + 870 000 + 0 = 10 870 000（元）

⑤负债项优先扣除项目 = 优先偿还抵押债务 + 优先偿还一般债务 = 10 000 000 + 870 000 = 10 870 000（元）

$$⑥一般债权受偿比例 = \frac{有效资产 - 资产项优先扣除项目}{有效负债 - 负债项优先扣除项目} =$$

(41 416 000 − 10 870 000)/(85 270 000 − 10 870 000) = 0.41

⑦不良债权的一般债权受偿金额 =（不良债权总额 − 优先债权受偿金额）× 一般债权受偿比例 = (50 000 000 − 10 000 000) × 0.41 = 16 400 000（元）

⑧不良债权受偿金额 = 优先债权受偿金额 + 一般债权受偿金额 = 10 000 000 + 16 400 000 = 26 400 000（元）

$$不良债权受偿比例 = \frac{不良债权受偿金额}{不良债权总额} = \frac{26\ 400\ 000}{50\ 000\ 000} = 0.53$$

故该资产管理公司拟处置金融不良资产5 000万元，可变现价值不低于53%。

（3）主要操作问题。

①有效资产与有效负债确认。依据企业财务资料，从总资产和总负债中分析无效资产和无效负债，扣除无效资产和无效负债后的剩余部分作为有效资产和有效负债。一般来说，无效资产包括福利性资产、待处理损失等；无效负债包括长期挂账无须支付的负债、与福利性资产相对应的负债等。

②优先偿还债务的扣除。一般来说，优先偿还需要优先扣除的项目包括：抵押债权（若抵押物评估值小于抵押债权，剩余债权并入一般债权参与受偿；若抵押物评估值大于抵押债权，超过部分并入有效资产参与分配），职工工资福利、职工劳动保险和职工住房公积，应交税费，涉诉赔偿，等等。

③优先支付费用的扣除。一般来说，优先支付需要优先扣除的项目包括清算及中介费、职工安置费等。

④除了正常扣除项目，应特别注意分析或有收益或有损失、债务企业新增偿债能力等因素的影响。

第六章　以财务报告为目的的评估

考试大纲

<table>
<tr><td>第六章</td><td>考试目的</td><td>考查考生对以财务报告为目的的评估涉及的各类资产和负债评估要素确定、评估方法的掌握情况，以及分析和解决以报告为目的的评估实际问题的能力。</td></tr>
<tr><td rowspan="4">以财务报告为目的的评估</td><td colspan="2">考试内容及要求</td></tr>
<tr><td>掌握的内容（★★★）</td><td>1. 投资性房地产评估对象的确定。
2. 投资性房地产评估的评估基准日确定。
3. 收益法、市场法在投资性房地产评估中的应用。
4. 企业合并对价分摊评估中的评估对象确定。
5. 企业合并对价分摊评估中主要资产评估。
6. 资产减值测试评估中的评估对象确定。
7. 资产减值测试评估中的价值类型选择。
8. 固定资产、商誉减值测试的评估方法。</td></tr>
<tr><td>熟悉的内容（★★）</td><td>1. 以财务报告为目的的评估业务特点。
2. 投资性房地产及投资性房地产评估。
3. 资产减值测试流程。
4. 金融工具的计量。
5. 权益工具的评估方法。
6. 金融衍生工具的评估方法。
7. 不含衍生工具的金融负债的评估方法。
8. 金融工具评估中的评估对象的确定。</td></tr>
<tr><td>了解的内容（★）</td><td>1. 以财务报告为目的的评估的作用。
2. 以财务报告为目的的评估与会计、审计的专业关系。</td></tr>
</table>

考情分析

本章考查考生对以财务报告为目的的评估涉及的各类资产和负债评估要素确定、评估方法的掌握情况，内容比较多而且杂。在2017—2024年度的考试中，该章分值为10分左右，以客观题为主，主要涉及投资性房地产评估、资产减值测试评估、企业合并对价分摊评估、金融工具的评估等内容。在2017年、2022年的考试中均有1道主观题，主要考查资产减值测试的评估；在2023年度考试中有1道关于员工持股计划的主观题。

教材变化

本章内容无变化。

考点精讲及典型例题解析

【知识点1】以财务报告为目的的评估及其作用（★）

（一）基本概念

以财务报告为目的的评估，是指资产评估机构及其资产评估人员遵守相关法律法规、资产评估准则及企业会计准则或相关会计核算、披露要求，根据委托对以财务报告为目的所涉及各类资产和负债的公允价值或特定价值进行评定、估算，并出具评估报告的专业服务行为。

【提示】以财务报告为目的的评估是为会计的计量、核算及披露提供意见的一种专业服务，根据编制报告的需求不同，评估对象也不同。

（二）作用

对于财务报告中各类资产和负债的公允价值或特定价值的计量，国际上较通行的做法是由评估人员为公允价值的确定提供专业意见，保障会计信息的客观和独立，其作用具体体现在以下三个方面：

（1）评估技术能够满足会计计量专业上的需求；

（2）评估专业行为能够为会计计量的客观性奠定基础；

（3）评估的独立地位能够强化公允价值的公正性。

【例6-1】（单项选择题）以财务报告为目的的评估，是指资产评估机构及其资产评估人员遵守相关法律法规、资产评估准则及企业会计准则或相关会计核算、披露要求，根据委托对以财务报告为目的所涉及各类（　　）的公允价值或特定价值进行评定、估算，并出具评估报告的专业服务行为。

A. 资产和负债　　B. 收入和费用

C. 收入和利润　　D. 成本和费用

【答案】A

【解析】略。

【例6-2】（多项选择题）以财务报告为目的的评估的作用包括（　　）。

A. 评估技术能够满足会计计量专业上的需求

B. 评估专业行为能够为会计计量的客观性奠定基础

C. 评估的独立地位能够强化公允价值的公正性

D. 评估能够满足审计工作对公允价值评估的需要

E. 评估的独立地位能够强化账面价值的公正性

【答案】ABC

【解析】略。

【例6-3】（多项选择题）在公允价值评估中，要求选择与市场参与者在相关资产和负债的交易中所考虑的资产或负债特征一致的输入值，包括（　　）。

A. 流动性溢价　　B. 缺乏控制权折价

C. 流动资产损益　　D. 资产减值准备

E. 控制权溢价

【答案】ABE

【解析】略。

【知识点2】以财务报告为目的的评估对象

与其他资产评估业务相比，以财务报告为目的的评估业务涉及的评估对象更加多元化并且更加复杂。一般意义上，以财务报告为目的的评估业务是为编制财务报告服务的（见表6-1）。

表6-1　　以财务报告为目的的评估对象

序号	适用范围	评估对象
1	公允价值评估	以公允价值计量的相关资产或负债
2	长期股权投资	权益法核算的长期股权投资的初始和后续计量
3	合并对价分摊	（1）构成收购价格的非现金资产、发行或承担的债务、发行的权益性证券等； （2）合并中取得的被购买方可辨认资产、负债及或有负债
4	资产减值	单项资产、资产组或资产组组合
5	投资性房地产的公允价值确定	已出租的土地使用权、持有并准备增值后转让的土地使用权，已出租的建筑物
6	金融工具确认和计量	以公允价值计量且其变动计入其他综合收益的金融资产，或可供出售金融资产

【提示】本章涉及的评估对象包括投资性房地产的公允价值、合并对价分摊、资产减值、金融工具的公允价值。

【知识点3】以财务报告为目的的评估业务特点（★★）

（1）以财务报告为目的的评估是为会计计

量提供服务的，会计计量模式、会计核算方法、会计披露要求影响了评估对象、价值类型的确定及评估方法的选择；

（2）以财务报告为目的的评估业务具有多样性、复杂性；

（3）在采用传统的三大评估方法的基础上，以财务报告为目的的评估具体使用的评估方法具有多样性的特点。

【提示】根据评估对象的特点和应用条件，可以采用收益法中的现金流量折现法、增量收益折现法、节省许可费折现法、多期超额收益法等具体方法对无形资产进行评估，也可以采用以现值为基础的远期定价和互换模型、期权定价模型等对金融工具进行评估。

【例6-4】（多项选择题）在以财务报告为目的的评估中，根据评估对象的特点和应用条件，可以采用收益法中的（　　）对无形资产进行评估。

A. 现金流量折现法　B. 增量收益折现法

C. 内含报酬率法　　D. 多期超额收益法

E. 节省许可费折现法

【答案】ABDE

【解析】略。

【知识点4】以财务报告为目的的评估与会计、审计的专业关系（★）

（一）会计信息计量对评估的需求

企业在对会计要素进行计量时，一般应当采用历史成本，采用重置成本、可变现净值、现值、公允价值计量的，应当保证所确定的会计要素金额能够取得并可靠计量。

（二）审计对评估的需求

基于独立性的要求，审计单位或人员不能对同一客户提供公允价值评估服务，审计人员是公允价值计量的最终审核人。在一些需要专业性评估的领域，如企业合并、无形资产、资产减值、投资性房地产等领域，聘请外部独立评估人员更能发挥专业服务的优势，在提高会计信息质量的同时，也能降低审计人员的风险。

（三）评估在会计计量、审计中的应用

【提示1】在公允价值计量体系中，外部专业人员的评估结果是计量工具，会计将根据评估结果直接对账目进行调整，评估结果通过会计计量成为资产、负债公允价值的会计信息依据。

【提示2】会计人员对公允价值的计量和披露负责，外部评估专业人员对评估结论的合理性负责，审计人员对公允价值的审计结论负责。公允价值的运用使会计信息责任体系发生了变化，由以往的会计责任和审计责任的二维责任体系，发展成为会计责任、评估责任和审计责任构成的三维责任体系。

【例6-5】（单项选择题）基于独立性的要求，审计单位或人员不能对同一客户提供公允价值评估服务，（　　）是公允价值计量的最终审核人。

A. 会计人员　　B. 审计人员

C. 评估人员　　D. 单位负责人

【答案】B

【解析】略。

【知识点5】以财务报告为目的的评估国内外发展状况

（一）以财务报告为目的的评估在国际上的发展

从国际评估准则的演进历程来看，国际评估准则受国际财务报告准则的影响较大。国际评估准则委员会在制定国际评估准则时，对国际会计准则的变动，特别是公允价值的引入做出了及时的反映，对相关内容做了实质性调整。

（二）以财务报告为目的的评估在国内的发展

为促进我国会计准则与国际财务报告准则接轨，**2006**年**2**月，财政部发布的会计准则也引入了公允价值的概念和计量模式。

【例6-6】（单项选择题）财政部于（　　）发布了《企业会计准则第39号——公允价值计量》，对公允价值计量进行了更加专业和细致的规范。

A. 2006年2月　　B. 2014年1月

C. 2010年1月　　D. 2017年2月

【答案】B

【解析】财政部于2014年1月26日发布了《企业会计准则第39号——公允价值计量》，并于2014年7月1日起实施。

【知识点6】投资性房地产及投资性房地产评估（★★）

（一）投资性房地产

投资性房地产是指企业为赚取租金或资本增值，或两者兼有而持有的房地产。

【提示】 投资性房地产在用途、状态、目的等方面，与企业自用的厂房、办公楼等作为生产经营场所的房地产，以及房地产开发企业用于销售的房地产是不同的。投资性房地产能够单独计量和出售。

（二）投资性房地产公允价值评估

投资性房地产公允价值评估是指按照《以财务报告为目的的评估指南》要求，对符合会计准则规定条件的投资性房地产在评估基准日的公允价值进行评定、估算，并出具评估报告的专业服务行为。

（三）采用公允价值计量的房地产应满足的两个条件

（1）投资性房地产所在地有活跃的房地产交易市场；

（2）企业能够从房地产交易市场上取得同类或类似房地产的市场价格及其他相关信息，从而对投资性房地产的公允价值做出合理的估计。

【知识点7】投资性房地产评估对象的确定（★★★）

（一）投资性房地产的具体范围

（1）已出租的土地使用权和已出租的建筑物，是指以经营租赁方式出租的土地使用权和建筑物。

【提示】 用于出租的土地使用权是指企业通过出让或者转让方式取得的土地使用权；用于出租的建筑物是指企业拥有产权的建筑物。

（2）持有并准备增值后转让的土地使用权，是指企业取得的、准备增值后转让的土地使用权。

【提示】 按照国家有关规定认定的闲置土地，不属于持有并准备增值后转让的土地使用权。

（3）某项房地产，部分用于赚取租金或资本增值，部分用于生产商品、提供劳务或经营管理。

【提示】 能够单独计量和出售、用于赚取租金或资本增值的部分，应当确认为投资性房地产；不能够单独计量和出售、用于赚取租金或资本增值的部分，不确认为投资性房地产。

（4）企业将建筑物出租，按租赁协议向承租人提供的相关辅助服务在整个协议中不重大，如企业将办公楼出租并向承租人提供保安、维修等辅助服务，应当将该建筑物确认为投资性房地产。

（二）不属于投资性房地产的项目

（1）自用房地产，是指为生产商品、提供劳务或者经营管理而持有的房地产。这类资产通常在企业的固定资产或者无形资产中核算。

（2）房地产开发企业的存货，通常是指房地产开发企业在正常经营过程中销售的或为销售而正在开发的商品房和土地。这部分房地产属于房地产开发企业的存货。

（三）需要注意的问题

评估对象可能是个别建筑物单元，也可能是多个建筑物单元及其附属设施共同构成的一个整体。当出租建筑物的附属设备和设施是租金收入所对应的出租资产的组成部分时，应该合理考虑设备和设施对投资性房地产价值的影响。

投资性房地产通常附有租约，业主在拥有房地产的同时也拥有该租约的未来收益，因而在进行评估的时候，评估对象应该为附有租约的房地产。

【例6－7】（多项选择题）资产负债表日，自用房地产通常在企业的（　　）中核算。

A. 投资性房地产　　B. 固定资产

C. 自用房地产　　D. 无形资产

E. 存货

【答案】 BD

【解析】 略。

【例6－8】（多项选择题）下列选项中，属于投资性房地产的是（　　）

A. 以出让方式取得，并以经营租赁方式出租的某地块土地使用权

B. 拥有产权并自行经营的某酒店，但物业服务外包给其他公司

C. 出租给本企业职工居住的员工公寓，每月向员工收取租金

D. 闲置且尚未确定用途的写字楼

E. 房地产企业开发的用于出租的房地产

【答案】 AE

【解析】 B项、C项、D项均不是出于赚取租金或资本增值目的而持有的。

【例6－9】（单项选择题）关于投资性房地产，下列表述正确的是（　　）。

A. 用于出租的建筑物包括企业转租的建

筑物

B. 企业自建用于办公的房地产属于投资性房地产

C. 不能够单独计量和出售、用于赚取租金或资本增值的部分，不确认为投资性房地产

D. 房地产开发企业在正常经营过程中销售的或为销售而正在开发的商品房和土地属于投资性房地产

【答案】 C

【解析】 用于出租的建筑物是指企业拥有产权的建筑物。自用房地产属于固定资产，不属于投资性房地产。房地产开发企业在正常经营过程中销售的或为销售而正在开发的商品房和土地属于存货，不属于投资性房地产。

【知识点8】投资性房地产评估的评估基准日确定（★★★）

【提示】 投资性房地产公允价值评估应根据会计准则的要求合理确定评估基准日，可以是资产负债表日、投资性房地产转换日等。

（一）资产负债表日

资产负债表日是会计核算的结账日期，即指结账和编制资产负债表的日期，通常指会计年度末和会计中期期末。

【提示】 年度资产负债表日为每年的12月31日。中期资产负债表日是指各会计中期期末，包括月末、季末和半年末。

（二）投资性房地产转换日

1. 投资性房地产转换日的概念

投资性房地产转换日，是指投资性房地产用途发生变化，投资性房地产转换为其他资产或者将其他资产转换为投资性房地产的时间，通常以企业董事会或类似机构正式做出书面决议的日期为准。

2. 投资性房地产转换日的确定

（1）企业自行建造或开发完成但尚未使用的建筑物，转换日为企业董事会或类似机构做出书面决议的日期；

（2）对不再用于日常生产经营活动且经整理后达到可经营出租状况的房地产，转换日为企业董事会或类似机构做出书面决议的日期；

（3）对企业持有以备经营出租的空置建筑物，转换日为董事会或类似机构做出书面决议的日期。即使尚未签订租赁协议，也应视为投资性房地产。

【提示1】 空置建筑物的界定。

空置建筑物是指企业新购入、自行建造或开发完成但尚未使用的建筑物，以及不再用于日常生产经营活动且经整理后达到可经营出租状态的建筑物。

【提示2】 实践中评估基准日的选择。

在评估实践中，当董事会形成决议后，财务核算和投资性房地产公允价值评估选择在临近决议形成的会计报表日。如董事会决议日期为某月的23日，那么投资性房地产转换日为该月23日，投资性房地产公允价值评估基准日可以选择在该月的资产负债表日，即月末的30日或者31日。

【例6-10】（单项选择题）2020年3月25日某企业董事会形成决议，将其自行建造的仓库出租给甲企业，租期1年，则投资性房地产转换日为（　　）。

A. 3月30日　　B. 3月25日

C. 3月31日　　D. 3月26日

【答案】 B

【解析】 转换日为企业董事会或类似机构做出书面决议的日期。

【例6-11】（单项选择题）2020年3月25日某企业董事会形成决议，将其自行建造的仓库出租给甲企业，租期1年，则投资性房地产公允价值评估基准日可能是（　　）。

A. 3月30日　　B. 3月25日

C. 3月31日　　D. 4月1日

【答案】 C

【解析】 在评估实践中，当董事会形成决议后，财务核算和投资性房地产公允价值评估选择在临近决议形成的会计报表日。

【知识点9】投资性房地产公允价值评估前提

按照《企业会计准则第39号——公允价值计量》的要求，投资性房地产的公允价值评估是基于资产的最佳用途的评估。

最佳用途是指资产价值最大化时对应的用途，主要考虑法律上是否允许、实物上是否可能以及财务上是否可行等因素。

【例6-12】（单项选择题）某企业4月30日将土地使用权及地上建筑物用于商业用途时的价值为800万元，而用于建造住宅时其价值

是 1 200 万元，同时拆除厂房及其他支出为 250 万元。假定土地使用权用途变更无任何障碍，则该宗土地在 4 月 30 日的公允价值为（　　）万元。

A. 800　　B. 250

C. 1 200　　D. 950

【答案】 D

【解析】 基于资产的最佳用途，该宗土地在 4 月 30 日建造住宅的公允价值应为 950 万元（1 200 − 250 = 950 > 800）。

【知识点 10】收益法、市场法在投资性房地产评估中的应用（★★★）

（一）评估方法选取原则

在会计准则中，对于投资性房地产的评估方法选择是有一定层次的，应遵循以下原则：

投资性房地产公允价值评估方法选取原则：

- 投资性房地产的公允价值评估，应当从当前租赁协议以及其他合理的有依据的假设出发。这些假设是指知悉市场交易状况并且有交易意愿的当事人对未来租赁活动可以实现的租赁收入所作的假设。
- 在选择投资性房地产的市场信息时线索应来自处于相同位置、具有相同条件、从属于相似租赁协议或者其他合同的相似资产所在活跃市场的当前价格。在评估中，应区分房地产的性质、环境和地理位置存在的差异，必要时，应考虑上述差异并对其进行修正。
- 当无法掌握活跃市场的当前价值时，可以参照具体相似性质的资产的活跃市场，或者较不活跃市场的相似资产的最近交易价格，或者合理预测的未来现金流量的折现值。

（二）市场法

1. 选择类似房地产

在选用交易案例时应当关注案例的可比性，重点分析投资性房地产的实物状况、权益状况、区位状况、交易情况及租约条件。

【提示 1】 同类或者类似，对建筑物而言，是指所处地理位置和地理环境相同、性质相同、结构相同或相近、新旧程度相同或相近、可使用状况相同或相近；对土地使用权而言，是指同一位置区域、所处地理环境相同或相近、可使用状况相同或相近。

【提示 2】 公允价值是以脱手价为核心的，这里需要注意的是资产出售或者使用的限制。具体来说，在进行公允价值评估时应区分投资性房地产是否存在出售或者使用的限制，并且应进一步区分出限制是针对投资性房地产的持有者还是投资性房地产本身。如果该限制是针对投资性房地产持有者的，则该限制并不是资产的特征，只会影响当期持有该资产的企业，而其他企业可能不会受到该限制的影响，从市场参与者角度评估时也不会考虑这样的限制因素。

【例 6 − 13】（单项选择题）某企业与银行签订一份借款合同。根据借款合同规定，企业将其持有的一宗土地使用权作为抵押，在偿还该债务前，企业不能转让该土地使用权。则评估该土地使用权价值时（　　）。

A. 不考虑该限制因素

B. 考虑其他企业受该规定的影响

C. 考虑合同规定对土地使用权的限制

D. 考虑合同规定对市场其他参与者的限制

【答案】 A

【解析】 本案例中，某企业承诺在偿还借款前不转让抵押的土地使用权。该承诺是针对该企业的限制，而不是针对该企业所持有的土地使用权，该限制不会转移给其他市场参与者。因此在确定这宗土地使用权的公允价值时，不应考虑该项限制因素。

2. 构建可比修正体系

（1）构建可比修正体系应考虑的问题：可比指标的选取、比较的方式、可比案例的权重设计。

（2）选取比较指标：交易情况、交易日期和房地产状况。

【提示】 房地产状况包括区位状况调整、实物状况调整和权益状况调整。

3. 比较的方式

根据具体情况，基于可比案例交易的总价值或者单价，采用金额、百分比或回归分析法，通过直接或者间接比较，对可比案例价格进行处理。

比较修正规定
- 分别对可比案例成交价格修正或者调整的幅度不宜超过20%，共同对可比案例成交价格修正或者调整的幅度不宜超过30%。
- 经修正或者调整后的可比案例价格，最高值与最低值的比值不应超过1.2。
- 当修正幅度或者比值超过上述规定，应重新选择可比案例。

【提示】根据可比案例与被估对象的相似程度，可比案例的资料可靠程度等，选用简单算术平均、加权算术平均等方法计算出被估对象的比较价值。

【例6－14】（多项选择题）运用市场法评估投资性房地产公允价值时，对可比案例的比较修正或调整应符合相关规定。下列表述正确的有（　　）。

A. 分别对可比案例成交价格修正或调整的幅度不宜超过20%

B. 共同对可比案例成交价格修正或调整的幅度不宜超过30%

C. 当修正幅度或比值超过相关规定，应调整取值

D. 当修正幅度或比值超过相关规定，应重新选择可比案例

E. 经修正或调整的可比案例价格，最高值与最低值的比值不应超过1.2

【答案】ABDE

【解析】略。

（三）收益法

1. 收益法的概念及要求

收益法是指预计评估对象未来的正常净收益，选用适当的资本化率将其折现到评估基准日并累加，以此估算评估对象的客观合理价值的方法。

【提示1】投资性房地产的净收益是指租金中直接归属于评估对象所对应的房地产权益部分，不包括物业管理费、代垫水电费等其他项目，并应当恰当考虑免租期和租金收取方式的影响。

【提示2】要注意现有租约条款对公允价值的影响，包括租金及其构成、租期、免租期、续租条件和提前终止租约的条件。

2. 收益法各参数的确定

如表6－2所示。

表6－2　收益法各参数的确定

收益法参数	确定方法
收益期	应当根据建筑物的剩余经济寿命年限与土地使用权剩余使用年限等参数，及有关法律法规的规定，合理确定收益期限。一般来说应遵循以下规定： （1）土地使用权剩余年限与建筑物剩余年限一致，收益期应为土地使用权剩余年限或者建筑物剩余年限； （2）土地使用权剩余年限与建筑物剩余年限不一致，按照孰短原则确定收益期，对超过收益期的土地使用权或者建筑物应给予残留价值考虑； （3）评估承租人的权益价值，收益期应为剩余租赁期限。
持有期	应根据市场投资者对同类房地产的典型持有时间及能预测期间的收益的一般期限来确定，通常为5—10年。
未来净收益	（1）有租赁收入。 净收益＝有效毛收入－出租人负担的运营费用＝潜在毛收入－空置或者租金损失＋租赁保证金或押金利息－出租人负担的运营费用 ①潜在毛收入是假定房地产在充分利用、无空置（即100%出租）情况下的收入，包括除租金以外的收入； ②运营费用应包括税费、保险、物业管理费、管理费、维修费、水电费等维持投资性房地产正常使用或者营业的必要费用。 （2）如果未来净收益不能通过租赁收入测算，则应根据投资性房地产的经营资料测算净收益（如投资性房地产为酒店）。 净收益＝经营收入－经营成本－经营费用－税金及附加－管理费用－财务费用－利润 （3）有租约限制。根据预测期间及租约情况，在租约有效期内，上述收益以租约约定的租金水平为准，在租约期外，应选择市场上的正常客观数据。 （4）评估承租人的权益价值时，净收益应为市场租金减去合同租金。

续表

收益法参数	确定方法
计算模型	$P = \sum_{i=1}^{n} \frac{a_i}{(1+r)^i}$ 式中：P—房产价值；a_i—年纯收益；r—折现率；n—收益年限。
折现率	（1）折现率应当反映评估基准日类似地区同类投资性房地产平均回报水平和评估对象的特定风险。折现率的口径应当与收益口径保持一致，并考虑租约、租期、租金等因素对折现率选取的影响。 （2）折现率 = 无风险报酬率 + 风险调整值 其中：无风险报酬率可选择同时期的银行 1 年期定期存款利率或者 1 年期国债利率；风险调整值应根据评估对象所在行业、地区、市场等存在的风险综合考虑。

【例 6-15】（单项选择题）如果评估的是承租人的权益价值，收益期应为（　　）。

A. 已用租赁期　B. 使用期

C. 租赁期　D. 剩余租赁期限

【答案】 D

【解析】 略。

【例 6-16】（单项选择题）运用收益法评估投资性房地产公允价值，当建筑物剩余年限与土地使用剩余年限不一致时，下列关于确定收益期的表述正确的是（　　）。

A. 按孰短原则确定

B. 按土地使用剩余年限确定

C. 按建筑物剩余年限确定

D. 按孰长原则确定

【答案】 A

【解析】 当土地使用剩余年限与建筑物剩余年限不一致时，按孰短原则确定剩余收益期，对超过收益期的土地使用权或者建筑物应给予残留价值考虑。

【例 6-17】（多项选择题）关于投资性房地产未来净收益的预测，下列表述正确的是（　　）。

A. 潜在毛收入是假定房地产在充分利用、无空置（100%出租）情况下的收入，包括除租金以外的收入

B. 评估承租人的权益价值时，净收益应为合同租金

C. 运营费用应包括折旧费、管理费、维修费、水电费等维持投资性房地产正常使用或者营业的必要费用

D. 净收益 = 有效毛收入 − 出租人负担的运营费用

E. 如投资性房地产为酒店，则净收益 = 经营收入 − 经营成本 − 经营费用 − 税金及附加 − 管理费用 − 财务费用

【答案】 AD

【解析】 运营费用不包括折旧费。

3. 需注意的问题

需注意的问题：

- 投资性房地产评估业务，应当对投资性房地产进行现场调查，明确投资性房地产的实物状况、权益状况和区位状况。
- 采用收益法评估投资性房地产，评估结论中通常包括土地使用权价值。应当关注已出租的建筑物的会计核算中是否包含建筑物所对应的土地使用权。如果会计核算不包含土地使用权，应当提请企业管理层重新分类，或者在评估结论中扣除土地使用权的价值，并在评估报告中进行必要的披露。
- 服务于财务报告的投资性房地产的公允价值评估通常要接受审计师的穿行测试，与审计师在评估模型和参数方面进行详细的沟通。
  - 租期内以租约价格为主，租期外租金的增长率如何确定。
  - 房屋出租的空置率如何确定及确定依据。相同房地产或者周边类似房地产是否存在空置率的情况及参数。
  - 折现率是如何确定的，增长率是否在折现率中扣除。
  - 投资性房地产的获利年限确定方法和考虑的因素。
  - 采取收益法的评估结果与采取市场法的评估结果之间是否存在差异，差异率一般控制在较低的范围内。

【例6－18】（多项选择题）服务于财务报告的投资性房地产的公允价值评估通常要接受审计师的穿行测试，与审计师在评估模型和参数方面进行详细的沟通，沟通内容主要包括（　　）。

A. 租期内以租约价格为主，租期外租金的增长率如何确定

B. 房屋出租的空置率如何确定，依据是什么。相同房地产或者周边类似房地产是否存在空置率的情况，空置率是多少

C. 折现率是如何确定的，折现率是否加上了增长率

D. 投资性房地产的获利年限确定方法和考虑的因素

E. 采取收益法的评估结果与采取市场法的评估结果之间是否存在差异，差异率一般控制在较低的范围内

【答案】ABDE

【解析】折现率是如何确定的，增长率是否在折现率中扣除。

【知识点11】金融工具的计量（★★）

（一）金融工具的基本概念

金融工具又称为交易工具，是证明债权债务关系并据以进行货币资金交易的合法凭证，是货币资金或金融资产借以转让的工具。

【提示】金融工具分为两大类：现金类和衍生类。现金类分为证券类和其他现金类（如贷款、存款）；衍生类分为交易所交易的金融衍生品和柜台（OTC）金融衍生品。

（二）金融工具的计量

（1）企业初始确认金融资产或金融负债，应当按照公允价值计量；

（2）对分类为以公允价值计量且其变动计入其他综合收益的金融资产和以公允价值计量且其变动计入当期损益的金融资产，企业应当按照公允价值进行后续计量。

【例6－19】（多项选择题）下列有关金融工具的表述正确的是（　　）。

A. 金融工具又称交易工具，是货币资金或金融资产借以转让的工具

B. 金融工具分为两大类：现金类和衍生类

C. 衍生类金融工具分为证券类衍生品和金融衍生品

D. 以公允价值计量且其变动计入当期损益的金融资产，应当按照公允价值计量

E. 为以公允价值计量且其变动计入其他综合收益的金融资产，应当按照公允价值计量

【答案】ABDE

【解析】略。

【知识点12】金融工具评估中的评估对象的确定（★★）

（一）基础金融工具

基础金融工具评估对象包括企业持有的现金、存放于金融机构的款项、普通股以及代表在未来期间收取或支付金融资产的合同权利或义务等。

【提示】应收账款、应付账款、其他应收款、其他应付款、存出保证金、存入保证金、客户贷款、客户存款、债券投资和应付债券等，均属于基础金融工具。

【例6－20】（多项选择题）下列各项中，属于基础金融工具的有（　　）。

A. 其他应收款　　B. 其他应付款

C. 远期合同　　D. 存出保证金

E. 存入保证金

【答案】ABDE

【解析】远期合同属于衍生金融工具。

（二）衍生金融工具

衍生金融工具评估对象，是指金融工具确认和计量准则涉及的、具有下列特征的金融工具或其他合同。

（1）其价值随着特定利率、金融价格、商品价格、汇率、价格指数、费率指数、信用等级、信用指数或其他类似变量的变动而变动，变量为非金融变量的，该变量与合同的任一方不存在特定关系。

（2）不要求初始净投资，或与对市场情况变动有类似反应的其他类型合同相比，要求很少的初始净投资。企业从事衍生工具交易不要求初始净投资，通常指签订某项衍生工具合同时不需要支付现金或现金等价物。

（3）在未来某一日期结算。衍生工具在未来某一日期结算，表明衍生工具结算需要经历一段特定期间。但是，“在某一日期结算”不能理解为只在未来某一日期进行一次结算。另外，有些期权可能由于是价外期权而到期不行权，也是在未来日期结算的一种方式。

衍生工具包括远期合同、期货合同、互换

和期权，以及具有远期合同、期货合同、互换和期权中一种或一种以上特征的工具。

【提示】衍生工具通常是独立存在的，但也可能嵌入到非衍生金融工具或其他合同中。

【例6－21】（多项选择题）下列选项中，属于衍生金融工具的是（　　）。

A. 远期合同　　B. 存入保证金
C. 期货合同　　D. 普通股
E. 互换和期权

【答案】ACE

【解析】B项、D项属于基础金融工具。

【知识点13】权益工具的评估方法（★★）

（一）金融工具评估方法的选择

存在活跃交易市场的金融工具，活跃市场中的报价应当用于确定其公允价值；金融工具不存在活跃市场的，应当采用合适的评估方法确定其公允价值。

（二）权益工具的评估方法

（1）权益工具的概念。权益工具是指能证明拥有某个企业在扣除所有负债后的资产中的剩余权益的合同。

【提示】从发行方看，权益工具通常指企业发行的普通股、在资本公积下核算的认股权等。

（2）权益工具的评估方法。可以根据实际情况分别采用收益法、市场法和成本法对权益工具的公允价值进行评估。

【知识点14】不含衍生金融工具的金融负债的评估方法（★★）

债务工具的公允价值，应当根据取得日的市场情况和当前市场情况，或其他类似债务工具的当前市场利率确定（见表6－3）。

表6－3　固定利率金融负债与浮动利率金融负债的评估方法

评估方法	固定利率金融负债	浮动利率金融负债
公允价值	采用未来现金流折现法确定，即通过一个合适的折现率计算该金融负债预期的未来的现金流的现值。	浮动利率金融负债的公允价值的评估原理与固定利率金融负债相同，也是采用未来现金流折现法。
未来现金流	在确定未来现金流时，可参考待估金融工具的合同条款。一般来说，固定利率金融负债的合同内都会明确规定包括利息率、计息时间以及本金偿还计划等条款。通过这些条款，可以明确金融工具未来的现金流量。	在确定未来现金流时，由于浮动利率金融负债的合同条款往往只规定合同期内的利息率随着某些基础金融变量（如伦敦银行同业拆借利率）的变化而变化，未来现金流无法准确估计。此时，评估人员在评估时应首先对那些基础金融变量的变化做出适当的、合理的估计。
折现率	在确定折现率时，可根据待估金融工具的合同条款和实质特征，采用市场上其他金融工具的市场收益率作为折现率。该折现率是通过分析市场上可类比的其他金融工具（如公司债券）的特征来确定。这些特征包括该金融工具自身的信用等级、剩余期间以及金融工具的计价货币等。	

【提示】实务中常见的浮动利率金融负债是可转换公司债券。常用的评估模型为BS模型和二叉树期权定价模型。

【例6－22】（多项选择题）下列有关浮动利率金融负债评估方法的表述，正确的是（　　）。

A. 在确定未来现金流时，可参考待估金融工具的合同条款

B. 浮动利率金融负债的公允价值的评估采用未来现金流折现法

C. 未来现金流无法准确估计

D. 评估人员在评估时应首先对那些基础金融变量的变化做出适当的、合理的估计

E. 可转换债券是浮动利率金融负债，常用的评估模型为BS模型和二叉树期权定价模型

【答案】BCDE

【解析】在确定未来现金流时，浮动利率金融负债的合同条款往往只规定合同期内的利息率随着某些基础金融变量（如伦敦银行同业拆借利率）的变化而变化，未来现金流无法准确估计。

【知识点15】金融衍生工具的评估方法（★★）

（一）期权合同

（1）期权合同主要包括看涨期权和看跌期权。

（2）期权可分为美式期权和欧式期权。

（3）常见的期权评估——员工持股计划，评估主要参考期权的评估方法，一般可以采用BS模型或Lattice模型计算。常见的Lattice模型为二叉树模型、三叉树模型等。

（4）评估方法。一般而言，对于存在活跃市场的期权等权益工具，应当按照活跃市场中的报价确定其公允价值；对于不存在活跃市场的期权等权益工具，应当采用期权定价模型估算其公允价值。

【例6－23】（单项选择题）下列有关期权合同的表述，错误的是（　　）。

A. 期权合同主要包括看涨期权和看跌期权

B. 可以采用BS模型或Lattice模型评估员工持股计划的公允价值

C. 与普通的期权相比，员工持股计划是企业与员工之间发生的交易

D. 欧式期权可在期权有效期内任何时候执行，而美式期权只能在期权到期日执行

【答案】D

【解析】美式期权可在期权有效期内任何时候执行，而欧式期权只能在期权到期日执行。

【例6－24】（多项选择题）在考虑红利支付的BS模型中，涉及的评估参数是（　　）。

A. 金融工具的初始价格

B. 行权价格

C. 市场收益率

D. 期权有效期

E. 资产回报率

【答案】ABD

【解析】在考虑红利支付的BS模型中，评估参数包括金融工具的初始价格、行权价格、无风险收益率、期权有效期和价格的波动率。

（二）互换合同

（1）互换合同的概念。互换是两个公司之间达成的协议，以按照事先约定的公式在将来交换彼此的现金流。互换合同的公允价值实际上可以看作一系列债券的组合。

（2）互换合同案例。假设A公司和B公司达成了互换合同，B公司同意向A公司支付由年利率6%和本金100万美元所计算的利息；同时，A公司同意向B公司支付由6个月LIBOR和同样本金所计算的浮动利息。此互换合同相当于B公司向A公司发行了本金100万美元，年利率为6%的公司债券；同时，A公司向B公司发行了以LIBOR为利率的同样本金的浮动利率公司债券。

【提示】此互换合同的公允价值实际上就是上述固定利率债券以及浮动利率债券公允价值的差额。

（三）混合衍生工具

（1）嵌入衍生工具。嵌入衍生工具是包括该衍生工具和非衍生主合同在内的混合金融工具中的一个组成部分。

（2）嵌入衍生工具的评估。通常用于计量嵌入衍生工具公允价值的模型比较复杂，一般都采用Lattice模型进行评估。

（四）员工持股计划

（1）员工持股计划是评估实践中常见的期权评估。与普通的期权相比，员工持股计划具有以下特点：一是企业与员工之间发生的交易；二是以获取员工服务为目的的交易；三是交易对价或其定价与企业自身未来价值密切相关。这些特点决定了员工持股计划公允价值评估的特殊性。

（2）员工持股计划的特点决定了并不存在一个活跃市场，无法取得市场报价，需要采用期权定价模型估算其公允价值。期权定价模型的选择需要考虑以下因素：一是模型能够满足员工持股计划的特定条件；二是模型能够满足企业会计准则对公允价值计量的要求；三是模型建立在成熟的金融理论基础上；四是模型能够充分反映员工持股计划的各项实质性条款和限制条件。

（3）在评估实践中，员工持股计划的评估主要参考期权的评估方法，一般可以采用BS模型或Lattice模型计算员工持股计划的公允价值。欧式期权的特点为只能在到期日行权，而美式期权可以在到期前随时行权。由于美式期权行权时间的不确定性，因此实践中多采用二叉树期权定价模型进行公允价值的评估，而欧式期权多采用BS模型评估。

【例6－25】（单项选择题）下列有关金融工具的表述，错误的是（　　）。

A. 互换是两个公司之间达成的协议，以按

照事先约定的公式在将来交换彼此的现金流

B. 互换合同的公允价值实际上可以看作一系列股权的组合

C. 嵌入衍生工具是包括该衍生工具和非衍生主合同在内的混合金融工具中的一个组成部分

D. 通常用于计量嵌入衍生工具公允价值的模型比较复杂，一般都采用 Lattice 模型进行评估

【答案】 B

【解析】 互换合同的公允价值实际上可以看作一系列债券的组合。

【知识点 16】企业合并对价分摊的基本概念

（一）企业合并的概念

企业合并是指将两个或两个以上单独的企业合并形成一个报告主体的交易或事项。

（二）企业合并的分类

按合并前后是否受同一方最终控制分为同一控制下的企业合并和非同一控制下的企业合并。

（1）同一控制下的企业合并，是指参与合并的企业在合并前后均受同一方或相同的多方最终控制且该控制并非暂时性的；

（2）非同一控制下的企业合并，是指参与合并的各方在合并前后不受同一方或相同的多方最终控制的。

（三）合并对价分摊的概念

合并对价分摊是指符合企业合并准则的非同一控制下的企业合并的成本在取得的可辨认资产、负债及或有负债之间的分配。

【提示 1】 根据企业合并准则的规定，对于非同一控制下的企业合并，购买方在购买日应当对合并成本进行分配，按照相关规定确认所取得的被购买方各项可辨认资产、负债及或有负债。购买方对合并成本大于合并中取得的对购买方购买可辨认净资产公允价值份额的差额，应当确认为商誉。

【提示 2】 评估机构的工作通常只是合并对价分摊工作的一部分，即根据委托方的要求，对全部或者部分可辨认资产、负债进行评估，合并对价分摊中的其他工作通常不包括在评估机构的工作范围和内容当中。

【例 6－26】（单项选择题）关于企业合并对价分摊的基本概念，下列表述错误的是（　　）。

A. 同一控制下的企业合并，是指参与合并的企业在合并前后均受同一方或相同的多方最终控制且该控制并非暂时性的

B. 评估机构的工作通常只是合并对价分摊工作的一部分，即根据委托方的要求，对全部或者部分可辨认资产、负债进行评估

C. 合并对价分摊是指符合企业合并准则的同一控制下的企业合并的成本在取得的可辨认资产、负债及或有负债之间的分配

D. 购买方对合并成本大于合并中取得的对购买方购买可辨认净资产公允价值份额的差额，应当确认为商誉

【答案】 C

【解析】 略。

【知识点 17】企业合并对价分摊评估中的评估对象确定（★★★）

（一）企业合并对价分摊评估中的评估对象如表 6－4 所示。

表 6－4　企业合并对价分摊评估与企业价值评估中的评估对象的比较

评估业务	评估对象
合并对价分摊事项涉及的评估业务	合并中取得的被购买方各项可辨认资产、负债及或有负债。
企业并购中的企业价值评估	一般为企业整体价值、股东的全部权益价值或部分权益价值。

【例 6－27】（单项选择题）下列关于企业合并对价分摊评估中的评估对象的表述，正确的是（　　）。

A. 与企业并购中的企业价值评估所对应的评估对象相同

B. 评估对象一般为企业整体价值、股东的全部权益价值或部分权益价值

C. 评估对象应当是合并中取得的被购买方各项可辨认资产、负债及或有负债

D. 合并对价分摊事项涉及的评估对象包括商誉

【答案】 C

【解析】企业合并对价分摊评估与企业价值评估中的评估对象不同。B项是企业并购中的评估对象。合并对价分摊事项涉及的评估业务所对应的评估对象应当是合并中取得的被购买方各项可辨认资产、负债及或有负债，不包括商誉。

（二）可辨认资产、负债的确认原则

根据企业合并准则的规定，合并中取得的被购买方的无形资产或负债，其公允价值能够可靠计量的，应当单独确认为无形资产或负债，并按照公允价值计量。

（三）可辨认资产、负债的识别

1. 企业合并中无形资产的识别

在评估实践中，可辨认性标准是：

（1）向管理层了解被收购公司是否存在源自合同权利或基于法律的法定权利的无形资产；

（2）考虑该无形资产是否能够从被收购公司中分离出来，并能单独或者与其他相关合同、资产或负债一起，用于出售、转移、授予许可、租赁或者交换。

满足上述任何一个条件，即可确认为可辨认的无形资产，并对无形资产在合并日或购买日以公允价值计量。

【提示1】需要注意的是，对于满足合同权利或基于法律的法定权利，即使从法律角度并非合同或有合同约束力，例如订单，甚至是可以取消的订单，亦满足了合同权利的确认条件。

【提示2】在判断无形资产是否满足合同权利或基于法律的法定权利的条件时，如果合同或协议含有限制特定资产从被收购方分离的条款（如限制转让与政府签订的合约），即需要与其他相关的合同、资产、负债一起出售或转移，此类限制并不影响满足合同权利的无形资产的确认。

【提示3】在进行可分离的判断时，评估人员可以参考市场上相同或相似的无形资产的交易情况。

【提示4】需要关注的是，满足可分离条件的无形资产的出售、转移、授予许可、租赁或者交换不能受到任何限制，否则，该等资产不满足可分离的确认条件。例如，客户信息受到保密协议的限制，不可以被出售，因此其无法满足可分离的条件。

【提示5】消费者基础、客户服务能力、地域优势、经过特别训练的员工等无形资产，因无法满足上述可辨认的判断条件，在实务操作中，一般不作为可辨认无形资产。

【例6－28】（单项选择题）关于企业合并对价分摊评估中的评估对象确定，下列表述错误的是（　　）。

A. 合并中取得的被购买方的无形资产或或有负债，其公允价值能够可靠计量的，应当单独确认为无形资产或负债

B. 在评估实践中，评估人员可从两方面分析判断会计准则无形资产定义中的可辨认性标准

C. 对于满足合同权利或基于法律的法定权利，从法律角度并非合同或有合同约束力，则不满足合同权利的确认条件

D. 无形资产能够从被收购公司中分离出来，并能单独或者与其他相关合同、资产或负债一起，用于出售、转移、授予许可、租赁或者交换，即可确认为可辨认的无形资产

【答案】C

【解析】对于满足合同权利或基于法律的法定权利，即使从法律角度并非合同或有合同约束力，例如订单，甚至是可以取消的订单，亦满足了合同权利的确认条件。

2. 企业合并中或有负债的识别

【提示1】根据企业会计准则的相关讲解，与或有事项相关的义务同时满足下列条件，应当确认为预计负债：

（1）该义务是企业承担的现时义务，履行该义务很可能导致经济利益流出企业；

（2）该义务的金额能够可靠地计量。

【提示2】可能确认的或有负债的项目一般包括产品质量保证、不可撤销的亏损合同、未决诉讼、重组义务等。

【例6－29】（多项选择题）评估人员在识别或有负债的过程中，需要关注的是（　　）。

A. 在资产评估报告日是否存在未决诉讼

B. 在收购日是否存在待执行的亏损合同

C. 被收购公司是否为其他公司或个人进行债务担保

D. 在资产负债表日是否存在已对外公布的详细重组计划

E. 被收购公司对售出产品所做的质量保证

【答案】BCE

【解析】评估人员在识别或有负债的过程中需要关注以下几方面：在收购日是否存在未决诉讼；在收购日是否存在待执行的亏损合同；被收购公司是否为其他公司或个人进行债务担保；在收购日是否存在已对外公布的详细重组计划；被收购公司对售出产品所作的质量保证；了解对被收购公司进行的相关尽职调查的结果。

【例6-30】（单项选择题）下列各项中，不属于企业合并对价分摊评估对象的是（　　）。

A. 订货合同　　B. 地域优势

C. 重组义务　　D. 未决诉讼

【答案】B

【解析】企业合并对价分摊评估中，消费者基础、客户服务能力、地域优势、经过特别训练的员工等无形资产，因无法满足可辨认的判断条件（是否存在源自合同权利或基于法律的法定权利，是否能够从被收购公司中分离出来），在实务操作中，一般不作为可辨认无形资产。企业合并对价分摊评估中，可能确认的或有负债的项目一般包括产品质量保证、不可撤销的亏损合同、未决诉讼、重组义务等。

【知识点18】企业合并对价分摊中的有形资产和负债的评估

企业合并中取得的资产、负债在满足确认条件后，应以其公允价值计量。确定企业合并中取得的有关可辨认资产、负债的公允价值时，应当遵循企业合并准则应用指南的规定。

【例6-31】（单项选择题）关于有形资产和负债的评估方法，下列选项错误的是（　　）。

A. 有活跃市场的股票、债券、基金等金融工具，按照购买日活跃市场中的市场价值确定

B. 货币资金，按照购买日被购买方的账面余额确定

C. 房屋建筑物，存在活跃市场的，应以购买日的市场价格确定其公允价值

D. 短期应收款项，应以适当的现行利率折现后的现值确定其公允价值

【答案】D

【解析】短期应收款项，一般应按应收取的金额作为公允价值；长期应收款项，应以适当的现行利率折现后的现值确定其公允价值。在确定应收款项的公允价值时，应考虑发生坏账的可能性及相关收款费用。

【知识点19】企业合并对价分摊中的无形资产评估（★★★）

（一）总体要求

无形资产，存在活跃市场的，应按购买日的市场价格确定其公允价值；不存在活跃市场的，无法取得有关市场信息的，应按照一定的估值技术确定其公允价值。在这种情况下，评估人员需要根据各项无形资产的特点，选用适当的方法进行评估。

（二）无形资产的评估方法

无形资产的评估方法包括市场法、收益法和成本法。

1. 市场法

（1）市场法的思路。运用市场法进行无形资产公允价值评估，主要通过采用市场上相同或相类似的资产、负债或业务的交易价格及其他相关信息来进行。该方法假定公允价值可通过观察类似资产、负债的市场交易价格，并经过对类似资产、负债与被评估的资产、负债的差异进行必要的调整来确定。

（2）市场法的局限性。一般情况下，无形资产较少单独出售、转让，市场上缺乏相同或相类似的可比交易案例或交易量太小导致可观察的价格无法代表可靠的市价，因此市场法往往难以作为无形资产的首选评估方法。

2. 收益法

（1）收益法的思路。考虑到无形资产的特殊属性，在合并对价分摊评估中，无形资产最常用的评估方法为收益法。收益法下常用的具体方法包括增量收益法、许可费节省法、超额收益法。

【提示】采用收益法，需要关注现金流与折现率口径的匹配，即税前现金流对应税前折现率，税后现金流对应税后折现率。

（2）收益法下常用的具体方法（见表6-5）。

表 6－5　　收益法评估无形资产的具体方法

具体评估方法	基本思路	注意事项
增量收益法	增量收益法，是将包括无形资产的经济实体的未来预测现金流与不含无形资产的经济实体产生的相应现金流进行比较，判断有无无形资产在价格方面所产生的差额。用这个资产的特定加权资本成本将这些增量现金流折现，可以得到这个资产的公允价值。	增量现金流体现在两个方面：一是价格的溢价，即一个产品采用所评估无形资产与不采用这个无形资产之间价格的差异额；二是成本的节省，就是采用这项无形资产所能节省的成本所导致的差异额。增量收益法要求可比实体未使用无形资产所产生的现金流能够可靠地估算。
许可费节省法	许可费节省法，是指假设财务报告的编制者不是相关无形资产的所有者，需要花钱从别人手上获得一个许可权，这部分就是必要的资金流出。因拥有了该许可权，就可以节省这方面的许可权使用费，所节省的许可费通过折现所得出的现值。	使用许可费节省法评估的无形资产例子一般包括：品牌、专利和技术。要使用该方法，必须存在可比资产且这些资产常在熟悉情况的、自愿和独立的双方进行专利许可经营。
超额收益法	超额收益法，是指把收益进行拆分，把其中作为评估对象的无形资产得到的收益拆分出来，即扣除该无形资产以外的其他有形及无形资产所应该产生的平均收益。而以超额收益进行分析，通常运用于如客户关系、采矿权等无形资产的评估中。	通常，超额收益法更适用于对现金流产生最大影响的无形资产或类似的无形资产组合，如果这种方法多次使用，就必须注意同一现金流是否被多次归到不同的资产上。

【例 6－32】（单项选择题）在企业合并对价分摊评估中，无形资产最常用的评估方法为（　　）。

A. 市场法　　B. 收益法

C. 成本法　　D. 资产基础法

【答案】 B

【解析】 考虑到无形资产的特殊属性，在企业合并对价分摊评估中，无形资产最常用的评估方法为收益法。

3. 成本法

（1）成本法的思路。成本法采用建立在替代原则上的重置概念作为公允价值的计量基础，其主要假设是市场参与者将不会愿意支付超过重置该资产的必要支出。

（2）成本法的局限性。运用成本法进行无形资产公允价值评估，往往无法反映该项无形资产给企业带来的未来经济利益。

【提示】 例如，建立客户关系的成本往往小于客户关系给企业带来的未来经济利益，而且通常该类成本往往难以从企业经营的其他成本中区分出来。因此，成本法较少用于企业无形资产的评估。

【知识点 20】递延所得税、商誉的计算及整体合理性测试

（一）递延所得税的计算

对于企业合并中取得的被购买方各项可辨认资产、负债及或有负债的公允价值与其原计税基础之间存在差额的，应当按照《企业会计准则第 18 号——所得税》的规定确认相应的递延所得税资产或递延所得税负债，所确认的递延所得税资产或递延所得税负债的金额不应折现。

【提示】 对于被购买方在企业合并之前已经确认的商誉和递延所得税项目，购买方在分配企业合并成本、汇总可辨认资产和负债时不应考虑。

【例 6－33】（单项选择题）关于递延所得税的计算，下列选项错误的是（　　）。

A. 企业合并所确认的递延所得税资产或递延所得税负债的金额不应折现

B. 对于被购买方在企业合并之前已经确认的商誉和递延所得税项目，购买方在分配企业合并成本、汇总可辨认资产和负债时不应考虑

C. 计税基础与账面价值不同形成暂时性差异的，应当确认相应的递延所得税资产或递延所得税负债

D. 企业合并所确认的递延所得税资产或递延所得税负债的金额应折现

【答案】 D

【解析】 略。

（二）商誉的计算

合并对价分摊事项涉及的评估业务时，对应的评估对象应当是合并中取得的被购买方可

辨认资产、负债及或有负债，该评估对象与被购买方企业价值评估所对应的对象不同。商誉的计算通常不是评估人员的工作，但也需要了解。

根据企业合并准则的规定，购买方对合并成本大于合并中取得的被购买方可辨认净资产公允价值份额的差额，应确认为商誉。

【例6－34】（多项选择题）商誉由以下（　）因素构成。

A. 企业现有的管理团队和员工团队

B. 并购后的协同效应导致成本开支的压缩

C. 收购方对收购对价的判断失误导致收购对价过低

D. 企业持续经营的能力，包括各类不符合无形资产确认条件的其他资产

E. 并购后的协同效应导致销售额的增加

【答案】ABDE

【解析】收购方对收购对价的判断失误导致收购对价过高，构成商誉。

【例6－35】（多项选择题）关于合并对价分摊中商誉价值的确定，下列表述正确的是（　）。

A. 合并成本大于合并中取得的被购买方可辨认净资产公允价值份额的差额确认为商誉

B. 通过多次交换交易分步实现的企业合并，其企业合并成本为每一单项交换交易的成本之和

C. 在商誉的评估结果较高的情况下，应当执行商誉的减值测试程序

D. 商誉的价值也可以采用无形资产评估的思路取得

E. 合并成本按照购买方为进行企业合并支付的现金、非现金资产、发行或承担的债务和发行的权益性证券等在购买日的公允价值以及企业合并中发生的各项直接相关费用之和确定

【答案】ABCE

【解析】在合并成本确定后，可计算得出该企业合并商誉应确认的商誉值。

（三）整体合理性测试

资产评估人员应当采取适当的方法对合并对价分摊的评估结果的整体合理性进行验证。通常来说，在合并对价分摊的评估中，以被购买方各项资产公允价值为权重计算的加权平均资本回报率，应该与其加权平均资本成本基本相等或接近。如果经过计算，发现被购买方各项资产的加权平均资产回报率与加权平均资本回报率差异较大，则需要进一步复核无形资产的识别过程以及各项可辨认资产、负债和或有负债的评估过程是否合理。

【知识点21】资产减值测试及资产可能发生减值的迹象

（一）资产减值

资产减值是指资产的可收回金额低于其账面价值。可收回金额低于账面价值的，应当按照可收回金额低于账面价值的金额，计提减值准备。

（二）资产减值测试

资产减值测试是指企业财务会计人员根据企业外部信息与内部信息，判断企业资产是否存在减值迹象。有确切证据表明资产确实存在减值迹象时，需要合理估计该项资产的可收回金额。

（三）资产可能发生减值的迹象

资产可能发生减值的迹象是资产是否需要进行减值测试的前提。

【提示】需要指出的是，因企业合并形成的商誉和使用寿命不确定的无形资产，无论是否存在减值迹象，每年都应当进行减值测试。

【例6－36】（多项选择题）下列选项中无论是否存在减值迹象每年都要进行减值测试的是（　）。

A. 使用寿命确定的无形资产

B. 使用寿命不确定的无形资产

C. 投资性房地产

D. 因企业合并形成的商誉

E. 固定资产

【答案】BD

【解析】略。

【知识点22】资产减值测试流程（★★）

资产减值测试大致要经历以下阶段：

（1）减值迹象的判断；

（2）资产寿命的判断；

（3）单个资产公允价值及其处置费用是否确定，以及与账面价值的比较；

（4）单个资产的预计未来现金流量是否确定，以及与账面价值的比较；

（5）资产组公允价值减处置费用的余值与

账面价值的比较；

（6）资产组的预计未来现金流量现值与账面价值的比较。

【例6－37】（多项选择题）关于资产减值测试部分流程，下列选项正确的是（　　）。

A. 减值迹象的判断

B. 资产寿命的判断

C. 单个资产公允价值及其处置费用是否确定，以及与账面价值的比较

D. 单个资产的预计未来现金流量是否确定，以及与账面价值的比较

E. 资产组公允价值减处置费用的余值与公允价值的比较

【答案】 ABCD

【解析】 资产组公允价值减处置费用的余值与账面价值的比较。

【知识点23】资产减值测试评估中的评估对象确定（★★★）

（一）资产减值测试对象

（1）单项资产。如果有迹象表明一项资产可能发生减值，企业应当以单项资产为基础估计其可收回金额。

（2）资产组。企业难以对单项资产的可回收金额进行估计的情况下，以该资产所属的资产组为基础确定资产组的可收回金额。资产组是企业可以认定的最小资产组合，其产生的现金流入应当基本上独立于其他资产或资产组产生的现金流入。

（3）资产组组合。资产组组合是指由若干个资产组组成的最小资产组组合。

【提示】 一个资产或资产组可作为减值测试对象的判断标准。

企业在判断一个资产或资产组是否独立于其他资产或资产组产生现金流，至少应当从以下两个方面来考虑：经营层面的独立性；合同的约束性限制。

【例6－38】（单项选择题）在以财务报告为目的的评估业务中，资产减值测试的评估对象概括起来通常是（　　）。

A. 以公允价值计量的相关资产或负债

B. 合并中取得的被购买方可辨认资产、负债及或有负债

C. 已出租的土地使用权、持有并准备增值后转让的土地使用权

D. 单项资产、资产组或资产组组合

【答案】 D

【解析】 略。

【例6－39】（多项选择题）下列选项中，属于企业判断一个资产或资产组是否独立于其他资产或资产组产生现金流的标准的是（　　）。

A. 经营层面的独立性

B. 经营层面的多样性

C. 是否存在合同的约束性限制

D. 是否可以从公司中分离出来

E. 资产的可计量性

【答案】 AC

【解析】 不可从公司中分离出来的是商誉。

（二）资产减值测试评估中的评估对象确定

资产减值测试评估对象应当与资产、资产组或资产组组合账面价值的成分保持一致。

【提示1】 资产组或资产组组合账面价值的构成。

对于资产组或资产组组合而言，其账面价值应当包括可直接归属于该资产组或资产组组合以及可以合理和一致地分摊至该资产组或资产组组合的商誉与总部资产的账面价值。

【提示2】 负债的处理。

除非不考虑该负债的金额就无法确定资产组的可收回金额，资产组的账面价值一般不应包括已确认的计息负债的账面价值。

在固定资产减值测试中，常见的资产组或资产组组合的构成与评估对象如表6－6所示。

表6－6　常见的资产组或资产组组合的构成与评估对象

项目	资产组账面价值涵盖的项目	评估对象
房屋建筑物	√	√
机器设备	√	√
土地使用权	√	√
工程物资	√	√

续表

项目	资产组账面价值涵盖的项目	评估对象
在建工程	√	√
营运资金	可选择	可选择
商誉	可选择	可选择
总部资产	可选择	可选择
负债	一般情况不包括，但可选择是否加入资产组的测试	一般情况不包括，视管理层的选择而定

（三）对几个项目的说明

1. 营运资金

营运资金的主要组成为存货、应收账款和应付账款等，严格来说并不属于非流动资产减值测试的涵盖范畴。实务操作中，为了更加合理地模拟资产组组合的真实构成，有时也将其加入资产组组合，在一般情况下以下两种处理方法都是可行的。

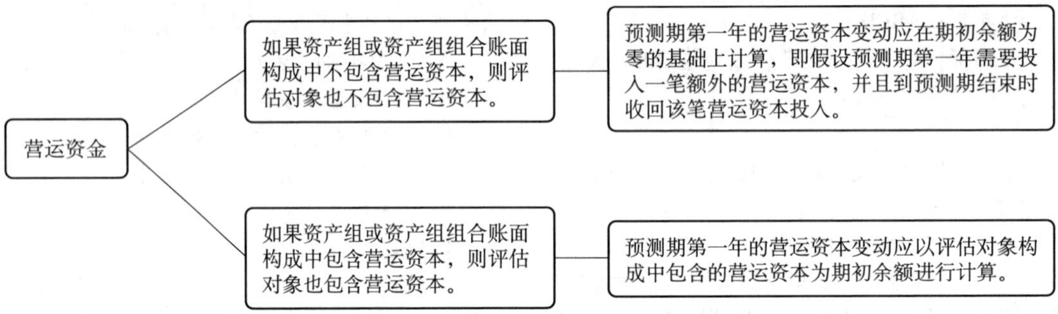

2. 总部资产

企业总部资产包括企业集团或其事业部的办公楼、电子数据处理设备、研发中心等资产。总部资产的显著特征是难以脱离其他资产或者资产组产生独立的现金流入，而且其账面价值难以完全归属于某一资产组。

【提示】 总部资产通常难以单独进行减值测试，需要结合其他相关资产组或者资产组组合进行。

3. 商誉

企业合并所形成的商誉，应当结合与其相关的资产组或者资产组组合进行减值测试。相关的资产组或者资产组组合应当是能够从企业合并的协同效应中受益的资产组或者资产组组合，并且不应当大于企业所确定的报告分部。其具体分摊过程和总部资产类似。

【例6－40】（多项选择题）资产组账面价值必须涵盖的项目包括（　　）。

A. 房屋建筑物　　B. 土地使用权

C. 在建工程　　D. 商誉

E. 总部资产

【答案】 ABC

【解析】 略。

【例6－41】（多项选择题）企业总部资产包括企业集团或其事业部的（　　）。

A. 办公楼

B. 电子数据处理设备

C. 应收账款

D. 在建工程

E. 研发中心

【答案】 ABE

【解析】 企业总部资产包括企业集团或其事业部的办公楼、电子数据处理设备、研发中心等资产。

【知识点24】资产减值测试评估中的价值类型选择（★★★）

（一）可回收金额

在资产存在减值迹象时，应当估计其可回收金额。可回收金额应当根据资产的公允价值减去处置费用后的净额和资产预计未来现金流量的现值两者之间较高者确定。

（二）资产减值测试评估中的价值类型

如表6－7所示。

表 6－7　资产减值测试评估中的价值类型及其含义

价值类型	含义
公允价值减去处置费用后的净额	自愿买方和自愿卖方在各自理性行事且未受任何强迫压制的情况下，评估对象在评估基准日进行正常公平交易的价值并扣减相应的处置费用后得到的净额。
资产预计未来现金流量的现值	将评估对象作为企业组成部分或者要素资产按其使用方式和程度及其对所属企业的贡献的价值估计数额。

【提示】在评估过程中，若已确信资产公允价值减去处置费用的净额或资产预计未来现金流量的现值其中任何一项已超过所对应资产的账面价值，并通过减值测试，可以不必计算另一项数值。

【例 6－42】（单项选择题）2019 年末远航公司在进行检查的时候发现 A 设备出现减值迹象，经减值测试，该资产的公允价值为 420 000 元，处置费用为 20 000 元，未来持续使用以及使用寿命结束时的处置形成的现金流量的现值为 390 000 元，则 A 设备的可收回金额是（　　）元。

A. 370 000　　B. 390 000

C. 400 000　　D. 420 000

【答案】C

【解析】固定资产可收回金额按公允价值减处置费用的净额与未来现金流量现值两者中的较大值确定。根据本题所述，其公允价值减处置费用的净额 = 420 000 － 20 000 = 400 000（元），而未来现金流量现值为 390 000 元，故取两者中的较大值 400 000 元为可收回金额。

【知识点 25】固定资产、商誉减值测试的评估方法（★★★）

（一）评估方法选择

1. 评估方法

进行以减值测试为目的的评估，应该结合评估对象特点、价值类型、资料收集情况和数据来源等分析市场法、收益法和成本法的适用性。

2. 不同的价值类型下评估方法的选择和应用如表 6－8 所示。

表 6－8　不同的价值类型下评估方法的选择和应用

价值类型	评估方法	具体应用
资产的公允价值减去处置费用的净额	公允价值的估计首先考虑采用市场法，以公平交易中的销售协议价格，或与评估对象相同或相类似资产在其活跃市场上反映的价格为计算依据。	（1）当不存在相关活跃市场或缺乏相关市场信息时，资产或资产组的公允价值可以在适当地考虑相关资产或资产组内资产的有效配置、改良或重置的前提下，参照企业价值评估的基本思路和方法（收益法）进行分析和计算。通常来说，采用这种方法时，评估人员也应该采用市场乘数等其他方法验证结果。 （2）处置费用的估计包括与资产处置有关的法律费用、相关税费、搬运费以及为使资产达到可销售状态所发生的直接费用等。
资产预计未来现金流量的现值	估计资产预计未来现金流量的现值时通常采用收益法，即按照资产在持续使用过程中和最终处置时所产生的预计未来现金流量，选择恰当的折现率对其进行折现后的金额加以确定。	（1）预计未来现金流量的预测是基于特定实体现有管理模式下可能实现的收益。 （2）预测一般只考虑单项资产或资产组/资产组组合内主要资产项目在简单维护下的剩余经济年限，即不考虑单项资产或资产组/资产组组合内主要资产项目的改良或重置；资产组内其他资产项目于预测期末的变现净值应当纳入资产预计未来现金流量的现值的计算。

【例题 6－43】（多项选择题）资产减值测试评估中，关于不同价值类型下评估方法的选择，正确的是（　　）。

A. 资产的公允价值可以采用市场法评估

B. 资产的公允价值可以采用收益法评估

C. 资产预计未来现金流量的现值可以采用市场法评估

D. 资产预计未来现金流量的现值通常采用收益法评估

E. 资产的公允价值可以采用成本法评估

【答案】ABD

【解析】资产预计未来现金流量的现值，通常采用收益法评估。成本法不适用于减值测试目的的评估。

【例 6－44】（单项选择题）关于资产预计未来现金流量的现值的评估，下列表述错误的是（　　）。

A. 一般只考虑主要资产项目在简单维护下的剩余经济年限

B. 预计未来现金流量的预测是基于最佳使用下可能实现的收益

C. 不考虑主要资产项目的改良或重置

D. 预测期末的变现净值应当纳入资产预计未来现金流量的现值的计算

【答案】 B

【解析】 略。

【例 6－45】（多项选择题）处置费用的估计包括与资产处置有关的（　　）。

A. 法律费用

B. 相关税费

C. 搬运费

D. 为使资产达到可销售状态所发生的间接费用

E. 为使资产达到可销售状态所发生的直接费用

【答案】 ABCE

【解析】 处置费用的估计包括与资产处置有关的法律费用、相关税费、搬运费以及为使资产达到可销售状态所发生的直接费用等。

（二）评估参数确定

1. 资产预计现金流量的现值评估中各参数的确定方法

（1）现金流预测基本要求。

- 现金流预测基本要求
  - 现金流预测是基于经企业管理层（如董事会）准备的针对评估对象的最近财务预算或者经营计划进行的，评估专业人员应通过关注、检验历史现金流预测和实际值之间的差异来评估和确定当前现金流预测假设的合理性。
  - 现金流预测应以评估对象的当前状况为基础，不应当包括将来可能发生的、尚未做出承诺的重组事项或者与资产改良有关的预计未来现金流量。
  - 评估专业人员应当关注现金流预测涉及的主要评估参数，如销售收入的增长，预测的长期息税前利润率等，是否与行业保持一致。如果不是，评估专业人员应关注其原因所在。

（2）各参数的确定方法。

- 资产预计现金流量的现值评估中各参数的确定方法
  - 现金流预测期：一般情况下，预测期必须涵盖只考虑单项资产或资产组内主要资产项目在简单维护下的剩余经济年限。评估专业人员可以基于管理层提供的财务预算或经营计划适当延长至资产组中主要资产项目的经济使用寿命结束。
  - 资本性支出预测：预测的资本性支出中应该包括维护资产正常运转或者资产正常产出水平而必要的支出，即维护性资本支出；完成在建工程和开发过程中的无形资产等的必要支出。
  - 资产组中主要资产项目经济使用年限最后一年的净现金流量：在资产组中主要资产项目于简单维护下的剩余经济年限资产使用寿命结束时，需要考虑处置资产所收到或者支出的净现金流，相当于预期公允价值减去处置费用后的净值。
  - 企业所得税的影响：估算预计未来现金流量现值应该基于税前基础进行。在适当考虑相应调整的前提下，基于税前基础计算的未来现金流量现值应等于基于税后基础计算的未来现金流量现值。
  - 折现率：折现率要与预计的未来现金流匹配。如是否同为税前或税后基础，是否同时考虑了通货膨胀因素；又如是否根据企业会计准则的要求计算相应的税前折现率。

2. 资产公允价值减去处置费用的净额评估中各参数的确定方法

计算资产公允价值减去处置费用的净额时，收益法各参数与前述的预计未来现金流量所涉及的参数会有不同（见表6－9）。

表6－9　　资产公允价值减处置费用与资产预计未来现金流量现值参数确定差异

项目	公允价值减处置费用的净额	资产预计未来现金流量现值
假设前提	持续经营假设，可以考虑将来可能发生的、尚未做出承诺的重组事项或者资产改良；应同时考虑重组、改良对应的收益和成本、费用	以当前状态为基础；不应当包括与将来可能发生的、尚未做出承诺的重组事项或者资产改良有关的预计未来现金流量
盈利预测	在各方面与市场参与者预期保持一致	评估对象在目前使用情况下可实现的盈利情况
资本性支出	维护资产正常运转或资产正常产出水平而必要的支出，或者属于资产简单维护下的支出；完成在建工程和开发过程中的无形资产等的必要支出；与资产改良或企业扩张相关的资本性支出	维护资产正常运转或者资产正常产出水平而必要的支出，或者属于资产简单维护下的支出；完成在建工程和开发过程中的无形资产等的必要支出
营运资金预测	维持现有企业运营并考虑企业扩张或重组所需的营运资金	基于特定实体现有管理模式下的经营所需的营运资金
所得税基础	可以考虑为税后	通常为税前

【例6－46】（多项选择题）在资产预计未来现金流量现值的评估中，以下项目不属于资本性支出预测范围的是（　　）。

A. 扩张性资本支出

B. 维护性资本支出

C. 改良性资本支出

D. 完成在建工程的必要支出

E. 开发过程中的无形资产的必要支出

【答案】AC

【解析】预测的资本性支出中应该包括维护资产正常运转或者资产正常产出水平而必要的支出，即维护性资本支出；完成在建工程和开发过程中的无形资产等的必要支出；预测的资本性支出中不应当包括与资产改良或企业扩张相关的资本性支出，即改良性资本支出和扩张性支出。

【例6－47】（多项选择题）固定资产减值测试涉及的参数包括（　　）。

A. 现金流预测

B. 现金流预测期

C. 资本性支出预测

D. 企业所得税的影响

E. 固定资产的已使用年限

【答案】ABCD

【解析】固定资产减值测试涉及的参数包括现金流预测、现金流预测期、资本性支出预测、资产组中主要资产项目经济使用年限最后一年的净现金流量、企业所得税的影响、折现率。

【例6－48】（多项选择题）关于资产预计未来现金流量的现值评估方法中涉及的参数，下列表述中，正确的是（　　）。

A. 评估人员应当关注现金流量预测涉及的主要评估参数是否与行业保持一致

B. 减值测试涉及的现金流预测期等于管理层提供的财务预算或者经营计划期

C. 原来涵盖的预测期之后延长期内的现金流应超过产品、行业或者企业主要业务所在国家的长期平均增长率

D. 预测的资本性支出中包括改良性资本支出和扩张性资本支出

E. 若预计未来现金流量时未对特定的风险影响进行调整，折现率则应考虑规模风险、缺乏流动性折扣

【答案】AE

【解析】减值测试涉及的现金流预测期并不完全等于管理层提供的财务预算或者经营计划期。原来涵盖的预测期之后延长期内的现金流应该保持稳定或者递减的增长率，不应超过产品、行业或者企业主要业务所在国家的长期平均增长率。预测的资本性支出中不应当包括改

良性资本支出和扩张性资本支出。

【例6－49】（单项选择题）根据减值测试准则的规定，减值测试涉及的现金流预测期一般只涵盖（　　）年。

A. 3　　B. 5

C. 10　　D. 8

【答案】 B

【解析】 根据减值测试准则的相关规定，估测预计现金流量的现值时，减值测试涉及的现金流预测期一般只涵盖5年；若超过5年，评估人员要向管理层询问，并取得管理层提供的证明更长期间合理性的证据。

精选练习题

一、单项选择题

1. 某企业对其拥有的生产线进行减值测试，在评估基准日该生产线的账面价值为1 900万元，公允价值为1 800万元，资产处置费用为100万元，使用价值评估值为1 600万元，则应计提减值为（　　）万元。

A. 100　　B. 200

C. 300　　D. 400

2. 关于评估在会计计量、审计中的应用，下列表述错误的是（　　）。

A. 会计人员对公允价值的计量和披露负责

B. 审计人员对公允价值的确定负责

C. 审计人员对公允价值的审计结论负责

D. 外部评估人员对评估结论的合理性负责

3.（　　）是指企业为赚取租金或资本增值，或两者兼有而持有的房地产。

A. 投资性房地产　B. 固定资产

C. 自用房地产　D. 无形资产

4.（　　）是指会计核算的结账日期，即结账和编制资产负债表的日期，通常指会计年度末和会计中期期末。

A. 房地产转换日

B. 资产负债表日

C. 资产评估报告日

D. 企业董事会或类似机构正式做出书面决议的日期

5. 在实务操作中，一般不作为可辨认无形资产的是（　　）。

A. 商标权　　B. 著作权

C. 消费者基础　D. 土地使用权

6. 采用市场法评估投资性房地产的公允价值，构建可比修正体系应考虑的问题不包括下列选项中的（　　）。

A. 可比指标的选取

B. 比较的方式

C. 可比案例的权重设计

D. 房地产限制因素

7. 资产减值测试评估中，估算资产预计未来现金流量现值时，关于所得税基础的说法，正确的是（　　）。

A. 通常采用税前基础

B. 不得采用税前基础

C. 通常采用税后基础

D. 不得采用税后基础

8. 投资性房地产评估中，下列表述错误的有（　　）。

A. 评估承租人的权益价值时，净收益应为市场租金减合同租金

B. 折现率应当反映评估基准日类似地区同类投资性房地产平均回报水平和评估对象的特定风险

C. 潜在毛收入是假定房地产在充分利用、无空置情况下的租金收入

D. 净收益＝有效毛收入－出租人负担的运营费用

9. 资产减值测试评估，在采用现金流量法分别评估资产公允价值、使用价值时，关于两种价值类型的现金流量预测数据的说法，正确的是（　　）。

A. 预测期内肯定不一致

B. 预测期外肯定不一致

C. 预测期外肯定一致

D. 预测期内肯定一致

10. 下列选项不属于以财务报告为目的的评估业务特点的是（　　）。

A. 评估业务具有多样性、复杂性

B. 评估方法多样性

C. 会计核算方法不会影响评估方法的选择

D. 为会计计量提供服务

11. 下列表述错误的是（　　）。

A. 同一控制下的企业合并，是指参与合并的企业在合并前后均受同一方或相同的多方最终控制且该控制并非暂时性的

B. 非同一控制下的企业合并，是指参与合

并的各方在合并前后不受同一方或相同的多方最终控制的

C. 合并对价分摊是指符合企业合并准则的非同一控制下的企业合并的成本在取得的各项资产、负债及或有负债之间的分配

D. 购买方对合并成本大于合并中取得的对购买方购买可辨认净资产公允价值份额的差额，应当确认为商誉

12. 当投资性房地产的公允价值能够持续可靠取得时，可以对投资性房地产采用（　　）模式进行后续计量。

A. 现值　　B. 公允价值

C. 现行成本　　D. 可变现净值

13. 合并对价分摊中，关于有形资产和负债评估方法的表述，错误的是（　　）。

A. 有活跃市场的股票、债券、基金等金融工具，按照购买日活跃市场中的市场价值确定

B. 不存在活跃市场的金融工具，如权益性投资等，应采用收益法确定其公允价值

C. 房屋建筑物，存在活跃市场的，应以购买日的市场价格确定其公允价值

D. 长期应收款项，应按折现后现值作为其公允价值

14. 企业合并对价分摊中，评估无形资产价值时，下列不属于收益法常用具体方法的是（　　）。

A. 增量收益法　B. 折现现金流量法

C. 许可费节省法 D. 超额收益法

15. 下列有关金融工具的表述正确的是（　　）。

A. 金融工具是证明债权债务关系并据以进行货币资金交易的合法凭证

B. 衍生金融工具分为两大类：现金类和衍生类

C. 衍生类分为证券类和其他现金类（如贷款，存款）

D. 现金类分为交易所交易的金融衍生品和柜台（OTC）金融衍生品。

16. 企业合并对价分摊评估中，关于采用增量收益评估法评估无形资产的说法，错误的是（　　）。

A. 需进行现金流量折现

B. 许可费的节省构成增量收益

C. 价格的溢价构成增量收益

D. 成本的节省构成增量收益

17. 下列选项中，属于投资性房地产公允价值评估前提的是（　　）。

A. 投资性房地产所在地有活跃的房地产交易市场

B. 同类或类似房地产市场价格及相关信息可获得

C. 投资性房地产能够单独计量

D. 最佳用途产生经济利益的能力

18. 关于投资性房地产公允价值评估的评估基准日，下列表述错误的是（　　）。

A. 可以是资产负债表日、投资性房地产转换日

B. 中期资产负债表日是指各会计中期期末，包括月末、季末和半年末

C. 投资性房地产转换日通常以资产负债日为准

D. 年度资产负债表日为每年的 12 月 31 日

19. 影响最佳用途的因素不包括（　　）。

A. 资产使用在法律上是否受到限制

B. 是否存在公开市场

C. 实物上是否考虑资产的实物特征

D. 财务上是否可行

20. 某企业土地使用权及地上建筑物用于商业用途时的价值为 600 万元，而用于建造住宅时其价值是 1 200 万元，同时拆除厂房及其他支出为 250 万元，则资产负债日该宗土地的最佳用途为（　　）。

A. 商业用途

B. 工业用途

C. 住宅用途

D. 既可以作为商业用途，也可以作为住宅用途

21. 采用市场法评估投资性房地产的公允价值，构建可比修正体系选取的比较指标，不包括（　　）。

A. 交易情况　　B. 房产用途

C. 房地产状况　D. 交易日期

22. 采用市场法评估投资性房地产的公允价值，（　　）的比较主要是为了消除不同时间段内市场状况造成的价格差异。

A. 交易情况　　B. 房产用途

C. 房地产状况　D. 交易日期

23. 在用市场法进行投资性房地产公允价值

评估时，下列公式错误的有（　　）。

A. 评估对象的比准价格 = 可比案例的成交价格 × 交易情况修正系数 × 交易日期修正系数 × 房地产状况修正系数

B. 评估对象的比准价格 = 可比案例的成交价格 × 交易情况修正系数 × 交易日期修正系数 × 区位状况修正系数 × 实物状况修正系数 × 权益状况修正系数

C. 评估总价值 = 评估价值 × 评估对象面积

D. 房地产状况修正系数 = 区位状况修正系数 × 实物状况修正系数 × 权益状况修正系数

24. 投资性房地产的（　　）是指租金中直接归属于评估对象所对应的房地产权益部分，不包括物业管理费、代垫水电费等其他项目，并应当恰当考虑免租期和租金收取方式的影响。

A. 资产价值　　B. 评估价值

C. 市价　　D. 净收益

25. 互换合同的公允价值实际上可以看作一系列（　　）的组合。

A. 股票　　B. 期权

C. 贷款　　D. 债券

26. 甲公司以 8 亿元现金收购非同一控制下乙公司 100% 股权，无其他交易费用。乙公司账面净资产为 2 亿元，可辨认资产评估增值共 4 亿元，负债无增减值，乙公司适用的所得税税率为 25%，甲公司合并报表因本次收购确认的商誉为（　　）亿元。

A. 0　　B. 1.5

C. 2　　D. 3

27. 资产公允价值减处置费用的净额与资产预计未来现金流量现值，这两种价值类型下，参数确定的区别表现在（　　）。

A. 资产公允价值减处置费用的净额需要考虑将来可能发生的、尚未做出承诺的重组事项或者资产改良

B. 资产预计未来现金流量现值不需要资本性支出

C. 两者对营运资金的预测是基于特定实体现有管理模式下的经营所需的营运资金

D. 确定资产预计未来现金流量现值时未来盈利预测与市场参与者预期保持一致

28. 关于企业合并对价分摊评估对象，下列说法正确的是（　　）。

A. 可能确认的或有负债的项目包括产品质量保证、地域优势、未决诉讼、重组义务

B. 可以取消的订单，满足合同权利的确认条件，可作为评估对象

C. 客户信息满足可分离的条件，属于评估对象

D. 企业并购中的企业价值评估对象与合并对价分摊评估对象一致

29. 在公允价值计量体系中，（　　）通过会计计量成为资产、负债公允价值的会计信息依据。

A. 会计确认　　B. 审计结论

C. 评估结果　　D. 以上三者

30. 估算员工持股计划公允价值的评估方法是（　　）。

A. 市场法

B. 收益法

C. 成本法

D. BS 模型或 Lattice 模型

31. 投资性房地产持有期应根据市场投资者对同类房地产的典型持有时间及能预测期间的收益的一般期限来确定，通常为（　　）。

A. 5 年　　B. 10 年

C. 5—10 年　　D. 剩余使用年限

32. 衍生金融工具评估对象，是指金融工具确认和计量准则涉及的、具有下列（　　）特征的金融工具或其他合同。

A. 价值随着特定利率、金融价格、汇率等类似变量的变动而变动

B. 不要求初始净投资

C. 只在未来某一日期进行一次结算

D. 价值会随着某一金融变量的变动而变动

33. 下列关于不含衍生工具的金融负债的表述，错误的是（　　）。

A. 在确定折现率时，可采用市场上其他金融工具的市场收益率作为折现率

B. 在确定未来现金流时，由于合同条款往往只规定合同期内的利息率随着某些基础金融变量的变化而变化，未来现金流无法准确估计

C. 固定利率金融负债的公允价值通常采用未来现金流折现法确定

D. 在确定未来现金流时，可参考待估金融工具的合同条款

34. 下列关于金融工具评估方法的表述，错误的是（　　）。

A. 存在活跃交易市场的金融工具，以活跃市场中的报价确定其公允价值

B. 可以采用收益法、市场法和成本法对权益工具的公允价值进行评估

C. 员工持股计划的评估主要参考期权的评估方法

D. 嵌入衍生工具公允价值一般都采用 BS 模型或者 Lattice 模型进行评估

35. 对于下列金融工具的公允价值，不适合采用 Lattice 模型进行评估的是（　　）。

A. 欧式期权　　B. 可转换债券

C. 员工持股计划 D. 混合衍生工具

36. 下列关于资产减值测试评估的说法中，错误的是（　　）。

A. 使用收益法计算资产预计现金流量现值和公允价值减去处置费用净额，评估参数处理原则应当一致

B. 预计未来现金流量现值的计算中，资本性支出预测不包括改良性资本支出和扩张性资本支出

C. 预计未来现金流量现值计算中，现金流量应包括资产在持续使用过程中产生的和最终处理时发生的

D. 有减值迹象的单项资产，可收回金额难以估计时，则应对该资产所属的资产组估测可回收金额

37. 下列资产中，不属于投资性房地产的是（　　）。

A. 为生产提供劳务或者经营管理而持有的房地产

B. 企业出租并向承租人提供保安、维修等服务的建筑物

C. 其持有并准备增值后转让的土地使用权

D. 已出租的土地使用权

二、多项选择题

1. 影响投资性房地产净收益的因素有（　　）。

A. 有效毛收入

B. 折旧费用

C. 潜在毛收入

D. 空置或者租金损失

E. 租赁保证金或押金利息

2. 相对于其他传统评估业务，在以财务报告为目的的评估业务中，下列评估事项的确定会受到其他会计计量特定需求影响的有（　　）。

A. 评估方法　　B. 价值类型

C. 评估对象　　D. 评估基准日

E. 评估报告备案

3. 关于公允价值计量和披露，下列表述错误的有（　　）。

A. 按照适用的会计准则和相关会计制度的规定，做出公允价值计量和披露是被审计单位管理层的责任

B. 审计单位或人员可以对同一客户提供公允价值评估服务

C. 注册会计师应当获取充分、适当的审计证据，以确定公允价值计量和披露是否符合适用的会计准则和相关会计制度的规定

D. 会计人员是公允价值计量的最终审核人

E. 需要专业性评估的领域，可以聘请外部独立评估人员

4. 下列选项中，属于投资性房地产评估对象的有（　　）。

A. 持有并准备增值后转让的土地使用权

B. 通过划拨方式取得的、用于出租的土地使用权

C. 有租约限制的出租房地产

D. 拥有产权的出租建筑物

E. 按租赁协议同时向承租人提供相关辅助服务的企业出租办公楼

5. 关于无形资产减值测试的说法，错误的有（　　）。

A. 使用寿命确定的，每年都应进行减值测试

B. 是否进行减值测试，应由会计师任意决定

C. 有减值迹象的，一律进行减值测试

D. 使用寿命不确定的，无须进行减值测试

E. 无减值迹象的，无须进行减值测试

6. 投资性房地产评估中，接受审计师的穿行测试，与审计师在评估模型和参数方面进行详细沟通时，沟通内容主要包括（　　）。

A. 租期内以租约价格为主，租期外租金的增长率如何确定

B. 房屋出租的空置率如何确定及确定依据

C. 折现率的确定过程，增长率是否在折现率中扣除

D. 投资性房地产的使用年限确定方法和考虑的因素

E. 采取收益法评估结果与市场法的评估结果之间是否存在差异

7. 评估人员在识别可辨识资产、或有负债的过程中需要关注以下方面（　　）。

A. 是否存在源自合同权利或基于法律的法定权利的无形资产

B. 在资产负债表日是否存在待执行的亏损合同

C. 该无形资产能否从被收购公司中分离出来

D. 在资产负债表日是否存在已对外公布的详细重组计划

E. 被收购公司对售出产品所做的质量保证

8. 下列选项能作为资产减值测试对象的是（　　）。

A. 可收回金额能够进行估计的单项资产

B. 可收回金额能够进行估计的多项资产

C. 资产组

D. 资产组组合

E. 可收回金额不能够进行估计的单项资产

9. 下列各项属于企业合并对价分摊评估对象的是（　　）。

A. 重组义务　　B. 消费者基础

C. 客户服务能力 D. 产品质量保证

E. 企业整体价值

10. 下列无形资产因无法满足可辨认的判断条件，在实务操作中，一般不作为可辨认无形资产的是（　　）。

A. 消费者基础

B. 客户服务能力

C. 地域优势

D. 经过特别训练的员工

E. 订单

11. 金融衍生工具，其价值依附于其他更基本的标的变量，例如特定利率、基本金融工具的价格、商品价格、汇率和价格指数等，其主要类型包括（　　）。

A. 期权合同

B. 可转换公司债券

C. 互换合同

D. 认股证

E. 嵌入衍生工具

12. 关于投资性房地产公允价值评估中的收益年限，下列表述错误的是（　　）。

A. 土地使用权剩余年限与建筑物剩余年限一致时，收益期应为土地使用权剩余年限或者建筑物剩余年限

B. 土地使用权剩余年限与建筑物剩余年限不一致时，根据孰短原则确定收益期，折现计算评估值

C. 如果评估的是承租人的权益价值，收益期应为剩余租赁期限

D. 应当根据建筑物的剩余经济寿命年限与土地使用权剩余使用年限，合理确定收益期限

E. 如果评估的是承租人的权益价值，收益期应为租赁期限

13. 下列选项属于资产减值测试程序的是（　　）。

A. 资产剩余使用年限的判断

B. 单个资产公允价值及其处置费用是否确定，以及与账面价值的比较

C. 单个资产的预计未来现金流量是否确定，以及与账面价值的比较

D. 资产组公允价值减处置费用的余值与账面价值的比较

E. 有形损耗和无形损耗的判断

14. 以财务报告为目的的评估是为会计计量提供服务，（　　）影响评估对象、价值类型的确定及评估方法的选择。

A. 会计基本假设 B. 会计计量模式

C. 会计核算方法 D. 会计披露要求

E. 会计基本资料

15. 关于投资性房地产评估对象的叙述，下列说法正确的是（　　）。

A. 评估对象可能是个别建筑物单元

B. 评估对象不应包括附属设备设施

C. 评估对象应包括附属设备设施

D. 有租约的，评估对象为附有租约的房地产

E. 评估对象可能是多个建筑物单元

16. 下列关于投资性房地产评估方法的表述，正确的是（　　）。

A. 对建筑物而言，可比是指同一位置区域、所处地理环境相同或相近、可使用状况相同或相近

B. 如果特殊交易对成交价格的影响不能量

化，该案例不应作为可比交易案例

C. 未来净收益应首先通过租赁收入测算，是由有效毛收入扣除相关税费、运营费用后得到的净营运收益归属于房地产的收入

D. 共同对可比案例成交价格修正或者调整的幅度不宜超过 20%

E. 采用收益法评估投资性房地产，评估结论中通常包括土地使用权价值

17. 权益工具，是指能证明拥有某个企业在扣除所有负债后的资产中的剩余权益的合同。可以根据实际情况分别采用（　　）对权益工具的公允价值进行评估。

A. 市场法　　B. 收益法

C. 成本法　　D. BS 模型

E. Lattice 模型

18. 下列金融工具中，适用于 BS 模型或 Lattice 模型评估的是（　　）。

A. 嵌入衍生工具 B. 可转换公司债券

C. 期权合同　　D. 员工持股计划

E. 互换合同

19. 用收益法评估附带租约的投资性房地产公允价值时，关于租金收益预测的说法中正确的有（　　）

A. 租约期外，通常按市场正常租金确定

B. 租约期内，通常按市场正常租金确定

C. 租约期内，按租约约定的租金与市场租金孰高确定

D. 租约期外，通常按租约约定的租金确定

E. 租约期内，通常按租约约定的租金确定

20. 关于主要金融工具的评估，下列说法正确的是（　　）。

A. 金融工具评估对象包括基础金融工具和衍生金融工具

B. 可以采用收益法、市场法和成本法对权益工具的公允价值进行评估

C. 在评估浮动利率金融负债时，应首先对那些基础金融变量（如伦敦银行同业拆借利率）的变化做出合理的估计

D. 可转换公司债券是一种浮动利率金融负债，可采用未来现金流折现法确定评估值

E. 存在活跃市场的期权通常按照活跃市场的报价确定公允价值

21. 下列关于资产减值测试评估参数的确定，表述正确的是（　　）。

A. 公允价值减处置费用的净值与资产预计未来现金流量现值在盈利预测时，各方面与市场参与者预期保持一致

B. 公允价值减处置费用的净值在预测资本性支出时，考虑维持性资本支出和改良性资本支出

C. 资产预计未来现金流量现值只考虑未来维持性资本支出

D. 公允价值减处置费用的净值在预测营运资金时，包括基于特定实体现有管理模式下的经营所需的营运资金

E. 公允价值减处置费用的净值通常是基于税前基础

三、综合题

因市场需求波动较大，某生产企业最近三年出现间歇性亏损，其拥有的生产线工艺技术水平与目前同类主流生产线存在一定差距，企业认为该生产线存在减值可能，委托某资产评估机构对该生产线进行评估，为企业减值测试工作提供参考依据。评估基准日为 2018 年 12 月 31 日。

该生产线评估基准日的账面价值为 4 852 万元，资产评估人员未查询到该生产线的销售协议价格和市场价格，也没有发现类似生产线的最近交易价格，无法可靠估计该生产线的公允价值减去处置费用后的净额，资产评估人员与企业沟通后决定采用收益法估算其公允价值。资产评估人员对企业提供的预测资料进行了分析，确定未来 5 年，即 2019—2023 年的净现金流量分别为 346.00 万元、349.46 万元、352.95 万元、356.48 万元、360.05 万元。资产评估人员了解到，2017—2021 年企业每年追加资金进行设备改造。从 2024 年起，净现金流量增长速度将维持在 1%，在生产线主要设备的剩余经济寿命年限内，生产线按评估基准日状况继续使用，不考虑改良等因素，测算未来 5 年收益现值与第 5 年末生产线变现值的现值之和得出该生产线的使用价值为 4 284 万元，假设折现率为 10%。

要求：

（1）计算该企业生产线的公允价值。

（2）分析确定该生产线的可收回金额。

（3）分析判断该生产线是否减值。如果存在减值，计算减值额。

精选练习题参考答案及解析

一、单项选择题

1.【答案】B

【解析】在资产存在减值迹象时，应当估计其可回收金额。可回收金额应当根据资产的公允价值减去处置费用后的净额和资产预计未来现金流量的现值两者之间较高者确定。可回收金额 = 1 800 − 100 = 1 700（万元）（1 700 > 1 600），减值准备 = 1 900 − 1 700 = 200（万元）。

2.【答案】B

【解析】略。

3.【答案】A

【解析】投资性房地产是指企业为赚取租金或资本增值，或两者兼有而持有的房地产。

4.【答案】B

【解析】略。

5.【答案】C

【解析】消费者基础不具有可辨认性，在实务操作中，一般不作为可辨认无形资产。

6.【答案】D

【解析】构建可比修正体系应考虑三个方面的问题：一是可比指标的选取；二是比较的方式；三是可比案例的权重设计。

7.【答案】A

【解析】参见表 6 − 9。

8.【答案】C

【解析】潜在毛收入是假定房地产在充分利用、无空置（100% 出租）情况下的收入，包括除租金以外的收入。

9.【答案】B

【解析】根据减值测试准则的相关规定，估测预计现金流量的现值（使用价值）时，现金流量预测期一般只涵盖 5 年，且预测期内不考虑资产改良或企业扩张相关的资本性支出，只考虑维持性支出；公允价值的估测，是以持续经营假设为前提，考虑将来可能发生的、尚未做出承诺的重组事项或者资产改良，应同时考虑重组、改良对应的收益和成本、费用。

10.【答案】C

【解析】略。

11.【答案】C

【解析】合并对价分摊是指符合企业合并准则的非同一控制下的企业合并的成本在取得的可辨认资产、负债及或有负债之间的分配。

12.【答案】B

【解析】略。

13.【答案】B

【解析】不存在活跃市场的金融工具，如权益性投资等，应当参照《企业会计准则第 22 号——金融工具确认和计量》等，采用适当的估值技术确定其公允价值。

14.【答案】B

【解析】考虑到无形资产的特殊属性，在合并对价分摊评估中，无形资产最常用的评估方法为收益法。收益法下常用的具体方法包括增量收益法、许可费节省法、超额收益法。

15.【答案】A

【解析】金融工具又称为交易工具，是证明债权债务关系并据以进行货币资金交易的合法凭证，是货币资金或金融资产借以转让的工具。

16.【答案】B

【解析】增量收益法中的增量现金流体现在两个方面：一是价格的溢价，即一个产品采用所评估无形资产与不采用这个无形资产之间价格的差异额；二是成本的节省，就是采用这项无形资产所能节省的成本所导致的差异额。

17.【答案】D

【解析】按照《企业会计准则第 39 号——公允价值计量》的要求，投资性房地产的公允价值评估是基于资产的最佳用途产生经济效益的能力，或者将该资产出售能够用于最佳用途的其他市场参与者产生经济效益的能力的评估。A 项、C 项属于采用公允价值计量房地产应满足的两个条件。

18.【答案】C

【解析】投资性房地产转换日通常以企业董事会或类似机构正式做出书面决议的日期为准。

19.【答案】B

【解析】最佳用途是指资产价值最大化时对应的用途，主要从法律上是否允许、实物上是否可能以及财务上是否可行等方面考虑。

20.【答案】C

【解析】该土地的最佳用途应根据上述两个价值中的较高者来确定。该宗土地的公允价值应当为 950 万元（1 200 − 250 = 950 > 600），所以最佳用途为住宅。

21.【答案】B

【解析】一般从交易情况、交易日期和房地产状况三个方面选取比较指标。

22.【答案】D

【解析】略。

23.【答案】C

【解析】评估总价值 = 评估单价 × 评估对象面积

24.【答案】D

【解析】略。

25.【答案】D

【解析】略。

26.【答案】D

【解析】税后公允价值调增 = 4 ×（1 − 25%）= 3（亿元）

乙公司净资产公允价值 = 3 + 2 = 5（亿元）

商誉价值 = 合并成本 − 被购买方可辨认净资产公允价值 = 8 − 5 = 3（亿元）

27.【答案】A

【解析】参见表 6 − 9。

28.【答案】B

【解析】企业合并对价分摊评估中，可能确认的或有负债的项目一般包括产品质量保证、不可撤销的亏损合同、未决诉讼、重组义务等，因此 A 项错误。客户信息受到保密协议的限制，不可以被出售，因此其无法满足可分离的条件，不属于评估的对象，因此 C 项错误。合并对价分摊事项涉及的评估业务所对应的评估对象应当是合并中取得的被购买方各项可辨认资产、负债及或有负债，这与企业并购中的企业价值评估所对应的评估对象有所不同。在企业并购中，企业价值评估所对应的评估对象一般为企业整体价值、股东的全部权益价值或部分权益价值，因此 D 项错误。

29.【答案】C

【解析】在公允价值计量体系中，外部专业人员的评估结果是计量工具，会计将根据评估结果直接对账目进行调整，评估结果通过会计计量成为资产、负债公允价值的会计信息依据。

30.【答案】D

【解析】在评估实践中，员工持股计划的评估主要参考期权的评估方法，一般可以采用 BS 模型或 Lattice 模型计算员工持股计划的公允价值。

31.【答案】C

【解析】投资性房地产持有期应根据市场投资者对同类房地产的典型持有时间及能预测期间的收益的一般期限来确定，通常为 5—10 年。

32.【答案】A

【解析】略。

33.【答案】B

【解析】在确定未来现金流时，浮动利率金融负债的合同条款往往只规定合同期内的利息率随着某些基础金融变量的变化而变化，未来现金流无法准确估计。

34.【答案】D

【解析】嵌入衍生工具公允价值一般采用 Lattice 模型进行评估。

35.【答案】A

【解析】欧式期权一般采用 BS 模型进行评估。

36.【答案】A

【解析】资产公允价值减去处置费用的净额估算中，收益法各项参数，与预计未来现金流量所涉及的参数会有些不同。

37【答案】A

【解析】略。

二、多项选择题

1.【答案】ACDE

【解析】净收益 = 有效毛收入 − 出租人负担的运营费用 = 潜在毛收入 − 空置或者租金损失 + 租赁保证金或押金利息 − 出租人负担的运营费用

2.【答案】ABC

【解析】以财务报告为目的的评估是为会计计量提供服务，会计计量模式、会计核算方法、会计披露要求影响了评估对象、价值类型的确定及评估方法的选择。

3.【答案】BD

【解析】基于独立性的要求，审计单位或人员不能对同一客户提供公允价值评估服务，审计人员是公允价值计量的最终审核人。

4.【答案】ACDE

【解析】已出租的土地使用权和已出租的建筑物，是指以经营租赁方式出租的土地使用权和建筑物。其中，用于出租的土地使用权是指企业通过出让或者转让方式取得的土地使用权；用于出租的建筑物是指企业拥有产权的建筑物。企业将建筑物出租，按租赁协议向承租人提供的相关辅助服务在整个协议中不重大，如企业将办公楼出租并向承租人提供保安、维修等辅助服务，应当将该建筑物确认为投资性房地产。

5.【答案】ABDE

【解析】资产可能发生减值的迹象是资产是否需要进行减值测试的前提。需要指出的是，因企业合并形成的商誉和使用寿命不确定的无形资产，无论是否存在减值迹象，每年都应当进行减值测试。

6.【答案】ABCE

【解析】沟通投资性房地产的获利年限确定方法和考虑的因素。

7.【答案】ACE

【解析】略。

8.【答案】ACD

【解析】略。

9.【答案】AD

【解析】可能确认的或有负债的项目一般包括产品质量保证、不可撤销的亏损合同、未决诉讼、重组义务等。消费者基础、客户服务能力、地域优势、经过特别训练的员工等无形资产，因无法满足上述可辨认的判断条件，在实务操作中，一般不作为可辨认无形资产。在企业并购中的企业价值评估所对应的评估对象一般为企业整体价值、股东的全部权益价值或部分权益价值。

10.【答案】ABCD

【解析】略。

11.【答案】ACE

【解析】金融衍生工具，其价值依附于其他更基本的标的变量，例如特定利率、基本金融工具的价格、商品价格、汇率和价格指数等，其主要类型包括期权合同、互换合同和嵌入衍生工具等。B 项属于浮动利率金融负债，D 项属于权益工具。

12.【答案】BE

【解析】土地使用权剩余年限与建筑物剩余年限不一致时，应按照孰短原则确定收益期，对超过收益期的土地使用权或者建筑物应给予残留价值考虑；如果评估的是承租人的权益价值，收益期应为剩余租赁期限。

13.【答案】BCD

【解析】略。

14.【答案】BCD

【解析】以财务报告为目的的评估是为会计计量提供服务，会计计量模式、会计核算方法、会计披露要求影响评估对象、价值类型的确定及评估方法的选择。

15.【答案】ADE

【解析】投资性房地产评估对象可能是个别建筑物单元，也可能是多个建筑物单元及其附属设施共同构成的一个整体。当出租建筑物的附属设备和设施是租金收入所对应的出租资产的组成部分时，应该合理考虑设备和设施对投资性房地产价值的影响。投资性房地产通常附有租约，业主在拥有房地产的同时也拥有该租约的未来收益，因而在进行评估的时候，评估对象应该为附有租约的房地产。

16.【答案】BCE

【解析】对建筑物而言，可比是指所处地理位置和地理环境相同、性质相同、结构相同或相近、新旧程度相同或相近，可使用状况相同或相近；对土地使用权而言是指同一位置区域、所处地理环境相同或相近、可使用状况相同或相近。共同对可比案例成交价格修正或者调整的幅度不宜超过 30%。

17.【答案】ABC

【解析】权益工具，是指能证明拥有某个企业在扣除所有负债后的资产中的剩余权益的合同。从发行方看，权益工具通常指企业发行的普通股、在资本公积下核算的认股权等。可以根据实际情况分别采用收益法、市场法和成本法对权益工具的公允价值进行评估。

18.【答案】BCD

【解析】通常用于计量嵌入衍生工具公允价值的模型比较复杂，一般都采用 Lattice 模型进行评估，故 A 项错误。可转换公司债券常用的评估模型为 BS 模型和二叉树期权定价模型。常见的 Lattice 模型为二叉树模型、三叉树模型等。因此，B 项正确。互换合同的公允价值实际上就是固定利率债券以及浮动利率债券公允价值的差额，应参照金融负债评估方法。

19.【答案】AE

【解析】根据预测期间及租约情况，在租约有效期内，上述收益以租约约定的租金水平为准；在租约期外，应选择市场上的正常客观数据。

20.【答案】ABCE

【解析】可转换公司债券，简称可转债，是一种允许持有者在规定时间、按规定条件转换成指定公司普通股票的债券。可转债兼有债券和期权的性质，相当于这样一种投资组合：投资者持有一张与可转债相同利率的普通债券，一张数量为转换比例、期权行使价为初始转股价格的美式买权，一张美式卖权，同时向发行人无条件出售了一张美式买权。常用的模型为BS模型和二叉树期权定价模型。因此D选项错误。

21. 【答案】BC

【解析】公允价值减处置费用的净值与资产预计未来现金流量现值在盈利预测时不一致：前者在各方面与市场参与者预期保持一致；后者是评估对象在目前使用情况下可实现的盈利情况。在资本性支出预测时不一致：前者指维护资产正常运转或资产正常产出水平而必要的支出，或者属于资产简单维护下的支出，完成在建工程和开发过程中的无形资产等的必要支出，与资产改良或企业扩张相关的资本性支出；后者指维护资产正常运转或者资产正常产出水平而必要的支出，或者属于资产简单维护下的支出，完成在建工程和开发过程中的无形资产等的必要支出。在营运资金预测时不一致：前者指维持现有企业运营并考虑企业扩张或重组所需的营运资金；后者指基于特定实体现有管理模式下的经营所需的营运资金。在所得税的基础上不一致：前者可以考虑为税后；后者通常为税前。

三、综合题

【答案及解析】

(1) 公允价值评估过程。

未来5年企业净现金流量的折现值 = 346.00 × (P/F, 10%, 1) + 349.46 × (P/F, 10%, 2) + 352.95 × (P/F, 10%, 3) + 356.48 × (P/F, 10%, 4) + 360.05 × (P/F, 10%, 5) = 346.00 × 0.909 1 + 349.46 × 0.826 4 + 352.95 × 0.751 3 + 356.48 × 0.683 0 + 360.05 × 0.620 9 = 1 335.54（万元）

从2024年开始的永续性现金流量现值 = 360.05 × (1 + 1%)/(10% − 1%) × 0.620 9 = 2 508.78（万元）

该企业生产线的公允价值 = 1 335.54 + 2 508.78 = 3 844.32（万元）

(2) 通过比较，该企业生产线的公允价值小于其使用价值，根据孰高原则，该生产线的可收回金额应以其使用价值为准，即4 284万元。

(3) 因为该生产线的可收回金额为4 282万元，账面价值为4 852万元，账面价值大于可收回金额，所以该生产线存在减值。减值额为该生产线的账面价值与可收回金额的差额，即4 852 − 4 284 = 568（万元）。

第七章　其他资产评估

考试大纲

<table>
<tr><td>第七章</td><td>目的</td><td>考查考生对长期股权投资、长期待摊费用、长期应收款评估方法的掌握情况。长期股权投资评估特点、评估程序和清查核实的熟悉情况；长期应收款和长期待摊费用评估程序的熟悉情况；生产性生物资产和矿产资源资产评估方法的熟悉情况；珠宝首饰评估的基本要求、评估程序、报告及披露的熟悉情况，以及分析和解决评估实际问题的能力。考查考生对矿产资源资产评估业务、司法执行财产处置中的资产评估业务的了解情况。</td></tr>
<tr><td rowspan="4">其他长期性资产评估</td><td colspan="2">考试内容及要求</td></tr>
<tr><td>掌握的内容
（★★★）</td><td>1. 长期股权投资的评估方法。
2. 长期待摊费用的评估方法。
3. 长期应收款的评估方法。</td></tr>
<tr><td>熟悉的内容
（★★）</td><td>1. 长期股权投资评估的基本特点，评估程序，清查核实。
2. 长期待摊费用的评估程序。
3. 长期应收款的评估程序。
4. 生产性生物资产的评估方法。
5. 珠宝首饰评估的基本要求、评估程序、报告及披露。
6. 矿产资源资产的评估方法。</td></tr>
<tr><td>了解的内容
（★）</td><td>1. 长期股权投资评估的基本概念。
2. 长期待摊费用的特点。
3. 长期应收款的特点。
4. 生产性生物资产的特点、评估程序。
5. 矿产资源评估有关概念、评估业务类型。
6. 司法执行财产处置中的资产评估的制度规范、评估业务特点。</td></tr>
</table>

考情分析

其他资产评估是实务（一）的一般考点。在2017—2024年度考试中，本章分值约为5—10分左右，主要题型是单项选择题和多项选择题。主要考查：（1）长期股权投资、长期待摊费用、长期应收款、生产性生物资产的评估方法；（2）对新资产类型、新业务类型，如珠宝首饰、矿产资源资产、司法执行财产处置中的资产评估等的熟悉及了解情况。

教材变化

本章是在2024年教材第八章的基础上整合了原第二章中“长期股权投资”部分，重新修订生成的新的一章。2025教材的主要变化有：

（1）增加了“第一节长期股权投资评估”；

（2）删除了“数据资产评估”。

考点精讲及典型例题解析

【知识点1】长期股权投资评估的基本特点（★★）

长期股权投资评估，是指采用企业价值评估方法对被投资企业在某一时点的股东权益价值所做的评判和估算。股权投资评估不仅是交易定价及投资决策的基础，也有助于对被评估企业的股权投资的内在价值进行正确评价。长期股权投资评估，包括具有控制权的股权评估及缺乏控制权的股权评估。

长期股权投资评估的基本特点为：

（1）长期股权投资评估，评估对象是投资权益，但一般通过被投资企业股东权益间接反映，属于企业价值评估范畴。

（2）长期股权投资评估，可能是对被投资企业获利能力的评估，也可能是为间接提高投资方自身盈利能力的战略投资价值的评估。因此，被投资单位的获利能力或其战略投资价值成为长期股权投资评估的关键因素。

（3）股权投资评估通常是建立在被投资企业持续经营的基础上。因此，持续经营是长期股权投资评估重要的评估假设。

（4）长期股权投资评估方法选择，可能受到被评估单位配合实施评估程序的影响，特别是缺乏控制权的长期股权评估。

（5）长期股权评估，应当关注下列事项：①关联交易的影响。②权益份额内涵。不同的权益份额可能有不同的价值内涵。当评估对象为同一标的企业的不同权益时，评估方法、模型、影响因素等均有可能不同，即股东部分权益不必然等于股东全部权益与股权比例的乘积。③公司章程或投资协议，了解股东在利益分配、股权转让等方面的权利和义务是否存在特殊的约定，如分红限制、清算约定和存在限售期等，考虑其对评估的影响。④公司最新的工商登记情况和近期的董事会决议等材料，了解被评估单位股权结构及股东权益。关注各股东出资及出资到位情况，是否为同比例出资，以及未同比例出资时股权价值评估结果的计算方法等。⑤亏损企业采用收益法评估的适用性。

（6）具有控制权的长期股权投资，可能存在控制权溢价因素。

（7）缺乏控制权的股权评估应关注流动性影响。

【例7-1】（单项选择题）长期股权投资的评估对象是（　　）。

A. 被投资企业的实物资产

B. 投资方在被投资企业的权益

C. 被投资企业的货币资金

D. 投资方的无形资产

【答案】 B

【解析】 长期股权投资的评估对象，是投资权益，是投资方在被投资单位所享有的权益，投资方出资形式可能包括货币资金、实物资产及无形资产等，自被投资单位接受之日起即转换为投资人的资本或权益，出资资产转换为被投资企业的法人资产，投资方不能再自由支配出资的资产。

【例7-2】（多项选择题）长期股权投资评估的特点有（　　）。

A. 长期股权投资评估是对出资资产或投资权益的评估

B. 持续经营是长期股权投资评估重要的评估假设

C. 长期股权投资评估是对被投资企业的获利能力的评估

D. 评估方法选择可能受到被评估单位配合实施评估程序的影响

E. 进行长期股权投资评估时，股东部分权益等于股东全部权益与股权比例的乘积

【答案】 BD

【解析】 长期股权投资的评估对象，是投资权益，是投资方在被投资单位所享有的权益，投资方出资形式可能包括货币资金、实物资产及无形资产等，自被投资单位接受之日起即转换为投资人的资本或权益，出资资产转换为被投资企业的法人资产，投资方不能再自由支配出资的资产，故A项错误。长期股权投资评估，可能是对被投资企业获利能力的评估，也可能是为间接提高投资方自身盈利能力的战略投资价值的评估，故C项错误。长期股权投资评估，通常是基于被投资企业权益的可分性，即企业的权益可分为股东全部权益和股东部分权益，不同的权益份额可能有不同的价值内涵。当评估对象为同一标的企业的不同权益时，评估方法、模型、影响因素等均有可能不同，股东部分权益不必然等于股东全部权益与股权比例的乘积，故E项错误。

【例7-3】（多项选择题）下列属于长期股权投资评估应注意事项的是（　　）。

A. 关注被投资单位的账外资产和负债

B. 关注关联交易对被投资单位价值的影响

C. 亏损企业不能采用收益法评估其价值

D. 最新的工商登记情况和董事会会议材料

E. 关注各股东出资及出资到位情况

【答案】 ABDE

【解析】 略。

【知识点2】具有控制权股权评估的清查核实（★★）

（一）清查核实内容

一般来说，具有控制权股权评估清查核实，不会受到被投资单位配合的影响。清查核实内容如表7-1所示。

表7-1 具有控制权股权评估的清查核实内容

核实内容	具体包括
投资（并购）协议、账面记录核实	收集股权投资的初始协议，了解长期股权投资取得方式和初始计量方法，了解出资实缴情况，以及各股东是否等比例出资等，核对会计核算是否准确无误，核实长期股权投资企业在评估基准日近期的会计信息，包括企业名称、注册地、业务性质、当期的主要财务信息。
持股比例的核实	收集股权投资企业在工商登记部门备案的公司章程，核实母公司对其持股比例和表决权比例。对评估使用的有关文件、证明、资料等，应当采取必要措施确信其合理性。被投资企业的注册资金、地址、法人、经营范围、投资人信息、企业变更情况、有无违法记录等均可通过国家企业信用信息公示系统（www.gsxt.gov.cn）或天眼查（www.tianyancha.com）等网站查询。
资产权属证明资料的查验	对于具有控制权股权的评估，需查验被投资单位土地、房屋建筑物及无形资产等重要资产的权属证明资料是否完整，不完整的是否得到妥善解决。还需关注权属资料记录的权利人与实际使用人是否一致，是否存在隐匿或遗漏等。
被投资单位资产和负债的清查核实	对于具有控制权股权的评估，被投资单位在配合实施评估程序方面与母公司基本相同，有利于评估工作的开展。因而对被投资单位法人资产进行清查核实，是可行的、必要的。

（二）清查核实方法

具有控制权股权评估的清查核实方法

- 核对
  - 主要核对被投资企业法人资产数量、使用状态、法律权属状态及其他影响评估作价的重要因素，针对不同的资产类型分别采取不同的核实方法。
- 抽查（会计凭证）
  - 随机抽查：在实施评估程序时，从被评估的长期股权投资单位总体会计凭证中，根据重要程度，随机选取一定数量的样本进行抽查，以便核实其历史成本或核算入账的背景。
  - 重点抽查：发现资产权责不对应、资产权属或边界不清晰，需抽取母子公司相关会计凭证，查证问题。
  - 处理方式：就抽查发现的问题与企业会计负责人及承担审计工作的注册会计师协调， 共同商讨解决办法，将处理结果归纳整理到工作底稿。
- 尽职调查
  - 其一是对企业的历史数据和文档资料、管理层背景、市场风险、管理风险、技术风险和资金风险等做全面调查，对企业做初步定性评价。具体方式包括调查问卷及独立调查。
  - 其二是对评估基准日企业各项资产负债的全面清查。
- 访谈
  - 访谈对象：企业高管、相关职能部门负责人。
  - 访谈内容：企业的总体概况、经营状况、生产能力、收益能力、市场状况和发展规划等基本情况。
  - 访谈目标：通过访谈了解企业基本信息，对财务数据和经营参数具体分析，通过了解企业历史经营状况及未来发展趋势对其做出总体评价，就盈利预测相关内容与管理人员讨论。

【例7-4】（多项选择题）（多项选择题）具有控制权股权评估清查核实的内容包括（　　）。

A. 被投资单位资产和负债的清查核实

B. 核实投资（并购）协议、账面记录

C. 核对持股比例

D. 抽查会计凭证

E. 查验资产权属证明资料

【答案】ABCE

【解析】略。

【例7-5】（多项选择题）投资协议和账面记录核实时，需收集的内容包括（　　）。

A. 初始投资协议

B. 被投资企业近期的会计信息

C. 各股东是否等比例出资的证明

D. 母公司对其持股比例和表决权比例

E. 土地、房屋建筑物及无形资产等重要资产的权属证明资料

【答案】ABC

【解析】D项属于持股比例的核实。E项属于资产权属证明资料的查验。

【例7-6】（多项选择题）关于具有控制权股权评估的清查核实方法，下列说法正确的有（　　）。

A. 主要核对被投资企业法人资产数量、使用状态、法律权属状态等

B. 抽查（凭证）是根据重要程度，随机选取一定数量的样本进行抽查

C. 尽职调查需要对评估基准日企业各项资产负债全面清查

D. 尽职调查需要对企业的历史数据、管理层背景、企业面临的各种风险等做全面调查

E. 访谈内容是长期股权投资的核算方法、历史成本等

【答案】ABCD

【解析】略。

【知识点3】具有控制权的股权评估方法（★★★）

（一）方法选择

对被投资企业的会计核算资料进行全面了解分析，根据评估目的、评估对象、价值类型、资料收集情况等相关条件，分析收益法、市场法和资产基础法三种资产评估基本方法的适用性，综合判断，恰当选择评估方法。

根据现行评估执业准则和有关规定，企业价值评估采用两种以上的评估方法，并得出不同评估方法下的测算结果，需要对测算结果进行分析，确定最终的评估结论。

（二）评估结论确定的基本思路

评估人员在评价各种评估方法所得出的测算结果时，应重点考虑以下方面：

（1）各种方法的评估范围及价值内涵是否一致；

（2）不同方法与评估目的及测算结果的用途是否匹配；

（3）不同的企业特点与资产使用状况对不同方法测算结果的影响，如被评估企业是直接进行生产经营的企业还是投资公司或不动产经营企业，是否处于正常经营状态，是否拥有大量非经营性或溢余资产等；

（4）不同方法测算结果所依据的信息资料的质量和可靠性是否满足评估准则及作为出具评估报告依据的要求。

【例7-7】（多项选择题）评估人员在评价各种评估方法所得出的测算结果时，应考虑的因素包括（　　）。

A. 各种方法的评估范围及价值内涵是否一致

B. 不同方法与评估价值类型是否匹配

C. 不同的企业特点对不同方法测算结果的影响

D. 不同方法得出的测算结果所依据信息资料的质量和可靠性是否满足要求

E. 不同的资产使用状况对不同方法测算结果的影响

【答案】ACDE

【解析】略。

（三）评估结论确定的分析方法

如表7-2所示。

表 7－2　　采用不同方法确定评估结果需要考虑的具体问题

评估方法	需要考虑的具体问题	具体应用
资产基础法和收益法	考虑两者的评估对象与评估范围的一致性	资产基础法是以被评估企业资产负债表为基础，合理评估企业表内及表外各项资产、负债价值，确定评估对象价值的评估方法。必须考虑的重要因素是企业表内及表外的资产和负债是否纳入评估范围。 收益法将被评估企业预期收益资本化或折现所得出的测算结果有时并不完全对应于账面资产，可能还包含了表外资产的贡献，特别是轻资产公司。
资产基础法和收益法	当收益法测算结果高于资产基础法测算结果时	应关注资产基础法测算结果是否涵盖了企业全部有形资产和无形资产价值。如果资产基础法未考虑无形资产，可能导致两种评估方法测算结果的差异。如对处于成长期企业或预期业绩将出现高增长的企业的评估。
	当收益法测算结果低于资产基础法测算结果时	应关注企业的收益和资产使用状况，判断持续经营前提下企业经营性资产是否存在经济性贬值。如评估基准日前后资产价格处于较大波动中的企业，长期处于亏损状态的企业，或者现金流为负数的企业。
	方法的选择	在企业持续经营前提下，当评估对象为具有控制权的股权，应选择资产基础法评估结果；当评估对象为缺乏控制权的股权，则应选择收益法评估结果。
市场法和收益法	应当关注收益法估算折现率时对风险的评估与市场法调整价值比率所隐含的风险评估是否相匹配	市场法的价值比率体现了市场对风险波动的敏感性所做出的反应，与收益法折现率同样是基于期望回报率。
	收益法预测的明确增长假设与市场法中的隐含增长假设是否一致	特别要关注收益法对于中小企业明确预测期后的连续价值的合理性问题。
	两种方法对于非经营性、溢余资产负债的判断是否一致	如不一致是否符合各自方法对经营趋势判断的影响，并能合理反映企业的财务状况和盈利能力。
	市场法中上市公司比较法应关注流动性对价值的影响	当某些股票市场交易价格严重偏离价值或合理回报时可能不被理性投资者接受，应充分考虑将其作为可比企业是否合适。
	交易案例比较法应关注的因素	市场法中交易案例比较法应关注可比案例与评估对象的实际相似性、会计政策及税收差异、二手数据的可靠性、特殊交易背景或动机、交易价格中的协同效应、差异因素修正等影响。
	收益法对一些特殊企业评估应考虑的具体问题	收益法对存在明显周期性波动的企业，是否只采用了波峰或波谷价格和销量等不具有代表性的指标来预测长期收入水平。 历史上采用关联方销售定价的企业，是否分析确认定价的公允性及可持续性。 对享有税收优惠政策的企业持续性预测是否合适等。

续表

评估方法	需要考虑的具体问题	具体应用
市场法和资产基础法	资产基础法对溢余/闲置等资产的评估与市场法的衔接	应当关注资产基础法中的溢余/闲置资产、非经营性资产、存在经济性贬值的经营性资产等，在市场法中是否直接作为企业净资产乘以市净率价值比率或单独处理。
	市场法对于可比交易的选取与修正	应当关注市场法选取的可比交易案例中，是否存在被评估企业同类资产，在调整修正过程中是否合理考虑，并形成最终的价值比率。

【提示】 市场法的价值基础比率选择了市净率时，与资产基础法如何衔接的问题就更加突出。

【例7－8】（单项选择题）在企业持续经营前提下，若评估对象为具有控制权的股权，应选择（　　）测算结果作为评估结论。

A. 假设开发法　B. 收益法

C. 资产基础法　D. 市场法

【答案】 C

【解析】 在企业持续经营前提下，当评估对象为公司具有控制权的股权，则应选择资产基础法测算结果作为评估结论，因为控股股东可以实现股东权益最大化为目标分享资产处置收益。

【例7－9】（单项选择题）对于具有控制权股权的评估，处于成长期的企业或预期业绩将出现高增长的企业，资产基础法的评估结果通常（　　）收益法的评估结果。

A. 大于　　　　B. 小于

C. 等于　　　　D. 不确定

【答案】 B

【解析】 对于处于成长期的企业资产评估结果通常无法充分体现其价值，而收益法的评估结果必然会高于资产基础法评估结果。

【例7－10】（多项选择题）采用资产基础法和收益法评估具有控制权的股权价值，确定最终评估结论时，需要考虑的具体问题有（　　）。

A. 收益法测算结果小于资产基础法评估结果时，应判断企业经营性资产是否存在经济性贬值

B. 收益法与资产基础法评估结果不一致时，应调整资产基础法相关资产评估值

C. 收益法与资产基础法评估结果不一致时，应调整收益法溢余资产范围

D. 应当考虑两者的评估对象与评估范围的一致性

E. 收益法测算结果大于资产基础法评估结果时，应关注资产基础法测算结果是否涵盖了企业全部有形资产和无形资产价值

【答案】 ADE

【解析】 略。

【知识点4】缺乏控制权股权评估的清查核实（★★）

（一）清查核实内容

对于缺乏控制权的股权投资单位能否单独评估，取决于该投资的重要程度、委托方的管控程度、被评估投资单位的配合意愿等（见表7－3）。

表7－3　缺乏控制权股权评估的清查核实

程序	具体内容
核实投资（并购）协议、账面记录	单独评估时，核实内容与具有控制权的股权一致。
	非单独评估时，应收集股权投资的初始协议，了解长期股权投资取得方式和初始计量方法，核对会计核算是否准确无误，核实长期股权投资企业在评估基准日近期的会计信息，包括企业名称、注册地、业务性质、当期的主要财务信息。
核实持股比例	一般收集股权投资企业在工商登记部门备案的公司章程，核实母公司对其持股比例和表决权比例、认缴注册资金以及实缴注册资金情况。对评估使用的有关文件、证明、资料等，应当采取必要措施确信其合理性。被投资企业的注册资金、地址、法人、经营范围、投资人信息、企业变更情况、有无违法记录等均可通过国家企业信用信息公示系统（www. gsxt. gov. cn）或天眼查（www. tianyancha. com）等网站查询。

【提示】单独评估与非单独评估。

（1）划分依据。缺乏控制权的股权投资单位能否单独评估，取决于该投资的重要程度、委托人的管控程度、被评估投资单位的配合意愿等。因此，评估实务中，被评估单位配合实施评估程序会受到限制。

（2）清查核实、评估方法的选择、评估范围不同。单独评估时，评估范围通常为被投资单位产权涉及的全部资产和负债，包括企业拥有权属清晰并投入经营或未投入经营的资产，企业实际拥有但尚未办理产权登记的资产。非单独评估时，评估范围可以是被投资单位的全部资产和负债，也可以是长期股权投资本身。

（二）清查核实方法

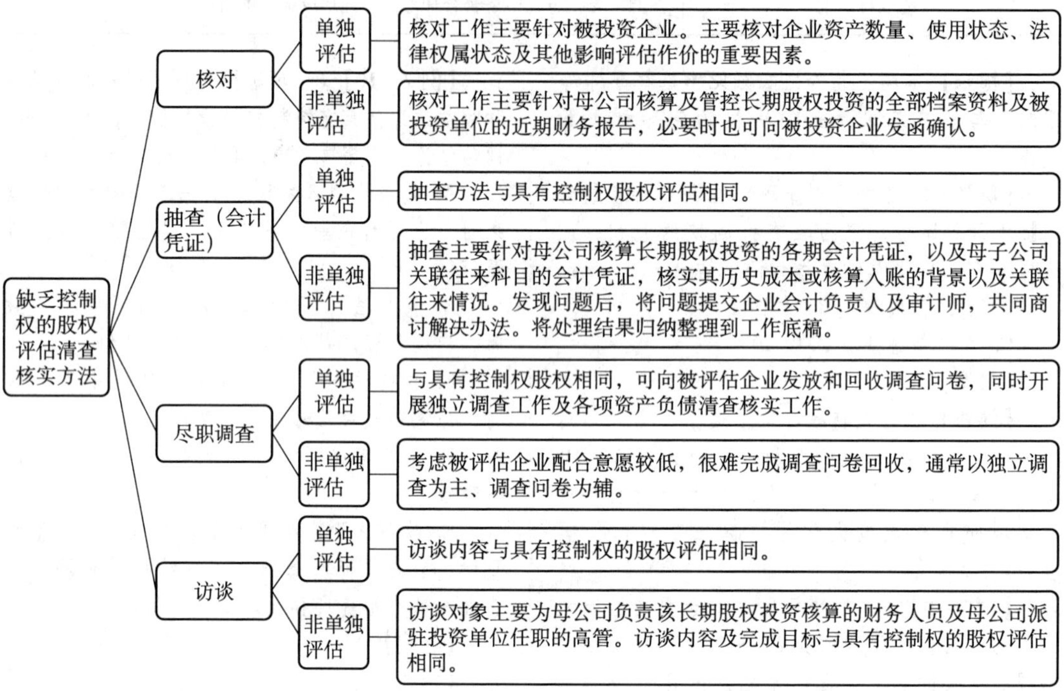

【提示】尽职调查，对于境外投资企业，在获取公司审计报告和必要的评估资料基础上，考虑不同国家会计政策的差异和母公司报表核算方式，关注报表是否为公允价值计量，以电子邮件问卷等替代程序完成该工作。

【例7－11】（多项选择题）对缺乏控制权的股权进行单独评估时，其评估范围是（　　）。

A. 被投资单位产权涉及的全部资产和负债

B. 被投资单位拥有权属清晰并投入经营或未投入经营的资产

C. 只有长期股权投资本身

D. 被投资单位实际拥有但尚未办理产权登记的资产

E. 与非单独评估的评估范围相同

【答案】ABD

【解析】略。

【例7－12】（单项选择题）对缺乏控制权的股权进行评估时，对被投资单位能否实施单独评估，取决于（　　）。

A. 投资的重要程度、委托人的管控程度、被投资单位的配合意愿

B. 同时进行审计时，注册会计师审计工作范围、审计要求

C. 评估委托人的要求、评估服务费对评估工作的影响

D. 评估工作的时间、资产评估人员的专业能力、评估项目组织配备

【答案】A

【解析】略。

【例7－13】（多项选择题）关于单独评估与非单独评估的差异，正确的描述有（　　）。

A. 单独评估需涵盖未登记但实际拥有的资产

B. 非单独评估只能以长期股权投资本身为范围

C. 非单独评估可能包含全部资产和负债

D. 清查核实方法不同

E. 清查均需核实持股比例

【答案】ACDE

【解析】非单独评估时，评估范围可以是被投资单位的全部资产和负债，也可以是长期股权投资本身。

【知识点5】缺乏控制权股权的评估方法（★★★）

缺乏控制权股权的评估，评估方法选择可能受到限制，需要区分单独评估和非单独评估。

单独评估，根据评估目的、评估对象、价值类型、资料收集情况等相关条件，分析收益法、市场法和资产基础法三种资产评估基本方法的适用性，综合判断恰当选择评估方法，但也有一定的限制。

【例7-14】（单项选择题）缺乏控制权股权的评估中，对已停业或拟清算的长期股权投资企业要采用（　　）评估。

A. 市场法　　B. 收益法

C. 假设开发法　　D. 资产基础法

【答案】D

【解析】缺乏控制权的股权投资价值评估中，对已停业或拟清算的长期股权投资企业仅能采用资产基础法评估，此时要关注债权申报和税务清算等进程，合理确认负债。

【例7-15】（多项选择题）下列关于对缺乏控制权股权的评估，说法不正确的有（　　）。

A. 对已停业或拟清算的长期股权投资企业仅能采用资产基础法评估

B. 对于缺乏控制权的股权无法单独评估时，一般采用投资企业账面值或被投资企业财务报表估算的方法分析确定

C. 设立时间较短的非控股长期股权投资，通常可结合其历年财务报表及利润分配情况采用收益法评估

D. 收益法中的股利折现法除必要的财务尽职调查工作外，还需了解企业发展定位、战略规划、管理层应对市场制定的对策等，很大程度上需要企业管理层对企业未来盈利预测提供必要配合

E. 被投资企业属重资产类且近期盈利不佳，通常可对资产负债表做分析，估算固定资产及无形资产可能产生的增减值

【答案】CD

【解析】注意关于各种方法表述的一一对应。

【知识点6】长期待摊费用的评估

（一）长期待摊费用的基本概念

长期待摊费用是指企业已经支出，但摊销期限在1年以上（不含1年）的各项费用，包括租入固定资产的改良支出以及摊销期在1年以上的固定资产大修理支出、股票发行费用等。

【例7-16】（单项选择题）下面选项中，不属于长期待摊费用的是（　　）。

A. 开办费

B. 租入固定资产的改良支出

C. 股票发行费用

D. 购入固定资产的改良支出

【答案】D

【解析】D项的改良支出计入固定资产。

（二）长期待摊费用的特点（★）

（1）长期待摊费用是企业发生的摊销期限在1年以上的各种预付费用的集合，属于企业的长期资产；

（2）长期待摊费用应能使企业在以后的会计期间受益。

【例7-17】（单项选择题）关于长期待摊费用，下列各项不正确的是（　　）。

A. 是具有融资性质的金融资产

B. 能使以后的会计期间受益

C. 应由本期负担的借款利息、租金等，不作为长期待摊费用

D. 长期待摊费用数额一般较大，受益期限较长。

【答案】A

【解析】长期待摊费用属于企业的长期资产，应能使以后会计期间受益，且费用数额一般较大，受益期限较长。应由本期负担的借款利息、租金等，不作为长期待摊费用。

（三）长期待摊费用的评估程序（★★）

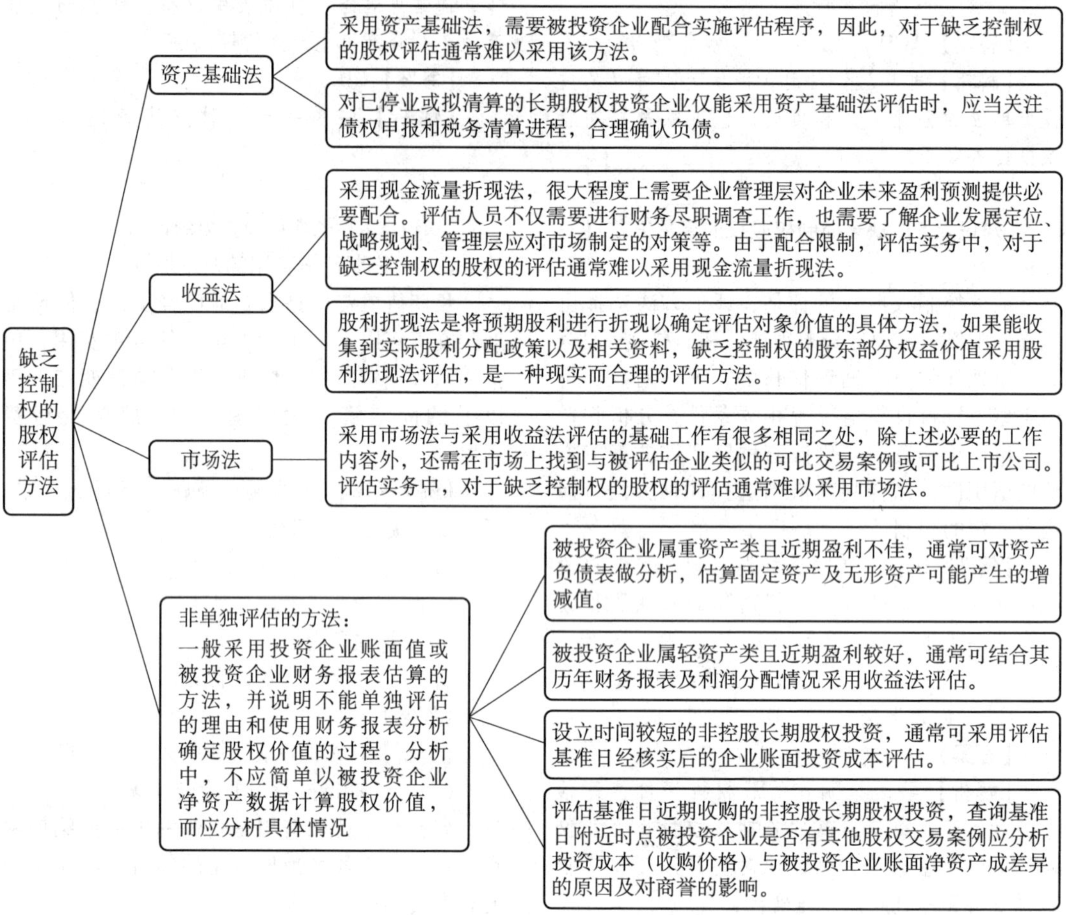

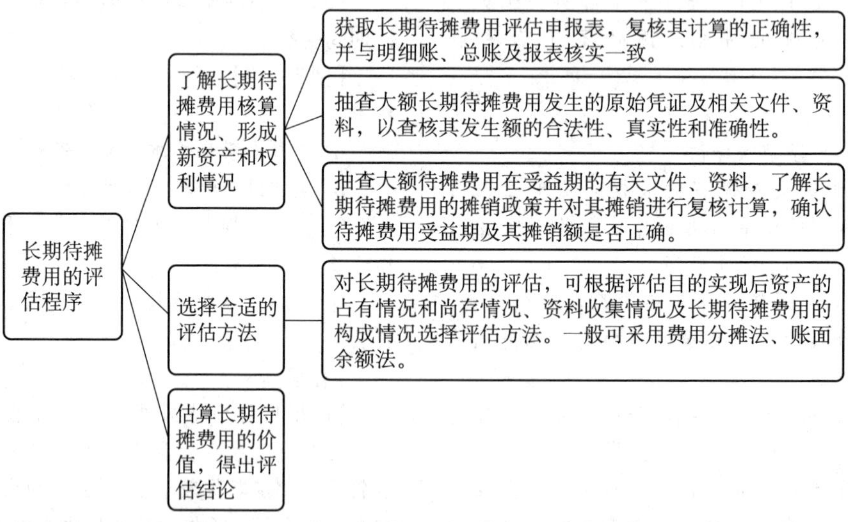

【例 7－18】（多项选择题）下列各项中，有关长期待摊费用的评估程序说法正确的是（　　）。

A. 获取长期待摊费用评估申报表，复核其合计的正确性，并与明细账、总账及报表核实一致

B. 抽查大额长期待摊费用发生的原始凭证及相关文件、资料，以查核其发生额的合法性、

真实性和准确性

C. 抽查大额待摊费用受益期的有关文件、资料，了解长期待摊费用的摊销政策并对其摊销进行复核计算，确认待摊费用受益期及其摊销额是否正确

D. 对长期待摊费用的评估，可根据评估目的实现后资产的占有情况和尚存情况、资料收集情况及长期待摊费用的构成情况进行选择，一般可采用资产减值法

E. 估算长期待摊费用的价值，得出评估结论

【答案】ABCE

【解析】略。

（四）长期待摊费用的清查核实方法

（1）抽查原始凭证（大额）；

（2）抽查受益期的有关文件，了解摊销政策；

（3）对该摊销数据进行复核计算。

【例 7-19】（单项选择题）下列各项中不属于长期待摊费用的清查核实方法的是（　　）。

A. 抽查原始凭证（大额）

B. 选择合适的评估方法

C. 抽查受益期的有关文件，了解摊销政策

D. 对该摊销数据进行复核计算

【答案】B

【解析】B 项属于评估程序。

（五）长期待摊费用的评估方法（★★★）

其评估值要根据评估目的实现后资产的占有情况和尚存情况，而且需确认不存在与其他评估对象重复计算的现象。按此原则，一般采用如下评估方法。

1. 费用分摊法

对于尚存资产或者权利的价值可以准确计算的某些预付性质或性质特殊的费用，可采用费用分摊法计算评估值。

【提示】租入固定资产的改良支出，由于其总的租赁费用、租期及尚存的使用期限均可以准确计算，故可按照其尚存情况采用费用分摊法计算评估值。

【例 7-20】（单项选择题）下列选项中，可以采用费用分摊法计算评估值的是（　　）。

A. 股票承销费

B. 注册会计师费（包括审计、验资、盈利预测等费用）

C. 租入固定资产的改良支出

D. 评估费

【答案】C

【解析】略。

【例 7-21】（单项选择题）某公司拟进行股权转让，需对其股东全部权益价值进行评估。采用资产基础法评估时，其长期待摊费用余额为 160 万元。其中，办公室装修摊余费用为 60 万元；租入固定资产改良支出费用发生总额为 200 万元，摊余 100 万元。租赁协议约定固定资产租入期为 5 年，已租入 2 年。若办公室装修费用已包含在房屋建筑物的估值中，该公司长期待摊费用估值为（　　）万元。

A. 120　　　　B. 100

C. 160　　　　D. 0

【答案】A

【解析】$200 \div 5 \times 3 = 120$（万元）

2. 账面余额法

对于尚存资产或者权利的价值难以准确计算的费用，可按其账面余额计算评估值。具体包括：

（1）股票发行费用。股票的发行费用一般包括股票承销费、注册会计师费（包括审计、验资、盈利预测等费用）、评估费、律师费、公关及广告费、印刷费及其他直接费用等。

（2）发行股票的手续费、佣金等从发行股票的溢价中不够抵销的。

【提示】对评估时已经包含在其他资产项目中的长期待摊费用，在评估长期待摊费用时不再计算评估值。

【例 7-22】（单项选择题）某公司拟进行增资扩股，采用资产基础法对股东全部权益价值进行评估，长期待摊费用为 40 万元，为办公楼装修费用的摊销余额，其原始发生额为 100 万元。若办公室装修费用已包含在房屋建筑物的估值中，该公司长期待摊费用估值为（　　）万元。

A. 60　　　　B. 40

C. 100　　　　D. 0

【答案】D

【解析】对评估时已经包含在其他资产项目中的长期待摊费用，在评估长期待摊费用时不再计算评估值。由于办公楼装修费已经包含在房屋建筑评估值中，故该部分的长期待摊费用评估值为零。

【知识点7】长期应收款的评估

（一）长期应收款的基本概念

长期应收款指的是企业融资租赁产生的应收款项和采用递延方式分期收款、实质上具有融资性质的销售商品和提供劳务等经营活动产生的应收款项。

（二）长期应收款的特点（★）

（1）长期应收款是具有融资性质的金融资产。长期应收款既不是流动资产也不是固定资产，而是具有融资性质的金融资产，具体包括出租人融资租赁产生的应收租赁款，以及采用递延方式分期收款销售商品或提供劳务等经营活动产生的长期应收款。

（2）该款项是根据相关融资租赁合同或销售合同确定，并在一定的期限内按照一定的金额分期收取租金或货款。

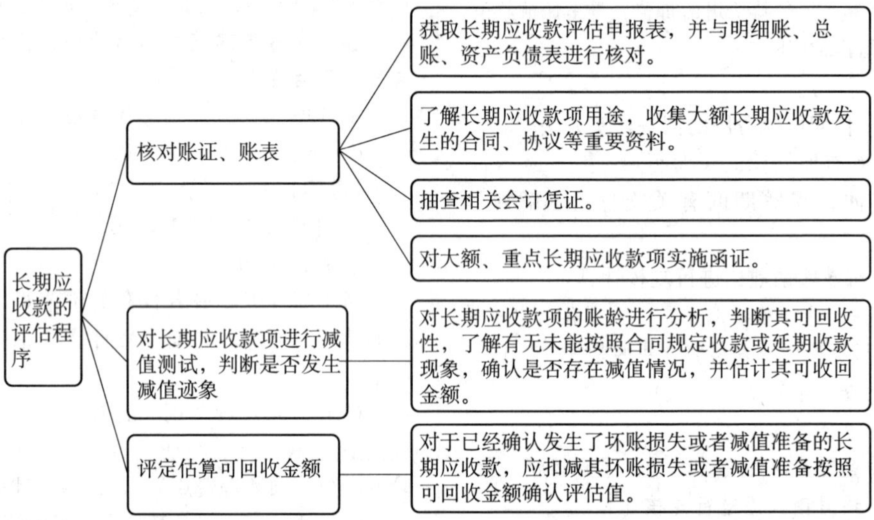

【例7-23】（单项选择题）关于长期应收款的特点，下列叙述不正确的是（　　）。

A. 属于固定资产

B. 是具有融资性质的金融资产

C. 该款项根据相关融资租赁合同或销售合同确定

D. 是在一定的期限内按照一定的金额分期收取的租金或货款

【答案】A

【解析】略。

（三）长期应收款的评估程序（★★）

【例7-24】（单项选择题）下列各项中，有关长期应收款的评估程序说法不正确的是（　　）。

A. 核对账证、账表

B. 对长期应收款项进行减值测试，判断是否发生减值迹象

C. 评定估算可回收金额

D. 可回收金额与账面值进行比较

【答案】D

【解析】略。

（四）长期应收款的清查核实方法

（1）收集长期应收款的合同、协议。了解分析长期应收款的款项用途，收集与长期应收款相关的合同、协议，并查看长期应收款是否按照合同或协议的规定按期收款，核实长期应收款的真实性。

（2）函证。对大额、有疑问的长期应收款项进行函证，了解长期应收款的存在性及可回收性。

（3）抽查（会计凭证）。抽查相关会计凭证，核实长期应收款发生的真实性。

（4）访谈。与相关财务人员、销售人员对长期应收款情况进行访谈并做好访谈记录。

（5）调查。对付款方的经营情况进行调查并判断其是否有偿还能力。

【例7-25】（多项选择题）下列各项中，属于长期应收款的清查核实方法的有（　　）。

A. 收集长期应收款的合同、协议

B. 抽查会计凭证

C. 访谈

D. 逐项调查

E. 抽样调查

【答案】ABC

【解析】略。

（五）长期应收款的评估方法（★★★）

1. 长期应收款减值准备金额的确定

评估实务中，判断发生了信用减值迹象的金融资产，应获取相关的支持性文件或依据。对于有减值迹象的长期应收款，需要估计其预计未来现金流量现值。

【提示】预计未来现金流量现值，应当按照该金融资产的原实际利率折现确定，原实际利率即初始确认该金融资产时确定的实际利率。如果预计未来现金流量现值低于账面值，证明发生了减值，则需要计提相应的减值准备，评估值为资产的账面值减记至预计未来现金流量现值。

2. 基本公式

长期应收款评估值 = 长期应收款账面余额 - 资产减值准备

【例 7-26】（单项选择题）对于发生减值的长期应收款，其评估值根据（　　）确定。

A. 长期应收款的账面余额

B. 长期应收款账面余额 + 资产减值准备

C. 计提的资产减值准备

D. 长期应收款账面余额 - 资产减值准备

【答案】D

【解析】略。

【例 7-27】（单项选择题）年初甲公司以分期付款的方式销售给乙公司一批产品，长期应收款金额为 700 万元，约定分期 4 年收取。经过对应收款项的可回收金额减值测试，需计提 100 万元资产减值准备，此时长期应收款评估值为（　　）万元。

A. 700　　B. 600

C. 500　　D. 100

【答案】B

【解析】长期应收款评估值 = 长期应收款账面余额 - 资产减值准备

【例 7-28】（单项选择题）年初甲公司以分期付款的方式销售给乙公司一批产品，长期应收款金额为 1 200 万元，约定分期 4 年收取。经过对应收款项的可回收金额进行测试，可回收金额为 1 050 万元，此时长期应收款评估值为（　　）万元。

A. 1 200　　B. 150

C. 1 050　　D. 0

【答案】C

【解析】如果预计可回收金额低于账面值，资产的账面价值减记至预计可回收金额，以可回收金额为评估值。

【知识点 8】生产性生物资产评估的概述（★）

（一）生产性生物资产的基本概念

生产性生物资产，是指为产出农产品、提供劳务或出租等目的而持有的生物资产，包括经济林、薪炭林、产畜和役畜等。

【提示】生产性生物资产具备自我生长性，能够在持续的基础上予以消耗并在未来的一段时间内保持其服务能力或未来经济利益。

【例 7-29】（多项选择题）下列资产中，属于生产性生物资产的是（　　）。

A. 经济林　　B. 薪炭林

C. 产畜　　D. 役畜

E. 林地

【答案】ABCD

【解析】略。

（二）生产性生物资产的特点

【提示】生产性生物资产的分类。

根据其是否具备生产能力（或者是否达到预定生产经营目的），生产性生物资产可以划分为未成熟和成熟两类。

【例 7-30】（多项选择题）下列选项中，属于生产性生物资产的特点的是（　　）。

A. 生产性生物资产能够在生产经营中长期、反复使用

B. 生产性生物资产在一定程度上具有固定资产的特征

C. 生产性生物资产一定程度上具有无形资产的特征

D. 生产性生物资产通常需要生长到一定阶段才开始具备生产的能力

E. 生产性生物资产一开始就具备生产的能力

【答案】ABD

【解析】略。

（三）生产性生物资产的评估程序

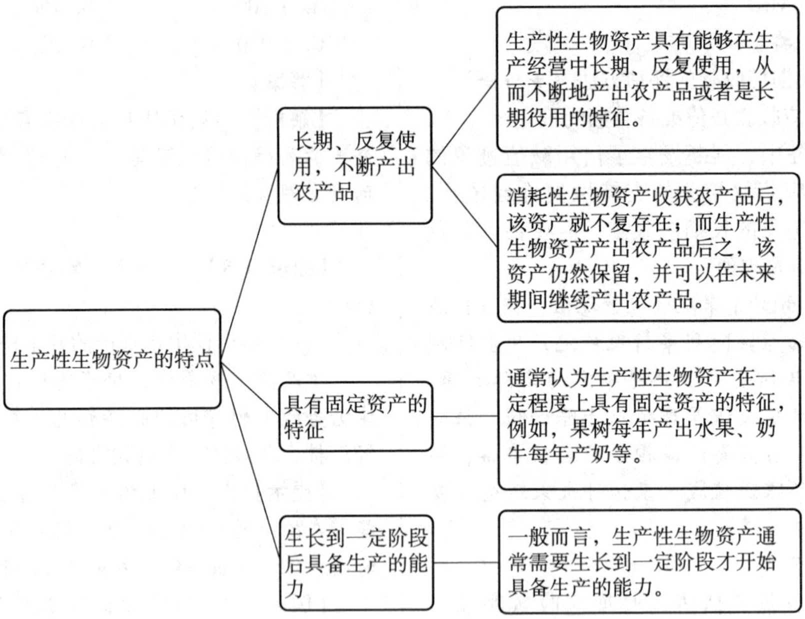

【例7-31】（单项选择题）下列各项中，有关生产性生物资产的评估程序说法错误的是（　　）。

A. 从外购的生产性生物资产、自行营造或繁殖的生产性生物资产的账面构成方面了解其核算内容

B. 生产性生物资产由于其本身所具有的特性，其现场勘察过程比一般制造业企业更为复杂，技术上存在一定难度，因此应选用恰当的方法进行现场勘察

C. 现场勘察必要时应利用专家工作

D. 选用恰当的方法，如成本法、收益法、市场法等进行现场勘察

【答案】 D

【解析】 选用恰当的方法进行现场勘察。如森林资源资产，应根据其面积、品种、生产期、生产状况、密度等进行盘点，具体有抽样法、小班调查法等。成本法、收益法、市场法是评估生产性生物资产价值的方法，不是现场勘察方法。

（四）生产性生物资产的清查核实方法

（1）账证、账表、账实核对。获取生产性生物资产评估申报表，并与明细账、总账、资产负债表进行核对；了解生产性生物资产的核算方法及账面构成内容。

（2）抽样核实。根据各类生产性生物资产的不同特点，与企业共同商定适当的盘点方法，必要时利用专家工作。

（3）技术鉴定。生产性生物资产的质量鉴别具有较强的专业性，必要时需聘请专业人员帮助。

【例7-32】（单项选择题）下列选项中，不属于生产性生物资产清查核实方法的是（　　）。

A. 账证、账表、账实核对

B. 抽查（会计凭证）

C. 抽样核实

D. 技术鉴定

【答案】 B

【解析】 略。

【知识点9】生产性生物资产的评估方法（★★）

（一）成本法

1. 基本思路

指按评估基准日的人工价格水平及生产水平，重新种植或饲养与被评估生物资产相类似的资产达到评估基准日时的状态所需的成本费用减去各种损耗后，作为被评估生物资产价值的方法。

2. 前提条件

（1）被评估资产的实体特征、内部结构及其功能必须与假设的重置全新资产具有可比性；

（2）应当具备可利用的历史资料；

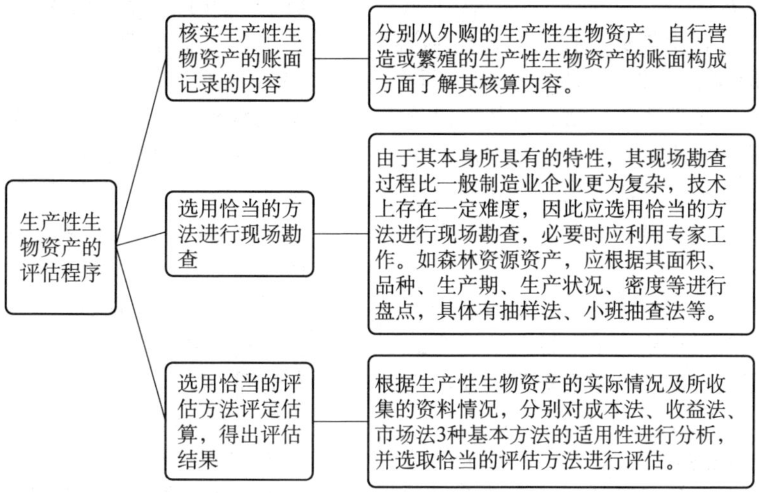

（3）形成资产价值的各种耗费是必需的；

（4）被评估资产必须是可以再生的或者说是可以复制的。

【例7－33】（单项选择题）采用成本法评估生产性生物资产应该具备的前提条件中，不正确的是（　　）。

A. 被评估资产的实体特征、内部结构及其功能必须与假设的重置全新资产一致

B. 应当具备可利用的历史资料

C. 形成资产价值的各种耗费是必需的

D. 被评估资产必须是可以再生的或者说是可以复制的

【答案】 A

【解析】 被评估资产的实体特征、内部结构及其功能必须与假设的重置全新资产具有可比性即可，不必强求完全一致。

【例7－34】（单项选择题）采用成本法评估生产性生物资产的基本思路，是指按（　　）的人工价格水平及生产水平，重新种植或饲养与被评估生物资产相类似的资产达到（　　）时的状态所需的成本费用减去各种损耗后，作为被评估生物资产价值的方法。

A. 评估基准日　全新

B. 现在　种植或饲养之初

C. 现在　现在

D. 评估基准日　评估基准日

【答案】 D

【解析】 略。

3. 计算公式

评估价值＝基准日重置价值（相关成本）－有形损耗－无形损耗

4. 重置价值（相关成本）的确定

（1）外购的生产性生物资产成本包括购买价款、相关税费、运输费、保险费以及可直接归属于购买该资产的其他支出。

【提示】 可直接归属于购买该资产的其他支出包括场地整理费、装卸费、栽植费和专业人员服务费等。

【例7－35】（多项选择题）外购的生产性生物资产成本包括（　　）。

A. 购买价款　　B. 良种试验费

C. 运输费　　D. 保险费

E. 抚育费

【答案】 ACD

【解析】 略。

（2）自行营造或繁殖的生产性生物资产，如企业自己繁育的奶牛、种猪，自行营造的橡胶树、果树、茶树等，其成本应当按照下列原则确定：

①自行营造的林木类生产性生物资产的成本，包括达到预定生产经营目的前发生的造林费、抚育费、营林设施费、良种试验费、调查设计费和应分摊的间接费用等必要支出；

②自行繁殖的产畜和役畜的成本，包括达到预定生产经营目的（成龄）前发生的饲料费、人工费和应分摊的间接费用等必要支出。

【提示】 相关费用停止资本化的时点。

达到预定生产经营目的，是指生产性生物资产进入正常生产期，可以多年连续稳定产出农产品、提供劳务或出租。它是区分生产性生物资产成熟和未成熟的分界点，同时也是判断相关费用停止资本化的时点，是区分其是否具

备生产能力的分界点。

（3）企业生产性生物资产收获的农、林产品成本，采用加权平均法、个别计价法、蓄积量比例法、轮伐期年限法等方法，将其账面价值结转为农、林产品成本。对于收获之后的农产品评估方法，参照存货的评估方法进行，评估人员应注意采用评估基准日时点的成本水平进行价值估算。

5. 有形损耗和无形损耗的确定

（1）有形损耗的确定。生产性生物资产的有形损耗主要是预计的产畜和役畜衰老及经济林老化等。

（2）无形损耗的确定。生产性生物资产的无形损耗，主要是预计因新品种的出现而使现有的生产性生物资产的产出能力和产出农产品的质量等方面相对下降、市场需求的变化使生产性生物资产产出的农产品相对过时等对生产性生物资产的价值产生影响事项。

【例 7－36】（单项选择题）下列说法不正确的是（　　）。

A. 自行营造的林木类生产性生物资产的成本，包括达到预定生产经营目的前发生的造林费、抚育费、营林设施费、良种试验费、调查设计费和应分摊的间接费用等必要支出

B. 自行繁殖的产畜和役畜的成本，包括发生的饲料费、人工费和应分摊的间接费用等必要支出

C. 生产性生物资产的有形损耗主要是预计的产畜和役畜衰老及经济林老化等

D. 生产性生物资产的无形损耗，主要是预计因新品种的出现而使现有的生产性生物资产的产出能力和产出农产品的质量等方面相对下降、市场需求的变化使生产性生物资产产出的农产品相对过时等

【答案】B

【解析】自行繁殖的产畜和役畜的成本，包括达到预定生产经营目的（成龄）前发生的饲料费、人工费和应分摊的间接费用等必要支出。相关费用停止资本化的时点是达到预定生产经营目的。

6. 成本法评估生产性生物资产的局限性

（1）相对误差较大，很多情况下不适用；

（2）通常会低估生物资产的价值，适用于幼年期生物资产的价值评估。

【例 7－37】（多项选择题）下列各项中，属于成本法评估生产性生物资产局限性的是（　　）。

A. 与其他方法相比，相对误差较大

B. 无法体现自然增殖，通常会低估生物资产的价值

C. 有形损耗和无形损耗的估算难以计量

D. 通常适用于未成熟生物资产的价值评估

E. 应用受到一定限制

【答案】ABC

【解析】略。

（二）市场法

1. 基本思路

市场法是指利用市场上同类或类似资产的近期交易价格，经过对比调整，确定被评估生产性生物资产价值。

【提示】运用市场法首先要有一个活跃的公开市场，再考虑公开市场上是否具有可比的资产及其交易活动。

2. 适用的条件

（1）存在一个活跃的公开市场。

①农作物资产。未成熟的农作物资产偶尔也有交易的情形，如国家和集体在征用农村集体所有土地时，按照规定需要支付“青苗补偿费”，该费用实质上反映的是生长期间作物的交易价格，这种征用土地的情形只是偶尔发生，不具有普遍性。

【提示】处于任何生长期间的花卉均可作为交易对象。

②林木资产。

【提示】各类森林的市场交易情况不同。

【例 7－38】（单项选择题）关于林木资产的下列选项，正确的是（　　）。

A. 经济林存在公开的交易市场

B. 防护林和特种用途林属于公益性生物资产，仍存在市场交易行为

C. 薪炭林不存在活跃交易市场

D. 用材林存在活跃交易市场

【答案】C

【解析】防护林和特种用途林属于公益性生物资产，产权属于国家，基本不存在市场交易行为。薪炭林主要解决山区和林区能源问题，基本上不存在活跃的交易市场。用材林林木资产市场交易主要发生在采伐期间或成熟后，不

过交易市场最活跃的还是砍伐后的木材市场。经济林现实中偶尔也有经济林交易的行为，但是很少，不具有普遍性。

③畜禽资产。

【提示1】 畜禽资产是生物资产中交易最活跃的资产。

既存在作为生产性生物资产的交易，如种畜、种禽市场，又存在消耗性生物资产的交易，如肉畜、肉禽市场；既有成熟生物资产的交易、育成畜禽的市场，也有未成熟生物资产的交易，如幼畜禽市场。

【提示2】 不是所有的动物资产都具有活跃的交易市场，例如渔业生物资产。

【例7－39】（单项选择题）下列各项中，有关畜禽资产说法正确的有（　　）。

A. 畜禽资产是生物资产中交易最活跃的资产

B. 在公开市场上不能够找到可比的资产及其交易活动

C. 不存在活跃市场的市价

D. 所有动物资产都具有活跃的交易市场

【答案】 A

【解析】 略。

④渔业生物资产。

【提示1】 处于水体中的渔业生物资产，由于数量或重量均难以准确确定，导致缺乏活跃的公开市场，并且很难找到特征类似的参照物。

【提示2】 捕捞后离开水体形成的“水产品”或“离开水的鱼”（短期内具有生命，实质上属于农产品范畴）交易市场十分活跃，公开市场交易的对象主要是捕捞后的水产品。

【例7－40】（多项选择题）下列各项中，有关渔业生物资产说法正确的是（　　）。

A. 渔业生物资产的数量或重量均难以精确或准确地计算和确定

B. 公开市场交易很活跃

C. 容易找到特征类似的参照物

D. 公开市场交易的对象主要是捕捞后的水产品

E. 渔业生物资产属于水生生物资产，依附江河水系，具有附着物的不可分割性

【答案】 ADE

【解析】 略。

（2）公开市场上要有可比的资产及其交易活动。

①参照物的选择。选择的参照物应尽可能与被评估资产类似，即要求参照物与被评估资产之间大体可以代替。

【提示】 畜禽资产价值评估中要求参照物与被评估资产品质一致，最后是年龄、体重相似，肉质及产出能力相近。

②参照物的数量。尽可能选择多个参照物。

3. 计算公式

$V = K \cdot KP \cdot P \cdot M$

式中：V—生物资产评估值；K—质量调整系数；KP—市场价格调整系数；P—单位市场价格；M—数量（重量、材积）。

【提示1】 运用市场法估算生产性生物资产的价值，关键在于参照物的选择及调整系数的设置。

【提示2】 运用市场法评估花卉价值时，确定调整系数需要考虑的因素。

【例7－41】（单项选择题）运用市场法估算生产性生物资产的价值，关于参照物的选择说法不正确的是（　　）。

A. 关键在于参照物的选择及调整系数的设置

B. 生产性生物资产参照物的选择，较一般非生物资产更加困难

C. 设置恰当的调整系数比较容易

D. 在选择好参照物以后，综合权衡参照物与待评生产性生物资产各方面的差异，进而确定相应的调整系数

【答案】 C

【解析】 生产性生物资产绝大部分是非标准的，这增加了参照物选择的难度。即使已选择好参照物，生产性生物资产生长环境、人力投入、管理状况以及自身品质、利用方向等均会导致个体间参照差异。因而，设置恰当的调整系数也较为困难。

【例7－42】（多项选择题）有关市场法的评估公式 $V = K \cdot KP \cdot P \cdot M$，下列说法正确的有（　　）。

A. K—质量调整系数

B. KP—市场价格调整系数

C. P—单位市场价格

D. M—数量（重量、材积）

E. K—市场价格调整系数

【答案】ABCD

【解析】略。

4. 市场法评估生产性生物资产的局限性

（1）运用领域受到一点限制。在生产性生物资产中，存在活跃交易市场的只有畜禽资产以及农作物资产中的花卉。

（2）调整系数难以确定。

【例7-43】（多项选择题）下列选项中属于市场法评估生产性生物资产的局限性的是（　　）。

A. 对于大部分生产性生物资产而言，在现实中很难找到公平、活跃的交易市场

B. 很多情况下修正过程难以用数学公式进行量化

C. 市场法不需要在交易情况、交易日期、资产特征等方面对参照物进行修正

D. 调整系数难以确定

E. 需要将未来预期收益折现

【答案】ABD

【解析】略。

（三）收益法

1. 基本思路

【提示】判断生物资产是否可以采用收益法进行评估的首要条件是生产性生物资产是否具有持续获利能力。

【例7-44】（多项选择题）下列各项中，有关收益法说法正确的是（　　）。

A. 收益法是在估测资产未来预期收益额及收益期限的基础上，采用适当的折现率将预测的未来收益额折成现值，然后再将各期收益折现值累加，求得被评估资产价值的一种资产评估方法

B. 判断生物资产是否可以采用收益法对其价值进行评估的首要条件是分析生产性生物资产是否具有连续获利能力

C. 牧草的未来收益不稳定，不具有连续获利能力

D. 畜禽资产中的生产性生物资产，如奶畜、种畜等，在其寿命内可以多次产出产品或繁殖新的生物资产，具有连续获利能力

E. 亲鱼属于生产性生物资产，其对人类贡献的经济价值体现在不同期间产出的鱼苗，具有连续获利能力

【答案】ABDE

【解析】牧草的主要用途是将其全株作为饲料，即使遭遇自然灾害以及病虫害侵袭时也会有一定的收获物，因此牧草的未来收益较稳定，具有连续获利能力。

2. 收益法的计算公式

$$P = \sum_{i=1}^{n} \frac{R_i}{(1+r)^i}$$

式中：P—生物资产评估值；R_i—生物资产在第 i 期的预期收益额；r—折现率；n—预期收益期数。

3. 收益额的确定

生产性生物资产的类型不同，影响收益额的因素也各不相同，下面按照生产性生物资产的类别进行分析。

（1）牧草资产。牧草资产的收益额是在其使用中带来的未来收益期望值，主要通过预测分析获得，不仅要看当前的收益能力，更重要的是预测未来的收益能力。在同等情况下，牧草的预期收益要比籽实作物稳定。

（2）经济林林木资产。经济林林木资产的收益额是林木资产使用中带来的未来收益期望值，可以通过预测林木资产在其生长期间各个年份的产出量与当年市场价格乘积来确定。

（3）生产性畜禽资产。生产性畜禽资产的收益额主要通过预测生产性畜禽资产各年产出产品的产量与单位价格的乘积来确定。

【提示1】奶牛的收益确定。

奶牛的收益主要由牛犊、牛奶和粪便以及奶牛淘汰时的残值构成，所以通过预测奶牛各年产犊数、产奶量、产粪便量并分别乘以各自的预测单位价格，最后一年再加上奶牛淘汰时的残值，便可算出奶牛各年的收益额。

【提示2】生物资产预计经营期的确定。

生物资产预计经营期的确定要从生物资产的生物寿命、市场变化、技术和产品的更新换代这些因素出发，综合考虑估计。

（4）亲鱼资产。亲鱼资产的收益额是亲鱼通过繁殖鱼苗带来的未来收益期望值，主要通过预测分析获得，不仅要看当前的收益能力，更重要的是预测未来的收益能力。收益能力通过预测鱼苗产出量及鱼苗市场价格求得。

【例7-45】（多项选择题）下列各项中有关收益额的确定，说法正确的有（　　）。

A. 相对于籽实作物，牧草的风险相对较高

B. 经济林林木资产的收益额是林木资产使用中带来的未来收益期望值，可以通过预测林

木资产在其生长期间各个年份的产出量与当年市场价格乘积来确定

C. 生产性畜禽资产的收益额主要通过预测生产性畜禽资产各年产出产品的产量与单位价格的乘积来确定

D. 亲鱼资产的收益额是亲鱼通过繁殖鱼苗带来的未来收益期望值，收益能力通过预测鱼苗产出量及鱼苗市场价格求得

E. 生物资产预计经营期的确定要从生物资产的生物寿命、市场变化、技术和产品的更新换代这些因素出发，综合考虑估计

【答案】 BCDE

【解析】 虽然从整体来说农业属于高风险行业，但相对于籽实作物，牧草的风险相对较低。

4. 折现率的确定

生物资产具有高风险性，除市场风险以外还有自然风险。如旱灾、水灾、冰雹等自然灾害以及遭受病虫害、动物疫病等侵袭，这将导致生物资产的数量或质量会比预期低，甚至会造成生物资产死亡，且无转让价值。

【提示】 在运用收益法评估生物资产价值时，应根据生物资产的不同类型，对未来收益的风险影响因素，及收益获得的其他外部因素进行分析，科学地测算风险利率，以进一步测算出适合的折现率。

5. 收益期的确定

对于生物资产来说，不同类型生物资产的经济寿命是不同的，有的只有几年，有的可达几十年，甚至上百年。即使是同一类型的生物资产也会因自身因素或生长环境的不同而使其经济寿命有所不同。

【例 7－46】（单项选择题）下列说法不正确的是（　　）。

A. 生物资产只具有市场风险

B. 在运用收益法评估生物资产价值时，应根据生物资产的不同类型，对未来收益的风险影响因素，及收益获得的其他外部因素进行分析，科学地测算风险利率，以进一步测算出适合的折现率

C. 对于生物资产来说，不同类型生物资产的经济寿命是不同的，有的只有几年，有的可达几十年，甚至上百年

D. 旱灾、水灾、冰雹等自然灾害以及遭受病虫害、动物疫病等侵袭，这将导致生物资产的数量或质量会比预期低，甚至会造成生物资产死亡，且无转让价值

【答案】 A

【解析】 生物资产具有高风险性，除市场风险以外还有自然风险。

6. 收益法评估生产性生物资产的局限性

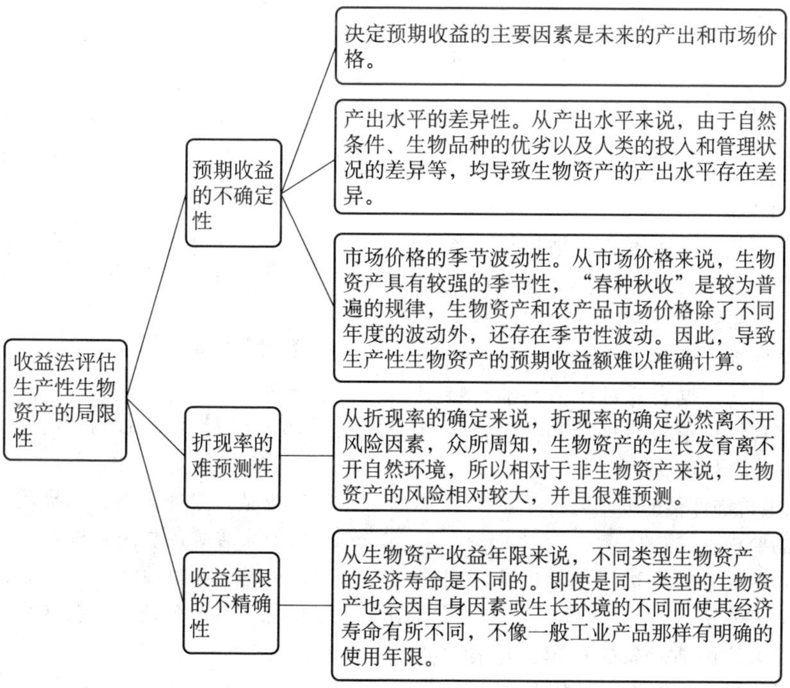

【提示1】只有生物资产的收益和风险都能够可靠、准确地量化，才能应用收益法评估。

【提示2】要注意相关参数的应用和选取，尤其是折现率，必须选择同一市场上类似生物资产的平均报酬率。

【例7-47】（单项选择题）下列各项中有关收益法评估生产性生物资产的局限性，说法不正确的（　　）。

A. 自然条件、生物品种的优劣以及人类的投入和管理状况的差异等，均导致生物资产的产出水平存在差异

B. 生物资产具有较强的季节性，“春种秋收”是较为普遍的规律，生物资产和农产品市场价格除了不同年度的波动外，还存在季节性波动

C. 折现率的确定必然离不开风险因素，生物资产的生长发育离不开自然环境，所以相对于非生物资产来说，生物资产的风险相对较大，但是很容易预测

D. 不同类型生物资产的经济寿命是不同的，即使是同一类型的生物资产也会因自身因素或生长环境的不同而使其经济寿命有所不同，不像一般工业产品那样有明确的使用年限

【答案】C

【解析】从折现率的确定来说，折现率的确定必然离不开风险因素，众所周知，生物资产的生长发育离不开自然环境，所以相对于非生物资产来说，生物资产的风险相对较大，并且很难预测。

【知识点10】珠宝首饰评估（★★）

（一）基本概念

珠宝首饰评估，是指资产评估机构、资产评估师（珠宝）及其他珠宝评估专业人员遵守法律、行政法规和资产评估准则，按照有关珠宝首饰的国家标准，在对珠宝首饰进行鉴定分级分析的基础上，根据委托对评估基准日特定目的下的珠宝首饰价值进行评定和估算，并出具资产评估报告的专业服务行为。

（二）珠宝首饰评估的要求

1. 评估的要求

（1）应当对珠宝首饰进行实物确认，明确珠宝首饰的存在状态；

（2）应当关注评估对象的权属，要求委托人或者其他相关当事人对珠宝首饰的权属做出承诺，并应当对珠宝首饰的权属相关资料进行必要查验；

（3）应当对珠宝首饰进行鉴定和品质分级；

（4）应当知晓同一珠宝首饰在不同市场的价值可能存在差异，并根据评估对象的具体情况确定适当的市场级别；

（5）应当考虑珠宝首饰的品质因素及其他因素对评估对象价值的影响，如来源（出处）、历史、名人拥有、名师设计制作、品牌、稀缺程度等。

2. 收集的信息

（1）评估对象的历史、现状及相关证明资料；

（2）评估对象以往的评估及交易情况；

（3）相同或者类似珠宝首饰的市场价格信息及交易情况；

（4）评估对象的市场供求关系、稀缺程度及市场前景等；

（5）可能影响珠宝首饰价值的宏观经济状况；

（6）其他相关信息资料。

【例7-48】（多项选择题）执行珠宝首饰评估业务的要求有（　　）。

A. 同一珠宝首饰在不同市场的价值可能存在差异，应根据评估对象的具体情况确定适当的市场级别

B. 应当对珠宝首饰的权属相关资料进行必要查验

C. 应关注其来源（出处）、历史、名人拥有、名师设计制作、品牌、稀缺程度等因素对价值的影响

D. 应关注品质因素对价值的影响

E. 应搜集珠宝首饰的历史、现状及相关证明资料

【答案】ABCD

【解析】略。

【例7-49】（多项选择题）珠宝首饰评估，需收集的信息有（　　）。

A. 评估对象的历史、现状及相关证明资料

B. 珠宝首饰的委托人信息

C. 评估对象以往的评估及交易情况

D. 相同或类似珠宝首饰的市场价格信息及交易情况

E. 可能影响珠宝首饰价值的宏观经济状况

【答案】 ACDE

【解析】 略。

（三）珠宝首饰评估程序要求

1. 单体珠宝首饰评估程序

根据《珠宝首饰评估程序指导意见》，执行单体珠宝首饰评估业务，应当履行实物核查、鉴定和鉴定复核、品质和价值特征分析、描述记录等程序（见表7－4）。

表7－4　单体珠宝首饰评估程序

程序	具体内容
实物核查	核查评估对象实物状态，完成委托样品确认或者交接。
鉴定和鉴定复核	（1）采用现行国家标准对评估对象进行无损鉴定； （2）珠宝评估人员对已有鉴定机构出具鉴定、分级结论的评估对象，应当进行必要的实物鉴定、分级，并对已有鉴定、分级结论进行复核；
鉴定和鉴定复核	（3）特殊情况下的样品鉴定或者有损鉴定，需征得所有权人或者委托人的书面许可； （4）对疑难样品或者存疑样品，与委托人沟通后，由双方共同认可的第三方机构进行样品鉴定。
品质和价值特征分析	采用相应的国家标准以及行业标准等，对评估对象进行品质和价值特征分析。如果没有相应的国家标准和行业分级标准，可以参照国内外市场通用的分级体系。
描述记录	根据评估对象种类，对评估对象的品质和价值特征分析等进行描述记录。描述方式包括文字、表格、图示、照片等。

【提示】 如果存在评估对象实物缺失、残损等情形，应当根据法律法规要求，依据有效历史信息资料，由珠宝评估人员确定是否执行假设条件下的评估工作。如果执行，应当在珠宝首饰资产评估报告中对实物缺失、残损等情形予以披露。

2. 批量珠宝首饰评估程序

批量珠宝首饰评估是在单体珠宝首饰鉴定分级等工作的基础上，对价值特征同质化的珠宝首饰组合或者批次，进行合理的系统性评估。重点履行下列程序（见表7－5）。

表7－5　批量珠宝首饰评估程序

程序	具体内容
批量珠宝首饰核查	（1）观察珠宝首饰的存放状况，了解管理情况，并记录。 （2）核查珠宝首饰实物数量和品种。 （3）收集凭证资料。对委托人提供的流转数据凭证等资料，进行核查确认，记录存档。 （4）确定评估对象和评估范围。根据资产清查情况，由相关盘点和监盘人员，在资产盘点记录上签字确认。
批量珠宝首饰的鉴定分类以及描述记录	（1）鉴定和鉴定复核。通过初步鉴定和专业判断，确定鉴定和鉴定复核的工作重点。 （2）分类。批量珠宝首饰可以依据种属、状态（如成品、裸石、原料等）、品质特征、工艺特征等因素进行分类。 （3）分类描述记录。根据珠宝首饰实物确定描述重点。对特殊的珠宝首饰，以及单体价值较高的珠宝首饰，可以根据品种、特殊品质特征、特定作者、特别产地等，进行独立分类和重点描述。对鉴定中的疑难样品，以及已有鉴定分级证书却仍存疑的样品，与委托人沟通后，由双方共同认可的第三方机构进行样品鉴定。
批量珠宝首饰的品质和价值特征分析	根据市场情况和分类特点，对珠宝首饰实物分类进行品质和价值特征分析。对价值较高或者材质特殊的，应当重点关注和详细记录。

【例7－50】（多项选择题）单体珠宝首饰需执行的评估程序有（　　）。

A. 资料搜集

B. 实物核查

C. 鉴定和鉴定复核

D. 品质和价值特征分析

E. 描述记录

【答案】BCDE

【解析】略。

【例7-51】（多项选择题）批量珠宝首饰实物核查的内容有（　　）。

A. 观察珠宝首饰的存放状况，了解管理情况，并记录

B. 核查珠宝首饰实物数量和品种

C. 收集凭证资料

D. 确定评估对象和评估范围

E. 鉴定和鉴定复核

【答案】ABCD

【解析】略。

（四）珠宝首饰评估报告及披露

通常包括以下内容：

（1）对评估对象的恰当描述，包括珠宝首饰的客观辨别特征和价值贡献特征。应当根据评估对象的特点和评估业务的具体情况，确定需要描述的内容，并突出描述影响价值结论的关键性特征。

（2）珠宝首饰评估的价值类型及其定义。

（3）评估程序实施过程描述，应当反映对珠宝首饰的实物调查、市场调查、鉴定分级、评定估算等过程。

（4）珠宝首饰质押及其他限制情况。

【例7-52】（多项选择题）珠宝首饰评估报告通常包括的内容有（　　）。

A. 珠宝首饰评估的价值类型及其定义

B. 珠宝首饰的鉴定分类

C. 评估程序实施过程描述

D. 珠宝首饰质押及其他限制情况

E. 对珠宝首饰的客观辨别特征和价值贡献特征的描述

【答案】ACDE

【解析】略。

【知识点11】矿产资源资产评估概述（★）

我国矿产资源资产评估先后经过两个阶段。第一个阶段是1986—1997年，基于新中国第一部矿产资源法的“地质勘查成果资产评估”；第二个阶段是基于1996年修订的《矿产资源法》的“探矿权采矿权评估”（或称矿业权评估）。目前的矿产资源资产评估是矿业权评估。

（一）基本概念

1. 矿产资源

矿产资源分为能源矿产、金属矿产、非金属矿产和水气矿产四大类。

2. 矿产资源储量

矿产资源储量是指经过矿产勘查和可行性评价工作估算的矿产资源蕴藏量的总称。

3. 矿产资源所有权与矿业权

矿产资源所有权是指作为所有者的国家依法对矿产资源享有占有、使用、收益、处分的权利。我国矿产资源属于国家所有。国家对矿产资源的勘查、开采实行许可证制度。

矿业权是探矿权和采矿权的合称。探矿权是指在依法取得的勘查许可证规定的范围内，勘查矿产资源的权利。采矿权是指在依法取得的采矿许可证规定的范围内，开采矿产资源和获得所开采的矿产品的权利。

（二）矿业权评估业务类型

我国矿业权评估有两种不同的业务类型：一是为政府出让矿产资源勘查权和开采权收取矿业权出让收益提供技术支持的矿业权出让评估（俗称一级市场）；二是为作为企业法人资产的矿业权的交易和会计计量提供价值基础的矿业权转让评估（俗称二级市场）。具体如表7-6所示。

表7-6　矿业权评估业务类型

分类	项目	具体内容
矿业权出让评估	含义	矿业权出让，是基于所有权与使用权分离的一种授予机制，具体是指矿产资源主管部门以招标、拍卖、挂牌和协议等方式依法向探矿权申请人授予探矿权并收取探矿权价款，以及以招标、拍卖、挂牌、探矿权转采矿权、协议等方式依法向采矿权申请人授予采矿权并收取采矿权价款的行为。因此，矿业权出让评估即为矿业权价款评估，评估结果反映国家勘察投资收益。

续表

分类	项目	具体内容
矿业权出让评估	评估方法	（1）按收益率形式征收矿业权出让收益。按收益率形式征收矿业权出让收益的计算公式： 矿业权出让收益 = 探矿权（采矿权）成交价 + 逐年征收的采矿权出让收益 逐年征收的采矿权出让收益 = 年度矿产品销售收入 × 矿业权出让收益率 ①矿业权出让收益率的确定。矿业权出让收益率征收标准综合考虑经济社会发展水平、矿产品价格变化等因素确定。 ②年度矿产品销售收入的确定。矿产品销售收入按照矿业权人销售矿产品向购买方收取的全部收入确定，不包括增值税税款。 ③成交价的确定。按协议方式出让探矿权采矿权的，成交价按起始价确定，起始价主要依据矿业权面积，综合考虑成矿条件、勘查程度、矿业权市场变化等因素确定。 （2）按金额形式征收矿业权出让收益。按竞争方式出让探矿权采矿权的，矿业权出让收益按竞争结果确定。按协议方式出让探矿权采矿权的，矿业权出让收益按照评估值与矿业权出让收益市场基准价测算值就高确定。 ①市场基准价。矿业权出让收益市场基准价，由省级自然资源主管部门测算形成矿业权出让收益市场基准价，经省级人民政府同意后公布执行，并将结果报自然资源部备案。原则上每三年更新一次。 ②矿业权评估。矿业权出让收益评估，评估期限要与采矿权登记发证年限、矿山开发利用实际有效衔接且最长不超过三十年。
矿业权市场化评估	含义	企业取得矿业权后，矿业权成为企业法人资产，与企业其他资产一样，在各种企业经济和经营行为背景下，均涉及对其价值的评估。

【提示】2017 年矿业权出让评估由矿业权价款评估调整为矿业权出让收益评估。

（1）矿业权价款。矿业权价款是指对国家出资探明矿产地收取、反映国家投资收益的探矿权采矿权价款。矿业权价款是国家作为矿产资源勘查出资人身份享有的权益，及“勘查投资及其收益”。

（2）矿业权出让收益。矿业权出让收益适用于所有国家出让矿业权、体现国家所有者权益的矿业权出让收益。

（3）矿业权出让收益与矿业权价款的内涵存在差异，基于二者内涵的评估方法或模型，应当有所不同。

（4）矿业权转让时，未缴纳的矿业权出让收益及涉及的相关费用，缴纳义务由受让人承担。采矿权人开采完毕注销采矿许可证前，应当缴清采矿权出让收益。

【例 7－53】（多项选择题）矿业权出让的方式包括（　　）。

A. 招标　　B. 转让

C. 拍卖　　D. 协议

E. 置换

【答案】ACD

【解析】B 项、E 项属于矿业权转让。

【例 7－54】（多项选择题）下列属于矿业权市场化评估的有（　　）。

A. 以矿业权对外投资的评估

B. 涉矿（含矿）企业股权转让的评估

C. 矿业权的抵押贷款评估

D. 矿业权出让评估

E. 人民法院资产处置涉及矿业权的评估

【答案】ABCE

【解析】矿产资源资产评估的业务类型有矿业权出让评估（一级市场）、矿业权转让评估（二级市场）。

【例 7－55】（单项选择题）下列关于矿业权评估的说法中，错误的是（　　）。

A. 矿业权出让收益评估结果，并不一定是最终的矿业权出让收益额

B. 矿业权价款评估和矿业权出让收益评估，都属于矿业权出让评估

C. 矿业权出让收益评估，是矿产地质勘查成果资产评估

D. 矿业权价款评估是国家出资探明矿产地出让时的评估

【答案】C

【解析】矿业权出让收益适用于所有国家出让矿业权、体现国家所有者权益的矿业权出让

收益。

【知识点12】矿业权评估方法（★★）

与其他资产一样，矿业权评估也有三种评估基本方法或途径，即收益法、市场法和成本法。具体评估方法模型考虑了矿产资源勘查开采的特点（见表7-7）。

表7-7　矿业权评估方法

方法	项目	具体内容
收益法	评估思路	收益法是基于预期收益原则和效用原则，通过计算待估矿业权所对应的矿产资源储量未来开发获得的预期收益现值，得出待估矿业权价值的各种具体评估技术方法的总称。
	适用范围	收益法适用于采矿权评估和勘查程度较高的勘查区的探矿权评估。
	适用条件	（1）具备可靠的矿产资源储量报告； （2）具备实际采用的或经论证可行的采选方案和土地复垦、环境治理方案； （3）具备可靠的企业会计核算资料或误差允许范围内的技术经济分析资料。
	具体方法	折现现金流量法，是将矿业权所对应的矿产资源勘查、开发作为现金流量系统，将收益年限内各年的净现金流量，以与净现金流量口径相匹配的折现率，折现到评估基准日的现值之和，作为矿业权评估价值。其基本原理为“割差法”。 计算方式如下： （1）现金流入量（+）：销售收入、回收固定资产净残（余）值、回收流动资金； （2）现金流出量（-）：尚需进行矿产勘查的投资、房屋建筑物、机器设备、土地等非矿资产投资、其他非矿资产投资、流动资金、经营成本、销售税金及附加、企业所得税； （3）净现金流量（即现金流入量-现金流出量）； （4）折现系数（折现率包含房屋建筑物、机器设备、土地和其他非矿资产等投资报酬）； （5）净现金流量现值（净现金流量×折现系数）； （6）矿业权评估价值（净现金流量现值之和）。
		收入权益法是基于替代原则的一种间接估算采矿权价值的方法，是通过采矿权权益系数对销售收入现值进行调整，作为采矿权价值。 采矿权权益系数反映采矿权评估价值与销售收入现值的比例关系，是通过统计已完成的矿业权评估报告的评估结果与对应的正常生产年份收入现值的比例关系得出的。评估结果的合理性，很大程度上取决于该系数的合理程度。系统、及时的采矿权权益系数的统计分析计算工作，是收入权益法得以应用的基本前提条件。 收入权益法，是针对生产规模为小型、剩余服务年限很短（如接近枯竭的矿山）的生产矿山采矿权评估提出的。因其评估结果合理性难以客观反映采矿权价值，一般不建议单独采用该方法进行评估。
成本法	评估思路	成本法是基于探矿权所对应的矿产资源勘查许可证范围内的矿产地质勘查工作投入成本及其效果，与探矿权的价值存在内在联系作为前提的一种评估途径。具体通过估算探矿权对应的矿产资源勘查许可证范围内对应的勘查矿种、已经完成的矿产地质勘查工作现时成本，估算探矿权价值的各种评估技术方法的总称。
	适用范围	成本法多用于探矿权价值的评估。当探矿权所对应的矿产地的勘查程度较低，资源储量的可靠性差，不适合采用收益法评估探矿权价值时，一般考虑采用成本法对其价值进行评估。
	适用条件	（1）具备完整的、可靠的地质勘查报告及其附件和图件； （2）能够清晰识别，或者分摊计算出勘查区范围内各类勘查工作的工作量； （3）能够收集到各类勘查工作手段的市场价格和费用信息资料。

续表

方法	项目	具体内容
成本法	具体方法	勘查成本效用法，首先估算已经发生的地质勘查工作的重置成本，然后采用效用系数进行调整得出探矿权评估价值。 效用系数，反映勘查工作是否符合相关矿种地质勘查规范要求以及勘查工作布置的合理性。 效用系数 $F=f_1\times f_2$ 式中：f_1—勘查工作布置合理性系数；f_2—勘查工作加权平均质量系数。 该方法适用于下列情形：（1）投入少量地表或浅部地质工作的普查探矿权评估；（2）经一定勘查工作后找矿前景仍不明朗的普查探矿权评估。
		地质要素评序法，是将勘查成本效用法估算结果作为基础，然后采用反映找矿潜力和矿产资源开发前景的价值指数对其进行调整得出探矿权评估价值。 价值指数，反映了找矿潜力和矿产资源开发前景。 该方法适用于勘查区块内已进行较系统的地质勘查工作，有符合勘查规范要求的地质勘查报告或地质资料，并具备比较具体的、可满足评判指数所需的地质、矿产信息，在勘查区块外围有符合要求的区域地质矿产资料。
市场法	评估思路	市场法是间接评估的途径，是根据替代原则，通过分析、比较评估对象与市场上已有矿业权交易实例的异同，调整估算评估对象价值的技术路径的各类评估方法的总称。
	具体方法	矿业权评估曾经提出了可比销售法、单位面积探矿权价值评判法、资源品级探矿权价值估算法等评估方法，但国内实际应用较少。 境外矿业项目并购估值，经常采用市场法验证收益法评估结果（范围）。

【提示】 矿业权成本法评估，是基于探矿权所对应的矿产地质勘查工作投入及其效果与探矿权价值存在内在联系或依存关系作为假设前提的，本质来讲，探矿权价值的大小与其对应的勘查区投入多少无关，或者说，成本与价值无对应性。

【例7－56】（单项选择题）运用折现现金流量法评估矿业权价值时，下列项目不属于现金流入项目的是（　　）。

A. 销售收入

B. 回收流动资金

C. 回收固定资产残余值

D. 更新改造资金

【答案】 D

【解析】 略。

【例7－57】（单项选择题）运用勘查成本效用法评估矿业权价值时，实物工作量的确定必须是有关、有效的勘查工作量。其中，“有关”是指（　　）。

A. 与目标矿种有关

B. 与评估基准日有关

C. 与勘查工作有关

D. 与评估目的有关

【答案】 A

【例7－58】（多项选择题）有关和有效工作量，是计算勘查成本时，对勘查工作范围的界定标准。有关，是指对应于矿产勘查许可证载明的勘查目标矿种的勘查工作量。有效，是指主要勘查技术手段符合当时的勘查规范要求。

使用成本法评估矿业权价值，应当具备的基本条件包括（　　）。

A. 具备可靠的企业会计核算资料或误差允许范围内的技术经济分析资料

B. 具备可靠的矿产资源储量报告

C. 具备完整的、可靠的地质勘查报告及其附件和图件

D. 能够清晰识别，或者分摊计算出勘查区范围内各类勘查工作的工作量

E. 能够收集到各类勘查工作手段的市场价格和费用信息资料

【答案】 CDE

【解析】 A项、B项属于收益法应用的基本条件。

【例7－59】（多项选择题）矿业权收益法

常用的具体评估方法有（　　）。

A. 折现现金流量法

B. 单位面积探矿权价值评判法

C. 资源品级探矿权价值估算法

D. 收入权益法

E. 地质要素评序法

【答案】AD

【解析】略。

【例7-60】（单项选择题）当探矿权所对应的矿产地的勘查程度较低、资源储量的可靠性差时，可以采用的评估方法是（　　）。

A. 收益法　　B. 成本法

C. 市场法　　D. 折现现金流量法

【答案】B

【解析】参见表7-7。

【知识点13】司法执行财产处置中的资产评估（★）

人民法院在司法执行阶段对被执行人财产进行拍卖、变卖时，需要确定财产处置参考价，委托评估是确定参考价的一种主要方式。与其他资产评估业务相比，人民法院委托司法执行财产处置资产评估业务在评估委托、现场调查、资料收集、评估报告出具等资产评估程序履行及评估报告使用方面有一定的差异，最高人民法院和中国资产评估协会均就此提出了相关规范性要求。

（一）资产评估需求规定

人民法院确定财产处置参考价，可以采取当事人议价、定向询价、网络询价、委托评估等方式。尽管财产处置参考价的确定方式日益多元化，委托评估机构进行评估始终是人民法院在司法执行阶段确定财产处置参考价的一种主要方式。

（二）司法执行财产处置资产评估的制度规范

（1）《参考价司法解释》和《人民法院委托评估工作规范》，对人民法院委托资产评估工作的评估委托、现场勘验、资料收集、评估报告出具等事项提出了明确规范。

（2）与评估准则规范差异的处理。对于在评估委托形式等评估程序履行方面的要求与一般评估准则规范存在的差异，中国资产评估协会制定了《人民法院委托司法执行财产处置资产评估指导意见》（中评协〔2019〕14号）。

（3）当事人、利害关系人对资产评估机构出具的评估报告因参照标准、计算方法或者评估结果提出书面异议，且对评估机构做出的说明仍有异议的，人民法院应当交由资产评估行业协会组织专业技术评审。

（三）司法执行财产处置资产评估业务特点

人民法院委托司法执行财产处置资产评估业务在实践中往往面临评估程序履行受限、评估资料收集困难、当事人不配合、评估资料收集不完整影响评估结论形成等问题，同时其评估委托及报告使用方面也与其他评估业务存在差异（见表7-8）。

表7-8　司法执行财产处置资产评估业务特点

业务内容	业务特点
评估委托	（1）评估业务不是通过签订评估业务委托合同方式委托，而是由人民法院通过专用系统向入选司法评估机构名单库的评估机构发出评估委托书； （2）评估机构不承接委托的三种情形：资产评估机构及其资产评估师与当事人或者评估财产有利害关系，资产评估机构已办理注销登记或者被市场监管部门吊销营业执照，依法不能进行评估的其他情形； （3）实践中评估委托书载明的事项可能与事实存在差异或者遗漏某些评估基本事项，资产评估机构“应当与人民法院进行沟通，并在三日内以书面形式对差异事项或者遗漏事项予以反馈，由人民法院予以处理”。
评估现场调查与资料收集	（1）资料收集。人民法院应当查明：①财产的权属；②权利负担；③占有使用；④欠缴税费；⑤质量瑕疵等。 （2）资料来源。评估机构主要通过人民法院获取评估资料。 （3）现场调查。①评估机构取得法院发送的材料后，应当根据需要及时与法院协商现场调查的相关事项；②针对现场调查可能遇到当事人不配合等评估程序履行受限情形，资产评估机构应当与人民法院沟通相关问题并由人民法院予以协调处理；③针对现场调查的书面记录确认可能被拒绝的情形，资产评估机构应当告知人民法院，并在评估报告中对此事项予以披露。

续表

业务内容	业务特点
评估报告编制出具	(1) 一般要求。评估机构为了满足司法执行程序的需要，在评估现场调查、资料收集等评估程序受限且对评估结论产生重大影响的情况下，仍应按照评估现状出具资产评估报告。 (2) 时间要求。资产评估机构出具评估报告需要在规定期限内，一般为收到评估委托书和相关材料后的30日内，可申请延长两次，每次最多延长15日，即出具评估报告的最长期限为60日。实践中的特殊项目可以与人民法院另行协商确定资产评估报告的出具期限。
披露要求	(1) 评估目的：为人民法院执行财产处置确定参考价提供服务。报告封面和正文均需明确披露。 (2) 重要事项披露。包括评估基本事项与评估委托书载明事项的差异及处理情况、现场调查的履行和配合情况、评估资料缺失情况、评估结论对相关税费的考虑等。 (3) 评估报告附件。评估委托书、评估财产清单、资产评估师已经收集到的其他材料。
专业技术评审	评估报告的直接使用人，即双方当事人及利害关系人，对评估报告的参照标准、计算方法或者评估结果提出书面异议且对评估机构做出的说明仍有异议的，评估机构所属地方评估协会将组织对该资产评估报告进行专业技术评审，对于否定结论的专业技术评审结论，评估机构需要对评估报告予以补正或者重新做出评估结论。

【例7－61】（多项选择题）根据《参考价司法解释》和《评估工作规范》，当事人、利害关系人对资产评估机构出具的评估报告因（　　）提出书面异议，且对评估机构做出的说明仍有异议的，人民法院应当交由资产评估行业协会组织专业技术评审。

A. 计算方法　　B. 评估结果

C. 评估过程　　D. 评估假设

E. 参照标准

【答案】 ABE

【解析】 略。

【例7－62】（多项选择题）司法执行财产处置资产评估中，关于评估报告编制出具、披露要求的说法，正确的是（　　）。

A. 在评估现场调查、资料收集等评估程序受限且对评估结论产生重大影响的情况下，仍应按照评估现状出具资产评估报告

B. 资产评估机构出具评估报告需要在规定期限内，一般为收到评估委托书和相关材料后的30日内

C. 评估实践中，出具评估报告的最长期限为60日

D. 特殊项目出具报告存在客观困难，可以与人民法院另行协商确定资产评估报告的出具期限。

E. 可申请延长两次，每次最多延长15日

【答案】 ABDE

【解析】 略。

精选练习题

一、单项选择题

1. 某企业拟进行股权转让，评估基准日长期待摊费用账面价为25万元，为经营租入厂房的改良支出，其原始发生额为50万元。该厂房租赁期为5年，已租入1年，价格长期变化不大。不考虑其他因素影响，该企业长期待摊费用的评估值为（　　）万元。

A. 40　　B. 50

C. 25　　D. 0

2. 下列生物资产中，通常可采用成本法评估的是（　　）。

A. 亲鱼　　B. 花卉

C. 禽畜　　D. 幼龄林

3. 对于尚存资产或者权利的价值难以准确计算的长期待摊费用，可按其（　　）计算评估值。

A. 公允价值　　B. 历史成本

C. 重置成本　　D. 账面余额

4. 下列生物资产中，通常不适用市场法评估的是（　　）。

A. 肉猪　　B. 花卉

C. 经济林　　D. 离开水的鱼

5. 幼年期的生产性生物资产，可以采用的评估方法是（　　）。

A. 市场法　　B. 成本法

C. 收益法　　D. 剩余法

6. 运用市场法估算生产性生物资产价值的

关键是（　　）。

A. 选择可比的参照物

B. 选择的参照物应尽可能与被评估资产类似

C. 设置恰当的调整系数

D. 参照物的选择及调整系数的设置

7. 判断生物资产是否可以采用收益法评估的首要条件是（　　）。

A. 生物资产所处的生命周期阶段

B. 未来预期收益

C. 是否具有持续获利能力

D. 当前的收益能力

8. 2016 年末某公司以分期付款的方式销售出一批产品，长期应收款金额为 3 000 万元，约定分期 6 年收取。对应收款项的可回收金额进行测试，可回收金额为 2 700 万元，此时长期应收款评估值为（　　）万元。

A. 3 000　　B. 2 700

C. 300　　D. 0

9. 作为评估对象的长期待摊费用的确认标准是（　　）。

A. 是否已支出

B. 能否变现

C. 能否使以后会计期间受益

D. 是否已摊销

10. 下列长期待摊费用中，不能采用账面余额法进行评估的是（　　）。

A. 股票承销费　B. 评估费

C. 房屋装修费　D. 发行股票手续费

11. 采用成本法评估生产性生物资产的说法正确的是（　　）。

A. 评估价值 = 基准日重置价值（相关成本）- 有形损耗

B. 自行繁殖的产畜和役畜的成本，包括发生的饲料费、人工费和应分摊的间接费用等必要支出

C. 成本法适用于幼年期生物资产的价值评估

D. 较之市场法，成本法误差不大

12. 关于长期应收款评估的说法，正确的是（　　）。

A. 长期应收款评估值 = 长期应收款折现值 - 资产减值准备

B. 有减值迹象的长期应收款，评估值等于其预计未来现金流量现值

C. 预计未来现金流量现值，应当按照该评估基准日市场实际利率折现确定

D. 长期应收款评估值需要考虑账面值和预计未来现金流量的现值

13. 可采用市场法评估的生产性生物资产是（　　）。

A. 防护林　　B. 薪炭林

C. 用材林　　D. 经济林

14. 生产性生物资产评估中，关于达到预定生产经营目的，下列说法错误的是（　　）。

A. 是指生产性生物资产进入正常生产期

B. 是区分生产性生物资产成熟和未成熟的分界点

C. 是判断相关费用停止资本化的时点

D. 是区分其是否具备盈利能力的分界点

15. 可采用收益法评估的生物资产是（　　）。

A. 肉牛　　B. 奶牛

C. 花卉　　D. 防护林

16. 对于采矿权评估和勘查程度较高的探矿权评估，可以采用的评估方法是（　　）。

A. 收益法　　B. 成本法

C. 市场法　　D. 折现现金流量法

17. 关于成本法评估矿业权价值的说法正确的是（　　）。

A. 勘查成本效用法中效用系数反映了是否符合相关矿种地质勘查规范要求以及勘查工作布置的有效性

B. 地质要素评序法首先估算已经发生的地质勘查工作的重置成本，然后采用反映找矿潜力和矿产资源开发前景价值指数对其进行调整得出探矿权价值

C. 当探矿权所对应的矿产地的勘查程度较低，资源储量的可靠性差时，适合采用成本法评估

D. 矿业权成本法常用的具体评估方法有勘查成本效用法、地质要素评序法和资源品级探矿权价值估算法

18. 珠宝首饰评估，是按照有关珠宝首饰的国家标准，在对珠宝首饰进行（　　）分析的基础上，根据委托对评估基准日特定目的下的珠宝首饰价值进行评定和估算，并出具资产评估报告的专业服务行为。

A. 价值特征　　B. 品质因素

C. 鉴定分级　　D. 交易情况

19. 司法执行财产处置资产评估中，下列选项不属于评估报告披露内容的是（　　）。

A. 评估目的　　B. 评估过程

C. 重要事项披露 D. 评估报告附件

20. 在对珠宝首饰进行鉴定分级时，不可以采用的标准有（　　）。

A. 国家标准

B. 行业标准

C. 专业标准

D. 国内外珠宝业通用的分级体系

21. 根据《人民法院委托评估工作规范》，关于评估机构是否接受委托的说法，正确的是（　　）。

A. 评估机构与当事人有利害关系，可以提出不接受委托评估申请

B. 评估人员不足，可以提出不接受委托评估申请

C. 评估程序受限，可以提出不接受委托评估申请

D. 评估资料缺乏，可以提出不接受委托评估申请

22. 根据《珠宝首饰评估程序指导意见》，单体珠宝首饰评估实物核查的内容，正确的是（　　）。

A. 对珠宝首饰进行无损鉴定

B. 对珠宝首饰进行品质分析

C. 核查珠宝首饰实物状态

D. 对珠宝首饰进行描述记录

23. 采用收入权益法评估矿业权价值时，权益系数的含义正确的是（　　）。

A. 反映采矿权评估价值与销售收入现值的比例关系

B. 反映了是否符合相关矿种地质勘查规范要求以及勘查工作布置的合理性

C. 反映了找矿潜力和矿产资源开发前景

D. 反映矿产资源储量的可靠程度

24. 2021 年初，甲公司向乙公司销售了一台机器设备，售价为 3 000 万元，销售时收取现金 1 000 万元，剩余款项约定 5 年内分期等额收取。2022 年 12 月 31 日，该项长期应收款账面价值为 1 200 万元，企业依据合同约定的收款期测算，该长期应收账款折现值为 1 100 万元，确认了 100 万元的坏账损失及对应的资产减值准备。经评估人员核实，企业资产减值结果合理。若不考虑其他因素，则长期应收款在 2022 年 12 月 31 日的评估值为（　　）万元。

A. 1 200　　B. 1 000

C. 2 000　　D. 1 100

25. 关于自行营造的林木类生产性生物资产的成本，不包括的项目有（　　）。

A. 造林费　　B. 抚育费

C. 营林设施费　D. 土地取得费

26. 按收益率形式征收矿业权出让收益的，下列矿业权出让收益的说法中，错误的是（　　）。

A. 矿业权出让收益 = 探矿权（采矿权）成交价 + 逐年征收的采矿权出让收益

B. 逐年征收的采矿权出让收益 = 年度矿产品销售收入 × 矿业权出让收益率

C. 按协议方式出让探矿权采矿权的，成交价按起始价确定

D. 起始价主要依据矿业权面积，综合考虑经济社会发展水平、矿产品价格变化等因素确定

27. 下列关于矿业权评估方法适用的说法，正确的是（　　）。

A. 折现现金流量法多用于探矿权价值评估

B. 地质要素评序法多用于采矿权价值评估

C. 收入权益法不能用于探矿权价值评估

D. 勘查成本效用法多用于探矿权价值评估

28. 矿业权评估，地质要素评序法中的价值指数内涵是（　　）。

A. 反映价格变动水平

B. 反映勘查工作布置的合理性

C. 反映符合地质勘查规范要求的程度

D. 反映找矿潜力和矿产资源开发前景

29. 采矿权权益系数反映的是（　　）的比例关系。

A. 采矿权评估价值与投资成本

B. 采矿权评估价值与销售收入现值

C. 矿山剩余服务年限与生产规模

D. 预期收益与市场风险

30. 与其他单项资产评估成本法相比，矿业权评估成本法具有一定的特点。下列说法中错误的是（　　）。

A. 完整的、可靠的地质勘查报告是采用成本法评估矿业权的条件

B. 需要根据地质勘查规范评判勘查工作布

置的合理性、必要性和使用效果

C. 需要确定体现找矿潜力和矿产资源开发前景的效用系数，以及调整勘查成本得出评估值

D. 需要考虑勘察工作成本是否符合地质勘查规范要求

31. 关于单体珠宝首饰评估程序的说法，正确的是（　　）。

A. 对存疑样品，评估机构可直接委托第三方机构进行样本鉴定

B. 对没有国家标准和行业分级标准的，评估机构可以自建分级体系进行品质和价值分析

C. 对已有鉴定机构出具鉴定分级结论的，评估人员可自主选择是否进行核定和复核

D. 对珠宝首饰进行有损鉴定，必须取得所有权人或委托人的书面许可

32. 下列关于生产性生物资产评估的说法中，错误的是（　　）。

A. 生物资产价值主要来自劳动投入，采用成本法评估时，以劳动价值论为理论基础

B. 生产性生物资产的有形损耗主要是预计的产畜和役畜衰老及经济林衰退等

C. 除市场风险以外，生物资产还需要面临干旱、洪水、冰雹、疫情、病虫等风险，折现率要明显高于其他资产

D. 成本法适用于幼年期生物资产的价值评估

33.《参考价司法解释》和《评估工作规范》，对人民法院委托资产评估工作的评估委托、现场勘验、资料收集、评估报告出具等事项提出了明确规范，但在（　　）的要求与一般评估准则规范存在差异。

A. 评估方法选择

B. 评估委托形式等评估程序履行方面

C. 评估报告披露内容

D. 专业技术评审方面

34. 具有控制权的长期股权投资评估范围需关注（　　）。

A. 仅被投资企业账内资产

B. 母公司财务报表

C. 重要的账外资产和负债

D. 股东个人财产

35. 缺乏控制权的股权价值评估难点在于（　　）。

A. 财务报表真实性

B. 流动性限制

C. 关联交易处理

D. 股东分红政策

36. 非单独评估时，评估范围可能是（　　）。

A. 被投资单位全部资产和负债

B. 仅委托人的管控资产

C. 拥有但尚未办理产权登记的资产

D. 母公司财务报表

37. 关于缺乏控制权股权的评估，股利折现法适用的核心前提是（　　）。

A. 企业未来盈利稳定

B. 可收集实际股利分配政策

C. 存在可比上市公司

D. 管理层提供详细未来盈利预测

38. 关于具有控制权股权的评估，对长期处于亏损状态的企业，或者现金流为负数的企业，资产基础法的评估结果通常（　　）收益法的评估结果。

A. 大于　　B. 小于

C. 等于　　D. 不确定

39. 对于具有控制权股权的评估，处于成长期企业或预期业绩将出现高增长的企业，收益法的评估结果通常（　　）资产基础法的评估结果。

A. 大于　　B. 小于

C. 等于　　D. 不确定

40. 对具有控制权的股权评估结果评价确定时，应考虑的因素不包括（　　）。

A. 各种方法评估结果大小的比较

B. 各种方法的评估范围及价值内涵是否一致

C. 不同的企业特点、资产使用状况对不同方法测算结果的影响

D. 不同方法所依据的信息资料的质量和可靠性是否满足

41. 甲公司为一中等规模电子制造企业，截至评估基准日 2019 年 12 月 31 日，账面总资产 10 000 万元，其中流动资产 2 000 万元，固定资产 6 000 万元，无形资产 2 000 万元。负债合计 5 000 万元。企业在 2016 年、2017 年、2018 年分别实现主营业务收入 15 000 万元、18 000 万元、12 000 万元，净利润分别为 1 400 万元、1 800 万元、1 100 万元。分别采用资产基础法

及收益法评估，资产基础法测算结果为 11 000 万元，收益法测算结果为 10 600 万元。在企业持续经营前提下，评估对象为甲公司缺乏控制权的股权，则评估值为（　　）万元。

A. 11 000　　B. 10 600

C. 10 800　　D. 综合分析确定

42. 采用资产基础法和市场法评估具有控制权的股权价值，确定最终评估结论时，下列做法错误的是（　　）。

A. 应当关注资产基础法中的溢余/闲置资产

B. 应调整资产基础法中的非经营性资产

C. 应关注经营性资产的经济性贬值

D. 应当关注市场法对于可比交易的选取与修正

43. 对于缺乏控制权的股权的评估，下列说法错误的是（　　）。

A. 通常不把资产基础法作为首选方法

B. 股利折现法通常适用于缺乏控制权的股东全部权益价值的评估

C. 市场法、收益法均需在市场上找到可比交易案例或可比上市公司

D. 无法单独评估时，可使用被投资企业评估基准日财务报表分析确定评估值

二、多项选择题

1. 下列选项中，属于长期待摊费用评估程序的是（　　）。

A. 抽查受益期的有关文件，了解摊销政策

B. 了解长期待摊费用核算情况、形成新资产和权利情况

C. 选择合适的评估方法

D. 对该摊销数据进行复核计算

E. 估算长期待摊费用的价值，得出评估结论

2. 下列关于生产性生物资产的清查核实方法，正确的有（　　）。

A. 账证、账表、账实核对

B. 获取生产性生物资产评估申报表，并与明细账、总账、资产负债表进行核对

C. 了解生产性生物资产的核算方法及账面构成内容

D. 抽样核实，即根据各类生产性生物资产的不同特点，与企业共同商定适当的盘点方法，必要时利用专家工作

E. 抽查（会计凭证）

3. 生产性生物资产的类型不同，影响收益额的因素也各不相同，下面按照生产性生物资产的类别进行分析，说法正确的有（　　）。

A. 亲鱼资产的收益额通过预测鱼苗产出量及鱼苗市场价格求得

B. 牧草资产的收益额主要通过预测分析获得，不仅要看当前的收益能力，更重要的是预测未来的收益能力

C. 鱼苗产出量的确定比较困难，所以交易市场并不活跃

D. 经济林林木资产的收益额可以通过预测林木资产在其生长期间各个年份的产出量与当年市场价格乘积来确定

E. 生产性畜禽资产的收益额主要通过预测生产性畜禽资产各年产出产品的产量与单位价格的乘积来确定

4. 属于长期应收款评估中核对账证、账表内容的是（　　）。

A. 获取长期应收款评估申报表，并与明细账、总账、资产负债表进行核对

B. 抽查相关会计凭证

C. 了解长期应收款项用途，收集大额长期应收款发生的合同、协议等重要资料

D. 对大额、重点长期应收款项实施函证

E. 对长期应收款项进行减值测试，判断是否发生减值迹象

5. 可将生产性生物资产划分为未成熟和成熟两类的标准是（　　）。

A. 是否生长到一定阶段

B. 是否具备生产能力

C. 是否创造收益

D. 是否达到预定生产经营目的

E. 是否可以繁殖

6. 运用成本法评估生产性生物资产，说法不正确的有（　　）。

A. 评估值 = 重置价 - 实体性贬值 - 功能性贬值 - 经济性贬值

B. 幼年期生物资产只有投入成本，无自然增值，因此适用成本法评估

C. 成本法只适用于幼年期生物资产评估

D. 自行繁殖幼年种牛的重置价值 = 饲料费 + 人工费 + 应分摊的间接费

E. 费用停止计入重置价值的时点是生产性

生物资产进入正常生产期

7. 下列属于未成熟生产性生物资产的有（　）。

A. 尚未开始挂果的果树

B. 尚未开始产奶的奶牛

C. 已经过了产期的奶牛

D. 生长期的肉猪

E. 已采摘过的果树

8. 关于收益法评估生物资产的说法，正确的是（　）。

A. 可采用收益法评估的有鱼苗、奶牛、锥栗林、牧草

B. 不同类别生物资产，收益额影响因素不同

C. 同一类型的生物资产，收益期相同

D. 确定折现率时，要考虑市场风险和自然风险

E. 收益法适用的条件是具有持续获利能力

9. 对长期待摊费用的评估，可根据（　）选择评估方法。

A. 评估前资产的占用情况

B. 评估目的实现后资产的尚存情况

C. 资料收集情况

D. 摊销情况

E. 长期待摊费用构成情况

10. 批量珠宝需执行的评估程序有（　）。

A. 资料搜集

B. 实物核查

C. 鉴定和鉴定复核

D. 品质和价值特征分析

E. 分类

11. 勘查成本效用法是首先估算已经发生的地质勘查工作的重置成本，然后采用效用系数进行调整从而得出探矿权价值，其中效用系数反映了（　）。

A. 是否符合相关矿种地质勘查规范要求

B. 勘查工作布置的合理性

C. 勘查工作布置的有效性

D. 找矿潜力和矿产资源开发前景

E. 矿产资源储量的可靠程度

12. 关于司法执行财产处置资产评估业务特点，下列说法正确的是（　）。

A. 评估委托是由人民法院通过专用系统向入选司法评估机构名单库的评估机构发出评估委托书

B. 在评估现场调查、资料收集等评估程序受限且对评估结论产生重大影响的情况下，仍应按照评估现状出具资产评估报告

C. 针对现场调查可能遇到当事人不配合等评估程序履行受限情形，资产评估机构应当与人民法院沟通相关问题，并由人民法院予以协调处理

D. 评估委托书载明的事项可能与事实存在差异或者遗漏某些评估基本事项，应当与人民法院进行沟通，评估机构三日内处理

E. 若现场调查的书面记录确认被拒绝，资产评估机构应交由人民法院予以协调处理

13. 关于批量珠宝首饰评估程序的内容，下列说法不正确的是（　）。

A. 对鉴定中的疑难样品，评估机构应聘请专业机构进行样品鉴定

B. 评估基准日与现场核查工作日不一致，珠宝首饰实物数量和品种以核查日为准

C. 根据市场情况和分类特点，对珠宝首饰实物分类进行品质和价值特征分析

D. 对权属不清晰的，应当重点关注和详细记录

E. 根据委托人确认的珠宝首饰资产清单对实物进行核查，确认珠宝首饰的实物存在状态

14. 矿产资源资产评估的业务类型包括（　）。

A. 矿业权出让评估

B. 矿业权转让评估

C. 矿业权价款评估

D. 矿业权市场化评估

E. 矿业权出租评估

15. 司法执行财产处置的资产评估与其他评估业务的差异体现在（　）。

A. 评估委托不同

B. 评估基本事项不同

C. 现场调查和资料收集不同

D. 评估报告披露不同

E. 具有专业技术评审

16. 珠宝首饰评估报告中对评估实施过程的描述，应当反映对珠宝首饰的（　）。

A. 实物调查　　B. 市场调查

C. 鉴定分级　　D. 分类描述

E. 评定估算

17. 人民法院委托司法执行财产处置资产评估业务在实践中往往面临（　　）影响评估结论形成等问题，同时其评估委托及报告使用方面也与其他评估业务存在差异。

A. 当事人不配合

B. 评估资料收集困难

C. 评估资料收集不完整

D. 评估方法适用性差

E. 评估程序履行受限

18. 可以采用收益法评估的生物资产有（　　）。

A. 亲鱼　　B. 鱼苗

C. 薪炭林　　D. 种猪

E. 肉牛

19. 2023 年，财政部自然资源部税务总局联合印发《矿业权出让收益征收办法》（财综〔2023〕10 号），矿业权出让收益征收方式有（　　）。

A. 按市场基准价征收矿业权出让收益

B. 按金额征收矿业权出让收益

C. 按收益率征收矿业权出让收益

D. 按协议价征收矿业权出让收益

E. 按成交价征收矿业权出让收益

20. 在矿业权评估中，折现现金流量法中现金流出包括（　　）。

A. 矿业权出让收益

B. 土地使用权投资

C. 尚需进行矿产勘查的投资

D. 流动资金

E. 销售税金及附加

21. 影响矿产资源勘查权利价值的因素有（　　）。

A. 投入勘查工作的重置价值

B. 勘查工作布置的合理性

C. 投入勘查工作的历史价值

D. 矿产资源开发前景价值

E. 勘查是否符合地质勘查规范要求

22. 市场法在矿业权评估当中常用的方法包括（　　）。

A. 单位面积探矿权价值评判法

B. 可比销售法

C. 资源品级探矿权价值估算法

D. 收入权益法

E. 折现现金流量法

23. 关于采矿权权益系数的描述，正确的有（　　）。

A. 反映评估价值与销售收入现值的比例

B. 直接影响企业净利润

C. 需通过统计历史评估数据得出

D. 与矿山剩余服务年限无关

E. 是收入权益法应用的前提条件

24. 以下关于矿业权评估中收入权益法的描述中，正确的有（　　）。

A. 基于替代原则间接估算采矿权价值

B. 属于市场途径的评估方法

C. 采矿权权益系数通过统计历史评估报告得出

D. 适用于剩余服务年限长的矿山

E. 评估结果可直接反映采矿权的客观价值

25. 长期股权投资评估需重点关注的内容包括（　　）。

A. 公司章程中的分红限制

B. 母子公司关联交易

C. 被投资企业员工数量

D. 股东权益份额内涵差异

E. 亏损企业收益法评估的适用性

26. 下列属于具有控制权股权评估特点的是（　　）。

A. 评估程序一般不受限制

B. 评估方法选择受到限制

C. 可能存在控制权溢价因素

D. 应关注流动性影响

E. 评估范围包括被投资企业可识别的表外资产和负债

27. 司法执行财产处置资产评估中，现场调查的内容包括（　　）。

A. 实物状态　　B. 财产的权属

C. 权利负担　　D. 质量瑕疵

E. 欠缴税费

28. 对缺乏控制权股权进行清查核实时，其核实内容包括（　　）。

A. 投资（并购）协议、账面记录的核实

B. 持股比例的核实

C. 资产权属证明资料的查验

D. 被投资单位资产和负债的清查核实

E. 抽查会计凭证

29. 关于缺乏控制权股权评估的市场法，以下叙述正确的有（　　）。

A. 需要找到可比交易案例

B. 适合所有缺乏控制权的股权评估

C. 实施难度较低

D. 通常难以采用

E. 与采用收益法评估的基础工作有很多相同或相似之处

30. 缺乏控制权的股权，投资单位能否单独评估，考虑的主要因素是（　　）。

A. 投资的重要程度

B. 评估程序、评估方法选择

C. 委托人的管控程度

D. 与投资目的相适应

E. 被评估投资单位的配合意愿

31. 对具有控制权股权的评估，在采用市场法和收益法两种评估方法时，应考虑的问题有（　　）。

A. 两种方法对非经营性、溢余资产负债的判断是否一致

B. 市场法对存在明显周期性波动的企业，是否只采用了波峰或波谷价格和销量等不具有代表性的指标来预测长期收入水平

C. 关注收益法估算折现率时对风险的评估与市场法调整价值比率所隐含的风险评估是否相匹配

D. 市场法中交易案例比较法应关注可比案例与评估对象的实际相似性、会计政策及税收差异、二手数据的可靠性、特殊交易背景或动机、交易价格协同效应、差异因素修正等影响

E. 收益法预测的明确增长假设与市场法中的隐含增长假设是否一致

32. 对于缺乏控制权的股权评估，非单独评估时，抽查会计凭证主要针对（　　），核实其历史成本或核算入账的背景以及关联往来情况。

A. 被投资单位比较重要的会计凭证

B. 母公司核算长期股权投资的各期会计凭证

C. 资产权责不对应、资产权属或边界不清晰的会计凭证

D. 母子公司关联往来科目的会计凭证

E. 被投资单位金额大的会计凭证

33. 在尽职调查中，要进行独立调查，可以从（　　）获得调查所需资料。

A. 委托方、产权持有者等相关当事方

B. 政府部门

C. 各类专业机构

D. 评估机构内部部门

E. 市场等渠道独立获取

34. 对被投资单位的评估尽职调查通常包括（　　）。

A. 对企业的历史数据、管理层背景及企业面临的各种风险等做全面调查

B. 访谈

C. 核对

D. 企业各项资产负债的全面清查

E. 抽查

35. 在缺乏控制权的股权评估中，下列说法正确的是（　　）。

A. 评估基准日近期收购的非控股长期股权投资，应分析投资成本（收购价格）与被投资企业账面净资产差异的形成原因及对商誉的影响

B. 对于已停业或拟清算的长期股权投资企业仅能采用收益法评估

C. 采用市场法需要在市场上找到与被评估企业类似的可比交易案例或可比上市公司

D. 收益法中的股利折现法是将预期股利进行折现以确定评估对象价值的具体方法，通常适用于缺乏控制权的股东部分权益价值的评估

E. 设立时间较短的非控股长期股权投资，通常可对资产负债表做分析，估算资产的增减值

36. 对缺乏控制权股权进行评估时，使用的清查核实方法有（　　）。

A. 核对　　B. 抽查（会计凭证）

C. 尽职调查　　D. 访谈

E. 函证

37. 对被投资单位各项资产负债的全面清查中，通常可以通过（　　）程序，了解评估范围内重要资产和负债的经济、技术和法律权属状况及其对评估的影响。

A. 询问与函证　　B. 分析

C. 监盘　　D. 勘察

E. 检查

38. 采用资产基础法和市场法评估具有控制权的股权价值，确定最终评估结论时，需要考虑的具体问题有（　　）。

A. 应当关注资产基础法中的溢余/闲置资

产、非经营性资产、存在经济性贬值的经营性资产

B. 应调整资产基础法中的溢余/闲置资产、非经营性资产、存在经济性贬值的经营性资产

C. 市场法测算结果小于资产基础法评估结果时，应判断企业经营性资产是否存在经济性贬值

D. 市场法对于可比交易的选取与修正

E. 市场法的价值基础比率选择了市净率时，与资产基础法如何衔接的问题就更加突出

精选练习题参考答案及解析

一、单项选择题

1. **【答案】** A

【解析】 长期待摊费用评估值 = 50 ÷ 5 × 4 = 40（万元）

2. **【答案】** D

【解析】 成本法通常会低估生物资产的价值，适用于幼年期生物资产的价值评估。A 可采用收益法评估，BC 可采用市场法评估。

3. **【答案】** D

【解析】 略。

4. **【答案】** C

【解析】 经济林的活跃市场发展相对滞后，人们需要的仅仅是经济林的产品，并非经济林木本身，所以在市场上活跃交易的是经济林产出的产品。再加上经济林依附于土地，不能发生位移，更限制了其交易。因此，理论上，经济林不存在公开的交易市场。现实中，偶尔也有经济林交易的行为，但是很少，不具有普遍性。

5. **【答案】** B

【解析】 成本法适用于幼年期生物资产的价值评估。

6. **【答案】** D

【解析】 运用市场法估算生产性生物资产的价值，关键在于参照物的选择及调整系数的设置。

7. **【答案】** C

【解析】 略。

8. **【答案】** B

【解析】 如果预计未来现金流量现值低于账面值，评估值为资产的账面价值减记至预计未来现金流量现值。

9. **【答案】** C

【解析】 长期待摊费用的特点：(1) 长期待摊费用是企业发生的摊销期限在 1 年以上的各种预付费用的集合，属于企业的长期资产；(2) 长期待摊费用应能使企业在以后的会计期间受益。

10. **【答案】** C

【解析】 略。

11. **【答案】** C

【解析】 评估价值 = 基准日重置价值（相关成本）- 有形损耗 - 无形损耗。自行繁殖的产畜和役畜的成本，包括达到预定生产经营目的（成龄）前发生的饲料费、人工费和应分摊的间接费用等必要支出。相关费用停止资本化的时点是达到预定生产经营目的。生产性生物资产的成本因素太多，甚至有些影响成本的因素是无法量化的，应分摊的间接费用有时是无法精确计算的，尤其是有形损耗和无形损耗的估算难以计量，因此较之其他方法，成本法相对误差要大些。

12. **【答案】** D

【解析】 对于有减值迹象的长期应收款，需要估计其预计未来现金流量现值。预计未来现金流量现值，应当按照该金融资产的原实际利率折现确定，原实际利率即初始确认该金融资产时确定的实际利率。如果预计未来现金流量现值低于账面值，证明发生了减值，则需要计提相应的减值准备，评估值为资产的账面值减记至预计未来现金流量现值。长期应收款评估值 = 长期应收款账面余额 - 资产减值准备。

13. **【答案】** C

【解析】 用材林林木资产市场交易主要发生在采伐期间或成熟后，不过交易市场最活跃的还是砍伐后的木材市场。防护林和特种用途林属于公益性生物资产，产权属于国家，基于其防护功能和公益性功能，基本不存在市场交易行为。薪炭林主要解决山区和林区能源问题，基本上不存在活跃的交易市场。经济林的活跃市场发展相对滞后，人们需要的仅仅是经济林的产品，并非经济林木本身，所以在市场上活跃交易的是经济林产出的产品。再加上经济林依附于土地，不能发生位移，更限制了其交易。所以，理论上，经济林不存在公开的交易市场。现实中，偶尔也有经济林交易的行为，但是很

少，不具有普遍性。

14.【答案】D

【解析】达到预定生产经营目的，是指生产性生物资产进入正常生产期，可以多年连续稳定产出农产品、提供劳务或出租。它是区分生产性生物资产成熟和未成熟的分界点，同时也是判断相关费用停止资本化的时点，是区分其是否具备生产能力的分界点。

15.【答案】B

【解析】判断生物资产是否可以采用收益法对其价值进行评估的首要条件是分析生产性生物资产是否具有连续获利能力。畜禽资产中的生产性生物资产，如奶畜、种畜等，在其寿命内可以多次产出产品或繁殖新的生物资产，具有连续获利能力。

16.【答案】A

【解析】收益法适用于采矿权评估和勘查程度较高的探矿权评估。

17.【答案】C

【解析】勘查成本效用法中效用系数反映了是否符合相关矿种地质勘查规范要求以及勘查工作布置的合理性。地质要素评序法是将勘查成本效用法估算所得的价值作为基础成本，然后采用反映找矿潜力和矿产资源开发前景价值指数对其进行调整得出探矿权价值。矿业权成本法常用的具体评估方法有勘查成本效用法、地质要素评序法。

18.【答案】C

【解析】略。

19.【答案】B

【解析】鉴于人民法院委托司法执行财产处置资产评估业务在评估委托、现场调查、资料收集、报告出具等方面的特点，评估报告中需要对相关事项予以充分披露，包括明确评估目的、重要事项披露、评估报告附件等内容。

20.【答案】C

【解析】在对评估对象进行鉴定分级时，应当采用相应的国家标准及行业标准。如果没有相应的国家及行业分级标准，可以采用国内外珠宝业通用的分级体系，并在资产评估报告中明确说明。

21.【答案】A

【解析】略。

22.【答案】C

【解析】根据《珠宝首饰评估程序指导意见》，执行单体珠宝首饰评估业务，应当履行实物核查、鉴定和鉴定复核、品质和价值特征分析、描述记录等程序。实物核查的主要内容是核查评估对象实物状态，完成委托样品确认或者交接。

23.【答案】A

【解析】A 项属于收入权益法中的采矿权权益系数，B 项属于勘查成本效用法中的效用系数，C 项属于地质要素评序法中的价值指数。

24.【答案】D

【解析】如果预计未来现金流量现值低于账面值，证明发生了减值，则需要计提相应的减值准备，评估值为资产的账面值减记至预计未来现金流量现值，即 1100 万元。

25.【答案】D

【解析】自行营造的林木类生产性生物资产的成本，按照其达到预定生产经营目的前发生的造林费、抚育费、营林设施费、良种试验费、调查设计费和应分摊的间接费用等必要支出。

26.【答案】D

【解析】矿业权出让收益率征收标准综合考虑经济社会发展水平、矿产品价格变化等因素确定。按协议方式出让探矿权采矿权的，成交价按起始价确定，起始价主要依据矿业权面积，综合考虑成矿条件、勘查程度、矿业权市场变化等因素确定。

27.【答案】D

【解析】收益法适用于采矿权评估和勘查程度较高的探矿权评估，因此 A 项、C 项错误。成本法多用于探矿权价值的评估，因此 B 项错误，D 项正确。

28.【答案】D

【解析】地质要素评序法是将勘查成本效用法估算所得的价值作为基础成本，然后采用反映找矿潜力和矿产资源开发前景价值指数对其进行调整得出探矿权价值。价值指数反映了找矿潜力和矿产资源开发前景。

29.【答案】B

【解析】略。

30.【答案】C

【解析】效用系数反映了是否符合相关矿种地质勘查规范要求以及勘查工作布置的合理性。价值指数反映了价值指数，反映了找矿潜力和矿产资源开发前景。因此，C 项错误。

31.【答案】D

【解析】参见表 7－4。

32.【答案】A

【解析】由于生物资产本身具有自然生长力，其价值由两部分构成：一部分是劳动投入，即人力，这同一般非生物资产相同；另一部分是自然增殖，即自然生产力。在采用成本法评估生物资产时，是以劳动价值论为理论基础的，它只考虑了劳动价值投入，无法体现自然增值，通常会低估生物资产的价值。

33.【答案】B

【解析】《参考价司法解释》和《评估工作规范》，对人民法院委托资产评估工作的评估委托、现场勘验、资料收集、评估报告出具等事项提出了明确规范，但在评估委托形式等评估程序履行方面的要求与一般评估准则规范存在差异。

34.【答案】C

【解析】具有控制权的长期股权投资评估范围，不仅包括被投资企业账内资产和负债，也需要关注重要的可识别的账外资产和负债，如无形资产等。

35.【答案】B

【解析】略。

36.【答案】A

【解析】单独评估时，评估范围通常为被投资单位产权涉及的全部资产和负债，包括企业拥有权属清晰并投入经营或未投入经营的资产，企业实际拥有但尚未办理产权登记的资产。非单独评估时，评估范围可以是被投资单位的全部资产和负债，也可以是长期股权投资本身。

37.【答案】B

【解析】D 项属于现金流量折现法应用的前提。

38.【答案】A

【解析】对长期处于亏损状态的企业，或者现金流为负数的企业，预期未来的亏损无法客观地体现在资产基础法评估结果中，其收益法结果必然会低于资本基础法结果。

39.【答案】A

【解析】对于处于成长期的企业资产评估结果通常无法充分体现其价值，而收益法的评估结果必然会高于资产基础法评估结果。

40.【答案】A

【解析】确定评估结论时，重点考虑以下方面：

（1）各种方法的评估范围及价值内涵是否一致；

（2）不同方法与评估目的及评估结果的用途是否匹配；

（3）不同的企业特点与资产使用状况对不同方法评估结果的影响；

（4）不同方法评估价值结论所依据信息资料的质量和可靠性。

41.【答案】B

【解析】在企业持续经营前提下，当评估对象为公司具有控制权的股权，应选择资产基础法评估结果；当评估对象为公司缺乏控制权的股权，应选择收益法评估结果。

42.【答案】B

【解析】首先，应当关注资产基础法中的溢余/闲置资产、非经营性资产、存在经济性贬值的经营性资产等，在市场法中是否直接作为企业净资产乘以市净率价值比率或单独处理。其次，应当关注市场法选取的可比交易案例中，是否存在与被评估企业同类资产，在调整修正过程中是否合理考虑，并形成最终的价值比率。

43.【答案】B

【解析】如果采用资产基础法，需要被投资企业配合实施的评估程序较复杂，因此，对于缺乏控制权的股权的评估通常不作为首选方法。收益法中的股利折现法是将预期股利进行折现以确定评估对象价值的具体方法，通常适用于缺乏控制权的股东部分权益价值的评估。采用收益法中的现金流量折现法，除必要的财务尽职调查工作外，还需了解企业发展定位、战略规划、管理层应对市场制定的对策等，很大程度上需要企业管理层对企业未来盈利预测提供必要配合。采用市场法与采用收益法评估的基础工作有很多相同之处，除上述必要的工作内容外，还需在市场上找到与被评估企业类似的可比交易案例或可比上市公司。对于缺乏控制权的股权无法单独评估时，可使用被投资企业评估基准日财务报表分析确定长期股权投资评估价值，并说明不能单独评估的理由和使用财务报表分析确定股权价值的过程。

二、多项选择题

1.【答案】BCE

【解析】A 项、D 项属于长期待摊费用的清查核实方法。

2.【答案】ABCD

【解析】略。

3.【答案】ABDE

【解析】鱼苗存在活跃的交易市场。

4.【答案】ABCD

【解析】略。

5.【答案】BD

【解析】一般而言，生产性生物资产通常需要生长到一定阶段才开始具备生产的能力。根据其是否具备生产能力（或者是否达到预定生产经营目的，所谓达到预定生产经营目的，是指生产性生物资产进入正常生产期，可以多年连续稳定产出农产品、提供劳务或出租），可以对生产性生物资产进行进一步划分，划分为未成熟和成熟两类。

6.【答案】ACD

【解析】评估价值 = 基准日重置价值（相关成本）- 有形损耗 - 无形损耗，不包括经济性贬值，因此 A 项错误。对于处于幼年期的生物资产来说，自然增值不明显，主要是人工投入和养殖成本投入，价值的主要构成为投入成本的计算，所以成本法适用于幼年期生物资产的价值评估。对于无法利用市场法、收益法等方法进行评估的生物资产，理论上也可以选择成本法确定其价值。因此，C 项错误。自行繁殖的产畜和役畜的成本，包括达到预定生产经营目的（成龄）前发生的饲料费、人工费和应分摊的间接费用等必要支出。因此，D 项错误。

7.【答案】AB

【解析】肉猪属于消耗性生物资产。

8.【答案】BD

【解析】可采用收益法评估的生物资产有牧草资产、经济林林木资产、生产性畜禽资产、亲鱼资产。鱼苗存在活跃的交易市场，可以采用市场法评估。因此，A 项错误。对于生物资产来说，不同类型生物资产的经济寿命是不同的，即使是同一类型的生物资产，经济寿命也会因自身因素或生长环境的不同而有所不同。因此，C 项错误。只有生物资产的收益和风险都能够可靠、准确地量化时，才能应用收益法评估。判断生物资产是否可以采用收益法进行评估的首要条件是生产性生物资产是否具有持续获利能力。因此，E 项错误。

9.【答案】BCE

【解析】对长期待摊费用的评估，可根据评估目的实现后资产的占有情况和尚存情况、资料收集情况及长期待摊费用的构成情况选择评估方法。

10.【答案】BCDE

【解析】略。

11.【答案】AB

【解析】效用系数反映了是否符合相关矿种地质勘查规范要求以及勘查工作布置的合理性。

12.【答案】ABC

【解析】基于这种特殊的委托形式，实践中评估委托书载明的事项可能与事实存在差异或者遗漏某些评估基本事项，资产评估机构“应当与人民法院进行沟通，并在 3 日内以书面形式对差异事项或者遗漏事项予以反馈，由人民法院予以处理”。针对现场调查的书面记录确认可能被拒绝的情形，“资产评估机构应当告知人民法院，并在评估报告中对此事项予以披露”。

13.【答案】ABD

【解析】对鉴定中的疑难样品，以及已有鉴定分级证书却仍存疑的样品，与委托人沟通后，由双方共同认可的第三方机构进行样品鉴定。因此 A 项错误。如果评估基准日与现场核查工作日不一致，且实物处于流通状态，可以根据委托人提供的流转数据，进行评估基准日与现场核查工作日之间的数据核对，分析并推算评估基准日资产数量，如果有偏差，判断其合理性，并记录。因此 B 项错误。批量珠宝首饰的品质和价值特征分析。根据市场情况和分类特点，对珠宝首饰实物分类进行品质和价值特征分析。对价值较高或者材质特殊的，应当重点关注和详细记录。因此 D 项错误。

14.【答案】AD

【解析】矿产资源资产评估的业务类型有矿业权出让评估、矿业权市场化评估。

15.【答案】ACDE

【解析】差异主要体现在：（1）评估委托；（2）评估现场调查与资料收集；（3）评估报告编制出具；（4）评估报告披露要求；（5）专业技术评审。

16.【答案】ABCE

【解析】评估程序实施过程描述，应当反映

对珠宝首饰的实物调查、市场调查、鉴定分级、评定估算等过程。

17.【答案】ABCE

【解析】人民法院委托司法执行财产处置资产评估业务在实践中往往面临评估程序履行受限、评估资料收集困难、当事人不配合、评估资料收集不完整影响评估结论形成等问题，同时其评估委托及报告使用方面也与其他评估业务存在差异。

18【答案】AD

【解析】可采用收益法评估的生物资产有牧草资产、经济林林木资产、生产性禽畜资产、亲鱼资产。

19.【答案】BC

【解析】略。

20.【答案】BCDE

【解析】折现现金流量法中现金流出量：尚需进行矿产勘查的投资，房屋建筑物、机器设备、土地等非矿资产投资，其他非矿资产投资，流动资金，经营成本，销售税金及附加，企业所得税。

21.【答案】ABDE

【解析】成本法是基于探矿权所对应的矿产资源勘查许可证范围内的矿产地质勘查工作投入成本及其效果，与探矿权的价值存在内在联系作为前提的一种评估途径。矿业权评估成本法需要考虑勘查工作发生的成本是否符合相关矿种地质勘查规范要求以及勘查工作布置的合理性；勘查工作到了一定程度，也要考虑已经进行的勘查工作对未来找矿前景的价值。

22.【答案】ABC

【解析】略。

23.【答案】ACE

【解析】未提及利润的影响，故 B 项错误。剩余服务年限是收入权益法适用条件之一，但未直接说明与系数的关系，故 D 错误。

24.【答案】ABC

【解析】收入权益法本质上是一种市场途径。收入权益法，是矿业权价款评估实践中，针对生产规模为小型、剩余服务年限很短（如接近枯竭的矿山）的生产矿山采矿权评估提出的。鉴于收入权益法本身并没有合理的理论依据支撑，以及上述采矿权权益系数统计的时效性和有效性限制，收入权益法得出的评估结果合理性难以客观反映采矿权价值，一般不建议单独采用该方法进行评估。

25.【答案】ABDE

【解析】C 未提及。

26.【答案】ACE

【解析】被投资单位在配合实施评估程序方面与母公司基本相同，有利于评估工作的开展，由此，评估方法的选择一般不受限制，故 B 项错误。缺乏控制权的股权评估应关注流动性影响，D 项错误。

27.【答案】BCDE

【解析】略。

28.【答案】AB

【解析】C 项、D 项属于具有控制权股权评估清查核实的内容，E 项属于清查核实的方法。

29.【答案】ADE

【解析】略。

30.【答案】ACE

【解析】缺乏控制权的股权投资单位能否单独评估，取决于该投资的重要程度、委托人的管控程度、被评估投资单位的配合意愿等。

31.【答案】ACDE

【解析】收益法应该考虑对存在明显周期性波动的企业，是否只采用了波峰或波谷价格和销量等不具有代表性的指标来预测长期收入水平，并非市场法。

32.【答案】BD

【解析】非单独评估时，抽查主要针对母公司核算长期股权投资的各期会计凭证，以及母子公司关联往来科目的会计凭证，核实其历史成本或核算入账的背景以及关联往来情况。

33.【答案】ABCE

【解析】在尽职调查中，进行独立调查的目的是对企业的历史数据和文档资料、管理层背景、市场风险、管理风险、技术风险和资金风险等做全面调查，对企业做初步定性评价。独立调查内容包括直接从市场等渠道独立获取的资料，从委托方、产权持有者等相关当事方获取的资料，以及从政府部门、各类专业机构和其他相关部门获取的资料。具体包括查询记录、询价结果、检查记录、行业资讯、分析资料、鉴定报告、专业报告及政府文件等。

34.【答案】AD

【解析】核对、抽查（会计凭证）、尽职调

查、访谈属于清查核实方法，所以尽职调查与核对、抽查、访谈是平行关系，而非包含关系。

35.【答案】ACD

【解析】对于已停业或拟清算的长期股权投资企业仅能采用资产基础法评估。设立时间较短的非控股长期股权投资，通常可采用评估基准日经核实后的企业账面投资成本评估。

36.【答案】ABCD

【解析】略。

37.【答案】ACDE

【解析】应关注评估范围内的重要资产和负债。通过实施询问、函证、核对、监盘、勘察、检查等必要的程序，了解其经济、技术和法律权属状况及其对评估的影响。

38.【答案】ACDE

【解析】略。

第八章　预算绩效管理专业服务

考试大纲

第八章	目的	考查考生对预算绩效管理专业服务的了解情况。
预算绩效管理专业服务	考试内容及要求	
	了解的内容（★）	1. 预算绩效管理第三方机构的服务要求。 2. 预算绩效管理第三方机构的服务内容。 3. 预算绩效评价的工作步骤。 4. 绩效评价指标设计。 5. 预算绩效管理第三方机构的管理措施。

考情分析

本章简要介绍新兴业务领域中预算绩效管理的问题。本章是2021年新增的考试内容，属于一般了解性知识，分值约占2分左右，主要的知识点有预算绩效管理第三方服务要求及内容、预算绩效评价操作规程以及对第三方的指导培育和监督管理。

教材变化

本章内容无变化。

考点精讲及典型例题解析

【知识点1】预算绩效管理的第三方服务（★）

参与预算绩效管理的第三方机构，是指独立于委托方和绩效管理对象的社会咨询机构、会计师事务所、资产评估机构等社会组织或中介机构，以及科研院所、高等院校等事业单位等。

（一）预算绩效管理第三方服务要求

（1）要保持独立性；

（2）要具有专业能力；

（3）要具有客观公正性；

（4）服务成果要具有实用性；

（5）要严格遵守职业道德规范。

（二）预算绩效管理第三方服务内容

《指导意见》对第三方参与预算绩效管理的范围和重点做出明确规定（见表8－1）。

表8－1　　绩效管理的第三方服务内容

服务内容	具体含义
明确委托第三方机构参与预算绩效管理的工作重点。	（1）委托第三方机构开展绩效管理，应当聚焦于贯彻落实党中央、国务院重大决策部署和本部门或单位主体职责的政策和项目。 （2）财政部门重点组织对预算部门及单位、下级财政部门开展政策性评估评价，也可以根据需要对其承担的重点项目开展评价；预算部门的财务机构或其他负责绩效管理的机构重点组织对业务机构、所属单位以及下级部门和单位开展具体项目的绩效管理工作。
规范委托第三方机构参与预算绩效管理的范围。	（1）主要包括：一是事前绩效评估和绩效目标审核；二是绩效评价或评价结果复核；三是绩效指标和标准体系制定；四是预算绩效管理相关课题研究。 （2）从服务对象来看，既包括部门和单位预算绩效管理，也包括政策和项目预算绩效管理。 （3）从涵盖范围看，包括一般公共预算、政府性基金预算、国有资本经营预算、社会保险基金预算的绩效管理，以及涉及财政资金的政府投资基金、政府和社会资本合作（PPP）、政府采购、政府购买服务、政府债务等方面的绩效管理。

续表

服务内容	具体含义
明确不得委托第三方机构承担的事项（负面清单）	(1) 坚持委托主体与绩效管理对象相分离，禁止预算部门或单位委托第三方机构对自身绩效管理工作开展评价。 (2) 对于绩效目标设定、绩效运行监控、绩效自评等属于预算部门或单位强化内部管理的事项，原则上不得委托第三方机构开展；确需第三方机构协助的，要严格限定各方责任，第三方机构仅限于协助委托方完成部分事务性工作，不得以第三方机构名义代替委托方对外出具相关报告和结论。

【例8-1】（多项选择题）预算绩效管理第三方服务的要求包括（　　）。

A. 咨询性　　B. 公正性

C. 独立性　　D. 专业性

E. 服务成果的实用性

【答案】 BCDE

【解析】 略。

【例8-2】（多项选择题）委托第三方机构参与预算绩效管理的范围有（　　）。

A. 事前绩效评估和绩效目标审核

B. 绩效评价或评价结果复核

C. 政策和项目预算绩效管理

D. 绩效指标和标准体系制定

E. 预算绩效管理相关课题研究

【答案】 ABDE

【解析】 略。

【知识点2】预算绩效评价操作规程（★）

第三方机构开展预算绩效评价（原则上，预算评估和评价都是基于成本效益分析基础上的衡量、分析和判断，预算绩效评估可参照预算绩效评价操作规程，且一并接受监管），主要有以下工作步骤。

（一）投标要点

为确保在招投标中胜出，第三方机构须精心准备投标文件，做好以下几方面工作：一是召开投标小组分析会议；二是安排有投标经验的专人负责撰写投标文件；三是下功夫做好绩效指标设计；四是加强质量控制。

（二）承接任务

第三方机构通过投标或受托等方式接受绩效评价委托任务后，应当与委托方签订书面业务协议（合同）。

【提示】 评价工作组应由至少1名主评人和其他工作人员组成，必要时可选择相关领域具有丰富经验的专家加入，或者按照相关规定选择协作单位参加，但不得将绩效评价业务转包。

（三）前期准备

根据绩效评价基本原则和委托方要求，前期准备阶段中，主要做好以下三方面工作：政策研究；与相关单位深入沟通对接；拟定资料清单。

【提示】 资料需求清单主要包括：一是制度文件；二是业务资料；三是财务等其他资料。

（四）方案设计

制定绩效评价工作方案是具体实施绩效评价工作的依据，也是保障绩效评价质量的重要条件。方案设计阶段的工作主要包括明确评价重点和评价方向，初步分析数据资料和预调研，研究设计绩效评价指标体系和调查问卷，制定并审核评价方案等。具体如表8-2所示。

表8-2　　评价指标体系的设计要求

设计要求	具体内容
设定绩效评价指标体系的总体要求	(1) 根据评价对象任务内容，分析投入资源、开展活动、质量标准、成本要求、产出内容、产生效果，设置绩效指标。 (2) 一是充分体现评价对象特点；二是具有清晰完整的逻辑层次；三是具体指标数量不宜过多，应优先选取最具代表性、最能直接反映产出和效益的核心指标，力求精简实用。

续表

设计要求	具体内容
绩效指标应符合“SMART”原则	（1）评价指标应与评价对象密切相关，指标名称要通俗易懂，避免生造名词，指标内涵应当明确、具体、可衡量，数据及佐证资料应当可采集、可获得。 （2）一是高度关联；二是重点突出；三是量化易评。
绩效指标的类型和设置要求	绩效评价指标包括：一是决策指标；二是过程指标；三是成本指标；四是产出指标；五是效益指标；六是满意度指标。
绩效指标值设定依据	（1）绩效指标值通常用绝对值和相对值表示，主要依据或参考计划标准、行业标准、历史标准或财政部和业务主管部门认可的其他标准，在考虑可实现性的基础上，尽量从严、从高设定。 （2）绩效指标完成值取值方式，常用的方式有直接证明法、情况统计法、情况说明法、问卷调查法、趋势判断法。
绩效指标完成值数据来源	一是统计部门统计数据；二是权威机构调查统计；三是部门统计年鉴；四是部门业务统计；五是部门业务记录；六是部门业务评判；七是问卷调查报告；八是媒体舆论；九是其他数据来源。
合理确定评价指标的分值权重	（1）分值权重根据各项指标在评价体系中的重要程度确定，应当突出结果导向，原则上产出、效益指标权重不低于60%； （2）同一评价对象处于不同实施阶段时，指标分值权重应体现差异性，其中，实施期间的评价更加注重决策、过程和产出，实施期结束后的评价更加注重产出和效益； （3）确定绩效评价指标分值权重，可以采用德尔菲法、层次分析法等技术方法； （4）为提高评价结果的准确性和合理性，正式评价前可以对指标权重进行模拟测验，通过人工设置一些模拟数据或者选择小范围样本进行验算。
科学确定绩效评价指标评分规则	一是直接赋分；二是按照完成比例赋分，同时设置及格门槛；三是按评判等级赋分；四是满意度赋分。
绩效指标佐证资料要求	按照数据来源提供对应的佐证材料。主要包括以下类型：一是正式资料；二是工作资料；三是原始凭证；四是说明材料。

【提示】评议专家组一般由委托方代表、第三方机构代表、预算绩效管理专家、被评价行业领域专家等共同组成。

（五）具体实施

具体实施阶段主要是按照绩效评价方案开展具体的实施工作，包括调研谋划、调研实施、调研总结、调查问卷发放、收集分析事实和数据、形成初步评价结论等。

（六）报告撰写

绩效评价结果主要以绩效评价报告的形式体现。绩效评价报告是绩效评价工作的重要成果。报告撰写阶段的任务主要包括撰写、审核绩效评价报告初稿，与相关单位沟通意见，完善并报送绩效评价报告等。

（七）评价成果的开发和应用

1. 做好资料整理归档工作

【提示】归档资料主要包括立项性材料（评价业务委托函、委托协议或合同等）、证明性材料（预算绩效评价实施方案、基础数据报表、数据核查确认报告、预算绩效评价工作底稿及附件、调查问卷等）、结论性材料（评价报告、被评价项目单位和委托方的反馈意见、评价工作组的说明等）。

2. 认真总结评价工作

3. 加强评价成果利用

【例8-3】（多项选择题）预算绩效评价操作规程中，方案设计阶段的工作主要包括（　　）。

A. 明确评价重点和评价方向

B. 初步分析数据资料和预调研

C. 进行调研谋划

D. 研究设计绩效评价指标体系和调查问卷

E. 制定并审核评价方案

【答案】ABDE

【解析】调研谋划是具体实施阶段的工作内容。

【例8-4】（多项选择题）在绩效评价主体工作结束后，第三方机构要对绩效评价过程中收集的资料进行整理、归档。归档资料主要包括（　　）。

A. 评估业务委托书

B. 资料需求清单

C. 预算绩效评价工作底稿及附件

D. 评价报告

E. 预算绩效评价实施方案

【答案】ACDE

【解析】略。

【例8-5】（多项选择题）绩效评价方法主要包括（　　）。

A. 成本效益分析法　B. 因素分析法

C. 公众评判法　D. 标杆管理法

E. 现金流折现法

【答案】ABCD

【解析】略。

【知识点3】加强对第三方的指导培育和监督管理（★）

（1）基本原则和总体要求：遵从独立客观规范原则；加强培训指导和监督管理；推进信息公开和行业自律。

（2）对第三方机构监督管理的重点措施：实行主评人制度；加强信用管理；严格保密管理；强化监督检查；严肃追责问责。

（3）加强外部专家管理和使用。

【例8-6】对第三方机构预算绩效评价业务监督管理的基本原则和总体要求，主要包括（　　）。

A. 遵从独立客观规范原则

B. 加强培训指导和监督管理

C. 加强外部专家管理和使用

D. 推进信息公开和行业自律

E. 加强评价成果利用

【答案】ABD

【解析】略。

【例8-7】（多项选择题）对第三方机构监督管理的重点措施有（　　）。

A. 实行主评人制度　B. 加强信用管理

C. 强化培训指导　D. 严格保密管理

E. 严肃追责问责

【答案】ABDE

【解析】略。

精选练习题

一、单项选择题

1. 对于预算部门，可以委托第三方机构开展的业务是（　　）。

A. 绩效目标设定　B. 绩效目标审核

C. 绩效运行监控　D. 绩效自评

2. 设计绩效评价指标体系的总体要求不包括（　　）。

A. 充分考虑国家管理需要

B. 充分体现评价对象特点

C. 具有清晰完整的逻辑层次

D. 评价指标力求精简实用

3. 设计绩效评价指标体系时，关于绩效指标值设定依据，下列说法不正确的是（　　）。

A. 评分标准通常包括计划标准、行业标准、历史标准、经财政部门确认的其他标准

B. 在考虑可实现性的基础上，避免从严、从高设定

C. 避免选用难以确定具体指标值、标准不明确或缺乏约束力的指标

D. 绩效指标完成值取值方式，常用的方式有：直接证明法、情况统计法、情况说明法、问卷调查法、趋势判断法

4. 相关制度明确了从事绩效管理工作的第三方机构和人员的职业原则、行为规范等要求。下列行为中，符合独立客观规范原则的是（　　）。

A. 经委托方同意，将预算绩效评价业务转包

B. 未履行适当评价程序，仍可出具评价报告

C. 经委托方同意，允许其他机构以本机构名义开展业务

D. 不得出存在虚假情况或者重大遗漏的评价报告

5. 下列选项中，不可作为绩效指标值设定依据的是（　　）。

A. 计划标准

B. 历史标准

C. 参照物标准

D. 财政部和业务主管部门认可的其他标准

6. 下列预算绩效管理评价体系指标中，不属于产出类指标的是（　　）。

A. 资金到位率　　B. 完成及时率
C. 成本节约率　　D. 质量达标率

二、多项选择题

1. 委托第三方机构开展绩效管理的工作重点，应当聚焦于贯彻落实党中央、国务院重大决策部署和本部门或单位主体职责的政策和项目。财政部门重点组织对预算部门及单位、下级财政部门开展（　　）评价。

A. 政策性评估　　B. 重点项目
C. 具体项目　　D. 事前绩效
E. 事中绩效

2. 第三方机构通过（　　）方式接受绩效评价委托任务，并与委托方签订书面业务协议（合同）。

A. 受托　　B. 投标
C. 指定　　D. 竞价
E. 遴选

3. 详实的资料是绩效评价工作顺利开展的基础。需要被评价单位提供的资料清单主要包括的内容有（　　）。

A. 制度文件　　B. 业务资料
C. 财务资料　　D. 预算资料
E. 评价指标资料

4. 关于预算绩效评价报告撰写的相关规定，下列说法正确的是（　　）。

A. 绩效评价报告的基本内容由概要、报告正文和附件三部分组成

B. 第三方机构形成评价报告（征求意见稿），应书面征求委托方和被评价部门（单位）意见

C. 根据征求意见情况修改后的评价报告，第三方机构应指定内部有关职能部门或者专门人员进行审核

D. 评价报告由主评人签名，加盖第三方机构公章后，形成正式评价报告，提交委托方

E. 不同类型绩效评价报告内容应一致

5. 为更好发挥外部专家作用，第三方机构应建立专家库，对外部专家实行统一管理。加强外部专家管理的措施有（　　）。

A. 扩大外部专家的规模

B. 加强专家入库管理

C. 明确专家选用原则

D. 强化外部专家的考核

E. 完善外部专家的激励机制

6. 委托第三方机构参与预算绩效管理的范围，从服务对象看，主要包括（　　）。

A. 部门和单位预算绩效管理

B. 政府性基金预算

C. 绩效评价或评价结果复核

D. 政策和项目预算绩效管理

E. 一般公共预算

7. 绩效评价指标体系一般包括（　　）。

A. 一级指标、二级指标、三级指标

B. 分值

C. 评分规则和评价方法

D. 指标解释和评价要点

E. 得分和评分依据

8. 绩效评价指标的类型有（　　）。

A. 决策指标　　B. 过程指标
C. 成本指标　　D. 效率指标
E. 满意度指标

9. 绩效指标设计中，下列选项中属于产出指标的二级指标的是（　　）。

A. 产出数量　　B. 产出质量
C. 产出时效　　D. 产出成本
E. 项目效益

10. 关于预算绩效评价操作规程的相关规定，下列说法正确的是（　　）。

A. 承接任务时，第三方机构应当与委托方签订书面业务协议（合同）

B. 资料清单应由第三方机构拟定，由被评价单位提供

C. 第三方机构研究制定绩效评价工作方案，委托方组织外部专家组进行评议

D. 对于根据征求意见情况修改的评价报告，委托方组织外部专家认真审核

E. 相关单位对评价结论的反馈意见通常作为评价报告的附件

精选练习题参考答案及解析

一、单项选择题

1. **【答案】**B

【解析】对于绩效目标设定、绩效运行监控、绩效自评等属于预算部门或单位强化内部管理的事项，原则上不得委托第三方机构开展，确需第三方机构协助的，要严格限定各方责任，

第三方机构仅限于协助委托方完成部分事务性工作，不得以第三方机构名义代替委托方对外出具相关报告和结论。

2. 【答案】A

【解析】略。

3. 【答案】B

【解析】绩效指标值通常用绝对值和相对值表示，主要依据或参考计划标准、行业标准、历史标准或财政部和业务主管部门认可的其他标准，在考虑可实现性的基础上，尽量从严、从高设定。

4. 【答案】D

【解析】相关制度明确了从事绩效管理工作的第三方机构和人员的职业原则、行为规范等要求，规定第三方机构应当遵守法律法规等有关规定，在委托方和被评价对象提供工作便利条件和相关资料的情况下，按照协议（合同）约定事项和规范的工作程序，在进行必要的核查验证基础上，客观公正、实事求是地独立完成委托事项，不得将预算绩效评价业务转包，未经委托方同意不得分包，不得允许其他机构以本机构名义或者冒用其他机构名义开展业务，不得以恶意压价等不正当竞争手段承揽业务，不得出具本机构未承办业务、未履行适当评价程序、存在虚假情况或者重大遗漏的评价报告等。

5. 【答案】C

【解析】略。

6. 【答案】A

【解析】略。

二、多项选择题

1. 【答案】AB

【解析】财政部门重点组织对预算部门及单位、下级财政部门开展政策性评估评价，也可以根据需要对其承担的重点项目开展评价；预算部门的财务机构或其他负责绩效管理的机构重点组织对业务机构、所属单位以及下级部门和单位开展具体项目的绩效管理工作。

2. 【答案】AB

【解析】第三方机构通过投标或受托等方式接受绩效评价委托任务后，应当与委托方签订书面业务协议（合同）。

3. 【答案】ABCD

【解析】略。

4. 【答案】ABC

【解析】经内部审核通过的评价报告，由主评人签名，加盖第三方机构公章后，形成正式评价报告，提交委托方。因此 D 项错误。不同类型绩效评价报告内容应各有侧重，因此 E 项错误。

5. 【答案】BC

【解析】加强外部专家管理和使用：(1) 加强专家入库管理。专家入库可采用第三方机构选荐、主管部门或被评价单位推荐、专家自荐、公开征集等方式。(2) 明确专家选用原则。一是专业匹配；二是结构合理；三是人数适当，原则上一个绩效评价项目邀请的专家不少于 5 人；四是利益回避。

6. 【答案】AD

【解析】B 项、E 项属于从涵盖范围划分，C 项属于从内容划分。

7. 【答案】ABDE

【解析】绩效评价指标体系一般包括一级指标、二级指标、三级指标、分值、指标解释和评价要点、评分规则（评价标准）、得分、评分依据等要素。得分和评分依据主要体现评价结论。

8. 【答案】ABCE

【解析】绩效评价指标包括：决策指标、过程指标、成本指标、产出指标、效益指标、满意度指标。

9. 【答案】D

【解析】参见教材表 8 - 1。

10. 【答案】ABE

【解析】制定并审核绩效评价工作方案：第三方机构研究制定绩效评价工作方案，并组织专家组进行评议；第三方机构未组织开展评议的，应当将预算绩效评价实施方案报送委托方审核确定。因此，C 项错误。对于根据征求意见情况修改后的评价报告，第三方机构应指定内部有关职能部门或者专门人员进行认真审核。因此，D 项错误。

2025 年资产评估师职业资格全国统一考试《资产评估实务（一）》全真模拟试题（一）

一、单项选择题（共 30 题，每题 1 分，共 30 分。每题的备选项中，只有一个最符合题意）

1. 关于专项应付款的评估，下列说法不正确的是（　　）。

A. 专项应付款价值要计入长期应付款

B. 拨款结余需要返还的，按结余金额确定评估值

C. 是企业取得政府作为企业所有者投入的具有专项或特定用途的款项

D. 评估时需区分是与资产相关还是与收益相关，分别评估

2. 某公司于 1 月 1 日从银行借入一笔 3 000 万元的短期借款，期限为 9 个月，年利率为 5.8%，到期后一次性还本付息，企业未预提借款利息。若评估基准日为 6 月 1 日，该笔短期借款评估值为（　　）万元。

A. 3 130.5　　B. 3 072.5　　C. 3 058　　D. 3 000

3. 对某企业的 1 500 件在产品进行评估，完工程度为 80%，该企业对应的产成品价值为每件 120 元，其中原材料占 70%，工资费用占 20%，制造费用及其他费用占 10%。清查鉴定后有 100 件为废品，可回收价值 1 000 元。经调查了解评估基准日，原材料、人员工资、制造及其他费用的价格水平分别是企业入账时的 1.2 倍、1.4 倍和 1.15 倍。不考虑其他因素，则评估值最接近（　　）元。

A. 166 984　　B. 165 984　　C. 144 000　　D. 177 940

4. 被评估单位于 2020 年 12 月 31 日购入华夏纯债 A（000015）份额为 1 000 000 份，通过 wind 资讯等交易软件可以查询，华夏纯债 A（000015）在购入时点基金净值为 1.000 9 元/份，截至评估基准日 2023 年 12 月 31 日，被评估单位持有份额为 1 000 000 份不变，华夏纯债 A（000015）在基准日时点基金净值为 1.126 2 元/份，则被评估单位持有期间年化收益率为（　　）。

A. 12.52%　　B. 4.17%　　C. 2.99%　　D. 4.01%

5. 被评估债券为五年期一次性还本付息债券 10 000 元，年利率 10%，不计复利，评估时债券的购入时间已满 3 年，当时的国库券利率为 6%，评估人员通过对债券发行企业了解认为应该考虑 2% 的风险报酬率。该被评估债券的评估值最有可能是（　　）元。

A. 11 907　　B. 12 860　　C. 13 000　　D. 15 000

6. 某资产评估公司受托对 N 企业进行资产评估。N 企业持有某非上市公司的普通股股票 50 万股，每股面值 1 元。持有期间，每年股票收益率为 12%。股票发行企业每年将净利润的 75% 用于发放股利，剩余 25% 用于追加投资。评估人员分析认为，该企业净资产收益率为 20%。无风险报酬率为 3%，风险报酬率为 5%，则折现率为 8%。该股票评估值为（　　）元。

A. 1 500 000　　B. 2 100 000　　C. 2 500 000　　D. 3 000 000

7. 对于缺乏控制权的股权的评估，下列说法错误的是（　　）。

A. 通常不把资产基础法作为首选方法

B. 股利折现法通常适用于缺乏控制权的股东全部权益价值的评估

C. 市场法、收益法均需在市场上找到可比交易案例或可比上市公司

D. 非单独评估，一般采用企业账面值或被投资企业财务报表估算

8. 某台式电阻炉，尚可使用 5 年，但已不符合环保政策要求，比政府规定的能耗要高。通过统

计分析，按每天8小时、每年300个工作日计算，超限额耗电8 000度。已知每度电电价0.5元，企业所得税税率为25%，折现率为10%，则（　　）。

A. 第Ⅱ种功能性贬值为11 372元

B. 第Ⅱ种功能性贬值为15 163元

C. 经济性贬值为11 372元

D. 经济性贬值为15 163元

9. 下列关于市场法评估机器设备的说法，正确的是（　　）。

A. 用相似比较法的前提是评估对象与市场参照物基本相似，需要调整的项目较少，差异不大，并且差异对价值的影响可以直接确定

B. 比率估价法是基于大量市场交易中统计分析的各种设备贬值程度与使用年限之间存在基本相同函数关系的统计规律

C. 市场法的比较因素有实物状况、交易状况、时间因素、外部因素

D. 实物状况指标从不同方面反映了设备的“量”与“质”，如生产能力、制造厂家、设备的出厂日期、役龄、安装方式、实体状态等

10. 某设备由A、B、C三个部件组成，其重置成本分别为15万元、15万元和20万元。A部件设计运转时间为2万小时，评估基准日时已运转1.2万小时，残值率为5%；B部件设计可使用时间为5年，评估基准日时已使用2.8年，残值率为0；C部件设计可使用时间为10年，评估基准日时已使用7年，残值率为10%。则该设备的实体性贬值率为（　　）。

A. 58.6%　　B. 59.1%　　C. 60.9%　　D. 62.8%

11. 采用收益法对某租赁机器进行评估，该设备的月租金净收入为2000元，收益期为30年投资回收系数为0.24则该设备的评估值为（　　）元。

A. 5 760　　B. 8 320　　C. 8 333　　D. 10 000

12. 待估宗地所在区片的基准地价（楼面价）为1000元/平方米，级别平均容积率为1.2，该宗地容积率为1.5。待估宗地开发程度设定为红线外“六通”（通路、通电、通上水、通下水、通燃气、通热力）、红线内“场地平整”上市，对应基准地价级别的土地开发程度为“五通一平”（通路、通电、通信、通上水、通下水及场地平整），且土地开发费用如下表所示：

单位：元/平方米

项目名称	通路	通电	通上水	通下水	通信	通燃气	通热	场地平整	合计
开发费用	60	40	20	20	10	30	40	15	235

则待估宗地适用的基准地价为（　　）元/平方米。

A. 1 000　　B. 1 040　　C. 1 050　　D. 1 060

13. 下列选项中，不属于不动产登记信息查询内容的是（　　）。

A. 不动产登记证明　　B. 不动产权属来源

C. 不动产登记机构审核资料　　D. 不动产登记申请人身份资料

14. 开发对象为某市经济技术开发区的一宗土地，面积为100 000平方米。该区域内土地各项基础设施开发费用如下：道路建设投资为10元/平方米，电力设施建设投资为5元/平方米，供水设施建设投资为5元/平方米，排水设施建设投资为2元/平方米，通信设施建设投资为3元/平方米，土地平整费用为15元/平方米。待估宗地实际开发程度为“三通一平”，土地开发周期为两年，土地开发费每年均匀投入，第一年投入资金占总开发费用的40%，第二年投入60%，银行贷款年利率为6%，则该宗土地开发费利息为（　　）万元。

A. 10.85　　B. 19.00　　C. 15.73　　D. 21.71

15. 根据市场上近期交易的与待估不动产相同或相似的不动产的净收益、价格、收益期等资料，评估一宗剩余年限为50年的不动产价值。若类似不动产剩余使用年限为30年，则应采用市场提取

法求取不动产的（　　）。

A. 折现率　　B. 资本化率　　C. 两者皆可　　D. 两者皆不可

16. 关于木材市场价倒算法，下列说法错误的是（　　）。

A. $E=W-C-F$，其中 W 为销售收入，C 为木材采伐成本，F 为木材生产经营利润

B. 又叫剩余价值法，只用于成熟、过熟林林木资产的评估

C. 当森林培育与木材生产经营采伐为同一方时，可不扣减木材生产经营利润（F）

D. 应用的前提条件是各工序的生产成本、木材价格、投资收益率、税费等数据都能较易收集

17. 下列林业碳汇资产中，可采用的市场法评估的是（　　）。

A. 已注册登记项目产生的核证的自愿减排量

B. 已注册登记项目产生的未核证的减排量

C. 已注册登记项目未来潜在的减排量

D. 未注册登记项目已产生的减排量

18. 某咖啡有限公司拟转让一块面积为 50 亩的咖啡经济林，该经济林已种植 4 年，处于初产期，平均亩株数为 300 株，冠幅 3 米，当年平均亩产咖啡豆 250 公斤。4 年咖啡标准株数为 350 株，冠幅 2.5 米，标准亩产咖啡豆 260 公斤。采用重置成本法评估该咖啡林价值时，其调整系数为（　　）。

A. 0.82　　B. 0.99　　C. 1.02　　D. 1.15

19. 私募股权投资基金评估中，若被评估企业为初创企业，其频繁融资但尚未盈利，最适合采用的估值方法是（　　）。

A. DCF 模型　　B. 上市公司比较法　　C. 市场融资价格法　　D. 资产基础法

20. 以下金融不良资产评估对象中，属于“股权类资产”的是（　　）。

A. 土地使用权　　B. 商业性债转股　　C. 商标权　　D. 收益凭证

21. 评估机构使用假设清算法对债权资产进行价值分析。经过调查可知，不良债权总额为 1.8 亿元，其中优先受偿金额为 7 500 万元；有效资产为 1.5 亿元，有效负债为 2.5 亿元，资产项优先扣除项目为 10 000 万元，负债项优先扣除项目为 9 000 万元。不考虑或有收益、或有损失等其他因素对受偿比例的影响，该不良债权的受偿比例为（　　）。

A. 0.40　　B. 0.60　　C. 0.88　　D. 0.42

22. 债务企业 2020 年销售收入为 5 000 万元，流动资产、流动负债、折旧和摊销、资本支出占销售收入的比重分别为 40%、30%、6%、8%。假设公司 2021 年上述比例保持不变，2021 年销售收入增长 3%，净利润为 400 万元，利息费用为 300 万元，则 2021 年债务企业自由现金流量为（　　）万元。

A. 582　　B. 82　　C. 982　　D. 597

23. 甲公司以 10 亿元现金收购非同一控制下乙公司 100% 股权，无其他交易费用。乙公司账面净资产为 4 亿元，可辨认资产评估增值共 4 亿元，负债无增减值，乙公司适用的所得税税率为 25%，甲公司合并报表因本次收购确认的商誉为（　　）亿元。

A. 0　　B. 1.5　　C. 2　　D. 3

24. 下列关于资产减值测试评估对象的说法中，正确的是（　　）。

A. 对于不存在减值迹象且寿命有限的资产，需要进一步判断是否需要减值测试

B. 存在减值迹象，且单个资产公允价值减去处置费用后的净额不可确定，则需对资产组进行减值测试

C. 判断一个资产或资产组是否独立于其他资产或资产组产生现金流，至少应当从经营层面的独立性和合同的约束限制两个方面来考虑

D. 工业企业未对外经营、非独立核算的机修车间可以作为最小资产组进行减值测试

25. 下列关于企业合并中无形资产评估的表述，错误的是（　　）。

A. 增量收益法要求可比实体未使用无形资产所产生的现金流能够可靠地估算

B. 以超额收益进行分析，通常运用于如客户关系、采矿权等无形资产的评估中

C. 增量收益法更适用于对现金流产生最大影响的无形资产或类似的无形资产组合

D. 许可费节省法适用于品牌、专利和技术等无形资产评估

26. 专家打分法的核心特点不包括（　　）。

A. 匿名性　　B. 单轮意见征询　　C. 多轮反馈调整　　D. 依赖专家主观判断

27. 收入权益法主要适用于（　　）类型的矿山采矿权评估。

A. 新建未投产的大型矿山

B. 生产规模为中型、剩余服务年限长的矿山

C. 生产规模为小型、剩余服务年限接近枯竭的矿山

D. 已闭矿的废弃矿山

28. 对批量珠宝首饰的鉴定分类以及描述记录时，分类的依据不包括（　　）。

A. 种属　　B. 工艺特征　　C. 品质特征　　D. 价值特征

29. 下列关于司法执行财产处置资产评估的说法中，错误的是（　　）。

A. 人民法院确定财产处置参考价，除了采用委托评估外，还可以采用当事人议价，定向询价和网络询价等方式

B. 评估机构，主要通过人民法院获取评估资料

C. 评估程度受限、评估资料不完整等客观条件限制导致无法评估时，应及时告知人民法院，由人民法院按照评估工作规范予以处理

D. 司法执行财产处置评估业务通过签订评估委托合同方式委托

30. 设计绩效评价指标体系时，关于评价指标分值权重的确定，下列说法不正确的是（　　）。

A. 应当突出结果导向，原则上产出、效益指标权重不低于70%

B. 同一评价对象处于不同实施阶段时，指标分值权重应体现差异性

C. 确定绩效评价指标分值权重，可以采用德尔菲法、层次分析法等技术方法

D. 正式评价前可以对指标权重进行模拟测验

二、多项选择题（共15题，每题2分，共30分。每题的备选项中，有2个或2个以上符合题意，至少有一个错项。错选，本题不得分；少选，所选的每个选项得0.5分）

1. 关于应收款项的评估方法，下列说法正确的是（　　）。

A. 账龄分析法是根据应收账款的时间长短来估计坏账损失的一种方法

B. 评估后的“坏账准备”科目按预计坏账损失数额填列

C. 已发生的坏账损失，直接从应收款项中扣减

D. 应收款项评估值 = 应收款项账面余额 - 已确定的坏账损失 - 预计可能发生的坏账风险损失

E. 确定应收账款评估值时，“坏账准备”科目按零值计算

2. 关于市值法在私募股权估值中的应用，下列说法正确的是（　　）。

A. 不限售股票可按照收盘价计算其价值

B. 限售股票可按照DCF模型计算其价值

C. 若为上市公司股票，可参考上市公司股票、限售情况进行估值

D. 限售股票评估需要被投单位的配合，较难操作

E. 适用于初创企业，尚未产生稳定的收入或利润的情况

3. 采用收益法评估不动产投资信托基金（REITs）时，影响评估结果的重要参数包括（　　）。

A. 资本性支出　　B. 经营权年限

C. 运营净收益　　D. 未来现金流变动预期

E. 折现率

4. 以下关于股票投资评估的说法正确的有（　　）。

A. 股票的价值评估与股票的发行价格、清算价格、市场价格等有关

B. 股票的市场价格可以代表其内在价值

C. 非上市交易股票价值的评估一般采用收益法

D. 以控股为目的长期持有上市公司的股票，可以采用收益法评估其内在价值

E. 普通股没有固定的股利，其收益大小完全取决于企业的经营状况和盈利水平

5. 某设备购置于2018年8月3日，成本为10万元，当年的定基物价指数为104%。评估基准日重置成本价格为9.6万元，定基物价指数为117%。该机器设备的经济使用寿命是生产20万件产品，截至评估基准日已生产8万件。因市场竞争加剧，产品销量下降，预计该设备再生产9万件产品就停产。不考虑超额运营成本，下列计算结果中，正确的有（　　）。

A. 设备的评估值为5.06万元

B. 设备的复原重置成本为11.25万元

C. 实体性贬值率为40%

D. 经济性贬值率为15%

E. 实体性贬值额为4.5万元

6. 在整体企业评估中，所涉及的机器设备评估基本事项，下列说法正确的是（　　）。

A. 适用于原地持续使用假设

B. 设备价值一般不选择市场价值，而是续用价值

C. 机器设备的价值取决于自身对该整体企业价值的贡献程度

D. 采用功能相同的替代品的价格作为重置价

E. 评估范围包括运杂费、安装调试、基础费等

7. 长期股权投资评估需重点关注的内容包括（　　）。

A. 公司章程中的分红限制

B. 母子公司关联交易

C. 被投资企业员工数量

D. 股东权益份额内涵差异

E. 亏损企业收益法评估的适用性

8. 以下关于价值分析结论的描述，正确的是（　　）。

A. 可直接作为决策依据

B. 程序受限导致结论不确定性增加

C. 与评估结论效力相同

D. 需明确说明使用限制

E. 需结合资产处置方案等使用

9. 下列关于房地产抵押的叙述中，正确的是（　　）。

A. 依法取得的房屋所有权连同该房屋占用范围内的土地使用权同时设定抵押权

B. 抵押财产转让的，抵押权不受影响

C. 依法拍卖抵押房地产后，抵押权人方可优先受偿

D. 抵押权不得与债权分离而单独转让或者作为其他债权的担保

E. 抵押房地产的价值可以由抵押当事人协商议定，也可以由评估机构评估确定

10. 关于不动产权利状态的清查核实，以下说法中，正确的是（　　）。

A. 需要查询不动产登记簿

B. 需要查询不动产登记原始资料

C. 需要查验不动产权证书和证明

D. 不动产权证书主要查验所有权的归属、土地房屋的性质等

E. 不动产登记原始资料主要查验：是否设立了抵押权、是否存在异议登记、是否存在查封登记等

11. 下列关于森林资源资产清单的叙述，正确的是（　　）。

A. 实质是委托评估资产申报表，是森林资源资产评估需收集的资料

B. 通常以林班为单位编制

C. 是一类调查、二类调查的成果

D. 需对森林资源资产清单标注的内容进行核查

E. 可委托有资质的森林调查机构调查编制

12. 运用收益现值法评估经济林资产价值时，需确定的参数有（　　）。

A. 被评估经济林各年的收益
B. 林分质量调整系数
C. 投资收益率的确定
D. 评估基准日前的造林投资
E. 经济林资产各年的成本支出

13. 金融不良资产价值分析方法中，以与债权相关的债务人和债务责任关联方为分析对象，适用的情况有（　　）。

A. 债务人或债务责任关联方主体资格存在
B. 债务人或债务责任关联方配合
C. 债务人或债务责任关联方能提供产权证明
D. 债务人或债务责任关联方能提供近期财务状况
E. 债权人能提供债务人或债务责任关联方的基本资料

14. 投资性房地产公允价值的评估中，关于收益法应用的表述，错误的是（　　）。

A. 有效毛收入 = 潜在毛收入 − 空置或者租金损失
B. 收益期即持有期，按照土地使用权剩余年限和建筑物剩余年限孰短原则确定
C. 运营费用是出租人负担的费用，包括税费、保险费、管理费、维修费、水电费等
D. 若会计核算不包含土地使用权，应在评估结论中扣除土地使用权的价值
E. 带租约的，租约期内通常按市场租金减去合同租金确定收入

15. 运用折现现金流量法评估矿业权价值时，其投资支出项目主要包括（　　）。

A. 矿业权出让收益
B. 评估基准日前的地质勘查投资
C. 土地使用权投资
D. 经营成本
E. 已建成房屋建筑物

三、综合题（共 3 题，第 1 题 10 分，第 2 题和第 3 题各 15 分，共 40 分）

1. 截至评估基准日（2023 年 12 月 31 日），被评估单位 M 为 N 股权投资基金（有限合伙）的有限合伙人（LP），其中股权投资基金 N 实缴资本 10 亿元，M 实缴金额 9 亿元，实缴比例 90%，GP 实缴金额 1 亿元，实缴比例 10%。根据合伙协议，M 对 N 基金的投资日期为 2020 年 12 月 31 日，投资期限为 5 年。截至评估基准日，基金共投资 3 个股权项目 A、B、C，账面值合计 13 亿元。经评估测算，A 项目当前项目价值为 4.5 亿元，B 项目当前项目价值为 6 亿元，C 项目当前项目价值为 2 亿元。于评估基准日时点，N 基金除 13 亿元项目投资外，还包括 1.3 亿元的银行存款。总负债账面值 1 亿元，为应付未付管理费用、托管费用等。

基金收益的分配原则是：（1）返还各合伙人的实缴出资额，直至各合伙人均收回其实缴资本；（2）如有剩余，支付有限合伙人优先回报，直至各有限合伙人就其实缴出资实现 8% 的门槛收益率；（3）如有剩余，则向普通合伙人进行支付，直至普通合伙人获得的分配与全体有限合伙人根据（2）项累计所获分配的比例为 1∶4；（4）如有剩余，在普通合伙人和全体有限合伙人之间根据 2∶8 的比例进行分配。

要求：

（1）该股权投资金清查核实的主要内容包括？

（2）该股权投资基金的评估方法有哪些？

（3）计算基金 N 的整体估值。

（3）计算 GP 和 LP 各自享有权益的评估值。（计算结果以亿元为单位，保留两位小数）

2. 有一宗“七通一平”的待开发建设用地，土地面积为 3 200 平方米，容积率为 2.5，拟开发建设公寓，土地使用权年限为 50 年。根据市场调查和分析，取得以下资料：

（1）该项目建设开发期为 3 年，取得土地使用权后即可动工，建成后即可对外出租，出租率为 90%，每建筑平方米的年租金预计为 400 元，年出租费用为年租金的 25%。

（2）项目开发建设费为每建筑平方米 1 000 元，管理费用为开发成本的 2%，不动产开发成本、

管理费用在建设期内均匀投入。

（3）在工期一半时，可以开始进行广告宣传，其销售费用为不动产价值的 0.5%，销售费用均匀投入。

（4）销售税费包括增值税、城市维护建设税、教育费附加、印花税等，合计约为销售收入的 6%。

（5）土地增值税为销售收入的 2%。

（6）土地取得税费为土地价值的 3%。

（7）当地银行年贷款利率为 6%，开发商要求的投资利润率为 15%，不动产综合折现率为 8%。

要求：

（1）简述应采用的评估方法及该方法的适用范围。

（2）简述该方法适用的前提条件。

（3）列出评估该宗土地价值的计算公式。

（4）试估算该宗土地评估基准日的价值。（计算结果以万元为单位，取整数）

3. 某公司拟转让一块面积为 10 公顷的采伐迹地 50 年使用权，根据立地条件可营造杉木，经营目标定为一般杉木小径材，其主伐年龄为 21 年，该地区一般杉木小径材的标准参照林分主伐时的平均蓄积为 225 立方米/公顷，林龄 13 年进行间伐，间伐时生产综合材 12 立方米/公顷。有关技术经济指标如下所示：

（1）营林生产成本。第一年，造林、抚育费 7 050 元/公顷；第二年，抚育费 1 800 元/公顷；第三年，抚育费 1 800 元/公顷。从第一年起每年均摊管护费用为 150 元/公顷。

（2）木材销售价格：杉原木 1 150 元/立方米；杉综合材：主伐木 1 000 元/立方米，间伐木 950 元/立方米。

（3）木材经营成本。

①伐区设计费：主伐按蓄积 7 元/立方米，间伐按出材量 20 元/立方米。

②检尺费：按出材量 9 元/立方米。

③直接采伐成本：按出材量计，主伐 180 元/立方米，间伐 200 元/立方米。

④短途运输成本：按出材量计，20 元/立方米。

⑤销售费用：销售价的 1%。

⑥管理费：销售价的 3%。

⑦不可预见费：销售价的 2%。

（4）税费。根据当地政策，经营期限一个龄级以上，采伐时免收增值税。

（5）木材生产经营利润：直接木材生产成本的 15%。

（6）投资收益率：10%。

（7）出材率：杉原木出材率为 20%，杉综合出材率为 50%。

（8）主伐年龄：一般杉木小径材主伐年龄为 21 年。

要求：估算该林地 50 年使用权评价值。（计算结果以元为单位，取整数）

2024 年资产评估师职业资格全国统一考试《资产评估实务（一）》全真模拟试题（一）参考答案及解析

一、单项选择题

1. 【答案】D

【解析】根据财政部《关于修订印发 2019 年度一般企业财务报表格式的通知》（财会〔2019〕6 号），“长期应付款”项目，反映资产负债表日企业除长期借款和应付债券以外的其他各种长期应付款项的期末账面价值。该项目应根据“长期应付款”科目的期末余额，减去相关的“未确认融资费用”科目的期末余额后的金额以及“专项应付款”科目的期末余额填列，选项 A 正确。拨款结余需要返还的，按结余金额确定评估值，选项 B 正确。“专项应付款”科目核算企业取得政府作为企业所有者投入的具有专项或特定用途的款项，选项 C 正确。对专项应付款的评估，首先要获取资金拨付文件或其他相关文件，确认该笔款项的性质、用途、金额及期限，在此基础上，与企业访谈了解该笔款项的使用情况。具体评估时应结合会计准则等规定，区分是否完工，分别进行评估，选项 D 错误。

2. 【答案】B

【解析】短期借款评估，若企业短期借款利息采取预提方法，并按照会计制度的规定计入财务费用，则短期借款评估值为经核实后的短期借款金额；若企业短期借款利息不采取预提方法，则短期借款评估值等于短期借款金额加上借款日至评估日期间的应付利息。

短期借款评估值 = 3 000 × (1 + 5.8% × 5/12) = 3 072.5（万元）

3. 【答案】A

【解析】1 400 件合格品的价值 = (1 500 − 100) × 80% × 120 × (70% × 1.2 + 20% × 1.4 + 10% × 1.15) = 165 984（元）

全部 1 500 件在产品的评估值 = 165 984 + 1 000 = 166 984（元）

4. 【答案】D

【解析】被评估单位持有期间年化收益率为 $\left(\frac{1.1262}{1.0009}\right)^{1/3} - 1 = 4.01\%$（未考虑持有期间分红）

5. 【答案】B

【解析】此题属于一次性还本付息的非上市债券的评估，计息方式为单利计息。在单利计息下，到期的本利和 = 10 000 × (1 + 10% × 5) = 15 000（元），折现率 = 6% + 2% = 8%，债券的评估值 = 15 000 × (1 + 8%)⁻² = 12 860（元）。

6. 【答案】B

【解析】此题属于分段型股利政策下股票价值评估。

折现率 = 4% + 2% = 6%

$$P = 100\ 000 \times 1 \times 12\% \times (P/A, 6\%, 3) + \frac{100\ 000 \times 1 \times 15\%}{6\% \times (1+6\%)^3} = 241\ 981 \text{（元）}$$

7. 【答案】B

【解析】如果采用资产基础法，需要被投资企业配合实施的评估程序较复杂，因此，对于缺乏控制权的股权的评估通常不作为首选方法。收益法中的股利折现法是将预期股利进行折现以确定评估对象价值的具体方法，通常适用于缺乏控制权的股东部分权益价值的评估。采用收益法中的现金流量折现法，除必要的财务尽职调查工作外，还需了解企业发展定位、战略规划、管理层应对市场制定的对策等，很大程度上需要企业管理层对企业未来盈利预测提供必要配合。采用市场法与采用收益法评估的基础工作有很多相同之处，除上述必要的工作内容外，还需在市场上找到与被评估企业类似的可比交易案例或可比上市公司。非单独评估，一般采用投资企业账面值或被投资企业财务报表估算的方法，并说明不能单独评估的理由和使用财务报表分析确定股权价值的过程。分析中，不应简单以被投资企业净资产数据计算股权价值，而应分析具体情况。

8. 【答案】C

【解析】本题属于运营费用增加引起的经济性贬值。引起机器设备运营成本增加的外部因素包括原材料成本增加、能源成本增加等。

经济性贬值 $=8\ 000\times0.5\times(1-25\%)\times(P/A,10\%,5)=11\ 372$（元）

9. 【答案】D

【解析】用直接比较法的前提是评估对象与市场参照物基本相同，需要调整的项目较少，差异不大，并且差异对价值的影响可以直接确定。在难以找到与评估对象基本相同的市场参照物，但存在与评估对象相似的市场参照物时，相似比较法就成为具有操作可行性的评估方法。因此，A 项错误。比率估价法是基于同类型设备的贬值程度与使用年限之间存在基本相同函数关系的统计规律。但不同类型设备的这种函数关系是不同的，采用比率估价时需要判断相关比率数据是否适合评估对象。因此，B 项错误。比较因素是指可能影响机器设备市场价值的因素，一般来讲，设备的比较因素可分为个别因素、交易因素、时间因素、地域因素等四大类。因此，C 项错误。

10. 【答案】B

【解析】A 部件的实体性贬值率 $=1.2/2\times(1-5\%)=57\%$

B 部件的实体性贬值率 $=2.8/5=56\%$

C 部件的实体性贬值率 $=7/10\times(1-10\%)=63\%$

设备整体的实体性贬值率 $=57\%\times30\%+56\%\times30\%+63\%\times40\%=59.1\%$

11. 【答案】D

【解析】$\dfrac{r}{1-\dfrac{1}{(1+r)^n}}$被称为投资回收系数，因此租赁设备评估值 $=2\ 000\times12\div0.24=10\ 000$（元）

12. 【答案】C

【解析】待估宗地开发程度与基准地价开发程度相比，缺少通信，多通热力、通燃气，对应基准地价级别相应开发费用为通信 10 元/平方米、通热力 40 元/平方米、通燃气 30 元/平方米，级别平均容积率为 1.2，则：

土地开发程度修正值 =（通信修正 + 通热力修正 + 通燃气修正）÷ 级别平均容积率

$=(-10+40+30)\div1.2$

$=50$（元/平方米）

待估宗地适用的基准地价 $=1\ 000+50=1\ 050$（元/平方米）

13. 【答案】A

【解析】略。

14. 【答案】B

【解析】待估宗地实际开发程度为“三通一平”，则土地开发费用 $=10+5+5+15=35$（元/平方米）

土地开发费利息 $=100\ 000\times35\times40\%\times[(1+6\%)^{1.5}-1]+100\ 000\times35\times60\%\times[(1+6\%)^{0.5}-1]$

$=127\ 871.51+62\ 082.33=189\ 953.84$（元）

15. 【答案】A

【解析】在应用资本化率进行不动产评估时，求取资本化率的可比交易实例的剩余年限应当与被评估不动产的剩余年限接近，或者说在年限方面具有一定的可比性。

16.【答案】C

【解析】计算公式：$E=W-C-F$，式中：E—林木资产评估值；W—销售总收入；C—木材生产经营成本（包括采伐成本和销售税费）；F—木材生产经营利润（木材采伐者的合理利润）。因此，A项错误。该方法是即将可以采伐的成熟、过熟林林木资产评估常用方法，也可用于衰产期经济林资产评估，因此，B项错误。当森林培育与木材生产经营采伐为同一方时，应考虑评估目的等因素，确定是否扣减木材生产经营利润（F），因此，C项正确。使用前提条件：所需要的经济技术资料能在市场上较易获得，各工序的生产成本、木材价格、利润、税费等数据都能较易收集。因为林分的蓄积、胸径和树高等林况因子在资产核查中已确定，无须进行生长预测，财务的分析也不涉及投资收益率等问题。该方法计算简单，测算结果最贴近市场，最易为市场和评估当事人所接受。因此，D项错误。

17.【答案】A

【解析】市场法适用于碳汇项目经过注册、核证后，取得减排量凭证的碳汇资产。

18.【答案】A

【解析】初产期经济林林分质量调整系数，除考虑经济林林分冠幅修正以外，还要考虑经济林产品的产量的修正。

$300<350$，故 K_1(株数)$=300\div350=0.857\ 1$

K_2(产量)$=250\div260=0.961\ 5$

K_3(冠幅)$=3\div2.5=1.2$

$K=K_1$(株数)$\times K_2$(产量)$\times K_3$(冠幅)$=0.857\ 1\times0.961\ 5\times1.2=0.99$

19.【答案】B

【解析】森林景观资产的重置成本包括森林和旅游设施的重置成本。

20.【答案】B

【解析】金融不良资产的评估对象可能是债权资产，也可能是用以实现债权清偿权利的实物类资产、股权类资产和其他资产。债权资产包括不良贷款和不良债权，B选项属于债权资产。用以实现债权清偿权力的资产包括实物资产、股权资产和其他资产。A选项属于实物类资产，C选项属于其他资产，D选项属于股权资产。

21.【答案】B

【解析】（1）一般债权受偿比例=(有效资产-资产项优先扣除项目)/(有效负债-负债项优先扣除项目)=(15 000-10 000)/(25 000-9 000)=0.31

（2）不良债权的优先受偿金额为7 500万元。

（3）不良债权的一般债权受偿金额=(不良债权总额-优先债权受偿金额)×一般债权受偿比例=(18 000-7 500)×0.31=3 255（万元）

（4）不良债权受偿金额=优先债权受偿金额+一般债权受偿金额=7 500+3 255=10 755（万元）

（5）不良债权受偿比例=不良债权受偿金额/不良债权总额=10 755/18 000=0.60

22.【答案】A

【解析】自由现金流量=净利润+预测利息费用+折旧和摊销-资本支出-营运资本的增加，计算时注意营运资本要使用增加值。

2021年折旧和摊销=5 000×6%×(1+3%)=309（万元）

2021年资本支出=5 000×8%×(1+3%)=412（万元）

2021年营运资本增加额=5 000×(40%-30%)×3%=15（万元）

2021年企业自由现金流量=400+300+309-412-15=582（万元）

23.【答案】D

【解析】税后公允价值调增=4×(1-25%)=3（亿元）

乙公司净资产公允价值=3+4=7（亿元）

商誉价值=合并成本-被购买方可辨认净资产公允价值=10-7=3（亿元）

24. 【答案】C

【解析】根据资产减值测试的流程，对不存在减值迹象且寿命有限的资产，无须进行减值测试，故A项错误；存在减值迹象，且单个资产公允价值减去处置费用后的净额不可确定，则需判断单个资产的预计未来现金流量现值是否确定，若不确定，则需进一步对所在的资产组进行减值测试，故B项错误。机修车间是辅助性车间，在未对外经营、非独立核算的情况下，难以脱离其他资产或者资产组产生独立现金流，一般不作为最小的资产组进行减值测试，故D项错误。

25. 【答案】C

【解析】超额收益法更适用于对现金流产生最大影响的无形资产或类似的无形资产组合。

26. 【答案】B

【解析】专家打分法需多轮意见征询（非单轮），强调反馈调整。

27. 【答案】C

【解析】略。

28. 【答案】D

【解析】批量珠宝首饰可以依据种属、状态（如成品、裸石、原料等）、品质特征、工艺特征等因素进行分类。

29. 【答案】D

【解析】司法执行财产处置资产评估业务不是通过签订评估业务委托合同方式委托，而是由人民法院通过专用系统向入选司法评估机构名单库的评估机构发出评估委托书。

30. 【答案】A

【解析】分值权重根据各项指标在评价体系中的重要程度确定，应当突出结果导向，原则上产出、效益指标权重不低于60%。

二、多项选择题

1. 【答案】ADE

【解析】一般来说，应收账款评估以后，账面上的“坏账准备”科目按零值计算，故B项错误。已发生的坏账损失，应由企业财务人员和负责审计的注册会计师对账面值进行调整，直接从应收款项中扣减，评估师应在核实、了解情况后，以审计调整后的应收账款金额作为评估的基础，在此基础上，预计未来的应收款项的风险损失；如果相关坏账损失企业财务人员和承担审计工作的注册会计师未进行调整，则应在应款款项账面余额的基础上，根据收集到的依据文件，从应收款项中扣减。因此，C项错误。

2. 【答案】AC

【解析】限售股票价值=每股价格×持股数量×(1-限售折扣)，故B项错误。采用资产基础法进行评估，需要被投单位的配合，在私募股权投资基金评估项目中较难操作，故D项错误。被评估企业为初创企业，尚未产生稳定的收入或利润，融资活动比较频繁，可采用融资价格法进行评估，故E项错误。

3. 【答案】ACDE

【解析】在收益法的计算模型中，影响评估结果的重要参数包括土地使用权或经营权利剩余期限、运营收入、运营成本、运营净收益、资本性支出、未来现金流变动预期、折现率等。

4. 【答案】CDE

【解析】股票的价值评估通常与股票的票面价格、发行价格和账面价格的联系并不紧密，而与股票的内在价值、清算价格和市场价格有着较为密切的联系，选项A错误。当证券市场发育尚未成熟，股票市场的投机成分太大时，股票的市场价格就不能完全代表其内在价值，选项B错误。

5. 【答案】BCDE

【解析】设备的复原重置成本=10×117%/104%=11.25（万元）

实体性贬值率 = 8/20 × 100% = 40%

实体性贬值额 = 11.25 × 40% = 4.5（万元）

经济性贬值率 = (20 − 8 − 9) ÷ 20 = 15%

经济性贬值额 = 11.25 × 15% = 1.687 5（万元）

设备评估值 = 9.6 − 4.5 − 1.687 5 = 3.412 5（万元）

6. 【答案】BCD

【解析】在对一个持续经营的企业进行整体企业价值评估时，机器设备一般适用于持续使用假设。持续使用又分为原地使用或移地使用、现行用途使用或改变用途使用等。因此，A 选项错误。采用资产基础法评估整体企业价值，机器设备所能够实现的价值取决于其对整体企业价值的贡献程度，该价值一般不等于这些设备单台、独立销售时实现的市场价值。对机器设备的评估依据是替代原则，即采用同等功能的替代产品的价格作为重置价，因为功能相同的机器设备对企业的贡献是相同的。机器设备的价值是指按原来的用途与其他资产一起持续使用条件下的使用价值，即续用价值。因此，B 选项、C 选项、D 选项正确。评估人员在明确评估对象与范围时，应该与委托人确认：(1) 对于已安装的在用设备，是否包含设备基础、附属设施等；(2) 是否包括操作软件、技术数据和专利等无形资产。因此，E 选项错误。

7. 【答案】ABDE

【解析】C 未提及。

8. 【答案】BDE

【解析】价值分析结论是受限的咨询意见，需说明限制，A 项、C 项错误。

9. 【答案】ABDE

【解析】设定房地产抵押权的土地使用权是以划拨方式取得的，依法拍卖该房地产后，应当从拍卖所得的价款中缴纳相当于应缴纳的土地使用权出让金的款额后，抵押权人方可优先受偿。因此，C 项错误。

10. 【答案】CD

【解析】不动产权证和证明的查验，不同于不动产登记资料（登记结果和登记原始资料）的查询。不动产权证书和证明的查验，是获取不动产登记信息比较简单的、直接的方法。从满足资产评估工作的需要角度，不动产权证书的查验，主要了解所有权的归属、土地房屋的性质等。不动产登记证明的查验，主要了解是否设立了抵押权、是否存在异议登记、是否存在查封登记等。

11. 【答案】AD

【解析】森林资源资产清单就是一般资产评估中的委托评估资产申报表，通常是指以具有相应调查资质的森林资源调查单位当年的森林资源规划设计调查（二类调查）、伐区作业设计调查（三类调查）成果，或按林业资源管理部门要求建立并逐年更新至当年，且经补充调查修正的森林资源档案资料编制的森林资源资产清单。因此，A 项正确，C 项错误。森林资源资产清单通常以小班为单位编制，因此，B 项错误。当委托人无法提供有效的委托评估森林资源资产清单时，应要求委托人聘请具有相应资质的森林资源调查机构进行森林资源专项调查，以调查成果为基础编制森林资源资产清单。或经委托人同意，由评估机构委托有专业胜任能力的森林资源调查机构进行调查，委托人以调查成果为基础编制森林资源资产清单。因此，E 项错误。评估人员应对评估委托人提交的森林资源资产清单标注的内容进行核查，并要求账面、图面、实地三者一致，核查结果应满足核查的精度要求，因此，D 项正确。

12. 【答案】ABCE

【解析】收益现值法应用的前提是林木资产每年都有一定收益，同时每年也有一定的成本支出，且具有一定的经济收益期，此种方法应用的关键在于几个要素的确定：(1) 被评估经济林各年的收益；(2) 经济林资产各年的成本支出；(3) 投资收益率；(4) 林分的收获期，一般不同品种的经济林其收获期不同；(5) 经济林林分质量综合调整系数。

13. 【答案】ABCD

【解析】以债务人和债务责任关联方为分析对象，实际上是从债权资产涉及的债务人和债务责任关联方偿还债务能力角度进行分析的途径，主要适用于债务人或债务责任关联方主体资格存在、债务人或债务责任关联方配合并能够提供产权证明及近期财务状况等基本资料的情况。

14.【答案】ABDE

【解析】净收益 = 有效毛收入 - 出租人负担的运营费用 = 潜在毛收入 - 空置或者租金损失 + 租赁保证金或押金利息 - 出租人负担的运营费用，因此，A 项错误。持有期应根据市场投资者对同类房地产的典型持有时间及能预测期间的收益的一般期限来确定，通常为5—10年，因此，B 项错误。采用收益法评估投资性房地产，评估结论中通常包括土地使用权价值。如果会计核算不包含土地使用权，应当提请企业管理层重新分类，或者在评估结论中扣除土地使用权的价值，并在评估报告中进行必要的披露。因此，D 项错误。根据预测期间及租约情况，在租约有效期内，上述收益以租约约定的租金水平为准；在租约期外，应选择市场上的正常客观数据。评估承租人的权益价值时，净收益应为市场租金减去合同租金。因此，E 项错误。

15.【答案】CE

【解析】现金流出量项目：尚需进行矿产勘查的投资、房屋建筑物、机器设备、土地等非矿资产投资、其他非矿资产投资、流动资金、经营成本、销售税金及附加、企业所得税。投资支出主要包括：尚需进行矿产勘查的投资；房屋建筑物、机器设备、土地等非矿资产投资；其他非矿资产投资。其中，房屋建筑物、机器设备、土地、其他非矿资产投资，包括评估基准日已形成的和未来仍需投入的两个部分，已形成的包括生产矿山评估基准日已形成的固定资产、在建工程和工程物资，以及其他会计科目核算的预付和应付设备款和应付工程款等。但不包括评估基准日前发生的地质勘查投资、矿业权价款（出让收益）或交易价格及其相关费用等支出项目。

三、综合题

1.【答案及解析】

（1）合伙制基金是私募股权投资的一种组织形式，因此其清查核实的内容，主要结合尽职调查材料，对评估范围内涉及的基金及投资的股权项目进行全面清查核实。具体如下：

①了解截至评估基准日各项股权投资的投资架构，了解企业的投资形式、投资金额和持有比例；

②了解私募股权基金的收益分配过程；

③查阅财务报表；

④涉及最近一轮融资的，收集最新的融资价格；

⑤关注是否完成 IPO、持股数量和锁定期；

⑥分析投资项目所在行业的发展现状和发展趋势。

（2）私募股权投资基金，主要是指对非上市企业进行的权益性投资，因此私募股权投资基金评估主要是对底层非上市企业股权进行评估，最终得出私募股权投资基金整体估值。对非上市企业的估值，常见的方法有：

①市场法。包括市值法、上市公司比较法和交易案例比较法、自身交易价格法、市场融资价格法。

②收益法。通常可以采用 DCF（现金流折现模型）或者 DDM（股利折现模型）进行估值。

若协议中约定了到期回购的股权投资，评估值可按照约定的回购条款进行现金流折现。

③资产基础法。对于无法采用市场法或者收益法的非上市股权，在具备条件的情况下，可采用资产基础法进行评估，此方法需要被投单位的配合，在私募股权投资基金评估项目中较难操作。

（3）基金 N 整体估值。

股权投资基金估值 = 4.5 + 6 + 2 + 1.3 - 1 = 12.8（亿元）

（4）权益分配计算。

①实缴出资额的分配。基金估值 12.8 亿元 > 各合伙人实缴金额 10 亿元，因此基金首先应返还有限合伙人全部实缴出资额。返还 LP 实缴出资额 9 亿元，返还 GP 实缴出资额 1 亿元。

② LP 门槛收益的测算。

剩余可分配金额 = 12.8 − 10 = 2.8（亿元）

最大门槛收益 = 9 × 3 × 8% = 2.16（亿元）

剩余可分配金额 > 最大门槛收益，故 LP 可获取门槛收益 2.16 亿元。

③GP 可获得的收益测算。向 LP 分配门槛收益后，剩余可分配金额 = 2.8 − 2.16 = 0.64（亿元）。

因为 0.64/2.16 > 1/4，则 GP 可获得的收益分配 = 2.16 ÷ 4 = 0.54（亿元）。

④超额收益测算。

超额收益 = 0.64 − 0.54 = 0.1（亿元）

GP 应享有的超额收益 = 0.1 × 0.2 = 0.02（亿元）

LP 应享有的超额收益 = 0.1 × 0.8 = 0.08（亿元）

⑤合伙人份额测算。

GP 合伙人对应的 10% 份额应享有的权益 = 1 + 0.54 + 0.02 = 1.56（亿元）

LP 合伙人对应的 90% 份额应享有的权益 = 9 + 2.16 + 0.08 = 11.24（亿元）

（注：未考虑分红情况。）

2.【答案及解析】

（1）应采用剩余法评估该宗土地价值。

剩余法适用的范围：①待开发不动产的评估；②对已建成不动产中的房屋或土地的评估；③将生地开发成熟地的土地评估；④待拆迁改造的再开发地产的评估。

（2）运用剩余法需具备以下前提条件：①不动产开发必须有已得到相关规划部门批准且在有效期内的明确的规划；②假设土地或不动产的利用方式为最佳开发利用方式；③成本与价格的测算必须符合合法原则，与当地不动产市场实际情况吻合。

（3）剩余法的计算公式为：

地价 = 预期开发完成后的不动产总价值 − 土地取得税费 − 开发成本 − 管理费用 − 销售费用 − 投资利息 − 投资利润 − 销售税费 − 土地增值税

（4）该宗土地的评估值。

①开发完成后的不动产总价值。

不动产建筑总面积 = 3 200 × 2.5 = 8 000（平方米）

不动产纯收益 = 400 × 8 000 × 90% ×（1 − 25%）÷ 10 000 = 216（万元）

不动产收益年限 = 50 − 3 = 47（年）

$$\text{不动产总价值} = \frac{216}{8\%} \times \left[1 - \frac{1}{(1+8\%)^{47}}\right] = 2\ 627\text{（万元）}$$

②计算开发成本和管理费用。

开发成本 = 1 000 × 8 000 ÷ 10 000 = 800（万元）

管理费用 = 开发成本 × 2% = 800 × 2% = 16（万元）

③计算销售费用。

销售费用 = 开发完成后的不动产总价值 × 0.5% = 26 27 × 0.5% = 13（万元）

④计算土地取得税费。

土地取得税费 = 地价 × 3%

⑤计算投资利息。

投资利息 =（地价 + 土地取得税费）× $[(1+6\%)^{3}-1]$ +（开发成本 + 管理费）× $[(1+6\%)^{1.5}-1]$ + 销售费用 × $[(1+6\%)^{0.75}-1]$ = 1.03 地价 × $[(1+6\%)^{3}-1]$ + (800 + 16) × $[(1+6\%)^{1.5}-1]$ + 13 × $[(1+6\%)^{0.75}-1]$ = 地价 × 0.196 7 + 816 × 0.091 3 + 13 × 0.044 7 = 地价 × 0.1967 + 75.08

⑥计算投资利润。

投资利润 =（地价 + 土地取得税费 + 开发成本 + 管理费用 + 销售费用）× 15% =（地价 + 地价 × 3% + 800 + 16 + 13）× 15% = 地价 × 0.154 5 + 124.35

⑦计算销售税费。

销售税费 = 销售收入 ×6% = 2 627 ×6% = 157.62（万元）

⑧计算土地增值税。

土地增值税 = 销售收入 ×2% = 2 627 ×2% = 52.54（万元）

⑨求取地价。

地价 = 预期开发完成后的不动产总价值 − 土地取得税费 − 开发成本 − 管理费用 − 销售费用 − 投资利息 − 投资利润 − 销售税费 − 土地增值税 = 2 627 − 地价 ×3% − 8 00 − 16 − 13 −（地价 ×0.196 7 + 75.08）−（地价 ×0.154 5 + 124.35）− 157.62 − 52.54

地价 = 1 388.41 ÷ 1.381 2 = 1 005（万元）

3. 【答案及解析】

应用林地期望价法进行评估：

主伐时蓄积量 M = 225（立方米/公顷）

按出材量计算的伐区设计费 = 按蓄积计算的伐区设计费 ÷ 出材率

= 7 ÷（20% + 50%）

= 10（元/立方米）

主伐时杉原木净收益 $A_1 = W_1 - C_1 - F_1$

= 1 150 − 10 − 9 − 180 − 20 − 1 150 ×（1% + 3% + 2%）− 180 × 15%

= 835（元/立方米）

主伐时杉综合材净收益 $A_2 = W_2 - C_2 - F_2$

= 1 000 − 10 − 9 − 180 − 20 − 1 000 ×（1% + 3% + 2%）− 180 × 15%

= 694（元/立方米）

间伐时杉综合材净收益 $A_a = W_a - C_a - F_a$

= 950 − 20 − 9 − 200 − 20 − 950 ×（1% + 3% + 2%）− 200 × 15%

= 614（元/立方米）

主伐净收益 $AU = M(f_1A_1 + f_2A_2)$ = 225 ×（20% ×835 + 50% ×694）= 115 650（元/公顷））

由此可计算每公顷林地无限年期的评估值：

$$E = \frac{A_u + A_a(1+P)^{u-a} + A_b(1+P)^{u-b} + \cdots - \sum_{i=1}^{n} C_i(1+P)^{u-i+1}}{(1+P)^u - 1} - \frac{V}{P} = (115\,650 + 12 \times 614 \times 1.1^{21-13} - 7\,050 \times 1.1^{21} - 1\,800 \times 1.1^{20} - 1\,800 \times 1.1^{19}) \div (1.1^{21} - 1) - 150 \div 0.1 = 8\,774 - 1\,500 = 7\,274\text{（元）}$$

该林地50年使用权的价值：

$$E = \left[\frac{A_u + A_a(1+P)^{u-a} + A_b(1+P)^{u-b} + \cdots - \sum_{i=1}^{u} C_i(1+P)^{u-i+1}}{(1+P)^u - 1} - \frac{V}{P}\right] \times \left[1 - \frac{1}{(1+P)^n}\right] = 10 \times 7\,274 \times (1 - 1.1^{-50}) = 72\,120\text{（元）}$$

2024年资产评估师职业资格全国统一考试《资产评估实务（一）》全真模拟试题（二）

一、单项选择题（共30题，每题1分，共30分。每题的备选项中，只有一个最符合题意）

1. 评估目的不同时，流动资产按其自身特点可采取不同的方式进行评估。下列按变现净值评估的情形是（　　）。

A. 企业持续经营条件下，资产按在用用途使用的流动资产评估

B. 企业改制，企业生产经营方式、产品结构不变的流动资产评估

C. 企业产权变动后，生产经营方式、产品结构调整，对被估流动资产的需求大大减少

D. 企业破产清算，进行资产变卖，要求流动资产快速变现

2. 某企业向外出售一批材料，价值800万元，采用商业汇票结算，于5月1日开出无息汇票，并经购货方承兑，期限为5个月，汇票的到期日为10月1日。现在对企业的该商业汇票进行评估，评估基准日为7月1日，贴现率月息8‰。则应收票据的评估值为（　　）万元。

A. 760.2　　B. 788.6　　C. 780.8　　D. 786.4

3. 2017年1月1日，加华公司接到当地政府通知，向其提供一台不需要安装的机器设备，以鼓励加华继续生产环保产品。该设备已办好相关手续，公允价值是400 000元，假设该设备使用寿命为8年，企业所得税税率为15%。若评估基准日为2019年6月30日，不考虑其他因素，该递延收益的评估值应为（　　）元。

A. 18 750　　B. 41 250　　C. 60 000　　D. 275 000

4. 在未上市REITs的收益法评估中，折现率一般采用的口径是（　　）。

A. 税后折现率　　B. 税前折现率　　C. 无风险利率　　D. 市场平均回报率

5. 乙公司对其拥有的B公司发行的优先股10 000股进行评估，评估基准日为1月31日。经了解，该优先股每股面值8元，股息率为15%，B公司的风险报酬率为5%。乙公司打算3年后将这些优先股出售，预计出售价格为120 000元，出售时市场利率预计与评估时相当。1年期的国债利率为5%。则乙公司持有的B公司优先股价值最接近（　　）万元。

A. 2.98　　B. 9.02　　C. 12　　D. 15

6. 截至评估基准日，某基金共持有两种股票，A股票持有数量为200万股，每股收盘价为13元B股票持有数量为50万股，每股收盘价为8元；银行存款为1 500万元，对托管人或管理人应付未付的报酬为800万元，应付税费400万元；已售出的基金份额为1 000万份。则基金份额净值为（　　）元。

A. 5.7　　B. 0.3　　C. 3.0　　D. 3.3

7. 评估亏损企业的长期股权投资时，关于收益法应用的说法，正确的是（　　）。

A. 完全不适用　　B. 需剔除非正常因素后判断

C. 仅适用于盈利企业　　D. 取决于股东意愿

8. 资产评估专业人员使用相似比较法对某车床进行了评估，评估调整因素如下表所示，该车床的评估值为（　　）元。

调整项目	参照物A	参照物B	参照物C
市场价	33 000元	37 000元	31 000元
规格型号调整	0	-1%	0
实体状态调整	+3%	-3%	+5%
使用年限调整	+0.5%	-2%	+4.1%

A. 34 160　　B. 34 288　　C. 34 820　　D. 33 885

9. 被评估设备购建于2008年，原始价值为30 000元，2013年和2016年进行两次更新改造，主要是添置一些自动化控制装置，投资分别为3 000元和2 000元。2018年对该资产进行评估，假设从2008年至2018年每年的价格上升率为10%，尚可使用5年。该设备的评估值为（　　）元。

A. 27 546　　B. 28 417　　C. 29 411　　D. 55 839

10. 被评估小型普通客车，账面价24万元。依据当地汽车市场信息，目前该型车含税购买价格为192 100元，增值税税率为13%，车辆购置税为不含税车价的10%，牌照等其他费用300元。截至评估基准日已使用6年，参照国家机动车强制报废标准规定及经验，确定该车经济使用年限为15年。参照国家机动车强制报废标准规定，该车规定行驶里程为60万千米，截至评估基准日已行驶84 526千米。评估人员通过对车辆现场勘查，对其新旧程度打分为75分。根据评估目的，评估值不含税。则该车辆的评估值为（　　）元。

A. 129 030　　B. 129 237　　C. 133 722　　D. 133 860

11. 机器设备清查核实中，不属于实物状况清查核实内容的是（　　）。

A. 制造厂家　　B. 主要技术参数　　C. 出厂日期　　D. 安装状态

12. 关于机器设备评估方法的选用，错误的是（　　）。

A. 评估持续使用的机器设备价值，一般采用重置成本法

B. 评估机器设备清算价值，一般不采用市场法

C. 评估市场上独一无二的机器设备价值，一般不采用市场法

D. 评估不具独立获利能力的机器设备价值，一般不采用收益法

13. 下列关于不动产权属证明效力的说法，正确的是（　　）。

A. 不动产物权的设立、变更、转让和消灭，自不动产权证书颁发时发生效力

B. 不动产权属证明包括不动产登记簿、不动产权证书、不动产登记证明

C. 不动产权属证书记载的事项，应当与不动产登记簿一致

D. 不动产权证书与不动产登记簿记载不一致的，以不动产权证书为准

14. 某评估对象为一栋大型商场，总面积2 000平方米，用于出租。经调查：管理费每年250元/平方米，维修费每年400元/平方米，保险费每年3万元，税费每年40万元，折旧费每年50万元。运用收益法评估该不动产时，该大型商场每年发生的总费用为（　　）万元。

A. 133　　B. 170　　C. 183　　D. 223

15. 房地产开发企业应按土地使用权出让合同的约定进行房地产开发，出让合同约定的动工开发期限满（　　）未动工开发的，可以征收相当于土地使用权出让金（　　）的土地闲置费；满（　　）未动工开发的，可以无偿收回土地使用权。。

A. 1年　25%以下　3年　　B. 1年　25%以上　2年

C. 1年　20%以下　2年　　D. 1年　20%以上　3年

16. 采用重置成本法评估房屋建筑物价值，关于利润的评估处理，下列说法错误的是（　　）。

A. 自用的生产型房屋建筑物不计算利润

B. 建筑安装造价计算过程中需计算利润项目

C. 房地产开发和商业经营型房地产需计算合理利润

D. 可根据重置成本的一定比例计算

17. 关于林权权属的划分及流转，下列说法正确的是（　　）。

A. 集体林地实行承包经营制，承包方享有林地、林木的承包经营权

B. 林业经营者依法取得国有林地和林地上的森林、林木的使用权

C. 国有林权、集体林权的流转方式为出租（转包）、入股、转让等

D. 国有林场经营范围内的林权属于单位林权

18. 某林场拟转让15公顷3年生态杉木林，该林每公顷株数500株，平均树高4.5米，平均冠幅4.0米。当地同龄参照林分株数400株/公顷，平均树高4.2米，平均冠幅3.8米。运用重置成本评估时，其林分质量调整系数为（　　）。

A. 1.07　　B. 1.13　　C. 1.34　　D. 1.41

19. 关于市场成交价比较法评估林地资产，下列调整系数的说法中，正确的是（　　）。

A. 林地质量调整系数 = 立地质量调整系数 × 地利等级调整系数 × 物价指数调整系数

B. 物价指数调整系数 = 现实林分评估基准日立木价/参照林分交易日立木价

D. 立地质量调整系数 = 拟评估林地标准林分评估基准日蓄积/参照林地标准林分交易日蓄积

D. 地利等级是林地采、集、运生产条件的反映，一般用采、集、运的生产成本来确定

20. 关于金融不良资产的评估方法，下列说法错误的是（　　）。

A. 评估方法分为价值评估法和价值分析法

B. 价值评估法是通过收益法、市场法、成本法等估算出债务企业价值后，根据市场数据分析确定债权回收折扣率，从而计算债权可回收价值

C. 不同价值分析方法的思路、适用范围和分析过程不同，形成的价值分析结论不同

D. 进行价值分析时，应当根据项目情况选择一种或多种价值分析方法，并判断所选取价值分析方法的合理性

21. 采用假设清算法分析不良债权价值时，下列相关公式中，错误的是（　　）。

A. 不良债权受偿金额 = 优先债权受偿金额 + 一般债权受偿金额

B. 不良债权受偿比例 = 不良债权受偿金额/债务企业负债总额

C. 一般债权受偿比例 =（有效资产 - 资产项优先扣除项目）/（有效负债 - 负债项优先扣除项目）

D. 不良债权的一般债权受偿金额 =（不良债权总额 - 优先债权受偿金额）× 一般债权受偿比例

22. 对于具有控制权股权的评估，在资产权属证明查验中，无需重点关注的是（　　）。

A. 权属证明是否完整

B. 权利人与实际使用人是否一致

C. 资产的市场价值变动

D. 是否存在隐匿或遗漏

23. 采用综合因素分析法确定债权潜在价值时，下列叙述不正确的是（　　）。

A. 影响偿债能力的评价指标设置比较全面

B. 指标价值影响系数设定缺乏依据

C. 采用了假设清算法、现金流偿债法、专家打分法等分析途径

D. 评估结论可信度低

24. 下列关于企业合并对价分摊评估对象的表述，正确的是（　　）。

A. 消费者基础、客户服务能力、地域优势、经过特别训练的员工可作为评估对象

B. 某项无形资产无法单独出售，不可作为企业合并对价分摊的对象

C. 评估对象一般为企业整体价值、股东全部权益价值或部分权益价值

D. 可以取消的订单、未决诉讼均可作为企业合并对价分摊的对象

25. 下列选项中，不属于衍生金融工具评估对象的是（　　）。

A. 互换合同　　B. 期货合同

C. 具有远期合同特征的工具　　D. 在资本公积下核算的认股证

26. 关于资产减值测试中资产预计未来现金流量现值的估测，下列表述不正确的是（　　）。

A. 现金流预测应以评估对象的当前状况为基础，不包括将来可能发生的和尚未做出承诺的重组事项

B. 现金流预测期一般是永续期

C. 预测的资本性支出中不应当包括改良性资本支出和扩张性资本支出

D. 估算预计未来现金流量现值应该基于税后基础

27. 下列关于长期应收款评估的说法，错误的是（　　）。

A. 对于有减值迹象的长期应收款，需要估计其预计未来现金流量现值

B. 长期应收款评估值 = 长期应收款账面余额 - 资产减值准备

C. 预计未来现金流量现值，应当按照该金融资产的市场利率折现确定

D. 应对长期应收款进行减值测试，判断是否发生减值

28. 下列关于金融不良资产处置时的评估规定，错误的是（　　）。

A. 以债权转股权、出售股权资产或出售不动产的方式处置资产时，原则上由外部独立评估机构对资产进行评估

B. 不得以外部评估或咨询结果代替自身进行的调查、取证和分析工作

C. 对外部机构提供的评估或咨询报告应进行独立分析和判断

D. 对拟处置不良资产进行评估应坚持“评处分离”原则

29. 下列选项中，不属于司法执行财产处置资产评估业务特点的是（　　）。

A. 评估程序履行受限

B. 现场调查阶段，当事人不配合

C. 不签订业务委托合同，人民法院直接发出评估委托书

D. 主要通过当事人获取评估资料

30. 关于第三方机构承接绩效评价委托任务的说法，正确的是（　　）。

A. 通过委托方式接收绩效评价任务

B. 应当与委托方签订资产评估业务委托合同

C. 可按照相关规定选择协作单位参加

D. 可将绩效评价业务转包

二、多项选择题（共15题，每题2分，共30分。每题的备选项中，有2个或2个以上符合题意，至少有一个错项。错选，本题不得分；少选，所选的每个选项得0.5分）

1. 关于银行贷款评估中滚动率模型的应用，以下叙述正确的是（　　）。

A. 适用于信用卡透支贷款组合的风险损失测算

B. 分层标准基于贷款的外部评级（如AAA、AA）

C. 需计算逾期子层间的滚动率并估计未来损失

D. 直接使用合同利率作为折现率计算现值

E. 账户余额从正常层向逾期层流动直至核销

2. 关于库存材料的评估方法，下列说法中正确的是（　　）。

A. 在发生投资行为的情况下，可采用市场法和收益法

B. 材料按照ABC分析法分清主次、突出重点，着重对重点材料进行评估

C. 库存材料评估不考虑功能性贬值和经济性贬值

D. 呆滞材料的评估，应扣除相应的贬值额后确定评估值

E. 可以根据材料购进情况的不同，选择相适应的评估方法

3. 关于债券价值的评估，下列说法正确的是（　　）。

A. 上市交易的债券评估价值取决于债券数量和评估基准日收盘价

B. 非上市交易债券1年内到期的，可根据本金加持有期利息确定评估值

C. 债券风险报酬率取决于市场和发行企业的具体情况

D. 分次付息到期还本的非上市债券，可采用收益法确定评估值

E. 非上市交易债券超过 1 年到期的，可根据本利和现值确定评估值

4. 在控制权股权评估过程中，评估人员在评价各种评估方法所得出的测算结果时，应考虑的内容包括（　　）。

A. 资产使用状况对不同方法测算结果的影响

B. 不同方法与评估目的及测算结果的用途是否匹配

C. 是否符合委托人及其他评估报告使用者的要求

D. 不同方法所依据的信息资料的质量和可靠性是否满足

E. 各种方法的评估范围及价值内涵是否一致

5. 关于设备重置成本构成的具体内容，下列说法正确的是（　　）。

A. 与设备类型、安装方式、评估目的、评估假设、价值类型等因素有关

B. 不需要安装的通用设备一般只包括设备购买价格

C. 生产线以及工厂、车间等整体资产，其重置成本还包括将单项资产组合成整体资产所发生的调试费、工厂设计费、管理费等

D. 移地使用时，重置成本一般包括运杂费、安装费、基础费等

E. 自制设备一般按照评估基准日价格标准计算建造成本，包括直接材料费、燃料动力费、直接人工费、制造费用、期间费用分摊、利润、税金以及设计费

6. 收益法评估机器设备时，下列说法正确的是（　　）。

A. 对于租赁设备，其租金收入就是收益

B. 单项机器设备评估不能采用收益法

C. 投资回收系数就是年金现值系数

D. $\dfrac{r}{1-\dfrac{1}{(1+r)^n}}$被称为变现系数

E. 在企业价值评估中，收益法可作为补充方法，用于判断设备是否存在功能性贬值和经济性贬值

7. 某进口汽车的离岸价为 20 万美元，海外运输费为 5%，海运保险费为 0.4%，适用的关税税率为 15%，消费税税率为 10%，增值税税率为 13%，车辆购置税税率为 10%，外贸手续费率为 1%，银行财务费率为 0.4%。下列计算结果中，正确的是（　　）。

A. 海外运输保险费为 0.08 万美元

B. 关税为 3.1626 万美元

C. 银行财务费为 0.08 万美元

D. 车辆购置税为 3.044 万美元

E. 消费税为 2.694 万美元

8. 关于房地产转让，下列叙述正确的是（　　）。

A. 房地产转让的实质是房地产权属发生转移

B. 以出让方式取得土地使用权的，转让房地产时，应完成开发投资总额的 25% 以上

C. 土地使用权的使用年限为原土地使用权约定的使用年限减去已经使用年限后的剩余年限

D. 房屋所有权和该房屋所占用范围内的土地使用权不得分割转让

E. 房地产转让，应当签订书面转让合同，合同中应当载明土地使用权取得的方式

9. 下列关于金融资产清查核实方式的叙述，错误的是（　　）。

A. 采用书面审查方式，需核对资料原件，同时提供方在原件上盖章

B. 实地调查形成的书面记录，若涉及的单位为企业法人，需要单位盖章确认

C. 重要的复核事项需记录复核过程、依据、结果，并由复核人签字

D. 来自不同资讯网站的数据或者研究成果，通过多途径数据交叉验证可靠性

E. 被询证人以传真、电子邮件等方式回函的，要求被询证人签字确认

10. 关于剩余法的应用，下列说法正确的是（　　）。

A. 待开发不动产价值 = 预期开发完成后的不动产总价值 - 续建开发成本 - 续建管理费用 - 销售费用 - 续建投资利息 - 续建投资利润 - 销售税费 - 待开发不动产取得税费

B. 续建成本费用包括待开发项目取得税费、后续开发建设成本、管理费用、销售费用、销售税费、投资利息、投资利润

C. 开发完成后不动产价值估算中若不含增值税，则销售税费只考虑印花税、土地增值税

D. 若采用投资利润率，则利润计算基数为预付总资本，一般为待开发不动产项目价值及其取得税费、后续建设成本、管理费用和销售费用

E. 对于出租型不动产和经营型不动产而言，开发经营期的终点是签订出租协议

11. 关于森林资源核查，下列叙述中，正确的是（　　）。

A. 是对森林资源资产数量、质量进行现场调查

B. 可以确定委托人提供的森林资源资产清单是否能够作为评估依据

C. 一个核查总体单元只允许对应一个独立使用的评估值

D. 要求账面、权证、实地三者一致，核查结果应满足核查的精度要求

E. 当实物量数据是相关专业机构的调查结果，评估人员不需现场核查

12. 金融不良资产清查核实的内容包括（　　）。

A. 贷款信息的核实

B. 抵押人信息的核实

C. 保证人信息的核实

D. 综合信息的核实

E. 债务企业现场调查

13. 运用现金流偿债法评估金融不良资产价值时，下列关于未来各期自由现金流量预测的说法正确的是（　　）。

A. 自由现金流量 = 净利润 + 折旧和摊销 - 资本支出 - 营运资本的增加

B. 资本支出是指债务企业在不动产、机器设备、重要研发等方面进行的支出

C. 营运资本指企业的长期资本扣除营业性的短期负债后的余额

D. 营运资本与销售收入可不保持同步增长

E. 未来资本支出的数额可以依据债务企业的预期销售增长情况、目前固定资产情况以及资本支出计划等来进行预测。

14. 关于金融工具公允价值的评估，下列说法正确的是（　　）。

A. 不含衍生工具的金融负债通常根据未来现金流的现值确定公允价值

B. 员工持股计划通常采用二叉树期权模型估算公允价值

C. 浮动利率金融负债通常根据市场报价确定公允价值

D. 存在活跃市场的期权通常按照活跃市场的报价确定公允价值

E. 可转换公司债券是金融衍生工具的一种，可采用 BS 模型或者 Lattice 模型进行评估

15. 关于基金份额净值的说法，正确的有（　　）。

A. 是申购赎回的定价基础

B. 计算时不考虑负债

C. 需穿透底层资产进行估值

D. 反映基金的历史收益率

E. 是评价基金投资业绩的基础指标之一

三、综合题（共 3 题，第 1 题 10 分，第 2 题和第 3 题各 15 分，共 40 分）

1. C 银行某贷款组合于 2024 年 6 月 30 日的账面余额为 5 200 万元，分类如下：正常类 3 000 万元，关注类 600 万元，次级类 400 万元，可疑类 900 万元，损失类 300 万元。

已知条件如下：

（1）根据该贷款组合各类贷款的历史迁移数据，得出其各等级的迁移矩阵如下表所示。

信贷资产等级迁移矩阵

分类	迁移后的分类				
	正常类	关注类	次级类	可疑类	损失类
正常类	80%	15%	3%	2%	0%
关注类	6%	70%	15%	8%	1%
次级类	0%	0%	60%	30%	10%
可疑类	0%	0%	0%	65%	35%
损失类	0%	0%	0%	0%	100%

（2）参数设定：损失类贷款回收率为 20%（即损失率为 80%）。

要求：

（1）银行贷款清查核实的内容主要有哪些？

（2）银行贷款清查核实的方法主要有哪些？

（3）银行贷款评估考虑的主要因素、方法及本项目采用的方法及原理。

（4）推导 C 银行 2024 年 6 月 30 日各类信贷资产损失率（需写出计算过程）。

（5）计算全组合风险损失总额（以万元为单位，保留两位小数）。

2. 某评估公司以 2018 年 12 月 31 日为评估基准日对丁企业进行评估，丁企业账面有 3 项长期股权投资，具体如下：

（1）第一项为向 A 公司投资，投资时间为 2007 年 8 月 31 日，投资成本 550 万元，占 A 公司总股本的 10%。根据投资合同，全部以现金投入，合同期共 15 年，合同约定丁企业按投资比例对 A 公司每年的净利润进行分红。根据 A 公司提供的资产评估机构出具的资产评估报告，A 公司至评估基准日的净资产为 1 000 万元。经调查得知，A 公司由于产品陈旧、管理不善，连续几年亏损，已于一年前完全停产，无法继续经营。

（2）第二项为向 B 公司投资，投资日期为 2008 年 12 月 31 日，投资额 800 万元，占 B 公司总股本的 10.5%。根据投资合同，丁企业全部以现金投入，合同期共 20 年。合同约定 B 公司每年按丁企业投资额的 15% 作为丁企业的投资回报，每年末支付一次，合同期满后 B 公司不再向丁企业返还投资本金。根据 B 公司提供的审计报告，B 公司截至评估基准日账面净资产为 9 500 万元，公司每年净利润保持在 1 000 万元左右的水平上，且经营稳定。

（3）第三项为向 C 公司投资，投资日期为 2011 年 1 月 1 日，投资额 5 000 万元，占 C 公司总股本的 80%。C 公司是由丁企业发起设立的，根据合同规定，只要 C 公司不出现连续 3 年亏损，就一直经营下去。根据 C 公司提供的财务报表，截至评估基准日 C 公司净资产为 10 000 万元，2018 年度的净利润为 1 200 万元，在过去的 8 年中每年的净利润一直稳步递增。评估人员调查得知，C 公司为高新技术企业，产品的销售前景较好，预计评估基准日之后第一年至第五年的净利润分别在前一年的基础上递增 8%，从第六年起，每年将在上一年的基础上以 2% 的速度递减；同时，根据资产基础法评估可得估值为 9 000 万元。

在上述资料的基础上，不再考虑其他因素，假设折现率及资本化率均为 12%。

要求：

（1）简述长期股权投资的基本特点。

（2）简述长期股权投资评估应注意的事项。

（3）上述三项长期股权投资清查核实的内容。

（4）简述丁企业长期股权投资评估应采用的评估方法及理由，并分别估算评估值（计算结果以万元为单位，保留两位小数）。

3. 评估机构于2025年4月1日接受委托对政府储备土地进行评估，该地块用途为居住用，土地使用年限为50年，土地面积25 000平方米，可开发的建筑面积为46 500平方米。搜集得到如下资料：

（1）基准地价基准日为2024年1月1日，基准地价的表示形式为楼面地价，基准地价对应的土地使用年限均为该用途最高出让年限。

（2）待估宗地所在区片的基准地价（楼面价）为6 000元/平方米，级别平均容积率为2.0，其中土地容积率修正系数如下表所示。

容积率修正系数表

容积率	1.6	1.7	1.8	1.9	2.0	2.1	2.2
修正系数	0.750 2	0.990 5	1.004 2	1.040 3	1.080 0	1.121 3	1.072 9

（3）待估宗地开发程度设定为红线外“六通”（通路、通电、通上水、通下水、通燃气、通热力）、红线内“场地平整”，对应基准地价级别的土地开发程度为“五通一平”（通路、通电、通上水、通下水、通信及场地平整），且土地开发费用如下表所示。

单位：元/平方米

项目名称	通路	通电	通上水	通下水	通信	通燃气	通热	场地平整	合计
开发费用	100	60	50	45	20	80	60	40	455

（4）从2024年1月1日起，该地区的地价每季度增长率为0.5%。

（5）房地产开发完成后，限定物业自持，其修正系数为5%。

（6）其他因素的修正系数为-1%。

（7）土地还原利率为5%。

要求：

（1）简述基准地价修正系数法的基本思路及计算公式

（2）计算待估宗地适用的基准地价。

（3）计算待估宗地楼面地价（计算结果以元为单位，保留两位小数）。

（4）计算待估宗地总价（计算结果以万元为单位，保留两位小数）。

2024年资产评估师职业资格全国统一考试《资产评估实务（一）》全真模拟试题（二）参考答案及解析

一、单项选择题

1. 【答案】C

【解析】在企业持续经营条件下，流动资产按在用用途使用。例如，在企业改制、合资合作经营和联营等产权变动的资产业务中，待估企业不改变生产经营方式、产品结构等，流动资产就可按在用用途评估。清产核资、会计核算、保险索赔等，在总体上都是以企业持续经营、资产按在用用途使用为前提的，这种情况下，按重置成本评估流动资产。因此，选项A、选项B不能按照变现净值评估；企业产权变动后，生产经营方式、产品结构调整，对被估流动资产的需求大大减少，应按变现净值评估。选项D要求快速变现，按照快速变现净值评估。

2. 【答案】C

【解析】贴现息 $=800\times8‰\times3=19.2$（万元）

应收票据评估值 $=800-19.2=780.8$（万元）

3. 【答案】D

【解析】根据规定，与资产相关的，若工程已经完工验收，评估值按照资产剩余寿命期所对应的价值进行确认。

该递延收益评估值 $=400\ 000\times5.5/8=275\ 000$（元）

4. 【答案】B

【解析】现金流和折现率一般取税前值。

5. 【答案】C

【解析】B公司优先股属于有转售可能的优先股。

优先股的折现率 $=5\%+5\%=10\%$

优先股的评估值 $=10\ 000\times8\times15\%\times\left[\frac{1}{(1+10\%)^1}+\frac{1}{(1+10\%)^2}+\frac{1}{(1+10\%)^3}\right]+\frac{120\ 000}{(1+10\%)^3}=120\ 000$（元）

6. 【答案】D

【解析】基金份额净值 $=(200\times13+50\times8+1\ 500-800-400)\div1\ 000=3.3$（元）

7. 【答案】B

【解析】长期股权投资评估，应关注亏损企业采用收益法评估的适用性。亏损企业往往不能简单理解为收益法不适用，因为导致亏损的因素是多方面的，有可能是经营决策失误等主观因素，也有可能是突发事件等客观因素，应剔除非正常因素影响。

8. 【答案】B

【解析】

调整项目	参照物A	参照物B	参照物C
市场价	33 000元	37 000元	31 000元
规格型号调整	1	0.99	1

续表

调整项目	参照物 A	参照物 B	参照物 C
实体状态调整	1.03	0.97	1.05
使用年限调整	1.005	0.98	1.041
调整后价格	34 160 元	34 820 元	33 885 元

被评估对象评估值 = (34 160 + 34 820 + 33 885)/3 = 34 288（元）

9.【答案】C

【解析】

投资日期	原始投资额（元）	价格变动系数	复原重置成本（元）	加权更新成本（元）
2008 年	30 000	$2.60=(1+10\%)^{10}$	78 000	780 000
2013 年	3 000	$1.61=(1+10\%)^{5}$	4 830	24 150
2016 年	2 000	$1.21=(1+10\%)^{2}$	2 420	4 840
合计			85 250	808 990

加权平均已使用年限 $=\frac{808\ 990}{85\ 250}=9.49$（年）

实体性贬值率 $=\frac{9.49}{9.49+5}\times100\%=65.50\%$

评估值 = 重置成本 × 成新率 = 85 250 × (1 − 65.50%) = 29 411（元）

10.【答案】B

【解析】

重置成本（不含税）= 车辆购买价格（不含税）+ 车辆购置税 + 其他费用 = 192 100/1.13 + 192 100/1.13 × 10% + 300 = 187 300（元）

年限法成新率 = (15 − 6)/15 × 100% = 60%

里程成新率 = (600 000 − 84 526)/600 000 × 100% = 86%

根据孰低原则，确定理论成新率为 60%。

综合成新率 = 理论成新率 × 40% + 观察法成新率 × 60% = 60% × 40% + 75% × 60% = 69%

评估值 = 187 300 × 69% = 129 237（元）

11.【答案】D

【解析】机器设备清查核实一般包括实物状况、使用状况、管理状况、会计核算、权属资料等五个方面内容。D 选项属于使用状况清查核实的内容。

12.【答案】B

【解析】评估机器设备的清算价值时，一般不采用成本法和收益法。

13.【答案】C

【解析】根据《民法典》，不动产登记簿是不动产物权归属和内容的根据，不动产物权的设立、变更、转让和消灭，依据法律规定应当登记的，自记载于不动产登记簿时发生效力。《民法典》第二百一十七条规定，不动产权属证书记载的事项，应当与不动产登记簿一致；记载不一致的，除有证据证明不动产登记簿确有错误外，以不动产登记簿为准。

14.【答案】C

【解析】求取不动产净收益时的不动产总费用不包含折旧费，通常包括管理费、维修费、保险费、房产税等。

年总费用 = (250 + 400) × 2000 ÷ 10 000 + 3 + 40 = 183（万元）

15. 【答案】C

【解析】房地产开发企业应当按照土地使用权出让合同约定的土地用途、动工开发期限进行项目开发建设。出让合同约定的动工开发期限满 1 年未动工开发的，可以征收相当于土地使用权出让金 20% 以下的土地闲置费；满 2 年未动工开发的，可以无偿收回土地使用权，故选择 C 项。

使用基准地价修正法需要修正年限时候，基准地价的使用年限一定要采用法定最高出让年限，即 n 为商业用途最高出让年限 40 年，m 为被估土地剩余使用年限 36 年。但是一般的市场法，应该采用参照物和评估土地的各自的剩余使用年限。

16. 【答案】D

【解析】关于利润的评估处理，应当根据拟实现的经济行为及其对应的评估目的、房屋建筑物的持有目的等确定。通常情况下，自用的生产型房屋建筑物不计算利润，房地产开发和商业经营型房地产则考虑计算合理利润。而建筑安装造价计算过程中的利润项目，是站在施工企业角度或者施工环节的施工利润。重置成本法评估房屋建筑物，合理利润一般按照投入总资本的一定比例估算。重置成本 = 建安综合造价 + 前期费用及其他费用 + 利息 + 合理利润。

17. 【答案】B

【解析】《森林法》规定，集体所有和国家所有依法由农民集体使用的林地（统称集体林地）实行承包经营的，承包方享有林地承包经营权和承包林地上的林木所有权，合同另有约定的从其约定，因此，A 选项错误。国有林权的林业经营者依法取得的国有林地和林地上的森林、林木的使用权，经批准可以转让、出租、作价出资等。集体所有林权的承包方可以依法采取出租（转包）、入股、转让等方式流转林地经营权、林木所有权和使用权。未实行承包经营的集体林地以及林地上的林木，由农村集体经济组织统一经营。经本集体经济组织成员的村民会议 2/3 以上成员或者 2/3 以上村民代表同意并公示，可以通过招标、拍卖、公开协商等方式依法流转林地经营权、林木所有权和使用权。因此，C 选项错误。单位林权是指国有企业事业单位、机关、团体、部队营造的林木，由营造单位管护并按照国家规定支配林木收益。国有林场经营范围内的林权属于国有林权，因此，D 选项错误。

18. 【答案】A

【解析】在实际操作中，幼龄林中林分质量调整系数一般用株数调整系数和平均树高调整系数综合确定，在中龄以上的林分用平均胸径调整系数和蓄积调整系数综合确定。

（1）株数调整系数 K_1。株数调整系数 K_1 是依据株数保存率 r 与造林标准合格率 R 之间的比较确定。

$$株数保存率（r）= \frac{林地实有保存株数}{造林设计株数}$$

R 为造林标准合格率。在幼龄林（未成林造林地幼树）的评估中，当 $r \geqslant R$ 时，$K_1 = 1$；当 $r < R$ 时，$K_1 = r/R$。

因为该杉木林每公顷株数 500 株 > 当地同龄参照林分 400 株，所以 $K_1 = 1$。

（2）树高调整系数 K_2。

$K_2(hr)$ = 拟评估林分平均树高/参照林分平均树高

$$因此，该杉木林的林分质量调整系数 = 1 \times \frac{4.5}{4.2} = 1.07$$

19. 【答案】D

【解析】略。

20. 【答案】B

【解析】价值评估法是通过收益法、市场法等评估方法估算出债务企业价值后，根据市场类似债权在强制变现情况下的数据信息，统计分析确定债权回收折扣率，从而计算债权可回收价值。

21. 【答案】B

【解析】不良债权受偿比例 = 不良债权受偿金额/不良债权总额

22. **【答案】**C

【解析】对于具有控制权股权的评估，需查验被投资单位土地、房屋建筑物及无形资产等重要资产的权属证明资料是否完整，不完整的是否得到妥善解决。还需关注权属资料记录的权利人与实际使用人是否一致，是否存在隐匿或遗漏等。

23. **【答案】**A

【解析】略。

24. **【答案】**D

【解析】有些无形资产因无法满足上述可辨认的判断条件，在实务操作中，一般不作为可辨认无形资产，例如消费者基础、客户服务能力、地域优势、经过特别训练的员工等，因此，A 项错误。某项无形资产无法单独出售、转移、授权许可、租赁或者交换，但可以与其他相关合同、资产或负债一起，用于出售、转移、授予许可、租赁或者交换，这项无形资产仍然满足可分离的确认条件。因此，B 项错误。合并对价分摊事项涉及的评估业务所对应的评估对象应当是合并中取得的被购买方各项可辨认资产、负债及或有负债，这与企业并购中的企业价值评估所对应的评估对象有所不同。在企业并购中，企业价值评估所对应的评估对象一般为企业整体价值、股东的全部权益价值或部分权益价值。因此，C 项错误。

25. **【答案】**D

【解析】D 项属于权益工具。

26. **【答案】**B

【解析】一般情况下，预测期必须涵盖只考虑单项资产或资产组内主要资产项目在简单维护下的剩余经济年限。评估专业人员可以基于管理层提供的财务预算或经营计划适当延长至资产组中主要资产项目的经济使用寿命结束。根据减值测试准则的相关规定，减值测试涉及的现金流预测期一般只涵盖 5 年；若超过 5 年，评估专业人员要向管理层询问，并取得管理层提供的证明更长期间合理性的证据。

27. **【答案】**C

【解析】预计未来现金流量现值，应当按照该金融资产的原实际利率折现确定，原实际利率即初始确认该金融资产时确定的实际利率。

28. **【答案】**A

【解析】以债权转股权、出售股权资产或出售不动产的方式处置资产时，除上市公司可流通股权外，原则上由外部独立评估机构对资产进行评估，对于评估工作受到严重限制、无法履行现场调查程序、无法取得评估必备资料的资产，采取公开方式交易的，应充分利用市场机制发掘资产的公允价值。

29. **【答案】**D

【解析】人民法院委托司法执行财产处置资产评估业务在实践中往往面临评估程序履行受限、评估资料收集困难、当事人不配合、评估资料收集不完整影响评估结论形成等问题，同时其评估委托及报告使用方面也与其他评估业务存在差异。评估机构主要通过人民法院获取评估资料。

30. **【答案】**C

【解析】第三方机构通过投标或受托等方式接受绩效评价委托任务后，应当与委托方签订书面业务协议（合同），明确当事人的名称和住所、委托评价的项目和内容、履行期限、费用、支付方式、双方的权利义务、归档责任、违约责任、争议解决的方式等内容，并严格按协议（合同）条款执行。评价工作组应由至少 1 名主评人和其他工作人员组成，必要时可选择相关领域具有丰富经验的专家加入，或者按照相关规定选择协作单位参加，但不得将绩效评价业务转包。

二、多项选择题

1. **【答案】**ACE

【解析】滚动率模型为迁移模型的特殊形式，可用于测算信用卡透支贷款组合的预计风险损失额。该模型将信用卡透支贷款余额分成正常及若干个逾期子层，并据此计算其从一个子层到另一个子层的滚动率，账户余额基于客观一致的标准，从一个逾期子层流向更差的逾期子层，直至核销阶段。根据以上可知：

滚动率模型的分层基于逾期期限（如正常、逾期30天、60天等），而非外部评级，故B项错误。滚动率模型关注逾期滚动路径，不涉及贴现率计算（贴现法用于其他模型），故D项错误。

2. **【答案】** BCE

【解析】 根据不同评估目的和待估材料的特点，选择成本法和市场法对库存材料进行评估。因为材料功效高低取决于其自身，而且是生产过程中的“消费性”资产，在发生投资行为的情况下，仍可采用成本法和市场法，选项A错误。呆滞材料的评估，应在对其数量和质量进行核实和鉴定的基础上，区分不同情况进行评估。对其中失效、变质、残损、报废、无用的部分，应通过分析计算，扣除相应的贬值额后，确定评估值，选项D错误。

3. **【答案】** BDE

【解析】 上市交易债券一般采用市场法（现行市价）进行评估，按照评估基准日的收盘价确定评估值。在特殊情况下，某种可上市交易的债券市场价格严重扭曲、不能代表实际价格，就应该采用其他的评估方法进行评估。债券风险报酬率的大小取决于债券发行主体的具体情况。

4. **【答案】** ABDE

【解析】 评估主体应保持独立性。评估专业人员在确定评估结论时，应当提供合乎逻辑的依据。评估专业人员在评价各种评估方法所得出的测算结果时，重点考虑以下方面：

（1）各种方法的评估范围及价值内涵是否一致；

（2）不同方法与评估目的及测算结果的用途是否匹配；

（3）不同的企业特点与资产使用状况对不同方法测算结果的影响；

（4）不同方法测算结果所依据的信息资料的质量和可靠性是否满足评估准则及作为出具评估报告依据的要求。

5. **【答案】** CE

【解析】 设备重置成本构成的具体内容，与设备类型、安装方式、评估目的、评估假设前提等因素有关。因此，A选项错误。不需要安装的单台设备的重置成本，通用设备一般包括设备购买价格以及运杂费等。因此，B选项错误。原地继续使用时，重置成本一般包括设备运杂费、安装费、基础费等；移地使用时，重置成本一般不包括上述费用。因此，D选项错误。

6. **【答案】** AE

【解析】 大部分单项机器设备，一般不具有独立获利能力。因此，单项设备通常不采用收益法评估。而有的设备如船舶、汽车等，是可以独立运营的，B项错误。$\frac{r}{1-\frac{1}{(1+r)^n}}$被称为投资回收系数，C项、D项错误。

7. **【答案】** BCE

【解析】 国外运输保险费 =（设备离岸价 + 海运费）× 保险费率 = 20 ×（1 + 5%）× 0.4% = 0.084（万美元）；到岸价 = 20 ×（1 + 5%）×（1 + 0.4%）= 21.084（万美元）；关税 = 设备到岸价 × 关税税率 = 21.084 × 15% = 3.1626（万美元）；消费税 = $\frac{关税完税价+关税}{1-消费税税率}$ × 消费税税率 = $\frac{21.084+21.084\times15\%}{1-10\%}$ × 10% = 2.694（万美元）；车辆购置税 =（到岸价 + 关税 + 消费税）× 车辆购置税税率 =（21.084 + 3.162 6 + 2.694）× 10% = 2.694（万美元）；银行财务费 = 设备离岸价 × 费率 = 20 × 0.4% = 0.08（万美元）；外贸手续费 = 设备到岸价 × 外贸手续费率 = 21.084 × 1% = 2.108 4（万美元）。

8. **【答案】** ADE

【解析】 以出让方式取得土地使用权的，按照出让合同约定进行投资开发，属于房屋建设工程的，应完成开发投资总额的 25% 以上；属于成片开发土地的，形成工业用地或者其他建设用地条件。故 B 项错误。以出让方式取得土地使用权的，转让房地产后，其土地使用权的使用年限为原土地使用权出让合同约定的使用年限减去原土地使用者已经使用年限后的剩余年限。故 C 项错误。

9. 【答案】ABDE

【解析】采用书面审查方式进行清查核实，应当分析相关书面信息来源的可靠性，并通过核对原件等方式对书面信息的准确性和完整性进行核查，同时要求提供方在复印件上盖章，故 A 项错误。采用实地调查的方式进行清查核实，应当将实地调查情况形成书面记录，由相关当事人签字。如果实地调查涉及的单位为企业法人，需要根据调查事项的重要性和相关性判断是否需要单位盖章确认，故 B 项错误。对于来自不同资讯网站的数据或者研究成果，评估人员可以结合网站的知名度和权威性综合判断获取的数据或者研究成果的可靠性。对于从浏览量较少的网站获取的数据或者研究成果，必要时获取两个以上途径的有效数据，从而相互验证其可靠性，故 D 项错误。采用函证方式进行清查核实，信件回执、查询信函底稿和对方回函等资料应当由经办的评估人员签字。被询证人以传真、电子邮件等方式回函的，可以要求被询证人寄回询证函原件，故 E 项错误。

10. 【答案】ACD

【解析】续建成本费用包括待开发项目取得税费、后续开发建设成本、管理费用、销售费用、销售税费、投资利息，不包括投资利润。对于出售性不动产，经营期的终点是销售完成；对于出租型不动产和经营型不动产，经营期的终点是其经济寿命到期。

11. 【答案】ABC

【解析】评估人员在进行森林资源资产价值评定估算前，应当对森林资源资产数量、质量进行现场核查，确定委托人提供的森林资源资产清单是否能够作为评估依据。因此，A 项、B 项正确。拟评估森林资源资产的范围为核查总体，在核查总体内应恰当确定核查总体单元的大小和边界，并计算在一定可靠性前提下的核查精度；一个核查总体单元只允许对应一个独立使用的评估值。因此，C 项正确。评估人员应对评估委托人提交的森林资源资产清单标注的内容进行核查，并要求账面、图面、实地三者一致，核查结果应满足核查的精度要求，因此，D 项错误。可以委托相关专业机构对委托人或者其他相关当事人提供的森林资源资产实物量清单进行现场核查，由核查机构出具核查报告。当森林资源资产实物量数据由相关专业机构为资产评估而进行资源专项调查，并出具资源调查报告时，评估人员需对调查工作进行现场核查，以确定用于森林资源资产评估的资源调查数据准确完整有效。因此，E 项错误。

12. 【答案】ACDE

【解析】金融不良资产清查核实的内容包括：综合信息的核实、借款人信息的核实、保证人信息核实、贷款信息的核实、抵押信息的核实、债务企业现场调查。

13. 【答案】BE

【解析】自由现金流量 = 净利润 + 预测利息费用 + 折旧和摊销 − 资本支出 − 营运资本的增加。营运资本通常指企业的短期资本扣除营业性的短期负债后的余额，是债务企业日常经营所需的资本。预测未来现金流时，必须注意保持营运资本与销售收入同步增长。

14. 【答案】AD

【解析】固定利率金融负债的公允价值通常采用未来现金流折现法确定，即通过一个合适的折现率计算该金融负债预期的未来现金流的现值。浮动利率金融负债的公允价值的评估原理与固定利率金融负债相同，也是采用未来现金流折现法，但是在未来现金流的确认上有所差异。因此，A 项正确，C 项错误。在评估实践中，员工持股计划的评估主要参考期权的评估方法，一般可以采用 BS 模型或 Lattice 模型计算员工持股计划的公允价值。由于美式期权行权时间的不确定性，实践中多采用二叉树期权定价模型进行公允价值的评估，而欧式期权多采用 BS 模型评估。因此，B 项错误。可转换公司债券可采用期权定价模型，即 BS 模型或二叉树模型确定评估值，但不属于金融衍生工具，属于浮动利率金融负债，因此，E 项错误。

15.【答案】ACE

【解析】基金资产净值 = 基金资产 - 基金负债，基金份额净值 = 基金资产净值 ÷ 基金总份额，故B项错误。净值反映当前价值而非历史收益，故D项错误。

三、综合题

1.【答案及解析】

（1）商业银行贷款的清查核实的内容。

①根据资产清查评估申报表，查阅银行借款合同、原始贷款协议、抵（质）押协议、项目尽职调查报告、公司批复文件、历史形成资料、导致损失原因、企业经营状况、商业银行四级分类或五级分类等资料。

②对债务人基本情况进行核实了解，包括债务人所处行业、企业性质、地域范围、经营状况、偿债能力、信用记录、抵（质）押物权属及价值变现情况、保证人信用记录情况等。

③对形成应收款项金融资产的业务类型，对债权资产的购买协议或重组协议进行分析，了解还款付息约定及财务顾问费的支付约定及实际履约情况。

④结合现场实地勘察情况和当地的宏观经济环境以及债权交易的市场情况，确定影响贷款价值的主要因素并进行综合分析，主要包括：债务企业借款时间、金额、用途、还款来源、还款情况、逾期时间、商业银行信贷分类情况、债务企业信誉情况、债务企业未来前景预测、企业经营状况、当地市场情况等，判断其所属风险分类是否合理。

（2）金融资产评估清查核查方式通常包括询问、书面审查、实地调查、查询、函证、复核等。评估人员应当根据各类资料的特点，合理确定核查验证的实施方式。对某些复杂的资料，可以采取多种方式相结合的形式进行。

（3）商业银行贷款评估的实质是对其预期可回收金额进行评估。因此，在评估时要考虑还贷能力、偿还意愿、担保情况和信贷管理状况等因素。

商业银行贷款评估方法有现金流量贴现法和贷款迁移模型。本项目评估采用的方法是贷款迁移模型，是通过在一组具有相同信贷风险特征（如评级、借款人类型或逾期期限）的贷款中，分析其在特定历史时段的损失数据估算出该类贷款的综合损失率，并以此乘以当期报表日的同类贷款总额，得出所估计的风险损失额。计算公式为：

贷款的评估值 = 贷款的账面金额 - 风险损失额

（4）各类信贷资产损失率计算。

损失类贷款：损失率 = 80%（直接给定）。

可疑类贷款：迁移至损失类的比例为35%，因此损失率 = 35% × 80% = 28%。

次级类贷款：迁移至可疑类30%（损失率28%）、损失类10%（损失率80%），因此，损失率 = 30% × 28% + 10% × 80% = 8.4% + 8% = 16.4%。

关注类贷款：迁移至次级类15%（损失率16.4%）、可疑类8%（损失率28%）、损失类1%（损失率80%），因此，损失率 = 15% × 16.4% + 8% × 28% + 1% × 80% = 2.46% + 2.24% + 0.8% = 5.5%。

正常类贷款：迁移至关注类15%（损失率5.5%）、次级类3%（损失率16.4%）、可疑类2%（损失率28%），因此，损失率 = 15% × 5.5% + 3% × 16.4% + 2% × 28% = 0.825% + 0.492% + 0.56% = 1.877%。

（5）全组合风险损失总额计算。

3 000 × 1.877% + 600 × 5.5% + 400 × 16.4% + 900 × 28% + 300 × 80% = 646.91（万元）

2.【答案及解析】

（1）长期股权投资评估具有以下基本特点：

①长期股权投资评估，评估对象是投资权益，但一般通过被投资企业股东权益间接反映，属于企业价值评估范畴。

②长期股权投资评估，可能是对被投资企业获利能力的评估，也可能是为间接提高投资方自身

盈利能力的战略投资价值的评估。

③长期股权投资评估，通常是建立在被投资企业持续经营的基础上。

④长期股权投资评估方法选择，可能受到被评估单位配合实施评估程序的影响，特别是缺乏控制权的长期股权评估。

⑤长期股权评估，应当关注相关事项。

⑥具有控制权的长期股权投资，可能存在控制权溢价因素。

⑦缺乏控制权的股权评估应关注流动性影响。

（2）长期股权评估，应当关注下列事项：

①长期股权投资评估，应关注关联交易的影响。

②长期股权投资评估，应关注权益份额内涵。

③长期股权投资评估，应关注公司章程或投资协议，了解股东在利益分配、股权转让等方面的权利和义务是否存在特殊的约定，如分红限制、清算约定和存在限售期等，考虑其对评估的影响。

④长期股权投资评估，应关注公司最新的工商登记情况和近期的董事会决议等材料，了解被评估单位股权结构及股东权益。应关注各股东出资及出资到位情况，是否为同比例出资，以及未同比例出资时股权价值评估结果的计算方法等。

⑤长期股权投资评估，应关注亏损企业采用收益法评估的适用性。亏损企业往往不能简单理解为收益法不适用，因为导致亏损的因素是多方面的，有可能是经营决策失误等主观因素，也有可能是突发事件等客观因素，应剔除非正常因素影响。

（3）第一项向 A 公司的长期股权投资占 A 公司总股本的 10%，属于缺乏控制权的股权。

第二项为向 B 公司的长期股权投资占 B 公司总股本的 10.5%，属于缺乏控制权的股权。

第三项向 C 公司的长期股权投资占 C 公司总股本的 80%，属于具有控制权的股权。

因此，对于前两项长期股权投资（缺乏控制权股权），清查核实的内容如下：

①投资（并购）协议、账面记录的核实；

②持股比例的核实。

对于第三项长期股权投资（具有控制权股权），清查核实的内容如下：

①投资（并购）协议、账面记录核实；

②持股比例的核实；

③资产权属证明资料的查验；

④被投资单位资产和负债的清查核实。

（4）评估方法选择及评估值估算。

①第一项向 A 公司的长期股权投资。对于缺乏控制权的股权评估通常不首选资产基础法，但由于 A 公司连续几年亏损，已于 1 年前完全停产，因此对 A 的长期股权投资评估只能采用资产基础法。根据 A 公司提供的资产评估机构出具的资产评估报告，A 公司至评估基准日的净资产为 1 000 万元。

对 A 公司的长期股权投资价值 $=1\ 000\times10\%=100$（万元）

②第二项为向 B 公司的长期股权投资。由于 B 公司经营状况稳定，且投资合同约定 B 公司每年按丁企业投资额的 15% 作为丁企业的投资回报，因此可以采用收益法中的股利折现法将预期股利折现，从而确定缺乏控制权的股东部分权益的价值。

对 B 公司的长期股权投资价值 $=800\times15\%\times(P/A,\ 12\%,\ 10)=120\times5.650\ 2=678.02$（万元）

③第三项向 C 公司的长期股权投资。具有控制权股权的评估，根据现行资产评估执业准则和有关规定，企业价值评估采用两种以上的评估方法，并得出不同评估方法下的测算结果，需要对测算结果进行分析，确定最终的评估结论。

根据资产基础法估值 9 000 万元。

由于 C 公司为高新技术企业，产品的销售前景较好，可以采用收益法中的分段法评估长期股权投资的价值。

对C公司长期股权投资价值 = 第1年至第5年收益折现值 + 第6年后收益折现值 = 80% ×

$$\left[\frac{1\ 200\times(1+8\%)}{(1+12\%)}+\frac{1\ 200\times(1+8\%)^2}{(1+12\%)^2}+\frac{1\ 200\times(1+8\%)^3}{(1+12\%)^3}+\frac{1\ 200\times(1+8\%)^4}{(1+12\%)^4}+\frac{1\ 200\ \times(1+8\%)^5}{(1+12\%)^5}+\frac{1\ 200\times(1+8\%)^5\times(1-2\%))}{(12\%+2\%)}\times\frac{1}{(1+12\%)^5}\right]=80\%\times1\ 200\times(0.964\ 3+0.929\ 8+0.896\ 6+0.864\ 6+0.833\ 6+5.835\ 9)=9\ 911.90\text{（万元）}$$

C公司为高新技术企业，产品的销售前景较好，因此资产基础法的测算结果通常无法充分体现其价值，而导致收益法估值 > 资产基础法估值。基于此，对C公司的长期投资估值为9 911.90万元。

3. 【答案及解析】

（1）基准地价系数修正法，是利用政府公布的、与评估基准日接近的同一用途、级别的基准地价和基准地价修正体系等成果，将评估对象的区域条件和个别条件等与其所处区域的平均条件相比较，并对照修正系数表选取相应的修正系数对基准地价进行修正，进而估算待估土地使用权（评估对象）在评估基准日时点价值的评估方法。

待估宗地评估价值 = 待估宗地所处级别（地段）的基准地价 × 年期修正系数 × 期日修正系数 × 容积率修正系数 × 其他因素修正系数。

（2）待估宗地适用的基准地价的确定。

①土地开发程度修正。待估宗地开发程度与基准地价开发程度相比，缺少通信，多通燃气、通热力，对应基准地价级别相应开发费用为通信20元/平方米、通燃气80元/平方米、通热力60元/平方米，级别平均容积率为2，则：

土地开发程度修正值 =（适用的基准地价 ± 土地开发程度修正值）÷ 级别平均容积率

$=(-20+80+60)\div2$

$=60$（元/平方米）

②物业自持情况修正，修正系数为5%。

③待估宗地适用的基准地价 = 所在区片基准地价（楼面地价）×（1 + 自持情况修正系数）+ 土地开发程度修正值 = $6\ 000\times(1+5\%)+60=6\ 360$（元/平方米）

（3）待估宗地楼面地价的确定。

①期日修正系数 = $(1+0.5\%)5=1.025\ 3$

②年期修正系数 = $\frac{1-1/(1+r)^m}{1-1/(1+r)^n}=\frac{1-1/(1+5\%)^{50}}{1-1/(1+5\ \%^{70}}=0.943\ 8$

③容积率修正系数。

被估土地容积率 = 46 500/25 000 = 1.86

设容积率为1.86的土地对应的修正系数为 X。

$$\frac{1.9-1.86}{1.9-1.8}=\frac{1.040\ 3-X}{1.040\ 3-1.004\ 2}$$

解得，$X=1.025\ 86$。

被评估土地的容积率修正系数 = $\frac{X}{1.080\ 0}=0.949\ 9$

④其他因素修正系数：1.06%

⑤待估宗地楼面地价 = 适用的基准地价 × 期日修正系数 × 年期修正系数 × 容积率修正系数 × 其他因素修正系数

$=6\ 360\times1.025\ 3\times0.943\ 8\times0.949\ 9\times(1+1.06\%)$

$=5\ 908.06$（元/平方米）

（4）待估宗地总价 = $5\ 908.06\times46\ 500\div10\ 000=27\ 472.48$（万元）